07

世界で一番やさしい 建築設備

第2版

山田浩幸＝監修

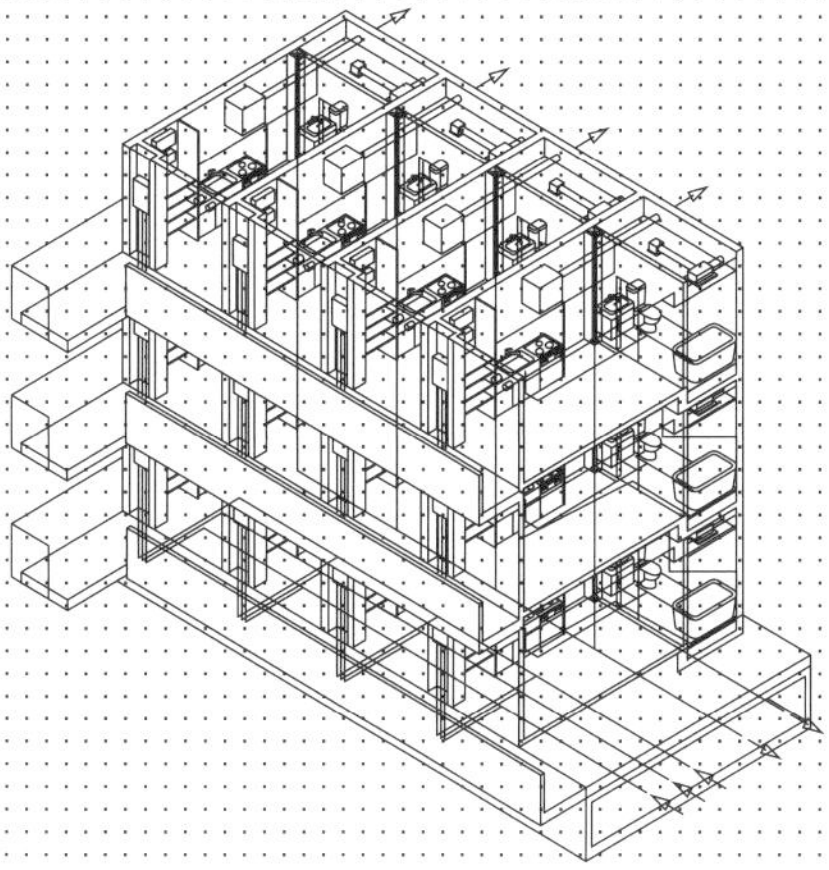

建築設備が扱う分野は年々広く、深くなっています。「電気・通信」の分野が飛躍的に発展しました。「給排水・給湯」「換気・空調」といったベーシックな設備に加えて、近年は「電気・通信」の分野が飛躍的に発展しました。省エネ関連の設備もすでに一般化しています。直近では発電・蓄電機器の進化が目覚ましく、10年前はごく一部の建物にしか導入されなかった機器が、いまはあたり前のように組み込まれるようになりました。おそらく10年後の未来から現在を振り返れば、いま最新の設備機器もずいぶん古くさく感じられるようになっていることでしょう。

そんな日進月歩の建築設備の設計に関して、初学者が押さえるべきポイントを絞り込み、なるべく平易な言葉で解説したものが本書です。主に戸建住宅や小規模集合住宅といった、比較的小さな建物を設計する際に必要となる知識をピックアップいたしました。これから建築設備を学ぶ人たちにとっては、ほどよい項目数と分量の入門書としてご利用いただけるはずです。

ここ数年は世界的な異常気象により、建築設備に求められる要件も一層厳しくなっています。季節外れの大型台風や頻発するゲリラ豪雨、線状降水帯による大量の雨水――自然の脅威から建物を守り、かつ給排水や電力の設備を安定的に稼働させるにはどうすればよいか。これからの建築設備は「自然災害に負けない設計」もキーワードの一つになりそうです。そのとき重要になるのが、やはり建築設備の幅広い知識です。給排水単体、空調単体、電気単体……で考えるのではなく、建物全体を俯瞰したとき、すべての設備がどのように関わり合い、どのように納まっていればよいのか。今後、安全で快適な建物を設計していくためには、建築設備を広い視野で捉え、個と全体を常に関連づけて考えていく視点が不可欠です。意匠設計者、構造設計者、現場監督、施工者……建築設計に関わるすべての人が、その第一歩として本書を役立てていただけたら幸いです。

令和5年12月吉日

山田 浩幸

Part 1 設備計画を始める前に

Part 2 給排水・給湯のキホン

Part 3 換気・空調のキホン

Part 4

電気・通信のキホン

Part 5

オフィス・その他施設の設備

Part 6 省エネ設計に挑戦

Part 7 設備図と関連資料

Part 1

設備計画を始める前に

No.
001

建築設備とは？

ココがポイント！

① 建築設備は「建築の機能をつかさどる部分」
② 建築設備は、建築物の健康を守る役割を果たす
③ 本当によい建築物は、意匠・構造・設備のバランスがとれている

メンテナンス・更新

どんな設備にも、必ずメンテナンスや更新が必要

建築の機能をつかさどる

建築設備とは何か？ 改めて尋ねられると、説明に困る人も少なくないだろう。一言で説明すると、「建築の機能をつかさどる部分」となる。建築を人間にたとえると分かりやすい。

意匠設計は、目や鼻、口などの形・大きさ・配置、背の高さ、腕や足の長さ、髪の長さ、肌の色など表面的に見えてくる部分のすべてを決める。そしてスタイルのよいきれいな人、背が高くてかっこいい人など、身体全体の構成や方針を決める役割を果たす。

構造設計は、意匠の方針をもとに、複数の骨によって身体全体を支える丈夫でバランスのとれた骨組み（骨格）を決定する役割を果たす。

設備設計の役割

設備設計は、心臓や胃、肝臓、肺など内臓器官の配置や、血液が流れる血管のルート、それぞれの機能をコントロールする脳や神経といった、身体機能の方針を決定する役割を果たす。

設備は構造と同様に、決して表面に見えてくるものではないが、これらの配置やバランスを間違えると、どんな人間でも健康を失い、大変なことになってしまうのはいうまでもない。

外見はおじいちゃん、おばあちゃんになっても、身体が健康であり続けるための大切な役割を果たすもの、それが建築設備である。「美人薄命」ということわざがあるが、建築はそうあってはならない。

設備の重要性が向上

意匠・構造・設備、それぞれのバランスをきちんととれて初めて、90年、100年と長く使い続けられる建物ができる。とりわけ近年、設備の占める割合が増え、メンテナンスや更新を考慮した計画の重要性が高まっている。

建築設備がいかに重要であるかをもう一度認識し、建築設備を理解することにより、今後の建築設計に役立ててほしい。

■ 建築を人間にたとえると

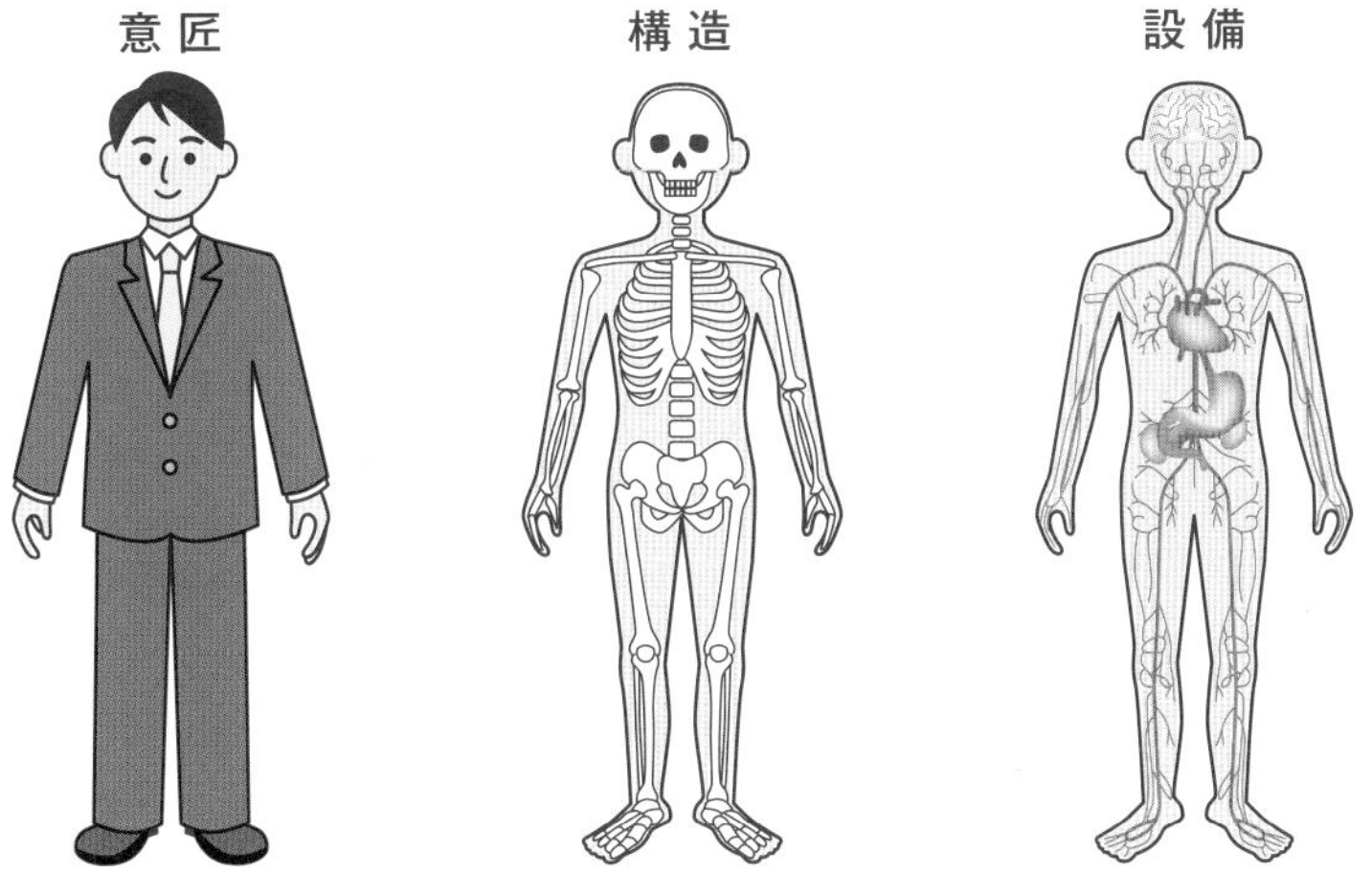
意 匠
構 造
設 備

■ 建築設備の工事着工までの流れ

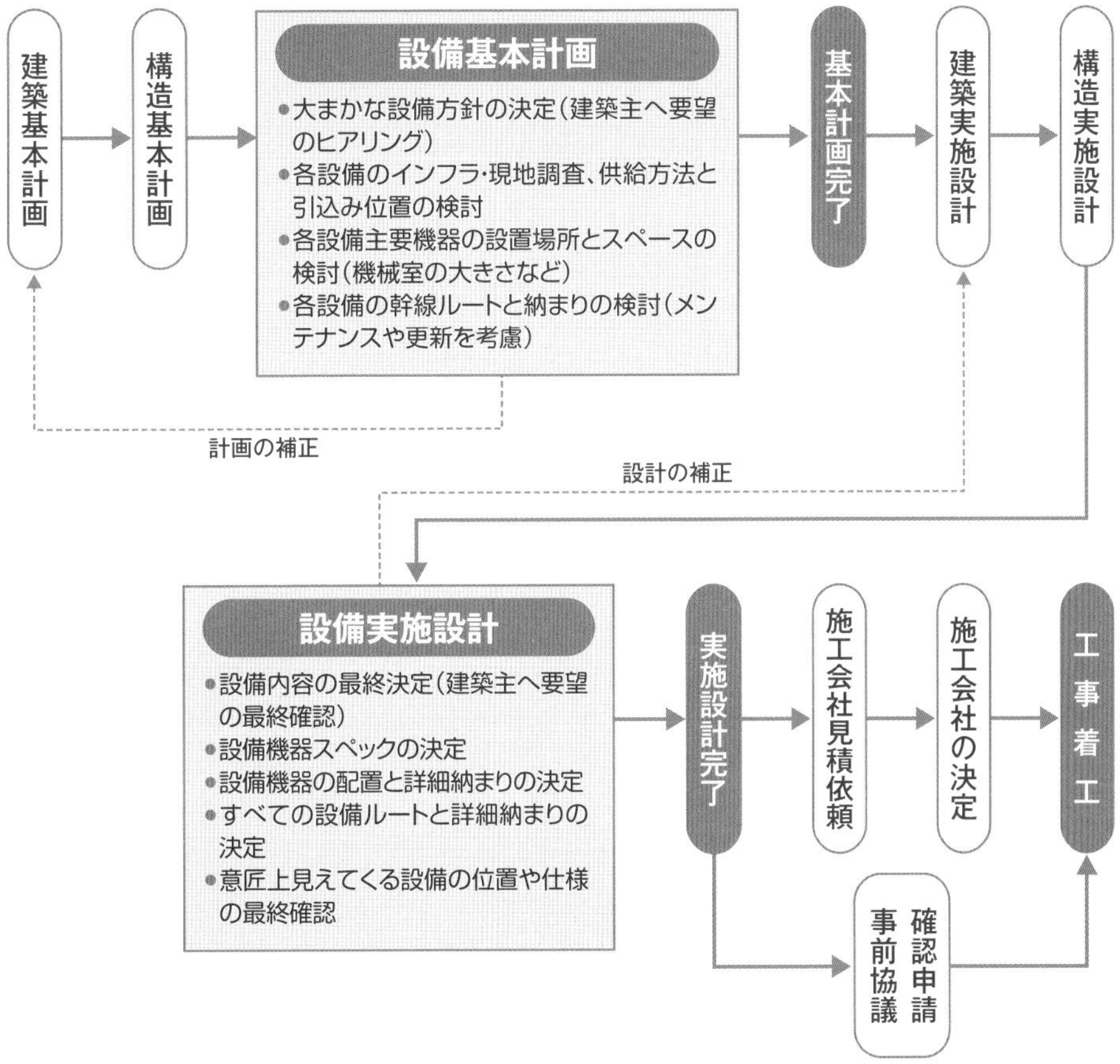
建築基本計画
構造基本計画
設備基本計画
●大まかな設備方針の決定（建築主へ要望のヒアリング）
●各設備のインフラ・現地調査、供給方法と引込み位置の検討
●各設備主要機器の設置場所とスペースの検討（機械室の大きさなど）
●各設備の幹線ルートと納まりの検討（メンテナンスや更新を考慮）
基本計画完了
建築実施設計
構造実施設計
計画の補正
設計の補正
設備実施設計
●設備内容の最終決定（建築主へ要望の最終確認）
●設備機器スペックの決定
●設備機器の配置と詳細納まりの決定
●すべての設備ルートと詳細納まりの決定
●意匠上見えてくる設備の位置や仕様の最終確認
実施設計完了
施工会社見積依頼
施工会社の決定
工事着工
確認申請
事前協議

No. 002

戸建住宅の設備

ココがポイント!

① 快適かどうかは建築設備にかかわる
② 給排水衛生設備、空気調和換気設備、電気設備の3つがある
③ 各設備の役割を理解して計画を行う

メンテナンス・更新

建築主には建築設備のメンテナンスや更新時期を伝える

3つの建築設備

建築基準法では、建築設備は「建築物に設ける電気、ガス、給水、排水、換気、暖房、冷房、消火、排煙若しくは汚物処理の設備又は煙突、昇降機若しくは避雷針」と定義されている（法2条3号）。

戸建住宅の建築設備は、給排水衛生設備、空気調和換気設備、電気設備の3つに分けられる。

給排水衛生設備

●**給水設備**　上水道本管から受水し、建築物に生活上必要な水を供給する。

●**給湯設備**　風呂・洗面台・キッチンなどに、加熱した水を給湯機から供給。

●**排水設備**　雨水・湧水・空調ドレンなどの発生水や、衛生器具などで使用し、汚染された水を敷地外に排出。速やかかつ衛生的に排出するため、適切な排水配管とともに、排水トラップ・通気などの付属設備を設ける。

●**ガス設備**　住宅などにガス管を引込み、給湯・調理・暖房・冷房・発電などの燃料として利用。大きく分けて、都市ガスとＬＰガス（プロパンガス）の２つがある。

空気調和換気設備

●**冷暖房設備**　年間を通し、建築物内を快適な温度・湿度に保つための機械を設置。一般的にはエアコンや床暖房などを指す。省エネルギーへの配慮が必要。

●**換気設備**　室内で発生した汚染された空気を速やかに外部に排出し、新鮮な外気を必要な分だけ取り入れ、健康的な室内環境を保つ。

電気設備

●**電力引込み設備**　電力を前面道路の電線より引込む。近年は電気機器の増大により、電力の必要容量が増加。

●**電灯コンセント設備**　各部屋の照明やコンセントなど。電気設備として最もデザイン性が問われる。

●**弱電設備**　電話機やＦＡＸ、インターネットなどの通信設備や、テレビ設備、インターホン設備、住宅用火災警報器などがある。

■ 戸建住宅の建築設備

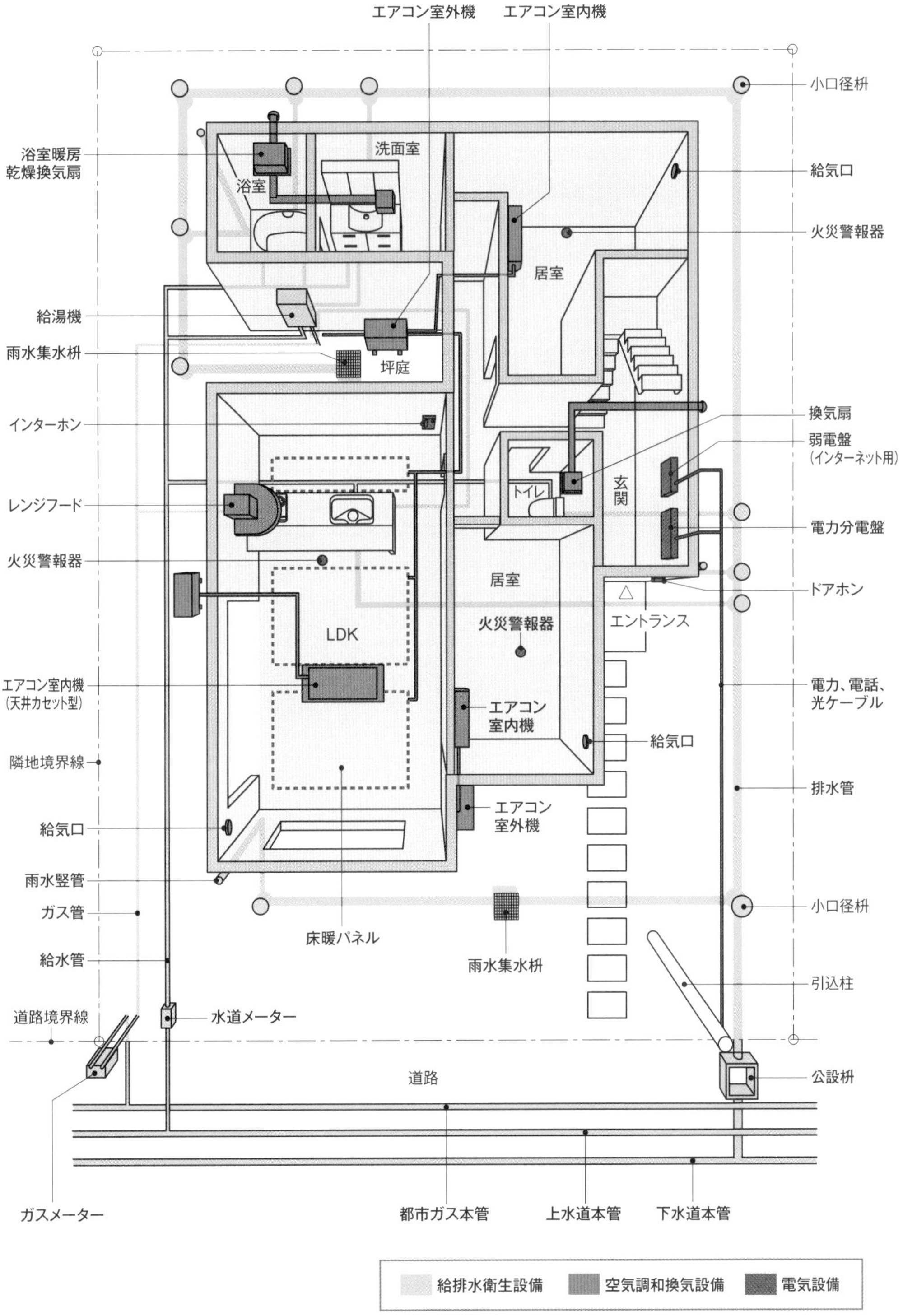
エアコン室外機
エアコン室内機
小口径枡
浴室暖房
乾燥換気扇
浴室
洗面室
給気口
火災警報器
居室
給湯機
雨水集水枡
坪庭
インターホン
換気扇
弱電盤
(インターネット用)
玄関
トイレ
レンジフード
電力分電盤
火災警報器
居室
ドアホン
エントランス
火災警報器
LDK
エアコン室内機
(天井カセット型)
電力、電話、
光ケーブル
エアコン
室内機
給気口
隣地境界線
排水管
エアコン
室外機
給気口
雨水竪管
小口径枡
ガス管
床暖パネル
雨水集水枡
給水管
引込柱
道路境界線
水道メーター
公設枡
道路
ガスメーター
都市ガス本管
上水道本管
下水道本管
給排水衛生設備
空気調和換気設備
電気設備

No.
003

集合住宅の設備

ココがポイント!

① 「過剰設備」にならないようにする
② 配管類と構造との干渉部分は入念にチェック
③ 電気の打込み配管のボリュームを把握する

メンテナンス・更新

新規設備の導入や増設の対応を考慮する

設備のボリュームを把握する

設備施工会社でも、集合住宅となると不慣れなケースが多い。設備計画の際は、意匠設計者と設備設計者の知識や経験が非常に重要になる。

まず注意したいのが、建築主などからの要求に振り回され、「過剰設備」にならないようにすること。バランスのとれた設備計画ができるよう、設計者自身がポリシーを持ち、イニシアチブをとる必要がある。

集合住宅では、設計段階で給排水や空調配管、換気のダクトルートや納まり、機器類の設置スペースの確保などを検討し、メンテナンス性、施工性、更新時の対応などを考慮して無理のない設備計画を立てる。また、構造との干渉など基本的なチェックも行う。

電気の配管の多くが埋込まれる集合住宅では、電気・情報機器の多様化により配線の種類が膨大になっている。これらのボリュームを把握しておかないと、躯体の強度に影響を与えかねない。

早めの対応を心がける

集合住宅は個々の設備機器類が大きく、種類も増えるため、それぞれの必要スペースや設置位置を早めに検討する。配管・配線類の必要スペースも大きくなり、種類も増えるので注意する。現場施工段階で安易にルート変更ができないため、設計段階で意匠・構造との調整を十分に行う。

また、躯体の寿命よりも設備機器や設備材料の寿命は短い。あらかじめ機器や配管類の交換やメンテナンスを想定し、設置場所やメンテナンススペース、将来の設備更新や予備の増設スペースなどにも配慮する。

設備機器は、取付け位置や納まりを検討し、躯体との取合いなどを確認したうえで決定する。木造住宅と違い、いったん完成した躯体には、安易に開口を設けるのは難しいため、新規設備の追加などを想定した予備の配管・配線スペースやルートを確保しておく必要がある。

■ 設備のボリューム（建築物全体）

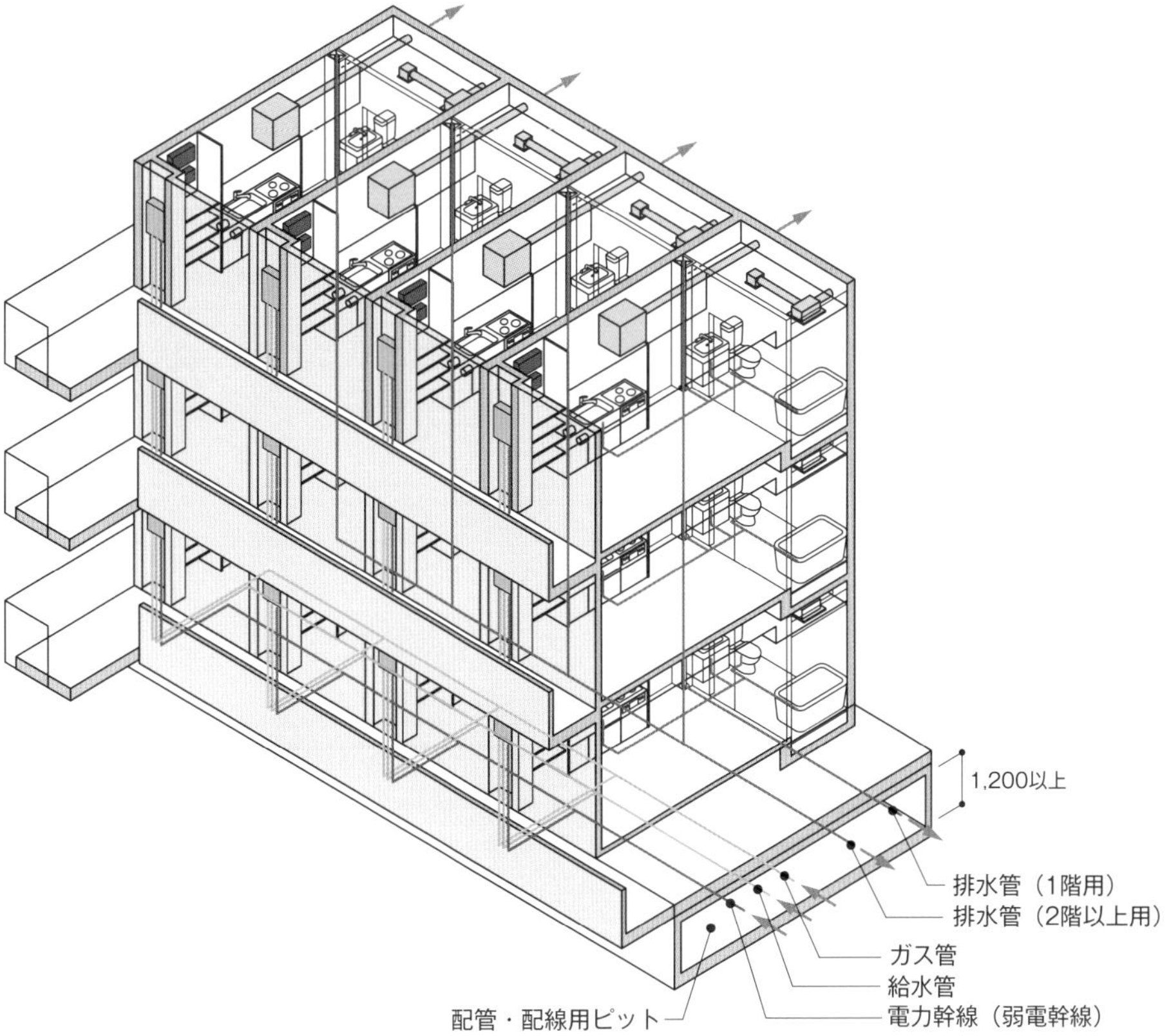
1,200以上
排水管（1階用）
排水管（2階以上用）
ガス管
給水管
電力幹線（弱電幹線）
配管・配線用ピット

（各住戸）

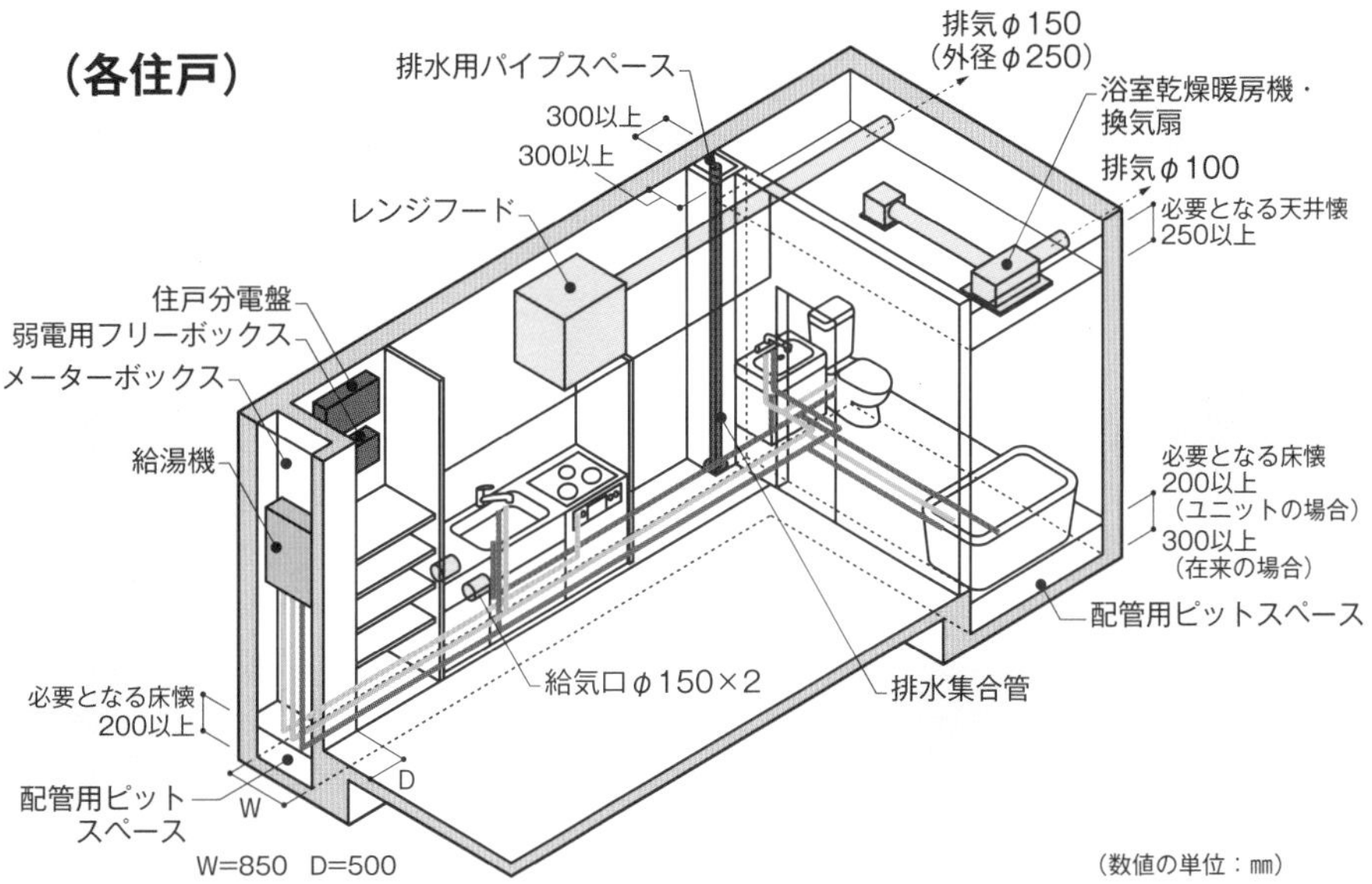
排水用パイプスペース
300以上
300以上
排気φ150
（外径φ250）
浴室乾燥暖房機・
換気扇
排気φ100
必要となる天井懐
250以上
レンジフード
住戸分電盤
弱電用フリーボックス
メーターボックス
給湯機
必要となる床懐
200以上
（ユニットの場合）
300以上
（在来の場合）
配管用ピットスペース
給気口φ150×2
排水集合管
必要となる床懐
200以上
配管用ピット
スペース
W
D
W=850 D=500

（数値の単位：mm）

No.
004

現地調査

ココがポイント!

① 現地に足を運んでインフラ設備の状況を確認
② インフラ設備は上下水道局や供給会社と協議する
③ 雨水流出抑制は役所に確認する

メンテナンス・更新

水道・ガス・電気メーターは、検針員が見やすい位置に設置する

インフラ設備を調査・確認

基本計画を始める前に、インフラ設備を調査・確認する必要がある。以下に確認事項をまとめる。

水道局

①前面道路の上水道本管位置と口径および敷地内の既存給水引込管位置と口径（上水道台帳で確認）、②予定している必要引込管口径を申告し、新設引込みする場合の可・不可（既存引込管が存在する場合は再利用の可・不可）、③建築物の規模を申告し、予定している給水方式の可・不可（本管の設計水圧）、④メーターの設置予定場所（特に直結給水方式の場合は注意）、⑤水道負担金・加入金の有無、⑥事前協議の有無

下水道局

①前面道路の下水道本管位置と口径および敷地内の既存公設枡位置と放流管口径（下水道台帳で確認）、②汚水・雨水合流地域・分流地域（分流方式の場合は雨水の放流先を確認）、③下水道負担金・加入金の有無、④事前協議の有無、⑤雨水の流出抑制の有無（役所に確認）

ガス会社（都市ガス）

①前面道路の都市ガス本管位置と口径および敷地内の既存給水引込管位置と口径、②予定している建築物全体でのガス使用量を申告し、新設引込みする場合の可・不可、③前面道路からの新設引込みが不可の場合、ガス会社負担での本管延長が可能か、供給管の延長協議を申告、④都市ガス引込みが不可の場合はLPガスで計画を行う

電力会社

①建物全体での使用電力容量を決定のうえ、管轄の電力会社に連絡し、事前協議の有無を確認（架空引込みと地中引込み）、②高圧電力供給の場合、変圧器スペースが必要となるため、設置予定場所と必要スペースを打ち合わせる

電話会社

①建物全体での必要回線数を決定のうえ、管轄の電話会社に連絡し、事前協議の有無を確認、②光ケーブル引込みの可・不可など

■ 現地調査のチェックポイント

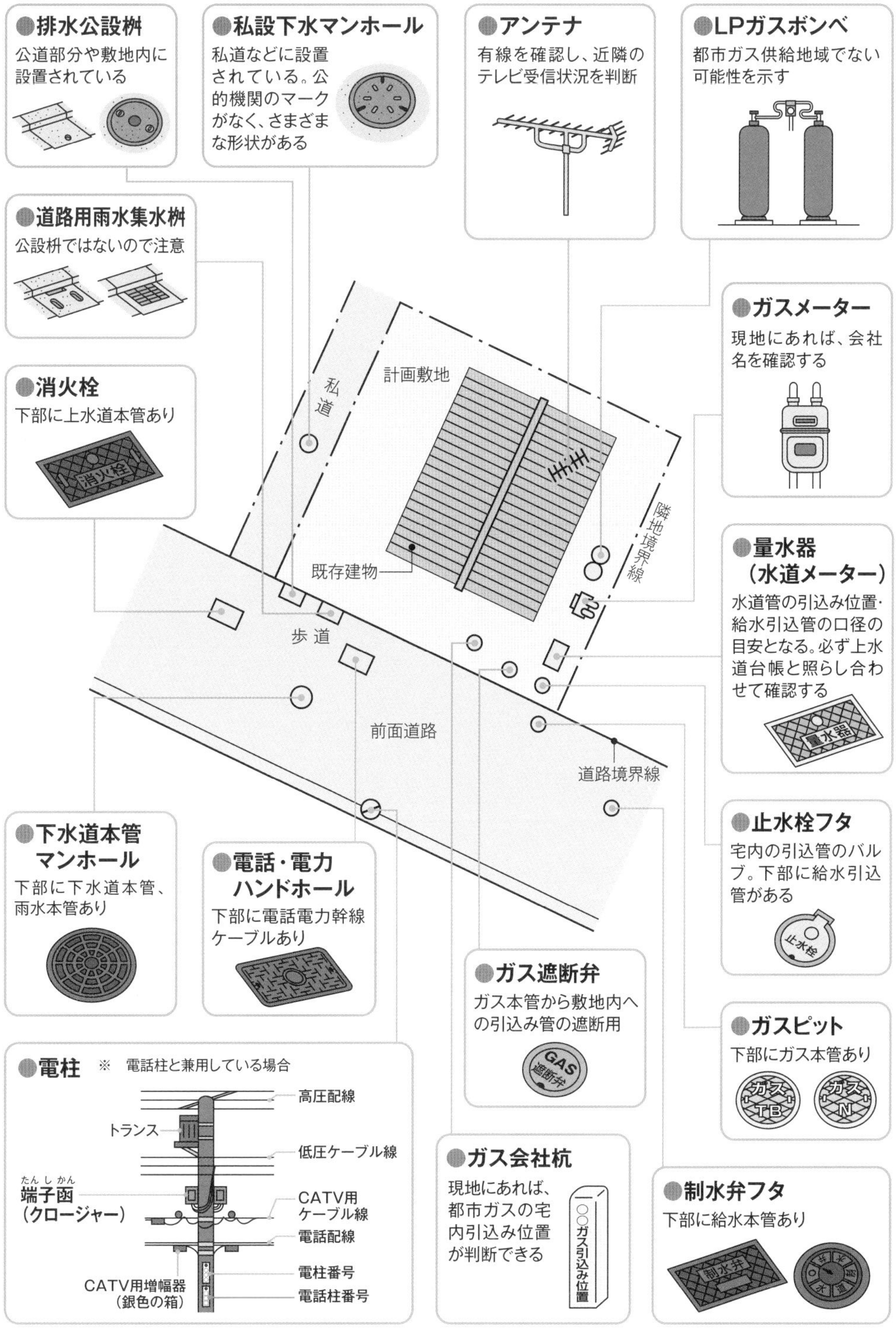
●排水公設桝
公道部分や敷地内に設置されている
●私設下水マンホール
私道などに設置されている。公的機関のマークがなく、さまざまな形状がある
●アンテナ
有線を確認し、近隣のテレビ受信状況を判断
●LPガスボンベ
都市ガス供給地域でない可能性を示す
●道路用雨水集水桝
公設枡ではないので注意
●ガスメーター
現地にあれば、会社名を確認する
●消火栓
下部に上水道本管あり
消火栓
私道
計画敷地
既存建物
隣地境界線
歩道
前面道路
道路境界線
●量水器（水道メーター）
水道管の引込み位置・給水引込管の口径の目安となる。必ず上水道台帳と照らし合わせて確認する
量水器
●止水栓フタ
宅内の引込管のバルブ。下部に給水引込管がある
止水栓
●下水道本管マンホール
下部に下水道本管、雨水本管あり
●電話・電力ハンドホール
下部に電話電力幹線ケーブルあり
●ガス遮断弁
ガス本管から敷地内への引込み管の遮断用
GAS 遮断弁
●ガスピット
下部にガス本管あり
ガス TB
ガス N
●電柱 ※ 電話柱と兼用している場合
高圧配線
トランス
低圧ケーブル線
端子函《たんしかん》（クロージャー）
CATV用ケーブル線
電話配線
CATV用増幅器（銀色の箱）
電柱番号
電話柱番号
●ガス会社杭
現地にあれば、都市ガスの宅内引込み位置が判断できる
○○ガス引込み位置
●制水弁フタ
下部に給水本管あり
制水弁
水道

スケルトン・インフィル

たとえば、今から30～40年前に建てられた建物が、住まい手のライフスタイルの変化や設備類の寿命などによって改修工事が必要になったとする。

その際、建設当時に内装の変更や設備更新をまったく考慮せずに建てられた建物は、大がかりな工事が必要となり、莫大な費用がかかってしまう。その結果、建て替えざるを得ないという選択になりがちだ。

このようなリスクを減らすために、設計当初から将来の内装・間取りの変更やリフォームのしやすさ、設備の更新などを考え、躯体部分（スケルトン）と設備・内装部分（インフィル）を分離して設計する手法を「スケルトン・インフィル」という。特に集合住宅に取り入れられている。

この手法によって、将来はインフィルの工事のみで、建物そのものは90年、100年と使い続けることができるようになる。建物の解体を免れることによって廃棄物を削減できるので、環境負荷の増大を防ぐうえでも望ましい。

■ 集合住宅の場合

●従来の集合住宅

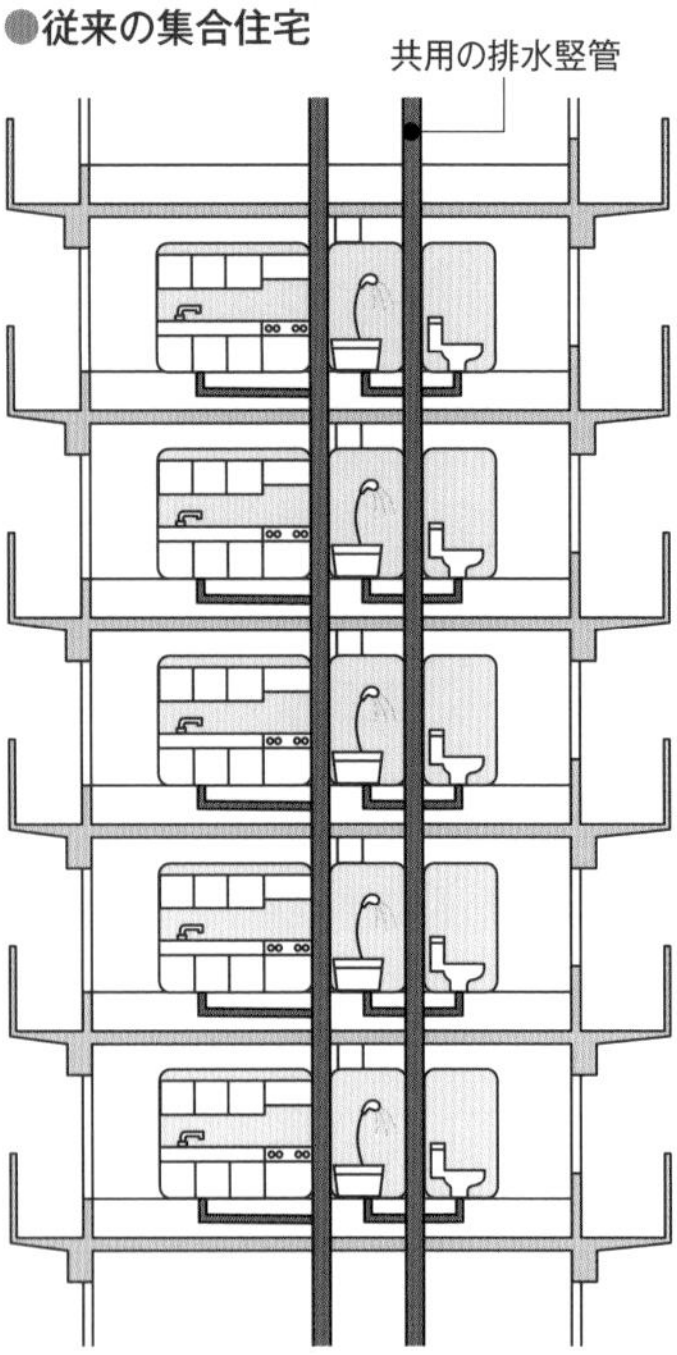
共用の排水竪管

●スケルトン・インフィル住宅

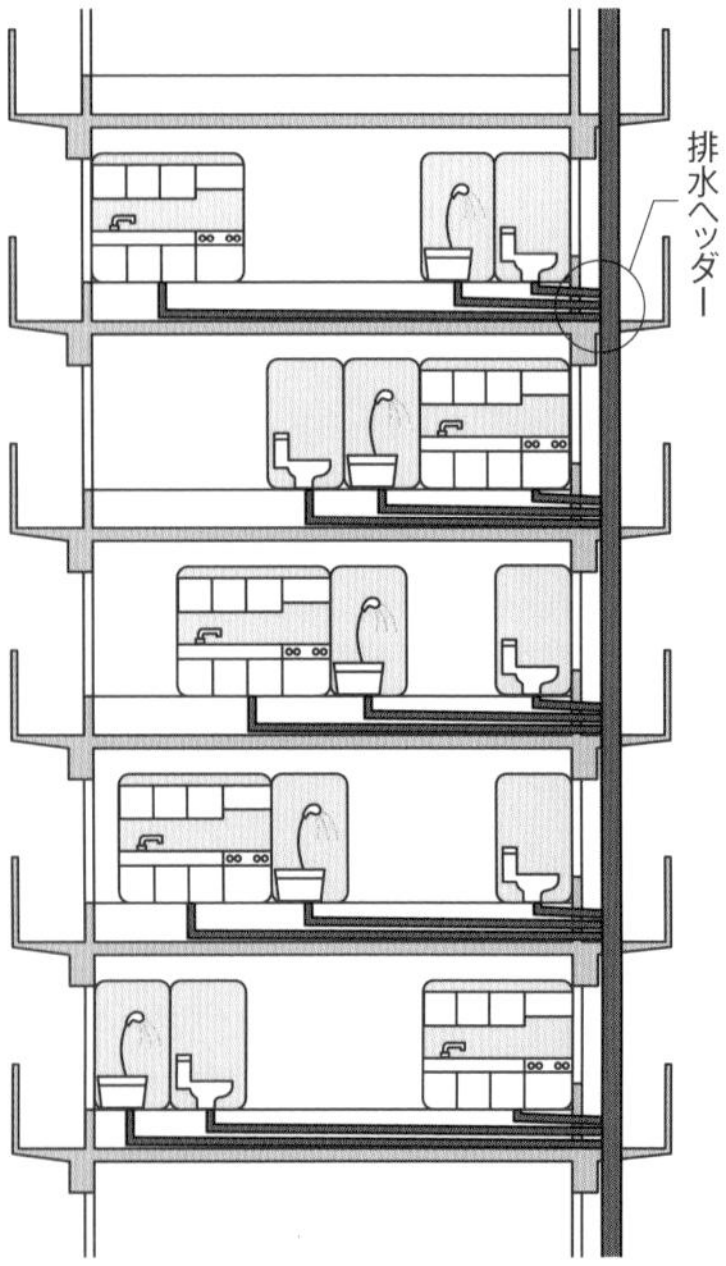
排水ヘッダー

住宅の中心部に排水竪管を通さないようにするなど、改修時の設計の自由度を確保する

■ スケルトン・インフィルの仕組み

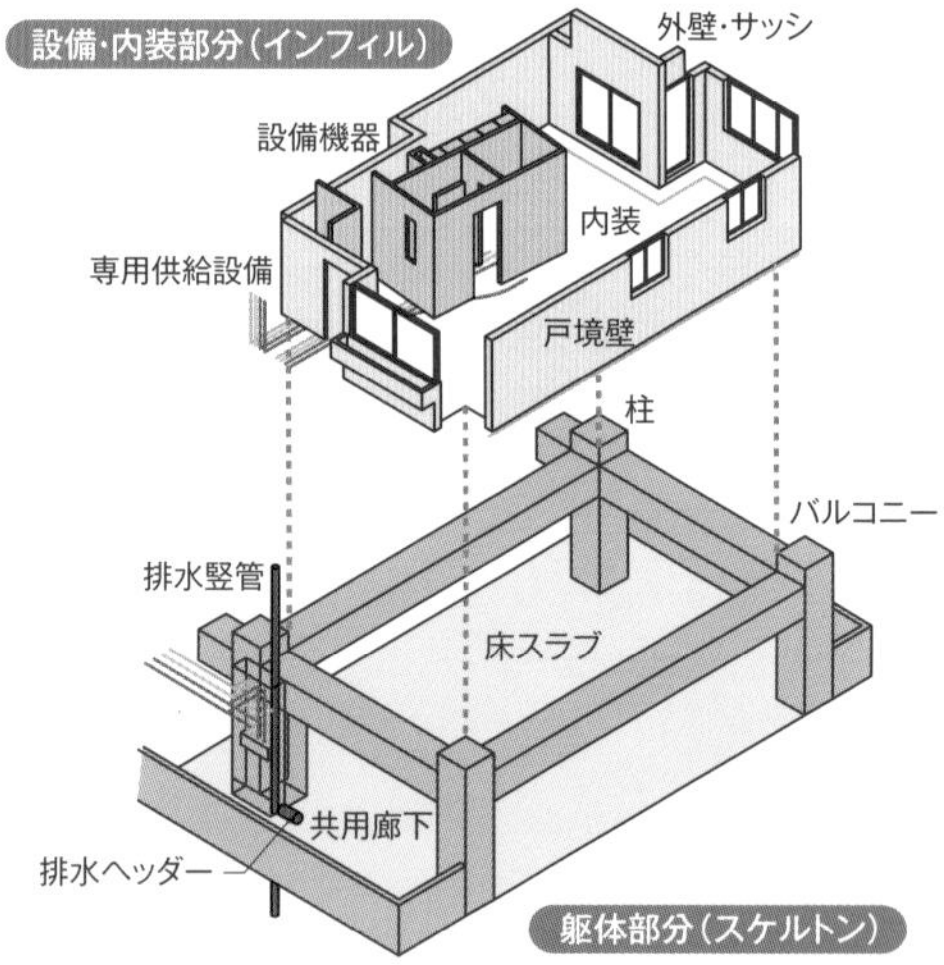
設備・内装部分（インフィル）
外壁・サッシ
設備機器
内装
専用供給設備
戸境壁
柱
バルコニー
排水竪管
床スラブ
共用廊下
排水ヘッダー
躯体部分（スケルトン）

Part 2

給排水・給湯のキホン

No. 005

給水設備の調査

ココがポイント!

① 外側の止水栓から上水道本管側は水道施設
② 現地で給水引込本管とメーター位置を必ず確認
③ 水道水を使うには加入負担金が必要な場合も

要注意!

水道台帳には個人情報が含まれるので、閲覧するには手続きが必要

建築の給水設備とは

給水設備とは、建物や敷地内において、飲食・炊事のほか、トイレ・浴室・清掃などで使用する水を供給する給水管やポンプ・タンク類を指す。

水道水は、道路下に埋設されている上水道本管から、給水引込管を通って敷地内へ供給される。給水引込管から水の供給を中止する際に閉じる栓を止水栓といい、敷地境界の内側と外側に2カ所ある。外側の止水栓から上水道本管側は給水設備ではなく、水道施設となる。敷地内の止水栓の脇にある量水器は水道メーターのことで、水の使用量を計り、水道料金が決まる。

現場で見ること、役所で聞くこと

給水設備の計画を始める前に、まず敷地の現況を調べる。現況調査には、現地で目視確認するものと、管轄の水道局や建設局水道課（ガスや電気は各供給会社）で確認するものがある。地中に埋まっているものは現地で見ても分からないため、水道局で給水本管埋設図（水道台帳）を閲覧して確認する。

敷地内の配管図には個人情報が含まれ、プライバシーの観点から土地の所有者（水道利用者）以外は閲覧できない場合があるため、事前に申請書・委任状・申請費用などを用意しておく。

調査・確認の注意点

給水設備の計画では、効率的に配管を取り回そうとすると、キッチンや浴室・トイレなど水廻りの配置計画に影響してくる。そのため現地調査では、特に給水引込管やメーター位置は必ず確認しておく。

水道局で閲覧できる図面は、埋設位置や寸法が分かりにくいため、図面と照らし合わせながら現場を確認するとよい。敷地境界線や目印になるものから、埋設管・メーター類までの距離を控えておくと計画が立てやすい。

また、水道局によっては水道加入（負担）金が必要になるため、必要な経費についても最初に把握しておくことが大切である。

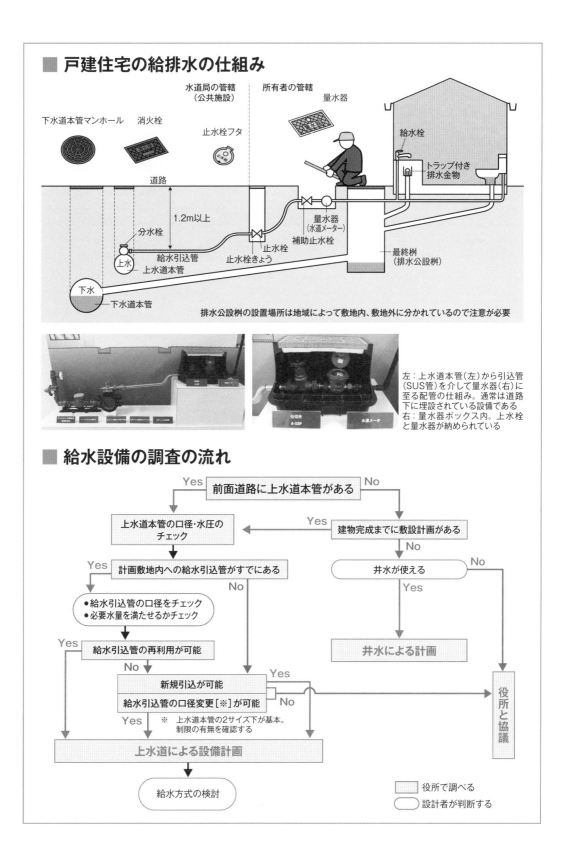

戸建住宅の給排水の仕組み

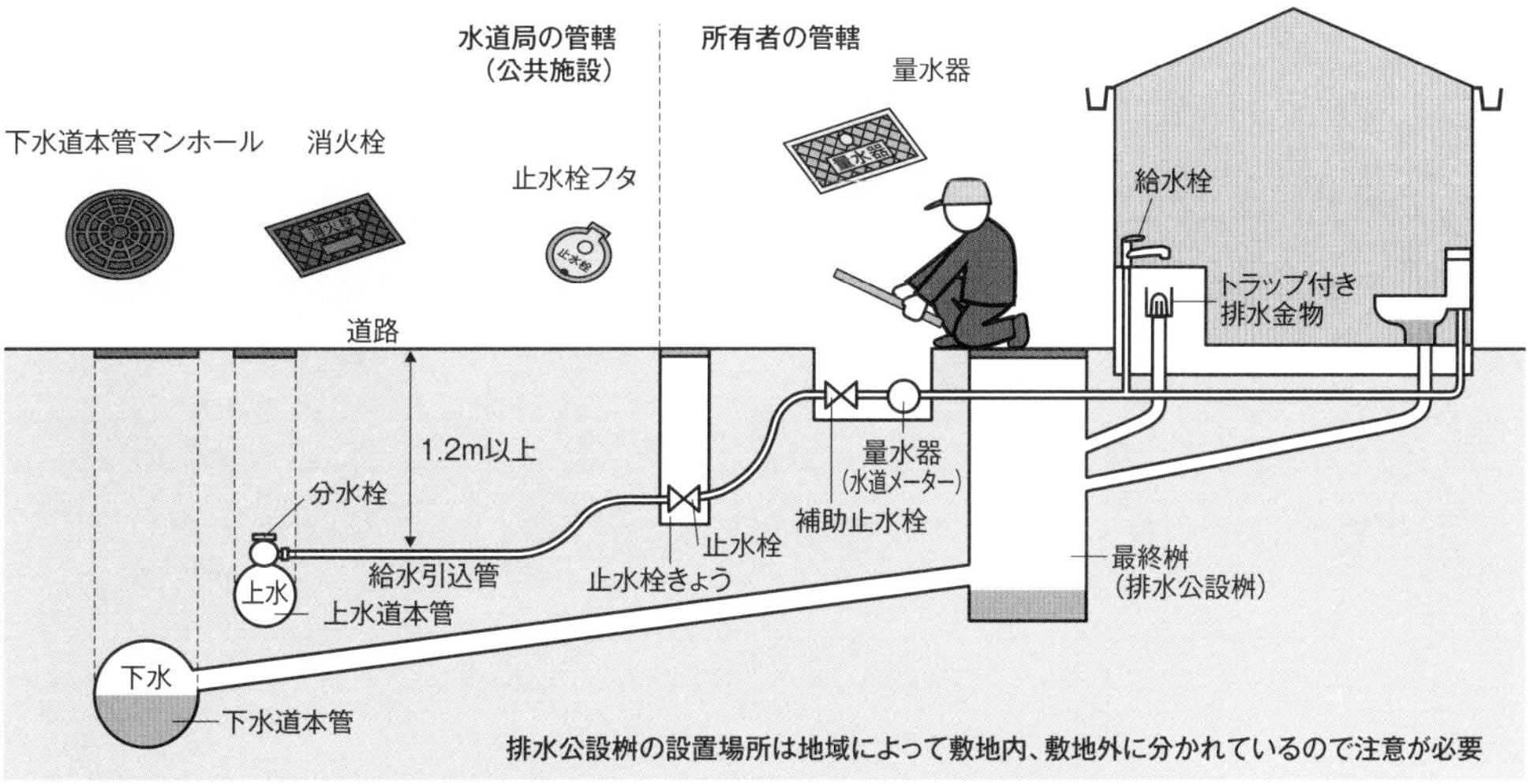
水道局の管轄
（公共施設）
所有者の管轄
量水器
下水道本管マンホール
消火栓
止水栓フタ
給水栓
トラップ付き
排水金物
道路
1.2m以上
分水栓
上水
給水引込管
上水道本管
止水栓
止水栓きょう
量水器
（水道メーター）
補助止水栓
最終桝
（排水公設桝）
下水
下水道本管
排水公設桝の設置場所は地域によって敷地内、敷地外に分かれているので注意が必要

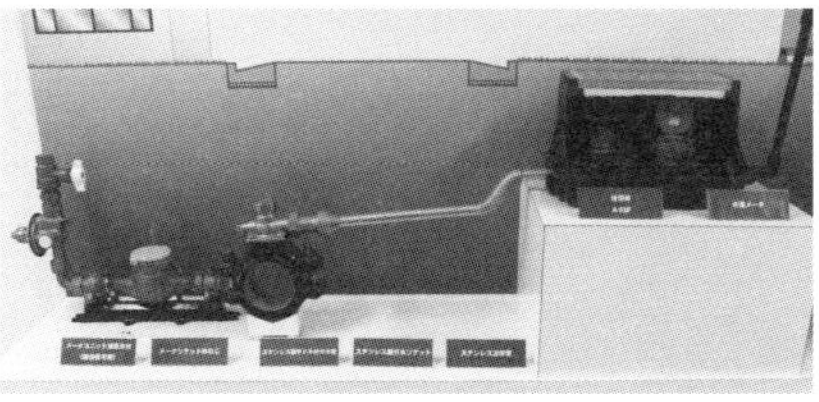

仕切弁
A-SSP
水道メータ

左：上水道本管（左）から引込管（SUS管）を介して量水器（右）に至る配管の仕組み。通常は道路下に埋設されている設備である
右：量水器ボックス内。上水栓と量水器が納められている

給水設備の調査の流れ

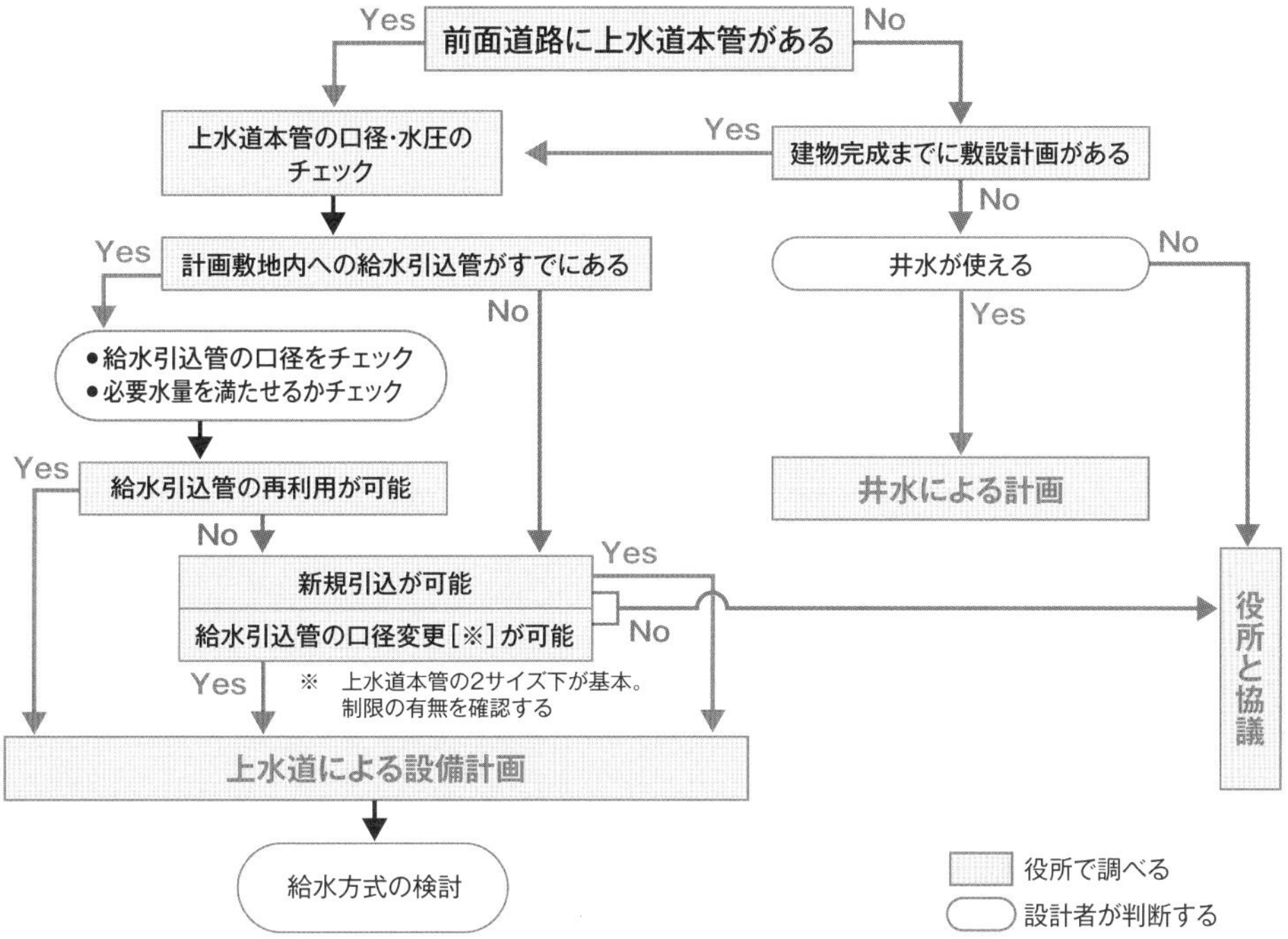
前面道路に上水道本管がある
Yes
No
上水道本管の口径・水圧のチェック
建物完成までに敷設計画がある
Yes
No
計画敷地内への給水引込管がすでにある
Yes
No
井水が使える
Yes
No
●給水引込管の口径をチェック
●必要水量を満たせるかチェック
井水による計画
給水引込管の再利用が可能
Yes
No
新規引込が可能
給水引込管の口径変更[※]が可能
Yes
No
※ 上水道本管の2サイズ下が基本。制限の有無を確認する
役所と協議
上水道による設備計画
給水方式の検討
役所で調べる
設計者が判断する

給水方式を選ぶ

No. 006

ココがポイント!

① 給水方式は建物の規模で決める
② 直結増圧方式が使える建物・地域か確認
③ 直結増圧方式には適さない、建物の用途がある

メンテナンス・更新

水道メーターは配管との継手部分が腐食しやすいため、8年ごとの交換が法律で定められている

給水方式の種類

各地域の水道局によって給水方法や給水量などが異なるため、事前に確認したうえで、建物の規模に合わせて給水方式を選ぶ。主に3つの方式がある。

戸建住宅など小規模な建物に用いるのが、水道直結方式。浄水場から送られてくる水の圧力だけで、各住戸へ水が供給される。反対にビルなどの大規模な建物では、水道の圧力だけでは上層階まで水を送ることができないため、受水槽とポンプによる加圧給水方式を用いる。

なお3階建て（地域によっては5階建て）以上の中規模の建物では、水道直結式に増圧ポンプを組み合わせた水道直結増圧方式が用いられる。

受水槽の衛生問題や、「おいしい水」への関心から、直結給水の要望が増えており、各自治体でも整備に力を入れている。しかし、この方式は採用できる地域や建物に制限があるため、管轄の水道局への確認が必要になる。

給水方式の決め方

給水方式を決める際、建物の用途を考慮することも重要だ。直結給水は、断水した場合に水の供給が止まるため、長時間の断水により損害が発生する用途（ホテル・飲食店・透析クリニックなど）は、受水槽方式の方が望ましい。

また、1日に大量の水を使用する用途（病院・工場・学校など）は、水道局で直結方式が認められない場合あるので、事前確認をしておく必要がある。

メーターの設置条件

メーター設置条件についても各地域の水道局で確認する。水道メーターは配管との継手部分が腐食しやすいため、8年ごとの交換が法律で定められている。交換時に断水せずに作業を行うため、増圧給水方式では「メーターバイパスユニット」の設置を指導されることが多い。また、集合住宅では各住戸のメーターを耐食性や強度のある「メーターユニット」にする。

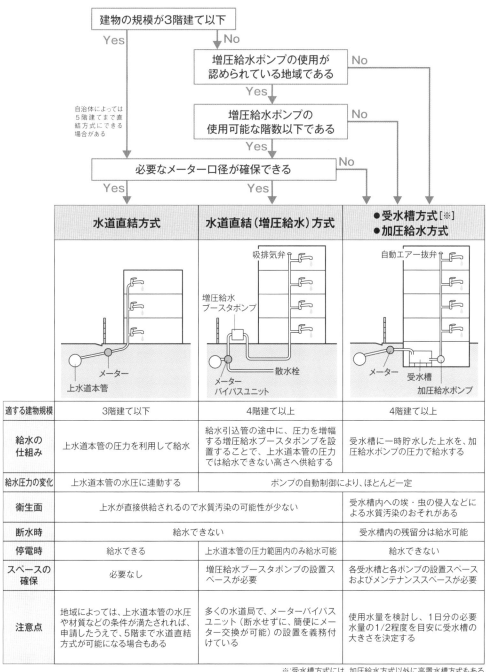

給水方式の決め方

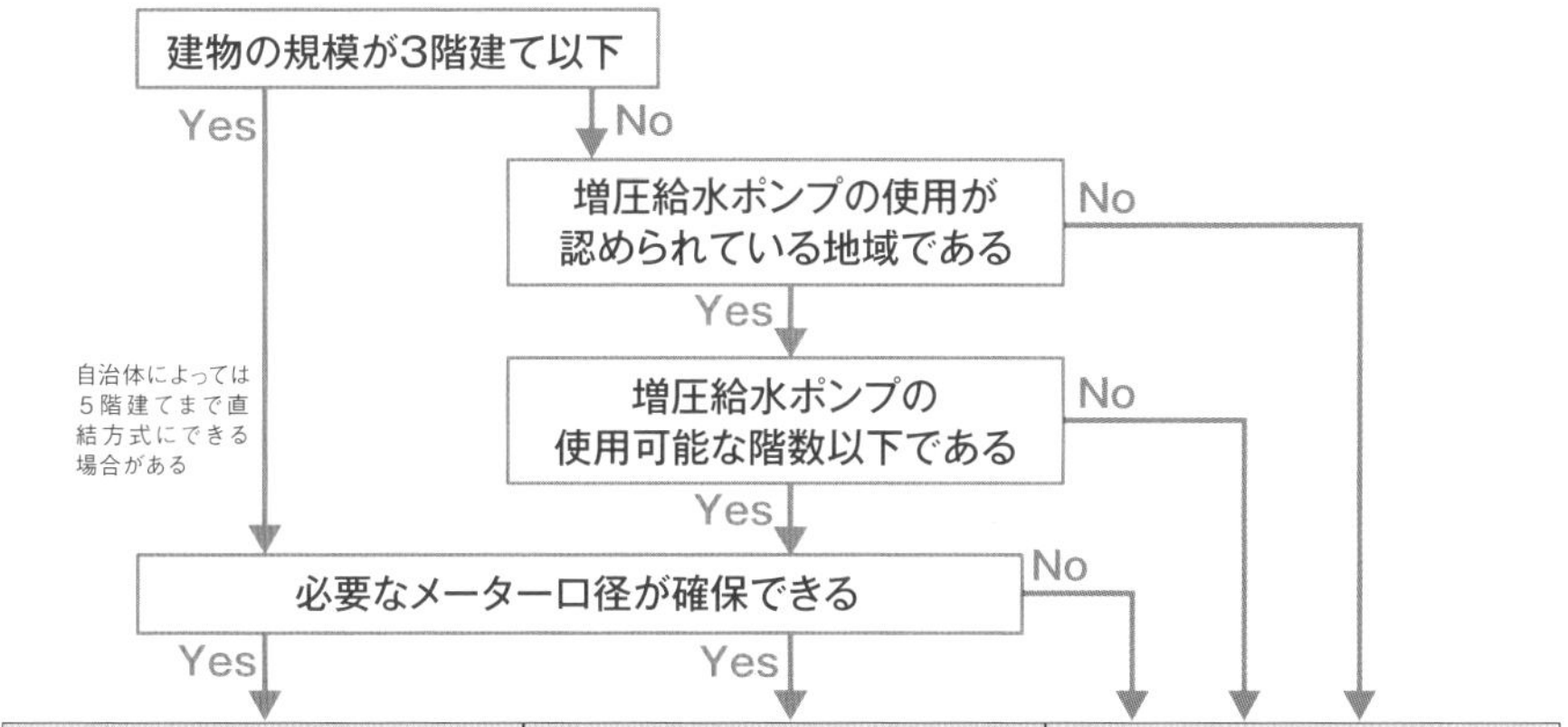

建物の規模が3階建て以下
Yes
No
増圧給水ポンプの使用が
認められている地域である
No
Yes
増圧給水ポンプの
使用可能な階数以下である
No
Yes
自治体によっては
5階建てまで直
結方式にできる
場合がある
必要なメーター口径が確保できる
No
Yes
Yes

	水道直結方式	水道直結（増圧給水）方式	●受水槽方式[※] ●加圧給水方式

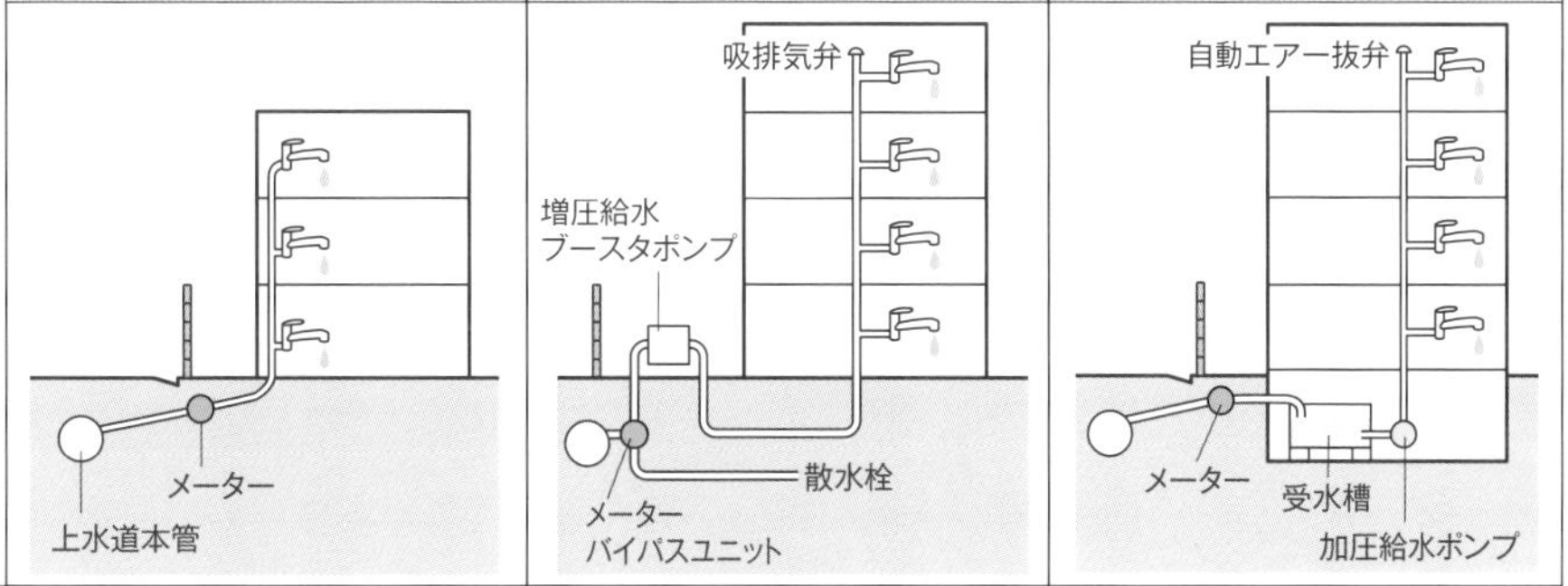

メーター
上水道本管
吸排気弁
増圧給水
ブースタポンプ
散水栓
メーター
バイパスユニット
自動エアー抜弁
メーター
受水槽
加圧給水ポンプ

	水道直結方式	水道直結（増圧給水）方式	受水槽方式・加圧給水方式
適する建物規模	3階建て以下	4階建て以上	4階建て以上
給水の仕組み	上水道本管の圧力を利用して給水	給水引込管の途中に、圧力を増幅する増圧給水ブースタポンプを設置することで、上水道本管の圧力では給水できない高さへ供給する	受水槽に一時貯水した上水を、加圧給水ポンプの圧力で給水する
給水圧力の変化	上水道本管の水圧に連動する	ポンプの自動制御により、ほとんど一定	
衛生面	上水が直接供給されるので水質汚染の可能性が少ない		受水槽内への埃・虫の侵入などによる水質汚染のおそれがある
断水時	給水できない		受水槽内の残留分は給水可能
停電時	給水できる	上水道本管の圧力範囲内のみ給水可能	給水できない
スペースの確保	必要なし	増圧給水ブースタポンプの設置スペースが必要	各受水槽と各ポンプの設置スペースおよびメンテナンススペースが必要
注意点	地域によっては、上水道本管の水圧や材質などの条件が満たされれば、申請したうえで、5階まで水道直結方式が可能になる場合もある	多くの水道局で、メーターバイパスユニット（断水せずに、簡便にメーター交換が可能）の設置を義務付けている	使用水量を検討し、1日分の必要水量の1/2程度を目安に受水槽の大きさを決定する

※:受水槽方式には、加圧給水方式以外に高置水槽方式もある

各地域の水道局では、給水方式とともにメーターの設置条件についても確認しなければならない。水道メーターは配管との継手部分が腐食しやすいため、8年ごとの交換が法律で定められている。交換時は断水せずに作業を行えるように、あらかじめ水道局から「メーターバイパスユニット」の設置を義務付けられることがある。

No. 007

必要水量と給水引込口径

ココがポイント!

① 瞬時最大水量が必要水量となる

② 戸建住宅では設置する水栓の数から口径を決めてもよい

③ 受水槽の有効容量は、建物全体の1日使用水量の4／10～6／10とする

メンテナンス・更新

メーター口径を変更する場合は新設するメーター口径に適した給水管へ、自費にて配管替えが必要

給水引込口径の決め方

給水引込管のサイズは「口径○㎜」と表され、上水道本管から分岐し、敷地内へ供給する配管径の大きさをいう。

給水引込管を決定するためには、建物全体での必要水量を求めることが必須となる。必要水量は建物の用途によって異なるが、1人当たりの給水量と想定人員を乗算して求める。

さらに、建物全体での1日の使用水量を1日の使用時間で割り、1時間当たりの平均水量を求める。この際の1日の使用時間は8～12時間とする。平均水量を2.0倍した水量が時間最大水量となり、受水槽方式の場合は、この水量が引込管での必要水量となる。

直結給水方式の場合

直結給水方式の場合は、時間最大水量に、さらに1.5～2.0倍した水量が瞬時最大水量であり、これが必要水量となる。基本的に、必要水量を確保できる口径が給水引込管のサイズとなるが、本管の水圧などから複雑な計算によって口径を求める方法もある（今回は省略する）。

また、簡易的に引込管口径を決める方法として、戸建住宅では設置する水栓の数から口径を決めてもよい。このとき、水栓数には便器や給湯機など水道水が供給されるものすべてが含まれる。

集合住宅の場合

集合住宅では、住戸数によって引込管口径を決める。また、受水槽の有効容量は、建物全体での1日使用水量の4／10～6／10（高置水槽の場合は1／10）とする。容量を大きくし過ぎて水槽内に水が停滞しないように注意する。

なお、メーター口径は基本的に、給水引込管口径と同径となる。水道局ではメーター口径によって水道の基本料金を定める、口径別料金制度を採用している。地域によっては、口径の大きさで水道加入（負担）金の額が定められている場合がある。

1日の1人当たり使用水量（目安）

建物の用途別 使用水量概算値

用 途		有効面積当たり人員[人/㎡] または実人員	有効面積率[%]	1日の1人当たり給水量 [ℓ/d·人]
事務所·官公庁		0.1～0.2	60	100
シティホテル	(客)	宿泊客人員	45～50	300～500
	(従業員)	1.0～1.5人／客室		150
旅館	(客)	宿泊客人員	50	250
	(従業員)	従業員		150
図書館		0.4	40～50	10
カフェ·喫茶店	(客)	0.65～0.85席／㎡	75～80	20～30
レストラン·飲食店	(客)	0.55～0.85席／㎡	65～80	70～100
	(従業員)			100
デパート	(客)	0.2	55～60	5
	(従業員)	3%		100
マンション·アパート		居住者	−	250～350
戸建住宅				200～350
医院·診療所		2.0～2.5人／床	−	300～500ℓ／d·床
病院	(中規模)	3.0～3.5人／床		1,000～1,500ℓ／d·床

受水槽サイズの選び方

- 受水槽サイズは、建物利用者の1日の使用水量を上表から予測し、全体の必要水量から求める
- 計画段階で入居者数を把握し、必要有効容量を算出したうえで、受水槽のサイズを決めスペースを確保しておく

①入居者数から受水槽の必要有効容量を算出（1人当たりの必要有効容量0.15㎥）

入居者数	必要有効容量 [人数×0.15㎥]
5	0.75
10	1.5
20	3
30	4.5
40	6
50	7.5

②必要有効容量から受水槽サイズ·設置スペースを決定する

必要有効容量 [㎥]	受水槽サイズ[m] 縦(d)×横(w)×高さ(h)	受水槽設置スペース[m] (d+1.2)×(w+1.2)×(h+1.6)
0.9	1.5×1×1	2.7×2.2×2.6
1.5	2.5×1×1	3.7×2.2×2.6
3	2.5×2×1	3.7×3.2×2.6
4.8	2×1.5×2	3.2×2.7×3.6
6	2.5×1.5×2	3.7×2.7×3.6
8	2.5×2×2	3.7×3.2×3.6

メーター口径の決め方

- 水道直結方式の場合は、簡易的に水栓の数や入居者数·住戸数などからメーター口径を決定する
- メーター口径が大きいほど使用水量も増え、これにより水道料金の基本料金が決まる
- 水道加入（負担）金が必要な場合は、引込管口径やメーター口径によって異なる場合があるので水道局に確認する

戸建住宅（目安）

メーター[㎜]	口径13㎜の水栓数
13	1～4
20	5～13
25	14以上

集合住宅

メーター[㎜]	入居者数[人]	住戸数[戸]
20	4	1
25	18	4
40	40	10
50	60	15

注 各水道局によって30㎜メーターの有無が異なるので確認する

No. 008

受水槽の設置

ココがポイント！

① 受水槽は定期清掃や保健所の検査が必要
② 設置箇所の構造補強を十分に検討する
③ 最上階や屋上の設備機器には、1階の2.5倍の設計用標準震度を適用

メンテナンス・更新

受水槽の水質管理は建物所有者の責任で行う

受水槽の設置基準

受水槽を設置する際は、点検作業をするスペースも確保することが大切だ。

水質の管理は、水が受水槽に入るまでは水道局、それ以降は建物の所有者が行う。一定規模以上の受水槽は、水道法により簡易専用水道としての規制を受け、定期清掃や保健所による検査などが義務付けられている。定期点検や清掃時に断水しないよう、水槽を2槽にセパレートする方式が一般的だ。

構造と補強

受水槽は建築基準法で構造基準が示され、軽量でさびることなく、経済的なFRP製のものが多く使用されている。床下ピットなど建物の構造体に直接貯水する方式は、構造クラックが入って汚染物質が入り込む可能性があり、また保守点検ができないなど衛生上の問題が多く、現在は認められていない。

受水槽に入り過ぎた水を排出させるオーバーフロー管や排水管は、排水が逆流して受水槽内に流れ込まないよう、排水管へ直結せずに吐水口と排水口を離した「間接排水」とする。寒冷地や屋外に設置する場合、水温を保つために断熱材を巻いた保温仕様にするとよい。

水が満タンになった受水槽は数トンの重量が加わり、それを床で支えることになる。ポンプやほかの機器重量も含め、設置位置が決まったら構造補強を検討する。

受水槽の地震対策

屋上に受水槽を設置する場合は、地震対策も必要になる。設備機器に作用する地震力を検討する際に「標準震度」を用いるが、受水槽は1階・地階に設置するよりも、1.5倍の地震力で構造強度を検討しなければならない。

受水槽を置く基礎は鉄筋を配して構造体と一体化し、受水槽の架台をアンカーボルトでしっかりと基礎に固定。計算で求めた引抜きの力に耐えられる固定金物を選び、施工精度を保つ。

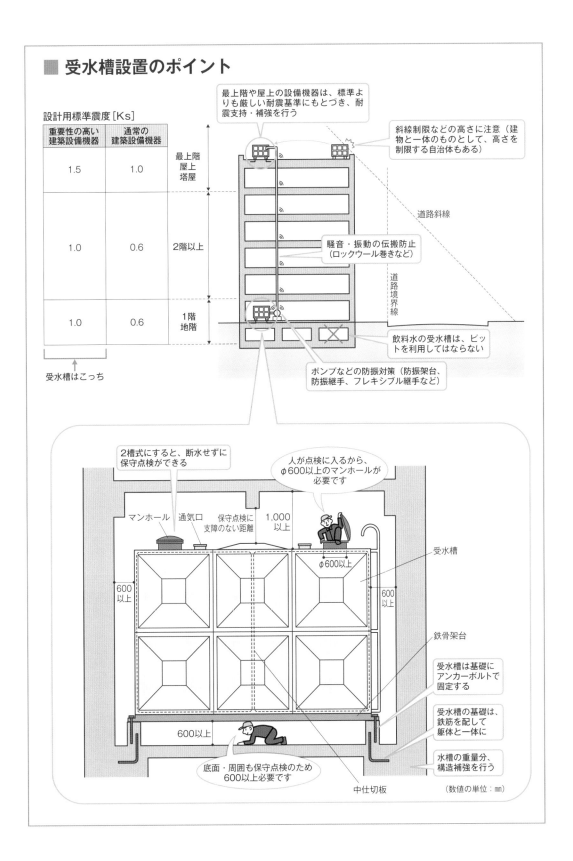

■ 受水槽設置のポイント

設計用標準震度［Ks］

重要性の高い建築設備機器	通常の建築設備機器	
1.5	1.0	最上階 屋上 塔屋
1.0	0.6	2階以上
1.0	0.6	1階 地階

↑受水槽はこっち

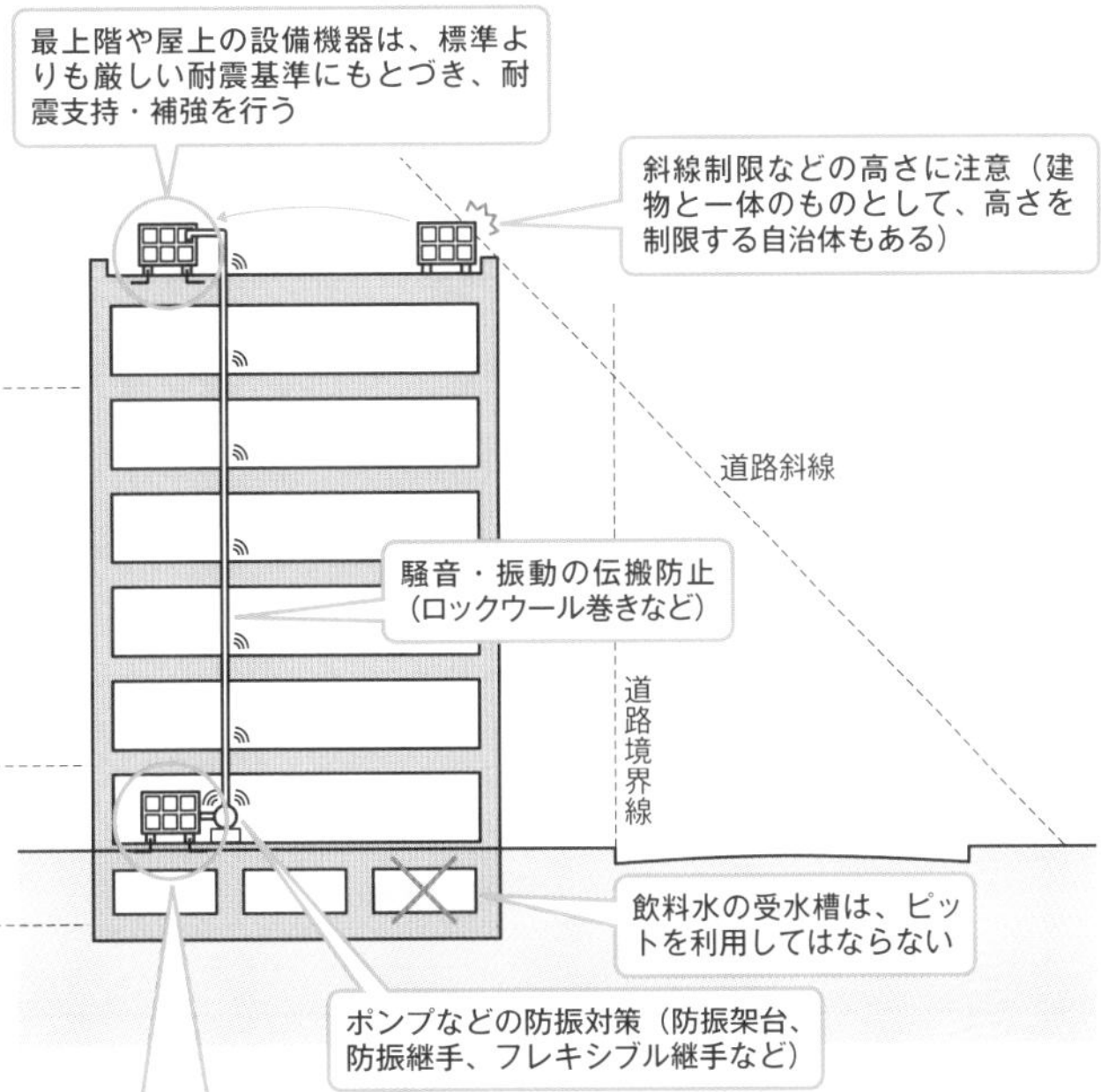
最上階や屋上の設備機器は、標準よりも厳しい耐震基準にもとづき、耐震支持・補強を行う
斜線制限などの高さに注意（建物と一体のものとして、高さを制限する自治体もある）
道路斜線
騒音・振動の伝搬防止（ロックウール巻きなど）
道路境界線
飲料水の受水槽は、ピットを利用してはならない
ポンプなどの防振対策（防振架台、防振継手、フレキシブル継手など）

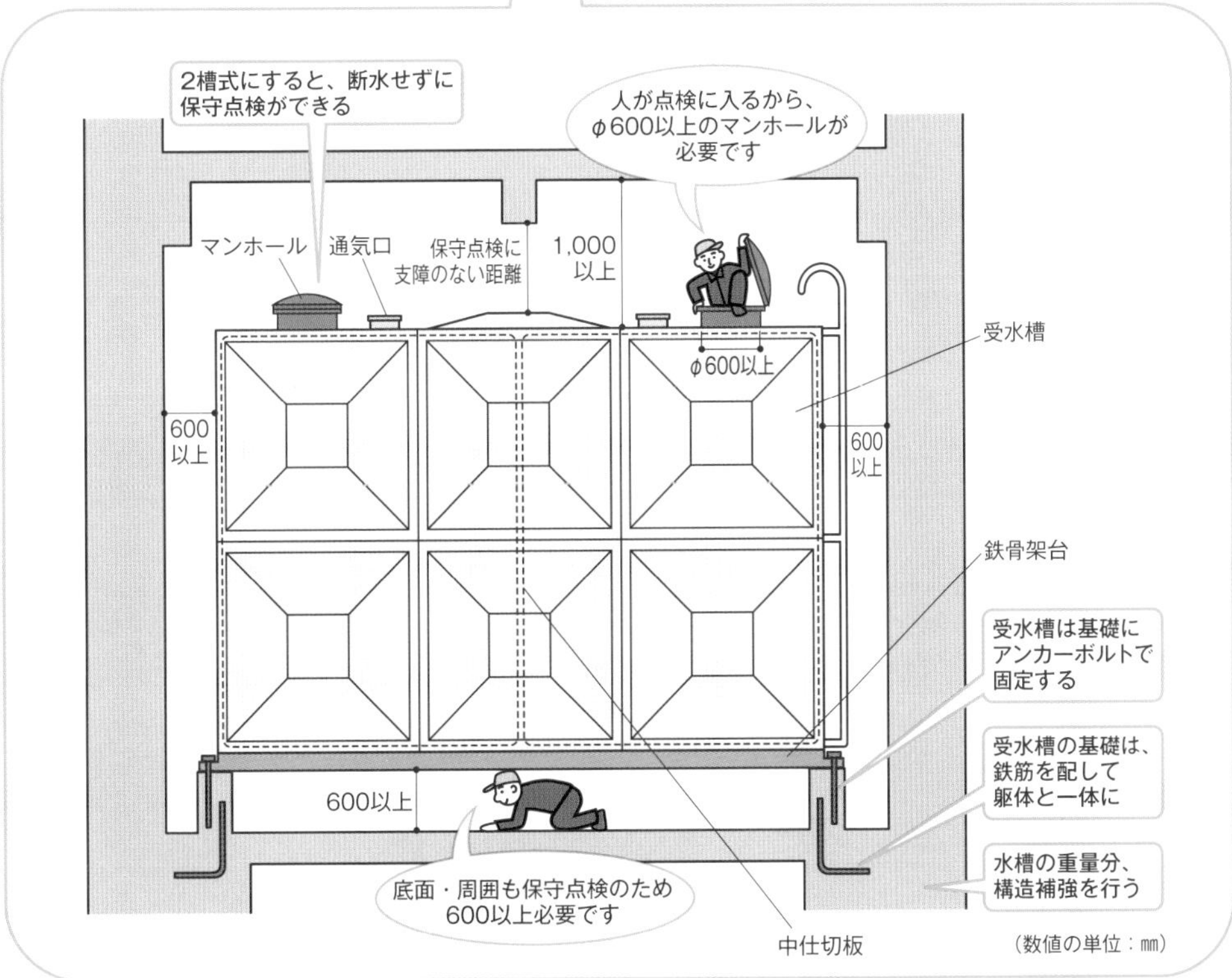
2槽式にすると、断水せずに保守点検ができる
人が点検に入るから、φ600以上のマンホールが必要です
マンホール
通気口
保守点検に支障のない距離
1,000以上
φ600以上
受水槽
600以上
600以上
鉄骨架台
受水槽は基礎にアンカーボルトで固定する
受水槽の基礎は、鉄筋を配して躯体と一体に
600以上
水槽の重量分、構造補強を行う
底面・周囲も保守点検のため600以上必要です
中仕切板

（数値の単位：mm）

No. 009

給水経路と配管施工

ココがポイント!

① 設備機器や配管類の寿命は15～30年程度
② 設備の配管ルートの確保、メンテナンス性、更新時の対応を考慮して配管スペースを設ける
③ 施工時はクロスコネクションに注意

メンテナンス・更新

配管類は更新することを前提に取替えやすくしておく

建物と配管の耐用年数の違い

建物の長寿命化を考えた場合、狭小敷地での計画では、敷地をめいっぱい活用して居住スペースを確保し、集合住宅などはレンタブル比［※］の向上を重視しがちである。しかし配管・配線スペースに十分な広さを設け、メンテナンス性にも配慮することが重要だ。

住宅設計をする際は、設備の配管ルートの確保、メンテナンス性、更新時の対応を考慮して配管スペースを設ける。浴室・トイレ・キッチンなどの水廻りを集中させた平面計画とするなど、基本的なこともメンテナンス性のよさにつながる。設備配管をコンクリート基礎下に直接配管し、埋殺すことがあるが、これでは将来、配管の更新ができなくなる。常に先の状況を考えたうえで、給水配管のルートを確保することが大切だ。

給水配管の留意点

最も注意が必要なのは、上水（飲料水）の汚染防止である（上水系統の給水配管と、井戸水、中水、雨水排水など上水以外の配管系統が連結された状態を「クロスコネクション」という）。

直接的に上水以外の配管をつなげてしまう場合と、間接的につながっていたものが逆流などで汚染される場合があり、前者の場合は、たとえ逆止弁を使っていてもつなげてはならない。井戸水は水質良好でも、自然条件によって水質が変化するので、上水系統と連結するとクロスコネクションに含まれてしまう。

後者は、上水の出口と排水口が近い場合に起きる。事故などで断水したとき、給水管内が真空状態（負圧）となり、洗面器や流し台などにたまっている汚れた水が給水管へ逆流し（逆サイホン作用）、上水を汚染する。

また、ウォーターハンマー（水栓の急閉鎖による騒音振動。管の寿命を縮め、破損の要因となる）を防ぐため、給水圧を調整したり、管径を太くして流速2m／秒以下とすることも重要だ。

※　延床面積に占める収益部分の面積比のこと。収益部分とは、マンションでいえばエントランスや内部階段、共用廊下、機械室などの共用部分を除いた、賃料が入ってくる面積のこと。レンタブル比が大きいほど収益性が高い

埋殺しに注意

●基礎下配管は更新不可能

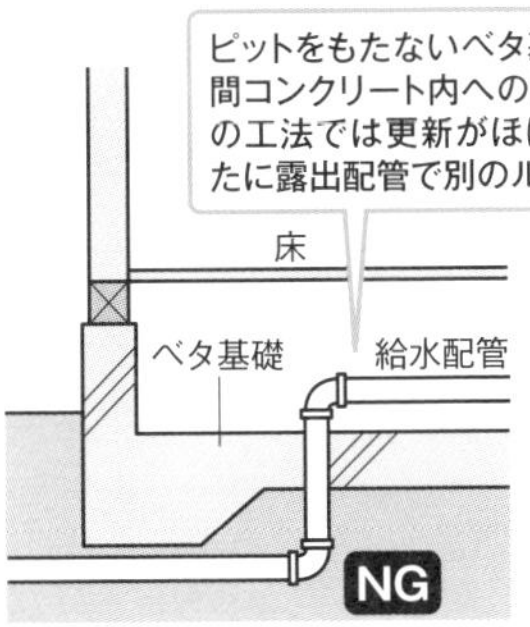
ピットをもたないベタ基礎では、設備配管は土間コンクリート内への打込みとなる。しかし、この工法では更新がほぼ不可能で、更新時は新たに露出配管で別のルートを設ける必要がある

●基礎上配管であれば更新可能

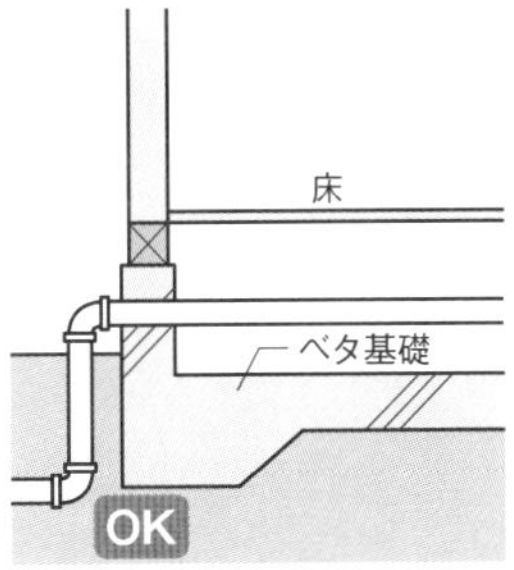

クロスコネクション

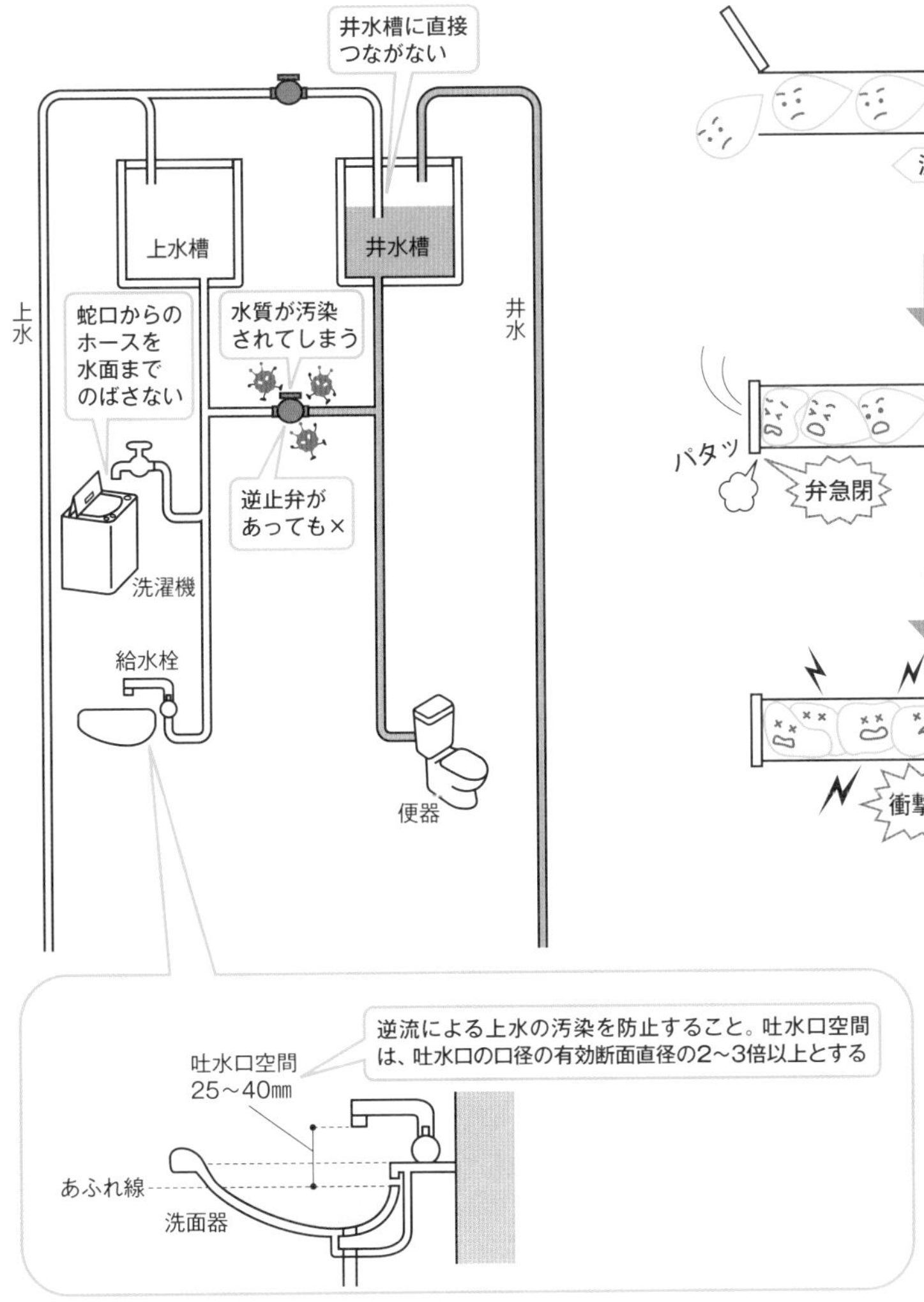

井水槽に直接つながない

蛇口からのホースを水面までのばさない
水質が汚染されてしまう
逆止弁があっても×

逆流による上水の汚染を防止すること。吐水口空間は、吐水口の口径の有効断面直径の2～3倍以上とする
吐水口空間

ウォーターハンマー

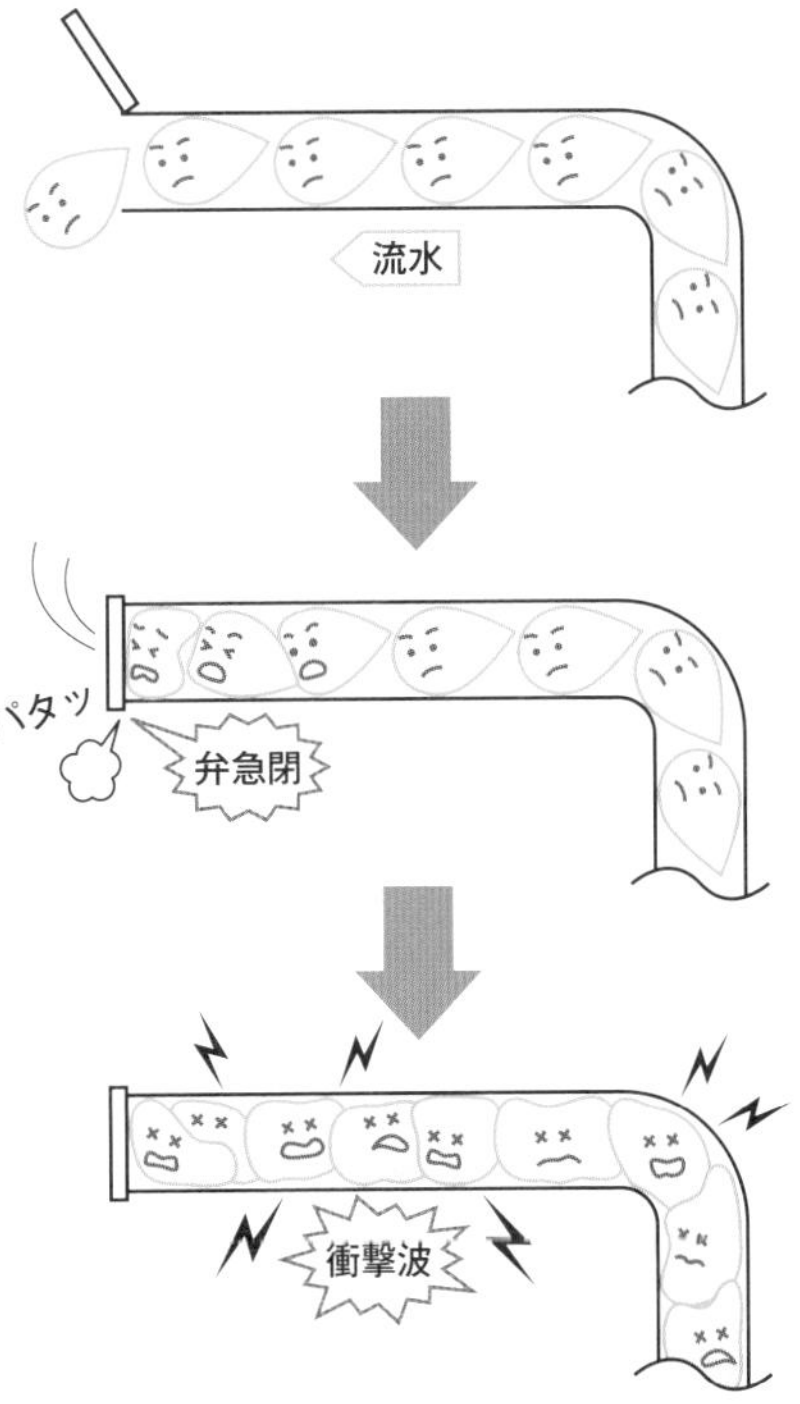

排水設備の調査

No. 010

ココがポイント!

① まず計画地域の排水方式を調べる
② 浄化槽方式の場合、設置基準や放流水質の基準を確認
③ 雨水を敷地内で処理する場合は、枡や浸透トレンチの面積を考慮する

要注意!

スムーズに水を流すためには通気設備が不可欠

排水の種類と方式

建物の中や敷地内で使用して汚した水を、敷地外まで排出するための配管やポンプ・浄化槽などを排水設備という。スムーズに水を流すためには通気設備が不可欠なため、排水通気設備としてまとめて区分することも多い。

排水の種類は、便器からの汚水と、キッチン・浴室・洗面・洗濯機などからの雑排水、屋根・庭などからの雨水がある。これらをまとめて同じ下水道本管に排出する方式を合流式という。

一方、市街地などで雨水専用下水路が整備されている地域では、生活排水と雨水を分けてそれぞれの下水道に接続する。逆に下水路の整備が遅れている地域などでは、雨水を下水路に接続することを認められていない地域も多く、その場合、雨水の排出処理方法については行政の指導を受ける（敷地内で浸透処理を行う、道路側溝へ放流する、など）。このように生活排水と雨水を分けて排出する方式を分流式という。

インフラ設備を調査

排水方式は地域ごとに決まっているので、自分では選択できない。計画の前にはインフラ整備状況の調査を行い（14頁参照）、まず計画地の排水方式を確認する。近年は、分流地域に限らず合流地域でも、ゲリラ豪雨対策などで敷地内での雨水浸透を指導されるケースも多い。建物計画に影響が出ないよう、事前に雨水の処理方法を各自治体に確認し、浸透量に見合った浸透枡や浸透トレンチなどの浸透方式を考慮しておきたい。

下水道局によっては、上水道と同様に負担金・引込み工事代などが必要になる場合があるので、管轄の下水道局で確認する。下水道台帳を閲覧し（30頁参照）、本管の位置、深さなども調べておく。

浄化槽方式の場合は、設置基準や放流水質の基準を確認する。自治体によっては費用の補助や融資の制度があるので、これも調べておくとよい。

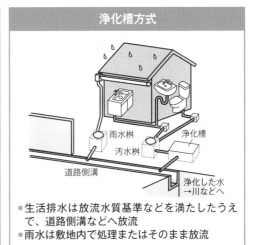

■ 排水設備調査の流れ

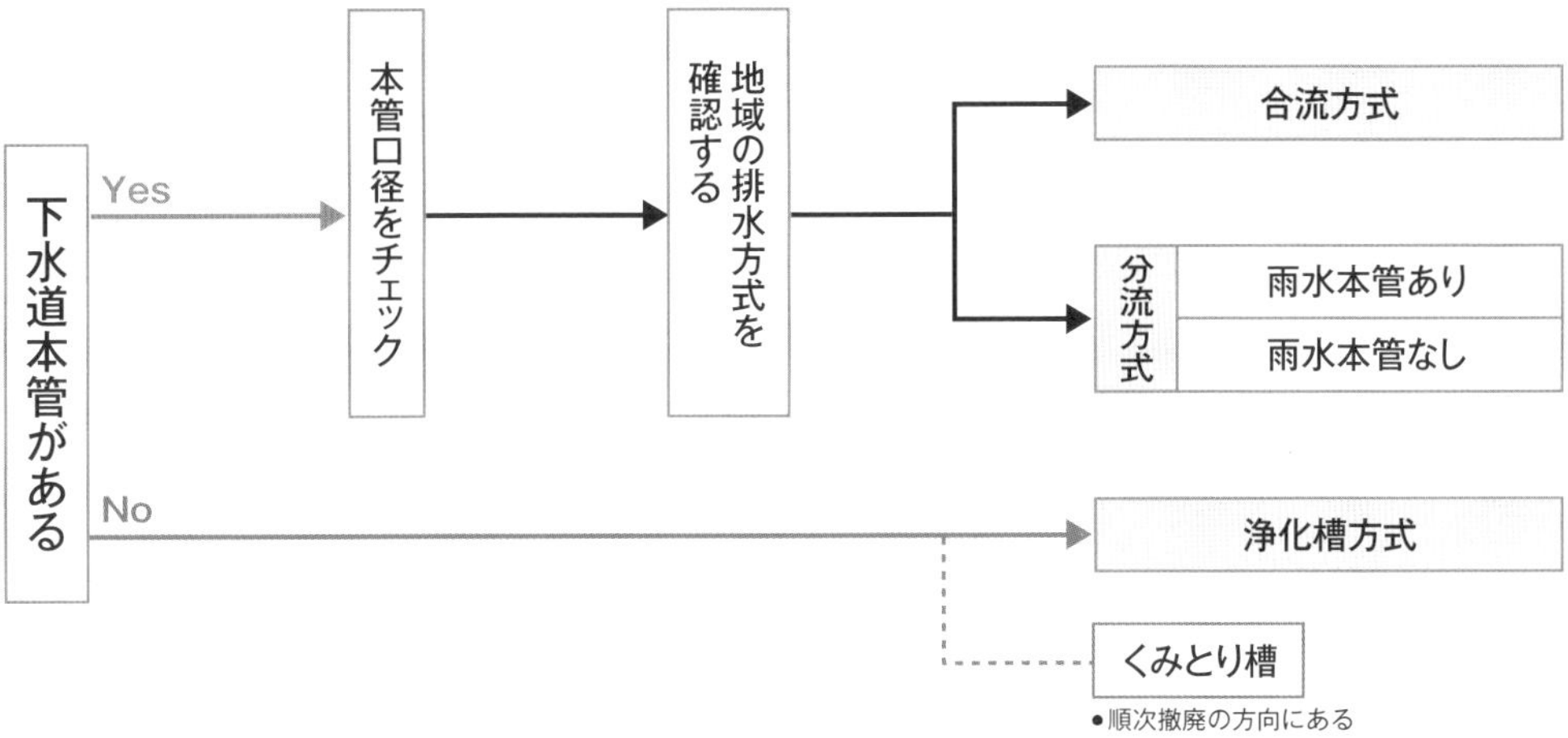

下水道本管がある
Yes
本管口径をチェック
地域の排水方式を確認する
合流方式
分流方式
雨水本管あり
雨水本管なし
No
浄化槽方式
くみとり槽
●順次撤廃の方向にある

合流方式

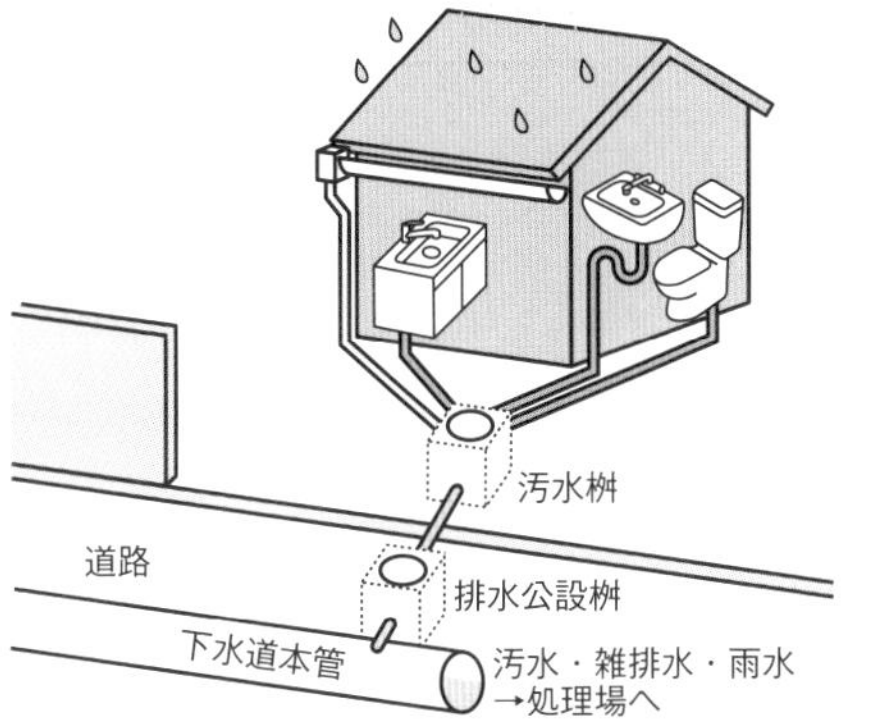

汚水桝
道路
排水公設桝
下水道本管
汚水・雑排水・雨水
→処理場へ

- 雨水と生活排水をまとめて下水道本管へ放流

浄化槽方式

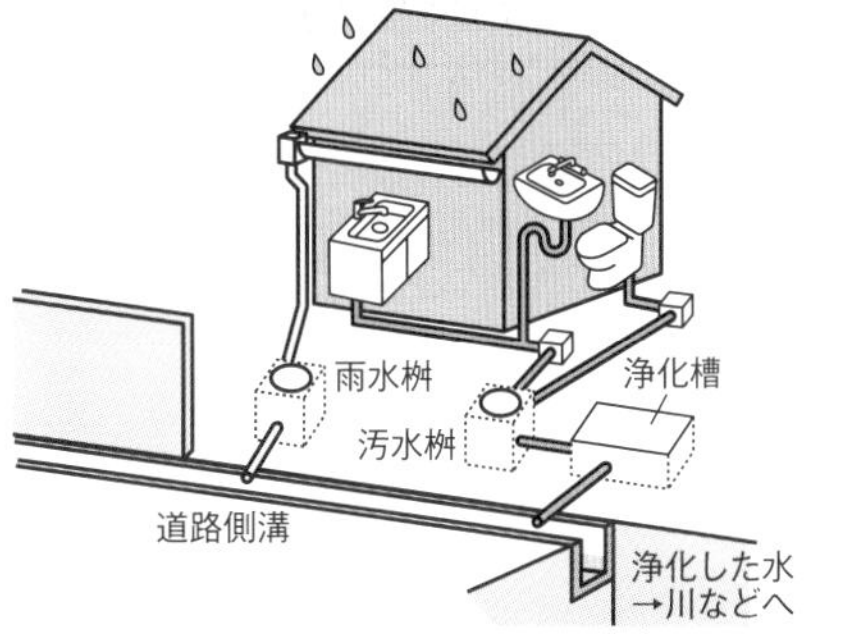

雨水桝
浄化槽
汚水桝
道路側溝
浄化した水
→川などへ

- 生活排水は放流水質基準などを満たしたうえで、道路側溝などへ放流
- 雨水は敷地内で処理またはそのまま放流

分流方式

雨水本管あり

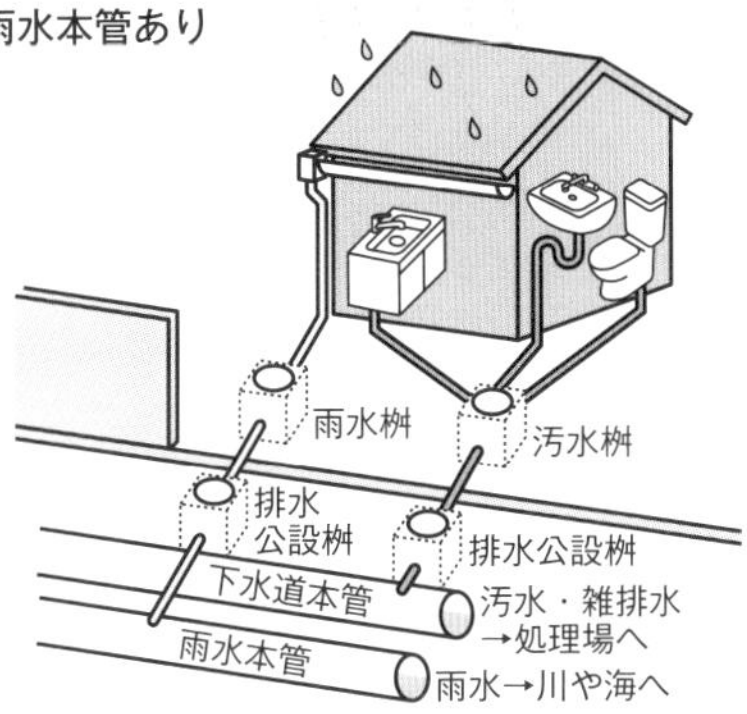

雨水桝
汚水桝
排水
公設桝
排水公設桝
下水道本管
汚水・雑排水
→処理場へ
雨水本管
雨水→川や海へ

- 雨水と生活排水を各本管へ放流

雨水本管なし

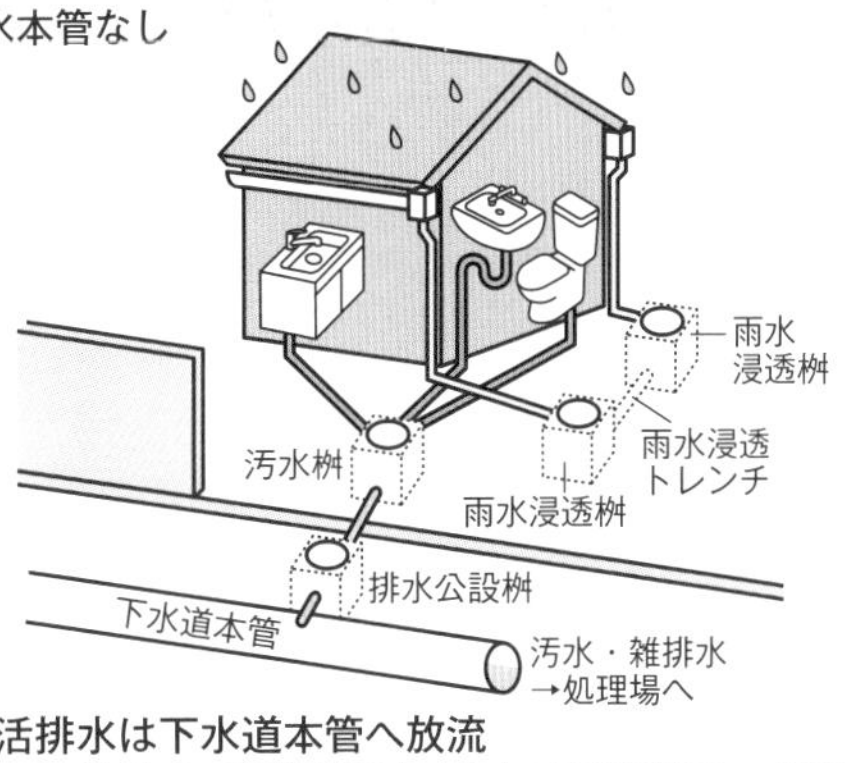

雨水
浸透桝
汚水桝
雨水浸透
トレンチ
雨水浸透桝
排水公設桝
下水道本管
汚水・雑排水
→処理場へ

- 生活排水は下水道本管へ放流
- 雨水は敷地内で浸透処理（または道路側溝へ放流）

下水道台帳の見方

No. 011

ココがポイント!

① 地域により合流方式と分流方式の区分がある
② 分流地域で、雨水排水本管がない場合は、放流先や処理方法を行政に確認する
③ 利用しない既存公設枡が出てきた場合は自費で撤去する

メンテナンス・更新

既存公設枡の深さの調整や移設、撤去などが発生すると高額な費用がかかる

合流方式と分流方式

下水道台帳には、下水道管の位置・深さ・管径や、公設枡の位置などが記載されている。インターネットでダウンロードできる自治体もあるが、基本的に閲覧は管轄の下水道局で行う。下水道台帳からまず読みとらなければならないのは、計画敷地前に下水道が敷設されているかである。敷設されていた場合、次に確認することは放流方式である。地域により、合流方式と分流方式の区分がある。

合流地域は、生活排水と雨水排水を敷地内で合流させ下水道本管に流す。分流地域は、生活排水は下水道本管に流すが、雨水排水を合流させてはならない。雨水排水本管がある場合は、雨水排水のみを本管に流す。しかし、雨水排水本管がない地域は、放流先や処理方法を行政に確認する。地域によっては、敷地内で全量浸透させる必要があるので、調査を怠ると建築計画にも影響を与えかねない。

公設枡の有無と位置

次に確認するのは、計画敷地前の既存公設枡の有無と位置である。既存公設枡がある場合は、そこにそのまま排水管を接続し再利用することができるが、ない場合は、公設枡を新設することとなる。建築物の（特に水廻り）計画を始める前に、排水公設枡の位置から埋設排水管の深さを想定し、できるだけ既存枡を再利用するほうが望ましい。なお、既存公設枡の深さを実測するのが困難な場合は、おおむねＧＬ-800程度を目安とする。計画上、既存公設枡の深さの調整や移設および撤去などが発生すると、高額な費用がかかる。また、既存公設枡がいくつも存在し、利用しない枡が出てきた際も、自費で撤去することとなる。

下水道台帳には、ほかにも下水道排水管の太さ、埋設深さや位置、配管の材質や道路マンホールなど、たくさんの情報が詰まっているので、必要に応じて参照するとよい。

■ 下水道台帳を見るポイント

●合流式

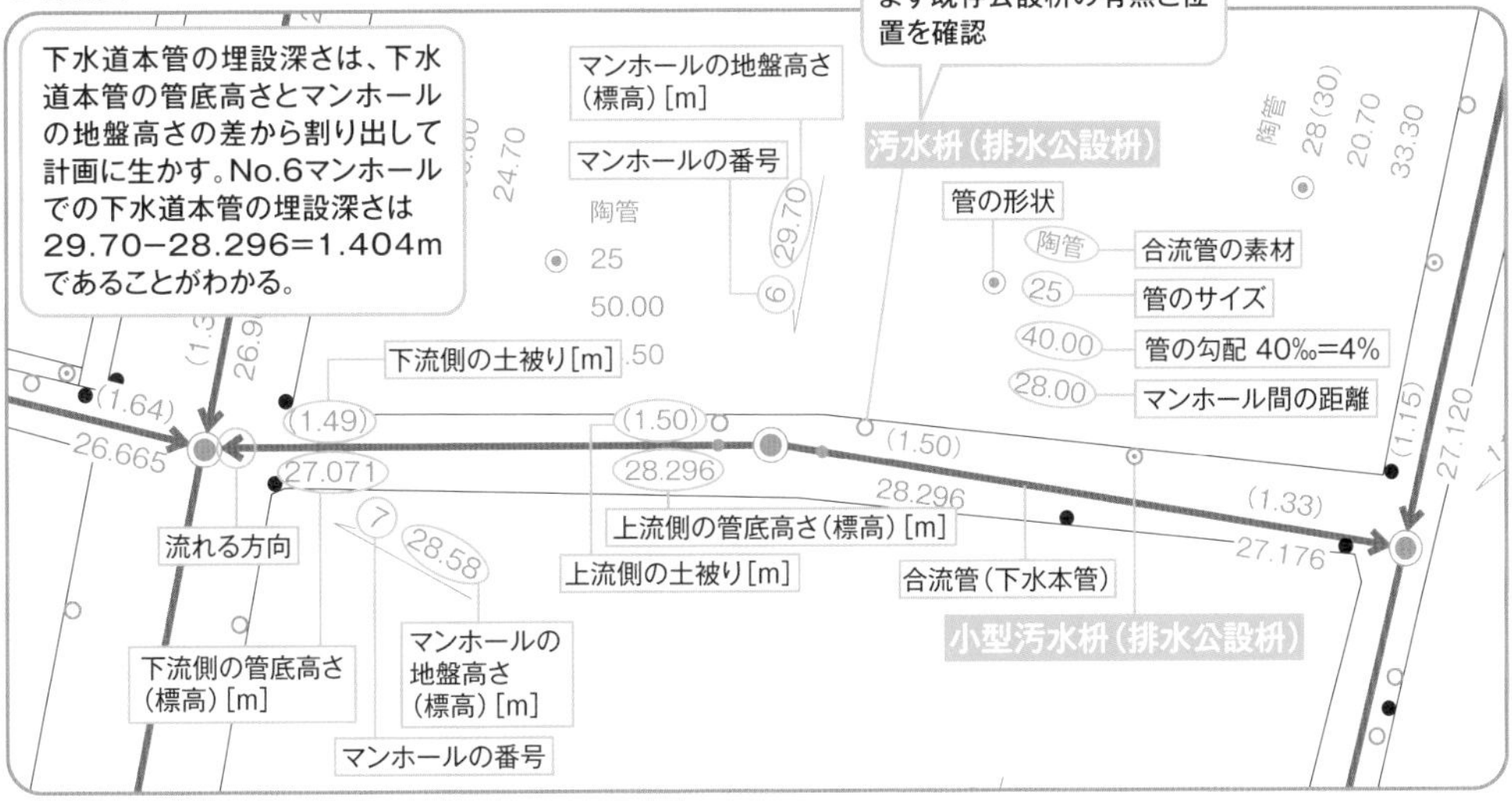
まず既存公設枡の有無と位置を確認

●分流式

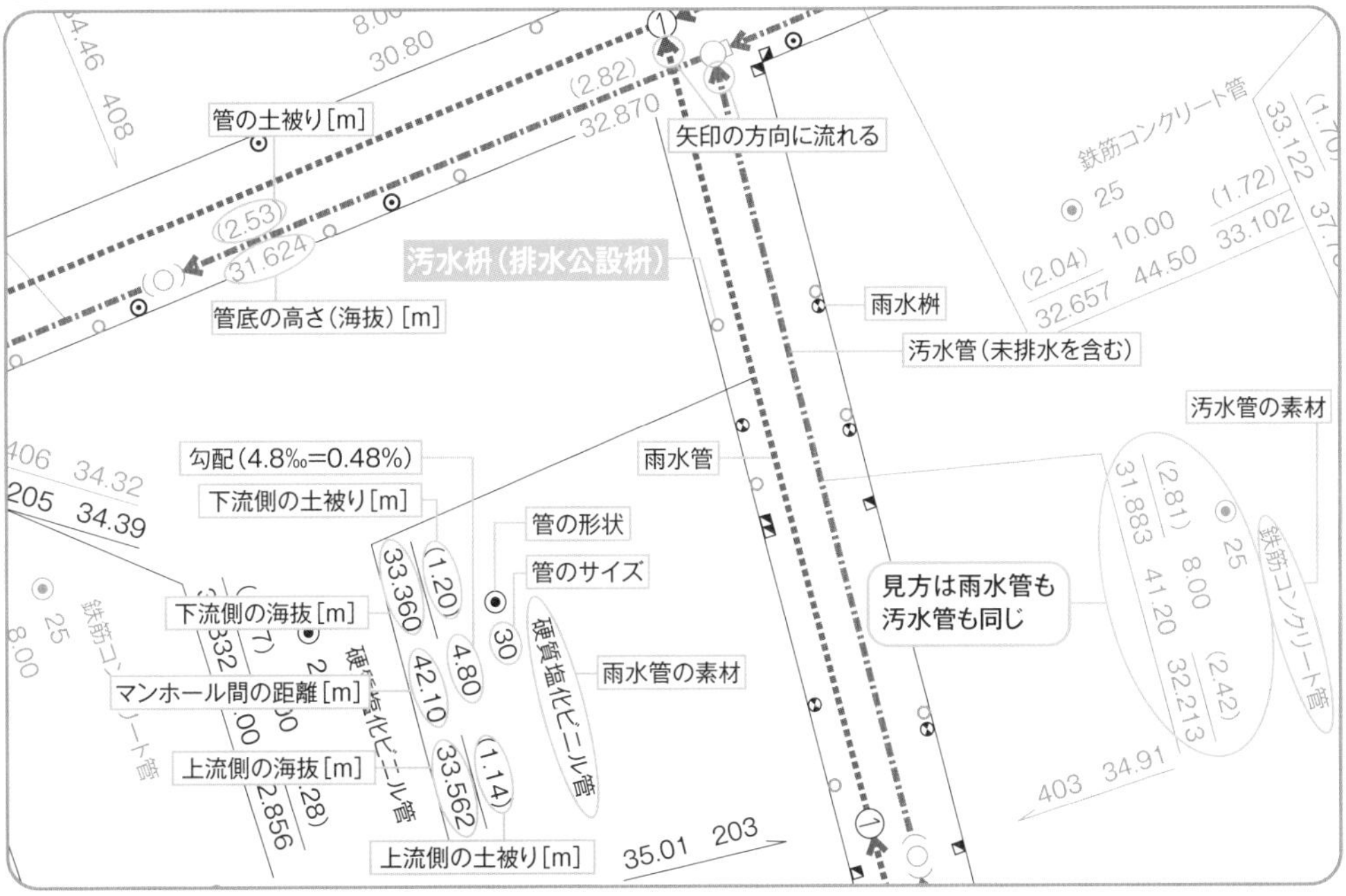

下水道管の種類
━━▶ 合流管（下水本管）
━・━▶ 汚水管
・・・・▶ 雨水管

下水道管の断面形状
⦿ 円形
□ 矩形
馬てい形

公設枡の種類
○ 汚水枡
● 雨水枡（道路排水用）
浸透雨水枡（雨水抑制一連枡）（道路排水用）
浸透雨水枡（雨水抑制二連枡）（道路排水用）
⊙ 小型汚水枡
宅地排水用雨水枡

マンホール（人孔）の種類
矩形人孔（内法90×60㎝）
◉ 円形人孔（内径90㎝）
(○) 楕円形人孔（内径120×90㎝）
○ 円形人孔（内径120㎝）
◎ 円形人孔（内径150㎝）
① 組立円形人孔（内径90㎝）

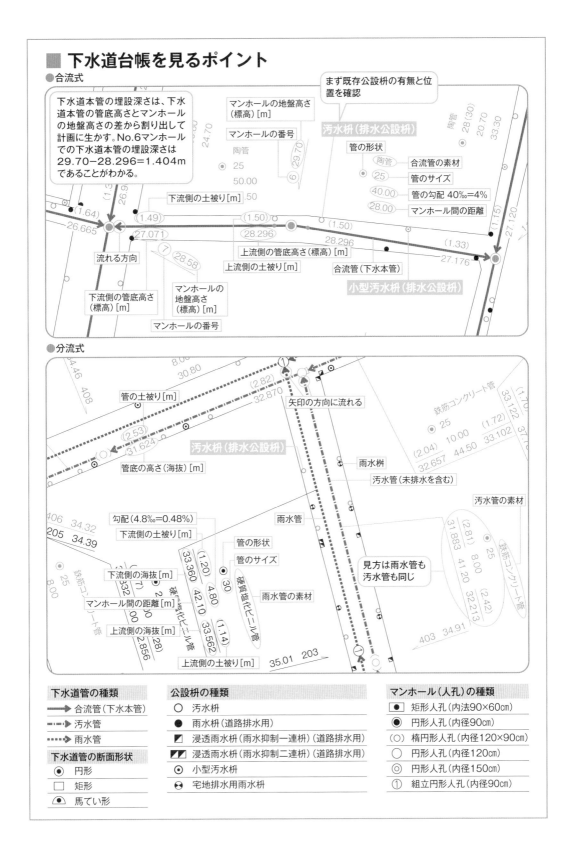

No. 012

戸建住宅の排水経路

ココがポイント!

① 屋内分流・屋外合流が住宅の基本
② トラップの役割は、臭気と虫をシャットアウトすること
③ トラップを二重にすると機能を発揮しない

メンテナンス・更新

排水管に高圧で送水・洗浄するメンテナンス方式は、老朽化している配管には適さない場合がある

屋内分流・屋外合流

住宅での排水経路は、屋内では汚水と雑排水をそれぞれ単独配管とし、屋外の枡で合流する屋内分流・屋外合流方式の考え方が基本となる。

雑排水のうち、キッチンの排水管も単独配管とし、浴室や洗濯の排水と分けて配管するのが望ましい。万が一、どちらかが詰まってしまった場合でも、被害を最小限に抑えるためである。

トラップの種類

排水竪管を水がスムーズに流れるとき、配管のなかは渦巻き状に中央部分が空洞になっている。水が流下するのと逆行して空気が上がってくるが、この空気は臭気を帯びているため、室内に入れないようにする。これがトラップの大きな役割で、同時に虫などが室内に入ってくるのも食い止めている。ただし、トラップを二重に設けると機能を発揮しないので注意が必要である。特に汚水枡と排水トラップが二重トラップとなっていることがあるので注意する。トラップにはさまざまな形状・種類があるが、それぞれ「蓋」の役割をする水が常にたまっている。これを「封水」という。

封水の深さは管径にかかわらず5～10㎝が理想的で、自己サイホン作用や蒸発、吸出し作用、毛細管現象などによって封水が切れること（破封）があるので気をつける。

浴槽と洗い場の排水

キッチンも浴室も、システム化またはユニット化されたものであれば排水金物にトラップも組み込まれ、家具のように置くだけで機能を満たせる。しかし、水廻りをオリジナルで設計する場合、デザインだけでなく排水経路や防水納まり、勾配、機能に沿って排水金物の選択まで行う。

意匠設計者にとっては分かりにくい作業だが、建築主が毎日使い、日々清掃を行う箇所なので、特に注意して設計する必要があるといえる。

二重トラップの原理

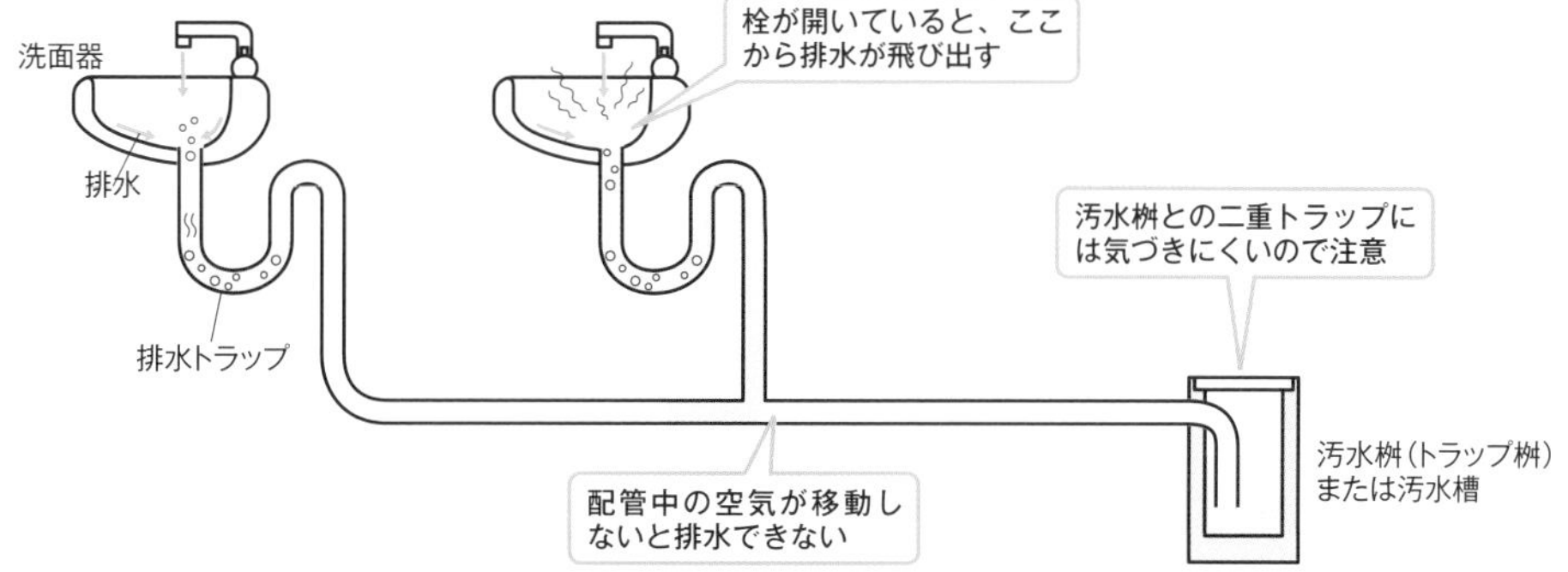

トラップの種類

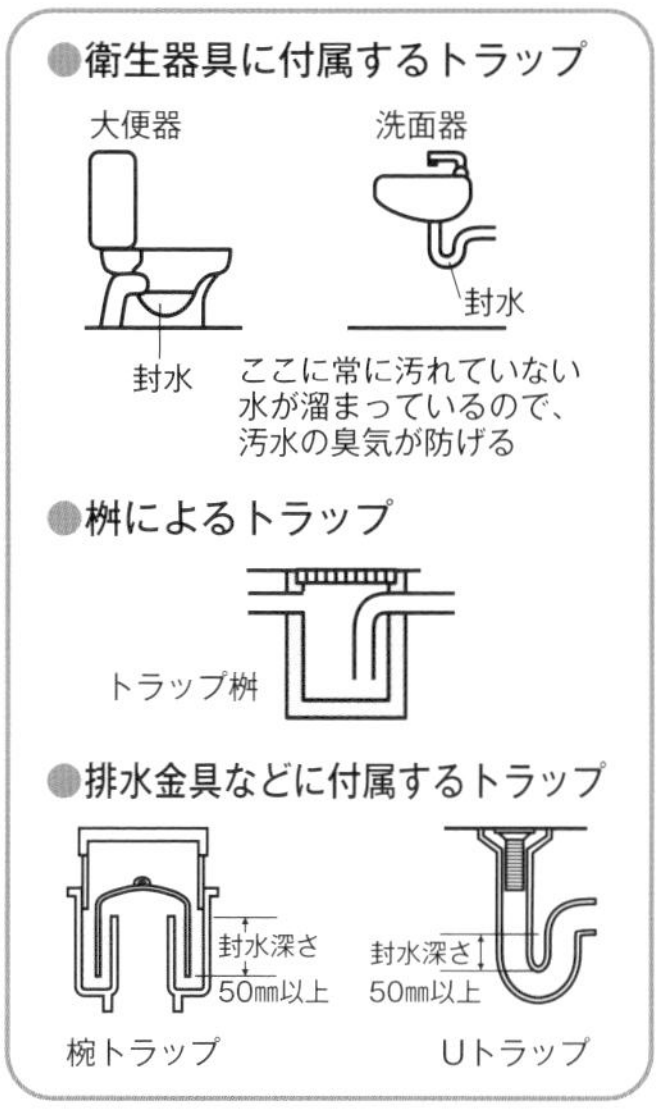

破封の原因

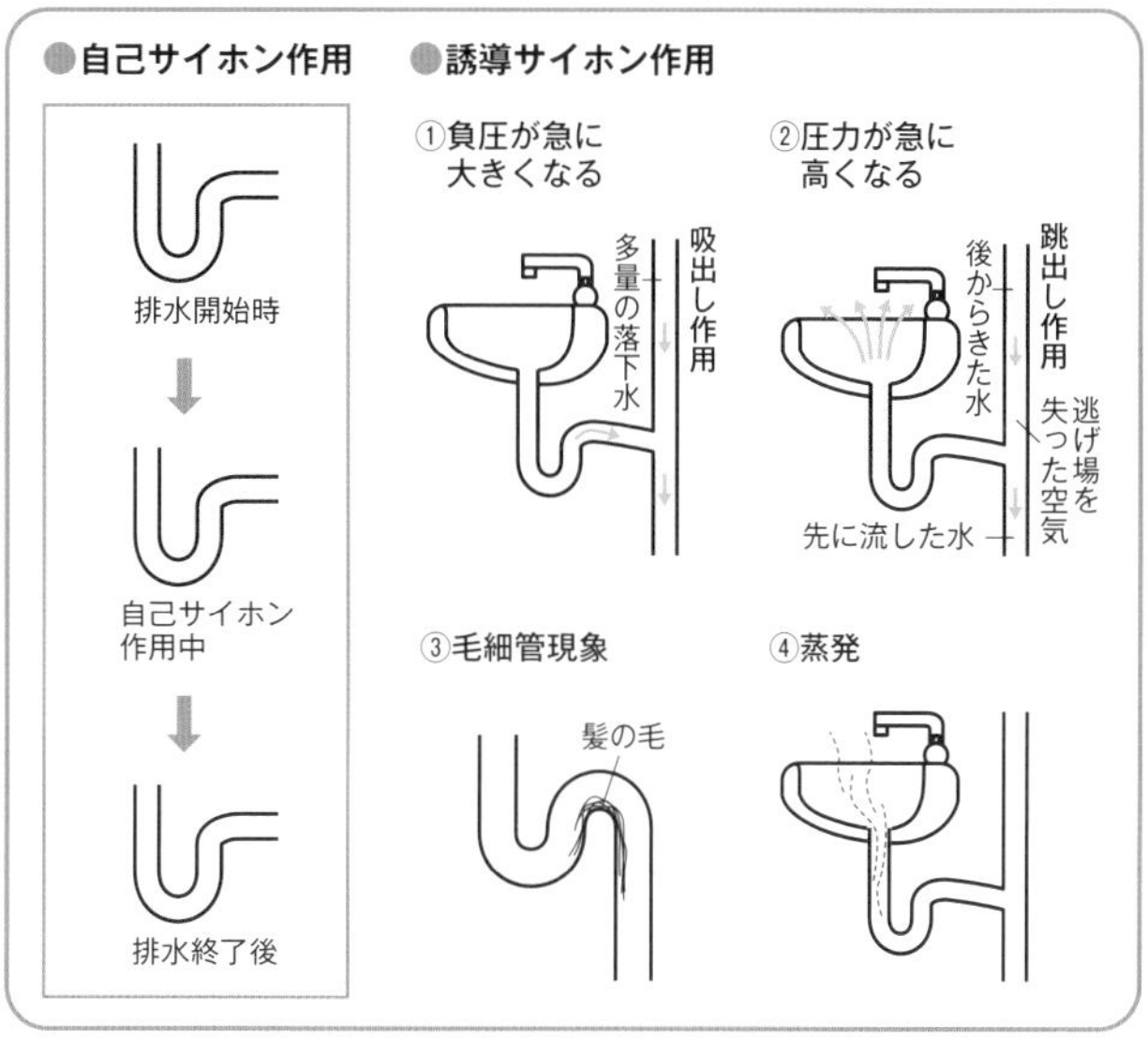

1階浴室の排水方法

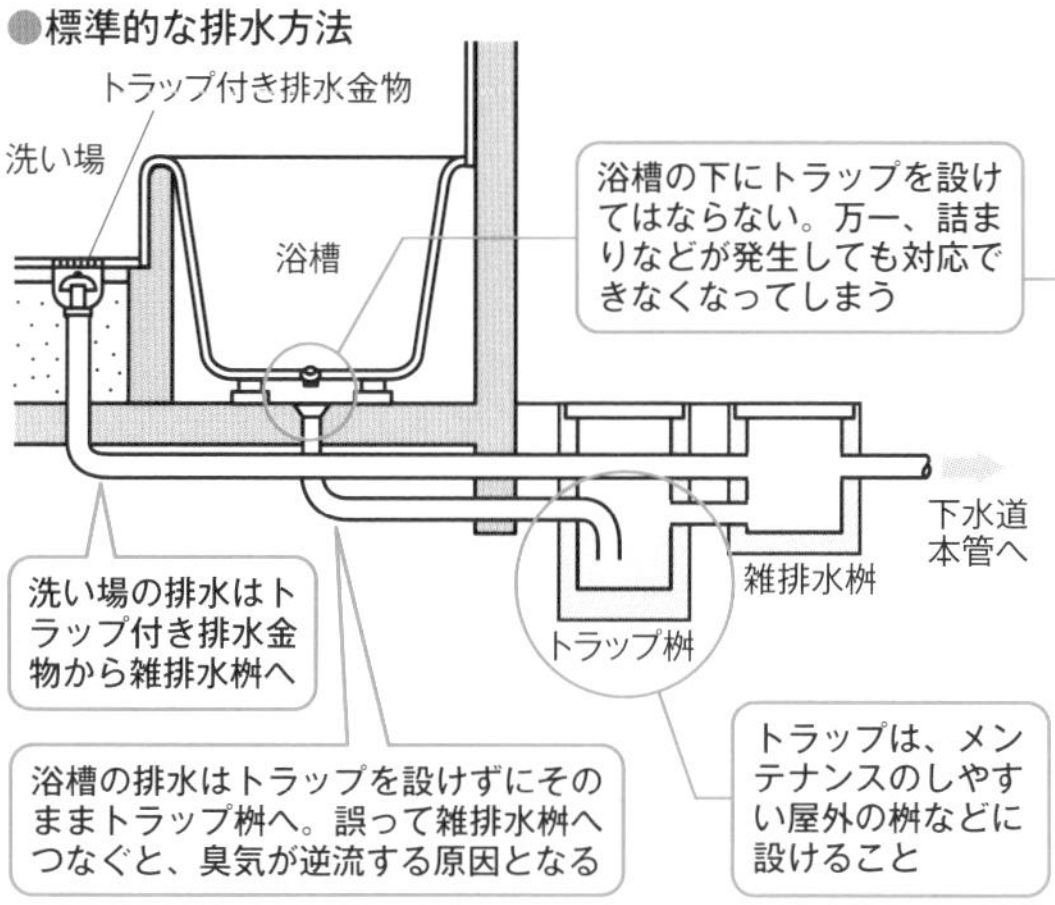

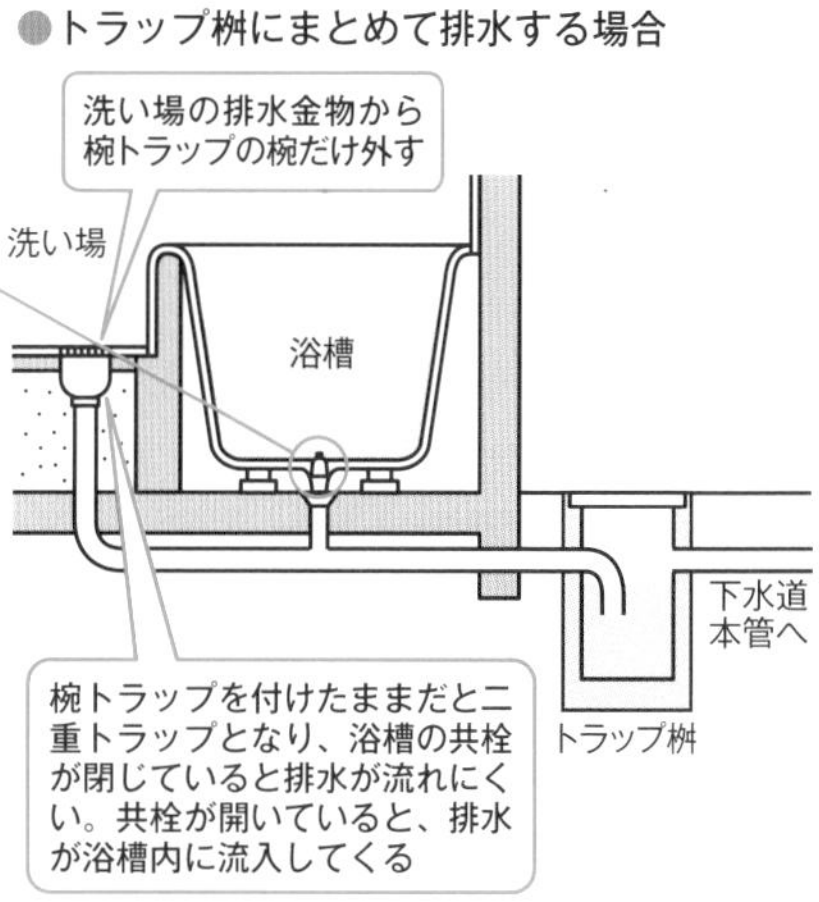

No. 013

集合住宅の排水経路

ココがポイント!

① 排水竪管は、途中階で振る（オフセットする）ことなく通すことが原則

② 床下スペースは、最低でも200㎜以上確保

③ 寝室付近にパイプスペースを設ける場合は、遮音シートやグラスウールなどで遮音対策を行う

メンテナンス・更新

排水管の行き止まり部分・45°超の方向転換をする部分は通気しにくく詰まりやすいので掃除口を設ける

パイプスペースの計画

　集合住宅の排水計画では、まず全住戸に1カ所以上のパイプスペース（PS）を設け、最上階から地上階まで、途中階で振る（オフセットする）ことなく通すことから始める。集合住宅の場合、住戸の汚水・雑排水を合流させる集合管方式が多く採用されているため、排水竪管はPSごとに1本となる。

　各住戸内では、床下スペース内で排水管が最小勾配を確保しつつ、PSまで通るように計画する。床下スペースは、最低でも200㎜以上（床仕上げ面）確保しなければ排水管を納めることは難しい（在来浴室は300㎜）。水廻りがPSから離れるほど必要な仕上げ高さが増えるので、配管径の大きいトイレなどはPSを中心に配置する。

　プラン上、どうしても水廻りが離れる場合は、PSの設置箇所を2カ所以上に増やす。すべての排水管には伸長通気管を設けるため、最上階の住戸でも下階と同様にPSが必要となるので注意する。また、排水竪管には必要に応じて竪管掃除口を設け、その際はPS壁面に点検口が必要となる。

地上階の計画

　PSを通り、上階から流れてきた排水は地上階で横に引き、屋外枡へ放流する。地下階のない建物の場合は、地上階下に設備ピットを設ける。排水竪管と最下階の排水管は合流できないため、最下階での排水管の量は想像以上に多くなる。スペースの十分な確保が必要だ（12頁参照）。また、1階に店舗などがあり、すべてのPSを地上階まで通すことができない場合は、1階天井に多くの排水管が出てくるので、階高に余裕をみないと大変なことになる。

　このほか、寝室の近くにPSを設ける場合は、遮音シートやグラスウールなどでの遮音対策を行う。近くに窓などがあり、通気管を外気に開放するのが困難な場合は、ドルゴ通気弁［※］を用いるなど、通気管と排水管をうまく計画することが大切である。

※　排水通気を屋内処理する場合に用いる通気弁。外部に通気口を設けると凍結のおそれのある寒冷地で開発された

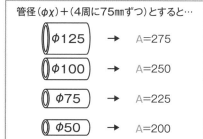

排水管のサイズと勾配

管径[㎜]	主な用途
φ60以下	キッチン・浴室・洗面器・洗濯機
φ75 φ100	大便器
φ125	屋外排水
φ150	

パイプスペースの必要寸法

A
A
φX
工具や手を入れて
動かせるスペースが
必要です

管径(φχ)+(4周に75㎜ずつ)とすると…

- φ125 → A=275
- φ100 → A=250
- φ75 → A=225
- φ50 → A=200

2本以上のときには、必要寸法を各配管ごとに確保する。排水集合管を使用する場合は、すべて+100㎜として計画する

排水勾配の確保

●床下排水方式

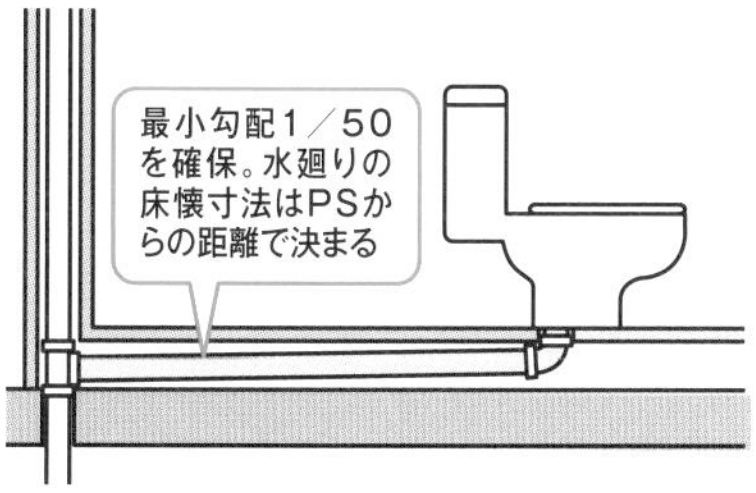
最小勾配1／50
を確保。水廻りの
床懐寸法はPSか
らの距離で決まる

●床上排水方式

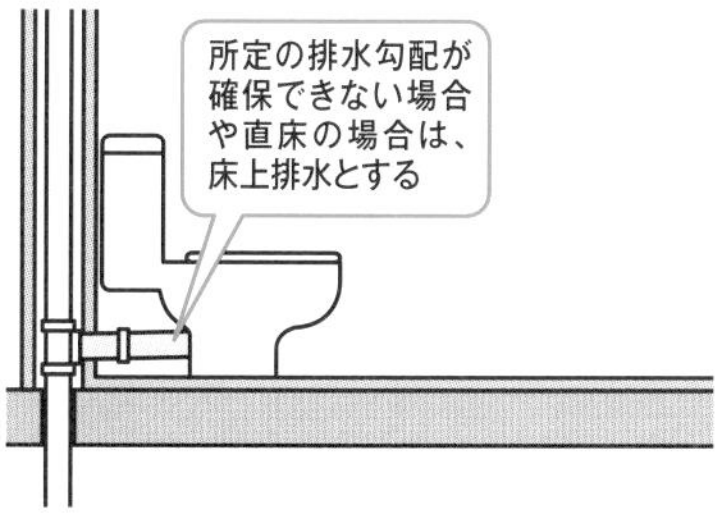
所定の排水勾配が
確保できない場合
や直床の場合は、
床上排水とする

●在来工法の浴室の納まり

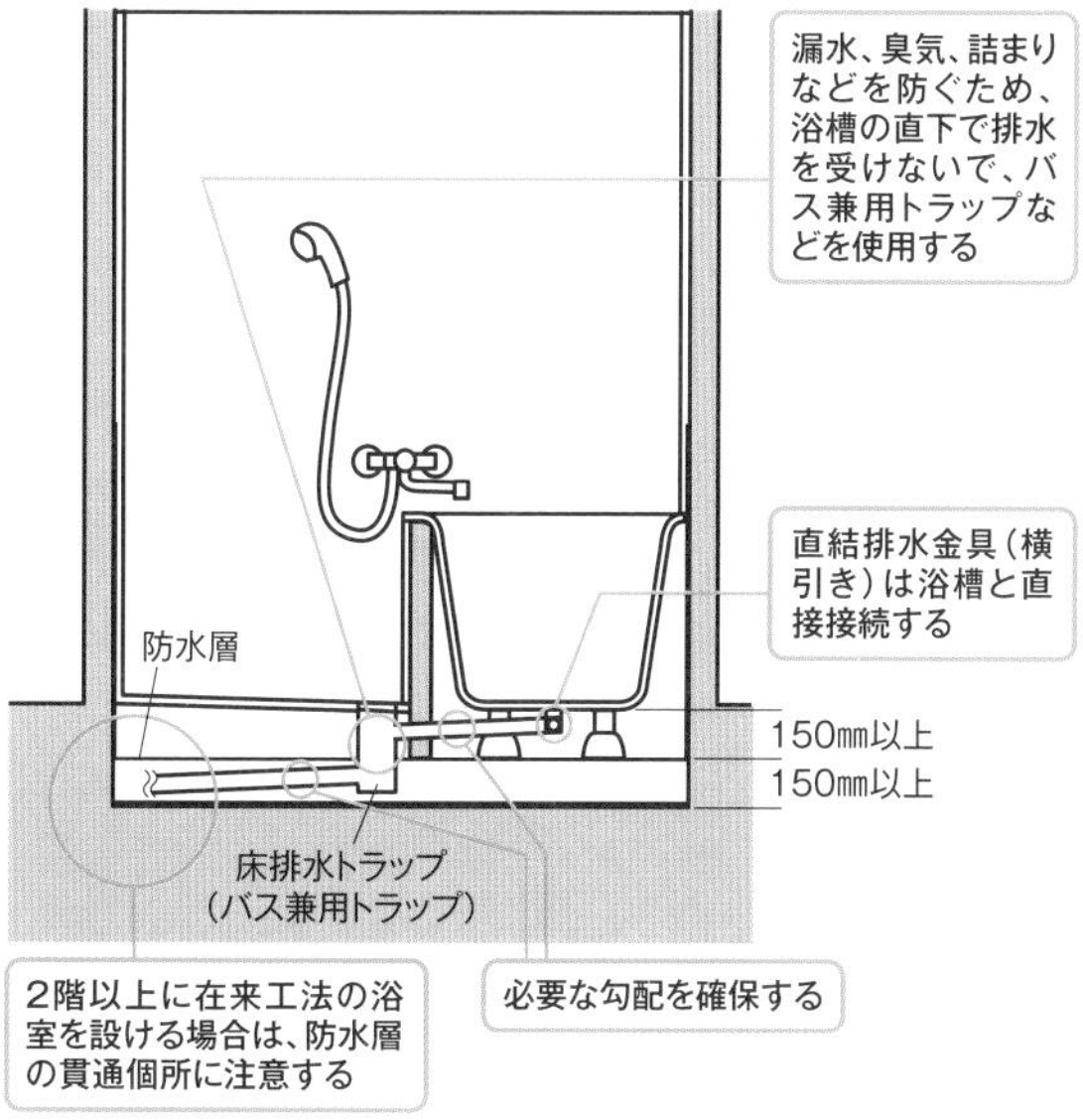
漏水、臭気、詰まり
などを防ぐため、
浴槽の直下で排水
を受けないで、バ
ス兼用トラップな
どを使用する
直結排水金具(横
引き)は浴槽と直
接接続する
防水層
150㎜以上
150㎜以上
床排水トラップ
(バス兼用トラップ)
2階以上に在来工法の浴
室を設ける場合は、防水層
の貫通個所に注意する
必要な勾配を確保する

No. 014

排水枡の設置

ココがポイント！

① 排水枡には、雨水枡と汚水・雑排水枡がある
② アプローチに設置する場合は化粧マンホールを選ぶとよい
③ 管径の120倍以下、最大30m以内ごとに設置

メンテナンス・更新

雨水枡は定期的にドブさらいをしないと泥溜めを超えて排水管に泥が流入する

枡の種類

排水枡は、主に屋外の排水管類の点検や掃除のために、合流部や中継地点に埋設されている。排水の系統により、雨水枡と汚水・雑排水枡の2種類がある。

雨水枡は臭気の心配がいらないので格子蓋（グレーチング蓋）でもよく、一般的に150㎜以上の泥溜めを設けた溜め枡とする。泥が150㎜以上溜まると管内に流入してしまうので、定期的なドブさらいが必要になる。汚水・雑排水を流す枡は、防臭型のマンホール蓋を取り付け、底面は半円形の溝を設け、勾配をとったインバート枡とする。

2種類の枡を合流させる場合は、トラップ枡を設け、雨水管に臭気が上がらないようにする。トラップ枡は泥溜めを設け、封水深さは50～100㎜とする。

最近はコンパクトな小口径塩ビ枡が使用されることが多く、また雨水を敷地内で浸透処理する雨水浸透枡もある。

マンホール蓋は、軽・中・重耐重マンホールがあり、アプローチの真ん中に鎮座することのないよう、枡の配置計画はしっかりと立てる。どうしてもアプローチ上に現れてしまう場合は、化粧マンホールを選ぶこともできる。

排水枡の設置箇所

排水枡の設置箇所は、次の4通り。

①排水管の起点と屈曲点（45°を超える角度で方向を変える箇所）および合流点
②直線部で管径の120倍以上、最大30ｍまで中継がない部分
③排水管の径、管種、勾配が変更する場所
④敷地内排水管の最終地点

地盤沈下対策の重要性

排水枡は地中に埋設して使用する設備なので、軟弱地盤の敷地で使用する場合は、土中配管とともに吊り支持、受け支持など、構造体側に固定して排水枡の地盤沈下対策を行う。伸縮（フレキシブル）継手やボールジョイントを使うなどの対策方法もある。

桝のサイズ（国土交通省仕様）

単位:mm

大きさ	深さ	マンホール蓋の寸法
350×350	~450	φ350 または 350□
450×450	460~600	φ450 または 450□
600×600	610~1,200	φ600 または 600□
φ900	1,210~2,500	φ600 または 600□

桝の種類

●インバート桝

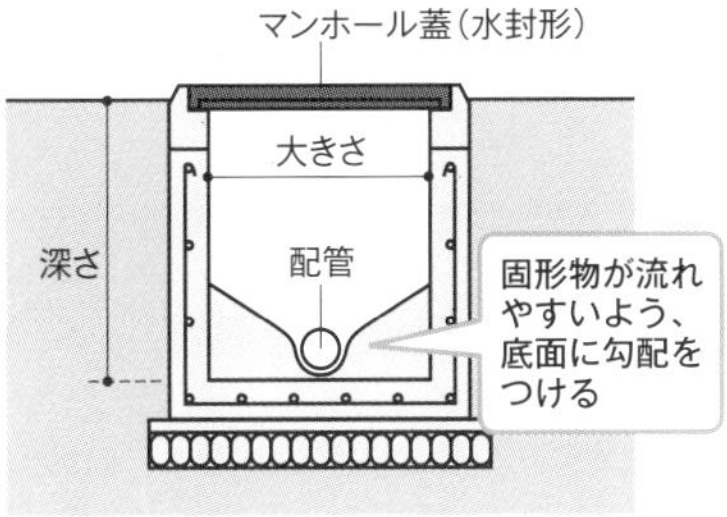
マンホール蓋（水封形）
大きさ
深さ
配管
固形物が流れやすいよう、底面に勾配をつける

●雨水桝

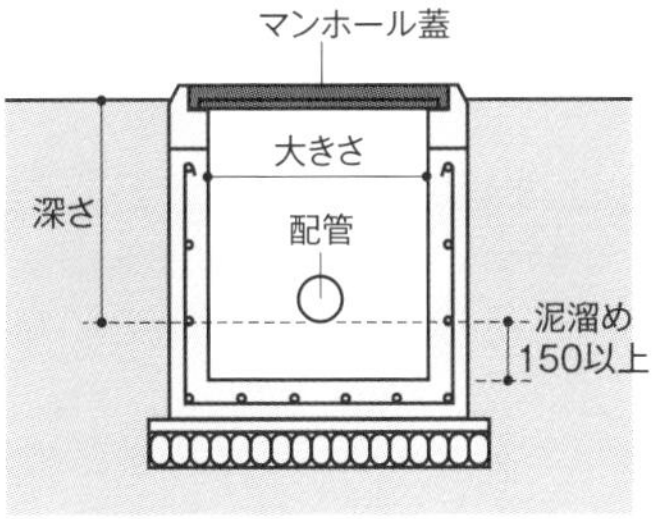
マンホール蓋
大きさ
深さ
配管
泥溜め
150以上

排水桝の設置

① 排水管の始めと、45°を超えて曲がるところと、合流するところ

どんと来い

② 直線部において管径の120倍以下、最大30m以内に1カ所

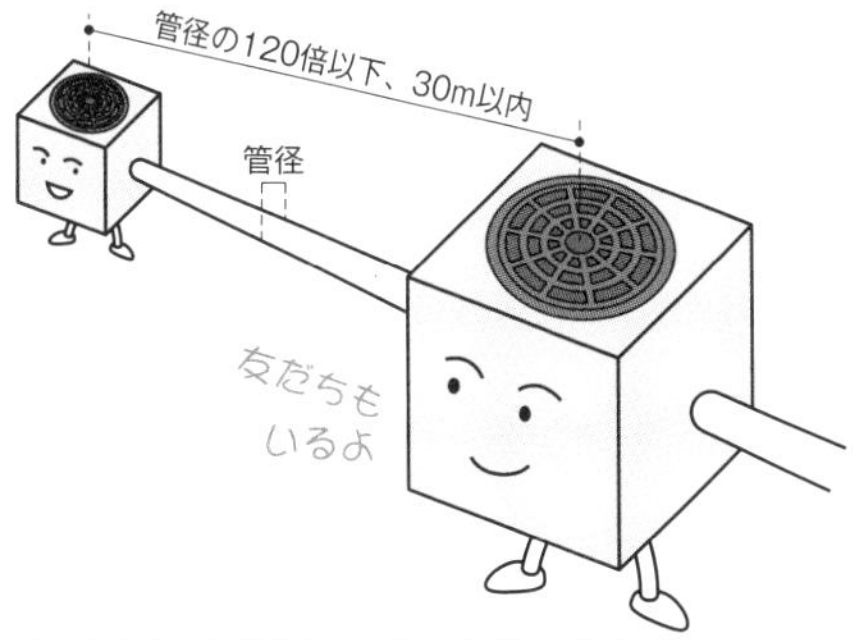
管径の120倍以下、30m以内
管径
友だちもいるよ

③ 排水管の径、管種、包配の変化する場所

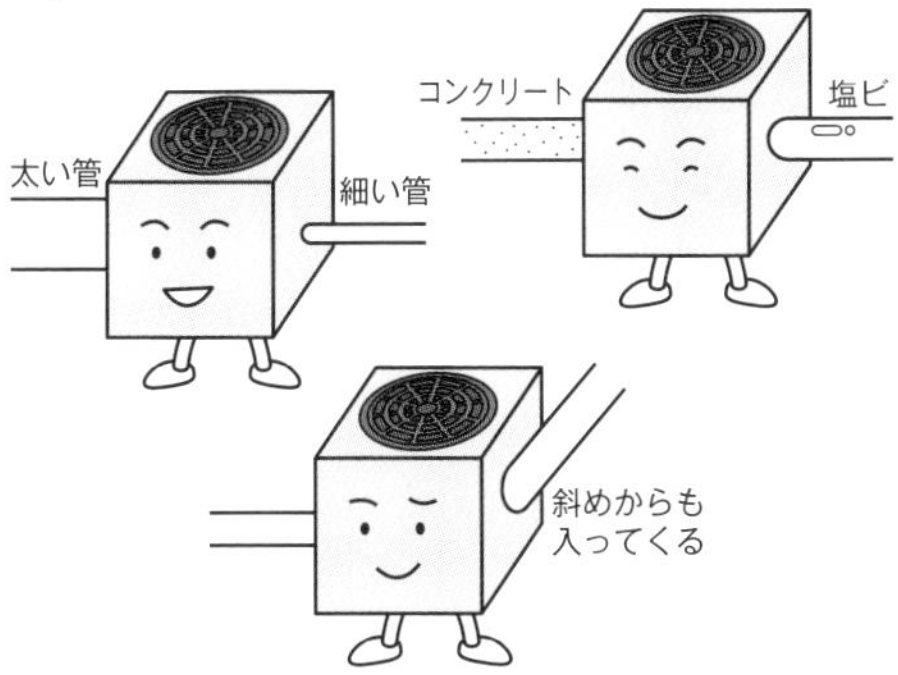
太い管
細い管
コンクリート
塩ビ
斜めからも入ってくる

④ 敷地内の排水管の最終地点

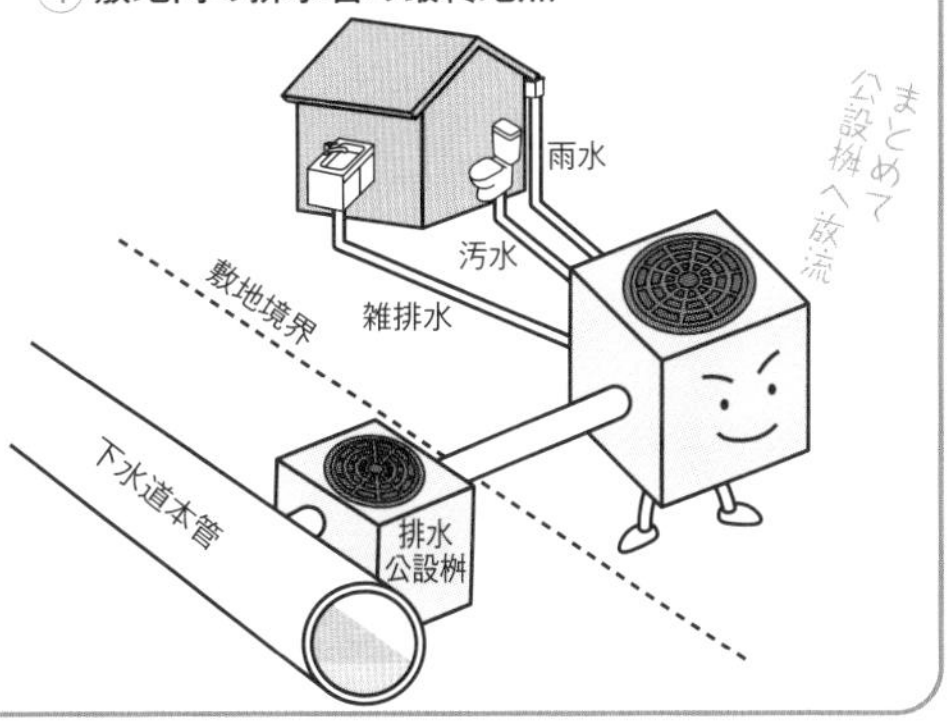
雨水
汚水
雑排水
敷地境界
下水道本管
排水公設桝
まとめて公設桝へ放流

No. 015

排水槽の設置

ココがポイント！

① 排水槽は、自然放流できない地下階の排水を流すために必要

② ゲリラ豪雨対策として、雨水槽・雨水ポンプの容量は余裕を見込む

③ 東京都では「ビルピット対策」の指導がある

メンテナンス・更新

清掃頻度は４カ月に１回以上、定期点検は月に１回以上と定められている

排水槽とは

下水道本管より低い位置に水廻りがある場合、地階のさらに下に排水槽を設けなければならない。地階の排水は、一度排水槽に溜められて、排水ポンプによって高い位置の下水道本管へ排水する。

排水槽には、排水の種類により、汚水と雑排水を貯留する汚水槽、雨水を貯留する雨水槽、ピット内の湧水を貯留する湧水槽などがあり、これらを共用することは基本的にできない。

建物基礎の二重スラブ（ピット部）を利用して設けるのが一般的で、ＲＣ躯体に防水モルタルの仕上げとする。容量は、時間平均の排水量の2～2.5倍を見込む。近年ゲリラ豪雨が多くなっているため、雨水槽・雨水ポンプを選定する際は余裕を見込む必要がある。

悪臭を防止する方法

悪臭防止対策として、東京都の「建築物における排水槽等の構造、維持管理等に関する指導要綱」（ビルピット対策指導要綱）では、排水槽の構造、付帯設備、維持管理などの基準が定められているほか、ビル衛生管理法でも管理基準が示されている。

構造基準では、排水槽の容量、実高などの算定基準や材質が示され、点検口、床勾配、ばっ気・撹拌併設装置の設置などが必要になる。また、排水ポンプは予備のため2台設置し、どちらかが休止状態にならないよう平常時は交互に運転する。排水量が上回る非常時には、2台同時運転できるようにする。

維持管理基準では、排水の滞留時間はおおむね2時間以内、清掃頻度は4カ月に1回以上、定期点検は月に1回以上と定められている。維持管理、設置条件を考慮すると、戸建住宅での水廻りは地下深くに設けず、なるべく自然放流できる計画とするのが望ましい。

なお、汚水・雨水・湧水の各槽の有効容量が1.0㎥未満、または各槽の合計が3.0㎥未満の場合は、ビルピット法の対象外となる。

Part 1
Part 2
Part 3
Part 4
Part 5
Part 6
Part 7

■ 排水槽の仕組み

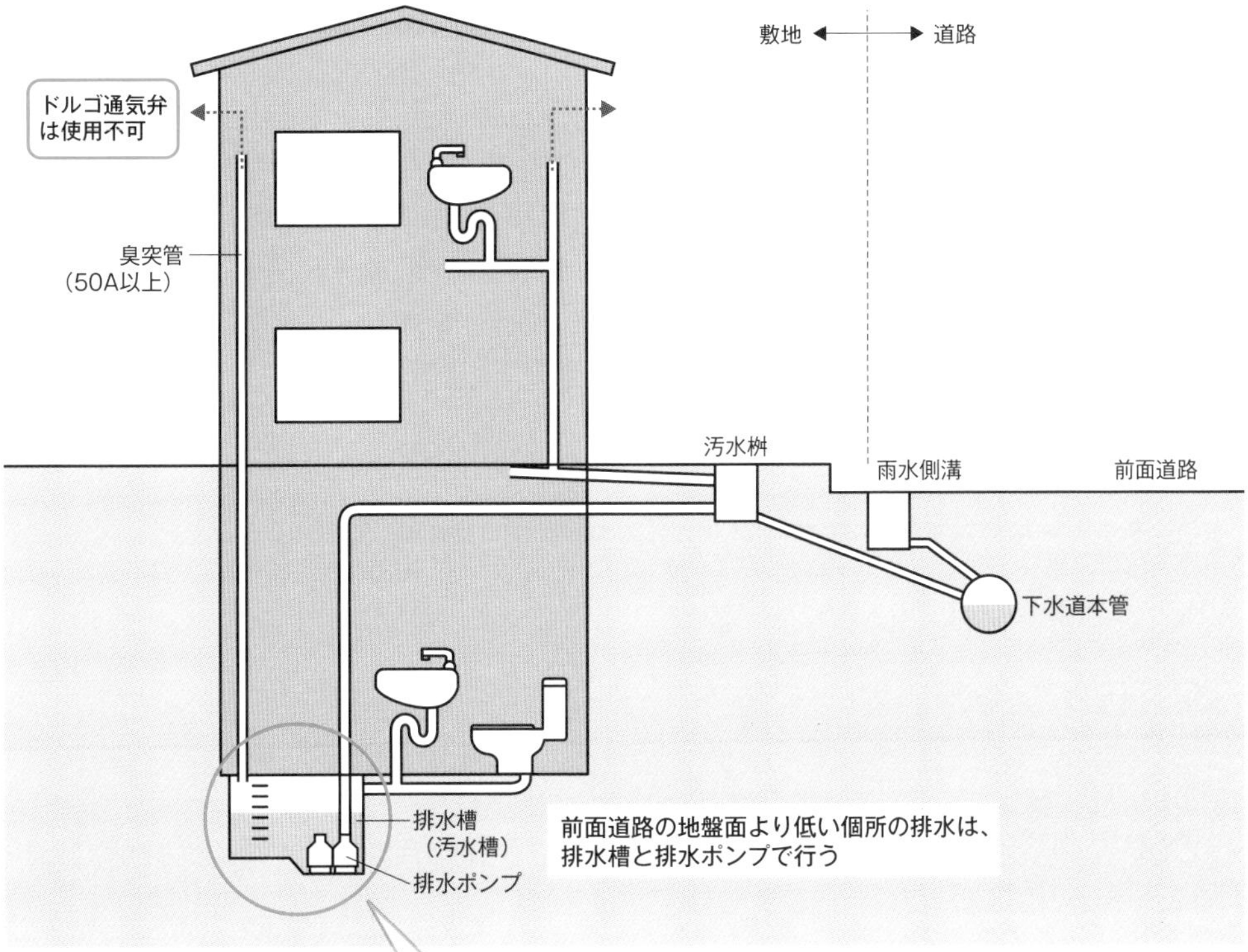
敷地
道路
ドルゴ通気弁は使用不可
臭突管（50A以上）
汚水桝
雨水側溝
前面道路
下水道本管
排水槽（汚水槽）
排水ポンプ
前面道路の地盤面より低い個所の排水は、排水槽と排水ポンプで行う

■ 排水槽の標準構造

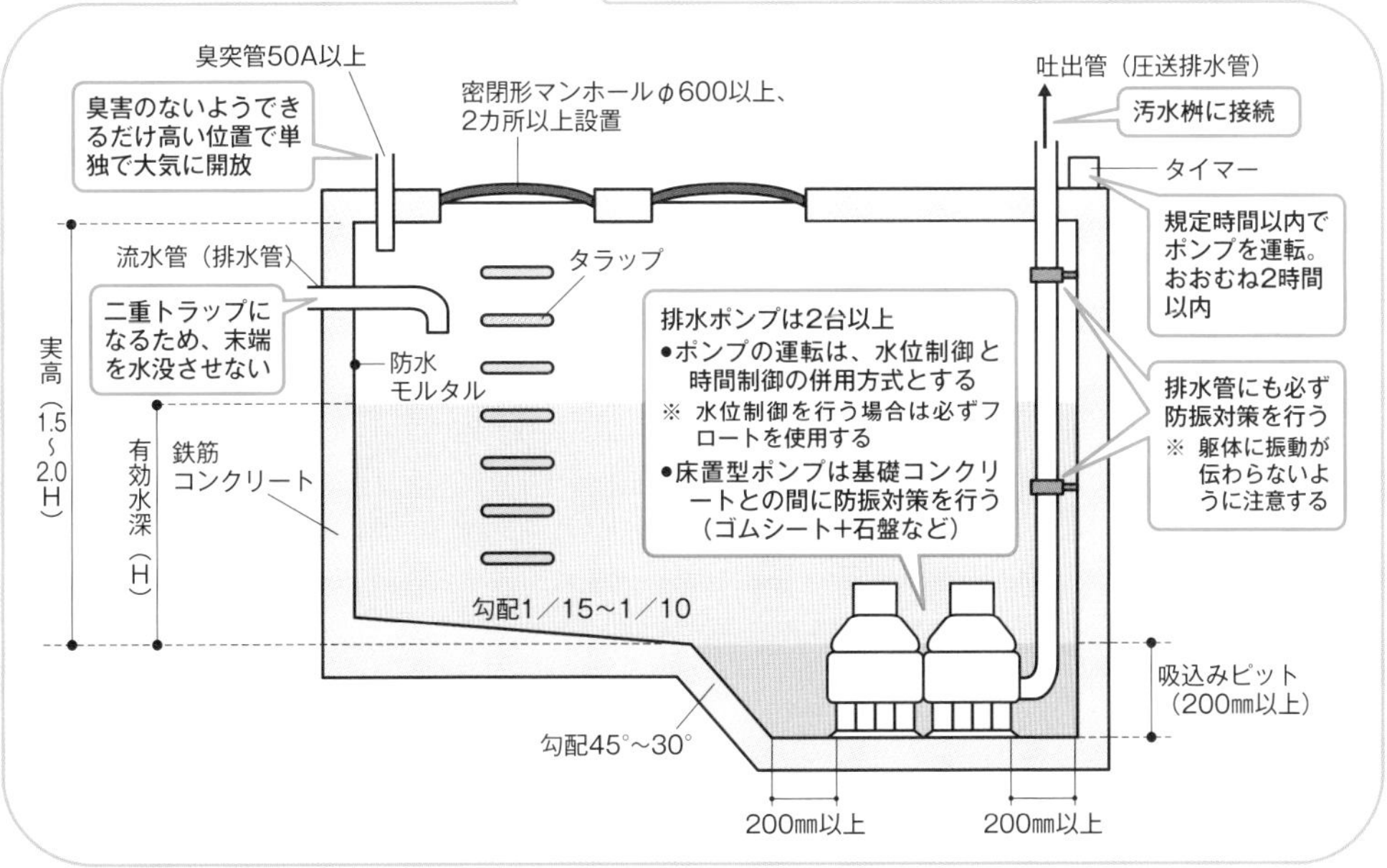
臭突管50A以上
臭害のないようできるだけ高い位置で単独で大気に開放
密閉形マンホールφ600以上、2カ所以上設置
吐出管（圧送排水管）
汚水桝に接続
タイマー
規定時間以内でポンプを運転。おおむね2時間以内
流水管（排水管）
二重トラップになるため、末端を水没させない
タラップ
防水モルタル
実高（1.5～2.0H）
有効水深（H）
鉄筋コンクリート
排水ポンプは2台以上
●ポンプの運転は、水位制御と時間制御の併用方式とする
※ 水位制御を行う場合は必ずフロートを使用する
●床置型ポンプは基礎コンクリートとの間に防振対策を行う（ゴムシート+石盤など）
排水管にも必ず防振対策を行う
※ 躯体に振動が伝わらないように注意する
勾配1／15～1／10
吸込みピット（200mm以上）
勾配45°～30°
200mm以上
200mm以上

No. 016

雨水計画

ココがポイント！

① 雨水計画は、建物の外周部と地上の両方を考慮して行う
② 地域によっては雨水流出抑制が指導されている
③ 雨水管サイズは降水量と屋根面積から求める

メンテナンス・更新

樋のゴミ詰まりを防ぐために、定期的に清掃する

雨水計画とは

雨水は、屋根や外壁、庇《ひさし》、ベランダなど建物の外周部と地上とに系統分けして排水計画を行う。

建物の外周部は、ルーフドレンや樋で雨水を集め、雨水竪管や雨水横枝管、雨水横主管を経て雨水枡へ流す。地上では、地表面の仕上げによって蒸発したり、地中へ浸透する雨水もあるが、残りは側溝・集水枡などで集める。集めた雨水は、地域の下水方式に従い、合流式下水道や公共の側溝へ放流する。

合流式の雨水計画

合流式の場合、雨水管をほかの排水横主管に接続する際はトラップ枡を設け、ルーフドレンなどに下水臭が発生するのを防ぐ。また、地域によってはゲリラ豪雨対策などから雨水流出抑制が指導されるケースが増えているので、自治体への確認が必要になる。地域の指導では、雨水を地下に浸透させる施設（雨水浸透枡、浸透トレンチなど）、雨水貯留施設の設置などが定められている。

雨水の有効利用や治水、節水を目的として、タンクにためた雨水を散水やトイレなどの洗浄水として用いるシステムもある（214頁参照）。

雨水管サイズの決め方

雨水管のサイズは、地域の降水量と屋根やバルコニー、外壁など雨水を受ける部分の面積から決定する。算定の流れは次のとおり。

①理科年表などを参考に、地域ごとの1時間当たりの最大降雨量［mm／h］を調べる。
②雨水管や樋ごとに、負担する部分の降水面積を求める。降水面積は水平投影面積とする。外壁面の雨水は垂直面に30°の角度で吹付けるものとし、外壁面積の50％を降水面積に加算。
③屋根面積を算定する。降水量100mm／hを基準とする。
④雨水竪管、横枝管それぞれの管径を左頁の表に照らし合わせて決定する。

雨水排水の仕組み

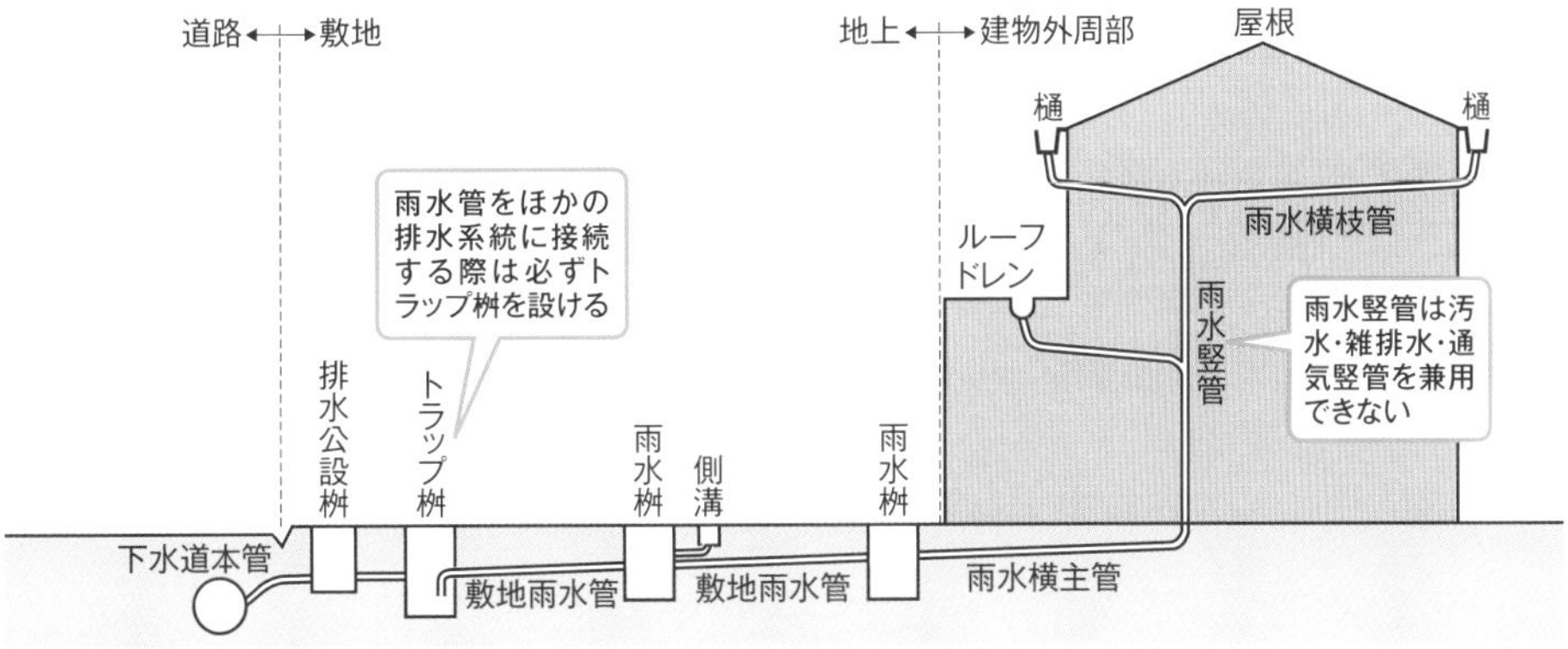

雨水管サイズの決め方

$$屋根面積\,[㎡] = 降水面積 \times \frac{最大降水量\,[㎜／h]}{100}$$

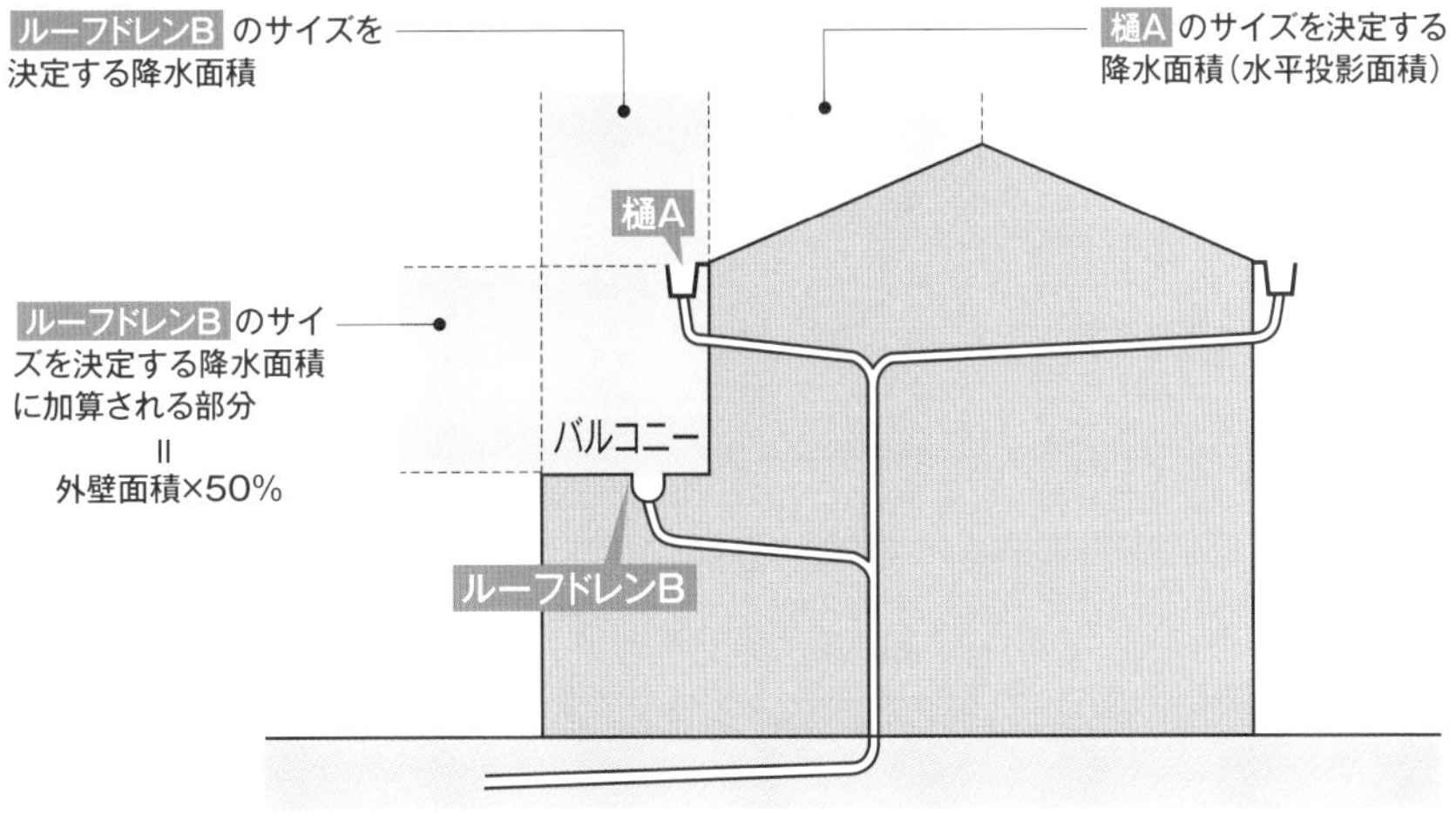

雨水管の管径

雨水竪管

管径[㎜]	許容最大屋根面積[㎡]
50	67
65	135
75	197
100	425
125	770
150	1,250
200	2,700

雨水横枝管

管径[㎜]	許容最大屋根面積[㎡]						
	配管勾配						
	1／25	1／50	1／75	1／100	1／125	1／150	1／200
65	127	90	73	—	—	—	—
75	186	131	107	—	—	—	—
100	400	283	231	200	179	—	—
125	—	512	418	362	324	296	—
150	—	833	680	589	527	481	417

注　許容最大屋根面積は雨量100㎜／hを基準にしている。これ以外の雨量は、表の数値に（100／その地域の最大雨量）を乗じて算出する

No.
017

浄化槽の選定

ココがポイント！

① 単独処理浄化槽は廃止され、すべて合併処理浄化槽とする
② 浄化槽のサイズは処理対象人員から決める
③ BOD除去率で浄化槽の処理性能が決まる

メンテナンス・更新

浄化槽は、1年に1回の保守点検、清掃、検査が義務付けられている

浄化槽とは

公共下水道が整備されていない地域では、トイレからの汚水と、台所や風呂などからの生活雑排水を、浄化槽で衛生上支障のない程度に処理して公共用水域に放流しなければならない。

浄化槽には、汚水のみを処理する単独処理浄化槽と、汚水・雑排水両方を処理する合併処理浄化槽がある。現在は汚水より雑排水の汚れのほうが激しく、環境保護のため単独処理浄化槽は廃止されている。原則として既設のものも合併式浄化槽への設置替えや、構造変更をしなければならず、自治体によっては補助・融資などの制度がある。

浄化槽のサイズ

浄化槽のサイズは、処理対象人員（汚水量の目安）から決定する。処理対象人員の算定方法は、JIS A 3302に建物の用途ごとに示されている。

浄化槽の構造は、現場打ちのRC造のほか、工場生産のPC製やFRP製がある。設置スペースは、5人以下のサイズでも車1台分程度あり、臭いやメンテナンス性も考慮して設置場所を検討する必要がある。

新設の場合は建築確認申請、既設の改造の場合は浄化槽設置届の提出を行い、1年に1回の保守点検、清掃、検査が義務付けられている。

BOD除去率

浄化槽の処理性能は、BOD（生物科学的酸素要求量）除去率によって決まる。

BODとは、水中の汚物（有機物）が微生物によって無機物質やガスに分解されるときに必要な酸素の量である。

BOD除去率は、浄化槽内に流れてきた汚水中のBOD成分が、放流時にどれだけ除去できたかを示す割合である。川や海などの自然を守るために、浄化槽を設置する際はBOD除去率にも気を配る必要がある。なお、BOD除去率は各自治体で定められているので、あらかじめ確認しておく。

浄化槽の仕組み

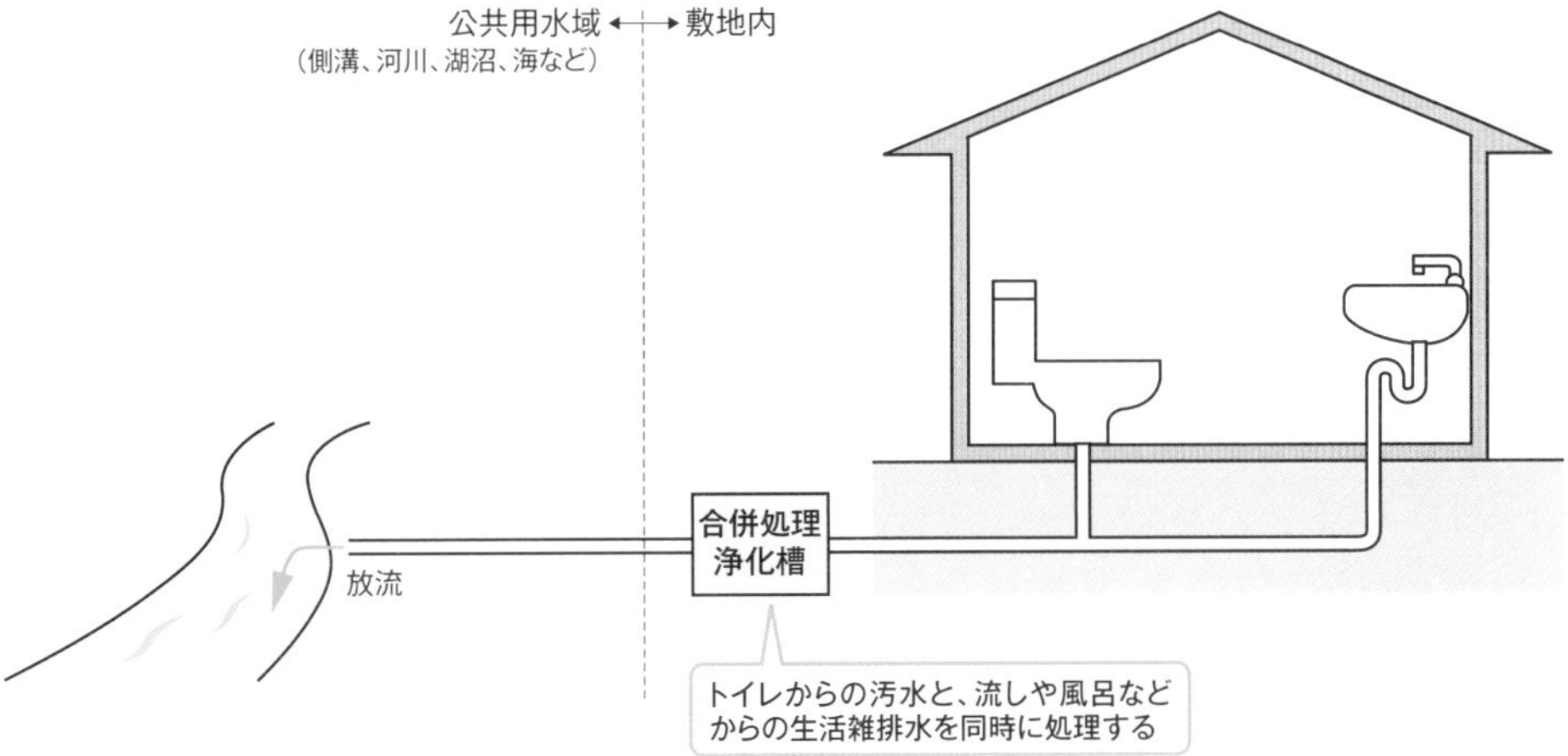
公共用水域
敷地内
（側溝、河川、湖沼、海など）
放流
合併処理
浄化槽
トイレからの汚水と、流しや風呂など
からの生活雑排水を同時に処理する

浄化槽のサイズ

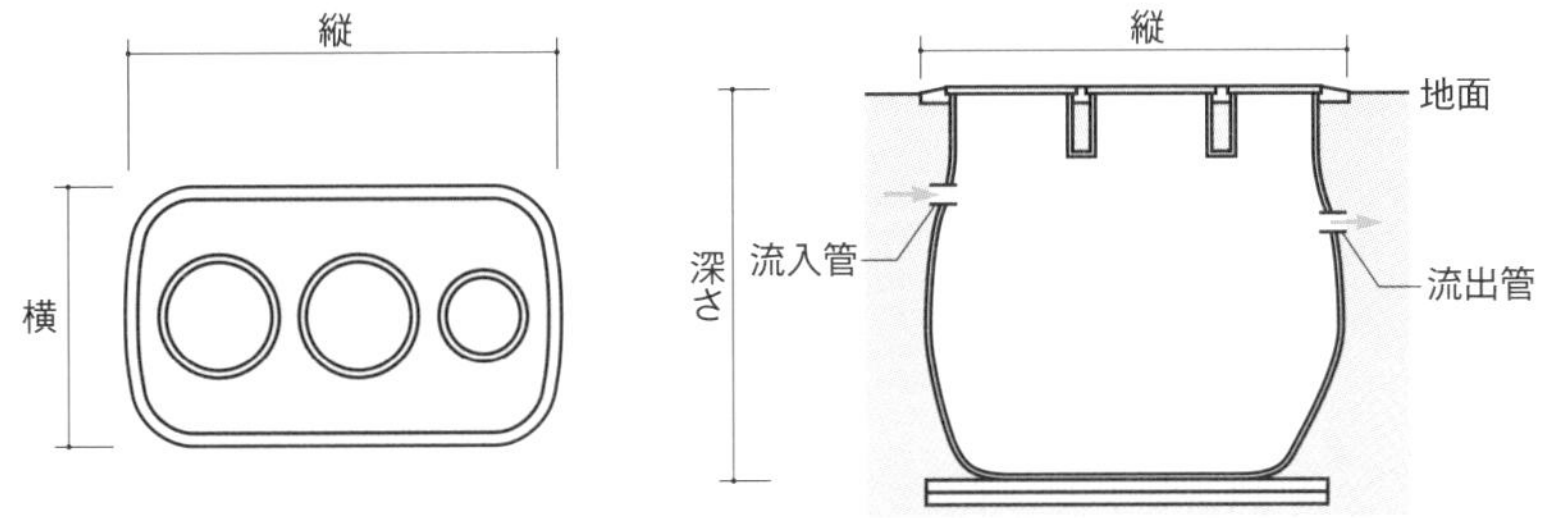
縦
横
縦
地面
深さ
流入管
流出管

戸建住宅

処理対象人数［人］	寸法［mm］		
	縦	横	深さ
5以下	2,450	1,300	1,900
6･7	2,450	1,600	1,900

共同住宅

処理対象人数［人］	寸法［mm］		
	縦	横	深さ
8～10	2,650	1,650	1,800
11～14	3,100	1,700	2,000
15～18	3,200	2,000	2,150
19～21	3,500	2,000	2,150
22～25	3,850	2,000	2,150

処理対象人数［人］	寸法［mm］		
	縦	横	深さ
26～30	4,300	2,000	2,150
31～35	4,750	2,050	2,150
36～40	5,200	2,050	2,150
41～45	5,600	2,050	2,150
46～50	6,100	2,050	2,150

処理対象人員の算定基準

建築用途		処理対象人員	
		算定式	算定単位
住宅	A≦130の場合 130＜Aの場合	n=5 n=7	n：人員［人］ A：延べ床面積［㎡］
共同住宅	n=0.05A		n：人員［人］　注：1戸当たりのnが3.5人以下の場合は、1戸当たりのnを3.5人または2人（1戸が1居室だけで構成されている場合に限る）とし、1戸当たりのnが6人以上の場合は、1戸当たりのnを6人とする A：延べ床面積［㎡］

出典：JIS A 3302-2000（抜粋）

No. 018

給湯方式と給湯量

ココがポイント!

① 熱源は、ガス・電気・灯油が多い
② ガス瞬間給湯機は、能力に余裕をみて大きめの号数を選択する
③ 電気温水器は、貯湯量に余裕をみて貯湯タンク容量を選ぶ

メンテナンス・更新

中央式給湯方式では、衛生のため給湯温度を55℃以上に保ち、定期的な消毒・清掃を行う

給湯方式の種類

給湯方式は、局所式と中央式に分かれる。熱源はガス、電気、灯油のほか、太陽熱や蒸気も利用されている。

主に一般住宅や小規模ビルで採用する局所（個別）式給湯方式は、小型加熱器により直接水を加熱し、必要な箇所に給湯する。一方、大規模ビルや施設に用いる中央式給湯方式は、ボイラーや加熱装置、貯湯槽を備えた機械室から循環ポンプで必要箇所に給湯する。

加熱方式には、必要なときに水を湯沸器を通してお湯にする瞬間式と、加熱したお湯を貯湯槽に蓄えておく貯湯式がある。貯湯式の加熱方法には、ボイラーと貯湯槽が一体となって槽内の水を加熱する直接加熱式と、貯湯槽内の加熱コイルを蒸気や温水などの熱媒によって加熱する間接加熱式がある。

給湯量の目安

ガス瞬間給湯機の能力は号数で表す。号数とは、水温を25℃上げるときの1分間当たりの出湯量［ℓ／min］である。たとえば24号は、水温＋25℃のお湯を1分間に24ℓ供給する能力をもつ。一般的な4人家族の場合は32～24号、単身者は20号または16号、台所や洗面所などスポット給湯には10号が目安。ガス瞬間給湯機は、冬期、水温が低くなると出湯量能力が低下するため、能力に余裕をみて大きめの号数を選択する。

電気温水器は、タンクに貯めた水を、夜間の電力を利用して沸かし保温する貯湯式の給湯機で、ヒーター式とヒートポンプ式（エコキュート）がある。能力は貯湯量で表し、150～550ℓ程度の容量までである。一般的な4人家族の場合は370ℓ以上、単身者は200～150ℓ、洗面器や手洗い器などスポット給湯には10ℓ程度が目安となる。機種を決める際は、貯湯量に余裕をみてワンランク上の給湯機を選ぶとよい。また、近年ではガス給湯機とエコキュートの利点をハイブリッドで組み合わせた、高効率給湯機ECO ONE（エコワン）も登場している。

給湯方式の種類

●局所（個別）式給湯方式の仕組み

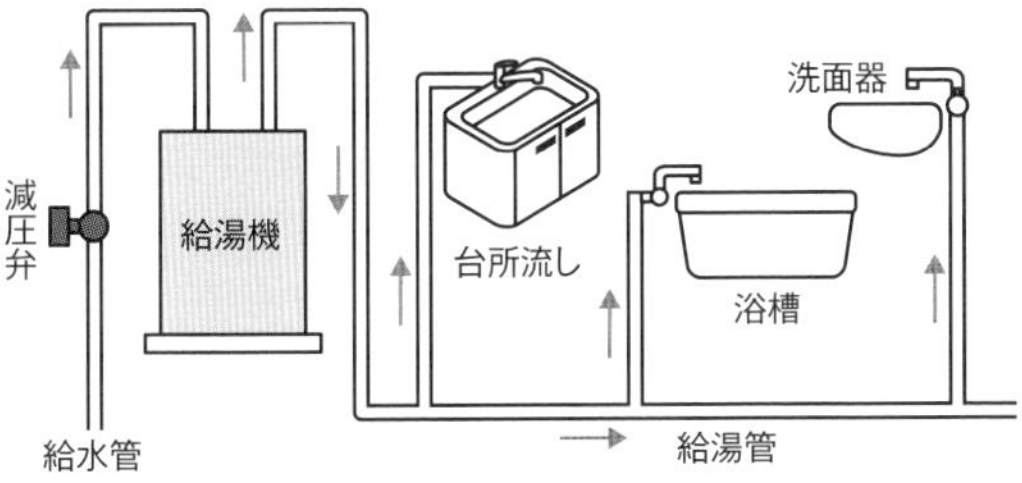
減圧弁
給湯機
給水管
台所流し
洗面器
浴槽
給湯管

●中央式給湯方式の仕組み

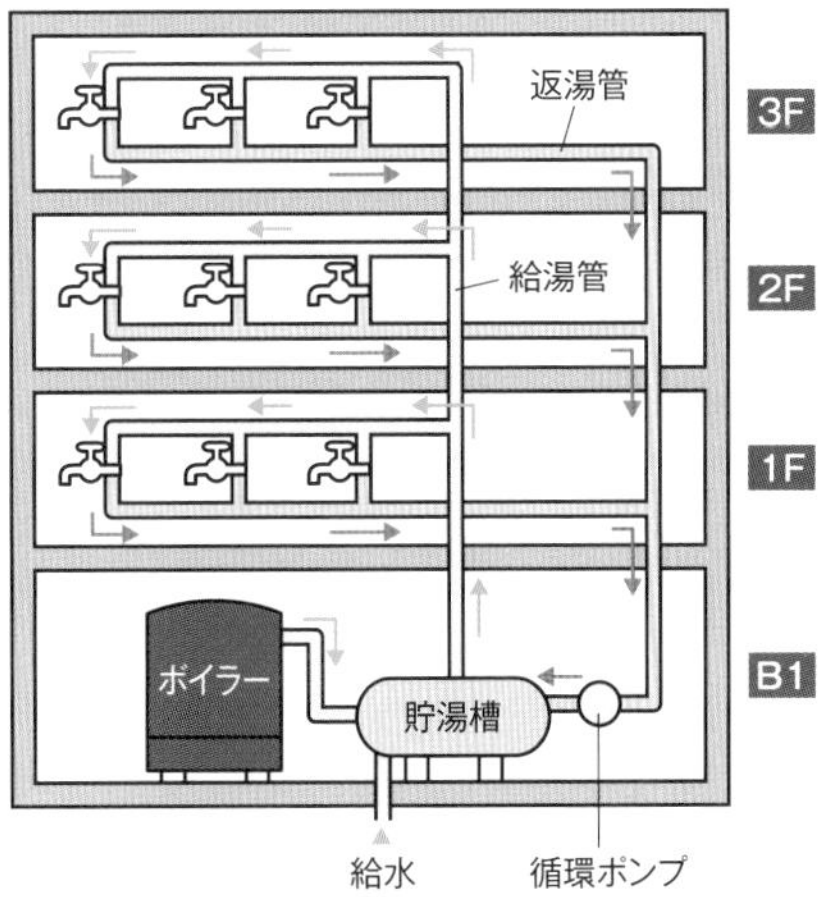
返湯管
3F
給湯管
2F
1F
B1
ボイラー
貯湯槽
給水
循環ポンプ

ガス給湯機の号数の目安

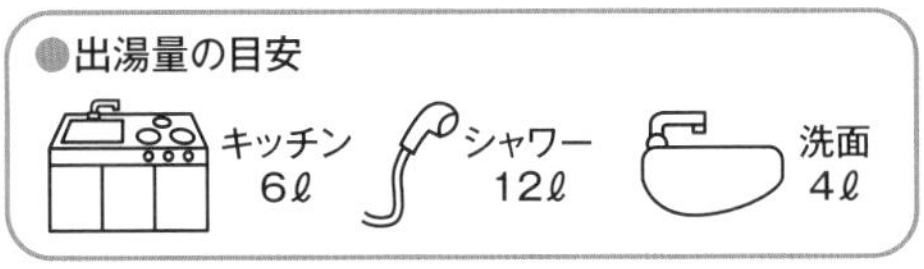
●出湯量の目安
キッチン
6ℓ
シャワー
12ℓ
洗面
4ℓ

32号
春・夏・秋にシャワー2カ所と水栓1カ所の同時使用が可能
24号
冬場もシャワーと給湯2カ所の同時使用が可能
20号
シャワーと給湯の同時使用が可能
16号
通年シャワー利用可能
10号
スポット給湯に適する

使用人数や状況に合わせて適切な号数を選ぶことがポイントです

給湯方式ごとの特徴

方式	ガス瞬間式給湯器	貯湯式給湯器（エコキュート）
概要	水が機器を通過する間に加熱されて瞬間的に湯をつくる方式	貯湯タンクにいったん水を溜めて、ゆっくり加熱して湯をつくる方式
コスト	○イニシャルコストが安価	○ランニングコストが安価
設置場所	○本体がコンパクトなため設置場所を選ばない	×広い設置スペースが必要（設置場所が限られる） ×重量があるのでコンクリート基礎が必要
水圧	○水道圧力をそのまま利用するので高水圧の確保が可能	×水圧の制限がある 注:選定の際は「高圧タイプ」を選ぶ
給湯量	×供給水温によっては能力不足のおそれがある ○いくらでも湯が使える	○安定した給湯量が可能 ○多箇所での同時給湯に対応可能 ×使いすぎると湯切れのおそれがある
耐用	△耐用年数は10年〜15年	○耐用年数は15〜20年△室外機は10〜15年
備考	—	○タンク内の水は非常時の生活用水として利用可能

No. 019

給湯機の種類

ココがポイント!

① 追焚き付きのタイプには、フルオートとオートタイプの2種類がある

② エコジョーズにはドレン配管工事が必要

③ エコワン・おひさまエコキュートはよりランニングコストを抑えられる

メンテナンス・更新

給湯機の寿命は平均で約10年といわれている

給湯機の種類

給湯機には、ガス給湯機、電気温水器を問わず、給湯とお風呂の追焚き機能が付いているタイプと、お湯をつくる機能だけの給湯専用タイプのほか、給湯、追焚きに暖房の機能を備えた給湯暖房タイプがある。

追焚き付きタイプには、フルオートとオートタイプの2種類があり、フルオートタイプは、浴槽内の湯量が減ったら自動で足し湯をする機能と、入浴時に湯温の低下を感知し、自動で適温に沸かし上げる機能をもつ。

給湯暖房タイプは、給湯機能のほかに、給湯機でつくられた温水を、床暖房や浴室暖房乾燥機などの暖房用熱源として利用する機能をもつ。

省エネ性の高い給湯機

●潜熱回収型ガス給湯機　従来のガス給湯機は、熱効率80%が限界で、約20%が放熱や排気ガスとして無駄になっていた。潜熱回収型ガス給湯機「エコジョーズ」は、これらの排気熱（約200℃）を給湯に再利用することで、排気熱は50℃まで下がり、全体の熱効率は95%まで向上する。使用ガス量、ガス料金ともに13%削減でき、従来型と比較して年間約1万円の節約となる［※］。ただし、「エコジョーズ」には従来の給湯機には必要なかった、ドレン配管工事が必要となる。

●エコワン　ガス給湯機のエコジョーズと電気温水器のエコキュートを一体化した給湯機。必要な湯量に合わせてガスと電気の長所をハイブリッドで使い分けることで、ランニングコストを抑えられる。給湯だけでなく床暖房の熱源機としても使用可能。

●おひさまエコキュート　従来のエコキュートが安価な深夜電力を用いて夜間に湯を沸かすのに対し、昼間の余剰電力を用いて主に昼間に湯を沸かす。太陽光発電の余剰電力の売電価格の減少を背景としたもので、昼間の余剰電力を積極的に自家消費してコストを抑えられ、環境にも優しい給湯機。

※　給湯機（給湯＋追焚き）の場合

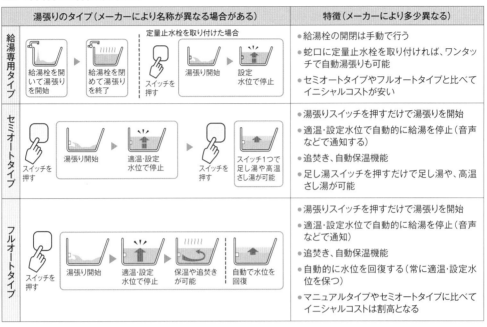

浴槽の給湯方式

	湯張りのタイプ（メーカーにより名称が異なる場合がある）	特徴（メーカーにより多少異なる）
給湯専用タイプ	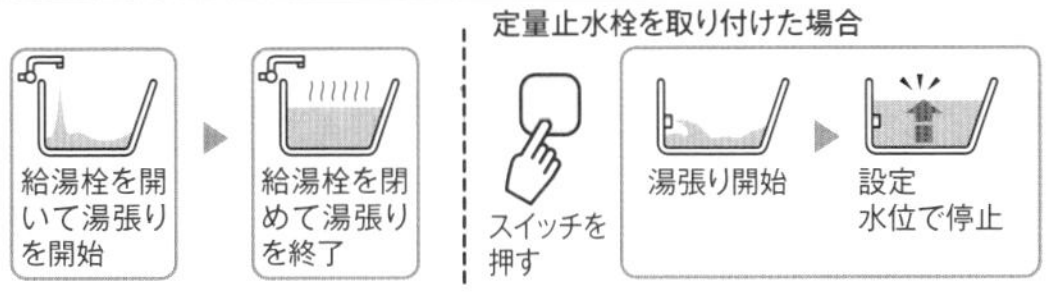給湯栓を開いて湯張りを開始 給湯栓を閉めて湯張りを終了 定量止水栓を取り付けた場合 スイッチを押す 湯張り開始 設定水位で停止	●給湯栓の開閉は手動で行う ●蛇口に定量止水栓を取り付ければ、ワンタッチで自動湯張りも可能 ●セミオートタイプやフルオートタイプと比べてイニシャルコストが安い
セミオートタイプ	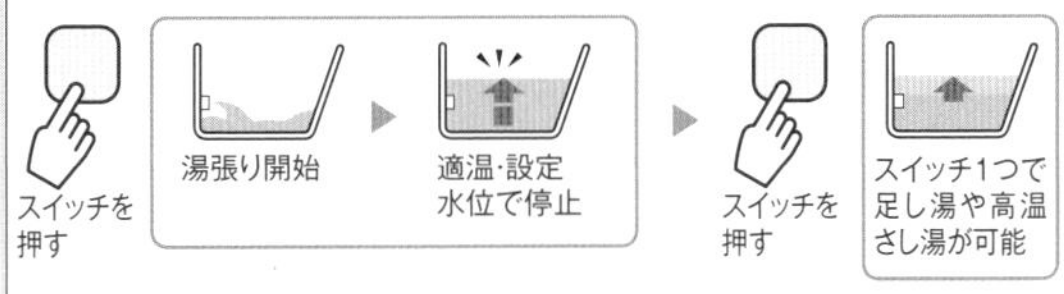スイッチを押す 湯張り開始 適温・設定水位で停止 スイッチを押す スイッチ1つで足し湯や高温さし湯が可能	●湯張りスイッチを押すだけで湯張りを開始 ●適温・設定水位で自動的に給湯を停止（音声などで通知する） ●追焚き、自動保温機能 ●足し湯スイッチを押すだけで足し湯や、高温さし湯が可能
フルオートタイプ	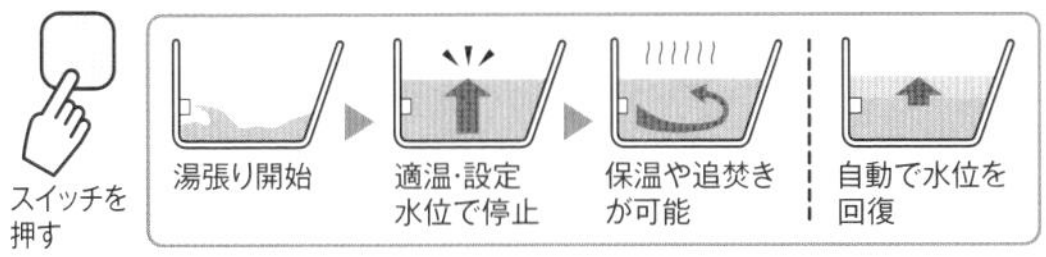スイッチを押す 湯張り開始 適温・設定水位で停止 保温や追焚きが可能 自動で水位を回復	●湯張りスイッチを押すだけで湯張りを開始 ●適温・設定水位で自動的に給湯を停止（音声などで通知） ●追焚き、自動保温機能 ●自動的に水位を回復する（常に適温・設定水位を保つ） ●マニュアルタイプやセミオートタイプに比べてイニシャルコストは割高となる

エコジョーズの仕組み

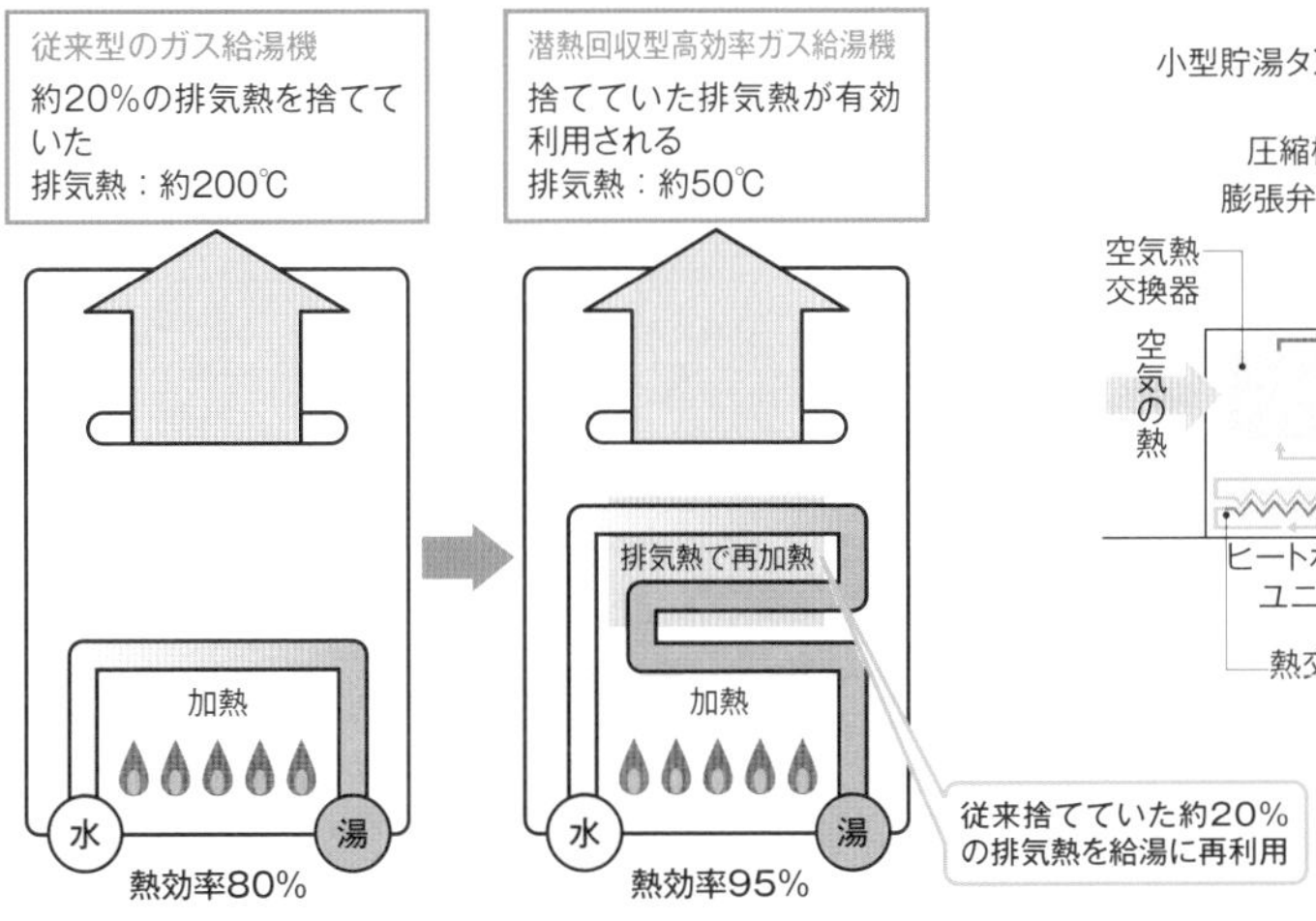
従来型のガス給湯機
約20%の排気熱を捨てていた
排気熱：約200℃
潜熱回収型高効率ガス給湯機
捨てていた排気熱が有効利用される
排気熱：約50℃
排気熱で再加熱
加熱
加熱
水
湯
水
湯
熱効率80%
熱効率95%
従来捨てていた約20%の排気熱を給湯に再利用

エコワンの仕組み

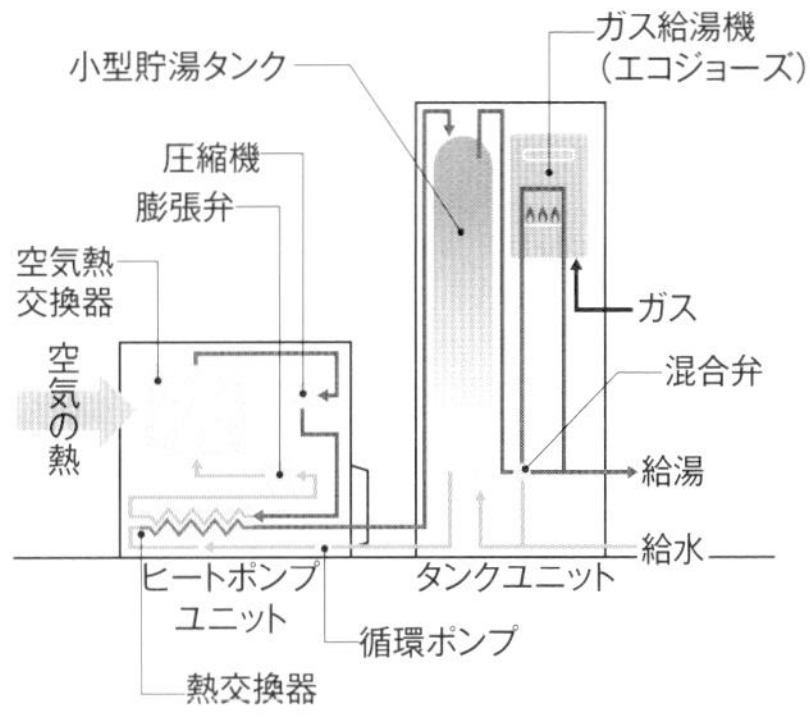
ガス給湯機（エコジョーズ）
小型貯湯タンク
圧縮機
膨張弁
空気熱交換器
空気の熱
ガス
混合弁
給湯
給水
ヒートポンプユニット
タンクユニット
循環ポンプ
熱交換器

おひさまエコキュートの仕組み

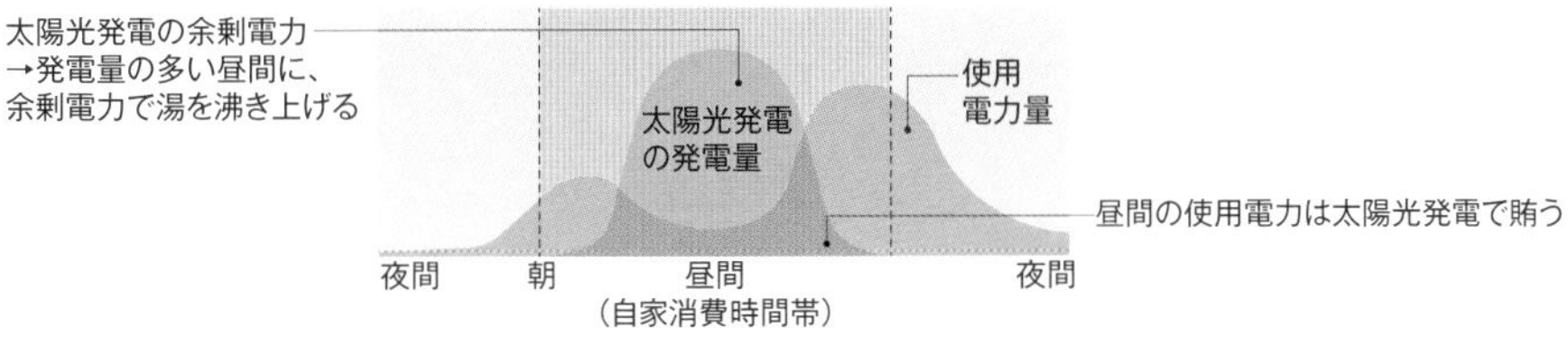
太陽光発電の余剰電力
→発電量の多い昼間に、余剰電力で湯を沸き上げる
太陽光発電の発電量
使用電力量
昼間の使用電力は太陽光発電で賄う
夜間
朝
昼間
（自家消費時間帯）
夜間

No. 020

給湯機の設置

ココがポイント！

① 原則的に浴室など給湯箇所の近くに設置する
② 給湯機の設置場所と給湯箇所に3m以上の高低差が生じる場合はメーカーに確認する
③ エコキュートはヒートポンプユニットと貯湯タンク間の高低差の制約があるので注意

メンテナンス・更新

故障時などのメンテナンススペースを十分に確保しておくことが大事

給湯機の設置場所

給湯機の設置場所を決めるとき、特に注意が必要なのは給湯箇所との距離である。給湯機と給湯箇所が離れてしまうと、湯が出るまでの待ち時間が長くなり、ストレスを感じるとともに、捨て水も多くなって非常に無駄が生じる。そのため、原則的に浴室など給湯箇所の近くに設置する。

浴室と台所などが離れて計画されている場合は、給湯機を2台に分け、それぞれ必要な能力ごとに設置したり、即湯ユニットを設置する方法も有効である。やむをえず、離して設置するときは、設置フリー形を選定する。また、給湯機の設置箇所と給湯箇所に3m以上の高低差が生じる場合は、対応可能な機種をメーカーに確認する。そのほか、故障時のメンテナンススペースを十分に確保することも重要だ。

ガス給湯機の設置

屋外設置型のガス給湯機は、燃焼排気が淀むことなく外部に排気できる位置への設置が原則となる。ほかにも、燃焼排気口と建物開口部との離隔距離（側方15cm・上方30cm・下方15cm・前方60cm）などの規定があり、開口部には排気フードなども含まれる。

ガス瞬間給湯機を屋内に設置するとき、側壁や前面扉を可燃材料とする場合は離隔距離を45mm以上確保する。不燃材料とすれば制限はないが、施工的には45mm以上離隔距離を確保することが望ましい。ガス給湯機の設置基準については、所轄の消防署やガス会社に相談するとよい。

電気温水器の設置

電気温水器を設置する際は、荷重（370ℓタンクで410～470kg）を考慮し、構造上耐えられる場所を検討する。屋内にタンクを設置する場合は、万が一の漏水対策も考慮する。また、「エコキュート」の場合は、ヒートポンプユニットと貯湯タンク間の高低差に制約があるので注意する。

給湯配管と出湯時間

配管長さと捨て水量と出湯時間の関係

●銅管20A

配管の長さ［m］		5	10	15	20
捨て水量［ℓ］		1.7	3.4	5.1	6.7
時間	台所［秒］	20	40	60	80
	洗面［秒］	17	34	51	67
	シャワー［秒］	11	21	31	41

●銅管15A

配管の長さ［m］		5	10	15	20
捨て水量［ℓ］		0.9	1.7	2.5	3.4
時間	台所［秒］	11	20	30	40
	洗面［秒］	9	17	24	34
	シャワー［秒］	6	11	15	21

注1　所要時間は計算値であり、実際は配管の冷え、放熱があるため、1.5～2倍程度かかることがある
注2　給湯機自体の着火から立ち上がり時間（約10秒）は含まれていない

資料提供：株式会社ノーリツ

ガス瞬間給湯機の設置（屋内設置の場合）

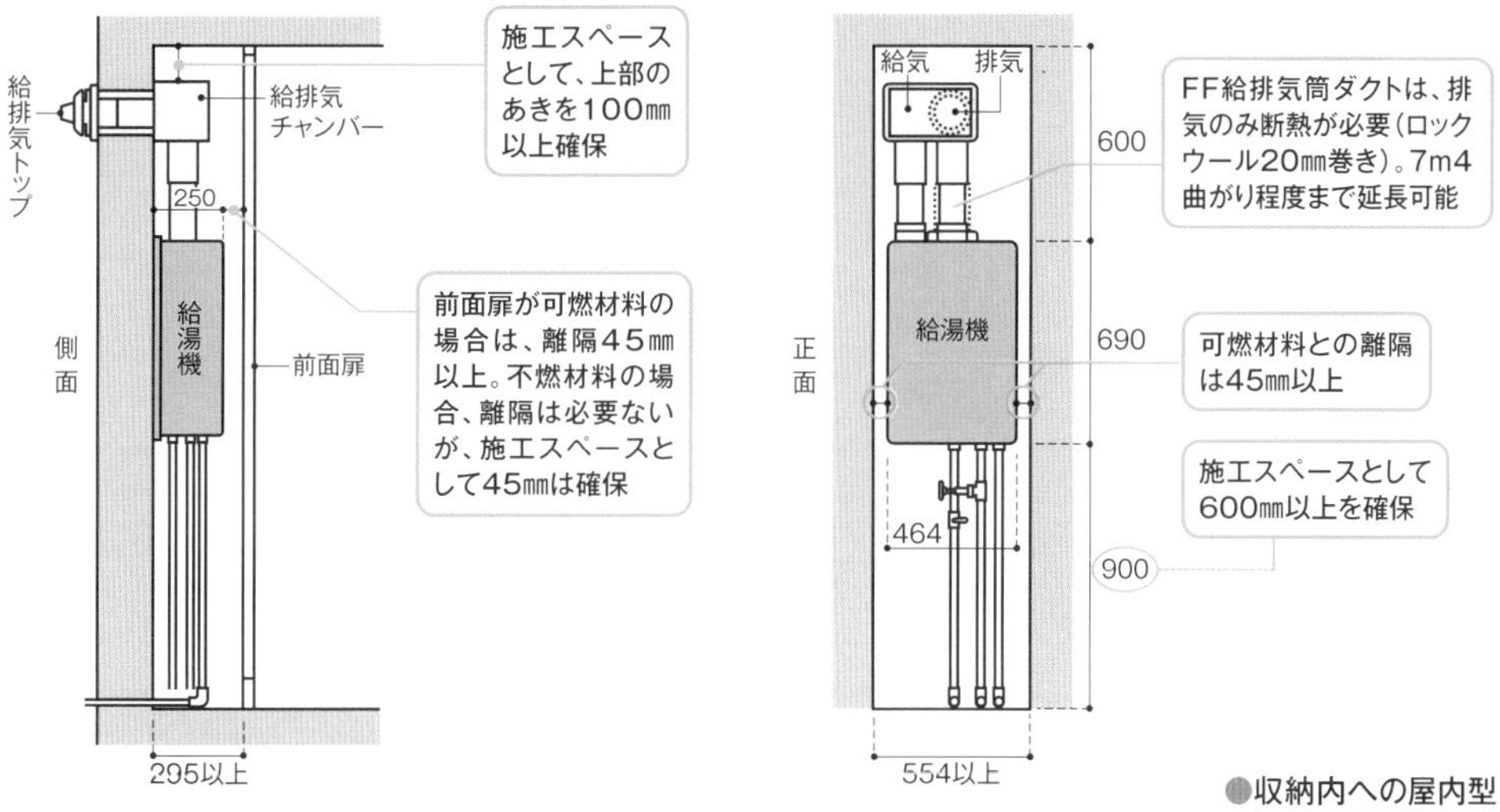

給排気トップ
給排気チャンバー
施工スペースとして、上部のあきを100㎜以上確保
250
給湯機
側面
前面扉
前面扉が可燃材料の場合は、離隔45㎜以上。不燃材料の場合、離隔は必要ないが、施工スペースとして45㎜は確保
295以上
給気
排気
600
FF給排気筒ダクトは、排気のみ断熱が必要（ロックウール20㎜巻き）。7m4曲がり程度まで延長可能
正面
給湯機
690
可燃材料との離隔は45㎜以上
施工スペースとして600㎜以上を確保
464
900
554以上

即湯ユニット設置例

給湯機と給湯栓が離れている場合、即湯ユニットを設置する。即湯ユニットと給湯機は必ずセットで使用し、設置場所は給湯機の周囲ではなく出湯栓の近くにする。キッチンシンクの下や洗面化粧台の下に隠蔽することが多く、スペースの確保が必要となる。

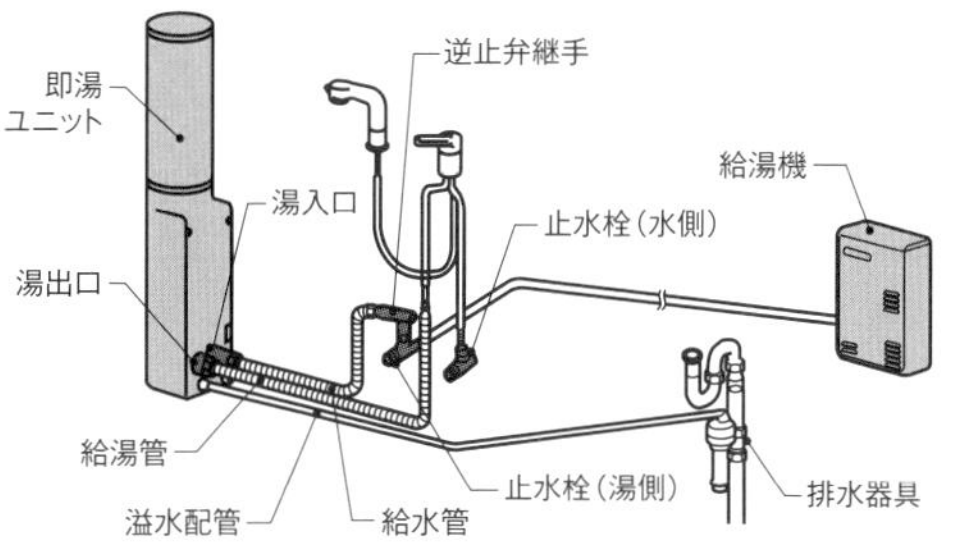

即湯ユニット
逆止弁継手
湯入口
給湯機
止水栓（水側）
湯出口
給湯管
止水栓（湯側）
排水器具
溢水配管
給水管

例：「ほっとエクスプレスEG-2SI」（LIXIL／INAX）

●収納内への屋内型給湯器の設置例

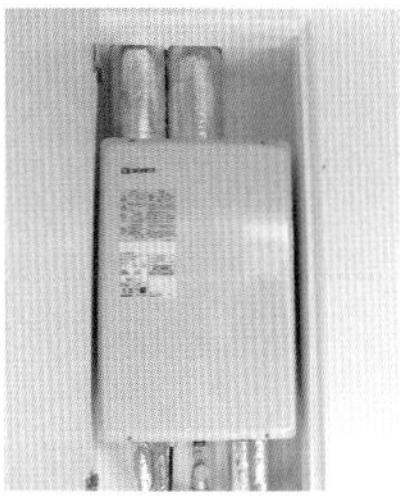

周囲の建具（木製）と45㎜以上の離隔距離を確保し、前面扉を開けられるようにしておくことで、メンテナンスが可能になる

ガス設備

No. 021

ココがポイント!

① すべてのガス機器は、適合するガスの種類がラベルに明示されている

② LPボンベは、火気と2m以上の離隔をとる

③ ガスメーターは、安全装置付きマイコンメーターが幅広く使用されている

メンテナンス・更新

2009年4月から「長期使用製品安全点検制度」がスタート！

ガスの供給方法

ガスの供給方法には、都市ガスとLPガスの2種類がある。どちらも適合するガスの種類がラベルに明示されているので、必ず確認してから使用する。確認できない場合は、利用しているガス事業者に問い合わせる。

また、2009年4月1日に「長期使用製品安全点検制度」がスタートした。ガス機器などの火災や事故を防ぐため、消費者がメーカーなどに所有者登録し、適切な時期に点検できるようになっている。

都市ガスとLPガス

都市ガスは、道路に埋設された都市ガス本管を経て各住戸に引込まれる。原料や製造方法、発熱量などによって全国で13種類に分かれており、そのなかでも12A・13Aガスの2種類が全国の8割を占める。そのほかのガスを供給するガス事業者も、12A・13Aガスへの切替えを進めている。また、近い将来、都市ガスは1つの種類となり、全国どこに行っても同じガス機器を使用できるようになる予定である。

LPガスは、天然ガスを冷却液化したもので、常温でも加圧することで簡単に液化できるため、一般にボンベに詰めて供給される。貯蔵や取り扱いが容易で、都市ガス供給がないエリアで広く使用されている。

設置する際は、ガス使用のピークとなる冬期の1日使用量と交換の周期を想定したうえで、ボンベの大きさや本数を決める。ボンベは、風通しのよい屋外で、メンテナンスの容易な箇所に設置する。また、「液化石油ガス保安規則」により、火気と2m以上の離隔をとらなければならない。2m以内に火気がある場合は、火気を遮るための不燃性の離壁を設ける必要がある（ガスメーターも含む）。なお、都市ガス、LPガスを問わず、現在のガスメーターは、ガス漏れや地震を感知すると自動でガスを遮断する、安全装置付きマイコンメーターが幅広く使用されている。

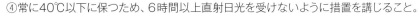

都市ガスとLPガスの仕組み

●都市ガス

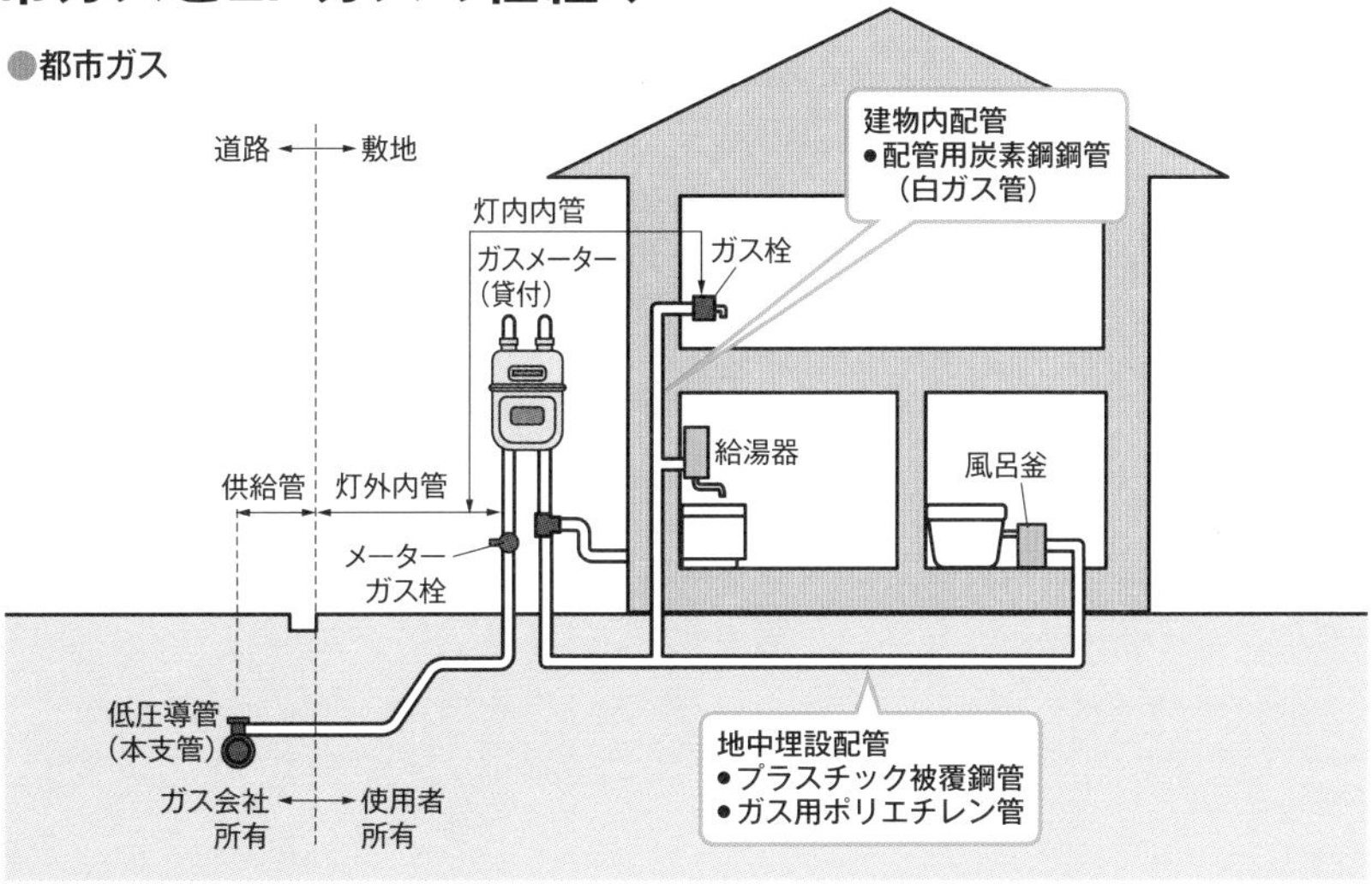
道路
敷地
灯内内管
ガスメーター
(貸付)
ガス栓
建物内配管
●配管用炭素鋼鋼管
(白ガス管)
給湯器
風呂釜
供給管
灯外内管
メーター
ガス栓
低圧導管
(本支管)
ガス会社
所有
使用者
所有
地中埋設配管
●プラスチック被覆鋼管
●ガス用ポリエチレン管

●LPガス(ボンベ供給方式)

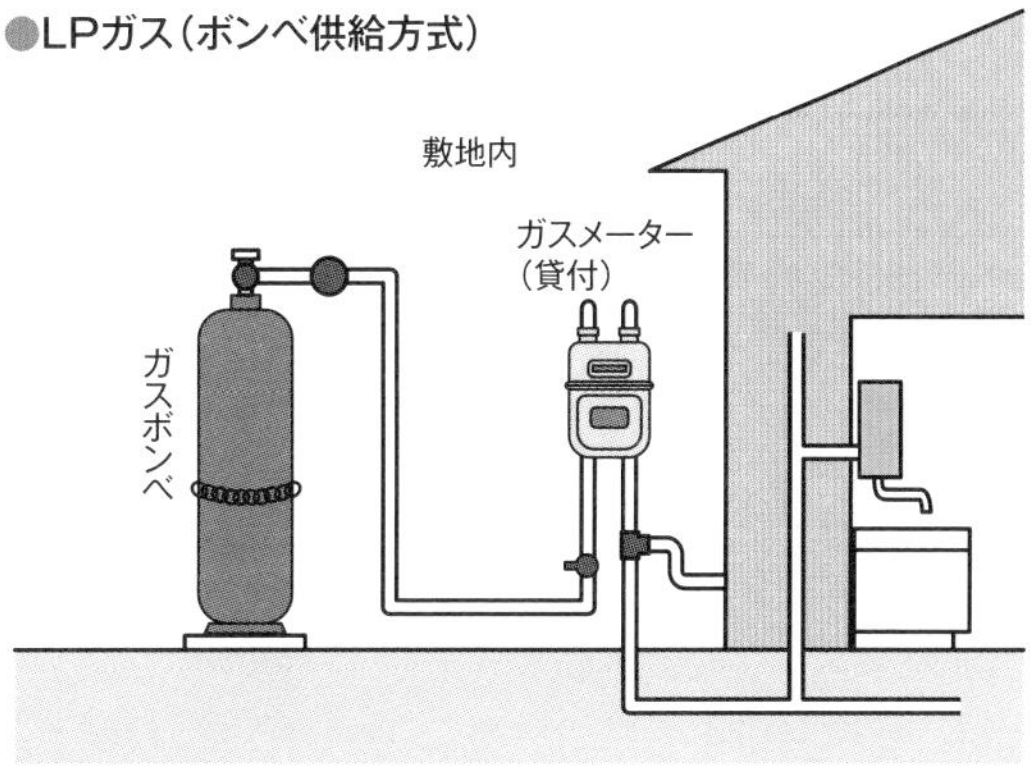
敷地内
ガスメーター
(貸付)
ガスボンベ

プロパンガスボンベの設置場所を検討する際は、以下の①~⑥の項目に配慮しながら行う。意匠上、建物の正面など目立つ場所に配置しないほうがよいのは言うまでもない。

①ボンベの交換がしやすい場所に設置する。
②転倒・転落を防止するため、水平な地盤面に置き、外壁などにチェーンで固定すること。
③火気またはエアコン室外機から2m以上の離隔がとれている場所に設置する。
(火気を遮る措置が講じられている場合は、この限りではない。)
④常に40℃以下に保つため、6時間以上直射日光を受けないように措置を講じること。
⑤落雪や積雪により埋没しないような措置を講じること。
⑥自動車などの車両が接触しないような措置を講じること。
⑦運搬車(台車)またはボンベ底を回転させて搬入するため、搬入通路は通路幅を60cm以上とする(50kgボンベの場合)。20kgタンクなら担いでの搬入も可能。

長期使用製品安全点検制度

●対象製品(特定保守製品)

ガス	石油	電気
●屋内式ガス瞬間湯沸器(都市ガス用、LPガス用) ●屋内式ガス風呂釜(都市ガス用、LPガス用)	●石油給湯機 ●石油風呂釜 ●FF式石油温風暖房器	●ビルトイン式電気食器洗機 ●浴室用電気乾燥機

No. 022

配管の種類

ココがポイント！

① 配管材料は、金属製と塩化ビニルなどの非金属製がある

② 配管は用途、器具の設置スペースに応じて選ぶ

③ 排水管の継手は大曲なので場所をとる

メンテナンス・更新

さや管ヘッダー工法は、将来の更新に対応しやすい

配管の種類

配管材料は、大きく金属と非金属に区分される。肉厚も分類され、接続方法も多様で、用途に適したものを耐用年数やメンテナンス性などを考慮して選定しなければならない。

給水・給湯管の選び方

給水配管には、一般的に水道用硬質塩化ビニルライニング鋼管、ステンレス鋼管、硬質ポリ塩化ビニル管、耐衝撃性硬質ポリ塩化ビニル管、架橋ポリエチレン管、ポリブデン管がある。

給湯配管は、主に配管用銅管、耐熱性硬質塩化ビニルライニング鋼管、耐熱性硬質ポリ塩化ビニル管が用いられ、1種類ではなく、必要箇所に応じて組み合わせる。また、熱による管の膨張・収縮を吸収するため伸縮継手を設ける。

ステンレス製のフレキシブル管は可とう性に優れ、手で曲げられる施工性のよさから、狭いスペースで給水・給湯両方に使用される。

水中の溶剤酸素により、鋼製の配管や継手から赤さびが発生しやすいので、高耐久の材料を選ぶことが重要になる。特に給湯管は高温のため、給水管より腐食しやすい。

給水・給湯配管の方法として、従来の分岐工法のほかに、さや管ヘッダー工法がある。途中で分岐せずに、ヘッダーから各種の器具へ直接配管する方法で、施工性がよく、将来の更新にも対応できる。

排水管の選び方

排水管には、汚水・雑排水・雨水・特殊排水管があり、排水流体の種類により管材料を選択する。耐食性があり、軽量、低価格な硬質ポリ塩化ビニル管や耐火二層管が広く使用されているが、公共工事では、配管用炭素鋼鋼管、排水用鋳鉄管、排水用硬質塩化ビニルライニング鋼管が多く用いられる。

排水管の曲部はカーブを大きくする必要があり、継手、異形管も大曲のものが使用される。

配管材料の種類と特徴

給水配管材

材　料	特　徴
水道用硬質塩化ビニルライニング鋼管	配管用炭素鋼鋼管（SGP）の黒管または水道用亜鉛メッキ鋼管に、硬質塩化ビニルを腐食防止としてライニングしたもので、5°～60°の範囲で使用できる。管端部のみ腐食のおそれがある。管の内外にライニングしたものは地中埋設に用いられる。鋼管の耐圧性、耐衝撃性、持続性と、硬質塩化ビニルの耐食性を併せ持つ
水道用ステンレス鋼管	ほかの金属管に比べ軽量、耐食性に優れる。高価
水道用硬質ポリ塩化ビニル管	塩化ビニル重合体が主体の非金属管の代表的なもの。塩ビ管と略称される。低価格、耐食性がよく、軽量
水道用耐衝撃性硬質ポリ塩化ビニル管	塩化ビニル管より衝撃に強い。コンクリート内配管、屋外配管に用いる
架橋ポリエチレン管	エチレン主体の重合体のポリエチレン製。塩化ビニル管より軽量、柔軟性があり衝撃に強い。約90℃で軟化するが、−60℃でも脆化しないため寒冷地で使用される
ポリブデン管	軽量、柔軟性、耐熱性があり、施工性がよい。さや管ヘッダー工法で採用されていたが、近年では分岐工法でも採用される

給湯配管材

材　料	特　徴
配管用銅管	CPと呼ばれ、銅および銅合金性。引張りに強く、耐食性があり、軽量、安価で加工が容易。水中のカルシウムなど（スケール）が付きにくく、温水配管に適している。異種金属と併用すると電気腐食を起こすため、防食管継手を使用する必要がある。湯中の銅イオンがほかの金属と接触しても電気腐食が進む
配管用ステンレス鋼管	耐食性、耐熱性、耐摩耗性に優れるが、高価。リサイクル率がよいため、公共建物で使用されることが多い
耐熱性硬質塩化ビニルライニング鋼管	鋼管の内面に耐熱性硬質塩化ビニルをライニングしたもの。耐熱、耐食、強度に優れ、85℃以下の給湯配管として使用される。管接続部は防食管継手とする。屋内、宅地内に使用される
耐熱性硬質ポリ塩化ビニル管	HTVPと呼ばれ、耐食性があり、施工が容易。比較的安価な配管。外圧や衝撃に弱く、管内の圧力により供給する湯の温度（90℃以下）に制限がある。屋内、宅地内に使用される
架橋ポリエチレン管	XPN（PEX）と呼ばれる。ポリエチレン製（高耐熱性樹脂）で、最高使用温度95℃と耐熱性があり、耐寒、耐食、耐久性に優れ、スケールも付着しにくい。柔軟性があり、曲げに強く、配管接続も容易で加工、施工性が非常によい。さや管ヘッダー工法でも採用される

排水配管材

材　料	特　徴
排水用鋳鉄管	鋼管より耐食性に優れる。水道用鋳鉄管より肉厚が薄く、べら管と呼ばれる。地中埋設用の屋外配管として使用される。主に地中に埋設して用いる継手を異形管と呼ぶ
配管用炭素鋼鋼管	ガス管（SGP）とも呼ばれ、黒管と、防食として亜鉛めっきを施した白管がある。通気管にも使用される。耐熱性に優れるが、酸性に弱く、腐食しやすい
塩化ビニルライニング鋼管	黒管の内外面に塩化ビニルを張り付けたもの。耐食性、耐熱性に優れる
硬質ポリ塩化ビニル管	水道用と材質が同じで、塩ビ管と呼ばれる。耐食性があり、軽量、安価、継手が豊富で、接着剤で容易に接続できる。熱、衝撃には弱い。厚肉管をVP管（一般配管用）、薄肉管をVU管（排水·通気用）という。VU管は使用圧力に制限があり、管径は太いものまである。屋外配管には、耐衝撃性硬質塩化ビニル管（HIVP）が使用される
耐火二層管	繊維混入セメントモルタル被覆の外管に硬質ポリ塩化ビニル管を内在させた管で、軽量、耐薬品性、耐食性がある。断熱性、防露性、遮音性にも優れる。防火区画を貫通する配管にも適している

さや管ヘッダー工法の仕組み

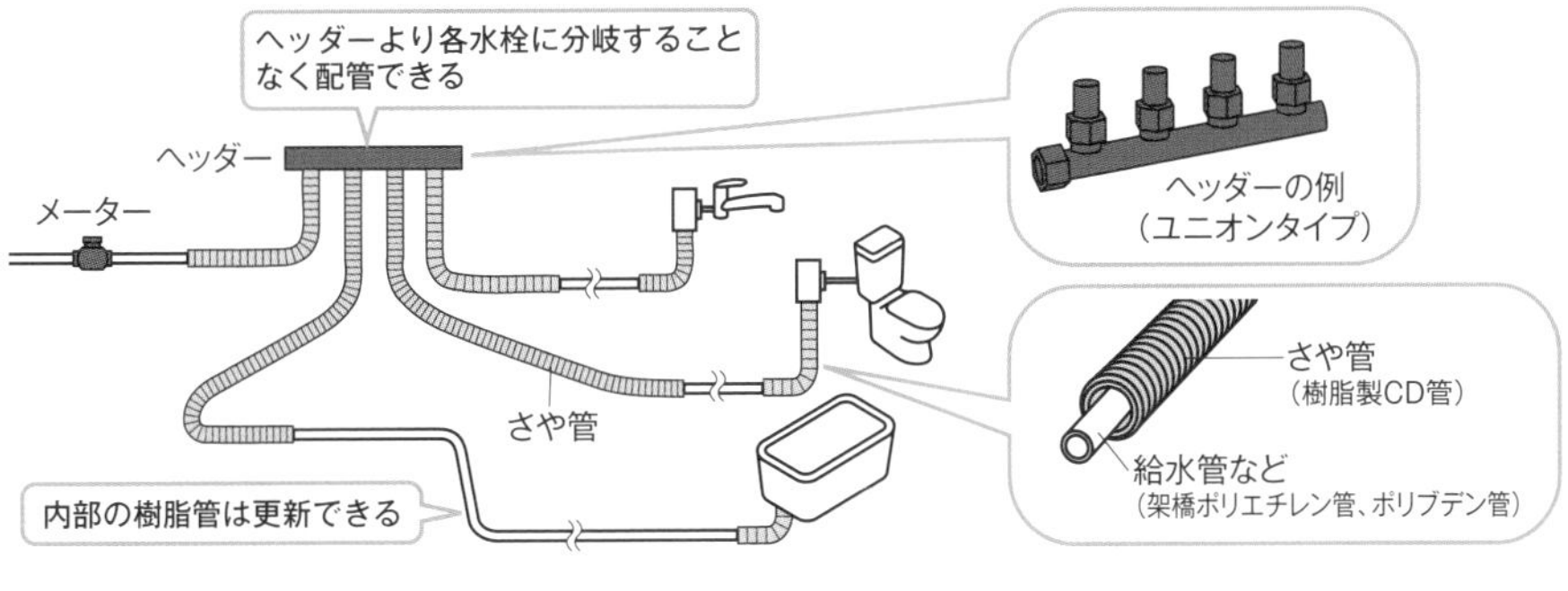
ヘッダーより各水栓に分岐することなく配管できる
ヘッダー
メーター
さや管
内部の樹脂管は更新できる
ヘッダーの例
（ユニオンタイプ）
さや管
（樹脂製CD管）
給水管など
（架橋ポリエチレン管、ポリブデン管）

No. 023

キッチンの設備計画

ココがポイント!

① ビルトイン機器は配管・配線の取合いに注意
② IHクッキングヒーターには、200Vの専用電源が必要
③ 加熱機器には離隔距離が定められている

メンテナンス・更新

キッチンの壁や天井は、不燃材であることを前提に清浄性も重視

多様化するビルトイン機器

キッチンで採用するビルトイン機器は、加熱調理機器のほか、食器洗い乾燥機、浄水器、ディスポーザーなど種類が多く、給排水設備やガス、電気など多くの配管・配線の取合いを細かく計画する必要がある。

加熱調理機器にはガスコンロのほか、IHクッキングヒーターがあり、電源は単相200Vを専用回路で設ける。

食器洗浄機は、カウンターの荷重が機器にかからないようにし、メンテナンスのため本体を引き出すスペースを設ける。輸入機器の多くは単相200V専用回路が必要。給湯機接続の場合、給排水ともに耐熱配管とする。

浄水器は水中の不純物を除去する機器で、処理方法によりさまざまな製品がある。ビルトイン機器としては、シンク下に設置して専用水栓や一体型混合栓で使用するタイプのほか、オールインワン水栓タイプもある。

ディスポーザーは、ごみをほぼ100%処理できる下水放流型の浄化槽タイプや、バクテリア処理と乾燥でごみを有機肥料に変える乾燥処理減量型のコンポストタイプがある。処理水を排水管に流すため、禁止している自治体もあるので確認が必要になる。また、シンク下の設置スペースや、排水口形状に制限がある。

キッチンの安全対策

火を使うキッチンの内装は、コンロまわりの壁面を加熱機器から150㎜以上離し、厚さ9㎜以上の不燃仕上げとして、コンロトップからレンジフードのグリスフィルターまでの離隔距離を800㎜以上離すことが消防法で定められている。

また、火を使用する設備や器具を設けた部屋は、建築基準法の内装制限(法35条の2)の規制を受ける。ダイニングキッチンなどでは、火源から一定距離以上の場所に不燃材で50㎝以上の垂壁を設けると、キッチン側だけが内装制限の対象となる。住宅では、最上階の火気使用室の内装制限は緩和される。

キッチンの設備機器

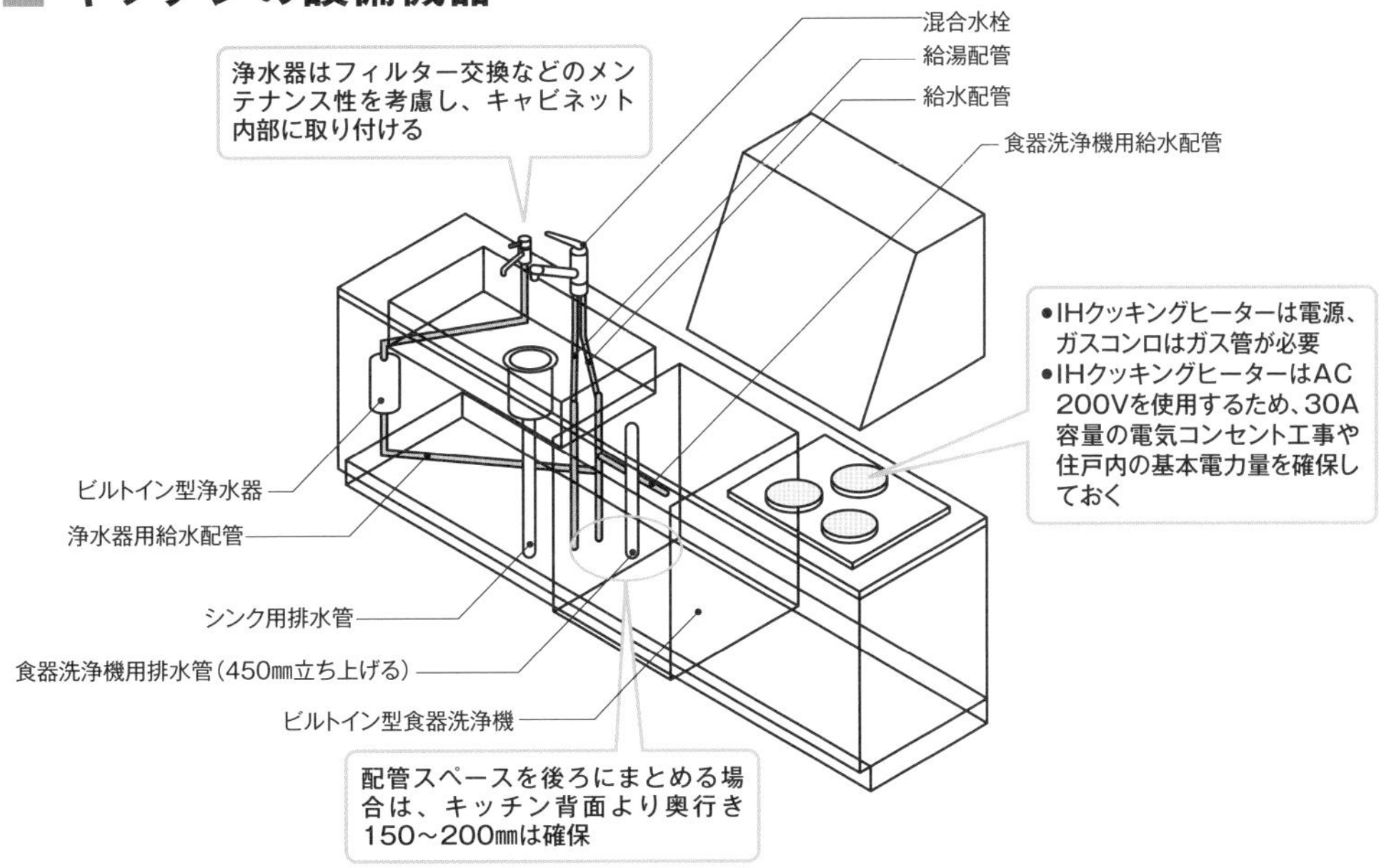
浄水器はフィルター交換などのメンテナンス性を考慮し、キャビネット内部に取り付ける
混合水栓
給湯配管
給水配管
食器洗浄機用給水配管
●IHクッキングヒーターは電源、ガスコンロはガス管が必要
●IHクッキングヒーターはAC200Vを使用するため、30A容量の電気コンセント工事や住戸内の基本電力量を確保しておく
ビルトイン型浄水器
浄水器用給水配管
シンク用排水管
食器洗浄機用排水管（450㎜立ち上げる）
ビルトイン型食器洗浄機
配管スペースを後ろにまとめる場合は、キッチン背面より奥行き150〜200㎜は確保

キッチンの安全対策

●ダイニングキッチンなどの内装制限範囲

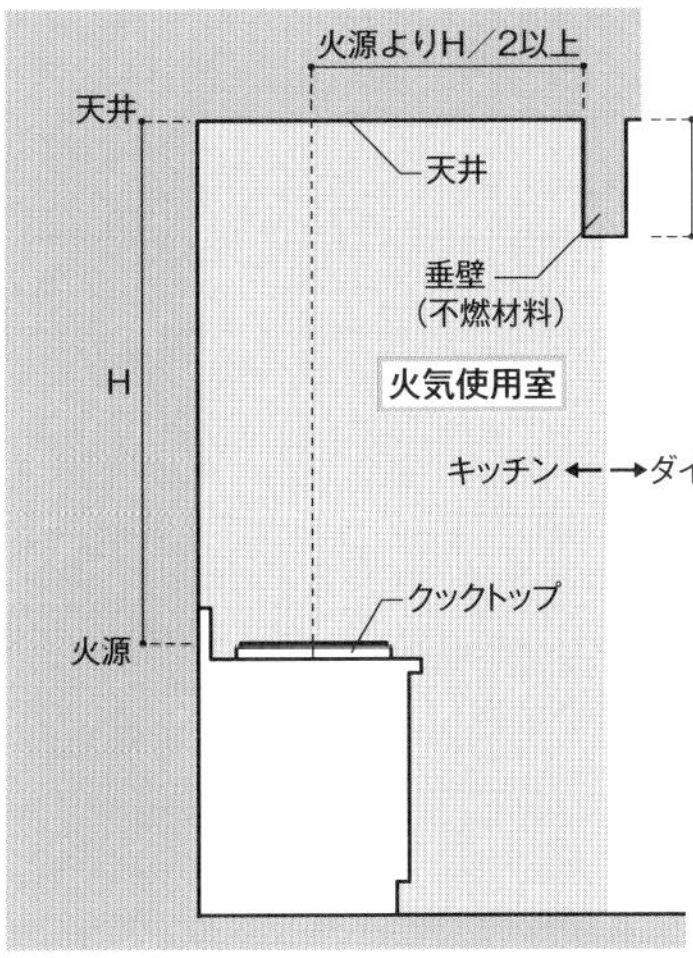
火源よりH／2以上
天井
天井
50㎝以上
垂壁
（不燃材料）
H
火気使用室
キッチン←→ダイニング
クックトップ
火源

●ガス調理機器とグリスフィルターの離隔距離

機器	レンジフードファン付属のグリスフィルター	左記以外
ガス調理機器	800㎜以上	1,000㎜以上
特定の安全装置を備えた調理油加熱防止装置付きコンロなど[※]	600㎜以上	800㎜以上

※　ガス機器防火性能評定を受けたもの。当該装置が全口に付いていなければ600㎜以上の離隔距離にはできない

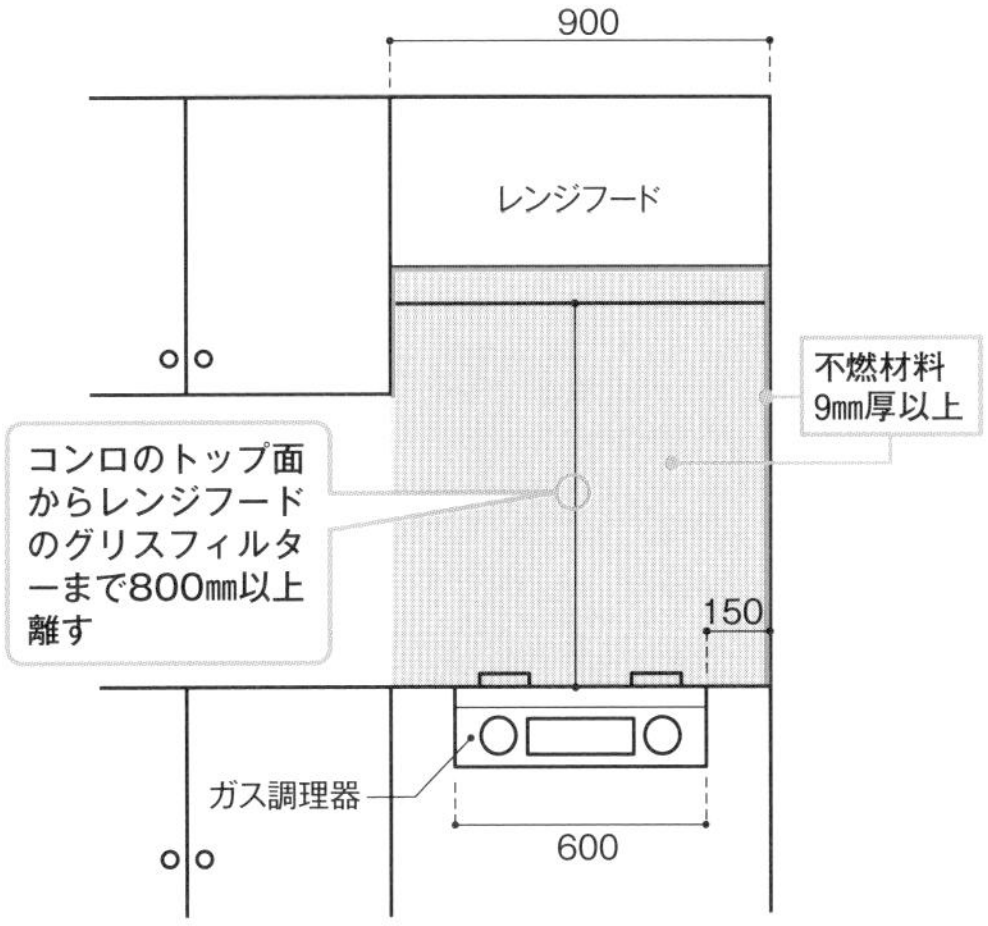
900
レンジフード
不燃材料
9㎜厚以上
コンロのトップ面からレンジフードのグリスフィルターまで800㎜以上離す
150
ガス調理器
600

No. 024

調理機器の種類

ココがポイント!

① 調理機器は使い手のこだわりたい点をはっきりさせて選ぶ

② ガスコンロはバーナーに搭載されたセンサーで安全対策

③ IHクッキングヒーターは内装制限の適用外

メンテナンス・更新

ガラストップのひどい汚れは、クリームクレンザーと丸めたラップでこするとよい

ガスor電気

調理機器には、熱源の種類によって、ガスコンロとＩＨクッキングヒーターがある。それぞれ特徴があり、火力、操作性、安全性、経済性、調理内容、清掃性など、こだわりたい点をはっきりさせて選択するとよい。

ガスコンロ

炎による加熱で、火力は炎を目で見て調節し、大火力も可能である。火に対する安全面では、加熱バーナーにセンサーを搭載し、「調理油過熱防止装置」、「立ち消え安全装置」、「消し忘れ消化機能（コンロ・グリル）」などの機能を備えている。鍋底の温度や稼動時間などによって、ガスを自動的に停止する仕組みだ。

また、デザイン性や清掃性では、五徳の凹凸を最小限にし、天板に強化ガラスを用いたガラストップコンロが出回っている。

ＩＨクッキングヒーター

電磁誘導による加熱。凹凸がまったくないフルフラットの天板によって、清掃性がよい、デザイン性が高いなどの特徴がある。火力は、保温（トロ火）から湯沸し（高火力）まで10段階ほどの調節が可能で、タイマー機能で自動ＯＦＦを設定することもできる。

使用できる鍋は、鍋底の材質が鉄やステンレス（磁石でくっつくもの）で、鍋底が平ら（直径12〜26㎝）であれば、ほぼ使うことができる。オールメタル対応であれば、アルミや銅鍋も使用可能だ。レンジフードは、ＩＨ専用やガスコンロ・ＩＨクッキングヒーター対応のものを選ぶ。

また、建築的なメリットとして、内装制限が適用されないため、デザインの自由度が高いことがある。

ラジエントヒーター

ニクロム線による加熱。伝導と放射で加熱するため、鍋の素材は関係なく、海苔をあぶる、餅を焼くなど直火感覚の調理が可能。また、ＩＨクッキングヒーターの３口目として併設されているものもある。

主な調理機器の種類

●ガスコンロ

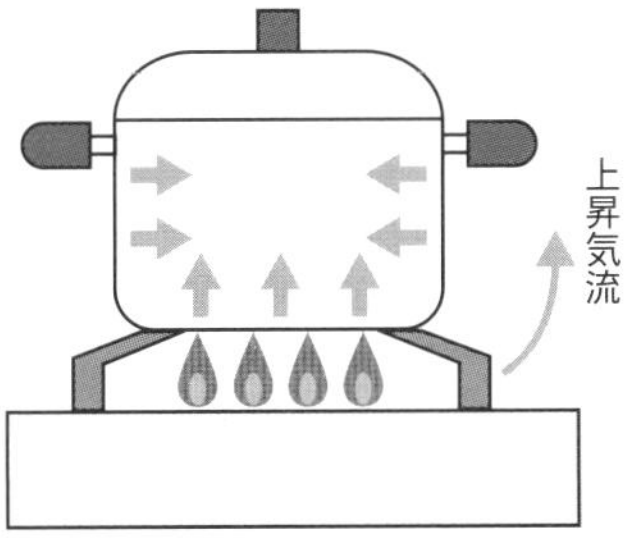
上昇気流

炎に加えて上昇気流によっても加熱する。鍋肌との接触面が大きい

●IHクッキングヒーター

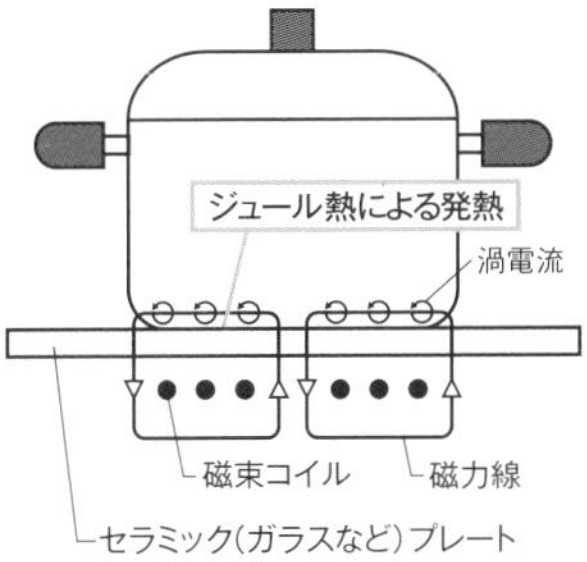
ジュール熱による発熱
渦電流
磁束コイル
磁力線
セラミック(ガラスなど)プレート

コイルに電流を流し、そこで発生する磁力線の力を使って鍋自体を発熱させる。IHは、Induction Heating(電磁誘導加熱)の略

●ラジエントヒーター

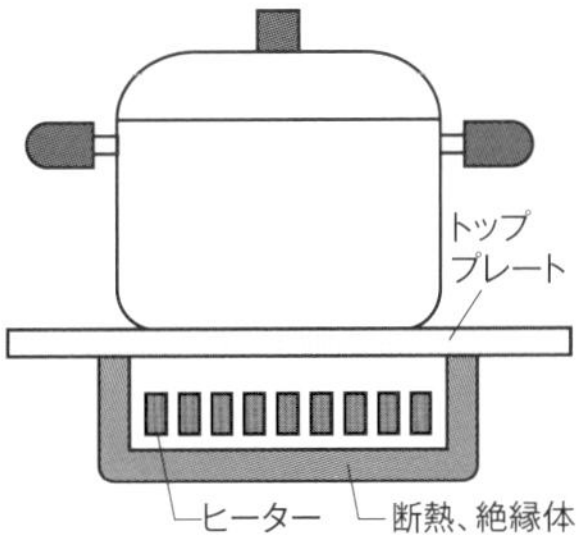
トッププレート
ヒーター
断熱、絶縁体

通電するとヒーター自体が赤熱し、伝導と放射で加熱する。切った後も余熱を利用することができる

IHクッキングヒーターで可燃性の壁とする場合

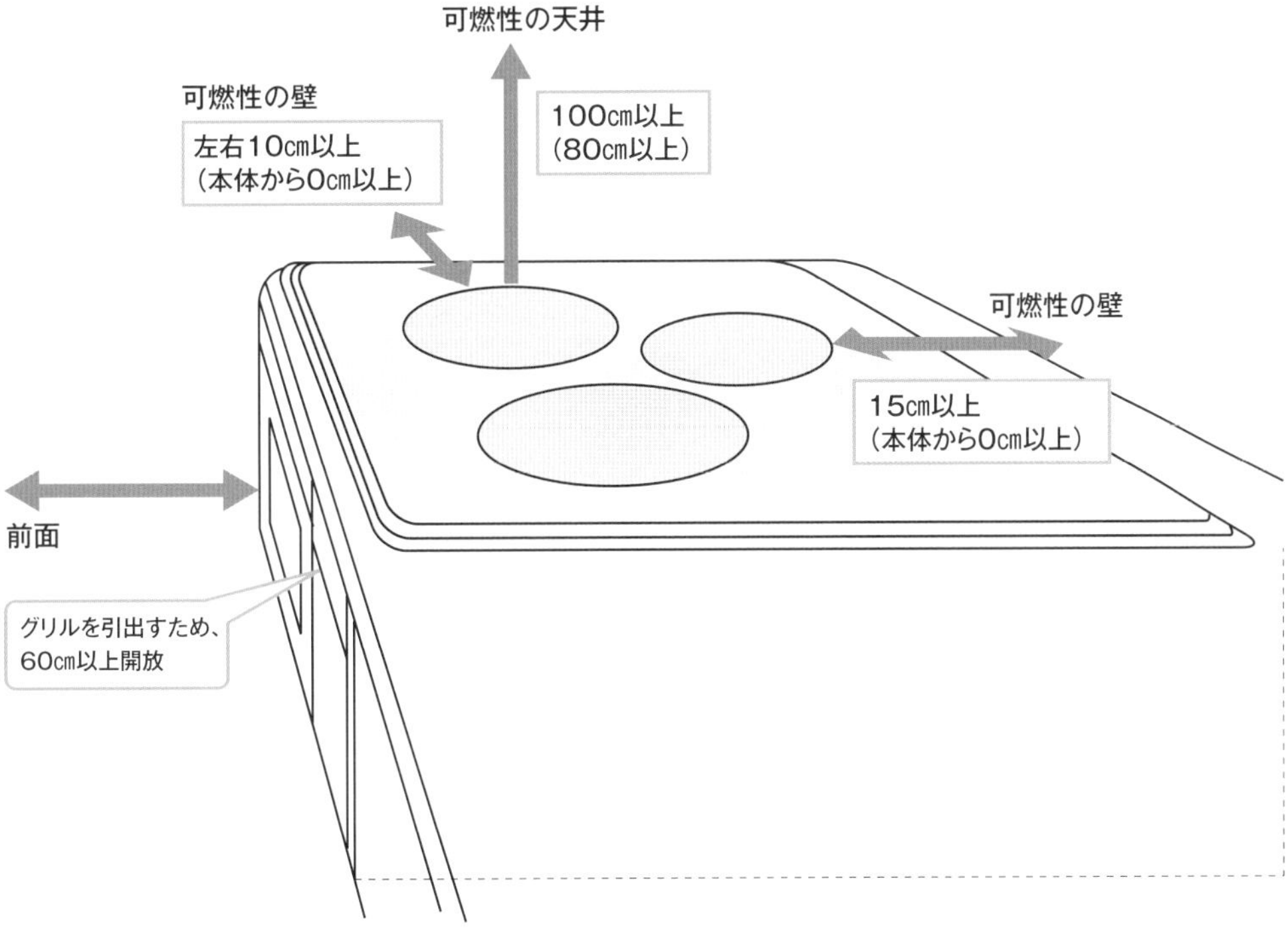
可燃性の天井
100cm以上
(80cm以上)
可燃性の壁
左右10cm以上
(本体から0cm以上)
可燃性の壁
15cm以上
(本体から0cm以上)
前面
グリルを引出すため、
60cm以上開放

注　(　)内は不燃性の壁または防熱板を取り付けた場合(消防法　基準適合　組込形)

No.
025

浴室の設備計画

ココがポイント!

① ユニットバスには、フルユニットと腰壁までのハーフユニットがある

② 上階の浴室計画は、まず水圧をチェックする

③ 上階の浴室計画では搬入などの工程管理も注意する

メンテナンス・更新

メンテナンス性はフルユニットバスが優れる

在来工法とユニットバス

浴室には、湿式の在来工法と、工場で成形した部材を現場で組み立てるユニットバス（システムバス）による乾式の工法がある。

在来工法は、広さや形状、開口部の設け方、床・壁などの内装、機器類の選択など自由度が高いが、防水や配管の計画、施工には技術を要する。ユニットバスは、浴槽、床、壁、天井、給排水・換気設備などで構成されるフルユニットや、腰壁までがセットで壁や天井は現場施工するハーフユニットなどがあり、施工性、防水性、メンテナンス性に優れる。乾きやすく、冷たさを解消した床材や、保温効果の高い浴槽など機能の多様化が進んでいる。

2階以上に浴室をつくる

明るさや開放感を取り入れるため、戸建住宅でも1階以外の階に浴室を計画することがある。2階以上に浴室を設ける場合、まず水道の圧力が0.3kgf／cm²（≒0・03Mpa）以上確保できるか地域の水道局に確認する。一般的に3階程度までは水道直結が可能だが、多機能シャワーやタンクレストイレを併設する場合などは、さらに十分な圧力が必要なため、増圧ポンプを設置することも検討する。

そのほか浴槽に水を張るとかなりの重量となるため、根太を太くする、根太間隔を狭くする、根太受けを設けるなどして床の補強を行う。防水面は防水パンを用いるユニットバスなら問題ないが、在来工法であればFRP防水とするなど防水対策を検討する。音対策として壁間はグラスウールを充填し、排水管は遮音効果が期待できる耐火二層管や、防音材一体型の配管を利用し、なるべく屋内配管距離を短くする。なお、ユニットバスの搬入順序や経路を想定した工程管理にも注意したい。

また浴室は、高齢者が安全に使用できるよう、出入口に段差解消用の排水溝を設けたり、浴槽背後に座りまたぎの移乗スペースを設けるなどの配慮を行う。

浴室計画のポイント

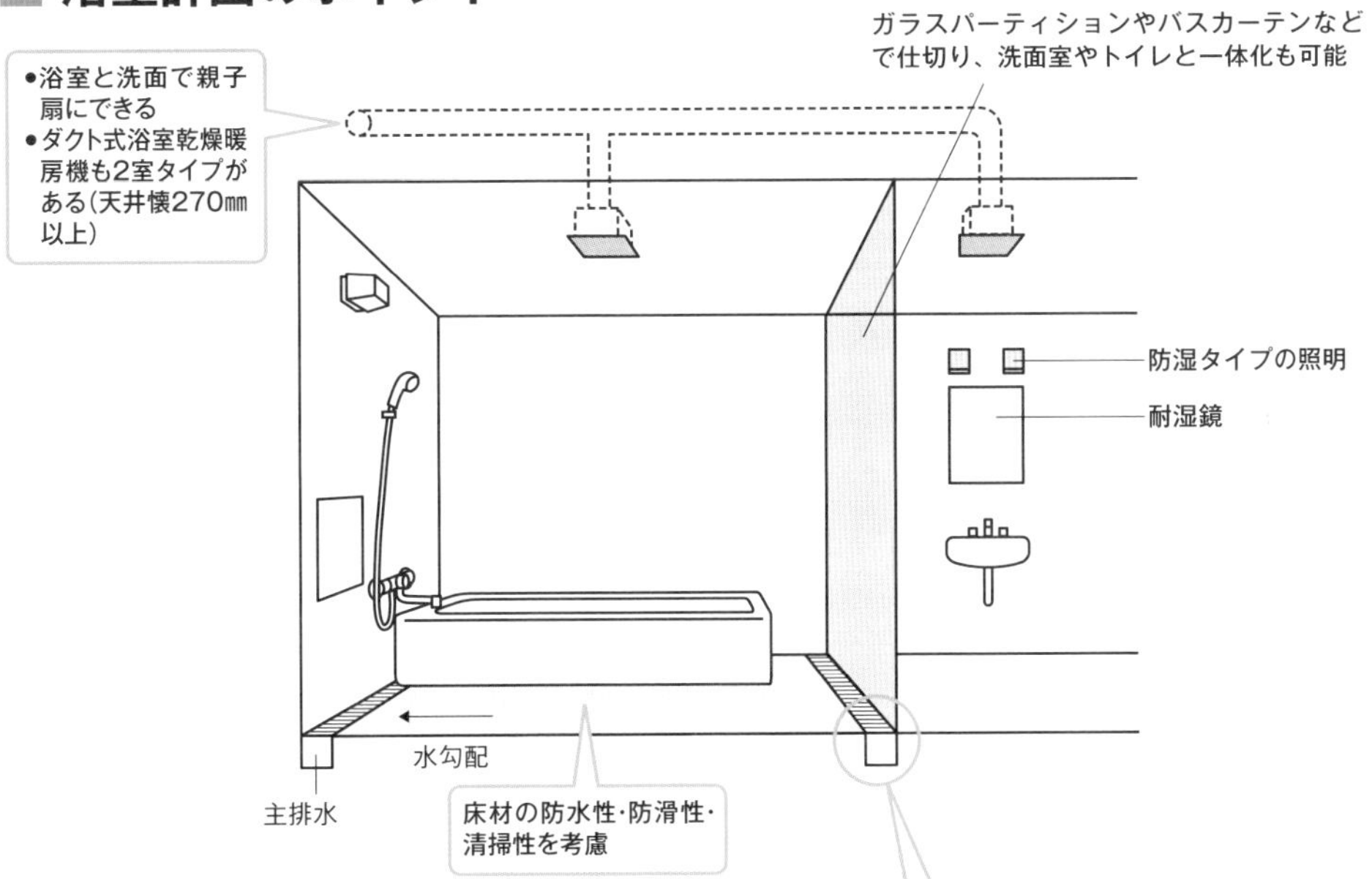
ガラスパーティションやバスカーテンなどで仕切り、洗面室やトイレと一体化も可能
●浴室と洗面で親子扇にできる
●ダクト式浴室乾燥暖房機も2室タイプがある（天井懐270㎜以上）
防湿タイプの照明
耐湿鏡
水勾配
主排水
床材の防水性･防滑性･清掃性を考慮

段差解消用の排水溝を設けると、浴室の出入口がフラットなまま、洗い場の湯水も脱衣室へ流れ込みにくくなります。主排水は別に設ける必要があります

高齢者に配慮した浴室計画

浴槽背後に移乗台を設けると座りまたぎが可能

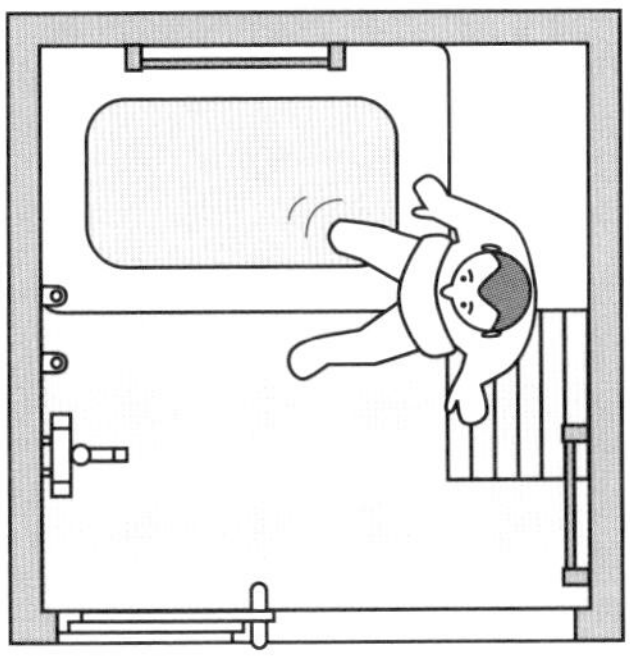

浴槽のまわり2方向以上をオープンにすると、介護者のサポートが可能

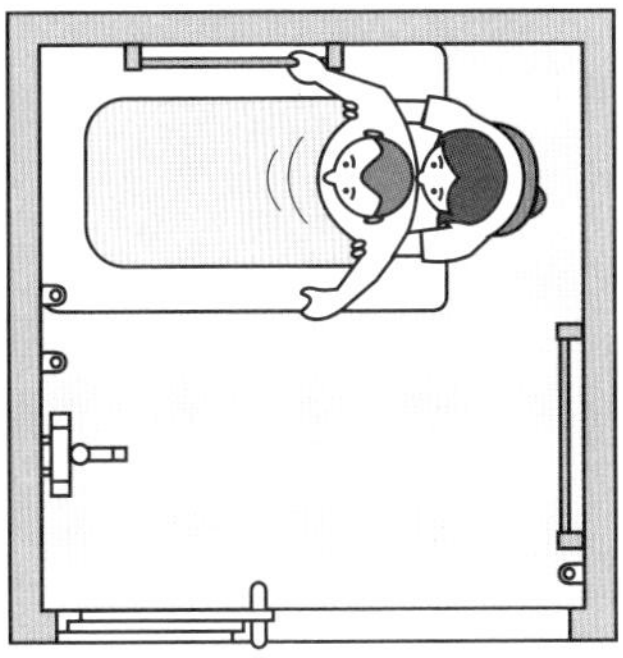

No. 026

浴槽とシャワーの種類

ココがポイント!

① 浴槽深さとまたぎ込み高さに注意する
② 単体浴槽を据え置く場合はアンカーボルトで固定する
③ 吐水・止水を手元で操作するスイッチ付シャワーヘッドは省エネ効果もある

メンテナンス・更新

単体浴槽の据え置きでは、壁面と離して清掃スペースを設ける

浴槽の種類

浴槽には、和風、洋風、和洋折衷の種類があり、日本では肩までつかって身体をのばして温まる、和洋折衷型が普及している。

設置方式には、フラットな床面に設置する据置き型と、接地面を床面より下げ、またぎ込みの高さを抑えた埋込み型がある。据え置き型は、壁面に近づけ過ぎず、清掃・メンテナンス用のスペースを確保する。湯を張った重量のある浴槽が手をかけて倒れる心配はまずないが、アンカーボルトなどで浴室床に固定し、安全面に配慮する。埋込み型は、浴槽深さ500～550㎜、またぎ込み高さ400～450㎜を目安とする。浴槽を床に埋込むと広さは感じられるが、出入りは難しくなる。エプロンを造作する場合は、移乗して入浴しやすくするのはよいが、エプロン幅が広すぎると、またぎにくくなるので注意する。

浴槽の材質は、FRP製をはじめ、さまざまな素材がある。肌触りや強度、清掃性などそれぞれ特徴があり、デザインイメージなども考慮して選択する。

シャワー水栓の種類

シャワーは、湯水の開閉をする混合栓と散水部のヘッド、これらを連結する配管、ホースで構成される。

混合栓には湯と水の混合方式により、2バルブ式、ミキシングバルブ式、シングルレバー式、温度調節が容易なサーモスタット式がある。シャワーヘッドは、壁や天井に取り付け、立った姿勢で使用する固定シャワーと、手で持って使用するハンドシャワーがあり、ミストやマッサージなど吐水方法が多機能化している。また、吐水・止水が手元で操作できるスイッチ付きのシャワーヘッドは省エネ効果もある。

シャワーの最適温度は、入浴温度より高めの42℃程度、湯量は1分間に10ℓ前後が快適とされ、水圧は0.5kgf／㎠以上を確保する。外国製の大型シャワーは、大水量・高圧力を要するので注意する。

浴槽の種類

●和 風

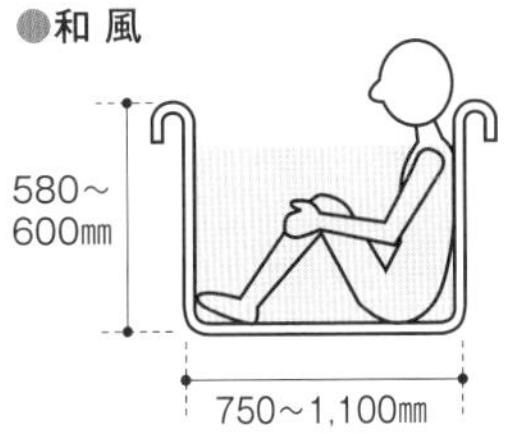
580～
600㎜
750～1,100㎜

●洋 風

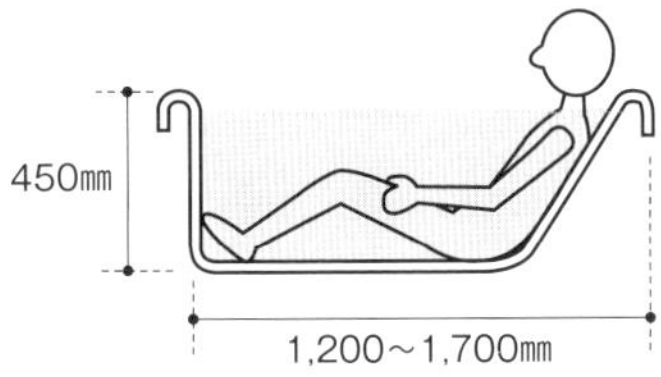
450㎜
1,200～1,700㎜

●和洋折衷

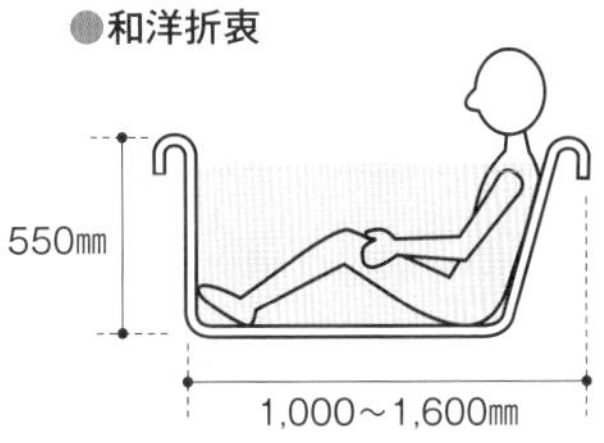
550㎜
1,000～1,600㎜

●脚付きタイプ

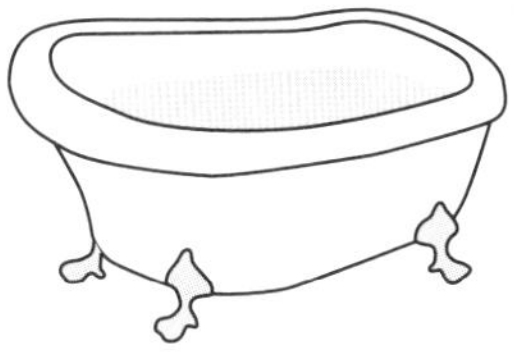

●据置きタイプ

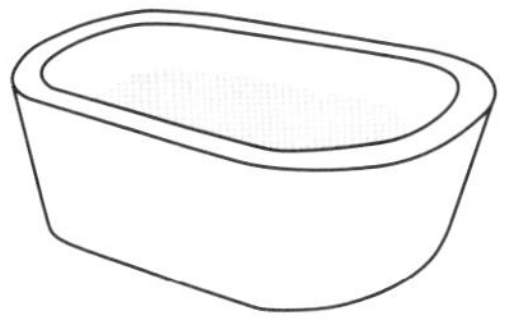

●埋込みタイプ（エプロン造作）

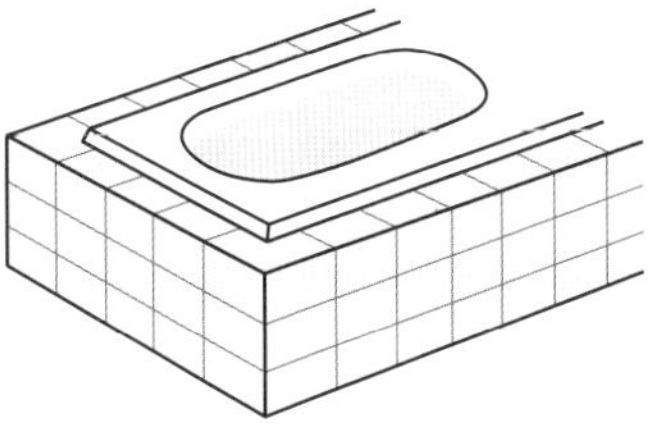

●浴室床埋込み

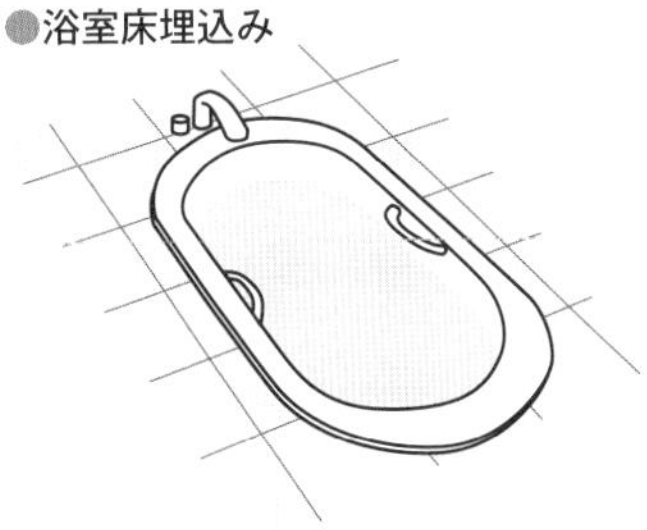

●浴槽の主な材質と特徴

材質	主な特徴
FRP	ガラス繊維強化プラスチックのこと。強度が高く軽量。肌触りがなめらかで色味も豊富。清掃性に優れる。
人造大理石	保温性が高く、耐熱性もあり、硬度も高い。透明感や光沢があるのも特徴。
ステンレス	耐久性が高く、汚れにくい。手入れもしやすい。
ホーロー	耐久性が高く、汚れにくい。重量は重い。丈夫だが、表面が傷付くと錆びるおそれがある。
木	一般にヒノキ風呂といわれるが、樹種はさまざま。十分な換気とこまめなメンテナンスが必要。

シャワーと吐水の種類

●ハンドシャワー

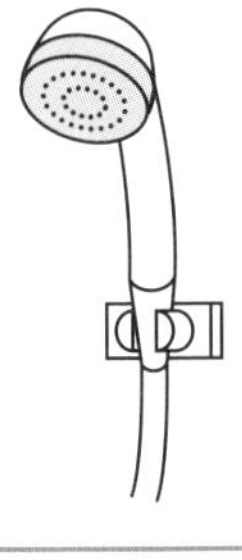

●固定シャワー

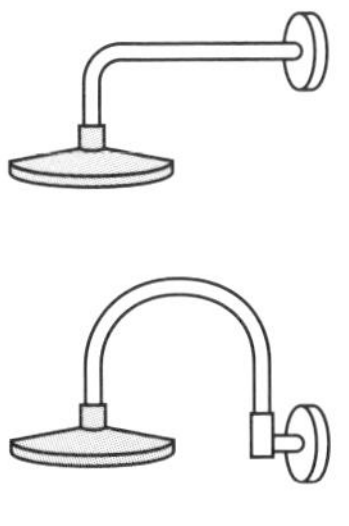

●固定＋
ハンドシャワー

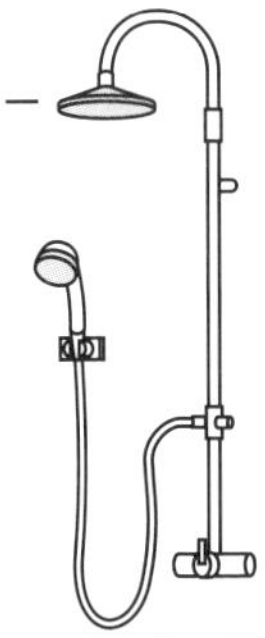

●ミスト吐水

広範囲を霧状に吐水。身体全体を包み込み、効果的に温める

●マッサージ吐水

強力水流を断続的に吐水。心地よいマッサージ感が得られる

●スプレー吐水

適度な勢いとボリュームがあり、スッキリとしたシャワー感

No. 027

衛生器具の選び方

ココがポイント!

① 水栓や洗面器を選ぶときは、止水栓やトラップも合わせて選ぶ
② タンクレストイレは、作動水圧と配管径に注意
③ 100%上部から吐水する節水型の洗浄方式を選ぶ

メンテナンス・更新

汚れにくさ・掃除のしやすさは器具選定の大きなポイントである

衛生器具とは

衛生器具には、水栓類、便器・洗面器などの衛生陶器、排水金物のほか、付属品としてペーパーホルダー・タオルバー・石鹸受け・鏡なども含まれる。

水栓や洗面器を選ぶときは、本体以外の止水栓やトラップも合わせて選択する。見えない器具まで含め、洗面台なら水を使って、流して、手を拭いてという動作に関する機能のすべてを1組の衛生器具としてとらえるとよい。

衛生器具は設備機器だが、意匠的に選定されることが多いため、建築工事に含める場合もある。見積りや現場監理の際には工事区分を明確にし、重複や見落としのないようにする。

タンクレストイレ

近年、限られた空間を有効利用できるタンクレストイレが増えてきている。タンクがないため、奥行きが短く、スペースが広く取れ、掃除もしやすい。

タンクレストイレは、給水直圧洗浄方式で、タンクに貯めた水の水圧を利用するタンク式と異なり、必要給水圧力が不足していると汚物を洗浄できない場合がある。そのため、導入するには最低作動水圧と給水管径に制限があるので、事前に確認しておく。特に3階建て以上の建物や配管の古い住宅に導入する際には注意したい。ただし、必要な水圧を満たさない場合でも、水道メーターからトイレまでの給水配管に15A（13㎜径）以上を使用したり、古い配管を更新したりすることで条件を満たすことがある。

選定のポイント

大便器の汚れにくさ・掃除のしやすさ・節水効果の大小は各メーカーが競って開発しており、従来のサイホン式・サイホンボルテックス（渦巻き）式などとは別の洗浄方式が増えている。

便器底から洗浄水を出すのが従来の方式だが、便器内上部から水流を起こしながら吐水し、効率よく少ない水量で洗浄する方式が主力となっている。

■ タンクレストイレ

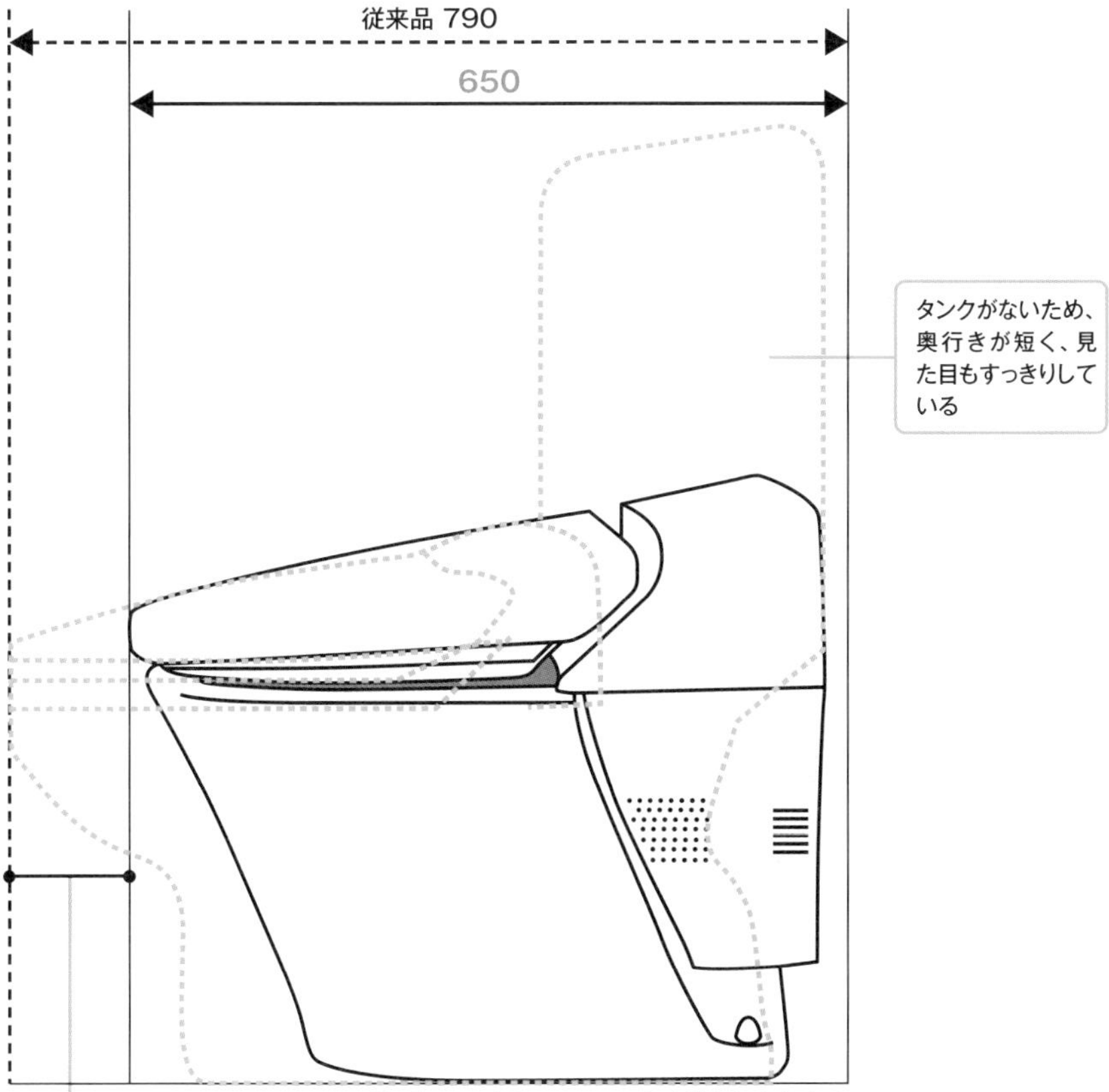
便器前のスペースが広くとれるため、掃除がしやすい

例：「SATIS」（LIXIL／INAX）床排水タイプの場合

タンクレストイレ作動水圧のチェック

- 最低作動水圧（流動時）が0.05MPa（13L／分）以上、最高水圧が0.75MPaの範囲を満たしているかどうか
- 浴室、キッチンなどで水道を利用した場合でも、最低作動水圧を満たすかどうか

■ 大便器の洗浄方式

●ゼットロから吐水（従来型）

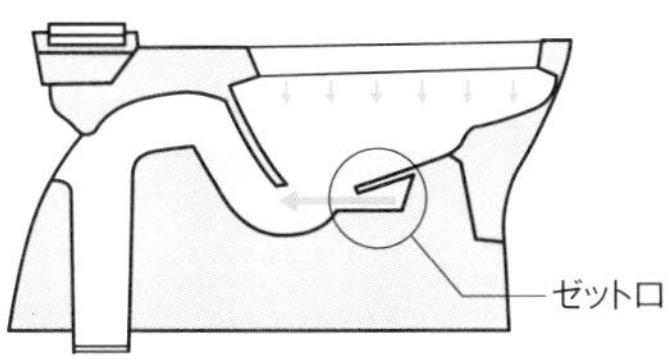

約30%上部から吐水
約70%ゼットロから吐水

●上部から吐水

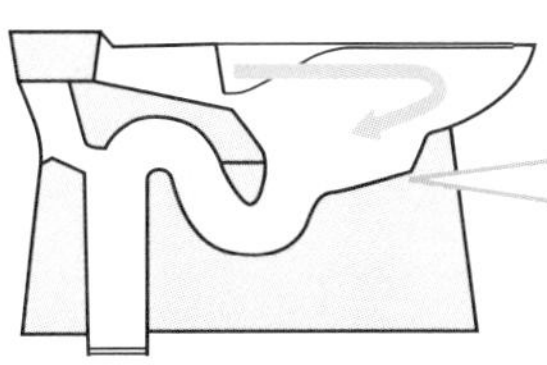

100%上部から吐水

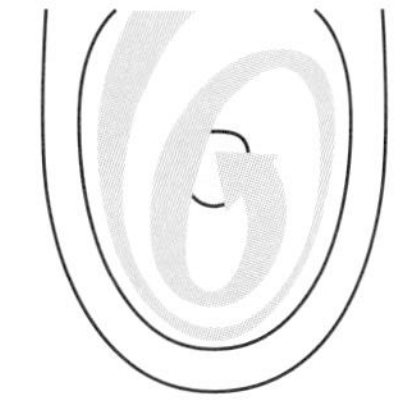

上部から流す強力な洗浄により、水流が勢いよく回って、節水しても汚れを残さず排出

No. 028

住宅用火災警報器

ココがポイント！

① 住宅への火災警報器の設置は義務
② 一般的に住宅では煙式を選ぶ
③ ガス漏れ火災報知設備の設置位置はガスの種類で異なる

メンテナンス・更新

設置後10年を越えない期間で機器を交換する

住宅用火災警報器とは

住宅用火災警報器は、火災により発生する煙や熱を自動的に感知し、警報音や音声で火災を早期に知らせる。２００６年６月より消防法および市町村条例により、すべての住宅に設置が義務化された。また、２０１１年６月より既存住宅についても設置が義務化された。

天井・壁に取り付けることができ、電池タイプと配線接続タイプがある。耳の不自由な人には、光や振動で火災を知らせるタイプもある。

感知器には煙式と熱式があり、火災の発見をいち早く知るには、煙式が有効である。また、新規で導入する場合は、一か所で感知すると家の他の感知器が一斉になる「連動型」がお薦めである。連動型には、ワイヤレスタイプもラインナップされている。

ガス漏れ火災報知設備

ガス漏れ火災報知設備は、ガス漏れ検知機、中継器、受信機、警報装置で構成される。ガス事業法やＬＰガス法により、設置義務のある建物や設置基準が定められているが、義務付けのない建物でも設置が推奨されている。検知機の設置位置は、都市ガスは空気より軽いため天井付近、ＬＰガスは空気より重いため床付近とする。

■ 住宅用火災警報器の取付け位置（天井）

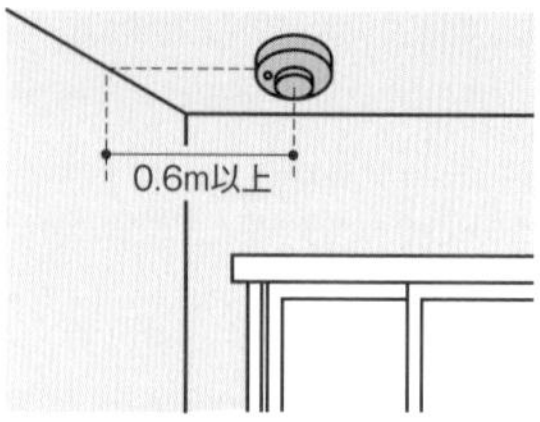

警報器の中心を壁から0.6m以上離す

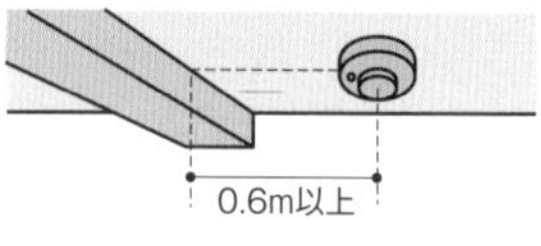

梁などがある場合は、梁から0.6m以上離す

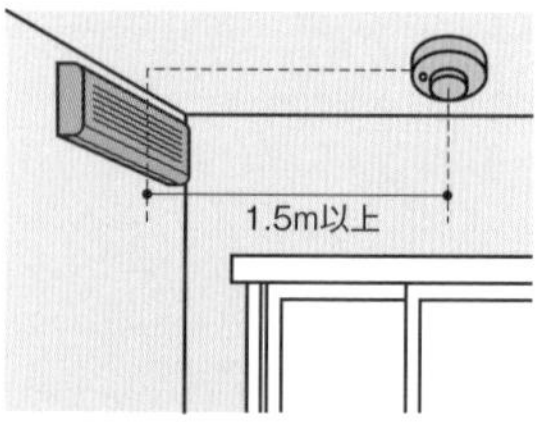

エアコンなどの吹出し口がある場合は、吹出し口から1.5m以上離す

注　熱を感知するものは0.4m以上離す

Part 3

換気・空調のキホン

No. 029

換気の種類と方法

ココがポイント!

① 空気は正圧から負圧のエリアへ流れる
② 換気は建物の気密確保が前提
③ 住宅では第3種換気が一般的

メンテナンス・更新

給気口や排気ファンの目詰まりに注意。給気量が十分でないと換気量が確保できない

換気の目的と種類

新鮮な空気を取り入れ、汚染された空気を排除することを換気という。空気の入れ替えと同時に、脱臭・除塵・排湿・室温調整などを行うことが換気の目的である。排除したい汚染物質や換気目的によって、必要な換気量と換気方式が異なるので、適切な換気計画を立てることが重要になる。

換気は、方法によって自然換気と機械換気に、範囲によって全般換気と局所換気に分けられる。

自然換気

窓などの開口部によって、室内外の温度差（換気）や外風圧（風力換気）で換気する。最も省エネな手法の1つ。ただし、機械換気のように常に安定した効果を求めるのは難しい。

機械換気

給気と排気をファンで行う。給気と排気の両方、またはどちらかにファンが必要で、その組み合わせによって第1～3種の方法に分かれる。また、機械換気にはダクト方式とダクトレス方式がある。

●**第1種換気**　給気と排気の両方をファンで行う。必要な給気量と排気量を確保するのに最も適しており、換気計画が立てやすい。室内の圧力を常に一定に保つことができる。

●**第2種換気**　給気をファンで行い、排気は自然排気とする。強制的に外気を取り入れることで、室内の空気を押出し、室内を正圧に保つ。

●**第3種換気**　給気を自然給気とし、排気はファンで行う。第2種とは逆に、強制的に空気を排出することで室内を負圧とし、外気を取り入れる。もともとトイレや浴室、台所などの局所換気がこれにあたるが、給気口を各部屋にバランスよく配置し、全般換気に応用することもできるため、一般的な住宅で最も多く採用されている。

特に第2種と第3種は、気密性能が低いと給気量と排気量のバランスが崩れてしまうため、住宅の気密性能の確保が前提となる。

機械換気の種類

	局所換気の使用箇所	全般換気の種類
第1種換気	●主寝室 ●オーディオルーム など	●セントラル換気システム（熱交換型、給排気型） ●ダクトレス換気システム
第2種換気	●ボイラー室　など	
第3種換気	●トイレ ●台所 ●浴室 ●納戸･倉庫 ●屋内駐車場　など	●セントラル換気システム（排気型）
	間欠運転 一時的な汚染発生源を換気	連続運転 24時間換気システム

●第1種換気

給気→機械給気　排気→機械排気

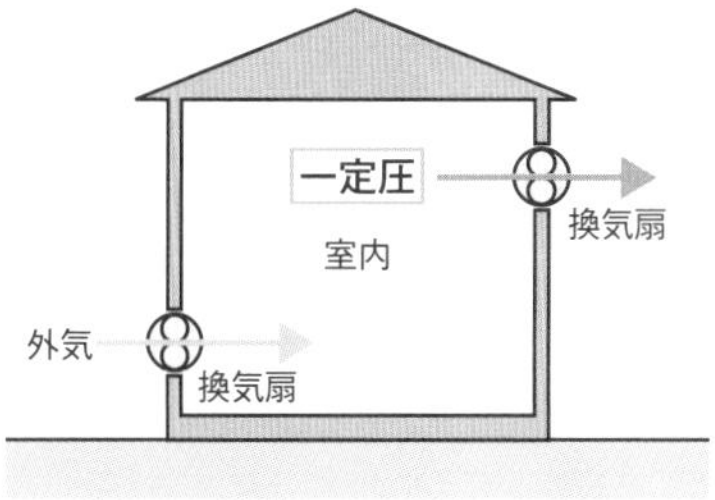

●第2種換気

給気→機械給気　排気…▶自然排気

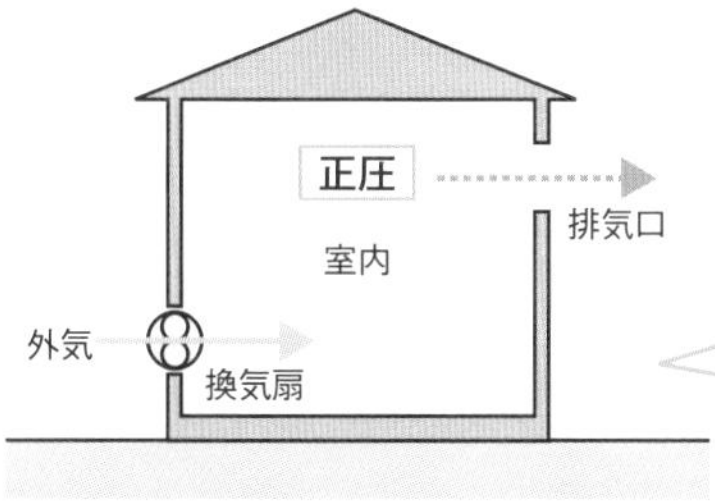

清潔さが必要な空間に浄化した空気を給気し、正圧とすることで汚染空気の流入を防ぐ

●第3種換気

給気→自然給気　排気→機械排気

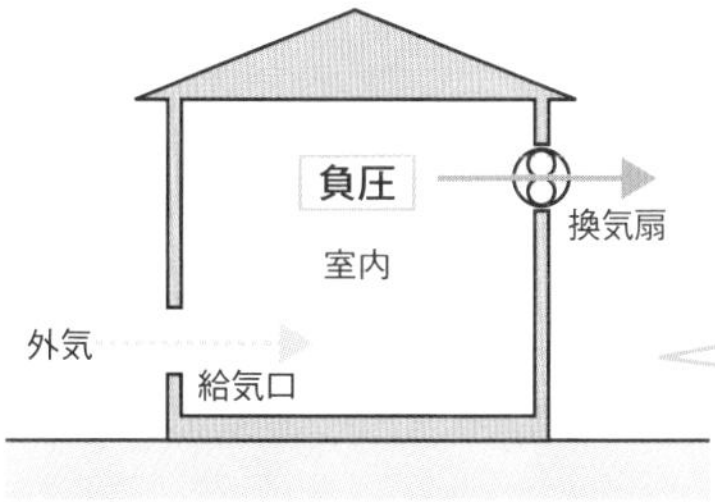

最も一般的な換気方法

換気は必ず、空気の入口と出口が必要。能力の大きい換気扇を設置しても、必要な面積の空気の出入口がない空間では、換気扇の機能が生かされない

●**正圧**　物体の表面で、**圧縮**される方向に働く圧力 ⟷ ●**負圧**　物体の表面で、**吸引**される方向に働く圧力

No. 030

24時間換気

ココがポイント！

① 内装材は現在F☆☆☆☆や規制対象外がほとんど
② 省エネには熱交換タイプの24時間換気システムが有効
③ 住宅の居室は0.5回／h以上の換気回数を確保

メンテナンス・更新

ファンは24時間運転が前提。停止状態のまま機能しないことがないように

シックハウス法とは

シックハウス法（改正建築基準法）は、2003年7月に施行された、建築物にかかわるシックハウス対策の法令である。これまでの建築基準法では、必要な換気量は1人当たり20㎥／h以上と定められていた。これは成人男性が静かに座っているときのCO_2排出量にもとづく値で、この程度の換気量は窓からの自然通風で十分にまかなえた。しかし、シックハウス法によって、現在は機械換気による24時間換気システムの設置が義務付けられている。

機械換気設備は、住宅の居室の場合、原則0.5回／h以上の換気回数を確保しなければならない。換気回数は、換気量［㎥／h］を居室の容積［㎥］で除した値で、1時間に居室全体の空気が外気と入れ替わる回数を表す。

有害物質ホルムアルデヒドを発散する量の多い建材（F☆☆、F☆☆☆）［※］を使用する場合は、換気回数が0.7回／h以上と決められている。現在市場に出まわる建材は、ほとんどがF☆☆☆☆や規制対象外のものである。

24時間換気システムの弱点

近年、住宅の高気密化が進み、冷暖房の効率が格段に向上している。その一方で、高気密住宅の内部は空気が停留しやすく、換気不良の問題を抱えることが多い。そこで、24時間換気システムが有効になる。しかし、24時間換気システムによって換気効率は向上するが、今度は高気密のメリットである冷暖房の効率が低下してしまう。

この弱点をカバーするために、熱交換タイプの24時間換気システムが普及してきている。オフィスや店舗では従来から採用されていたが、24時間換気システムの設置義務化に合わせ、住宅のような小規模の建物でも採用できるシステムが各メーカーから出ている。

機械換気設備が発達しているとはいえ、居住者の健康と省エネのため、窓を開けて自然の風を室内に取り入れることも心掛けたい。

※　建材はホルムアルデヒドの発散量の少ない順に、F☆☆☆☆、F☆☆☆、F☆☆と等級付けられている

3つのシックハウス対策

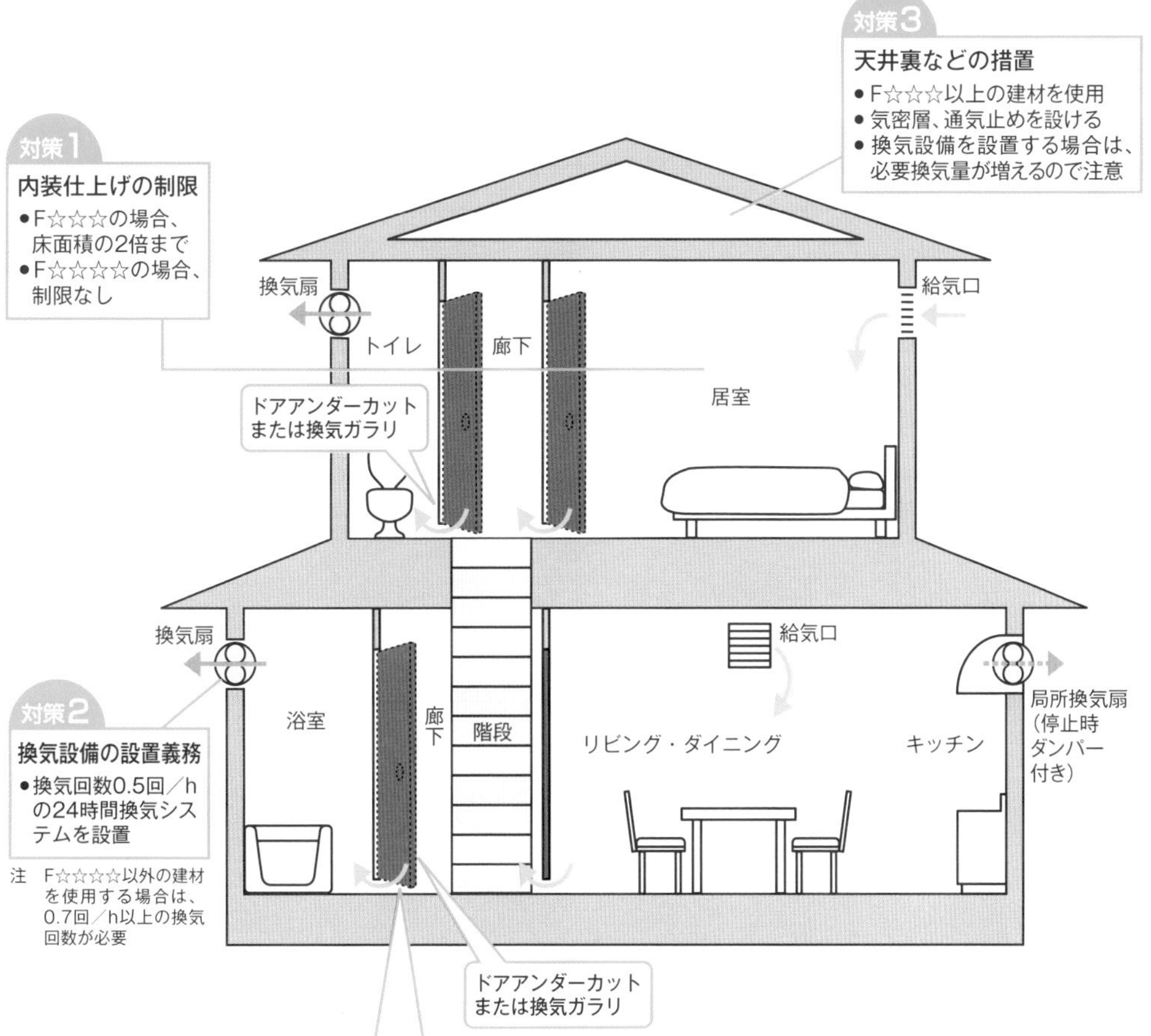
対策3
天井裏などの措置
● F☆☆☆以上の建材を使用
● 気密層、通気止めを設ける
● 換気設備を設置する場合は、必要換気量が増えるので注意
対策1
内装仕上げの制限
● F☆☆☆の場合、床面積の2倍まで
● F☆☆☆☆の場合、制限なし
換気扇
トイレ
廊下
給気口
居室
ドアアンダーカット または換気ガラリ
換気扇
給気口
浴室
廊下
階段
リビング・ダイニング
キッチン
局所換気扇（停止時ダンパー付き）
対策2
換気設備の設置義務
● 換気回数0.5回／hの24時間換気システムを設置
注　F☆☆☆☆以外の建材を使用する場合は、0.7回／h以上の換気回数が必要
ドアアンダーカット または換気ガラリ

居室と一体の換気経路とみなされる建具

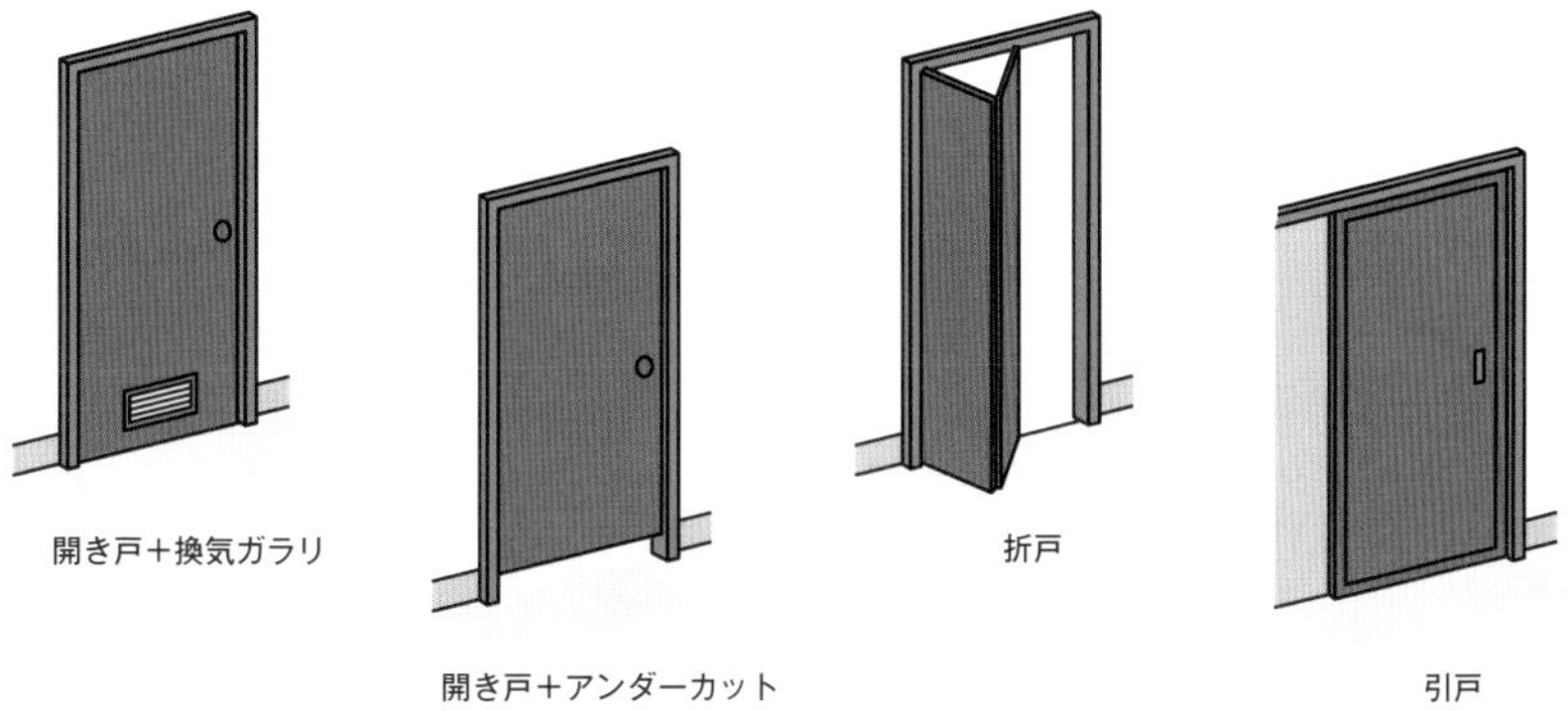
開き戸＋換気ガラリ
開き戸＋アンダーカット
折戸
引戸

折戸、引戸は四周などに十分な隙間が存在するため、通気が確保される

No. 031

居室の換気計画

ココがポイント!

① 換気経路は複雑化せず、1方向で考える
② 給気口の有効面積(㎠)は、必要換気量の0.7倍
③ 給気口と排気口を近づけすぎない

メンテナンス・更新

リフォームなどで調理器具や空調方式を変更する場合は、換気計画ももう一度検討し直す

換気経路を考える

給気から排気への空気の流れを換気経路といい、換気が必要な部屋のなかで、空気が停滞する部分ができないように計画することがポイントである。

第1種換気の場合、各部屋で給排気が完結されるが、第3種換気で全般換気を行う場合は、建物全体の換気経路を十分に考慮しなければならない。計画時は、まず排気口（換気扇）の設置場所を決める。このとき、トイレや浴室の換気も24時間換気と考えてよい。

給気口は、排気口からできるだけ離れた位置に設け、ショートサーキット（給気口と排気口が近すぎて、狭い範囲で空気が循環してしまう現象）が起こらないようにする。また、給気口を各部屋に設ける際は、家具などでふさがれないように注意する。

給排気のバランスにも気を配り、トイレや浴室での給気は、直接屋外からではなく屋内からとし、ガラリやアンダーカットのあるドアなどの使用により、汚れた空気がほかの部屋に流入するのを防ぐ。これらに注意したうえで、換気経路を検討するときは、経路をできるだけ複雑にせず、風上・風下のように単純明快にするとよい。

給気口の大きさ

第3種換気の場合、給気口の大きさが十分でないと必要な風量が得られず、換気扇の機能が生かされない。給気口の有効開口面積（㎠）は、必要換気量［㎥／h］の0.7倍が一般的な目安になる。

必要換気量に対して給気口が小さいと、空気が通り抜けるときの風速が速くなり、ひゅ～と音が鳴ったり、寒かったりして、給気口付近の人に不快感を与えるので注意する。

また、ほこり対策などで給気口に目の細かいフィルタを付けると、目詰まりによって給気が不十分になるため、こまめなフィルタ清掃が必要になる。第3種換気は第1種よりシンプルで安価な分、使う側のメンテナンスや換気に対する理解が求められる。

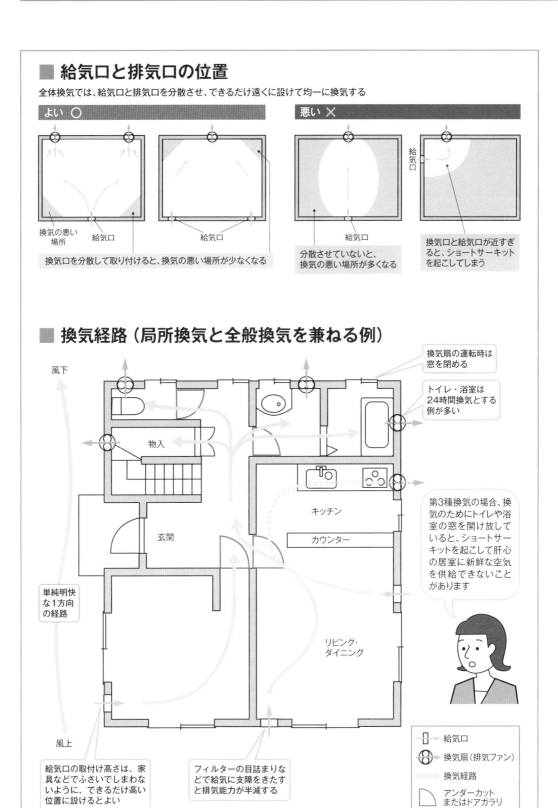

給気口と排気口の位置

全体換気では、給気口と排気口を分散させ、できるだけ遠くに設けて均一に換気する

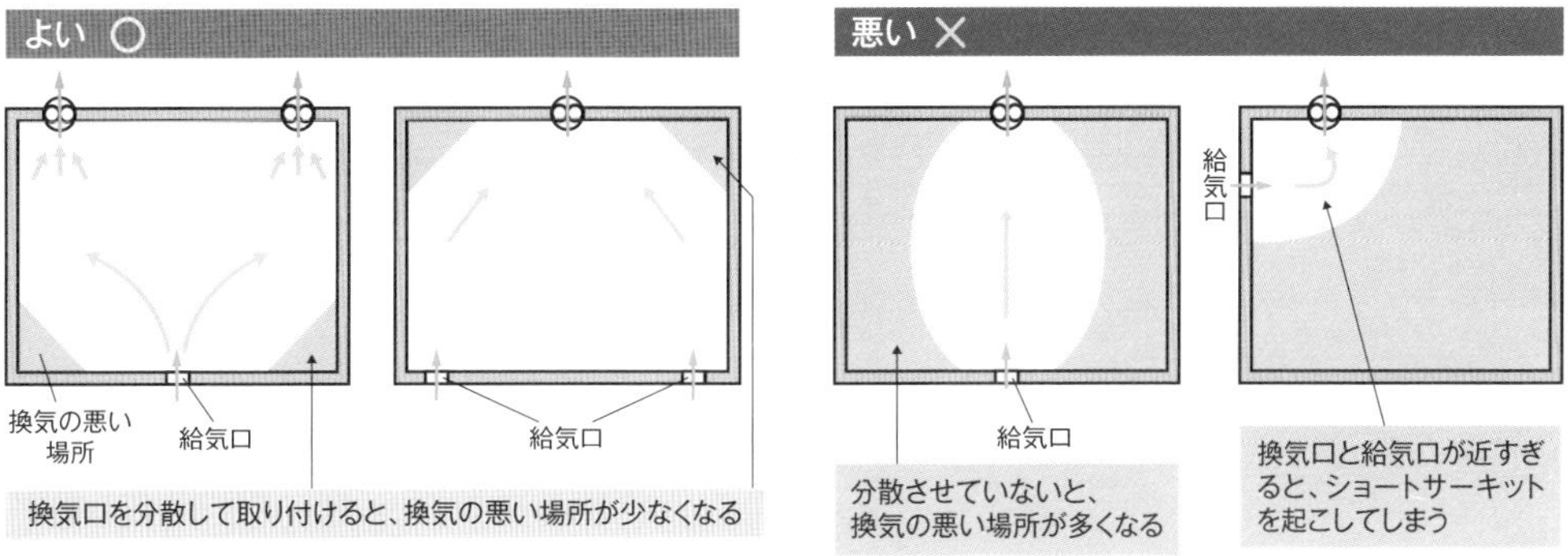

よい ○
悪い ×
換気の悪い場所
給気口
給気口
給気口
給気口
換気口を分散して取り付けると、換気の悪い場所が少なくなる
分散させていないと、換気の悪い場所が多くなる
換気口と給気口が近すぎると、ショートサーキットを起こしてしまう

換気経路（局所換気と全般換気を兼ねる例）

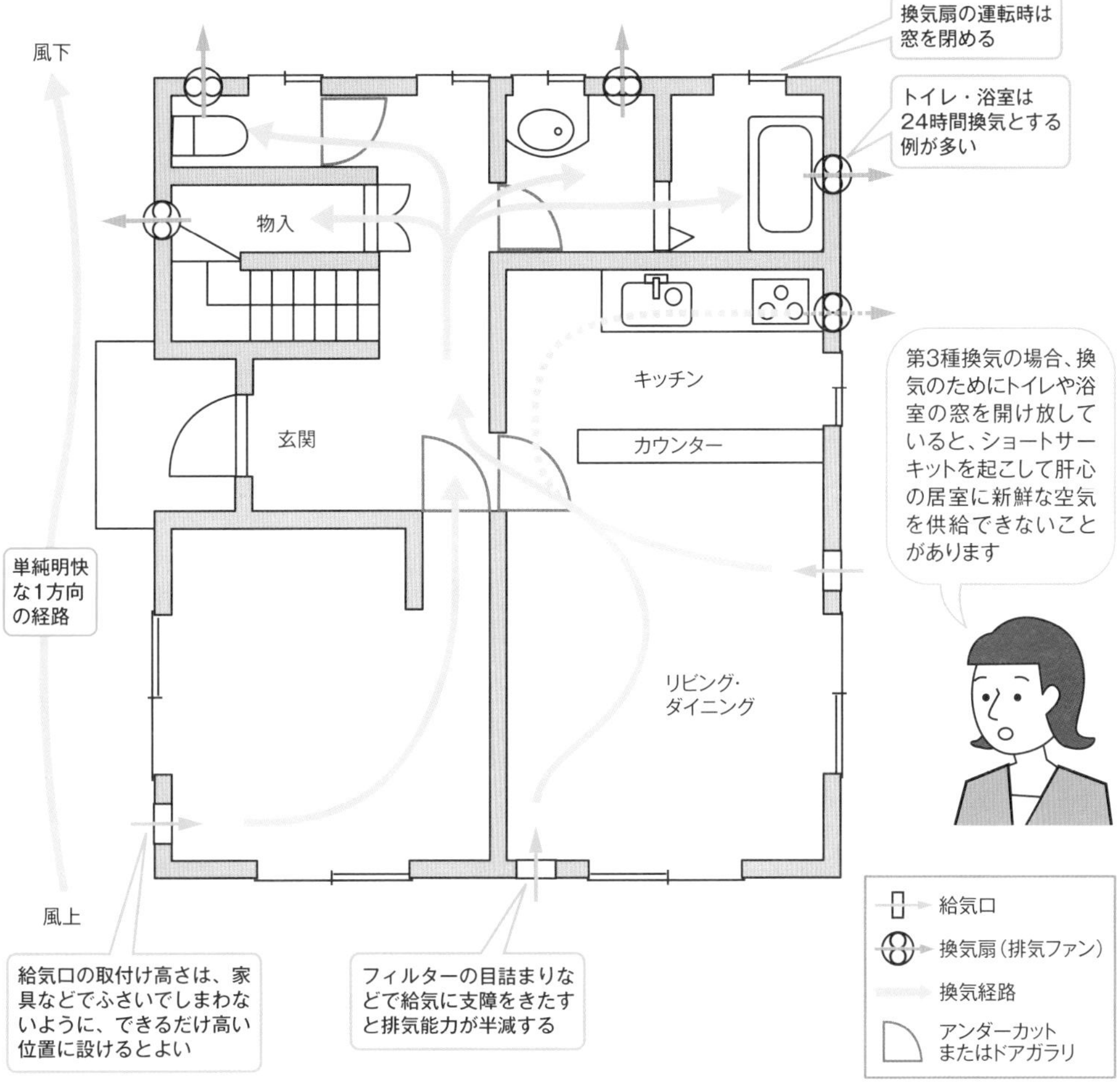

風下
風上
換気扇の運転時は窓を閉める
トイレ・浴室は24時間換気とする例が多い
物入
玄関
キッチン
カウンター
リビング・ダイニング
第3種換気の場合、換気のためにトイレや浴室の窓を開け放していると、ショートサーキットを起こして肝心の居室に新鮮な空気を供給できないことがあります
単純明快な1方向の経路
給気口の取付け高さは、家具などでふさいでしまわないように、できるだけ高い位置に設けるとよい
フィルターの目詰まりなどで給気に支障をきたすと排気能力が半減する
給気口
換気扇（排気ファン）
換気経路
アンダーカットまたはドアガラリ

No. 032

水廻りの換気計画

ココがポイント！

① レンジフードの捕集効率は60％程度
② 浴室の換気風量は120㎥／h以上が目安
③ トイレは常に負圧に保つ

メンテナンス・更新

レンジフードは油分により汚れが付きやすいので、こまめにフィルタを清掃する

キッチンの換気方法

キッチンの必要換気量は、最低基準が建築基準法の「火気使用室の換気量基準」（令20条の3）で定められている。ただし、この基準は開放型燃焼機器（ガスコンロ）を使用し、室内の酸素濃度を20・5％以上に保つための必要換気量であり、臭いや煙、水蒸気などは含まれていない。そのため、この基準だけで換気扇（レンジフード）を選んだ場合、十分に換気されているとはいえないので、常に能力に余裕をもった機種を選ぶことが大切である。

レンジフードには捕集効率というものがあり、一般的なレンジフードの捕集効率は60％程度なので、約40％の汚染空気は漏れ、ほかの部屋に漂っていくと考えられる。

また、電子レンジなどの家電製品の排熱や、生ごみの臭いなどはレンジフードでまかなうことが不可能なので、これらの排出先は、建物全体の換気計画のなかで考える。

浴室の換気方法

浴室から発生した水蒸気は、建物全体の湿度を一瞬で上げてしまう。また、換気が十分でない浴室は、いつまでも乾燥することなく濡れた状態となり、カビの原因にもなる。

一般的な浴室（1～1.5坪）では、換気扇を運転させて3～4時間で乾燥できる機種を選ぶ。風量は120㎥／h以上が目安。換気扇のスイッチは、タイマー付きのものと組み合わせると、省エネルギーや消し忘れ防止に役立つ。

入浴時の換気が必要なときは、強弱運転機能付きの換気扇を選ぶことも大切である。最近は、浴室換気扇に暖房機能やミストサウナ機能などが付いた浴室乾燥暖房機があり、予算に応じて選ぶとよい。

トイレの必要換気量は、住宅では特に定められていないが、一番重要なのは常に負圧に保つことである。そのため、20～30㎥／h程度の小型換気扇でよいので、24時間換気を心掛ける。

レンジフードによる換気

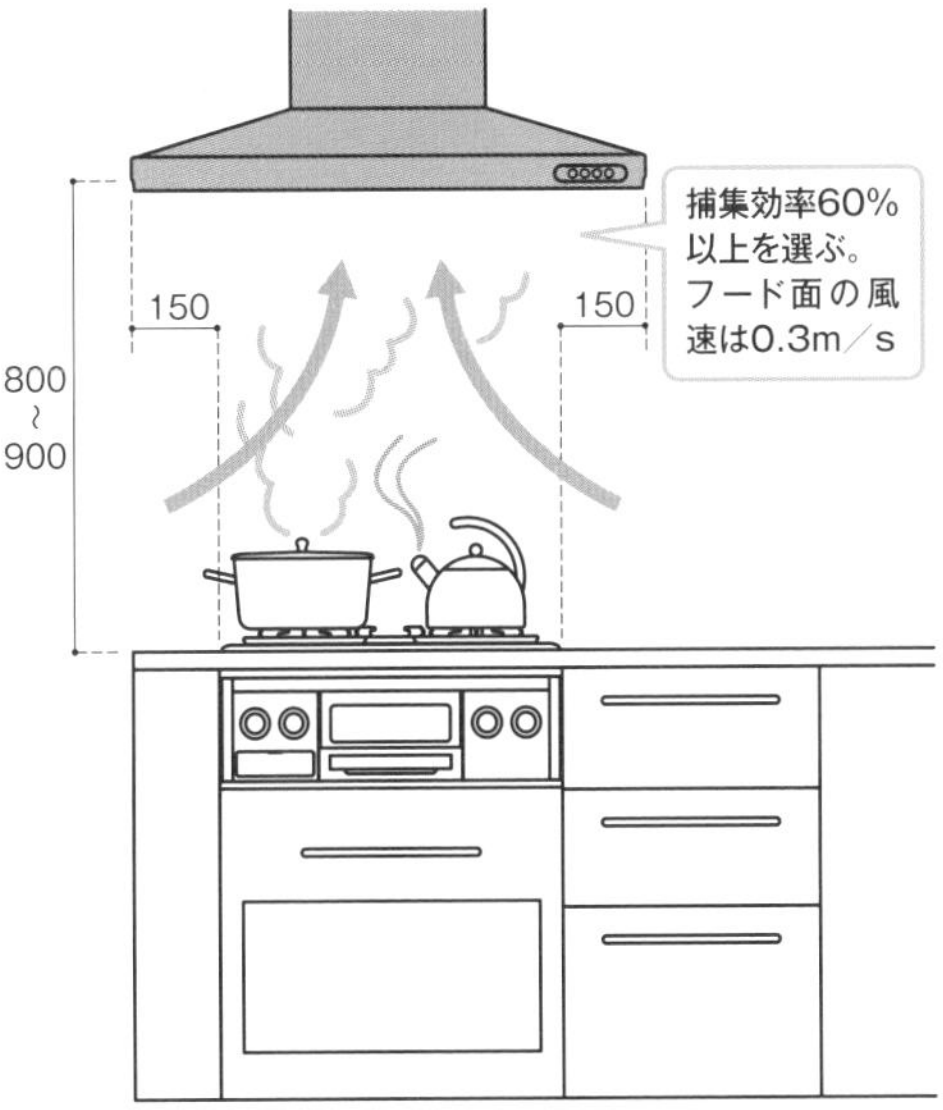
捕集効率60%以上を選ぶ。フード面の風速は0.3m／s
150
150
800
〜
900

建物全体での換気計画

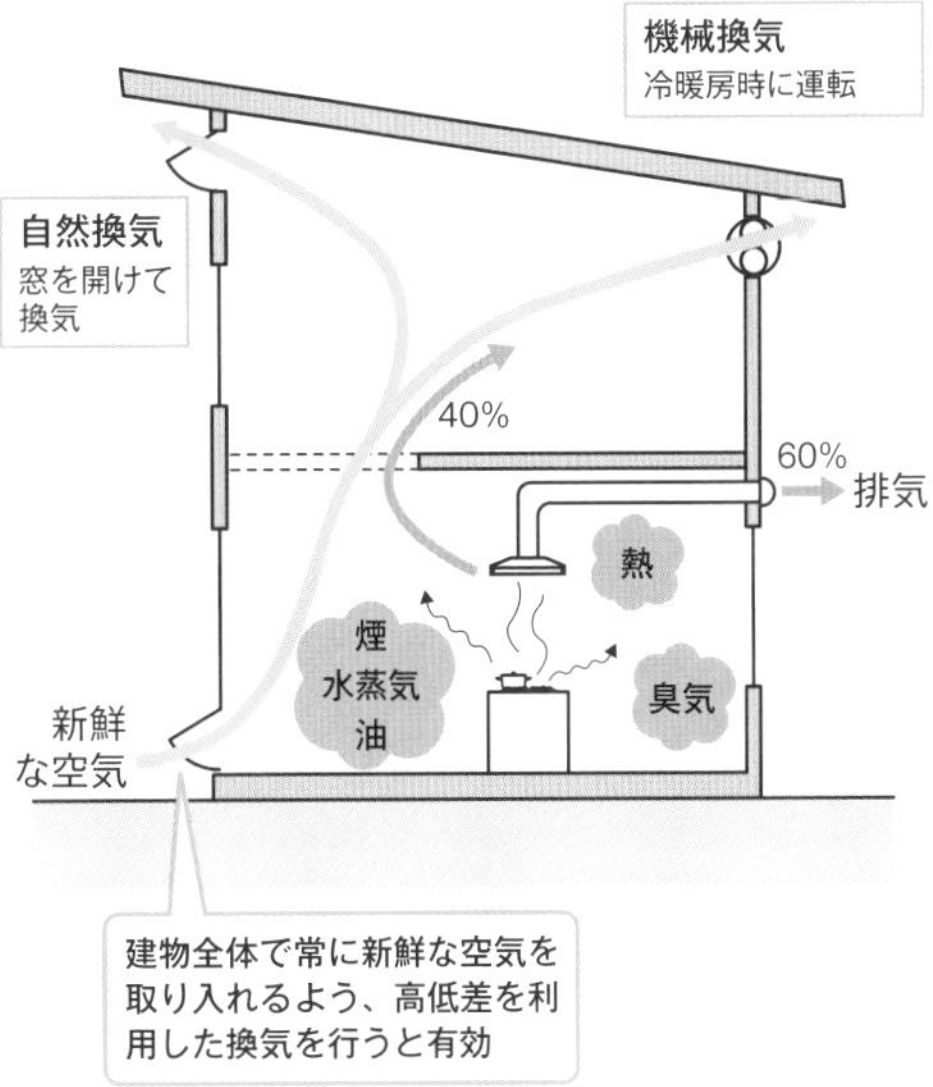
機械換気
冷暖房時に運転
自然換気
窓を開けて換気
40%
60%
排気
熱
煙
水蒸気
油
臭気
新鮮な空気
建物全体で常に新鮮な空気を取り入れるよう、高低差を利用した換気を行うと有効

キッチンの換気扇に関する規制

V=nKQ　V：有効換気量
n：捕集のフード形態による係数
Q：器具などの燃料消費量
K：理論廃ガス量（0.93）

係数	フード	
30	排気フードⅠ型	←一般のレンジフード
40	フードなし	←一般の換気扇

バス乾燥・暖房・換気システム 5つの機能

●浴室乾燥

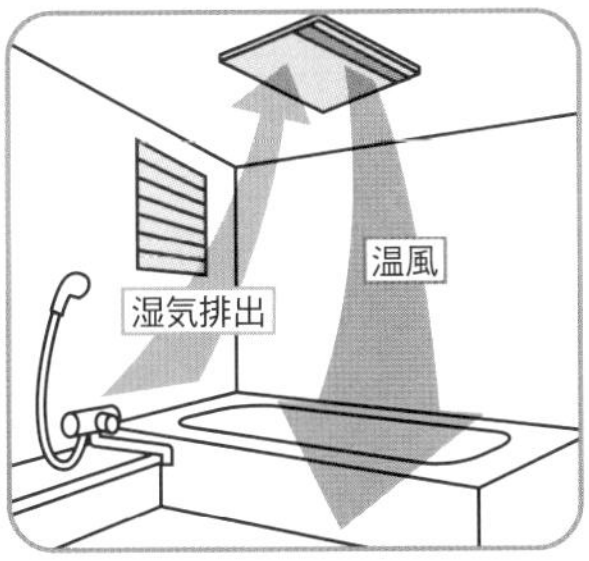
湿気排出
温風

●衣類乾燥

湿気排出
温風

●予備暖房（温風）

温風

●換 気

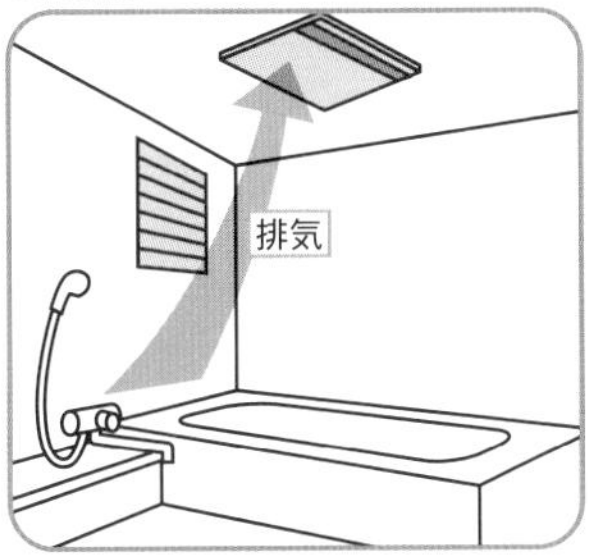
排気

●涼 風

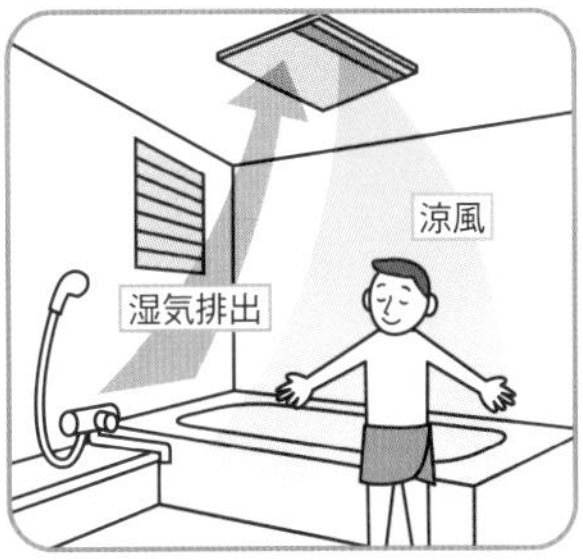
涼風
湿気排出

No. 033

換気扇の選択

ココがポイント!

① 換気扇は設置場所や換気目的などで使い分ける
② 換気能力は風量と静圧で決まる
③ 騒音値も大切な指標

メンテナンス・更新

運転音が大きくなってきたら故障の可能性があるので点検する

換気扇の種類

一般的な換気扇には次の種類があり、設置場所や換気目的などによって選ぶ。

●一般用換気扇　四角形の筐体にプロペラファンを取り付けた換気扇。引きひも式と電源スイッチ式があり、また逆風防止用シャッターの方式によって「連動シャッター式」「電気シャッター式」「風圧シャッター式」がある。

●天井埋込型換気扇と中間ダクトファン　外部に面していない部屋に換気扇を設ける場合に使用される。天井内に換気扇を埋込設置し、ダクトによって外部に排気する。小風量から大風量まで対応できる。

●パイプ用ファン　トイレや浴室などの小空間で使用。主にプロペラファンやターボファンが用いられ、トイレや洗面にはφ100㎜、浴室など若干広めの空間にはφ150㎜が使用されることが多い。最近では温度・湿度・人感などのセンサーが付いた機種もある。

●レンジフードファン　コンロ上のフードとファンが一体化した換気扇。フードの構造や形状、フィルタの掃除のしやすさなどによって、さまざまなバリエーションがある。システムキッチンに付いていることも多い。

●有圧換気扇　一言でいうと「強力なプロペラファン換気扇」のこと。一般住宅では使わないが、屋内駐車場などで強力な換気が必要な場合に選択する。

換気扇のスペック

換気扇の能力は、送る空気の量「風量」と圧力「静圧」で決まり、その数値は「P-Q曲線図」で表される。機種を選ぶ際は、この図を確認し、必要換気量と、計画した換気経路の圧力損失を求める。圧力損失とは「新鮮な空気が外部から取り入れられ、換気扇から外部へ排出されるまでに、給気口や建具、ダクト、フィルタ・排気フードなどを空気が通る際に受けた抵抗値の合計」のこと。一般的にカタログに記載されている換気風量は、静圧がゼロ時の風量であることが多いので注意する。

換気扇の種類

一般用換気扇

プロペラファン

- 外部に面する壁に直接取り付ける
- 風量は出るが圧力が少ないため、高気密住宅、外風の強い場所、中高層階では能力を十分に発揮できない

天井埋込型換気扇

シロッコファン

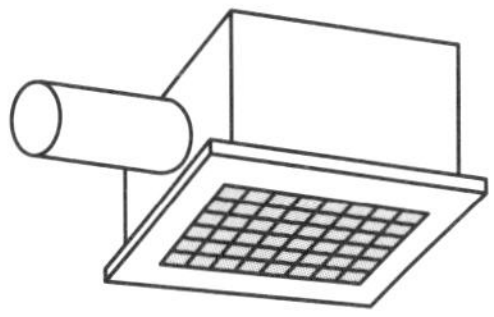

- プロペラファンより圧力が高いが、風量は少ない
- 居室、バス、サニタリーなど応用範囲が広い

パイプ用ファン

プロペラファン

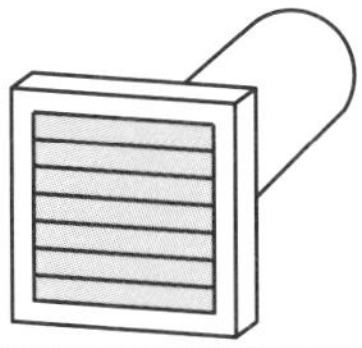

- ダクトによる延長ができないので外部に面する壁に取り付ける
- 小風量のものが多い

レンジフードファン

シロッコファン

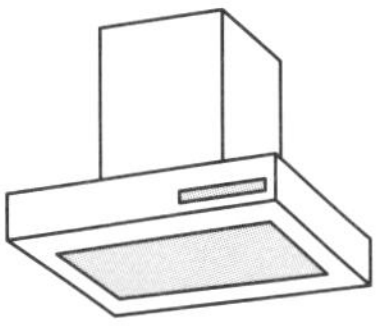

- 調理によって発生する油煙や蒸気を効率的に捕集
- フードの形状、照明、メンテナンス性などにさまざまな特徴がある

有圧換気扇

プロペラファン

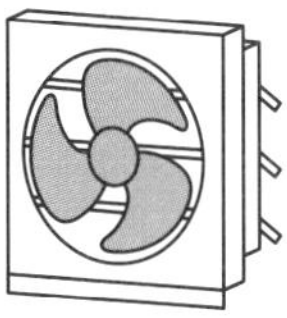

- 一般用換気扇と似た形状だが、プロペラファンの羽根形状に工夫が施され、風量と圧力が大きい
- 工場、業務用厨房などに使用

中間ダクトファン

シロッコファン

- ファン本体と給排気ガラリを離して設置するため、内装設計の自由度が高く、低騒音化が図れる

プロペラファン  風量が多く、静圧が低い

シロッコファン  風量が少なく、静圧が高い。騒音が低い

換気扇の能力の調べ方

●P-Q曲線図

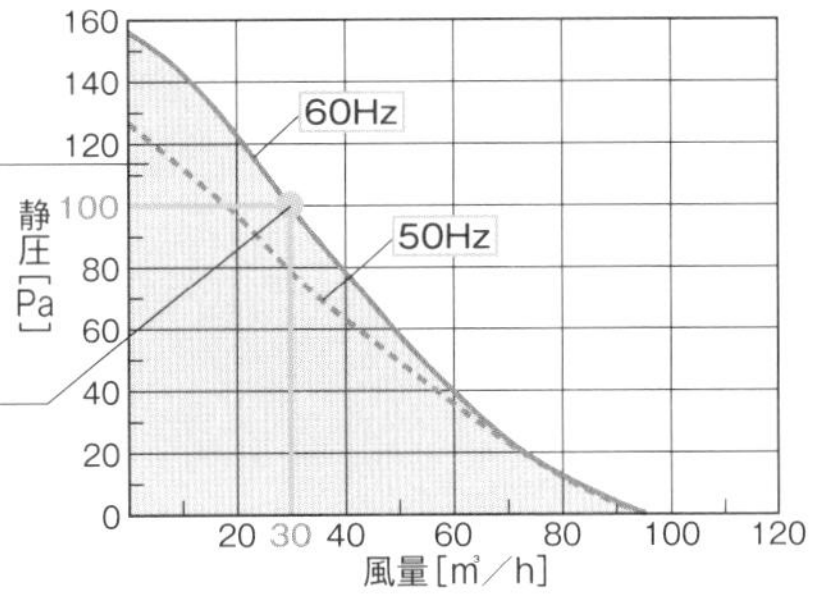

の範囲が、この機種の能力を示す

圧力損失100Paの場合、風量30㎥/hとなる

換気扇のカタログには、P-Q曲線図が必ず記載されている

換気扇は大風量・高静圧のほうが換気能力が高いが、能力が高すぎても、運転音が大きかったりするため、適度な能力を選ぶ。特に24時間換気機能を併用させる場合は、終始耳に入る音なので注意。また、居室内や居室近くに配置する換気扇は、できるだけ低騒音タイプを選ぶ

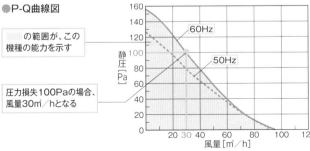

セントラル換気システム

No. 034

ココがポイント!

① 第1種換気のセントラル換気システムは、熱交換型が主流

② システム全体の圧力損失を考慮して機種を選ぶ

③ 給気口の取付位置に注意する

メンテナンス・更新

1カ所の故障が全箇所の換気に影響するので、メンテナンスしやすい場所に設置し、点検口を設ける

セントラル換気とは

各居室に給気口を設置し、ダクトで空気をセントラルファンに集め、屋外に排出するシステムを「セントラル換気」という。ダクトのほかに、ガラリ、フィルタなどシステム全体の圧力損失を考慮しないと換気量が確保できないため、しっかりした換気設計と機種の選定が重要だ。また、建物全体または複数の居室の換気ファンを1台にまとめるので、振動・騒音にも配慮し、寝室などから離してファンを設置する。

セントラル換気の種類

セントラル換気には、大きく分けて機械給排気式の第1種換気によるものと、自然給気・機械排気式の第3種換気によるものがある。

第1種換気でダクト方式の場合は、ほとんどが熱交換システムを装備している。また、冷暖房の機能まで兼ねるシステムもあるが、なるべく空調と換気は別に計画するほうがよい。

第3種換気では、給気は各居室の自然給気口から行い、排気をセントラルファンとする。各居室に給気口を設けるため、より確実な換気ができる。ただし、建物の気密が不十分だと、排気の効果が十分に得られないことがある。

給気口計画のポイント

給気口の設置位置は以下に気をつける。①冷気や暖気による不快を生じないよう、人が滞在する位置付近を避ける。②家具などで塞がれない位置とする。③給湯器の廃ガス、駐車場などの排気ガスが入らない位置とする。

給気口には開閉度の調整機能や、差圧ダンパー（室内外の気圧差を感知し自動的に必要量の給気を行う）機能などを持つ高機能な製品もある。メーカーによっては花粉対策用フィルターや遮音仕様などのオプション対応もあるので、状況に応じて使い分けるとよい。なおフィルターは、目詰まりによって給気が不十分にならないよう、フィルターのこまめな清掃が必要になる。

セントラル換気

●第1種換気によるセントラル換気（熱交換型）

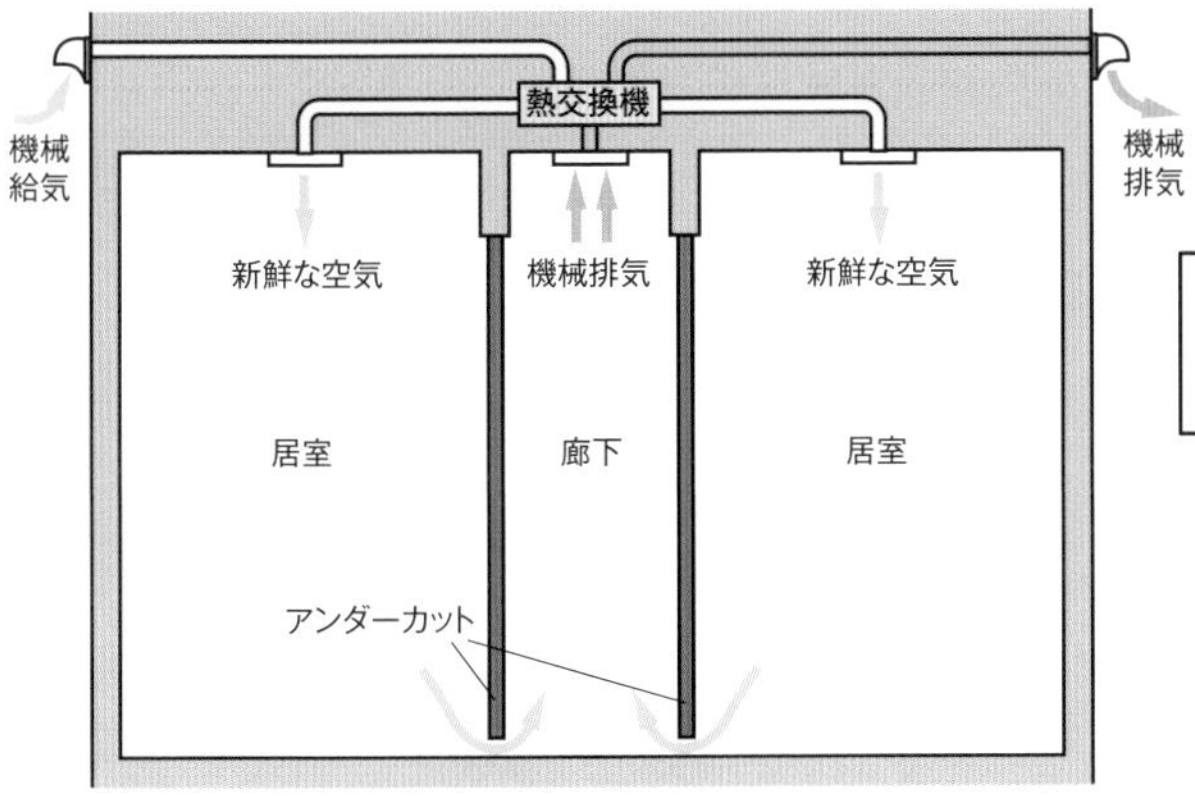

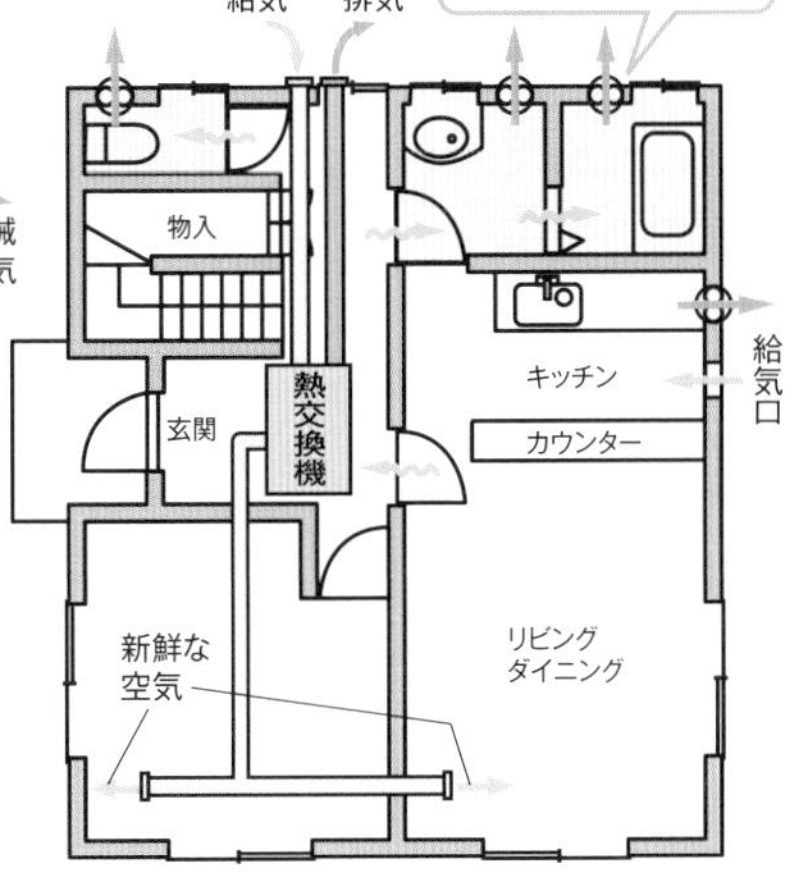
浴室や洗面脱衣室などは、湿気があるため局所換気とする
機械給気
機械排気

●第3種換気によるセントラル換気

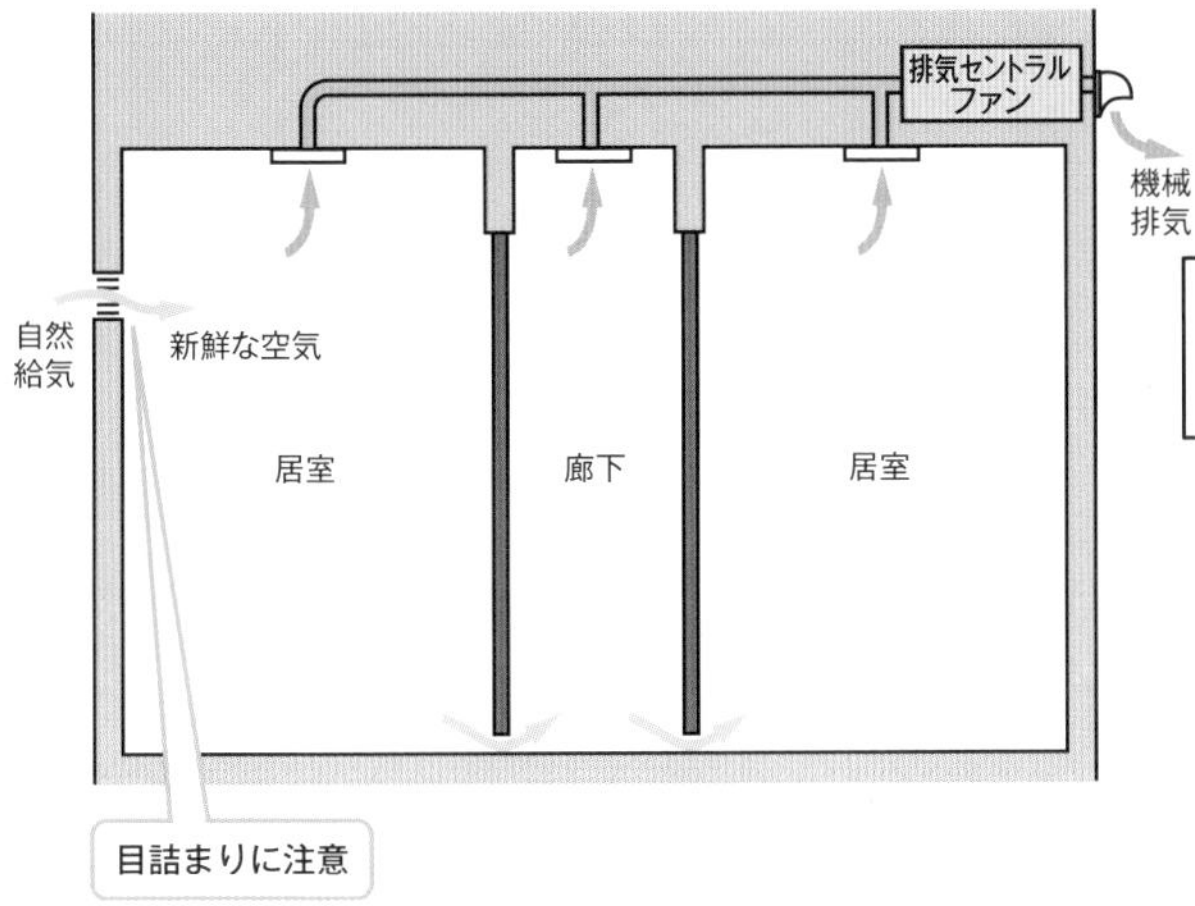

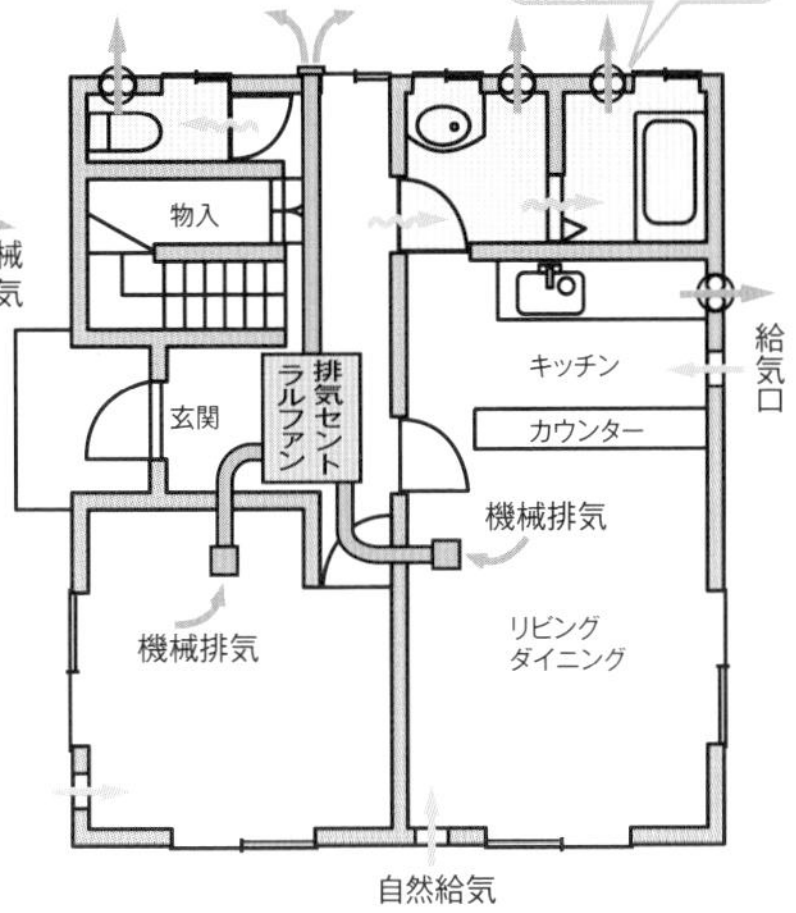
局所換気と全体換気を分ける

給気口の設置位置

●壁面の上部

取り付け位置が高すぎると、メンテナンスが不便になるので注意

●エアコンの近く

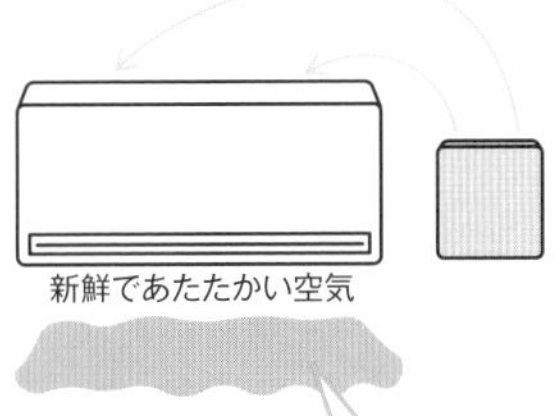

給気口からの新鮮な空気がエアコンによって温められ、居室全体に行き渡る

●設置個数の目安

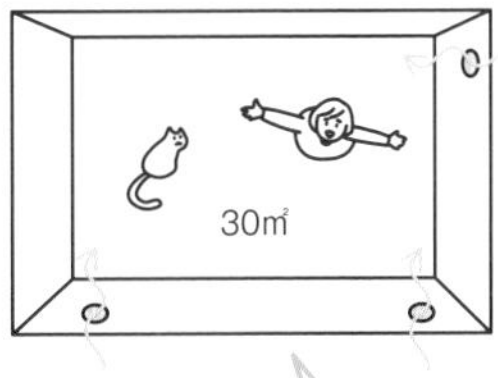

φ150を基準として、床面積30㎡当たり2～3カ所が目安

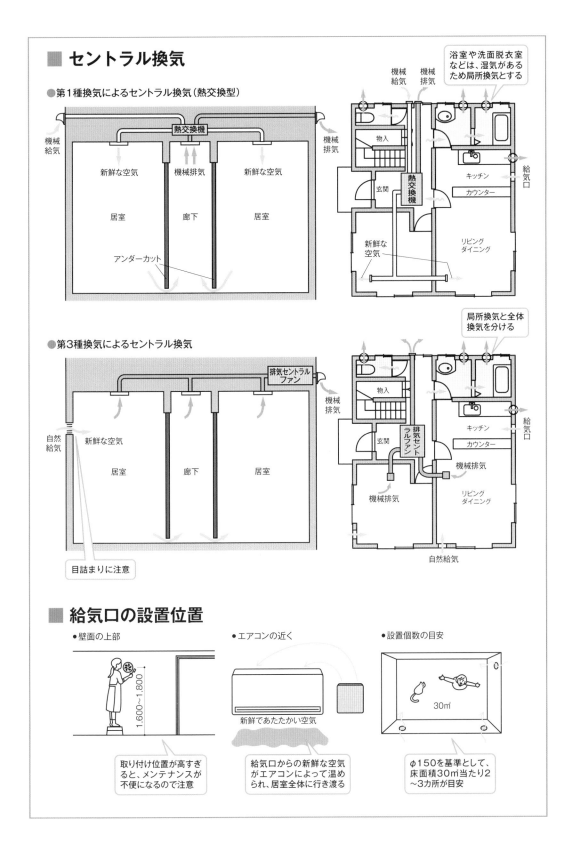

No. 035

熱交換型換気システム

ココがポイント！

① 換気による室内温度への影響を減らす
② 全熱交換型は湿気（に含まれる潜熱）も回収・交換する
③ 外気の埃や花粉などの除去にも有効

メンテナンス・更新

熱交換素子のカビ・臭気の発生に要注意。設置場所によっては汚れ防止フィルタを取り付ける

熱交換型換気システムとは

24時間換気によって、常に新鮮な外気を室内に取り込むことが義務付けられたが、それは反対に冷暖房によって適温となった室内空気を外に捨て、新たに外気を冷暖房し直すことになる。そこで排気（室内空気）によって逃げる熱エネルギーを回収し、給気（外気）と熱交換することで、換気による室内温度への影響を減らそうと考え出されたのが、熱交換型換気システムである。

熱交換型換気システムには、顕熱（物質の温度変化に伴い出入りする熱。照明器具による発熱など）だけを交換する顕熱交換型換気扇と、顕熱と潜熱（物質の状態変化に伴い出入りする湿分を含む熱。気化熱など）の両方を交換する全熱交換型換気扇があり、日本では「ロスナイ」などで知られる全熱交換型が主流である。主にオフィスビルや商業施設などに使用されているが、一般住宅には価格の問題や定期的なメンテナンスが必要になることから普及しづらい面があった。しかし最近では、24時間換気の義務付けにより、住宅用全熱交換器が普及してきている。

全熱交換型の仕組み

全熱交換型の換気システムは、熱エネルギーのほか湿気（に含まれる潜熱）も回収・交換する。熱交換する装置（熱交換素子）は、給気と排気の通路が分けられており、取り入れた空気と室内の汚れた空気が混合しないようになっている。湿気は、水蒸気の分圧差で高圧側から低圧側へ移動する仕組みだ。

この構造により、排気路を通過する暖かい（冷たい）室内空気が、給気路を通る冷たい（暖かい）外気を暖め（冷やし）、同時に互いの湿気を吸収・調節し、外気は適温適湿になって室内に取り入れられる。

また、給気口にはフィルタが配され、外気の埃や花粉などの除去にも有効である。このほか遮音性が高く、外部の騒音のひどい場所などでは騒音防止用としても使用されている。

熱交換型換気システムの概念図

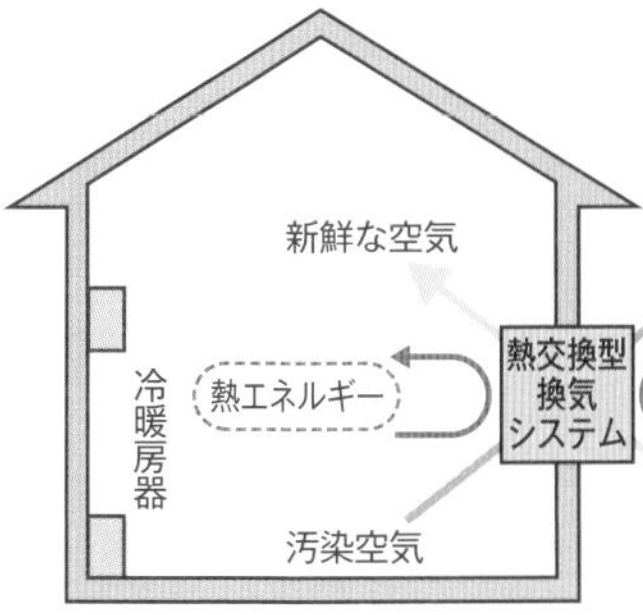

全熱交換型の熱交換の仕組み

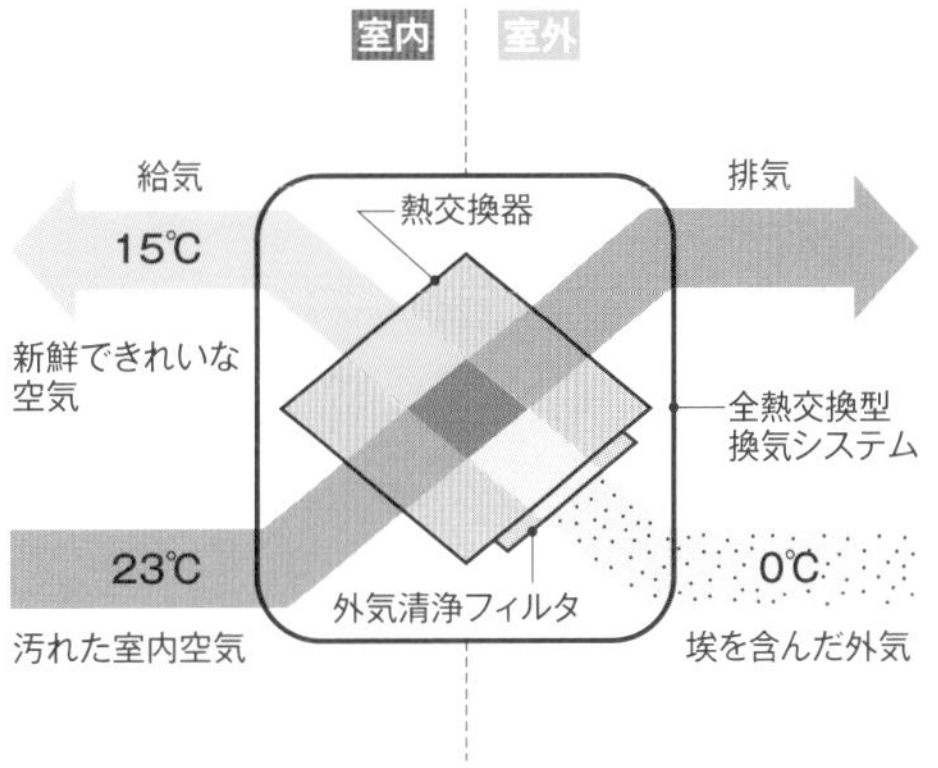

全熱交換型の熱交換装置の構造

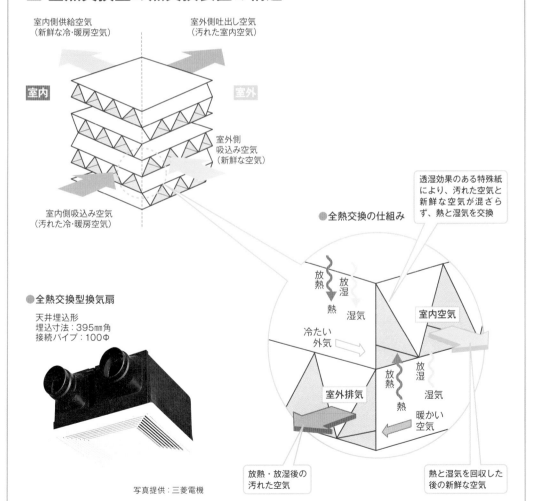

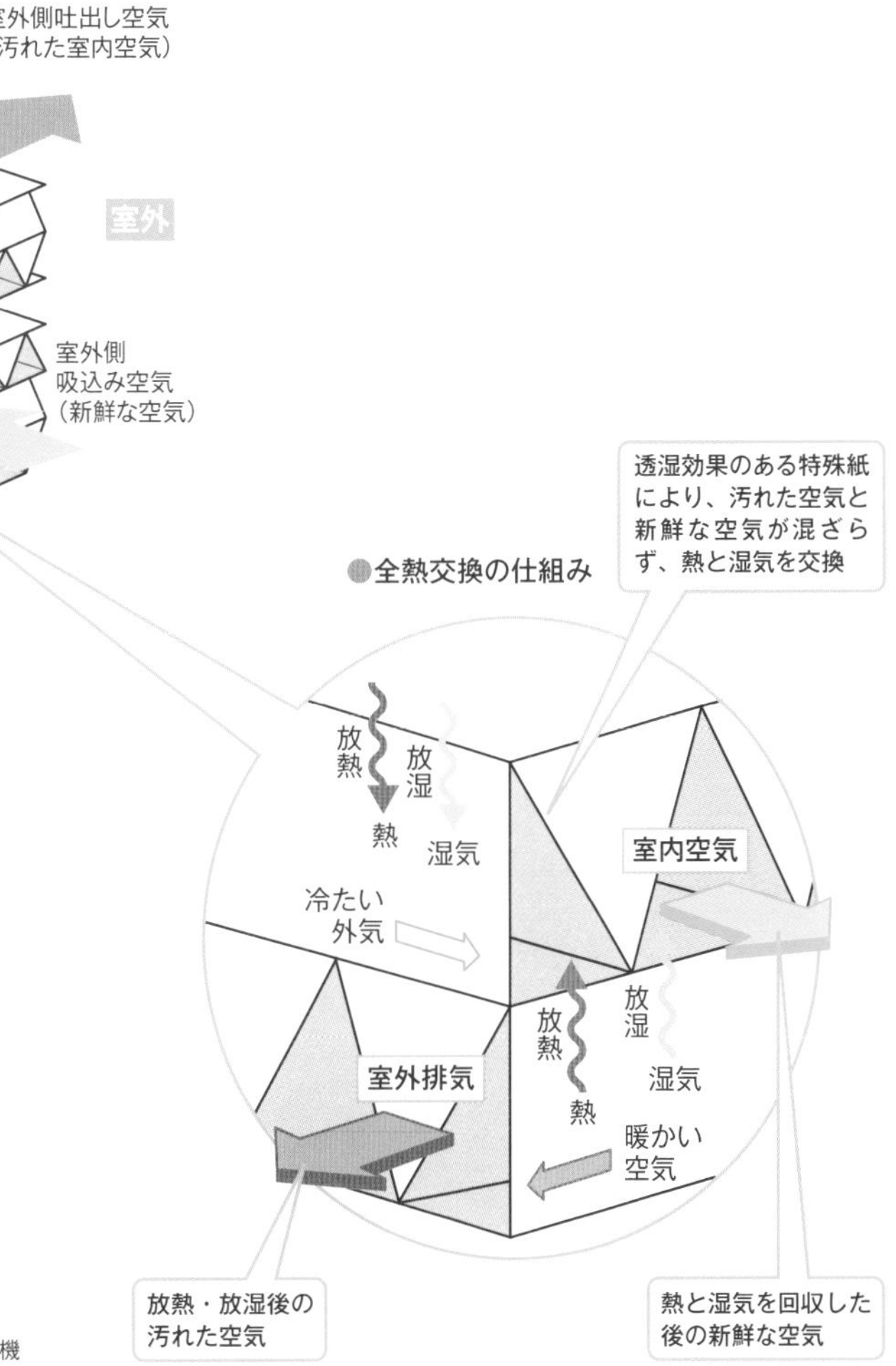

●全熱交換型換気扇

天井埋込形
埋込寸法:395㎜角
接続パイプ:100Φ

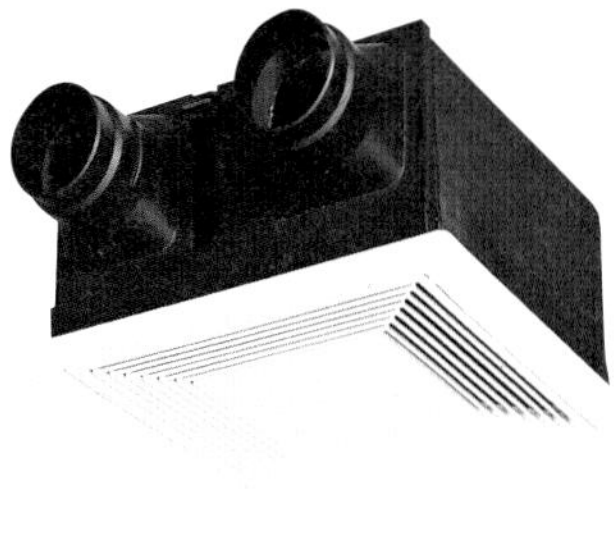

写真提供:三菱電機

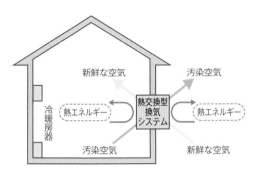

No. 036

空調の種類

ココがポイント!

① 対流式、伝導式、放射式の3つがある
② アレルギー対策には伝導式・放射式がよい
③ セントラル方式は、部屋間の温度差が少ない

メンテナンス・更新

個別方式はセントラル方式に比べ、メンテナンス・更新がしやすい

空調方式の種類と特徴

空調方式は、対流式、伝導式、放射（輻射）式の3つに分かれる。建築主の好み、快適さへのこだわりと予算に合わせて決定する。

対流式は、エアコンやファンヒーターなどのように、温風や冷風を直接放出し、強制的に空気の対流を起こして部屋の温度を上下させる。急速に冷暖房が効くが、暖房時には天井付近ばかりが暖まり、足元に冷えを感じたり、温風や冷風が直接身体に当たって不快感を与えることがある。また、室内の埃やアレルギー成分を一緒に巻き上げてしまう問題もあるが、施工性やコスト面で最も採用されやすい方式である。アレルギーや花粉対策に力を入れたい場合は、伝導式・放射式を採用する。

伝導式は、ホットカーペットのように、部分的な暖房機器でも直接身体に触れることで暖かさを感じる方式である。空間を暖めるには、部屋面積の7割以上に放熱体を敷設し、放射効果を利用する。

放射式の「放射」とは、「空気を介さず、温度の高いほうから低いほうへ熱が伝わる現象」である。この自然の性質を利用し、室内に暖かい面や冷たい面を設けることで、温風や冷風が直接身体に当たることなく、心地よい暖かさや涼しさを体感できる。短所は部屋全体が暖まるまでに時間がかかることで、補助的にエアコンを併用する場合が多い。

個別方式とセントラル方式

それぞれの空調方式を用いて、各居室やエリアごとに空調機器を設けるのが個別方式、建物全体を1つの機器（システム）で空調するのがセントラル方式である。

セントラル方式は、廊下・トイレなどでも温度ムラが少なく、高齢者の健康に配慮する建物に向いている。また、マルチエアコンのように、1台の室外機に対して複数台のエアコン室内機が接続される方式もある。

空調方式の決め方

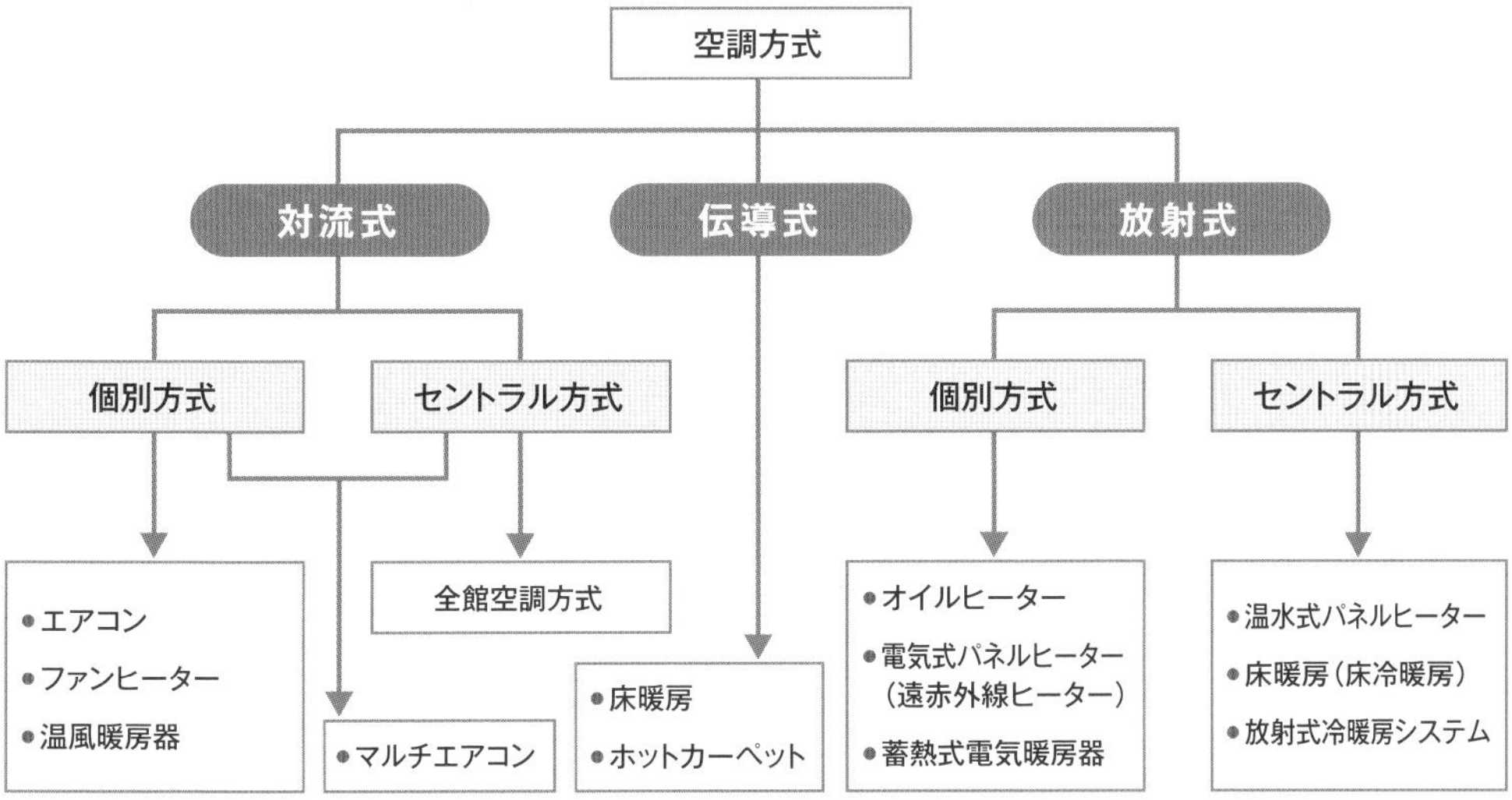
空調方式
対流式
伝導式
放射式
個別方式
セントラル方式
個別方式
セントラル方式
●エアコン
●ファンヒーター
●温風暖房器
全館空調方式
●マルチエアコン
●床暖房
●ホットカーペット
●オイルヒーター
●電気式パネルヒーター
（遠赤外線ヒーター）
●蓄熱式電気暖房器
●温水式パネルヒーター
●床暖房（床冷暖房）
●放射式冷暖房システム

空調方式の種類

対流式　**伝導式**　**放射式**

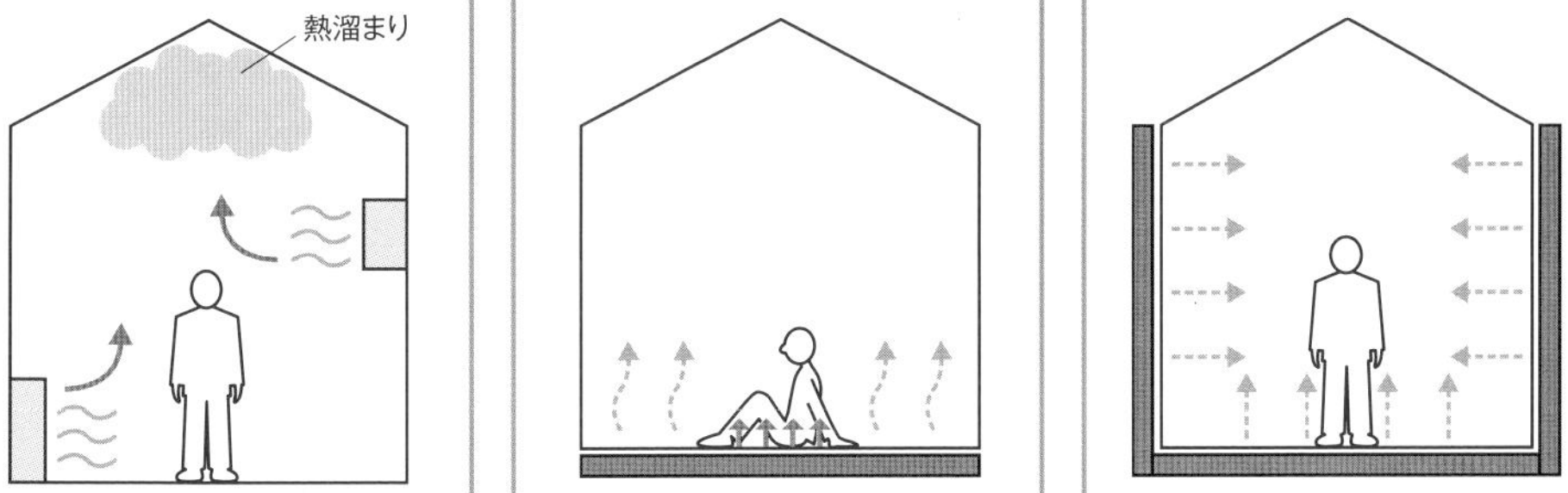
熱溜まり

対流式

特　徴

エアコンやファンヒーターなど、温風や冷風を直接放出し、強制的に空気の対流を起こさせることで部屋の温度を上げ下げする

メリットと注意点

- ●急速に冷暖房が効く
- ▲天井付近ばかり暖まり、頭がボーッとしたり、逆に床付近の足元に冷えを感じる
- ▲温風や冷風が直接身体に当たり、不快に感じる場合がある

伝導式

特　徴

床暖房などのように、直接熱媒体に接触することで、温度が高いほうから低いほうへ伝わる熱の性質を利用

放射式

特　徴

暖房は機器・躯体からの放射熱により、人間の体表面の熱放射量を少なくして暖かさを伝える。温度の低い場所にも熱が伝わり、室内空気も均一に暖まる

伝導式・放射式　メリットと注意点

- ●温風や冷風が直接身体に当たることなく、体感的に心地よい暖かさや涼しさを感じる
- ▲対流式に比べ、部屋全体が暖まるまでの時間が必要
- ▲イニシャルコストがほかの方式より割高（放射式）

No. 037

ヒートポンプ式エアコン

ココがポイント!

① 冷房能力を優先して選ぶ
② 寒冷地では冷房用をメインとし、暖房は別に考える
③ 基本の熱効率・省エネ性もチェックする

メンテナンス・更新

エアコン内部は湿度が高くカビが生えやすい。抗菌効果のある機種であっても定期的に洗浄する

エアコンの能力

メーカーのカタログには、エアコンの対応畳数が記載されている。たとえば、対応畳数が6〜9畳の場合、木造和室南向き6畳〜鉄筋コンクリート南向き9畳ということになり、まずはこの畳数の目安を確認する。このとき、同じ部屋の広さであっても、窓の向きや気積によってエアコンの畳数目安が変わるので注意する。特に西に大開口のある部屋や天井の高い部屋など、熱負荷のかかりやすい部屋には少し余裕をもたせた畳数設定をする。

次に能力を確認する。エアコンの能力はkW［※］で表され、冷房が「2.2」の場合、このエアコンは2.2kWのパワーで部屋を冷やすことができる。

最近はインバータエアコンが主流で、運転能力を制御できるため、部屋がある程度冷えてくると、自動的に運転能力が落ちて、設定温度を維持する仕組みとなっている。

また、一般的なエアコンは、暖房より冷房の能力が劣るので、冷房の能力から選定するとよい。寒冷地では冷房用とし、暖房器は別に設置する。

省エネ性を基準に選ぶ

エアコンを選ぶ際には、省エネ性も考慮したい。目安として、省エネ型の家電製品に表示されている省エネラベルをチェックするとよいだろう。省エネラベルは、国が2000年8月にJIS規格で標準化している表示制度で、国の定める目標値をどの程度達成しているか、その達成度合いを表示したものである。

まず確認したいのが、通年エネルギー消費効率（APF）だ（172頁参照）。6.0以上のものであれば、十分に効率がよいといえる。省エネ法では、対象家電ごとにクリアすべきAPFの目標値が定められており、2010年度を目標達成年度としている。すでに達成率が100％以上であれば緑色のマークで表示され、未達成（100％未満）であればオレンジ色のマークで表示されている。

※ 冷暖房能力の単位は、以前は［kcal／h］が使われていたが、単位の国際統一で［kW］になっている。消費電力も［kW］で表すため、混同しないようにする。この［W：ワット］は、単位時間当たりに室内から取り除く、あるいは加える熱エネルギーを意味する

エアコンのカタログはココをチェック！

配管の長さと最大高低差
室内機と室外機をつなぐ配管の長さと、高低差が許容範囲内か確認する

設置する部屋の広さ
一般的には、最初にこの部分を確認する

木造の目安
RC造の目安

電源の種類
室内電源と屋外電源がある。電源は単相100Vと単相200Vがある。どちらも選択可能なら、200Vを選ぶ

消費電力
契約容量と電気代の計算には、この数字を使う。少ないほどランニングコストが安い

運転能力
エアコンのパワーを示す数値。インバータエアコンは（　）内の能力幅で効率よく運転する

省エネラベルの表示
通年エネルギー消費効率（APF、172頁参照）を示す

暖房時 冷房時 おもに**6**畳程度

S224ATRS-W(-C)
価格 473,000円（税抜き 430,000円）

室内 F224ATRS-W(-C)／質量16kg
191,400円（税抜き 174,000円）
室外 R224ARS／質量44kg
281,600円（税抜き 256,000円）

室内電源タイプ
単100V 20A
配管 液 Φ6.4
ガスΦ9.5

長尺配管**15**m（チャージレス15m） 最大高低差**12**m

	畳数のめやす	能力（kW）	消費電力（W）
暖房	6～7畳（9～11㎡）	2.5（0.6～6.2）	440（110～1,820）
冷房	6～9畳（10～15㎡）	2.2（0.7～3.3）	390（115～850）

消費電力量期間合計（年間）	目標年度2027年	省エネ基準達成率	通年エネルギー消費効率
594kWh		106%	7.0

低温暖房能力**4.5**kW（外気温2℃時）

省エネマーク・省エネ基準達成率の表示について

このマークは商品のエネルギー消費効率（APF）および省エネルギー法目標基準値に対する達成率を記載してある場所を明示するもの。商品を選択するときの参考にする

- 省エネルギー法2027年度基準、または2029年度基準に対する達成率を示す
- 達成率100%未満の場合は省エネ性マークの色をオレンジで表示（マーク表示も可）

冷暖房負荷概算値

部屋の種類			概算熱負荷（W/㎡） 冷房	概算熱負荷（W/㎡） 暖房	換気回数（回/h）
集合住宅　戸建住宅（断熱等級3以上、庇 60cmありの場合）	居間（上が屋根の場合）	東向き	220	180	0.5
		西向き	240		
		南向き	200		
		北向き	180		
	居間（上が居室の場合）	東向き	200	160	0.5
		西向き	220		
		南向き	180		
		北向き	160		
事務所（断熱等級3以上、庇 60cmありの場合）	事務室（最上階の場合）	東向き	240	160	0.5
		西向き	260		
		南向き	220		
		北向き	240		
	事務室（中間階の場合）	東向き	220	140	0.5
		西向き	240		
		南向き	200		
		北向き	180		
飲食店	客席		280	160	5.0

注：東京地区で冷房26℃、暖房22℃の場合
夏季の異常高温を考慮する場合、以上の概算負荷原単位値より　1.1～1.15倍した数値にて計算を行う。
また、トップライトを設けた部屋の場合には、以上の概算負荷原単位値より　1.5～1.6倍した数値にて計算を行う。

No. 038

空気線図と結露

ココがポイント!

① 空気線図で空気の状態や熱的変化がわかる

② 空気が冷やされ飽和状態となり、余剰水分が発生する現象が結露

③ 内部結露を防ぐには、湿分を躯体内に入れないことが重要

メンテナンス・更新

住宅の寿命を左右する結露対策は新築時に入念に行う

空気線図とは

温度と湿度、エンタルピー、比容積などの関係を縮図にしたものが「空気線図」である（「湿り空気図」ともいう）。

多くの線で構成されており、代表的なものとして、縦軸に「絶対湿度」、斜軸に「相対湿度」「エンタルピー」「比容積」、横軸に「乾球温度」がある。空気の状態値のうち、2つが定まるとほかの状態値がすべて求められるため、主に空気の状態や熱的変化を知るために用いられる。

結露の原理

空気は高温になるほど多くの水蒸気を含むことができ、低温になると含む量が減る特性がある。これをふまえ、空気線図を用いて結露が発生する原理を説明すると、たとえば、冬期に室内の乾球温度が25℃、相対湿度が50％の空気を、絶対湿度が一定の状態で温度を下げていくと、相対湿度が上昇する。そして約14℃（露点温度）で100％の飽和状態となり、さらに冷やされた空気の余剰水分が発生する。この現象が「結露」である。

つまり室内の水蒸気を含んだ暖かな空気が、冷えた窓ガラスやサッシに触れて急激に冷やされると、空気に含まれていた水蒸気が水滴となって現れるのである。これを表面結露という。表面結露を防ぐには、複層ガラスや断熱サッシ、各種断熱材を用いて、建物内部に低温部分をつくらないようにする。

目に見えない内部結露に注意

建築では、表面結露のほかに壁の内側で発生する内部結露がある。冬期に室内の水蒸気が壁内に侵入すると、この水蒸気が壁内を進み、外気に近い低温部分で露点以下に冷やされて結露が発生する。反対に夏期には外気の湿気が冷房で冷えた室内の影響を受けて結露する。壁内の結露は木材を腐らせたり、断熱材の性能低下を引き起こす。防止策には、内装側に防湿シートを張る、外装側に通気層を設ける、がある。

空気線図

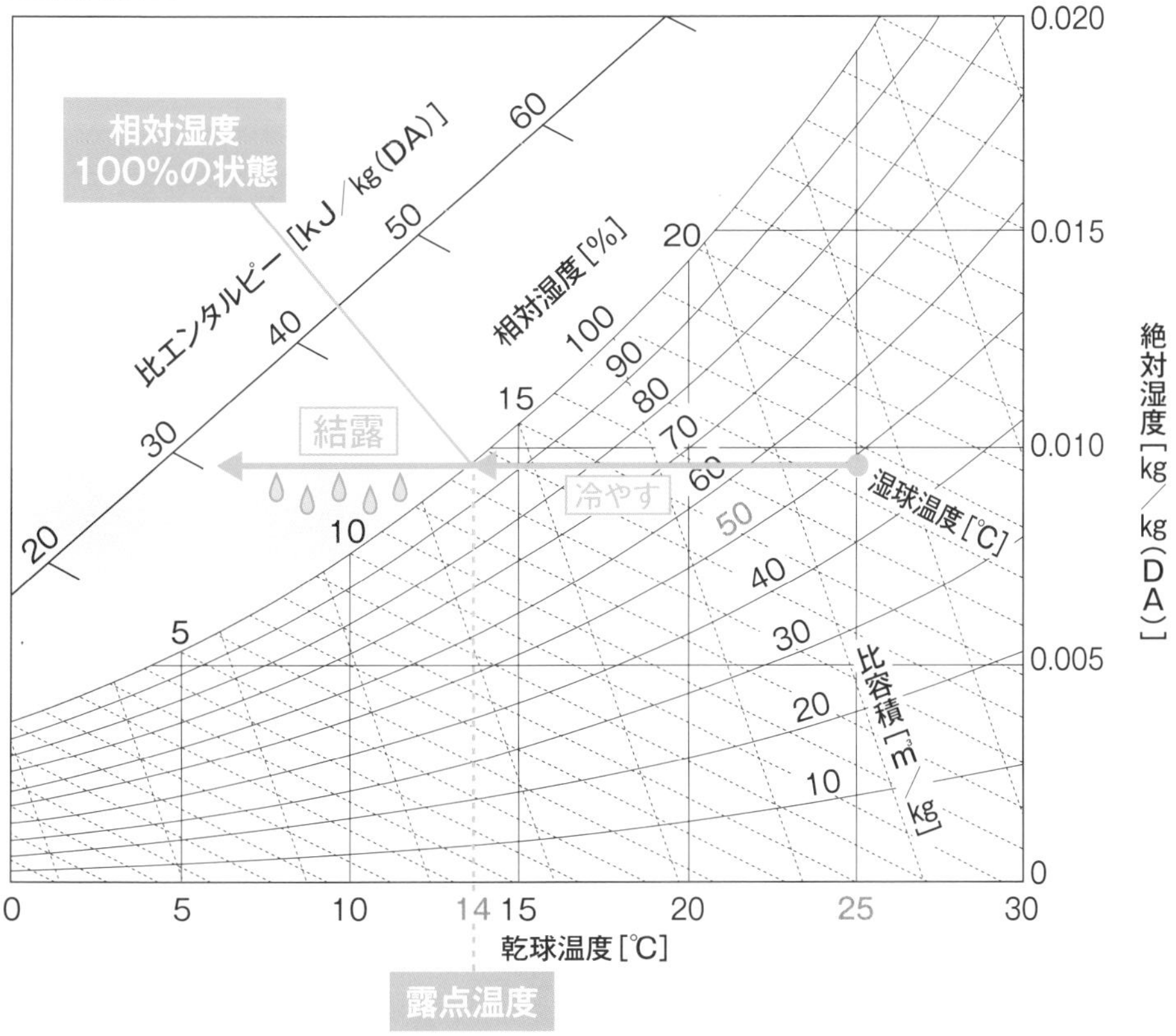
相対湿度
100%の状態
比エンタルピー［kJ／kg(DA)］
相対湿度［%］
結露
冷やす
湿球温度［℃］
比容積［㎥／kg］
絶対湿度［kg／kg(DA)］
乾球温度［℃］
露点温度

項目	説明
乾球温度［℃］	一般的な「温度」や「気温」のこと
相対湿度［%］	空気中に含まれる水蒸気量（水分量）を割合で表したもの。一般的な「湿度」のこと
湿球温度［℃］	水が自然に蒸発していくとき（気化）の温度。一般の温度計の横に、濡れたガーゼを巻きつけてある温度計があるが、それが湿球温度計である
絶対湿度［kg／kg］	空気に含まれている水分の量と乾き空気の量との重量割合
比エンタルピー［kJ／kg］	ある状態における、湿り空気の保有する全エネルギーを熱量単位で表したもの。熱を放熱すると下がり、熱を受け取ると上がる
比容積［㎥／kg］	乾き空気1kgを含む、湿り空気の容積。比重量の逆数のこと

内部結露

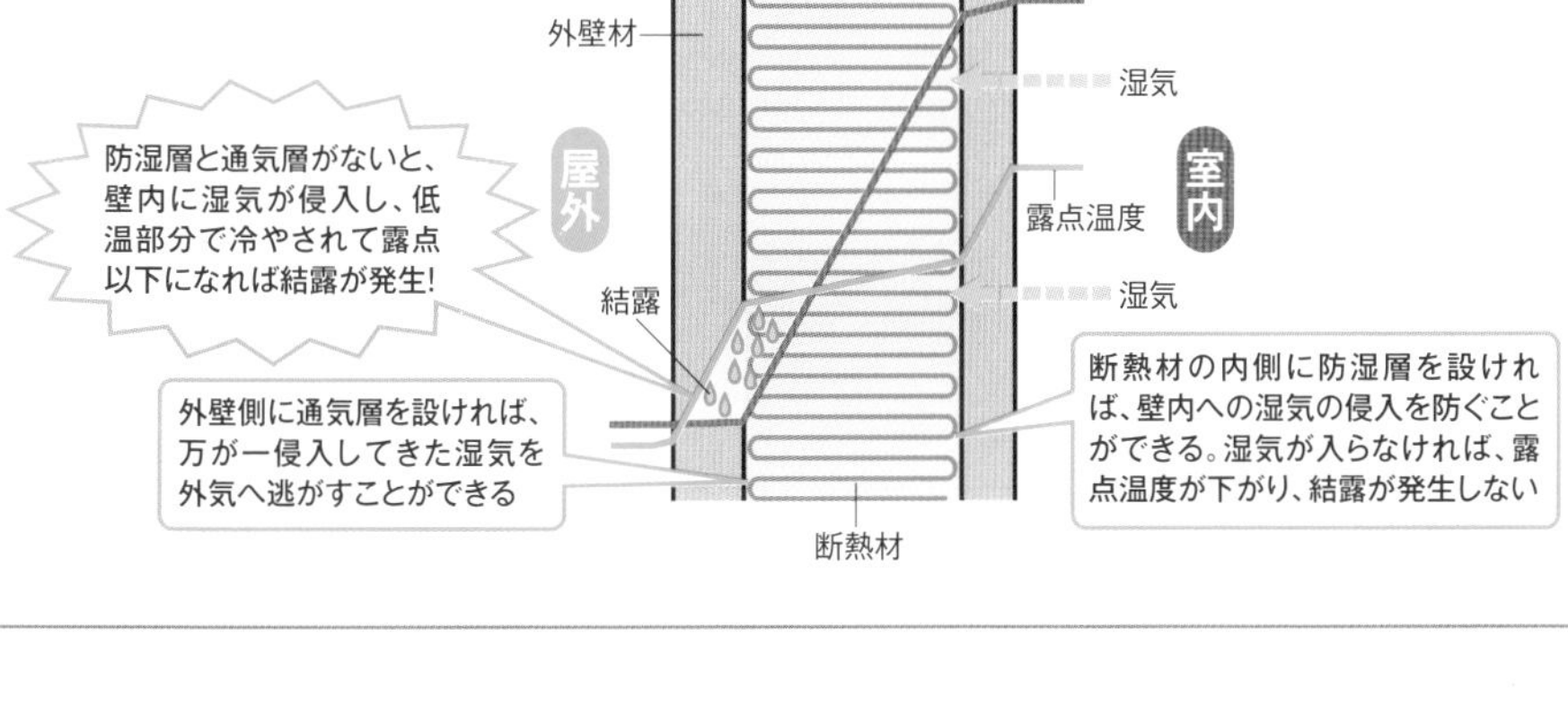
温度
外壁材
湿気
屋外
室内
露点温度
湿気
結露
断熱材
防湿層と通気層がないと、壁内に湿気が侵入し、低温部分で冷やされて露点以下になれば結露が発生!
外壁側に通気層を設ければ、万が一侵入してきた湿気を外気へ逃がすことができる
断熱材の内側に防湿層を設ければ、壁内への湿気の侵入を防ぐことができる。湿気が入らなければ、露点温度が下がり、結露が発生しない

No. 039

不快指数と除湿・加湿

ココがポイント!

① 「蒸し暑さ」の指標として不快指数がある
② 冬期は部屋の湿度を50%以上に保つことが風邪予防に有効
③ 加湿・除湿はエアコンの付加機能として注目されており、空調と合わせて検討も可能

メンテナンス・更新

除湿器・加湿器は水や湿気を常に扱うので、汚れ雑菌対策を念入りに行う

不快指数とは

不快指数は、気温と湿度の組み合わせによる「蒸し暑さ」の指標である。日本人の場合は、不快指数が86以上でほとんどの人が「暑さによる不快」を感じるといわれている。

快適な湿度

湿度には、絶対湿度と相対湿度の2種類がある。絶対湿度［kg／㎥］は、1気圧で1㎥の空気中に含まれる水蒸気の量を表す。相対湿度［%］は、空気中に実際に含まれている水蒸気の量と、その空気がその温度で含むことができる最大限の水蒸気量の比を表す。

一般的に快適とされる湿度は40～60%程度である。このとき、絶対湿度の低い、冬の冷たい外気をそのまま暖めると、相対湿度が20～30%まで下がるので加湿が必要になる。

夏は、水蒸気をたくさん含んだ暑い外気を冷やすと、相対湿度が100%近くまで一気に上昇してしまうので除湿が有効となる。

また、冬の風邪のウイルスは湿度に弱いため（夏のウイルスは別）、部屋の湿度を50%以上に保つことが風邪予防に役立つ。

加湿器と除湿器

加湿器には、やかんでお湯を沸かすのと同じ原理のスチームファン式（加熱式）、水を含んだフィルタにファンで風を送り、気化させるヒーターレスファン式（気化式）、湿度が低いときは加熱し、安定したらヒーターレスの気化式で加湿するハイブリッド式（加熱気化式）などがある。

除湿器には、空気を冷やして水分を取り除くコンプレッサー式、水分の吸着性能に優れたゼオライトで水分を取り除き、ヒーターで暖め、乾燥した空気を吐き出すデシカント式、両者の長所を融合させたハイブリッド式などがある。加湿・除湿はエアコンの付加機能として注目される分野なので、空調と合わせて検討するのもよい。

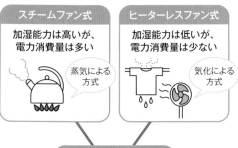

不快指数の程度

86以上 不快でたまらない　85~81 不快　80~76 やや不快　75~61 快適

空気線図

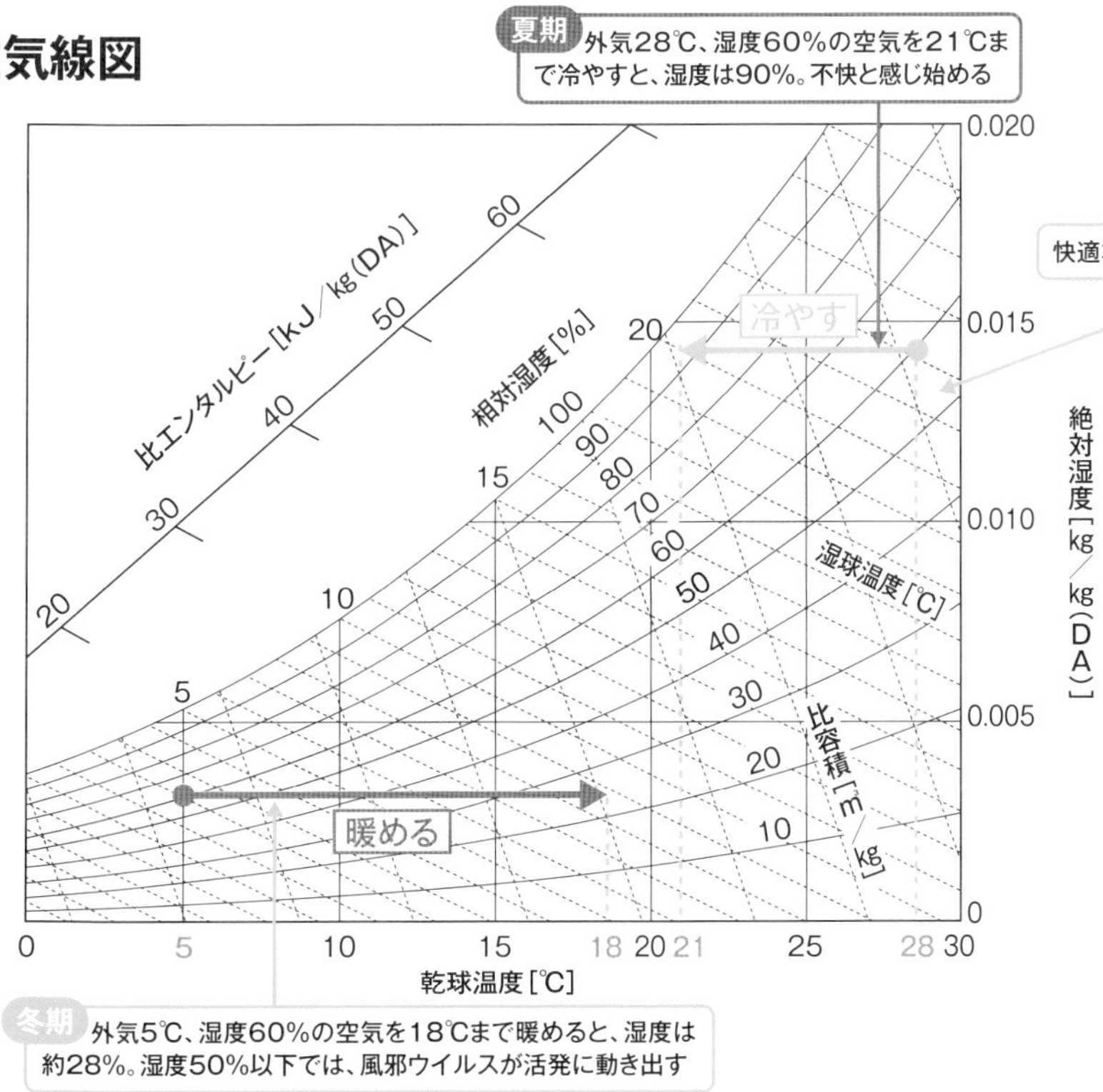
夏期 外気28℃、湿度60%の空気を21℃まで冷やすと、湿度は90%。不快と感じ始める
快適な湿度の範囲
冷やす
暖める
比エンタルピー[kJ/kg(DA)]
相対湿度[%]
湿球温度[℃]
比容積[㎥/kg]
絶対湿度[kg/kg(DA)]
乾球温度[℃]
冬期 外気5℃、湿度60%の空気を18℃まで暖めると、湿度は約28%。湿度50%以下では、風邪ウイルスが活発に動き出す

加湿器と除湿器の方式

●加湿器

スチームファン式
加湿能力は高いが、電力消費量は多い

蒸気による方式

ヒーターレスファン式
加湿能力は低いが、電力消費量は少ない

気化による方式

ハイブリッド式
2方式を切り替えて運転（これが主流）

●除湿器

コンプレッサー式
空気を冷やして水分を取り除く。夏期に有効

結露させて除湿

デシカント式
水分を吸着し、ヒーターで暖め、空気を吐出す。冬期の結露対策に有効

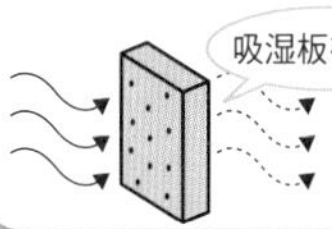
吸湿板を使用

ハイブリッド式
2方式を切り替えて運転

No. 040

放射冷暖房

ココがポイント!

① 設定温度を、冷房時は高く、暖房時は低くしても快適に感じる
② 24時間連続運転が前提で、省エネ効果も高い
③ 次世代省エネルギー基準レベルの断熱・気密性能が必要

メンテナンス・更新

放射冷暖房パネルは、ドレンパン内やラジエータフィンの清掃をこまめに行う

放射冷暖房とは

放射冷暖房は、温度が高いほうから低いほうに移動する熱の性質を利用した冷暖房方式である。室内に暖かい面と冷たい面を設けることによって、エアコンのように局部的な冷温風もなく、自然で快適な室内温熱環境をつくり出す。イニシャルコストはほかの方式と比べて高額だが、得られる温熱環境の質が高いことが特徴である。ただし効果は、躯体の断熱性能に影響されるため、少なくとも次世代省エネルギー基準レベルの断熱・気密性能を確保する。

放射冷暖房には次の種類がある。

放射冷暖房パネル

熱源でつくった冷温水をラジエータのなかに送水して、冷暖房を行う。暖房時は体温程度の中温水、冷房時は冷水を循環させ、放射によって空間全体に安定した温熱環境をつくり出す。

夏はラジエータ表面に結露を起こすことで自然除湿を行い、体感的にだけでなく、見た目にも爽やかな涼しさをつくる。小さな熱源によって24時間連続運転させることが前提で、省エネ効果も高い。

天井放射冷暖房

天井の放射パネルに、夏は冷水を流し、冷やされた天井からの放射によって、人の身体からの熱や室内壁の熱を吸収することで涼しさを感じる。冬は、天井の放射パネルに温水を流して天井面を暖めると、人の体表面からの熱放射量が少なくなり、暖かさを感じる。

また、床や壁などにも放射熱が伝わるので、低い室温でも快適に感じ、部屋のどこにいても均一の暖かさが味わえる。

床放射冷暖房

床内に空調機からの冷温風を通し、窓際の床吹出し口から室内に送風することによって、床面を冷やしたり暖めたりする。効果は天井放射冷暖房と同様だが、放射と対流を併用した方式であることがほかの方式との違いである。

放射冷暖房の特徴

- 空調機からの送風による空気対流がないので、場所によっての温度ムラが起こらない
- 放射の効果で室内の温度分布が均一になる
- 機械からの送風音がなく、静かな室内環境ができる
- 冷房時は設定温度を高く、暖房時は低くしても快適に感じ、省エネ効果が高い

放射冷暖房パネルシステムの仕組み

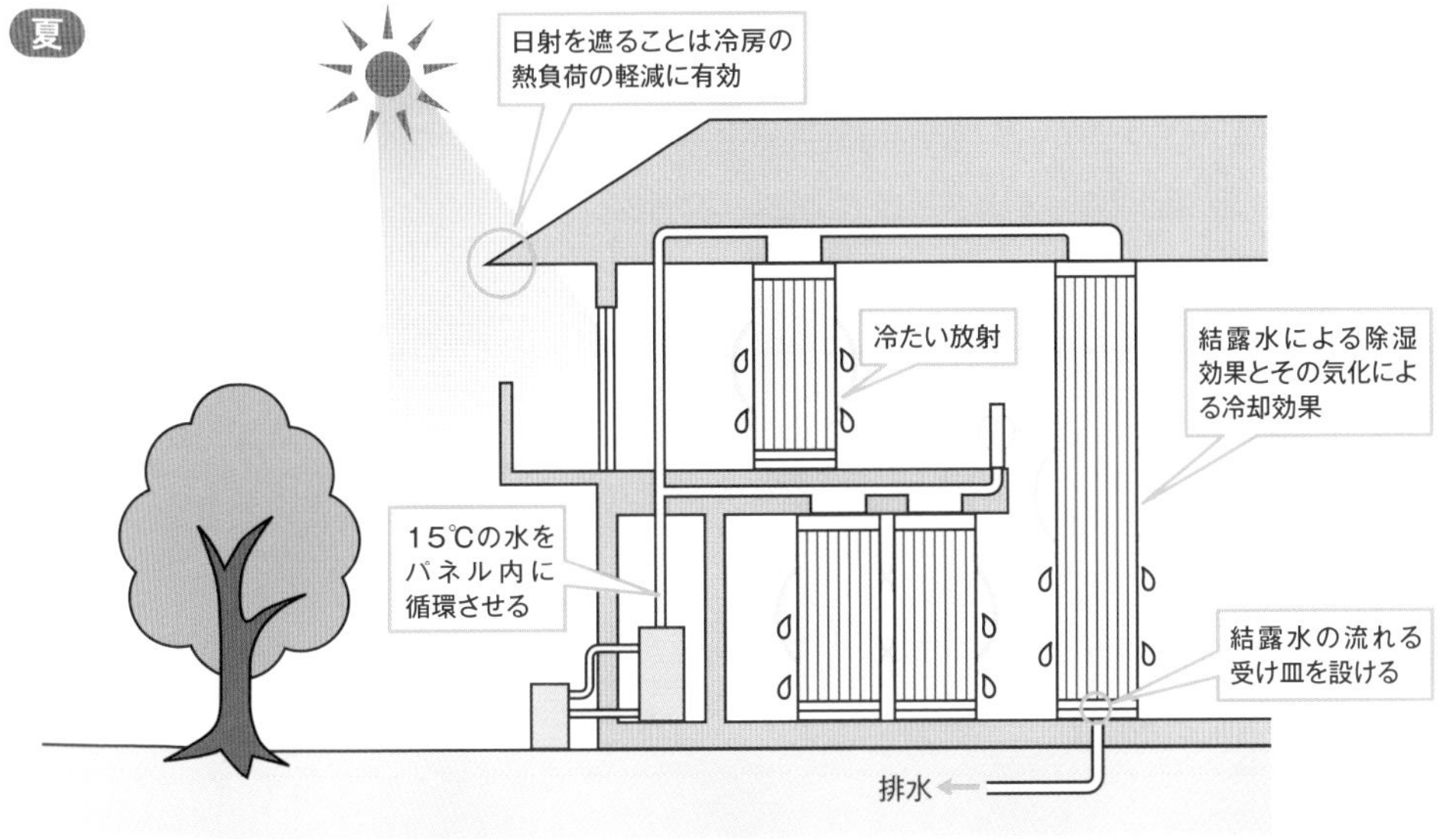
夏
日射を遮ることは冷房の熱負荷の軽減に有効
冷たい放射
結露水による除湿効果とその気化による冷却効果
15℃の水をパネル内に循環させる
結露水の流れる受け皿を設ける
排水

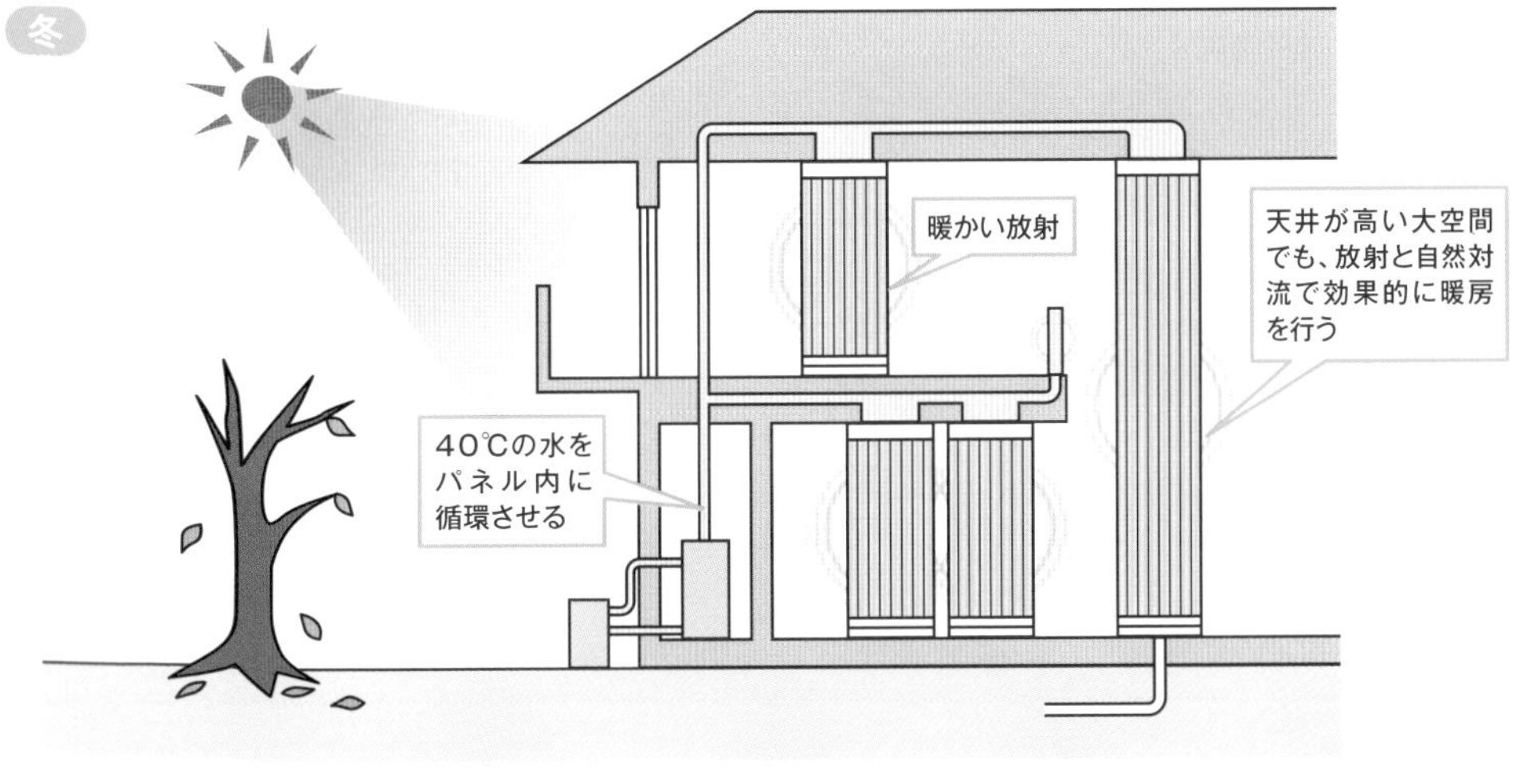
冬
暖かい放射
天井が高い大空間でも、放射と自然対流で効果的に暖房を行う
40℃の水をパネル内に循環させる

床放射冷暖房システムセントラルサーモシステム インターセントラル

放射により室内の温度と湿度を管理

選定のポイント

床の構成によって方式の選択が異なるため、導入する際は早めにメーカーと摺合せを行う必要がある

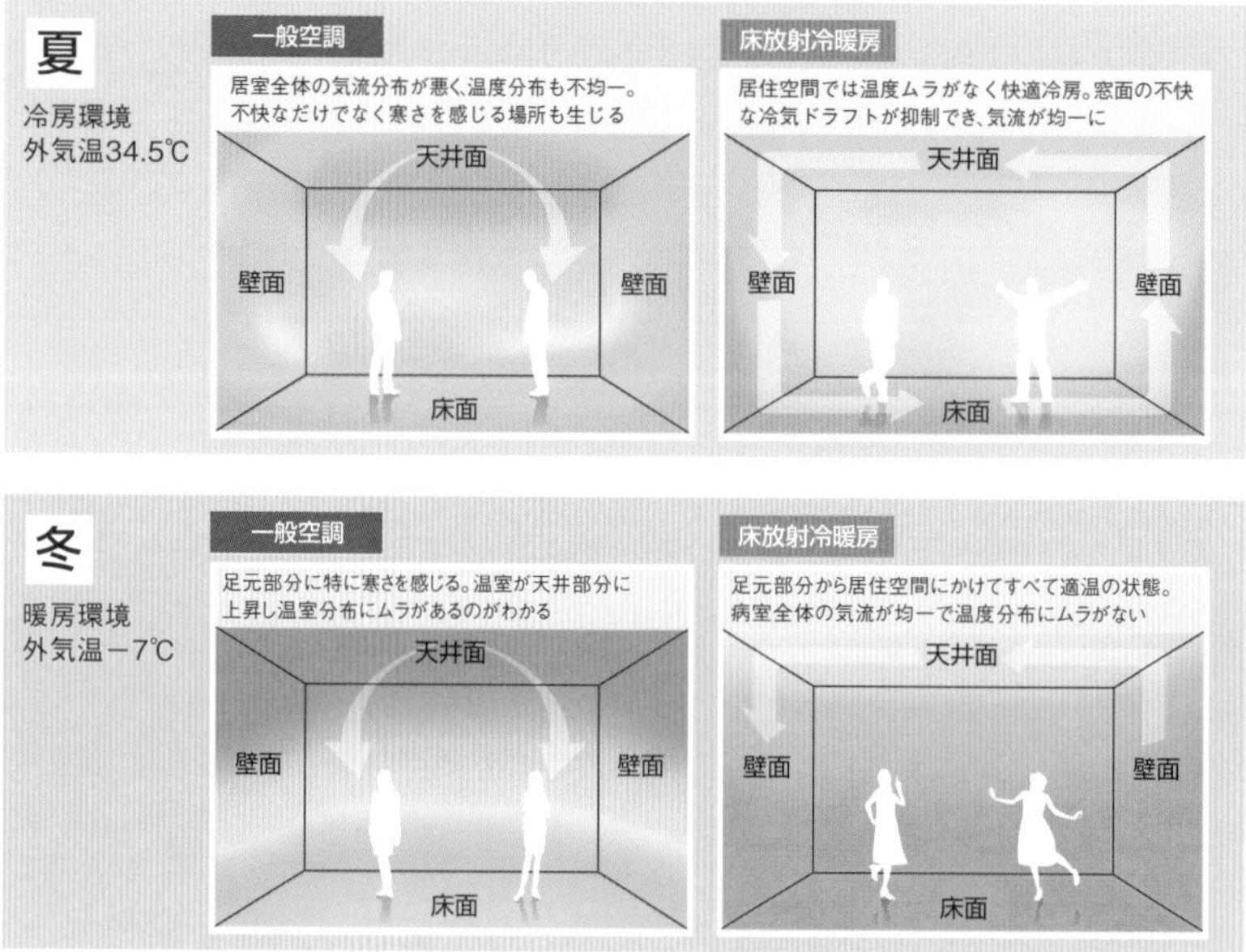
夏
冷房環境
外気温34.5℃
一般空調
居室全体の気流分布が悪く、温度分布も不均一。不快なだけでなく寒さを感じる場所も生じる
天井面
壁面
壁面
床面
床放射冷暖房
居住空間では温度ムラがなく快適冷房。窓面の不快な冷気ドラフトが抑制でき、気流が均一に
天井面
壁面
壁面
床面
冬
暖房環境
外気温－7℃
一般空調
足元部分に特に寒さを感じる。温室が天井部分に上昇し温室分布にムラがあるのがわかる
天井面
壁面
壁面
床面
床放射冷暖房
足元部分から居住空間にかけてすべて適温の状態。病室全体の気流が均一で温度分布にムラがない
天井面
壁面
壁面
床面

セントラルサーモシステムは、今までの冷風・温風を吹く対流式の空調とは異なるハイブリッド空調システム。冷温水と空気を用い、床面の冷却・加熱による放射とペリメーター付近からの床吹出しを組み合わせることで、人と環境に優しい快適空間を生み出す。心地よい温度と静けさを実現し、居住域空調による高い省エネ効果を発揮する。国内の著名な施設での採用実績はすでに500件以上。大空間空調の悩みを解決できる唯一の空調システムと言われている。

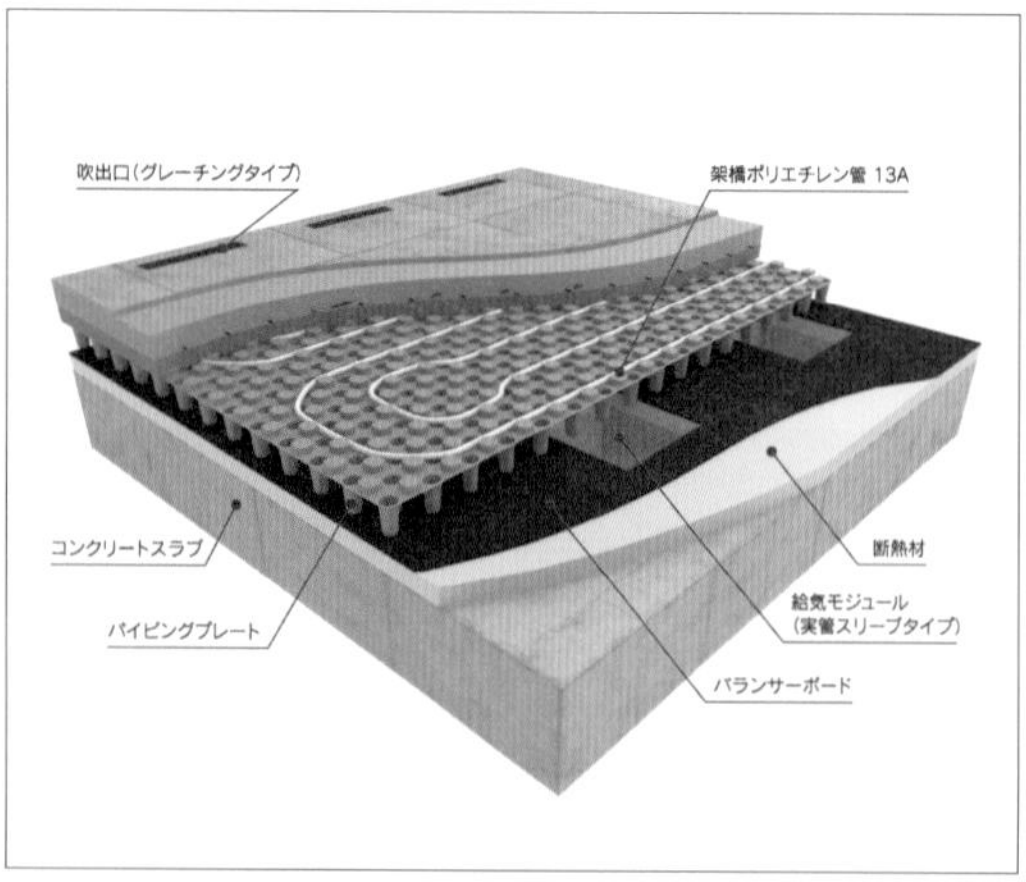
吹出口(グレーチングタイプ)
架橋ポリエチレン管 13A
コンクリートスラブ
断熱材
給気モジュール
(実管スリーブタイプ)
パイピングプレート
バランサーボード

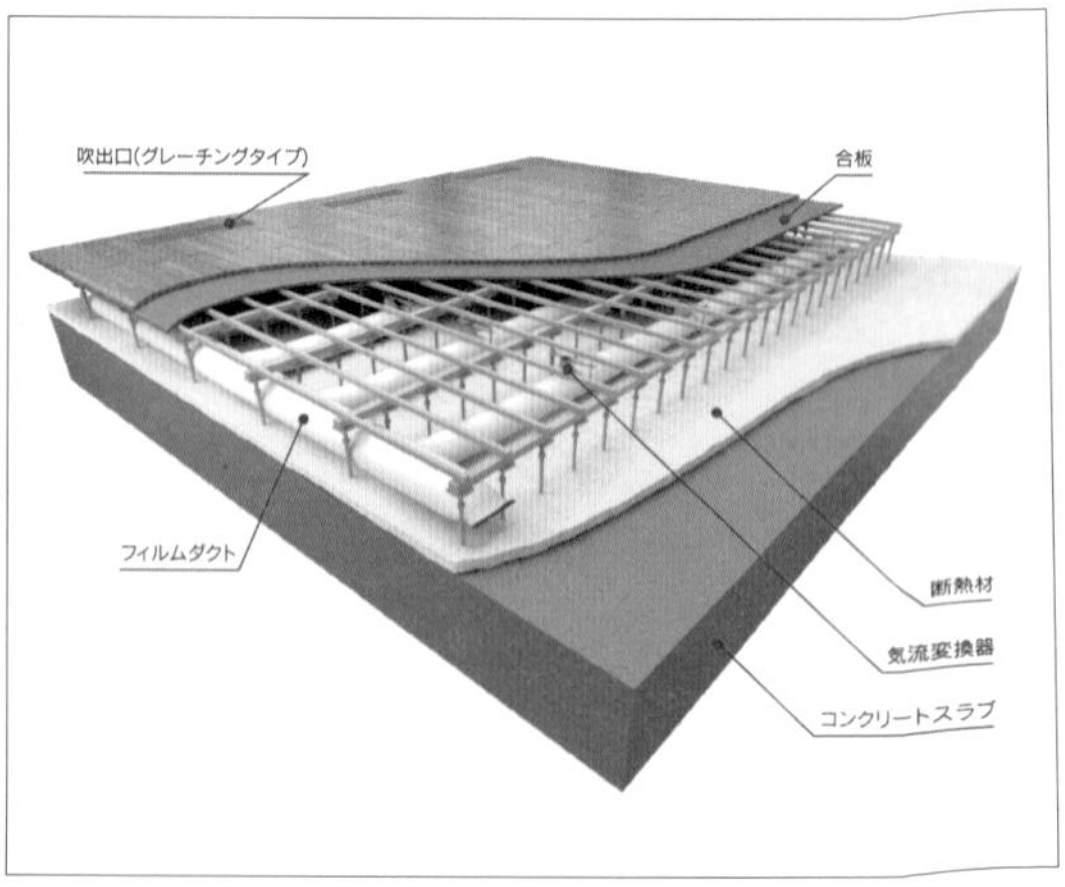
吹出口(グレーチングタイプ)
合板
フィルムダクト
断熱材
気流変換器
コンクリートスラブ

除湿型放射冷暖房システムPS HR-C　ピーエス

冷温水の循環で室内空気を快適に保つ

選定のポイント

エアコン特有の冷・温風をまったく感じさせない、放射を利用した冷暖房システム。設置の際は、壁際よりも室内の中央部に設置することで、両面からの放射を効率よく感じ取ることができる

夏は15～20℃の冷水、冬は30～40℃の温水を内部に循環させることにより、表面から夏は冷たい放射、冬は暖かい放射が起こる。これにより、エアコンなどの空気対流式の温湿度環境（設定）とは違う「自然の暖かさや涼しさに近い」やわらかな快適室内環境をつくり出すことができる。小型冷温水ヒートポンプと組み合わせて使用すると、さらに効果的である

熱源システム（例）

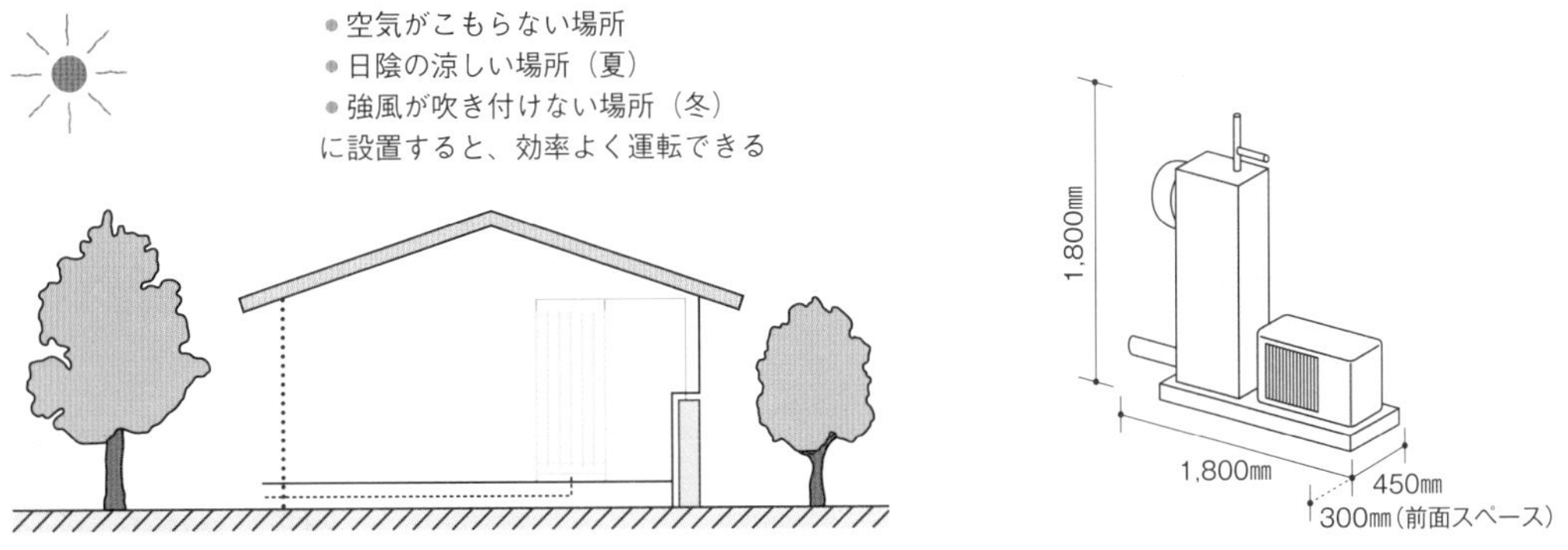
●空気がこもらない場所
●日陰の涼しい場所（夏）
●強風が吹き付けない場所（冬）
に設置すると、効率よく運転できる
1,800㎜
1,800㎜
450㎜
300㎜（前面スペース）

No. 041

床暖房の種類

ココがポイント!

① 床暖房は電気ヒーター式と温水循環式があり、使い方に合わせて選ぶ

② 床暖房を主暖房として利用するには、断熱・気密性能の確保は必須

③ 仕上材は床暖房に対応したものを選ぶ

メンテナンス・更新

温水循環式は定期的に循環液の点検・交換が必要

床暖房の種類

床暖房は、電気ヒーター式と温水循環式の2つに分けることができる。

電気ヒーター式は、通電によって発熱するヒーターを床に敷き込む方式で、施工しやすく、既存住宅などで大規模な工事がしづらい場合に導入しやすいというメリットがある。また、立上りが早いため、外出が多く頻繁にオンオフを繰り返す場合や、夜間と朝のみに使う場合などに適している。種類は、電熱線式・PTCヒーター式・蓄熱式の3タイプがあり、近年はPTCヒーター式が増えている。

温水循環式は、温水パイプが組み込まれたパネルを敷き込む方式で、ランニングコストが比較的安い点がメリット。広い面積や長時間使用する場合に適している。熱源は電気・ガス・灯油いずれも可能で、いずれも床暖房に対応した給湯機を選ぶ。このほかヒートポンプで温水を温めるタイプがあり、エアコンと兼用できるものもある。

床暖房の施工時の注意点

床暖房は、足元から暖め、その放射熱で部屋全体もムラなく暖める点が、ほかの暖房器と異なる特徴といえる。ただし、床暖房を主暖房として利用する場合には、①住宅の断熱・気密性能が次世代省エネルギー基準レベルであること、②敷設面積が部屋面積の70%(少なくても60%以上)であること、③熱が床下に逃げないように断熱すること、が必須である。

また、仕上材にも注意を払いたい。基本的には床暖房対応のフローリングを選ぶ。最近では、ムクフローリングでも含水率5~8%まで下げた床暖房対応製品が出てきており、選択の幅は広がっている。そのほか一度暖まると蓄熱し、保温効果があるタイルや石なども床暖房に向いているといえるだろう。いずれも床暖房に暖められ、伸縮したり、変形したりする可能性があるため、施工時には目地に余裕をもたせるなどの工夫が必要である。

■ 床暖房の種類と特徴

ヒーター式

熱源 電力

- 電気を流すと発熱するヒーターパネルで床を暖める
- 熱源機器を別途設置する必要がない
- 施工しやすく、イニシャルコストが割安

●電熱線式

電気カーペットなどに使用されている電熱線を発熱体として使用。サーモスタットや温度ヒューズを内蔵したパネルを敷く

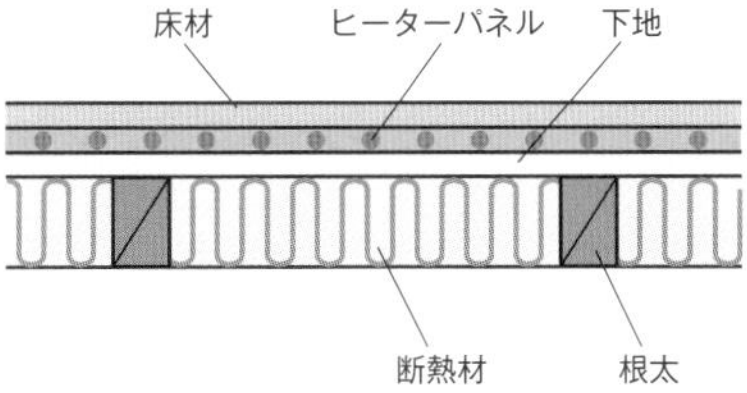
床材
ヒーターパネル
下地
断熱材
根太

●PTC[※]ヒーター式

ヒーター自体が周囲の温度によって発熱量をコントロールする。温度が高い部分は電気が流れにくくなるため、部分的な過度の温度上昇を抑える

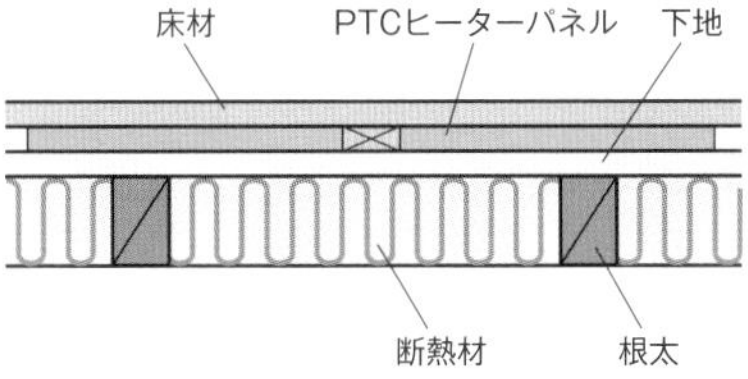
床材
PTCヒーターパネル
下地
断熱材
根太

※ ヒーター温度が上がると、電気抵抗値が上昇すること。Positive Temperature Coefficientの略

●蓄熱式

夜間の電気を使ってヒーターを運転し、昼間はその放熱で暖める。温度コントロールはしづらいが、24時間暖房を低ランニングコストで実現する

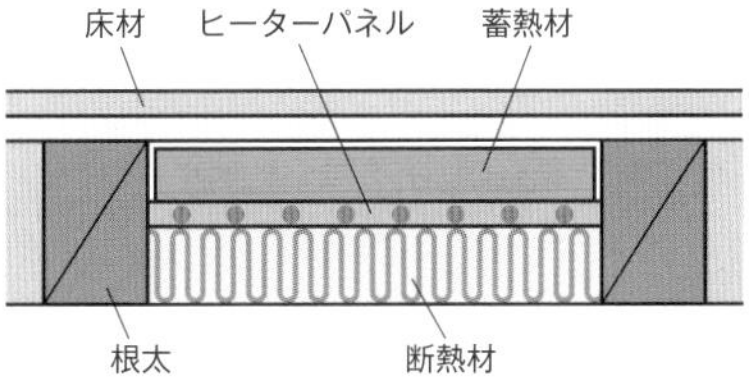
床材
ヒーターパネル
蓄熱材
根太
断熱材

温水循環式

◆温水パイプに不凍液を循環させて暖める
◆暖房能力が高く、ランニングコストが割安

熱源 ガス(灯油)

- ボイラーの設置スペースを確保
- ボイラーの交換・メンテナンスが必要

注 灯油の場合は、燃料タンクやパイプの設置が別途必要

●暖房専用型

床暖房専用の熱源器を設けて、温水をつくり循環させる。エアコン兼用タイプもある

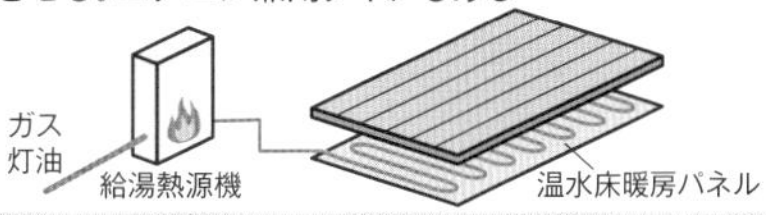
ガス
灯油
給湯熱源機
温水床暖房パネル

●給湯兼用型

高効率給湯機で温水をつくり循環させる。給湯兼用の多機能タイプである

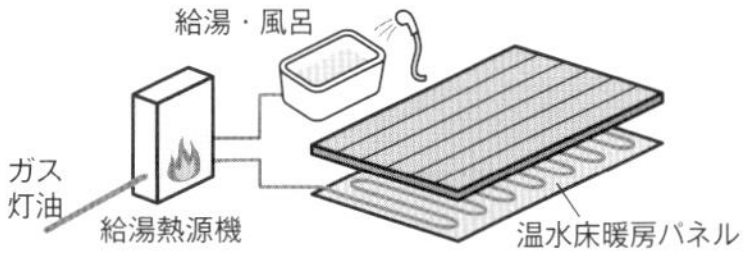
給湯・風呂
ガス
灯油
給湯熱源機
温水床暖房パネル

発電しながら、排熱を利用してお湯をつくる家庭用コージェネレーションを利用することもできる

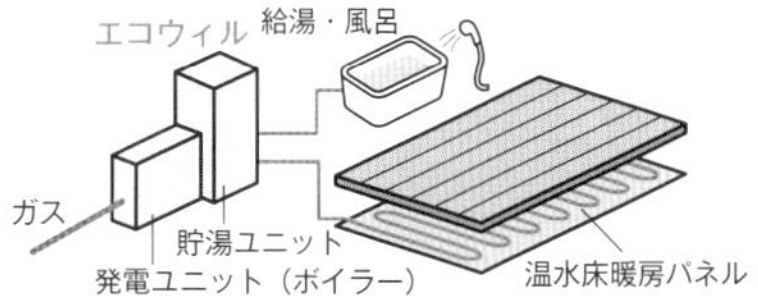
エコウィル
給湯・風呂
ガス
貯湯ユニット
発電ユニット（ボイラー）
温水床暖房パネル

熱源 電力

- 空気の熱を利用するヒートポンプを利用するため、消費電力が少ない
- 夜間の電気を使うことでランニングコストを抑えられる

●暖房専用型

床暖房専用のヒートポンプユニット(室外機)を設置して、温水をつくり暖める。エアコン兼用タイプもある

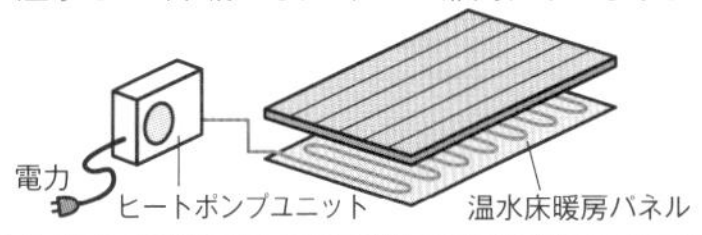
電力
ヒートポンプユニット
温水床暖房パネル

●給湯兼用型

エコキュートなどの高効率ヒートポンプ給湯機で温水をつくり、循環させる。給湯兼用の多機能タイプである。割安な夜間の電気を使用

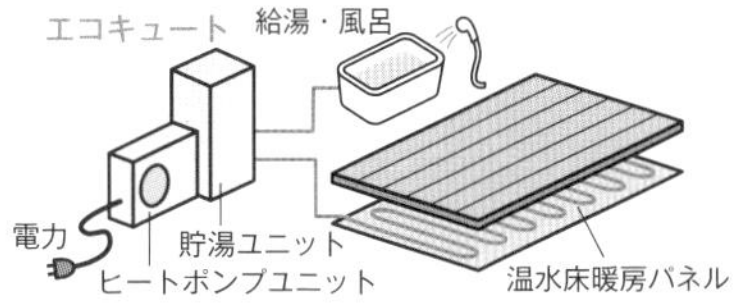
エコキュート
給湯・風呂
電力
貯湯ユニット
ヒートポンプユニット
温水床暖房パネル

選定のポイント

●温水床暖房は、床下に温水パネルを敷設し、温水を循環させ床全体を温める輻射暖房
●床の仕上げ材や床組の工法により、パネルの仕様が変わる
●フローリングなど床の仕上げ材は、反りや床鳴りなどの原因になるので温度上昇にも耐えられるものを使用する
●温水式床暖房の熱源としては、ガス熱源式、電気熱源式、灯油熱源式などがあり、燃料の調達性、CO_2排出量などの環境性、電気容量や電気の需給状況、エネルギーコストや使い勝手などを考慮に入れて選択する

温水マット（小根太入り、エコタイプ） 東京ガス

フローリング仕上げ

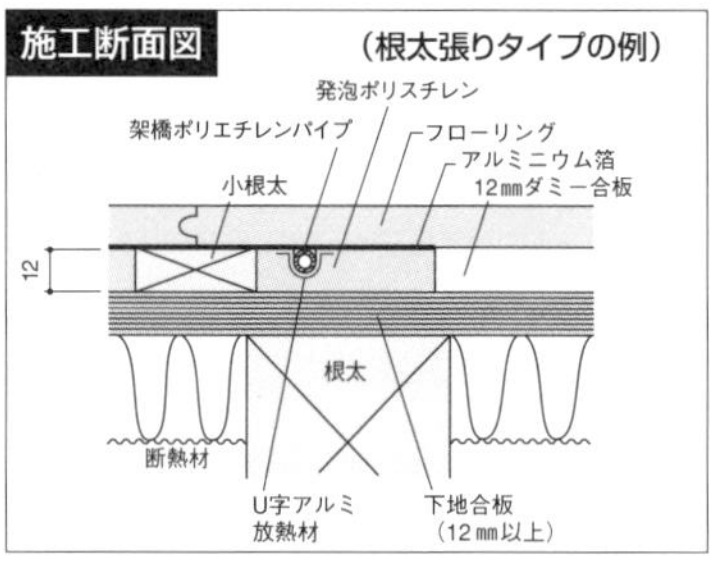

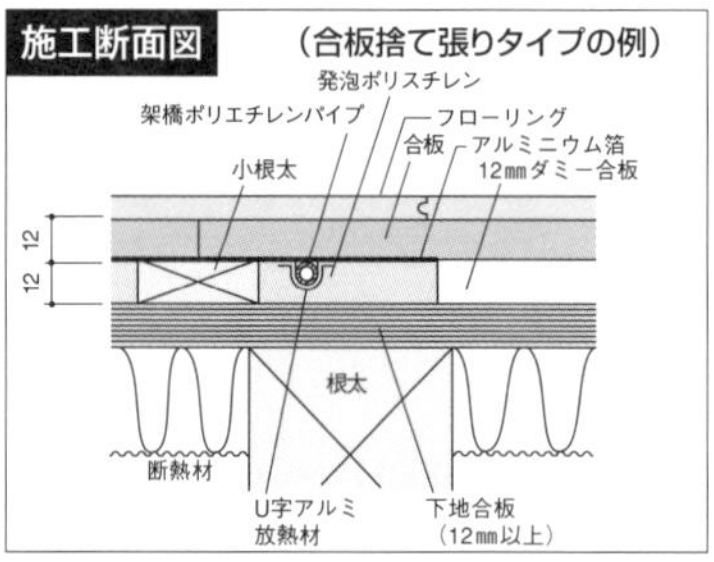

コルク仕上げ

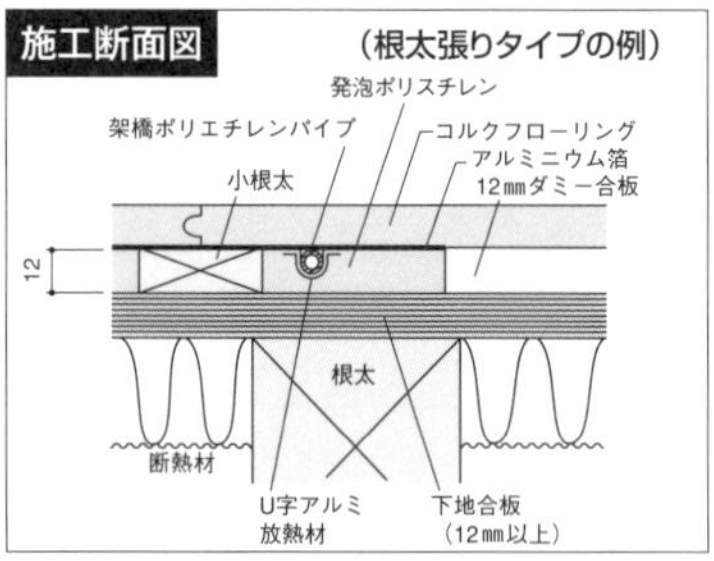

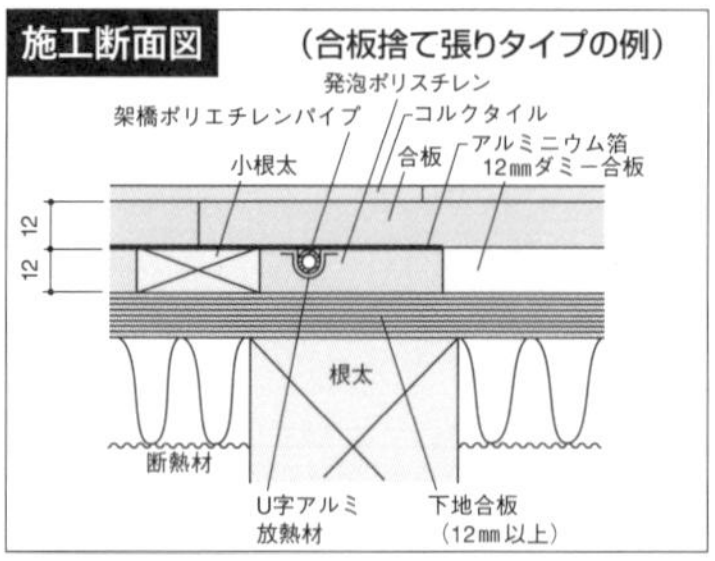

畳仕上げ

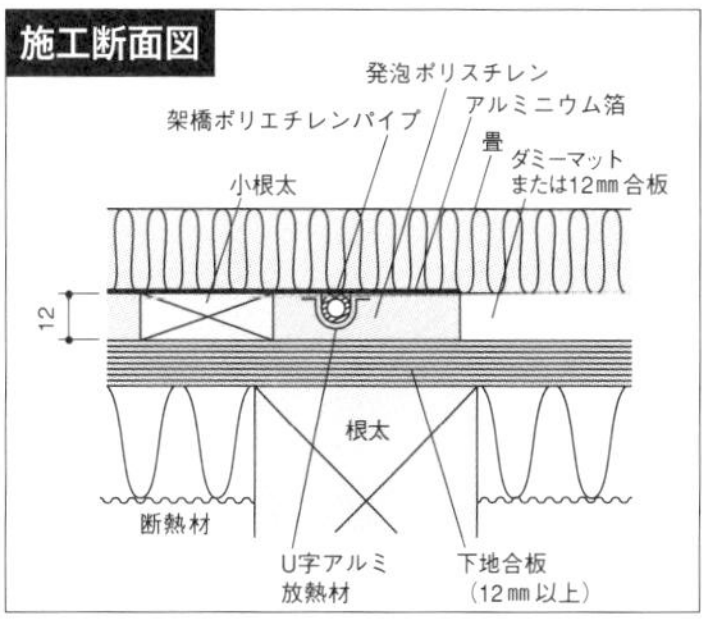
施工断面図
発泡ポリスチレン
架橋ポリエチレンパイプ
アルミニウム箔
小根太
畳
ダミーマット
または12㎜合板
12
根太
断熱材
U字アルミ
放熱材
下地合板
（12㎜以上）

塩ビシート・塩ビタイル仕上げ

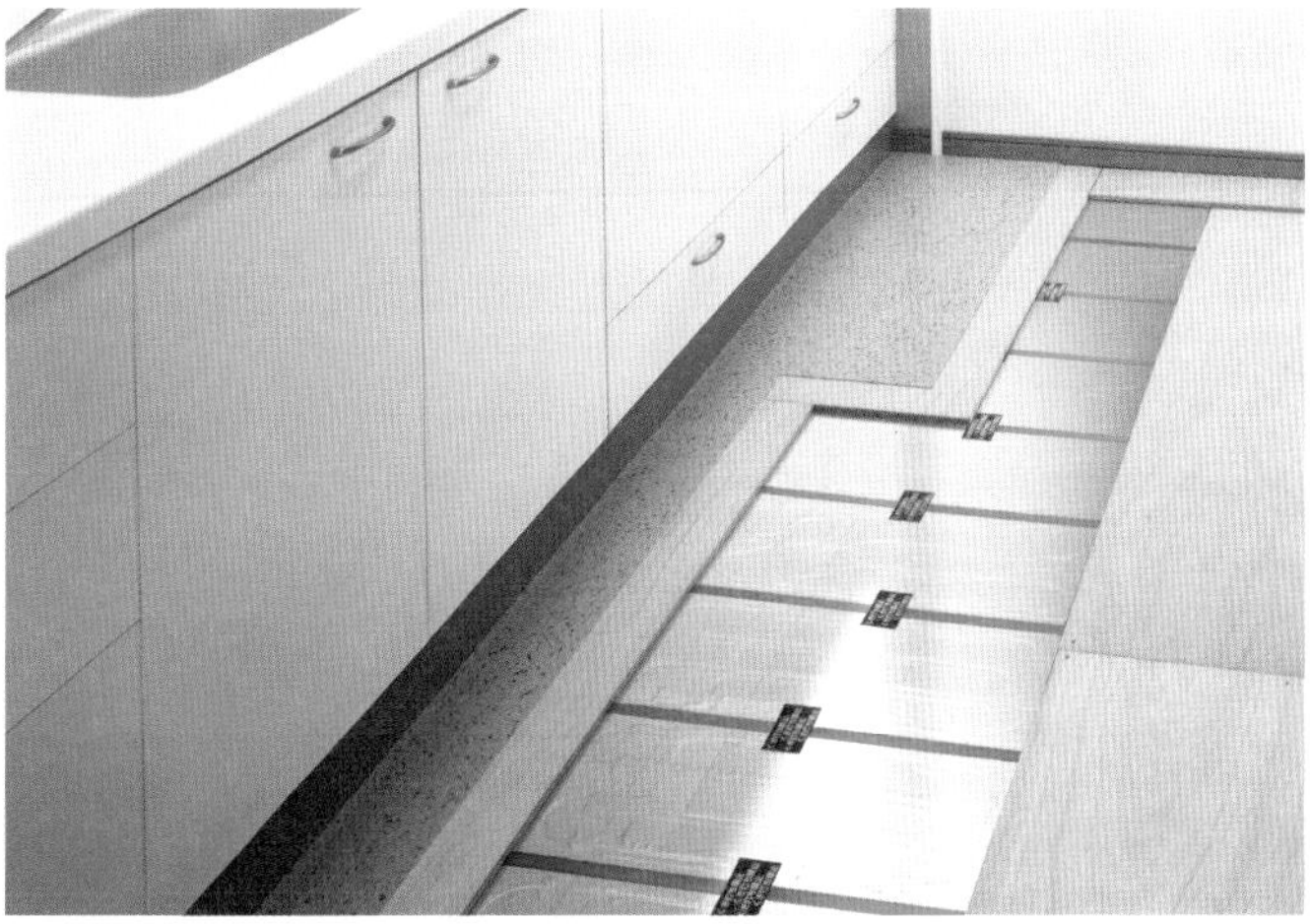

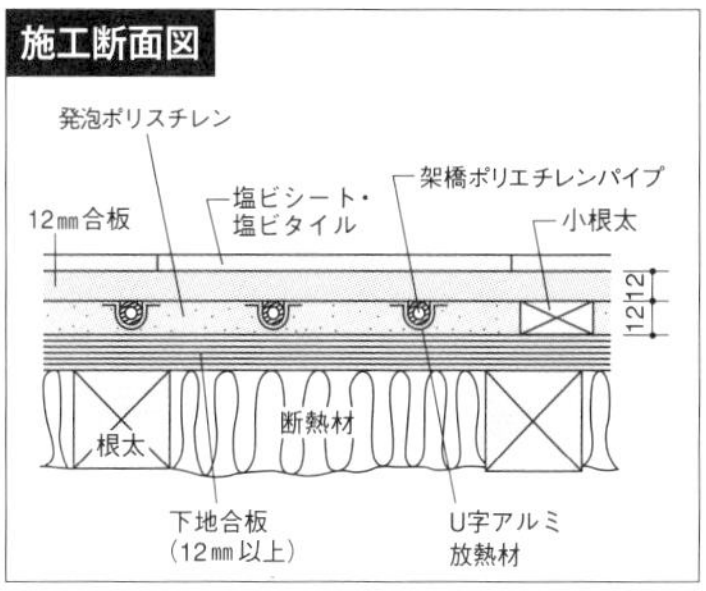
施工断面図
発泡ポリスチレン
架橋ポリエチレンパイプ
12㎜合板
塩ビシート・
塩ビタイル
小根太
12
12
根太
断熱材
下地合板
（12㎜以上）
U字アルミ
放熱材

タイル（乾式工法）仕上げ

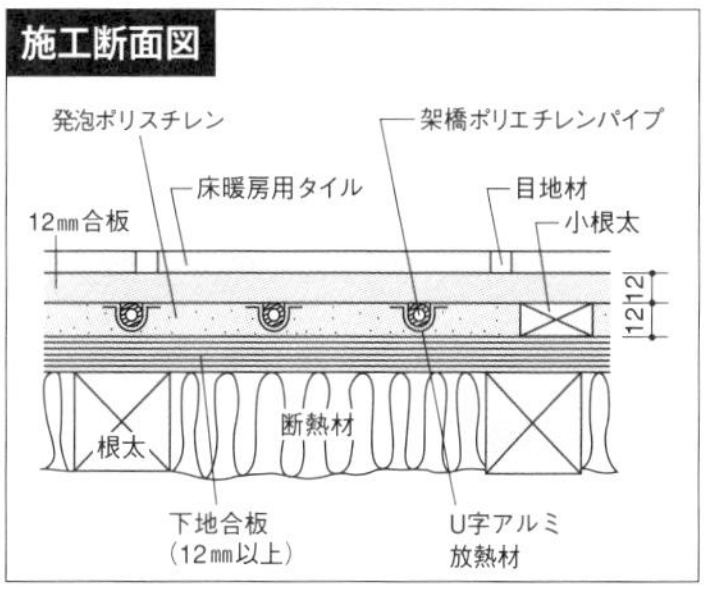
施工断面図
発泡ポリスチレン
架橋ポリエチレンパイプ
床暖房用タイル
目地材
12㎜合板
小根太
12
12
根太
断熱材
下地合板
（12㎜以上）
U字アルミ
放熱材

電気床暖房　床置き式（荒床上）

マックス

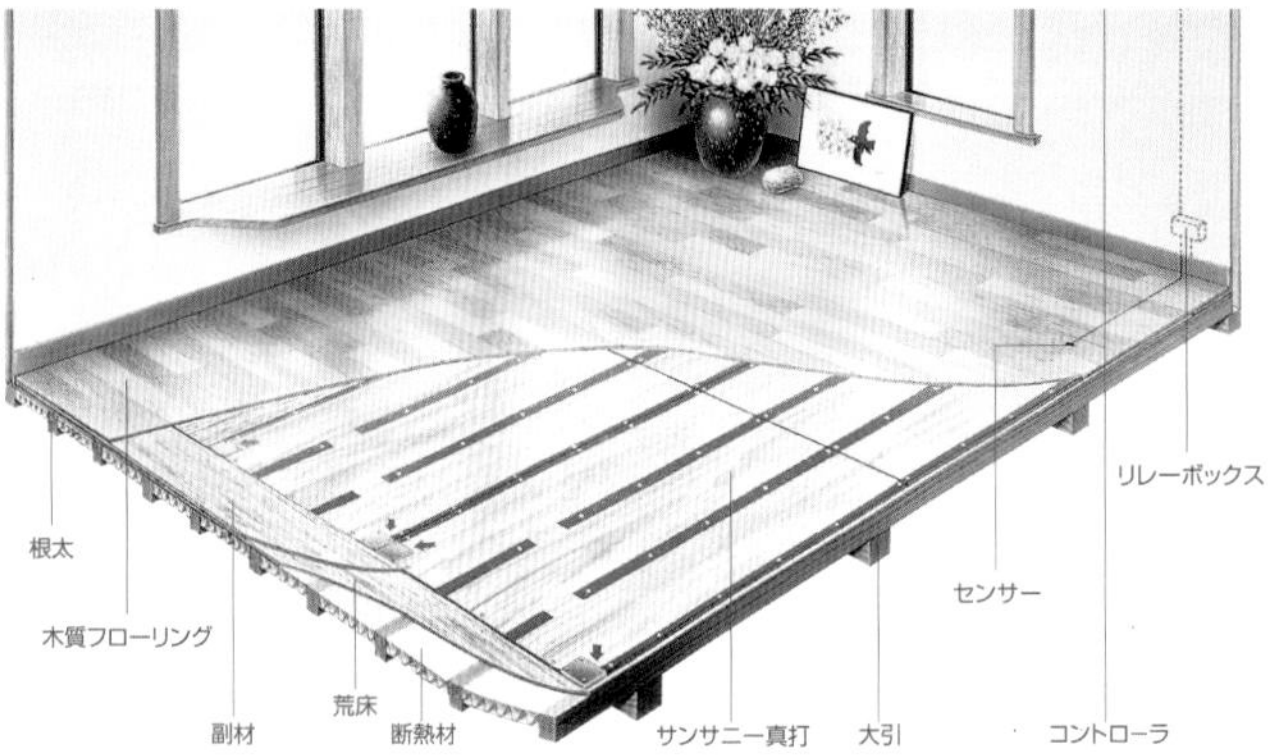
根太
木質フローリング
副材
荒床
断熱材
サンサニー真打
大引
センサー
コントローラ
リレーボックス

＜適用床仕上材＞
- 木質フローリング
- 合板12mm＋長尺ビニル
- 合板12mm＋コルクタイル
- 合板12mm＋（指定）タイル

施工断面図

■2×4の床（根太・合板）

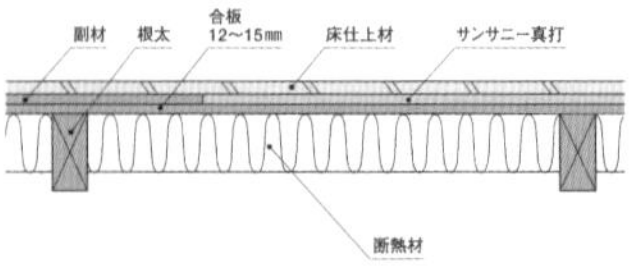
副材
根太
合板
12〜15mm
床仕上材
サンサニー真打
断熱材

■コンクリートの床（根太）

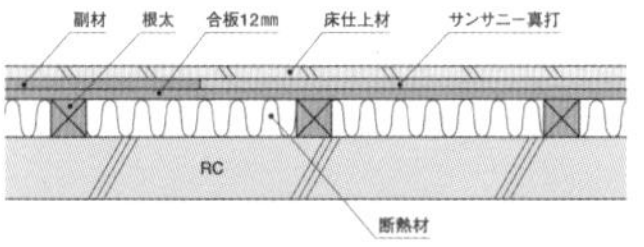
副材
根太
合板12mm
床仕上材
サンサニー真打
RC
断熱材

※　コンクリートの乾燥を充分に行い、ヒータや断熱材に水分が滲みこまないように施工する

■コンクリートの床（2重床）

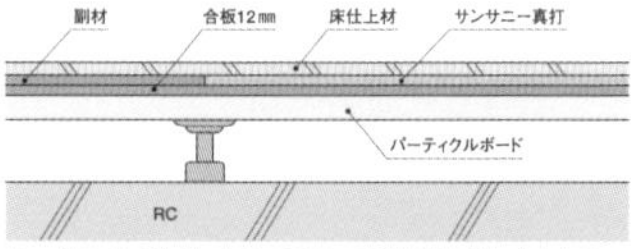
副材
合板12mm
床仕上材
サンサニー真打
パーティクルボード
RC

※　他の方式と比べて、床下への熱損失が大きくなる

■木造軸組（大引・根太）

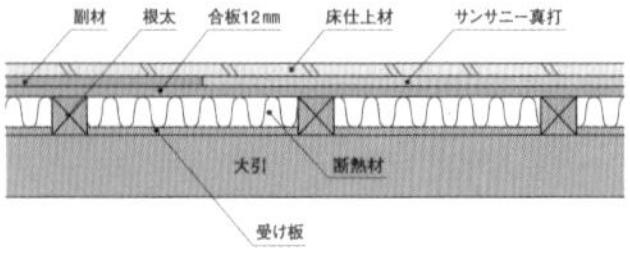
副材
根太
合板12mm
床仕上材
サンサニー真打
大引
断熱材
受け板

■コンクリートの床（ネダフォーム）

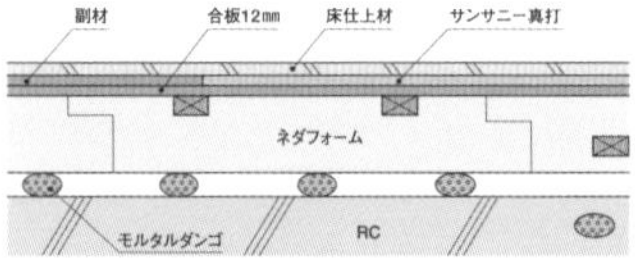
副材
合板12mm
床仕上材
サンサニー真打
ネダフォーム
モルタルダンゴ
RC

■仕上材が長尺ビニル、コルクタイルの場合

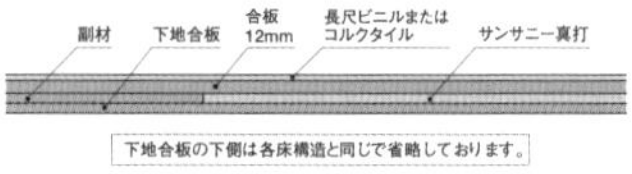
副材
下地合板
合板
12mm
長尺ビニルまたは
コルクタイル
サンサニー真打
下地合板の下側は各床構造と同じで省略しております。

※　立ち上がりに合板の分の時間が余分にかかるが、仕上材の取り替えが可能

電気床暖房　埋設式

マックス

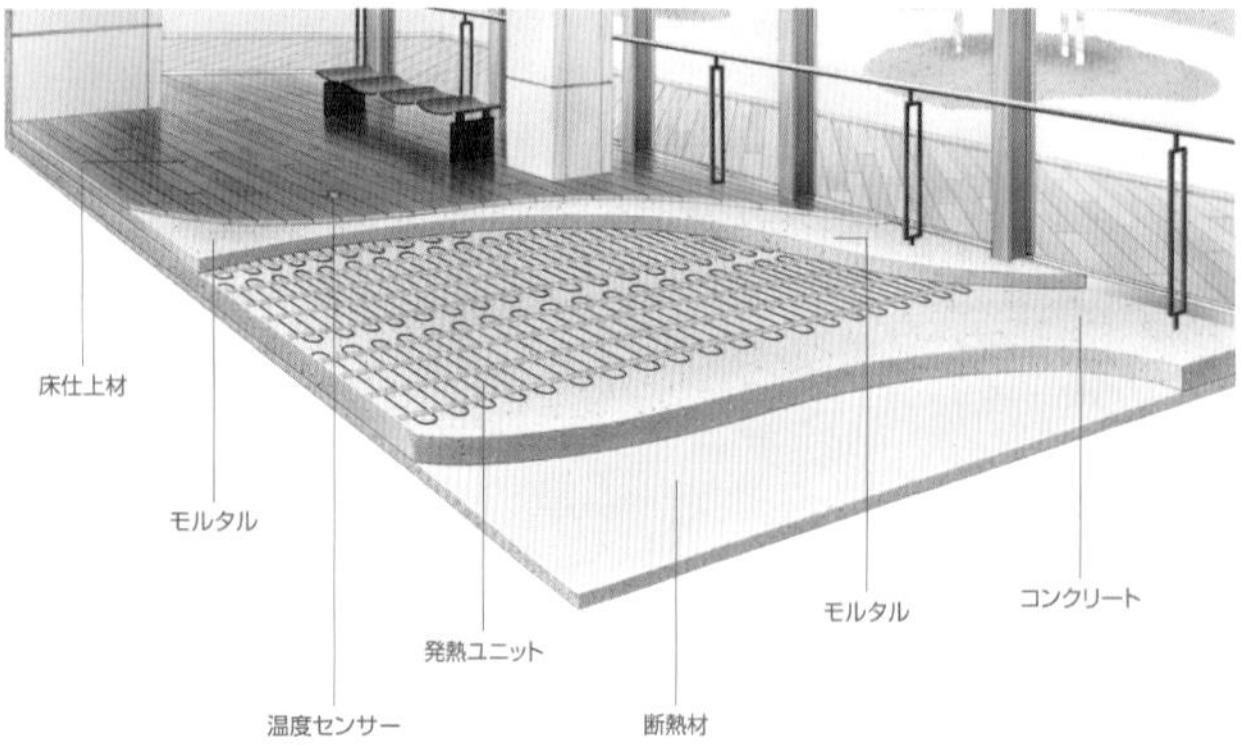
床仕上材
モルタル
温度センサー
発熱ユニット
断熱材
モルタル
コンクリート

深夜電力を使用し、ランニングコストを抑える

＜適用床仕上材＞
- 磁器タイル
- 塩ビタイル
- コルクタイル
- カーペット
- 長尺ビニル
- 木質フローリング（直張り用）
- モルタル（カラー塗装）
- 石

■顕熱式　サンサニー・エコノナイト2K

一度温めると冷めにくいコンクリートの優れた蓄熱効果を生かして、床そのものに熱を蓄える。建物の床全体で蓄熱するため、蓄熱量も十分。床厚が十分とれるところでは設備費も安価で経済的

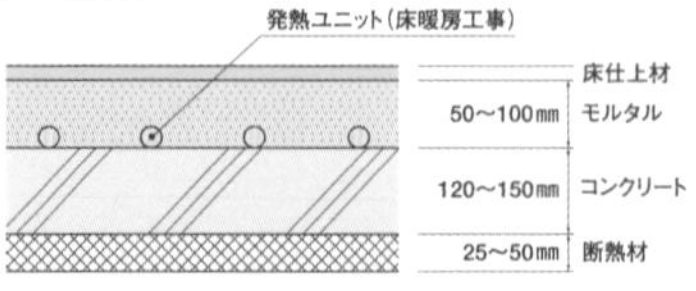
発熱ユニット（床暖房工事）
床仕上材
50〜100mm
モルタル
120〜150mm
コンクリート
25〜50mm
断熱材

※　磁器タイルや石の仕上の場合は、別途モルタルが必要

注意点

- 床暖房敷設部分とそうでない部分は温度差が生じやすいので、できるだけ隙間を空けずに敷き詰めるようにする
- 床暖房で快適な暖かさを感じるには、首都圏の場合、戸建住宅で部屋面積の70%、集合住宅で60%の敷設が望ましい

カーペット仕上げ用温水マット

東京ガス

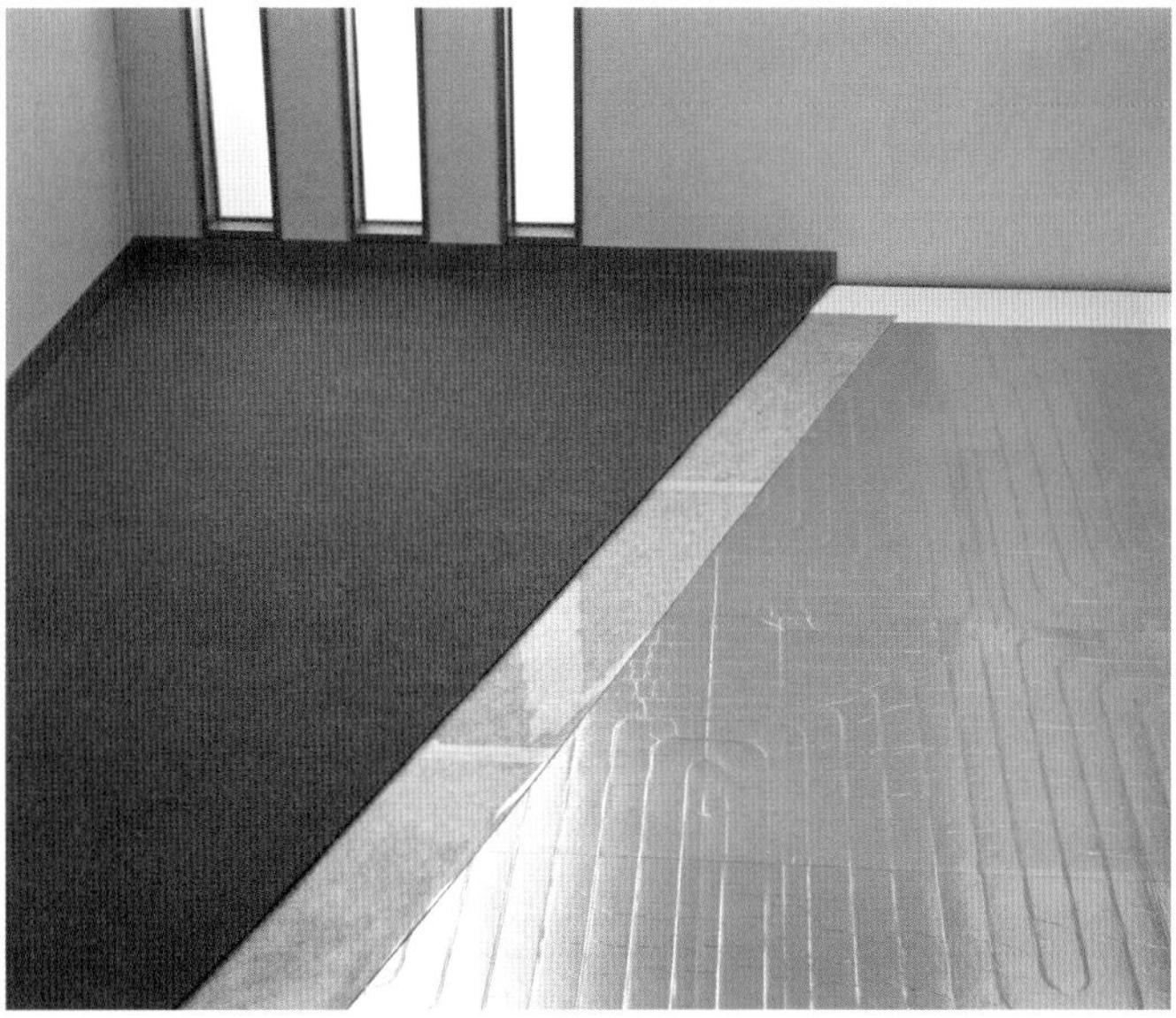

施工断面図

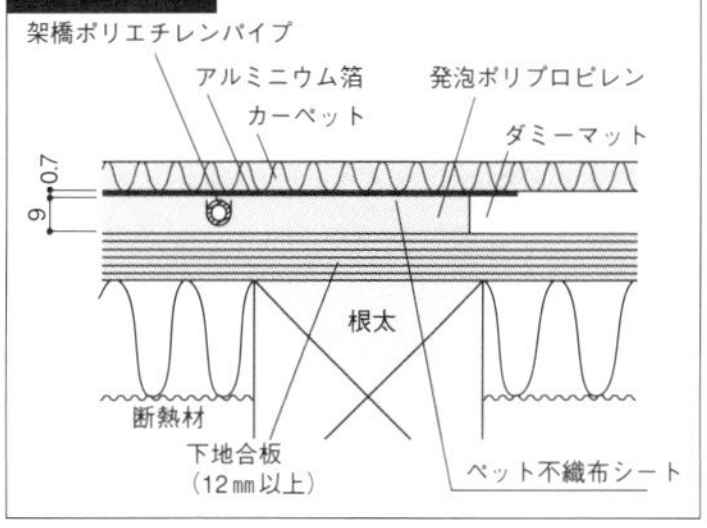
架橋ポリエチレンパイプ
アルミニウム箔
カーペット
発泡ポリプロピレン
ダミーマット
0.7
9
根太
断熱材
下地合板
（12㎜以上）
ペット不織布シート

コンクリート埋込工法床暖房

東京ガス

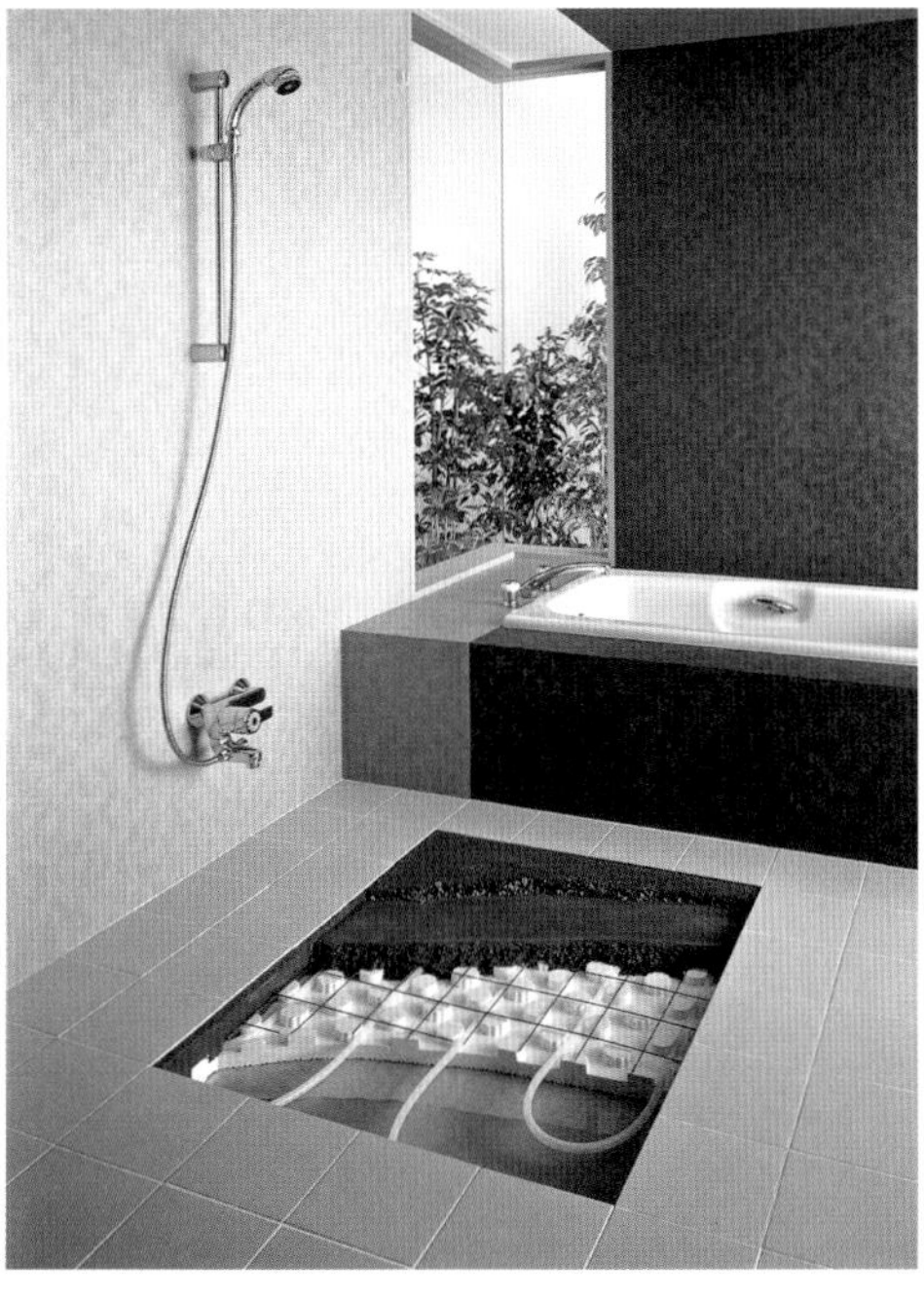

施工断面図

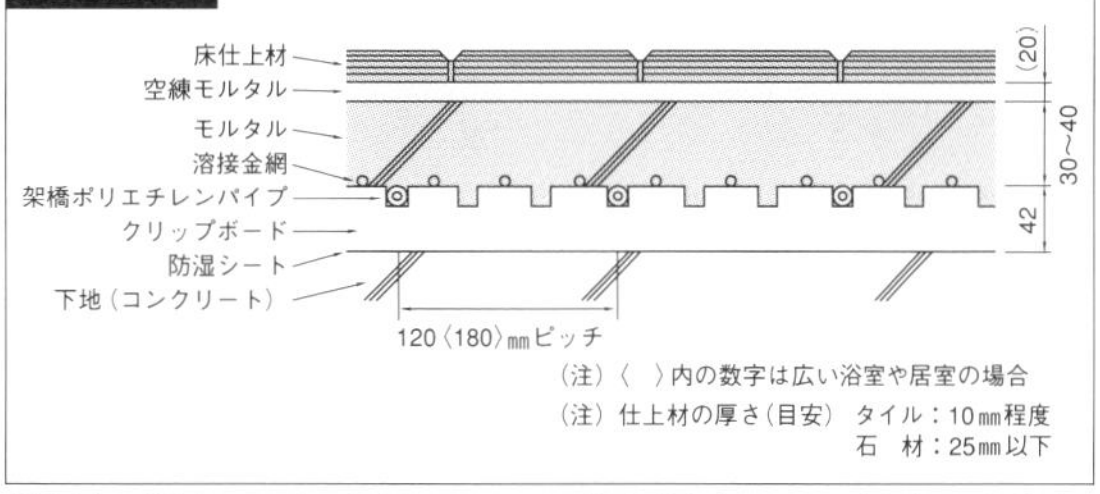
床仕上材
空練モルタル
モルタル
溶接金網
架橋ポリエチレンパイプ
クリップボード
防湿シート
下地（コンクリート）
(20)
30～40
42
120〈180〉㎜ピッチ
（注）〈　〉内の数字は広い浴室や居室の場合
（注）仕上材の厚さ（目安）　タイル：10㎜程度
石　材：25㎜以下

採用する場合は、床が暖まるまでの時間が長くかかりがちなことを念頭に置いておく

No.
042

蓄熱式の暖房

ココがポイント！

① 夜間に蓄熱し、昼間に放熱する
② 24時間暖房が前提
③ 蓄熱式の電気暖房器は、重量が200～300kgあるため床補強が必要

メンテナンス・更新

シーズンオフは蓄熱式電気暖房器の空気吸込み口を外して、掃除機などでホコリをとる

蓄熱式の暖房とは

レンガやコンクリートなどの蓄熱体に熱を蓄え、その放熱で部屋を暖める暖房方式を「蓄熱暖房」という。

放射熱で暖めるため気流が発生せず、体感的に心地よい暖かさが得られる。また、深夜の電気を利用することで、ランニングコストを大幅に低減できることも特徴である。主に寒冷地の暖房機器として普及しているが、近年、放射熱による温度ムラのない暖房の快適さが注目され始め、寒冷地以外でも採用例が増えてきている。

蓄熱暖房には次の種類がある。

蓄熱式電気暖房器

蓄熱式電気暖房器は、24時間暖房を低コストで利用でき、特にオール電化の住宅に適している。蓄熱暖房のなかで最も導入しやすく、用途に応じてファンタイプとファンレスタイプが選べる。計画の際は24時間暖房を前提とする。

設置のポイントは、部屋の熱損失量を算出して適切な容量を選ぶこと。また、重量が200～300kgあるので設置場所には床補強を行う。設置場所を確保できれば、配管など大規模な工事は必要ない。

蓄熱式床暖房

蓄熱式床暖房には、湿式と乾式がある。湿式は、コンクリートのスラブ内に温水パイプや電熱線などの発熱体を直接埋込み、コンクリートに蓄えた熱の放射熱によって暖房する。乾式は、ヒーターと蓄熱材のユニットを敷き詰める。

蓄熱式床下暖房

蓄熱式床下暖房には、床下に蓄熱材を敷き込む方法や、蓄熱ユニットを設置する方法がある。床下空間を暖めて暖房し、床からの放射熱と、床下のガラリからの暖気による対流熱を併用できる。また、床暖房と比べ、床面温度が22℃前後と低いので、低温やけどの心配がない。

蓄熱式電気暖房器の仕組み

●ファンタイプ

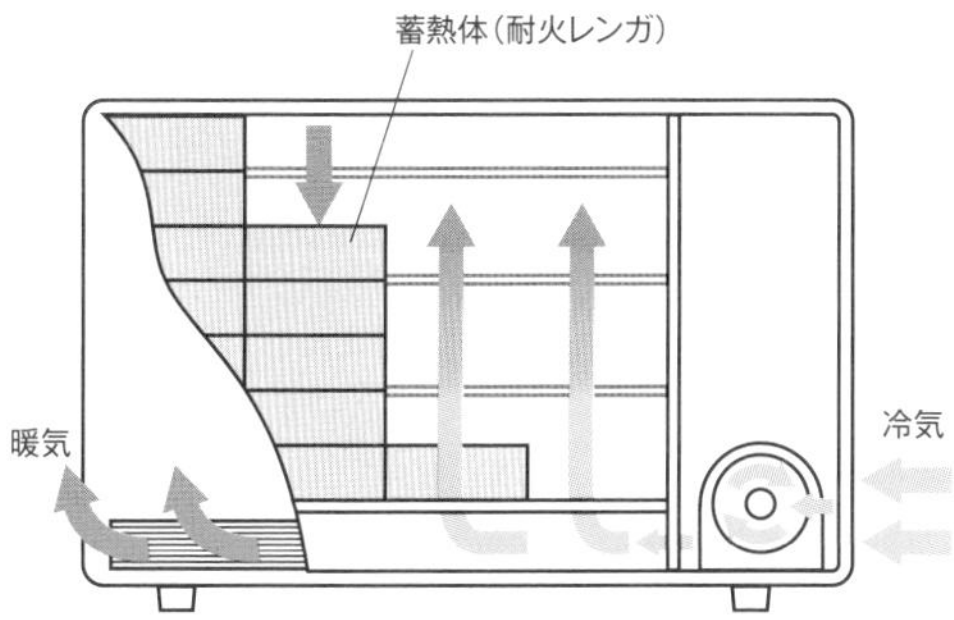
蓄熱体（耐火レンガ）
暖気
冷気

●ファンレスタイプ

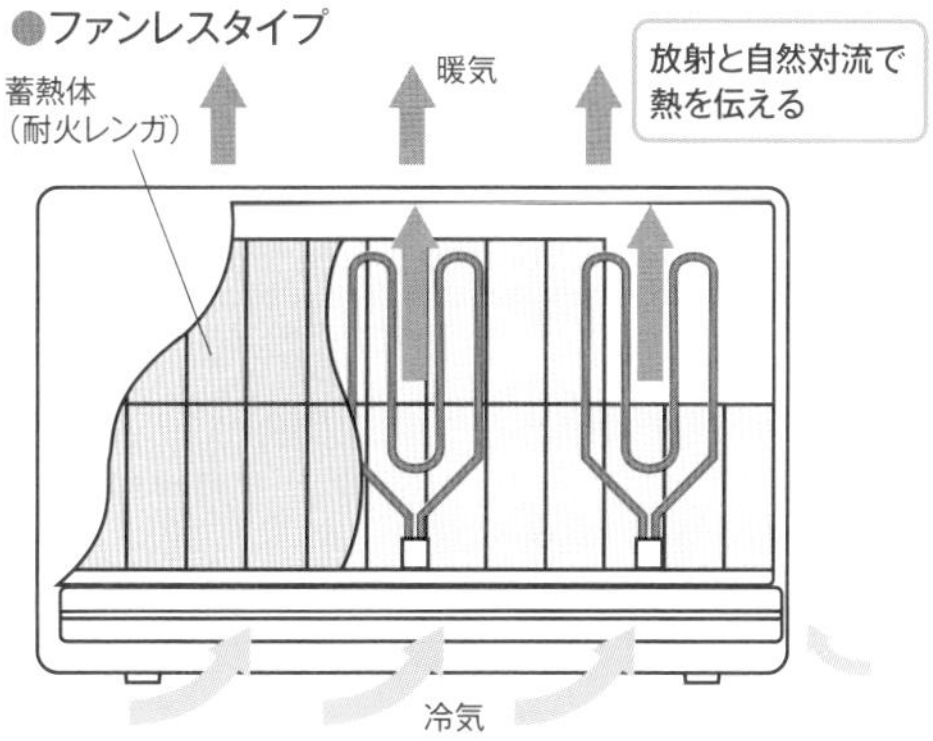
蓄熱体
（耐火レンガ）
暖気
放射と自然対流で
熱を伝える
冷気

蓄熱式床暖房の仕組み

●湿 式

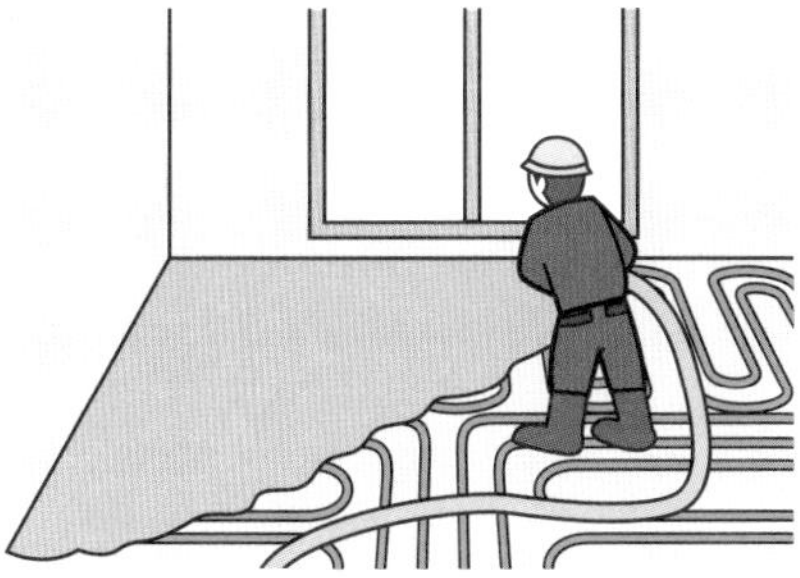

床に敷き込んだモルタルなどに温水パネルやヒーターを埋設し、直接蓄熱

●乾 式

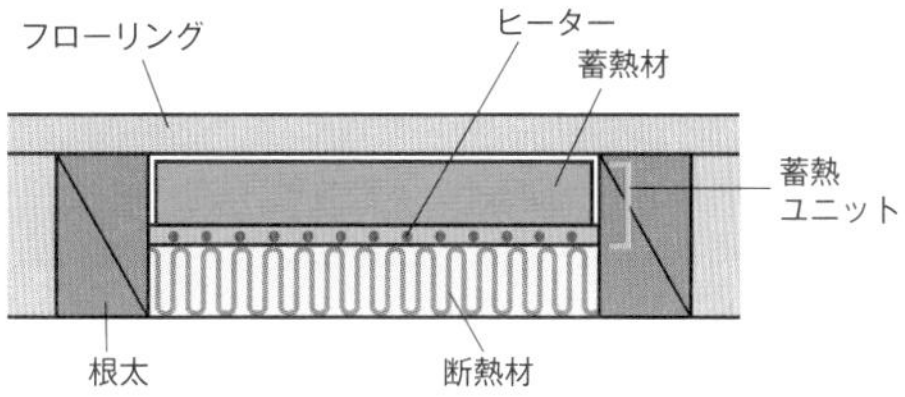
フローリング
ヒーター
蓄熱材
蓄熱
ユニット
根太
断熱材

床暖房に適した蓄熱材･蓄熱ユニットを敷き込む

蓄熱式床下暖房の仕組み

●蓄熱ユニットを設置するシステム

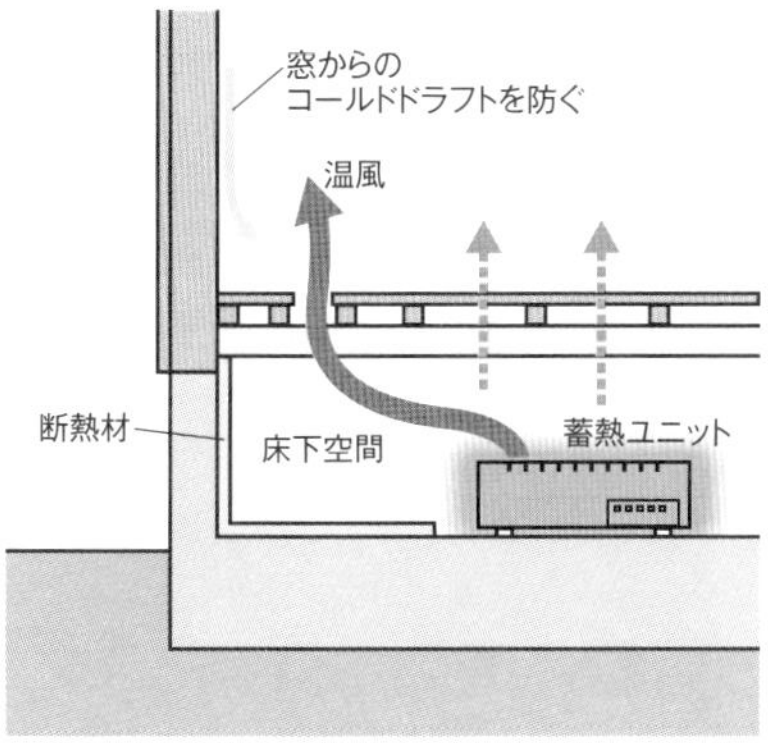
窓からの
コールドドラフトを防ぐ
温風
断熱材
床下空間
蓄熱ユニット

●土間スラブに蓄熱させるシステム

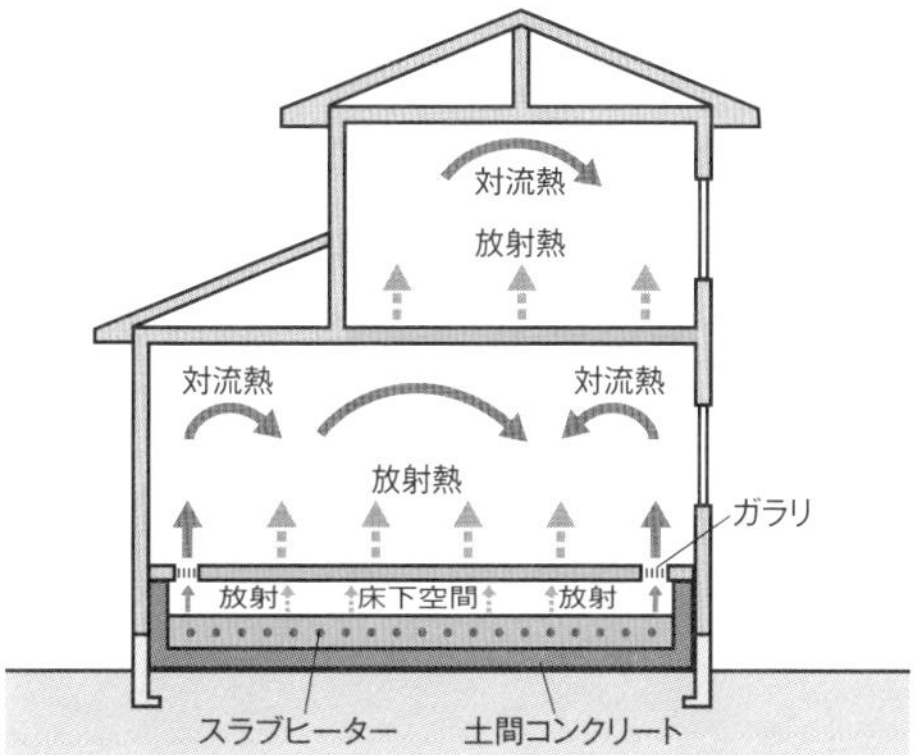
対流熱
放射熱
対流熱
対流熱
放射熱
ガラリ
放射
床下空間
放射
スラブヒーター
土間コンクリート

蓄熱電気暖房器「サンレッジ」

インターセントラル

深夜電力で蓄熱して運転コストを削減

深夜に耐火レンガを高温度に熱して蓄熱し、日中に放熱することでランニングコストの軽減を図る

選定のポイント

安価な深夜電力を利用した電気暖房器なのでオール電化住宅にお勧め。重量があるので床荷重に注意が必要

AXシリーズ

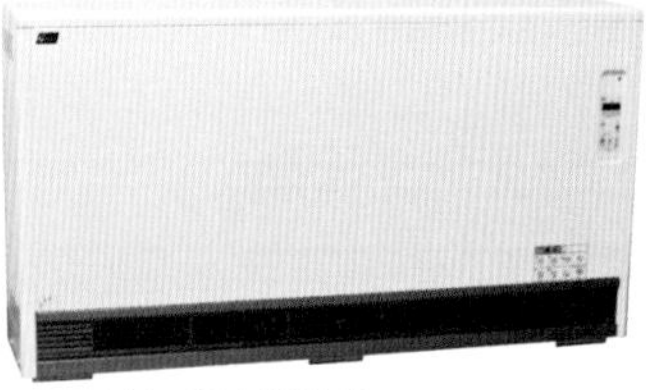

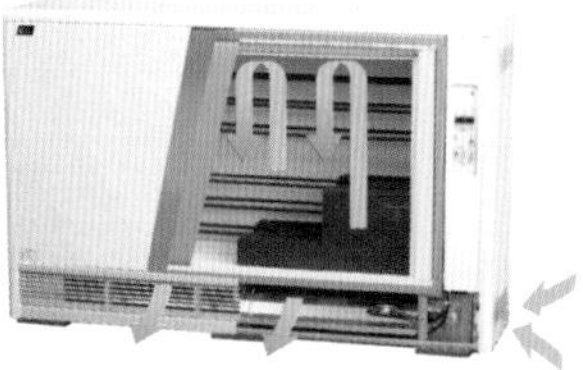

ファン付き（強制放熱式）

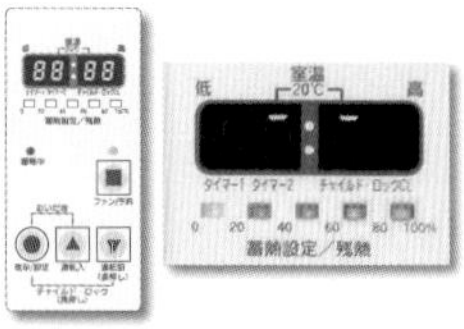

マイコン操作部

型番		AX200	AX300	AX400	AX500	AX600	AX700
放熱方式		強制対流・輻射式					
定格電流		蓄熱電源　単相200V／制御・放熱電源100V					
消費電力	蓄熱回路 kW [※3]（ヒーター単体W）	2.0（333）	3.0（500）	4.0（667）	5.0（1000）	6.0（1000）	7.0（1167）
	放熱回路 W	23W		39W			
標準蓄熱時間		8					
総投入電力		16	24	32	40	48	56
蓄熱量 [※1]	kJ／8h（kcal／8h）	57,600（13,760）	86,400（20,640）	115,200（27,520）	144,000（34,400）	172,800（41,280）	201,600（48,160）
外形寸法 mm	幅 L	660	842	1024	1206		1388
	高さ H	646					
	奥行き W	280					
質量 約kg	本体	50.3	57.9	65.5	73.1		80.7
	レンガ	66.4	99.6	132.8	166		199.2
	合計	116.7	157.5	198.3	239.1		279.9

型番		AX200	AX300	AX400	AX500	AX600	AX700
ケーブル	200V用	3.5SQ-3C			5.5SQ-3C		
	100V用	2SQ-2C					
	長さ m	1.0			1.5		
シーズヒーター（NAR-AH-1）		6本			5本	6本	
蓄熱レンガ		マグネシア系レンガ　M100					
蓄熱レンガ個数		16（4箱）	24（6箱）	32（8箱）	40（10箱）		48（12箱）
蓄熱レンガ列数		2	3	4	5		6
主断熱材		マイクロサーム、ケイ酸カルシウム板					
安全装置		温度過昇防止装置（ハイリミットスイッチ）、転倒時電源OFFスイッチ、吹出温度過昇防止スイッチ					
操作部	蓄熱調節	マイコンコントローラー（通電制御型）					
	室温調節	マイコンコントローラー（5～32℃・Hi：連続運転）					
暖房のめやす[※2]		4.5～10畳	6～14畳	8～18畳	10～22畳	12～26畳	14～30畳

※1　蓄熱量は自然放射熱量（約7～10%）を含む　※2　暖房のめやすは高機密・高断熱住宅の場合で、地域や部屋の断熱材・気密性または使用時間等により異なる
※3　ヒーター単体の消費電力は小数点第一位を四捨五入した参考値

ZXシリーズ

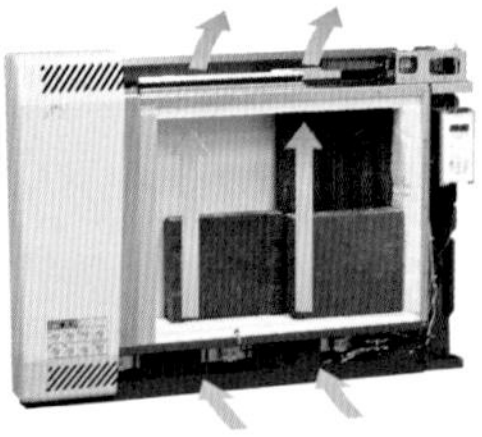

ファンレス（自然放熱式）

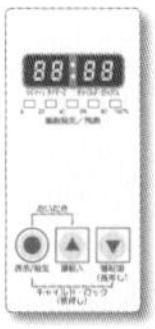

マイコン操作部

型番		ZX852	ZX170	ZX250	ZX340
放熱方式		自然対流・輻射式			
定格電源	蓄熱回路 ACV	単相200			
	制御回路 ACV	100			
定格消費電力 kW		0.85	1.7	2.5	3.4
標準蓄熱時間		8			
総投入電力		6.8	13.6	20	27.2
蓄熱量 [※1]	kJ／8h（kcal／8h）	24,480（5,800）	48,960（11,600）	72,000（17,200）	97,920（23,300）
外形寸法 mm	幅 L	475	705	935	1,165
	高さ H	640			
	奥行き W	165			
質量 約kg	本体	13	17	22	26
	レンガ	30	60	90	120
	合計	43	77	112	146

型番		ZX852	ZX170	ZX250	ZX340
シーズヒーター		インコロイシーズヒーター			
ヒーター本数		1本	2本	3本	4本
蓄熱レンガ		フェオライト　No.53			
蓄熱レンガ個数		4	8	12	16
主断熱材		マイクロサーム			
安全装置		温度過昇防止装置（ハイリミットスイッチ）			
操作部	蓄熱調節	マイコンコントローラー（通電制御型）			
	室温調節	放熱量コントローラー			
暖房のめやす[※2]		2～4.5畳	4.5～8畳	6～12畳	8～16畳

※1　蓄熱量は自然放射熱量（約22～28%）を含む
※2　暖房のめやすは高機密・高断熱住宅の場合で、地域や部屋の断熱材・気密性または使用時間等により異なる

床下放熱暖房システム（基礎断熱住宅専用） サンポット

床下暖房の放射熱と自然対流の熱を組み合わせて利用

選定のポイント

床暖房の放射熱と空気の自然対流の効果があるため、工事費が安価なわりには快適な暖房効果が得られる

UFN-200-1（標準タイプ）

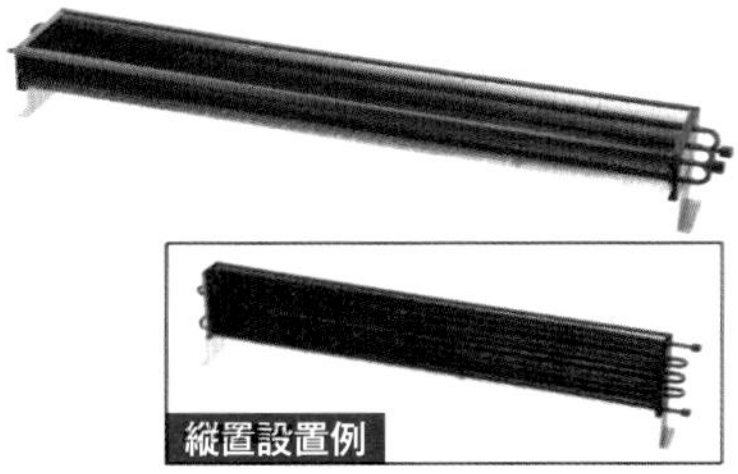
縦置設置例

UFN-190S-1（直列配管）

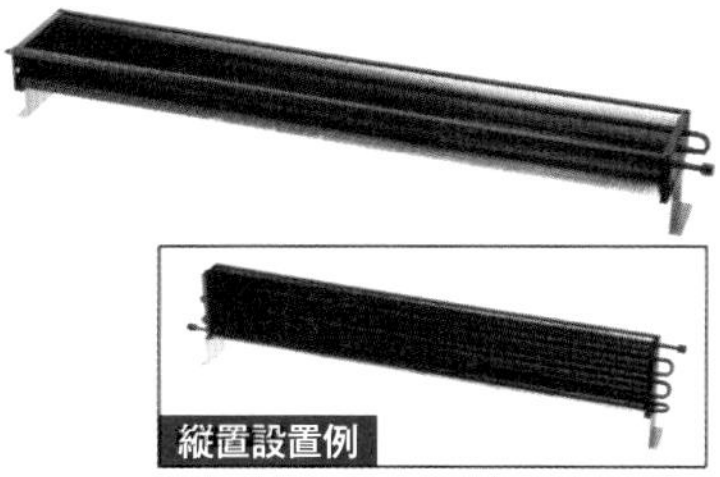
縦置設置例

UFN-130-1（小型）

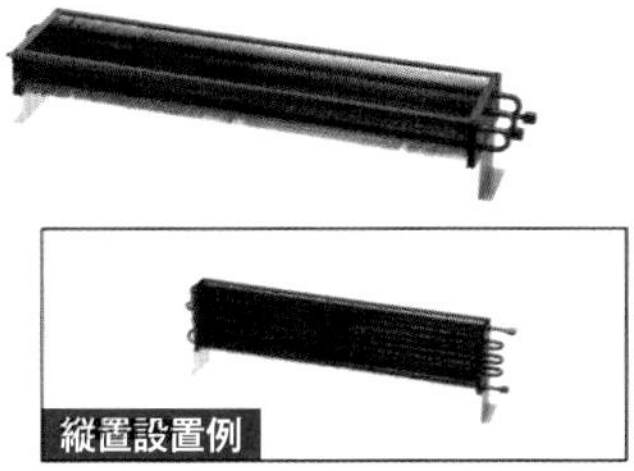
縦置設置例

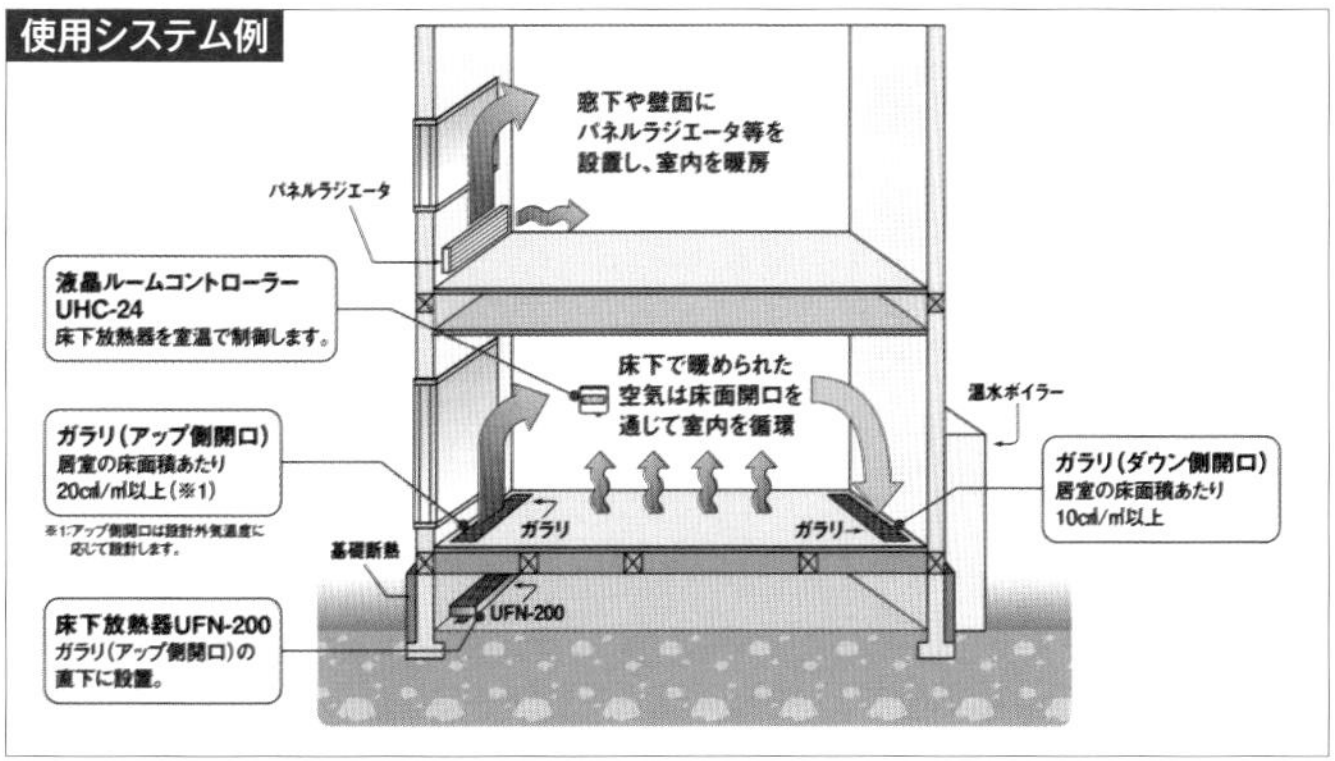
使用システム例
窓下や壁面に
パネルラジエータ等を
設置し、室内を暖房
パネルラジエータ
液晶ルームコントローラー
UHC-24
床下放熱器を室温で制御します。
床下で暖められた
空気は床面開口を
通じて室内を循環
温水ボイラー
ガラリ（アップ側開口）
居室の床面積あたり
20㎠/㎡以上（※1）
※1:アップ側開口は設計外気温度に応じて設計します。
ガラリ
ガラリ
ガラリ（ダウン側開口）
居室の床面積あたり
10㎠/㎡以上
基礎断熱
UFN-200
床下放熱器UFN-200
ガラリ（アップ側開口）の
直下に設置。

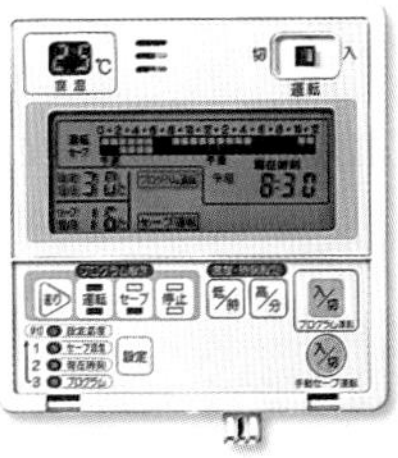

気密性と断熱効果の高い基礎断熱住宅の特性を生かした床下暖房。足元からの放射熱と、床下で暖められた空気を循環させることでエネルギーを効率的に活用し、室内を快適な温度に保つことができる

品名	本体外形寸法（高さ×幅×奥行）	質量（重量）	設置方法	放熱能力kW（kcal／h）				保有水量（ℓ）	定格通水量（ℓ／min）	水頭損失kPa（mH2O）	配管接続口
				△t=30℃	△t=40℃	△t=50℃	△t=60℃				
UFN-200-1（標準タイプ）	107×1,630×228㎜	7.4kg	横置設置（標準）	1.03（886）	1.52（1,307）	2.06（1,772）	2.65（2.279）	1.21	2.9	3.42（0.35）	1／2B（15A）メネジ
			縦置設置	0.75（645）	1.15（989）	1.60（1,376）	2.09（1,797）				
UFN-190S-1（直列配管）	107×1,660×228㎜	7.1kg	横置設置（標準）	0.96（826）	1.42（1,221）	1.93（1,660）	2.48（2,133）	1.06	2.8	2.87（0.29）	
			縦置設置	0.76（654）	1.17（1,006）	1.63（1,402）	2.13（1,832）				
UFN-130-1（小型）	107×1,130×228㎜	5.5kg	横置設置（標準）	0.66（568）	0.97（834）	1.31（1,127）	1.68（1,445）	0.91	1.9	1.28（0.13）	
			縦置設置	0.52（447）	0.77（662）	1.05（903）	1.35（1,161）				

※　放熱能力は北海道立北方建築総合研究所の測定データ　　※　△1＝平均温水温度と室内温度との差

No.
043

薪ストーブの設置

ココがポイント！

① 給気計画を念入りに行う
② 煙突などを含めると、本体の2～3倍のイニシャルコストがかかる
③ 住宅街での計画には、二次燃焼が必須

メンテナンス・更新

煙突の掃除はシーズン終了後必ず行う。鋳物やホーローは傷付いたら即補修液などでカバーする

薪ストーブの特徴と種類

薪ストーブは、主な熱源を炎とする暖房機器である。ストーブや煙突自体からの放射熱効果もあり、温度ムラのない快適な暖かさが得られる。また、おき火を保ち続ける継続暖房のため、毎日使うことで家そのものが暖められる。

薪ストーブには、ストーブ自体が熱を発する「放射式」、温風を放出して暖める「対流式」のほか、暖炉式などの種類がある。

設置上の注意点

薪ストーブを設置する際は、周囲の木構造部が低温炭化するのを防ぐため、床や壁をレンガ・石・鉄の遮熱板で囲う炉台がなければならない。炉台も蓄熱するので、放射による二次的な暖房効果が得られる。

煙突はコストアップの要因だが、たとえ高価であっても断熱性の高い断熱二重管を使わないと、排気中に煙が冷えてタールが内側にこびりついたり、上昇気流がうまく発生せずに煙の滞留が起きやすくなる。炉台や煙突を含めると、本体の2～3倍のコストがかかるので計画時は注意する。

薪ストーブは燃焼に大量の空気が必要なので、給気計画を念入りに行う。給気が不足すると、一酸化炭素中毒の原因となるばかりか、居室の換気扇を付けると煙突が給気口になって空気が入り込み、部屋に煙が逆流しかねない。薪ストーブを、大量の空気が煙突から出る大容量の換気扇ととらえ、給気の経路を確保するように考えると分かりやすい。

近隣への配慮

薪を燃やしただけの一次燃焼は、煙のなかにまだ燃える成分（一酸化炭素やタール）が残っている。これをもう一度燃やしきってクリーンな排気に近づけることを二次燃焼という。住宅街で計画する場合は、近隣への配慮として二次燃焼が必須となる。

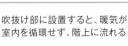

薪ストーブの種類

●放射式

蓄熱性の高さから、主に使われる素材は鋳鉄。火室の熱が直接外板に伝わり、遠赤外線効果で身体の芯から暖まる

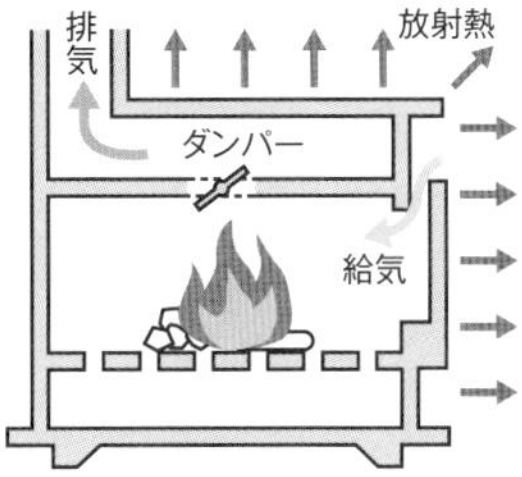
排気
放射熱
ダンパー
給気

●対流式

火室のまわりに空気層を設け、その外側に外板がある。火室と外板の間で暖められた空気が排気され、部屋を暖める

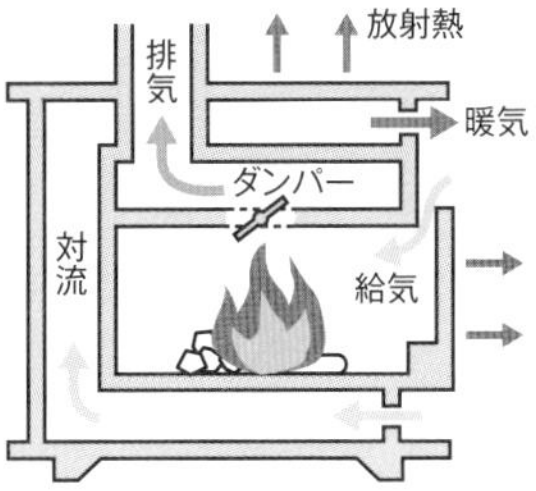
排気
放射熱
暖気
ダンパー
対流
給気

●暖炉式

火室を密閉する扉がなく、煙突が火室に直結されている。暖炉と同じく、常に酸素が供給されて燃焼状態になる

排気
放射熱
給気

二次燃焼の方式

●非触媒方式（クリーンバーン）

火室を耐火レンガで覆い、二次燃焼用の空気を送り込むパイプを配置し、タールと空気を高温で混合して燃焼させる

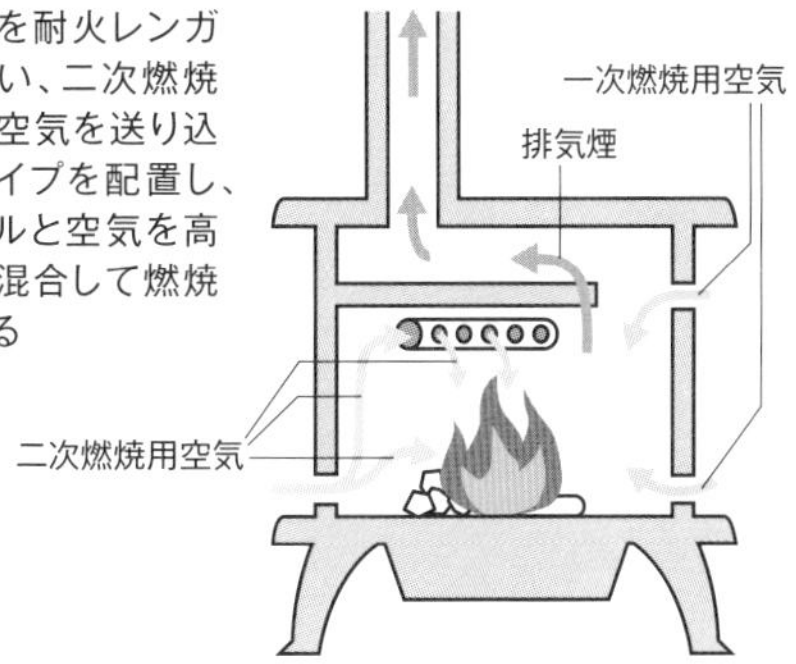
一次燃焼用空気
排気煙
二次燃焼用空気

●触媒方式

セラミックや金属でできた触媒を煙が通ったときに、煙に含まれるタールや一酸化炭素が二次燃焼し、煙がクリーンになる

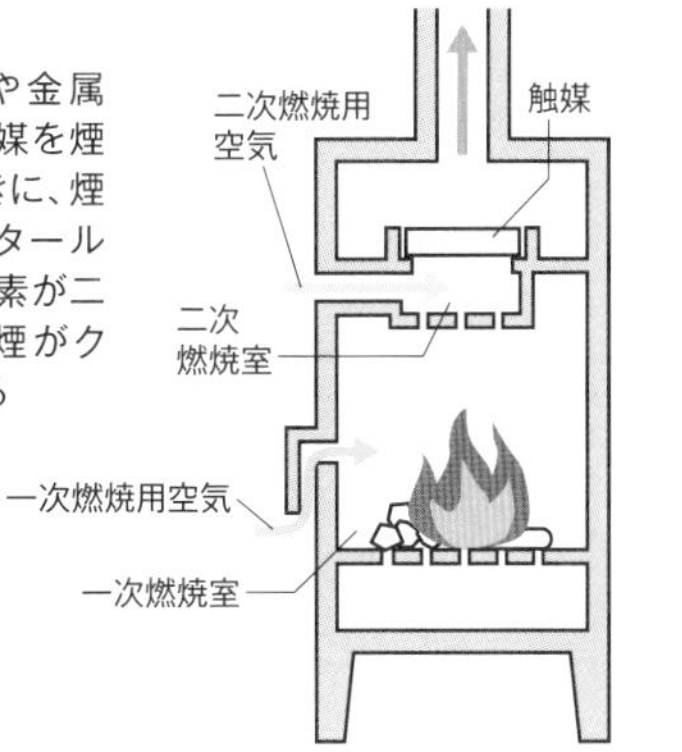
二次燃焼用空気
触媒
二次燃焼室
一次燃焼用空気
一次燃焼室

効率のよいストーブと煙突の位置

煙突は高いほど効果が上がるが、高すぎると掃除が大変になるので注意する

煙突の位置

●チムニー付き煙突

煙突の周囲に囲いを設置。寒冷地では煙突内部の排気が冷えず、煤《すす》も付きにくいので非常に有効

●壁出し煙突

効率はよくないが、施工が簡単なので、後から薪ストーブを設置するときによく用いられる

●屋根出し煙突

ストーブからまっすぐに煙突を出し、屋根を貫通させる。最も上昇気流が生じやすく、熱効率もよい

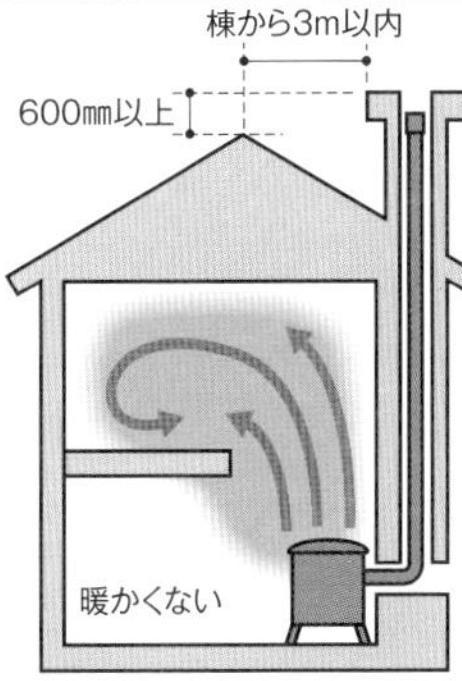
棟から3m以内
600㎜以上
暖かくない

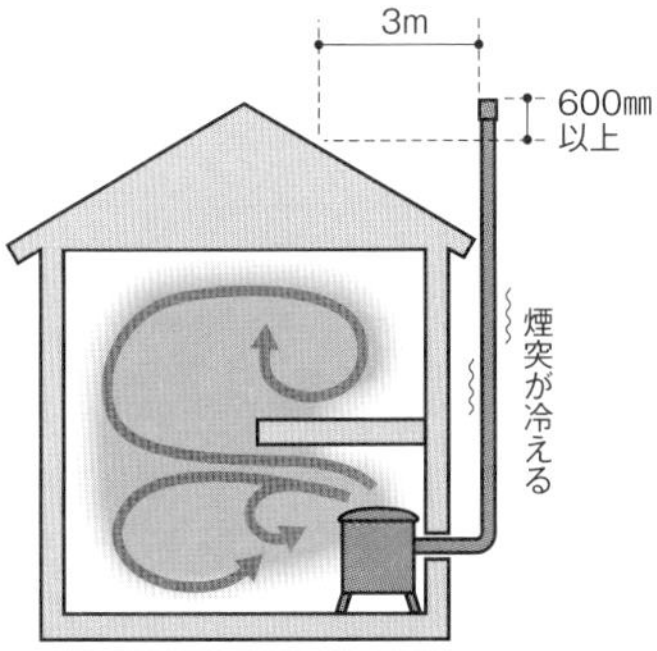
3m
600㎜
以上
煙突が冷える

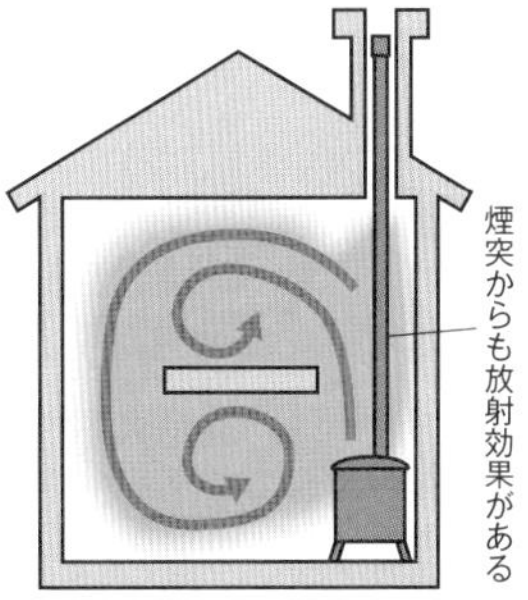
煙突からも放射効果がある

ストーブの位置

吹抜け部に設置すると、暖気が室内を循環せず、階上に流れる

吹抜けを避けて設置すると、全体を暖気が循環しやすい

吹抜けに設置する場合は、反対側に空気が対流する開口を設けると、暖房の効果が高まる

COLUMN

コラム

エアコンの設置個所

冷媒管の長さや高低差を考慮する

エアコンを選定し、必要台数が決まったら、次は設置する場所を決める。通常は外壁内部に室内機、その外に室外機をセットし、冷媒管用スリーブを通して接続する。エアコンには、熱の交換を行うために室内機と室外機を結ぶ冷媒管と、エアコンから出る結露水（ドレン排水）を排出するドレン管の2本が必要になる。

配管は、将来の機器交換時に冷媒管の再利用ができないと、壁を壊さなければならないこともあるので、極力露出配管とする。意匠上配管が見苦しい場合は、化粧ガラリを施すなどの対応をする。

室外機は、外壁付近に設置するのが困難な場合でも、できるだけ冷媒管の距離が長くならない位置に設置したい。室内機と室外機を離れた位置に設置せざるを得ない場合には、必ず冷媒管の長さと最大高低差を確認して、許容値内に収めるようにする。

クレームになりやすい事項

室内機は、外部からの熱の影響を受けやすい場所（窓側など）に向かって冷温風が吹くような位置を選び、部屋の隅々まで届くようにする。たとえエアコンの能力が十分でも、冷温風が隅々まで届かないと、施工後のクレームとなりかねない。また、ドレン排水は室外機からも出るため、その処理も忘れてはならない。ドレン管を排水桝に放流する場合は、臭気処理のため、必ずトラップなどを設ける。

室外機置き場は、排熱や騒音などがクレームとなりやすいので、周囲の状況も考慮する。

エアコンの隠し方

最近では、エアコンは意匠的に家具などの中に隠蔽するケースも多いが、ほとんどのケースでショートサーキットを起こしてしまい、正常に作動していないと考えてよい。

化粧ガラリで隠す場合には、寸法や位置を考慮するだけでも十分な性能を得られるようになるので、左図のようなポイントを押さえておきたい。

①化粧ガラリの開口率は70％以上確保する

②仕切板などを利用し、ショートサーキットを防ぐ

③室内機のエアフィルターは最低でも年に2、3回は取り出して清掃が必要となるため、できるだけメンテナンスのやりやすい場所に設置する

メーカーによっては、隠蔽型のヒートポンプユニットを空調用のガラリと組み合わせて使える製品を販売している。居室の条件や建築主の要望に合わせてうまく活用するようにしたい。

エアコンの上手な隠し方

(数値の単位：mm)

●壁掛け型

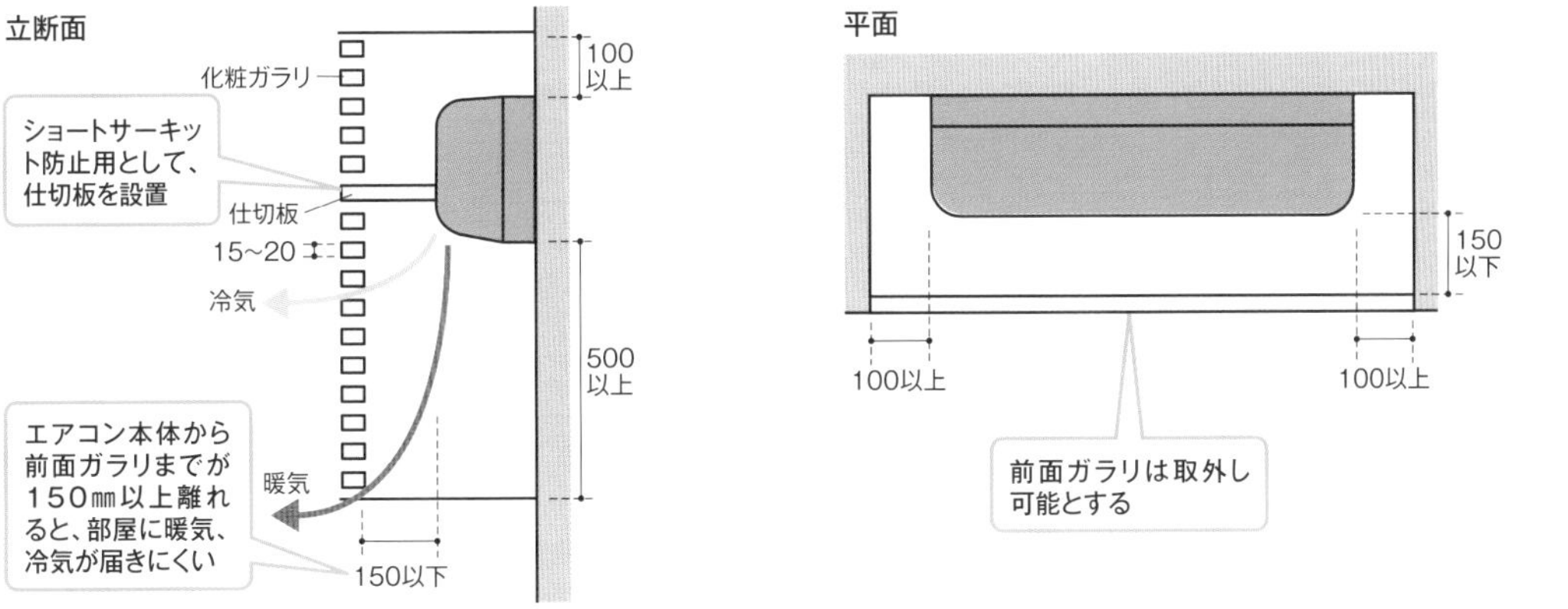
立断面
化粧ガラリ
100 以上
ショートサーキット防止用として、仕切板を設置
仕切板
15~20
冷気
500 以上
エアコン本体から前面ガラリまでが150mm以上離れると、部屋に暖気、冷気が届きにくい
暖気
150以下
平面
150 以下
100以上
100以上
前面ガラリは取外し可能とする

●床置き型

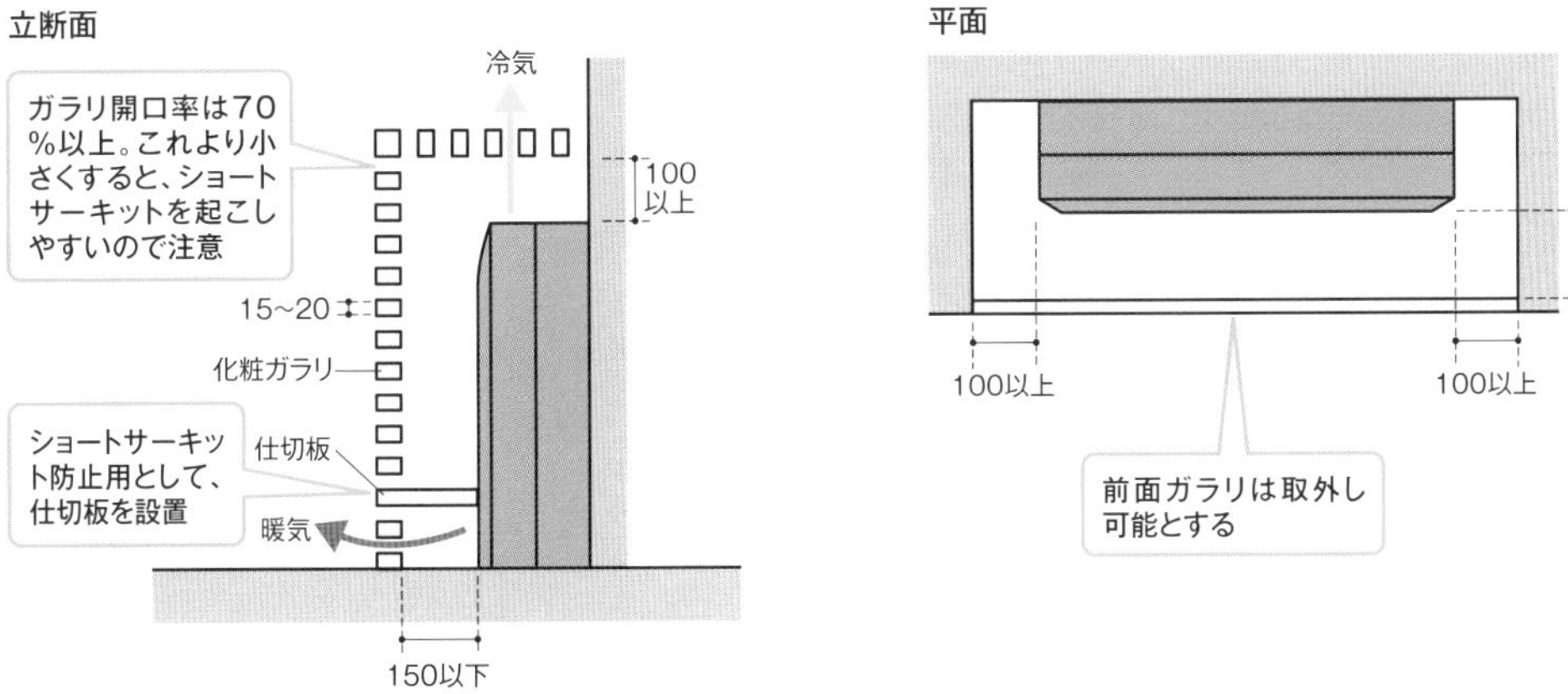
立断面
冷気
ガラリ開口率は70%以上。これより小さくすると、ショートサーキットを起こしやすいので注意
100 以上
15~20
化粧ガラリ
ショートサーキット防止用として、仕切板を設置
仕切板
暖気
150以下
平面
150 以下
100以上
100以上
前面ガラリは取外し可能とする

●室外機

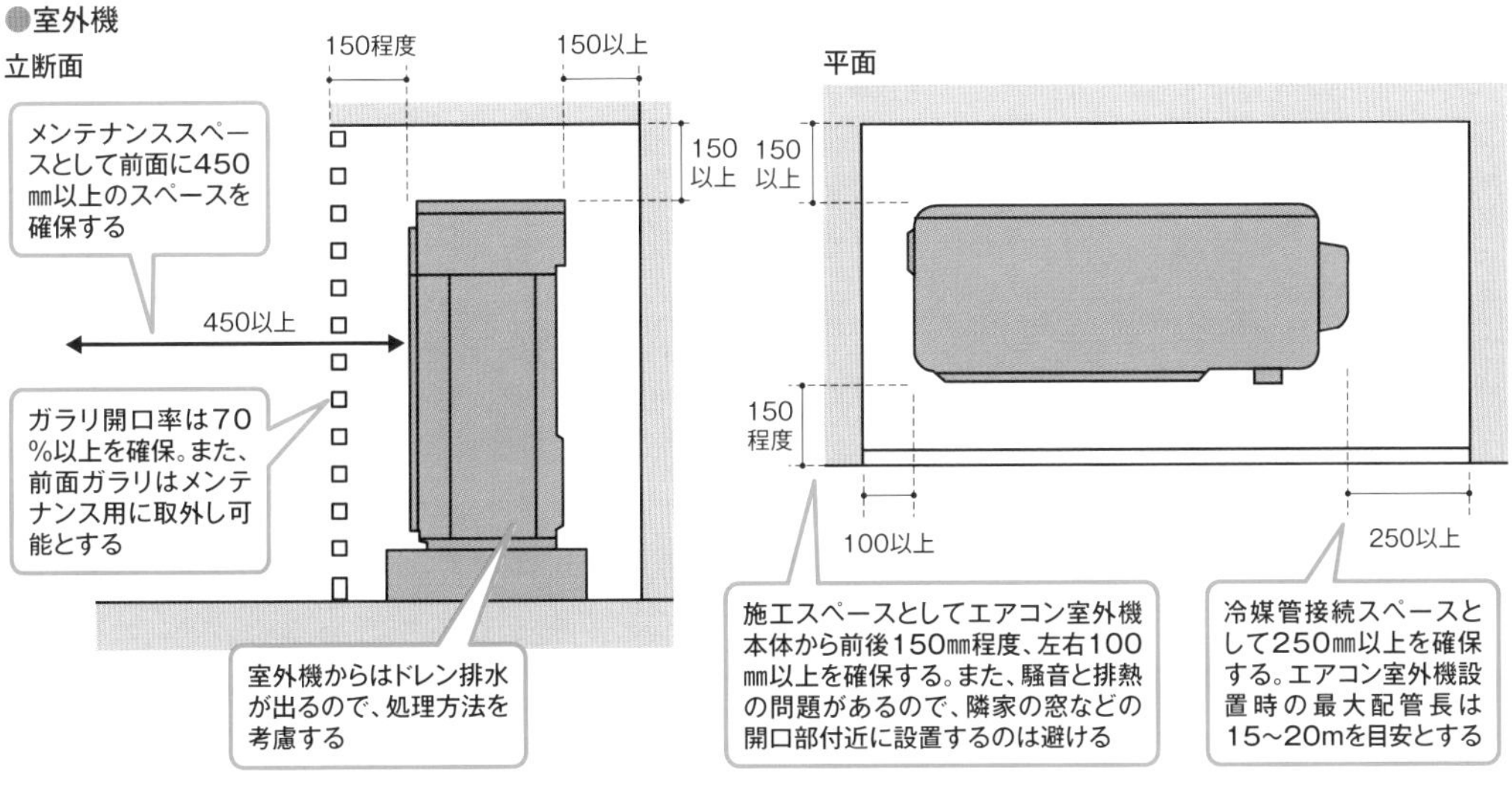
立断面
150程度
150以上
メンテナンススペースとして前面に450mm以上のスペースを確保する
150 以上
150 以上
450以上
ガラリ開口率は70%以上を確保。また、前面ガラリはメンテナンス用に取外し可能とする
室外機からはドレン排水が出るので、処理方法を考慮する
平面
150 程度
100以上
250以上
施工スペースとしてエアコン室外機本体から前後150mm程度、左右100mm以上を確保する。また、騒音と排熱の問題があるので、隣家の窓などの開口部付近に設置するのは避ける
冷媒管接続スペースとして250mm以上を確保する。エアコン室外機設置時の最大配管長は15~20mを目安とする

COLUMN

コラム

〝密〟にならない換気量の基準

新型コロナウイルス感染症は2019年12月に発生が確認されて以降、世界中に感染が拡大。厚生労働省は感染対策として「換気の悪い密閉空間」「多数が集まる密集場所」「間近で会話や発生をする密接場面」の3つの「密」を避けるよう呼びかけた。

このうち「換気の悪い空間」の基準について、2020年3月に発表されたガイドラインでは、ビル管理法が定める空気環境の基準（表1）に適合していれば換気が悪い空間には当たらないとし、これを達成するための換気量の目安を換気方法ごとに示した（表2）。

一般住宅に適用される従来の基準（表3）と比較すると、昨今の住宅の換気能力は感染対策としても有効といえる。ただし換気設備が正常に作動していることが前提条件なので、さらに自然換気を取り入れるなど十分な換気量を確保したい。

フィルターの種類と特徴

空気中に浮遊する粉塵の大きさはさまざまなため、フィルターの種類によってはは捕捉できずにすり抜けてしまうこともある。空調・換気を計画する際には、部屋の使われ方と必要とされる性能を総合的に考慮したうえで、採用するフィルターを検討しよう。

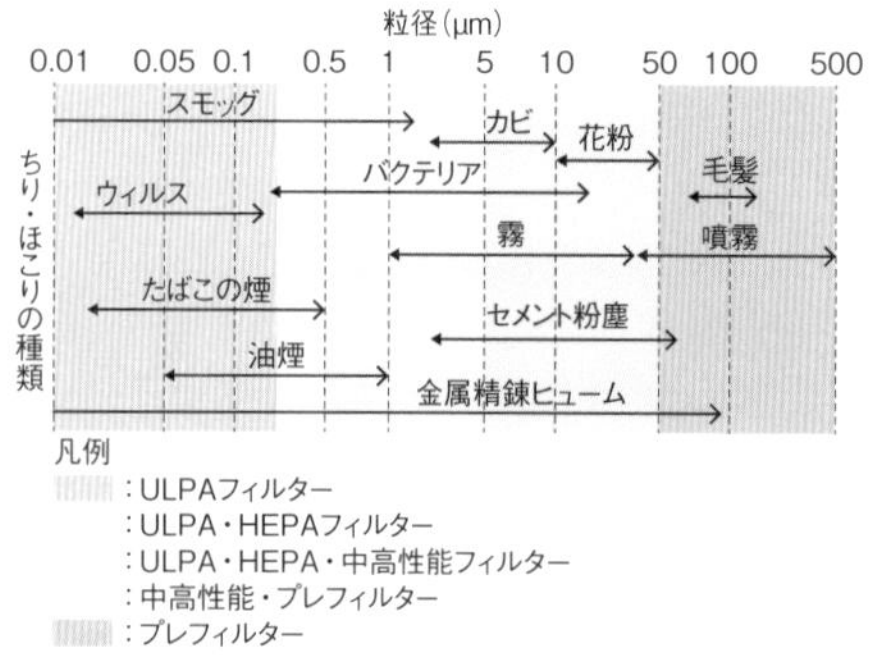

粒径(μm)
0.01 0.05 0.1 0.5 1 5 10 50 100 500
ちり・ほこりの種類
スモッグ
カビ
花粉
バクテリア
毛髪
ウィルス
霧
噴霧
たばこの煙
セメント粉塵
油煙
金属精錬ヒューム
凡例
：ULPAフィルター
：ULPA・HEPAフィルター
：ULPA・HEPA・中高性能フィルター
：中高性能・プレフィルター
：プレフィルター

換気量の基準

●表1　空気調和設備を設けている場合の空気環境の基準（ビル管理法）

項目		基準
1	浮遊粉塵の量	0.15㎎／㎥以下
2	一酸化炭素の含有率	10ppm以下（特例として、外気が10ppm以上の場合には20ppm以下）
3	二酸化炭素の含有率	1,000ppm以下
4	温度	17～28℃（居室温度を外気温度より低くする場合は、その差を著しくしないこと）
5	相対湿度	40～70%
6	気流	0.5m／s以下
7	ホルムアルデヒドの量	0.08ppm以下

●表2　「換気の悪い密閉空間」改善のための換気量の目安

機械換気の場合	30㎥／人・h
窓開け換気の場合	2回／h（30分に1回以上、窓を全開にする） ・空気の流れをつくるため、2方向の壁の窓を開放すること ・窓が1つの場合は扉を開けること

●表3　住宅の居室における換気量の基準（建築基準法）

酸欠防止	20㎥／人・h
シックハウス対策	0.5回／h

Part 4

電気・通信のキホン

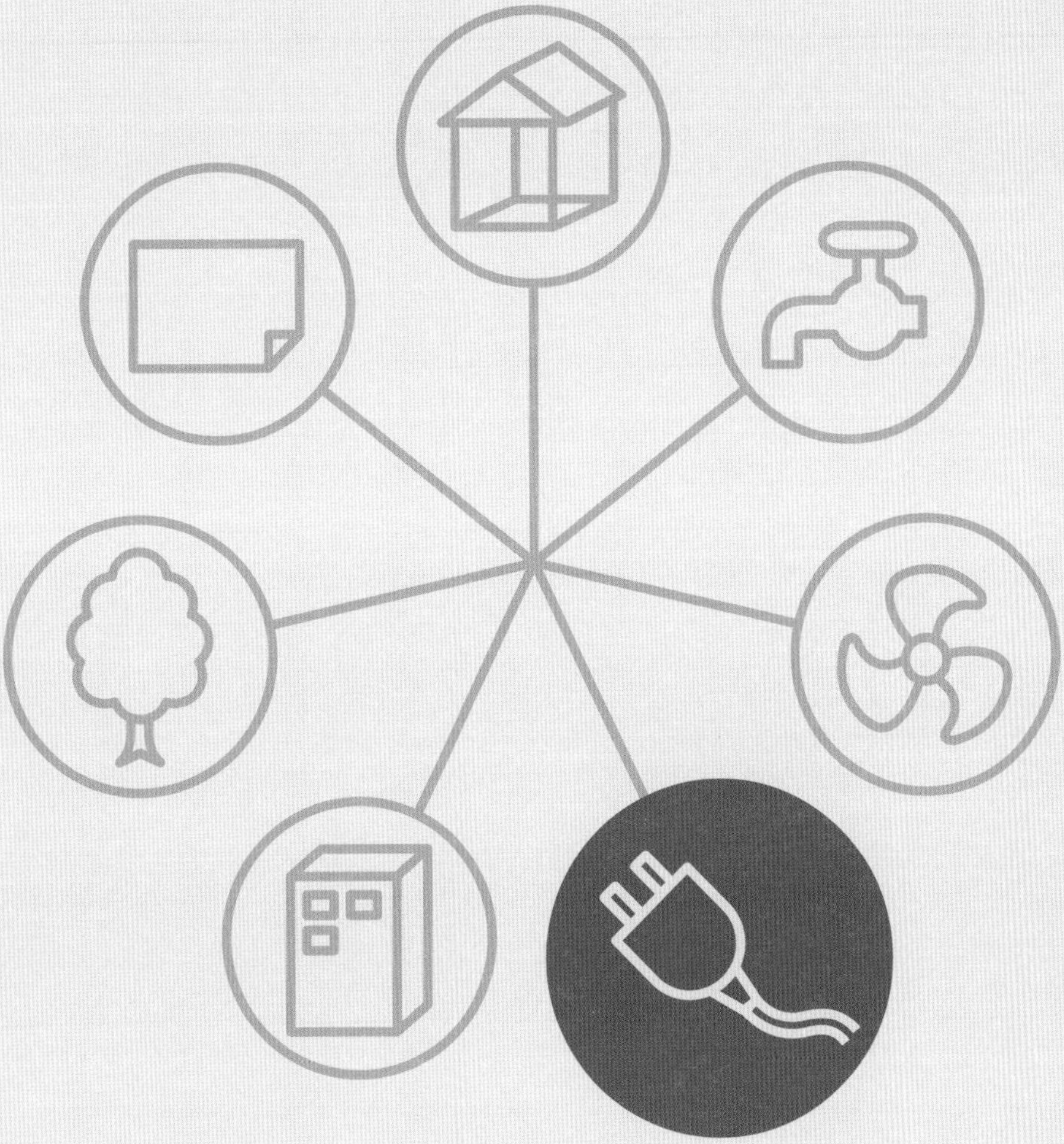

No. 044

電力と電気料金

ココがポイント!

① 電力にはボルトアンペアとワットがある
② 従量電灯は、電気の使用量に応じて支払う契約方式
③ 季節や時間帯によって電力量料金単価が異なる契約方式もある

メンテナンス・更新

契約電力は、電気機器の数や容量に合わせて見直すこともできる

アンペア・ボルト・ワット

電流［A：アンペア］は、電線のなかを流れる電気の量（大きさ）のことで、直流（DC）と交流（AC）がある。直流は一定方向に電流が流れ、交流は周期的に方向が変化する。電流が方向を変える度数を周波数［Hz：ヘルツ］という。電力会社から供給される電気は交流で、日本では静岡県の富士川から新潟県の糸魚川付近を境に東で50Hz、西で60Hzの電源が使われる。

電圧［V：ボルト］は、電流を流すための電気の力（圧力）のことで、単相100V、単相200V、三相200Vの3種類がある。三相200Vは一般的に「動力」と呼ばれ、大型の機械などを動かす場合に使用される。

電力［VA：ボルトアンペア／W：ワット］は、電流が行う仕事の大きさであり、大きいほど電気を使う。ボルトアンペアは、電圧［V］×電流［A］で算出され、機器に投入される電気エネルギーを表す。一方、ワットはこれに力率（電力をどれだけ有効に使用できるかを示す数値）をかけたもので、実際に消費される電気エネルギーを表す。

電気料金について

電気の契約は、使用量に応じて料金を支払う「従量電灯」が一般的である。従量電灯Bは、契約アンペアが10～60Aの範囲で、住宅に多い契約方式。従量電灯Cは、6kVA以上の場合の契約で、容量の大きい設備機器を多数導入している住宅に多い。契約容量の単位はAではなくVAを使うが、10A＝1kVA（1000VA）と覚えておく。

従量電灯のほか、季節や時間帯によって電力量料金単価が異なる「季節別時間帯別電灯」があり、ライフスタイルや導入する電気機器に合わせて選択する。特に夜間の割安な電気を使うオール電化住宅に向いている契約方式だ。

また、電力自由化によって、さまざまな供給事業者が選択できるようになった。契約方式や電力供給会社についても、十分に検討して決定すると良い。

■ 日本の周波数

富山
長野
新潟
群馬
埼玉
山梨
静岡
静岡
60Hz地区
富士川・糸魚川以西
50Hz地区
富士川・糸魚川以東

■ 電力と電圧と電流

VA 電力 ＝ V 電圧 × A 電流

W 電力 ＝ V 電圧 × A 電流 × 力率

電気製品の消費電力はワット数で表示されているので、100Vの場合は、100Wで1Aと換算する。
たとえば、1,000Wの電子レンジの場合は、
電流[A]＝電力[W]÷電圧[V]→1,000[W]÷100[V]＝10[A]

■ 電気料金（東京電力：2023年10月現在）

●基本料金（従量電灯B）

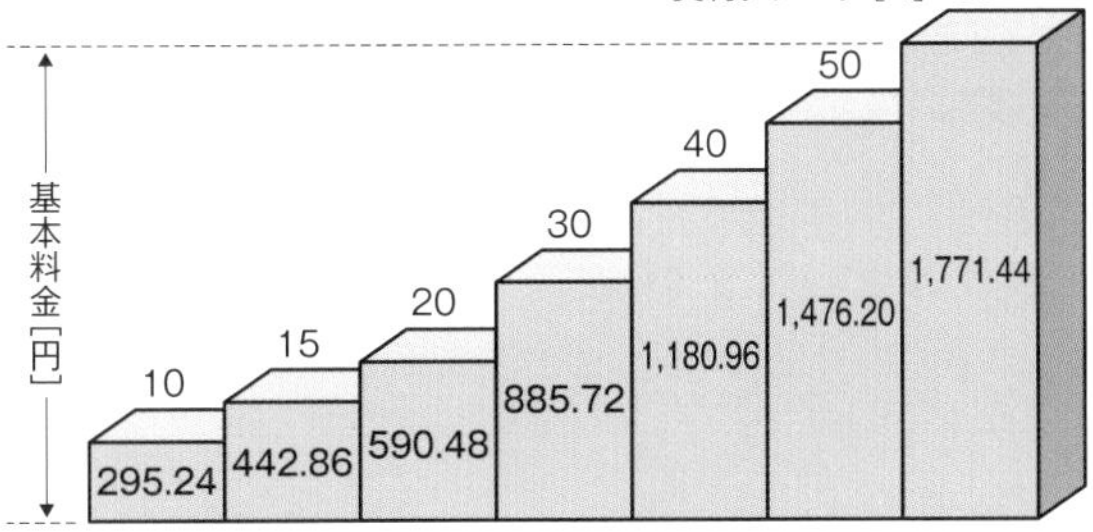
契約アンペア[A]
基本料金[円]
10
15
20
30
40
50
60
295.24
442.86
590.48
885.72
1,180.96
1,476.20
1,771.44

●電力量料金

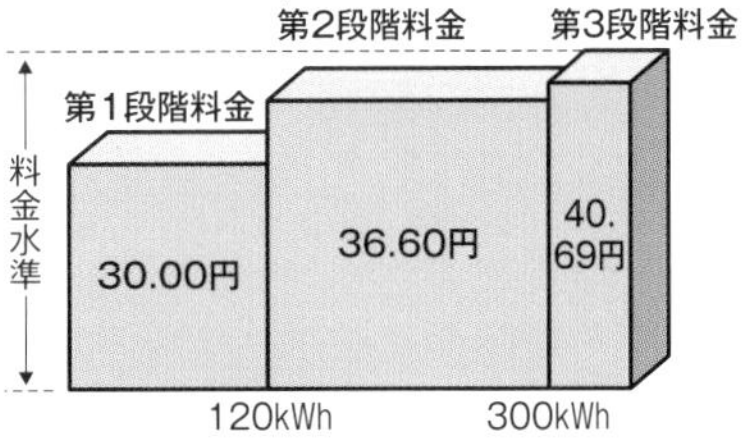
料金水準
第1段階料金
第2段階料金
第3段階料金
30.00円
36.60円
40.69円
120kWh
300kWh

注　従量電灯B・Cの場合（数字は1kWhあたりの電力量料金単価）

●基本料金（従量電灯C）

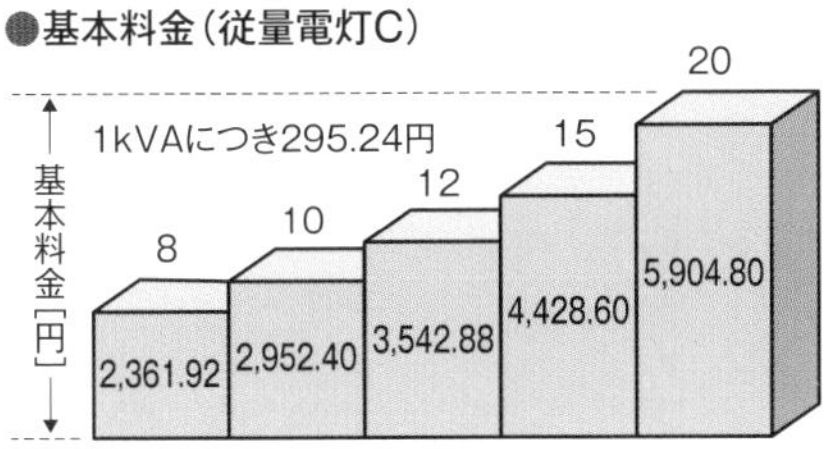
基本料金[円]
1kVAにつき295.24円
8
10
12
15
20
2,361.92
2,952.40
3,542.88
4,428.60
5,904.80

●電気料金の内訳（従量電灯B・C）

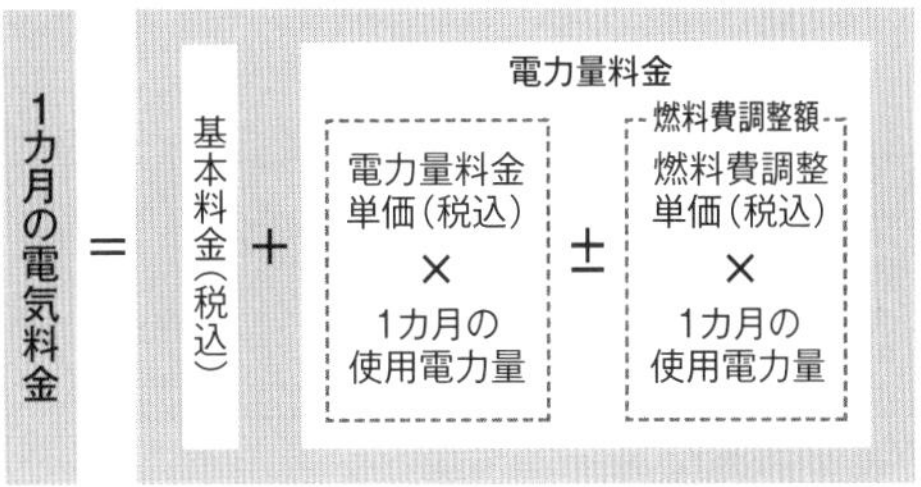
1カ月の電気料金
＝
基本料金（税込）
＋
電力量料金
電力量料金単価（税込）
×
1カ月の使用電力量
±
燃料費調整額
燃料費調整単価（税込）
×
1カ月の使用電力量

No. 045

電気の引込み

ココがポイント!

① 引込み方法は、管轄の電力会社と協議して決める
② 住宅の配電方式は単相3線式が主流
③ 動力機器の要・不要を最初に確認

メンテナンス・更新

単相3線式は、100Vと200V両方の電圧を利用でき、契約アンペアを大きくすることも可能

低圧引込みと高圧引込み

電気設備には「電力（強電）」と、電話やテレビ、光ケーブルなどの通信設備である「弱電」があり、それぞれ建物に引込んで利用する。

電気の引込み方式には、低圧引込みと高圧引込みがあり、契約容量が50kVA未満は低圧、50kVA以上は高圧となる。ただし、50kVAを超えても低圧引込みが可能となる場合があるので、管轄の電力会社と早めに協議する。

低圧引込みは、電柱の上にある変圧器（トランス）で電圧を下げて敷地内に引込み、電力量計（メーター）を通って住戸内に導く。集合住宅では引込み盤で各住戸に電源が分けられる。

契約容量が25kVA以上の場合、一般の電力量計では計れないため、計器用変流器（CT）を設ける。また、引込み位置から分電盤まで7m以上の場合は、引込み直後に開閉器盤を設置する。

高圧引込みは、敷地内に引込んでからキュービクルや集合住宅用変圧器（パットマウント）などで低圧に下げ、幹線、分電盤へ配電する。受変電設備の設置は、屋内では換気設備や防火区画、メンテナンススペースなどに規制があるため、管轄の電力会社と協議して決める。

配電方式は単相3線式が主流

引込まれた電気の配電方式には、単相3線式200／100Vと、三相3線式200V（動力）がある。

一般の住宅では単相3線式が主流で、100Vは照明やコンセント、200Vはエアコンや電磁調理器、食洗機などに使用される。単相3線式は、2本の電圧線と1本の中性線を使い分けることで100Vと200Vの両方の電圧を利用できる。また、回路を多くつくり、将来的に契約アンペアを大きくすることも可能である。

三相3線式は、主に大型空調機やポンプ、昇降機などの動力機器に使用される。そのため、計画段階で動力機器の要・不要を確認しておく。

■ 低圧引込み

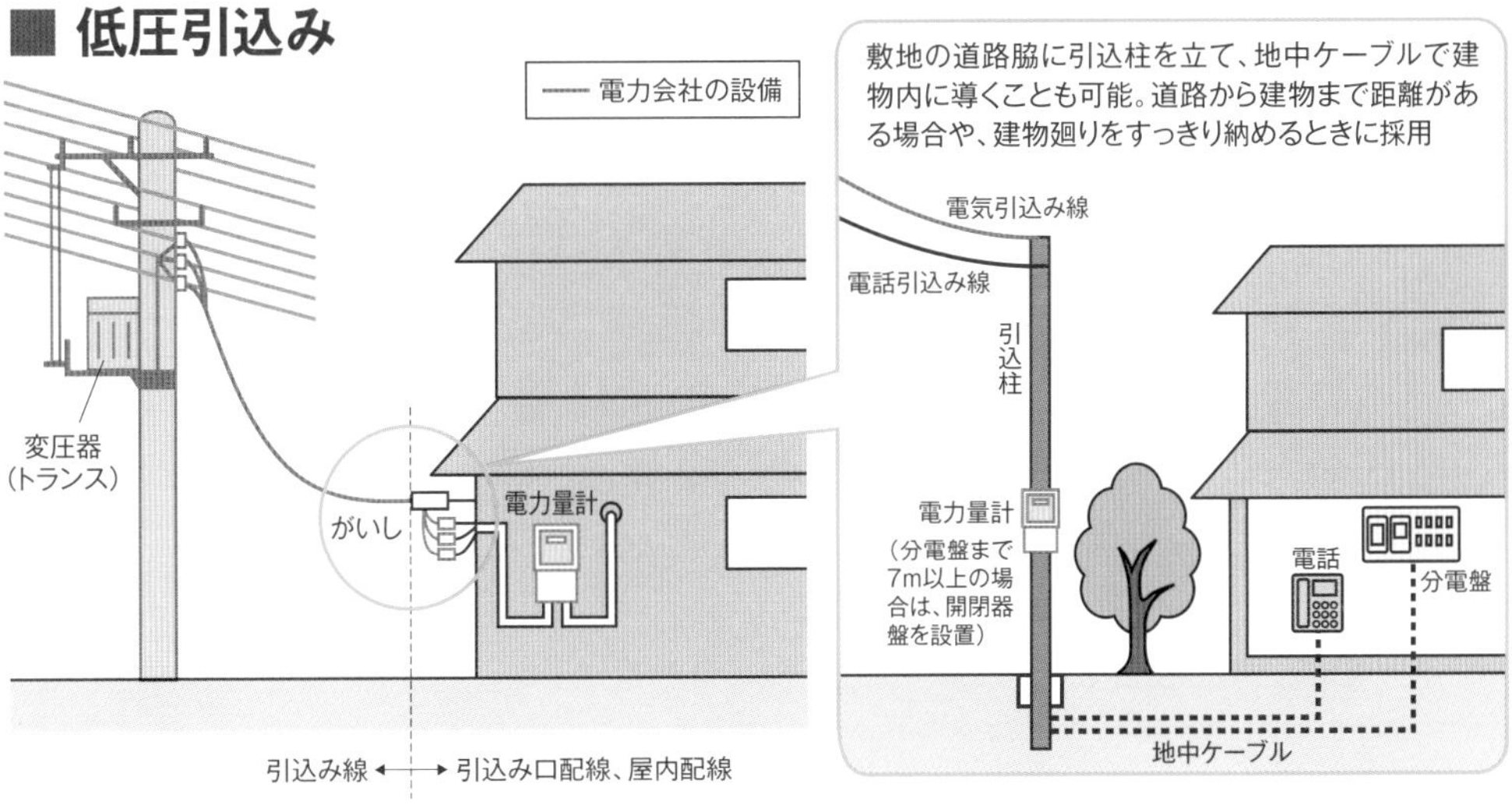
── 電力会社の設備
変圧器
（トランス）
がいし
電力量計
引込み線 ←→ 引込み口配線、屋内配線
敷地の道路脇に引込柱を立て、地中ケーブルで建物内に導くことも可能。道路から建物まで距離がある場合や、建物廻りをすっきり納めるときに採用
電気引込み線
電話引込み線
引込柱
電力量計
（分電盤まで7m以上の場合は、開閉器盤を設置）
電話
分電盤
地中ケーブル

■ 高圧引込み

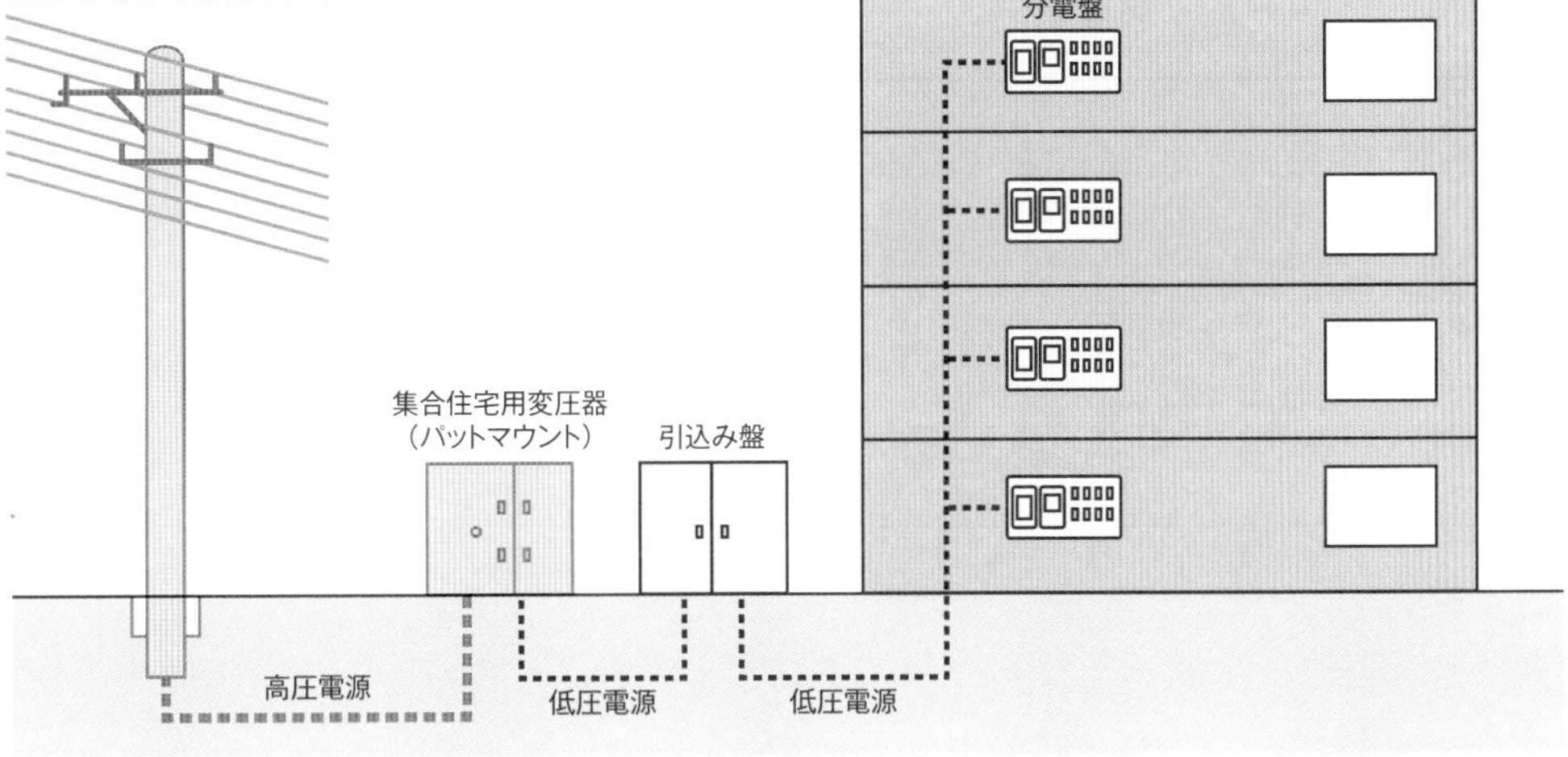
分電盤
集合住宅用変圧器
（パットマウント）
引込み盤
高圧電源
低圧電源
低圧電源

■ 単相3線式の配電方式

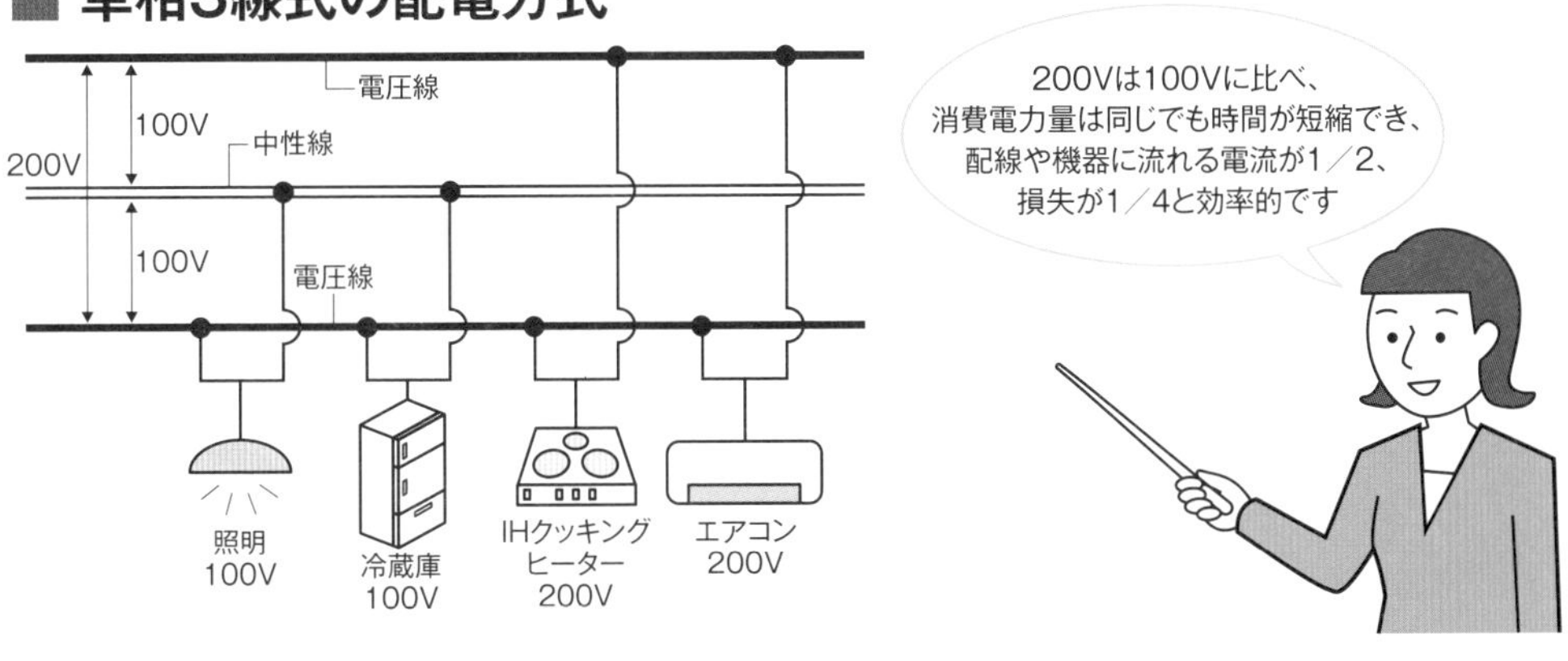
電圧線
100V
中性線
200V
100V
電圧線
照明
100V
冷蔵庫
100V
IHクッキング
ヒーター
200V
エアコン
200V
200Vは100Vに比べ、
消費電力量は同じでも時間が短縮でき、
配線や機器に流れる電流が1／2、
損失が1／4と効率的です

No.
046

分電盤と回路数

ココがポイント!

① 消費電力が大きい機器を使用する場合は、専用回路とする

② スマートメーターの登場によってアンペアブレーカーは不要となる

③ 1回路で同時に使える目安は12～15A

メンテナンス・更新

回路は、将来の増設にも備えて2～3回路多めに設けておく

分電盤とは

アンペアブレーカー（電流制限器）や漏電遮断器、配線用遮断器（回路ブレーカー）を納めた箱が分電盤である。

現在はアンペアブレーカーの代わりにスマートメーターに契約アンペア値を設定することが可能となったため、60Aまでの契約の場合アンペアブレーカーは不要。漏電遮断器は、万一漏電したときに、自動的に電気が切れる安全装置である。単相3線式では、中性線欠相保護機能付きのものを取り付ける。配線用遮断器は、電気の各部屋への通り道（回路）を安全に保ち、異常があった場合は自動的に切れるようになっている。特定の回路の電流が大きくなった場合は、遮断器の1つが作動してその回路だけ電気を止める仕組みだ。

回路数の目安

回路とは、分電盤から各部屋へ電気を流す配線のことで、通常は1部屋に1回路、もしくは複数の部屋で1回路、照明用回路などに分けられている。古い住宅は回路数が少なく、複数の部屋で1回路を共有しているケースも多く、1つの回路に負荷が集中するとブレーカーが落ちやすい。

一般的に1回路で同時に使える電気は12～15A程度が目安となっている。配線用遮断器は、通常20A定格のブレーカーが用いられるが、定格の80％に負荷を抑えている。エアコンや食器洗い乾燥機、電子レンジなどは1つの機器で消費電力量が1000Wを超えるため、同時に2つを使うことができない。特に機器が集中するキッチンは、電子レンジに専用回路を1つ、そのほかの用途に1回路といった具合に複数の回路を設けるほうがよい。

また、200Vと100Vはそれぞれ別の回路が必要なので、IHクッキングヒーターなど200Vの機器を導入する場合は、それだけで1回路を使うことになる。回路数は部屋数や家族構成に応じて余裕をもたせて決定し、回路は予備として2～3回路用意しておくと安心だ。

分電盤の構成（単相3線式）

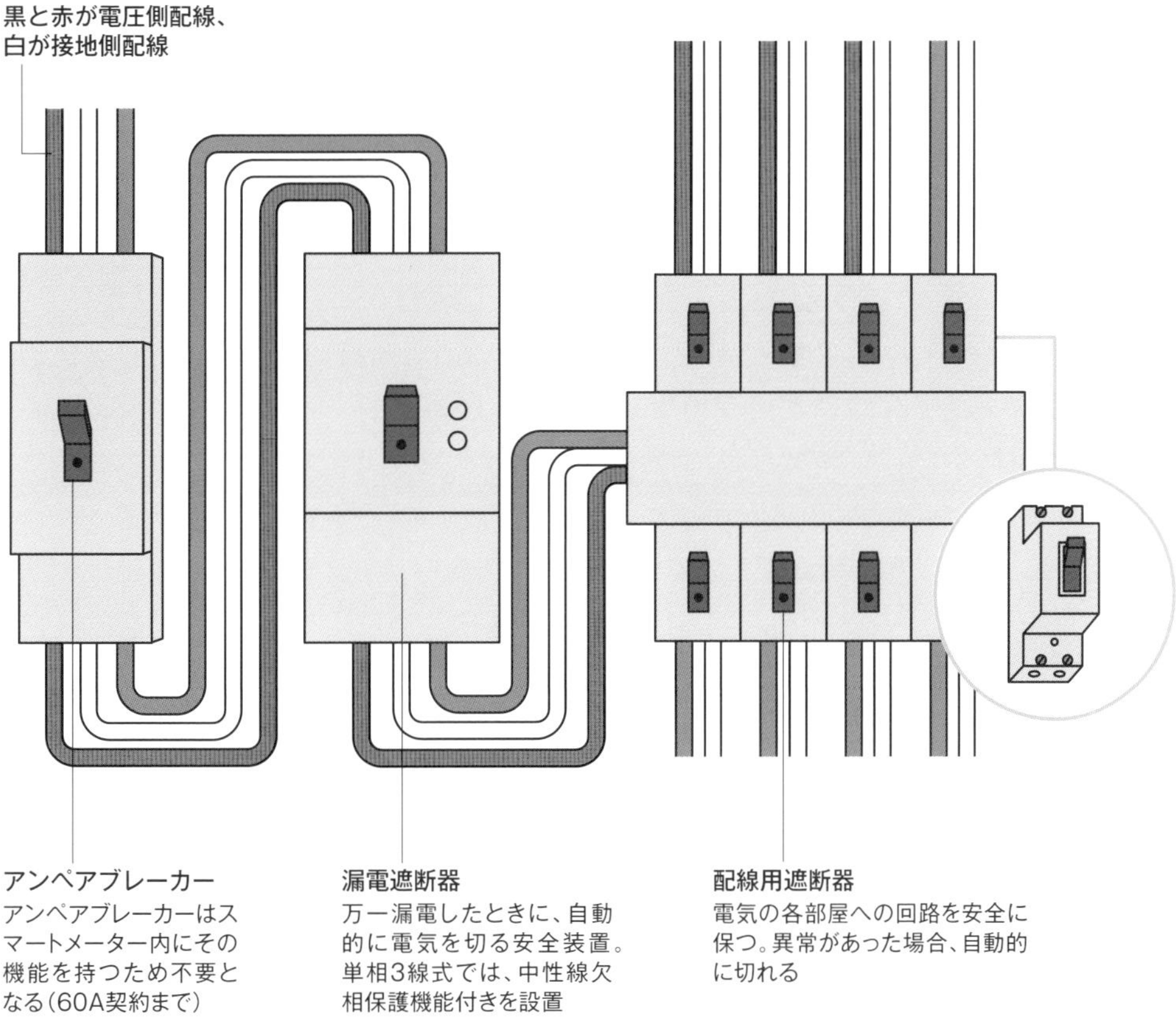
黒と赤が電圧側配線、
白が接地側配線
アンペアブレーカー
アンペアブレーカーはスマートメーター内にその機能を持つため不要となる（60A契約まで）
漏電遮断器
万一漏電したときに、自動的に電気を切る安全装置。単相3線式では、中性線欠相保護機能付きを設置
配線用遮断器
電気の各部屋への回路を安全に保つ。異常があった場合、自動的に切れる

回路数の目安

住宅面積［㎡］	一般回路			専用回路	合計
	コンセント回路		照明回路		
	キッチン	キッチン以外			
50（15坪）以下	2	2	1	α	5+α
70（20坪）以下	2	3	2	α	7+α
100（30坪）以下	2	4	2	α	8+α
130（40坪）以下	2	5	3	α	10+α
170（50坪）以下	2	7	4	α	13+α

No. 047

分電盤の設置

ココがポイント!

① 設置する高さは1,800㎜程度が望ましい

② RC壁に直付けする場合、配管によって躯体が構造欠損とならないようにする

③ 省エネルギーには、ピークカット機能付きが有効

メンテナンス・更新

ブレーカー作動前に電気の使い過ぎを知らせるピークアラーム装置は、既存の分電盤に取付け可能

設置するときの注意点

分電盤の設置場所は、水気や湿気が少なく、ブレーカーを操作しやすい１８００㎜以下の高さが望ましい。玄関付近や納戸内に設置することが一般的で、できるだけ停電時に操作しやすい場所を選ぶ。また、分電盤のサイズは、高さ325㎜を目安とし、幅は回路数によって決まる。

設置の際は、分電盤を収納棚などに組み込み、普段目立たなくすることも多い。その場合、上下、左右、前面に100㎜程度の施工スペースを確保する。カバー付きの分電盤は、カバーと収納の扉が干渉しないように納める。

また、分電盤の前面が収納物などでふさがれ、ブレーカー操作の妨げにならないよう、取付け位置の奥行きを浅くするなどの工夫も必要だ。背面にはケーブルや配管が集中するので、奥行き100㎜以上の配線スペースを見込み、ＲＣ壁に直付けする場合は、配管や裏ボックスによって躯体が構造欠損とならないように注意する。

多機能型の分電盤

近年、さまざまな機能を搭載した多機能型の分電盤が開発されている。

一定の契約容量の範囲内で、電気を上手に使いたい場合は、ピークカット機能付きの分電盤を検討するとよいだろう。この分電盤は、通常の機能に加え、エアコンなど停止しても支障の少ない電気機器を自動的に停止させ、電気の使い過ぎによる不意の停電を未然に防ぐことができる。

また、オール電化対応の分電盤もあり、ＩＨクッキングヒーター専用回路として、30Ａ200Ｖブレーカーや電気温水器用ブレーカーを内蔵している。

このほか、電話やテレビなどの通信配線用機器をひとまとめにしたマルチメディア分電盤、内蔵の感震装置で地震波を感知し、ブレーカーを強制的に遮断する分電盤、太陽光発電システムに対応しているもの、避雷器付きのものなどがある。

■ 分電盤の設置

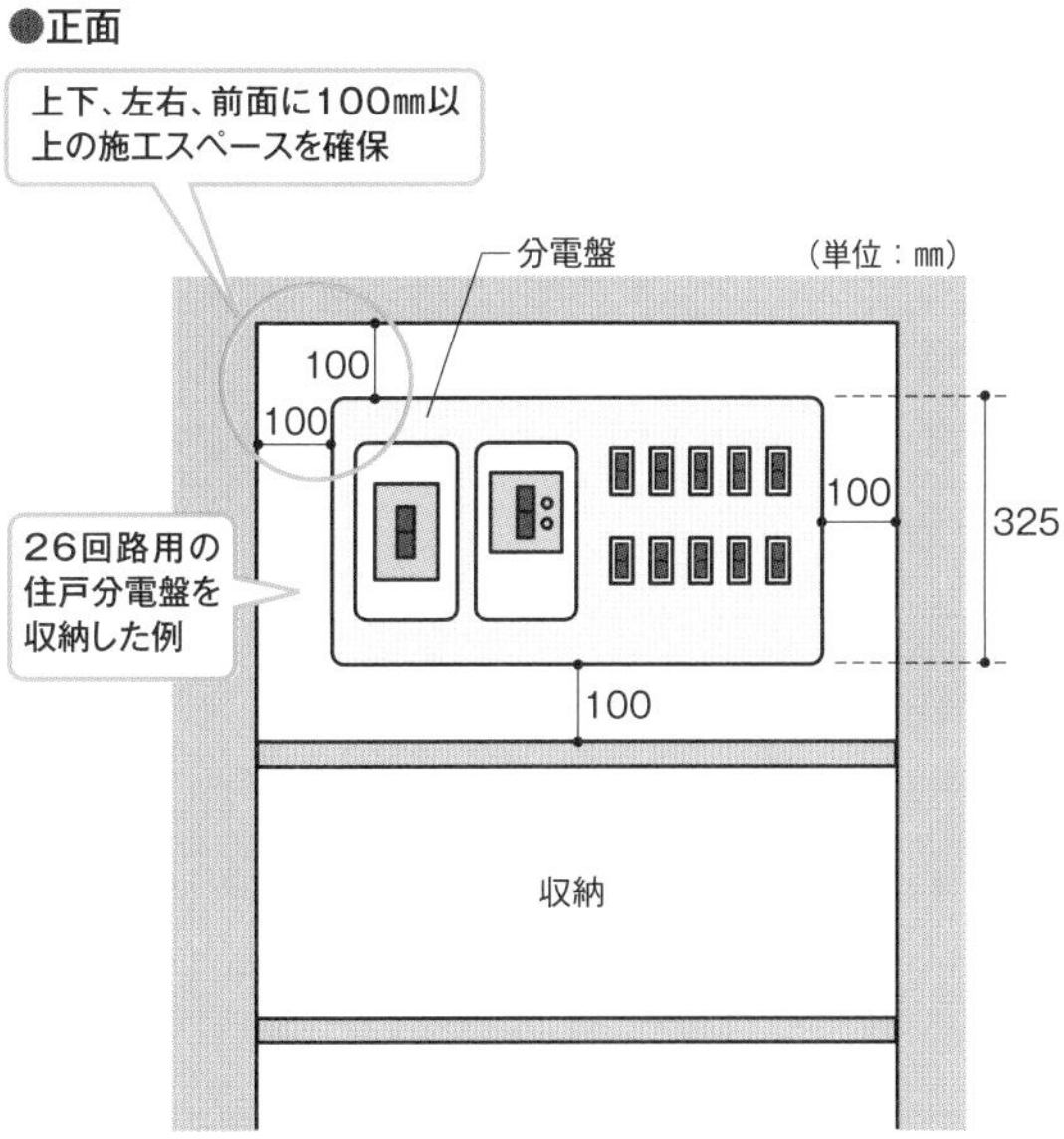

●正面
上下、左右、前面に100mm以上の施工スペースを確保
分電盤
(単位：mm)
100
100
100
325
100
26回路用の住戸分電盤を収納した例
収納

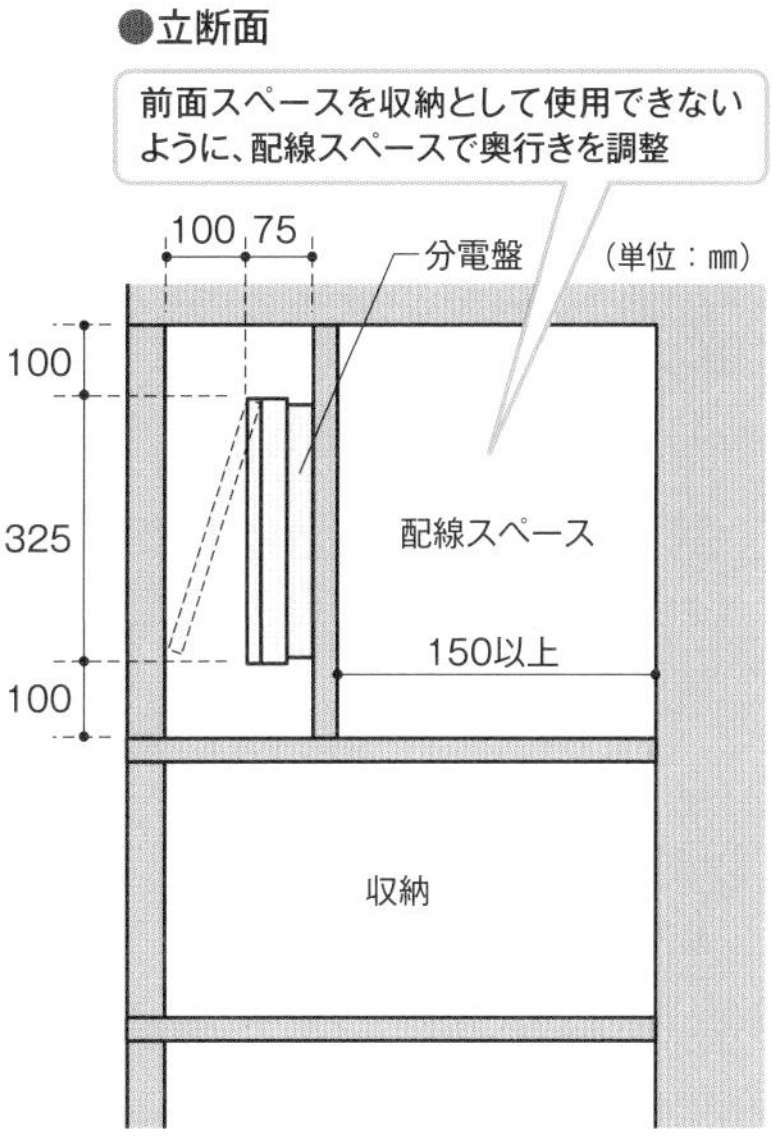

●立断面
前面スペースを収納として使用できないように、配線スペースで奥行きを調整
100
75
分電盤
(単位：mm)
100
325
100
配線スペース
150以上
収納

■ 分電盤の回路数と幅寸法の目安

回路数	幅寸法[mm]
6以下	314
8～12	348
12～14	382
14～20	416
20～24	450
24～28	484

注 リミッタースペースなし

■ 分電盤の設置

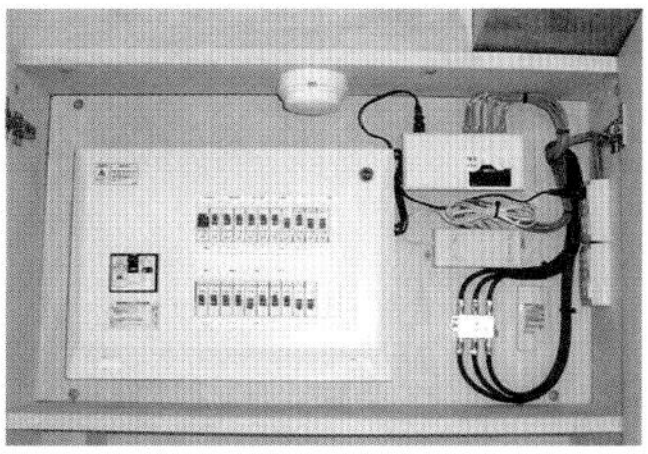

上写真は、分電盤と弱電盤を同じスペースに納めた例

■ さまざまな機能を持った分電盤

●電力測定対応分電盤（HEMS対応分電盤）

発電電力（エネファーム·太陽光etc)、主幹電力(売電・買電)、ガス水道等の状況各分岐回路消費電力を計測しＬＡＮ経由でＨＥＭＳ に伝える通信機能を持つ

●オール電化住宅対応分電盤

エコキュート、ＩＨクッキングヒーターなど、オール電化住宅に用いられる機器を接続するためのブレーカーを内蔵

●ガス発電・燃料電池システム対応分電盤

エコウィルやエネファームを接続するためのブレーカーを内蔵

●セーフティー機能をもった分電盤

・ブレーカーが落ちて室内が暗くなると保安灯が自動的に点灯する
・電気を使いすぎると音声で知らせる
・震度５以上の地震を感知するとランプ、ブザー、または音声などで警報を発して３分間の警報後、主幹漏電遮断器を遮断する機能を持つ
・雷による誘導雷サージ［※］をカットする機能をもつ

※誘導雷リージ：雷によって発生する短時間で一時的な異常な過電圧や過電流のこと

No.
048

コンセント

ココがポイント！

① コンセント6～8個で1回路が目安
② 居室には2畳当たりに1カ所、廊下には10～15mごとに1カ所を目安に設置
③ 消費電力1,000W以上の機器は、専用回路とする

メンテナンス・更新

接地付きの家電が増えることを考慮し、アースターミナル付き接地コンセントを採用

コンセントの回路数

分電盤から分岐した電気は、各部屋のコンセントへ供給される。コンセント6～8個で1回路が目安となり、1回路で同時使用できる容量は１２００～１５００Ｗ程度である。エアコン、電気衣類乾燥器、食器洗い乾燥機、キッチン・洗面所廻りのコンセントなどは、機器の消費電力が１０００Ｗ以上になることが多いので、コンセント１個で1回路（専用回路）とする。

計画時のポイントは、コンセントの用途を具体的に確認することである。電力値が大きい家電製品を使用するコンセントはすべて専用回路とし、各居室、キッチン、洗面脱衣室には200Ｖ用コンセントを1カ所設ける。

また、コンセントの数は、居室には2畳当たりに2口以上が1カ所、廊下には10～15ｍごとに1カ所を目安に設置する。部屋の用途、広さ、使用器具を調べ、将来の機器増も考慮して決定する。

アース（接地）の敷設

２００５年に改訂された内線規程により、住宅用の配線器具について、接地付きのコンセントの敷設が強化された。この取り組みは、安全な電気保安に向けて歩み出したものであり、洗濯機、電子レンジ、冷蔵庫、食器洗い乾燥機、テレビ、パソコンなど多くの家電製品は接地付きコンセントの形状となる。今後、家電機器用のコンセントを予定している箇所は、接地コンセントまたはアースターミナル付き接地コンセントを採用する。

コンセントの種類

コンセントには、水廻りの家電製品に使う接地付き、屋外で使用する防水型のほか、壁が遠い場所やテーブルの下などに設置し、使用時に飛び出させて使用するフロア型、プラグを差込み、ひねると抜けなくなる抜止め式、コードにつまずいたとき外れやすいマグネット式などがある。

■コンセント設置数の目安

回路容量	キッチン	ダイニング	個室・リビング				トイレ	玄関	洗面室	廊下
			7.5~10㎡（4.5~6畳）	10~13㎡（6~8畳）	13~17㎡（8~10畳）	17~20㎡（10~13畳）				
100V	6	4	3	4	5	6	2	1	2	1
200V	1	1	1	1	1	1	—	—	1	—

■アースターミナル付き接地コンセント

●接地コンセント（100V）

●接地極付きコンセント（200V）

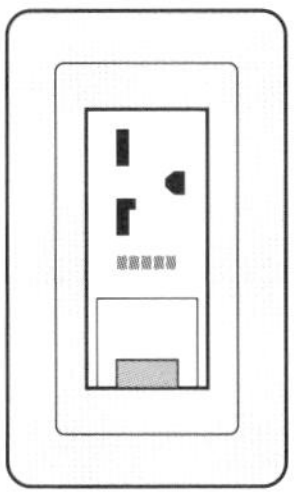

100V用と200V用コンセントは誤使用を避けるため、差込口の形状が異なる

■アースが必要な機器・個所

- 洗濯機
- 食洗機
- 洗濯乾燥機
- エアコン
- 電子レンジ
- 温水洗浄式便座
- 冷蔵庫
- 電気温水器
- コンベック
- 給湯機
- 外部照明・外部コンセント　など

■コンセントの種類

●フロアコンセント

使うときだけ飛び出す

●防水コンセント

庭やベランダなどで電気製品を使うときに便利

●電気自動車充電用の専用屋外コンセント

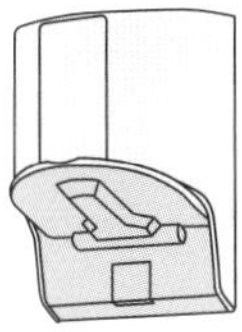

将来のことも考慮し準備しておくとよい

●マグネット式コンセント

高齢者がコードにつまずいたときなどに外れやすい

■コンセントの高さ

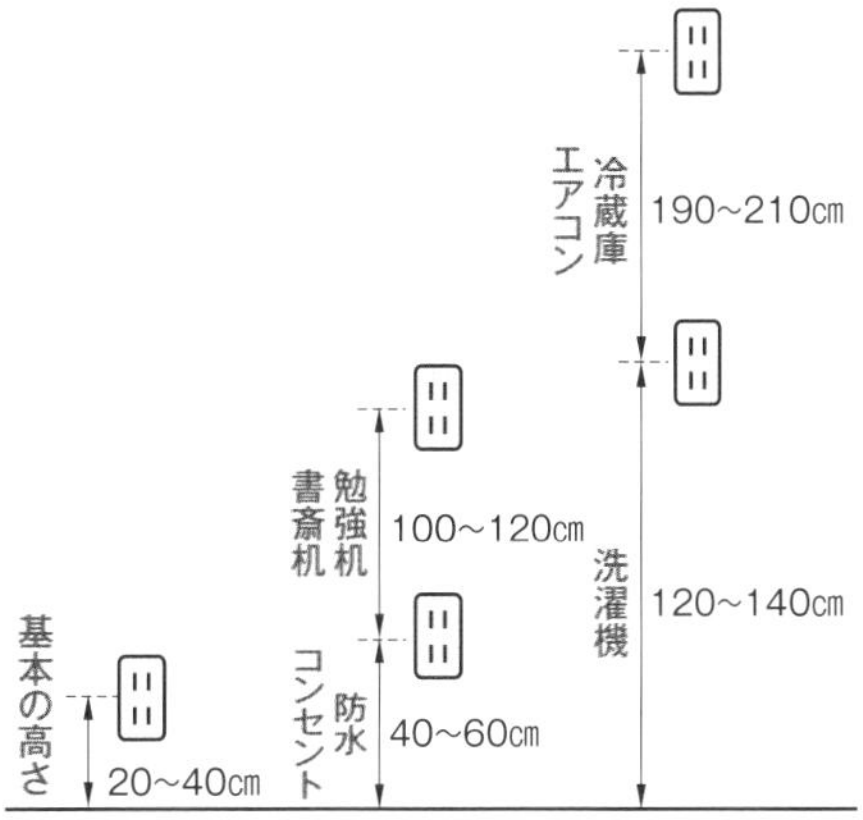

- コンセントの高さは、床面から25cm程度が基本
- 使用機器が一定の場合は、操作しやすい場所に設ける
- しゃがみながらの作業が困難な高齢者には、高めの設置も検討

No.
049

オール電化住宅

ココがポイント!

① IHクッキングヒーターとエコキュートの組み合わせが定着
② 熱源機器にヒートポンプを使うことで環境負荷を軽減
③ 夜間の割安な電気を使うことで経済的に

メンテナンス・更新

比較的新しい機器が多いため、定期点検はこまめに行う

オール電化住宅とは

一般的にオール電化住宅とは、キッチンや、給湯、冷暖房などで使用するすべてのエネルギーを電気でまかなう住宅のことをいう。近年では、キッチンにＩＨクッキングヒーターを、給湯に高効率ヒートポンプ給湯機のエコキュートを導入することが、オール電化住宅として定着しつつある。

冷暖房では、高効率エアコンのほか、ヒートポンプ式床暖房や電気式蓄熱暖房器など、オール電化住宅向けの暖房機器を選ぶこともできる。これらは、燃焼による室内への水蒸気やCO_2の排出が少ないため、結露発生を抑制し、室内の空気をクリーンに保つ。

暖房と給湯にヒートポンプ

家庭で消費されるエネルギー量のうち、暖房と給湯が全体の半分以上を占めている。これらの消費エネルギー量をどれだけ減らせるかが、住宅の環境対策ともいえる。オール電化住宅は、熱源機器にヒートポンプ（198頁参照）が使われており、消費電力の約3～6倍の熱をつくり出すため、従来と比べて消費エネルギー量が削減される。

夜間の割安な電気を使う

オール電化住宅にした場合は、季節や時間帯によって電力量料金単価が異なる「季節別時間帯別電灯」で契約するとよい。特に夜間の単価が安く、エコキュートや蓄熱式電気暖房器など夜間蓄熱式設備を導入する場合にはメリットが大きい。また、調理器やエアコンなど家電製品が最も使われる朝・晩も割安に設定されているため、できるだけ昼間の電気を使わずに夜間や朝晩に電気の使用をシフトすることで、光熱費をより節約できる。

建物も昼間に電気をできるだけ使わないつくりとする。自然光を取り込み、昼間は照明を使わないようにしたり、断熱・気密性能を次世代省エネルギー基準レベルまで高めて冷暖房の効率を上げることにも配慮する。

■ オール電化住宅の設備

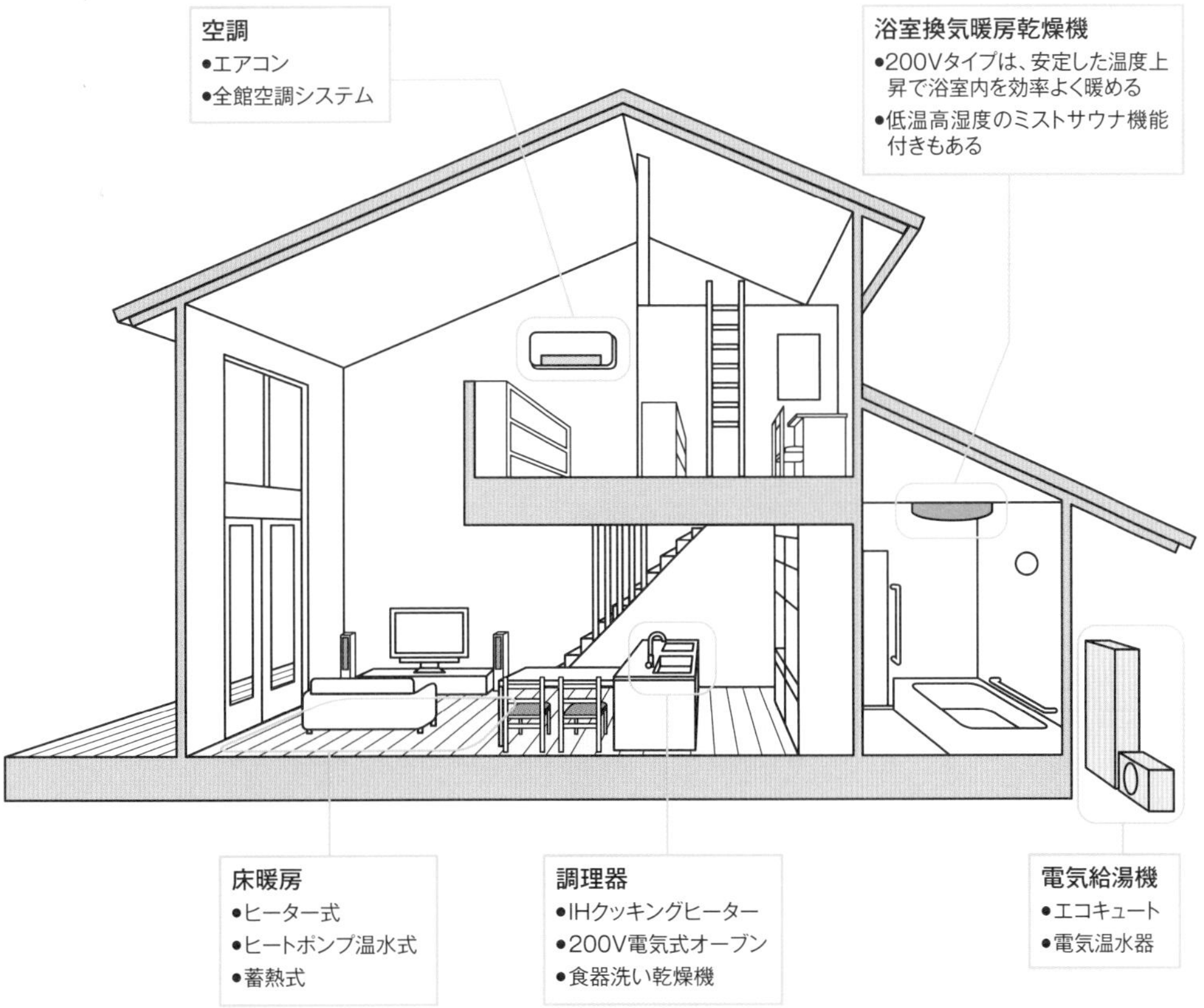
空調
●エアコン
●全館空調システム
浴室換気暖房乾燥機
●200Vタイプは、安定した温度上昇で浴室内を効率よく暖める
●低温高湿度のミストサウナ機能付きもある
床暖房
●ヒーター式
●ヒートポンプ温水式
●蓄熱式
調理器
●IHクッキングヒーター
●200V電気式オーブン
●食器洗い乾燥機
電気給湯機
●エコキュート
●電気温水器

■ オール電化住宅の配線例（単相3線式）

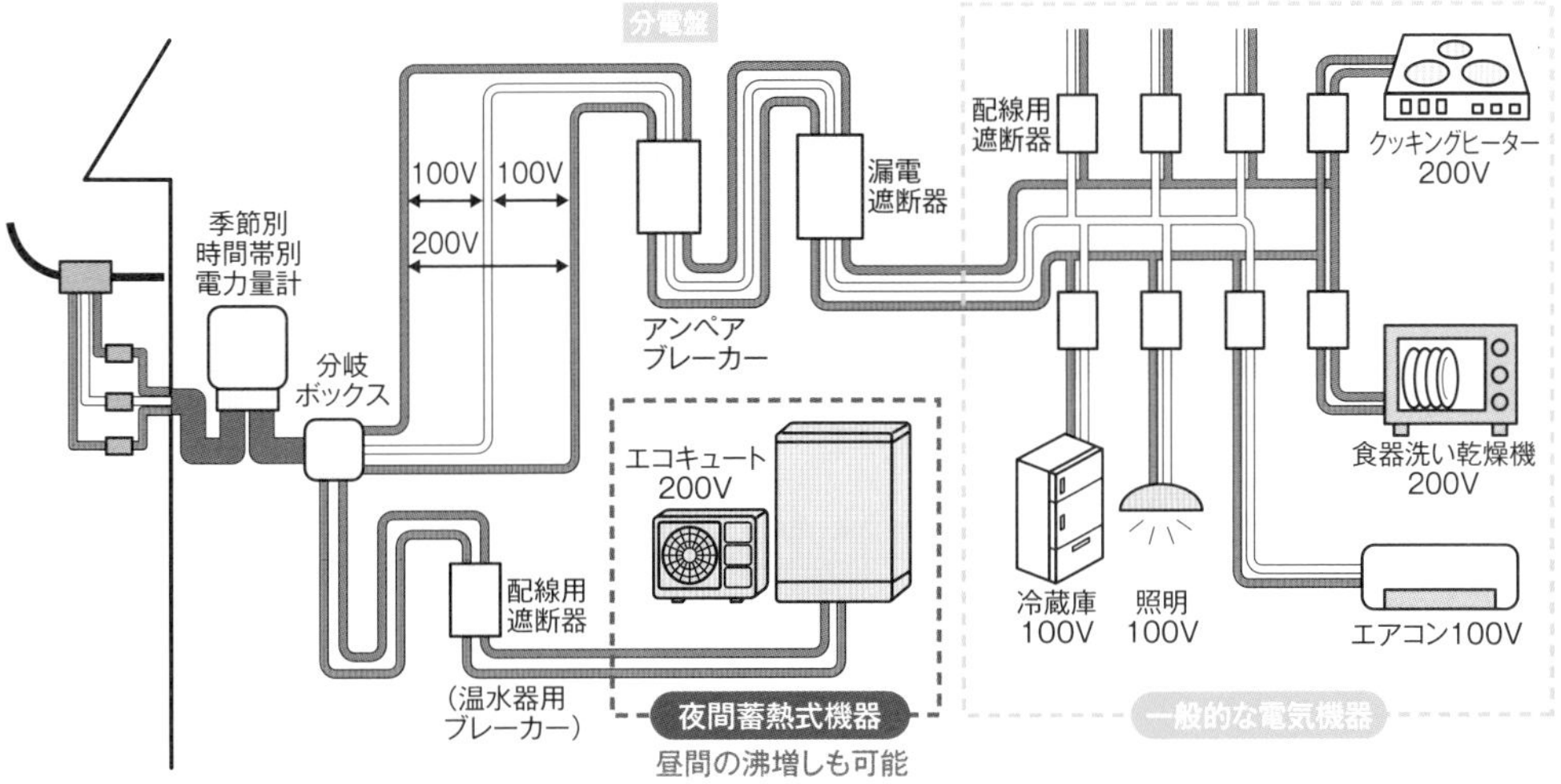
分電盤
季節別
時間帯別
電力量計
分岐
ボックス
100V
100V
200V
アンペア
ブレーカー
漏電
遮断器
配線用
遮断器
クッキングヒーター
200V
食器洗い乾燥機
200V
冷蔵庫
100V
照明
100V
エアコン100V
一般的な電気機器
エコキュート
200V
配線用
遮断器
（温水器用
ブレーカー）
夜間蓄熱式機器
昼間の沸増しも可能

No.
050

照明の基礎知識

ココがポイント!

① 白熱灯は、メーカーが製造を取りやめている
② 色温度によって昼光色、昼白色、電球色などの種類がある
③ LED電球は、電球色、温白色、昼光色などの色が選べる

メンテナンス・更新

長寿命なLEDは、ランプ交換の困難な部分での使用に適する

光源の種類

白熱灯は、赤みを帯びた、柔らかく温かみのある光色で、昼光での見え方に近い。瞬時に点灯できる、調光が容易にできるなどの特徴があり、頻繁に点灯・消灯する部屋に向いている。ただし、電力消費が多く短寿命のため、環境対策の一環として、２０２０年１月現在、ほとんどの大手メーカーは製造を取りやめている。

蛍光灯は、色温度によって、昼光色、昼白色、電球色などの種類がある。広い範囲を明るく均一に照らすことができ、電球の寿命が長く、消費電力も少ない。ちらつく、点灯までに時間がかかる、調光ができないなどの欠点も、高周波安定器（インバータ）照明によって解消された。専用のHfランプと併用することにより、高い省エネルギー効果がある。

ＬＥＤ照明

最近、半導体技術を応用した、低消費電力のＬＥＤ（発光ダイオード）照明が主流となっている。ＬＥＤ照明はイニシャルコストが高価だが、同じ明るさで比較した場合、蛍光灯よりも消費電力は約１／２となり、通常使用で約４００００時間と長寿命で取替えの手間が少ないことが魅力である。

ＬＥＤ照明設置の際は、従来の器具向けにＥ26、Ｅ17、Ｅ11の口金タイプがあるほか、全方向、広配光、下方向タイプなどさまざまな種類があり、建材に埋込むことも可能である。発光部が小さく、まぶしいため、設計計画時には配慮が必要だ。

生活に必要な明るさ

生活に必要な照明器具の明るさは、蛍光灯で1畳当たり約10～15Ｗ、白熱灯で1畳当たり約30～40Ｗが目安となる。ただし、このワット数は光源の消費電力を表したもので、実際の明るさとは異なる。蛍光灯やＬＥＤは、少ない消費電力で白熱灯と同じ明るさを得られるため、省エネ効果が高い。

照明の基本用語

照度［lx:ルクスまたはlm／㎡］	光に照らされる面の明るさ。面に入射する光束のこと
光束［lm:ルーメン］	光源から発せられる光の量。光の基本単位
光度［cd:カンデラまたはlm／sr］	光源のもつ光の強さの程度。点光源からの光が空間を通過する場合、空間の大小により光束の密度が異なる
輝度《きど》［cd／㎡］	輝きの度合い。光源面をある角度から見た場合の明るさ
色温度［K:ケルビン］	光源の色。色温度が高くなるにつれ、赤→黄→白→青と変化する
演色性	物体の色の見え方を決める光源の性質。昼間の自然光（昼光）での見え方に近いほど、演色性がよいとされる
グレア	まぶしさ。見ようとする対象が見えにくくなったり、不快感を与える現象のこと
ランプ効率［lm／W］	ランプの全光束と消費電力の比。発光効率ともいう。 照明機器が一定のエネルギーでどれだけ明るくできるかを表す
光束発散度［lm／㎡］	単位面積当たりの発散光束。面に入射した光は吸収、反射、透過する。実際に見える明るさは反射する光の量で決まる
均等拡散面	すべての方向からの輝度が同じとなる、理想的な面
照度分布	一度に作業面で測定し、照明による明るさの広がりを求めるもの
配光	光源が放つ空間への光の分布
寿命	一般的に光束が初期の70%程度に減衰する時間で表される

●同じ明るさに対するワット数比較

蛍光灯	白熱灯	LED
9W	40W相当	7W
13W	60W相当	9W
18W	80W相当	—
27W	100W相当	—

白熱灯、蛍光灯、LEDの構造

●白熱灯

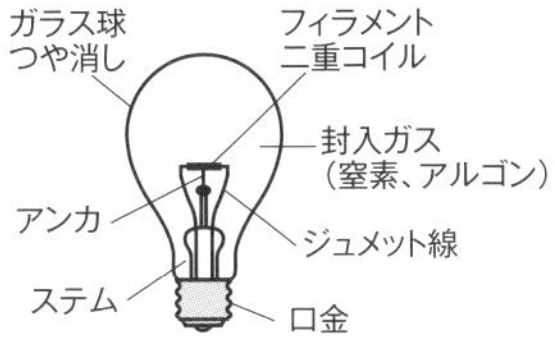
ガラス球
つや消し
フィラメント
二重コイル
封入ガス
（窒素、アルゴン）
アンカ
ジュメット線
ステム
口金

クリアやホワイトタイプ、球自体に反射光が装着されたレフ球、寿命・効率をよくし、小型化したハロゲン電球などもある

●蛍光灯

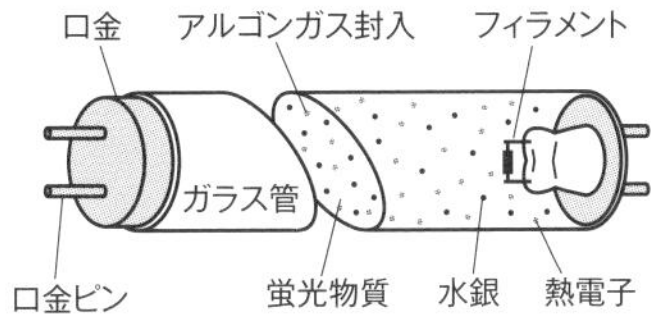
口金
アルゴンガス封入
フィラメント
ガラス管
口金ピン
蛍光物質
水銀
熱電子

安定器、点灯管が必要なスタータ式（FL、FCL）、即時点灯が可能な磁気漏れ変圧器で始動するラピッドスタート式（FLR）、インバータ回路で始動するインバータ式がある

●LED

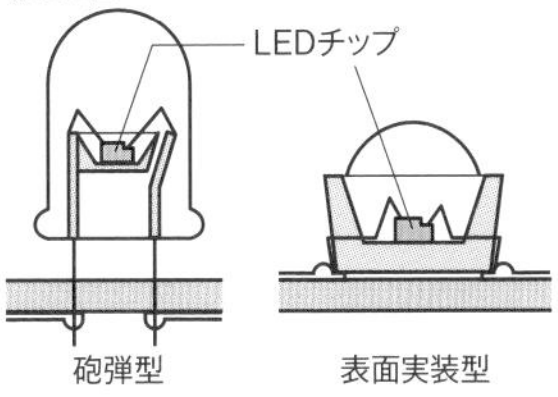
LEDチップ
砲弾型
表面実装型

LEDチップが発光する。LEDチップは、P型半導体とN型半導体で構成される

照度の目安

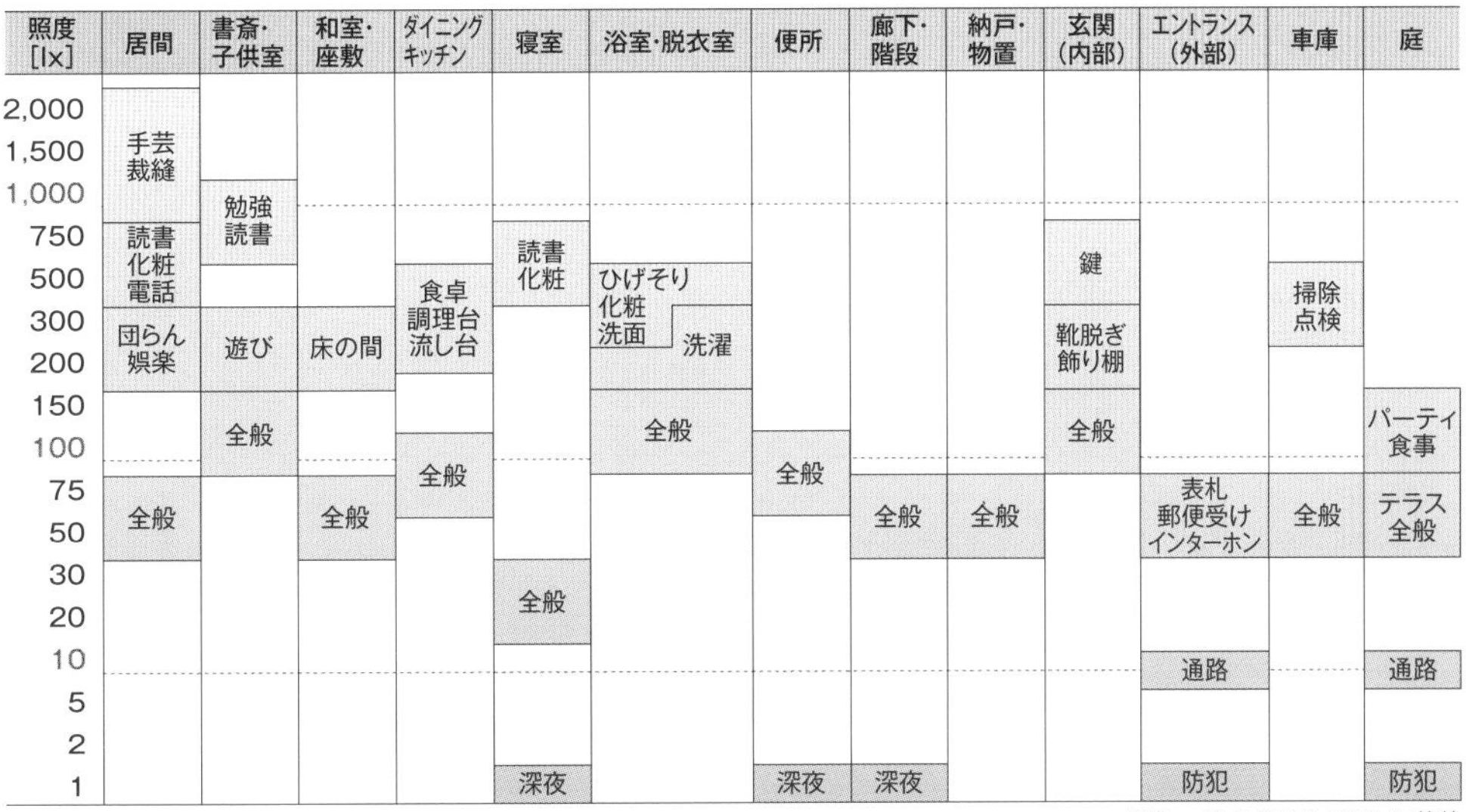
照度［lx］
2,000
1,500
1,000
750
500
300
200
150
100
75
50
30
20
10
5
2
1
居間
手芸
裁縫
読書
化粧
電話
団らん
娯楽
全般
書斎・子供室
勉強
読書
遊び
全般
和室・座敷
床の間
全般
ダイニングキッチン
食卓
調理台
流し台
全般
寝室
読書
化粧
全般
深夜
浴室・脱衣室
ひげそり
化粧
洗面
洗濯
全般
便所
全般
深夜
廊下・階段
全般
深夜
納戸・物置
全般
玄関（内部）
鍵
靴脱ぎ
飾り棚
全般
エントランス（外部）
表札
郵便受け
インターホン
通路
防犯
車庫
掃除
点検
全般
庭
パーティ
食事
テラス
全般
通路
防犯

出典：JIS Z 9110-1979より抜粋

No. 051

住宅用照明

ココがポイント！

① 1室1灯ではなく、補助照明や間接照明を取り入れて空間を演出

② 明るさは内装仕上材の色や質感に影響される

③ 吹抜けや勾配天井への間接照明は開放感を演出

メンテナンス・更新

照明の効果は器具の汚れやランプの光束低下により、少しずつ落ちる

空間全体の計画

一般的に住宅の照明は、天井に主照明を1灯だけ取り付けることが多い。しかし単一の光では、単調でどこか貧相な印象になるため、全体を明るくする主照明と、部屋の雰囲気を演出する補助照明（スタンドライト、スポットライト、ブラケット照明など）や間接照明を組み合わせるとよい。

また、スイッチによる調光やシーン記憶調光器によって照明の明るさを変化させる演出方法もある。照明による見た目の明るさは、ランプの明るさによって決まるのではなく、光を反射する床、壁、天井の仕上材の色や質感に影響される。特に白色系の仕上げは反射率が高く、明るさを重視する場合には適している。

間接照明の手法

間接照明を計画する際は、最初に空間をどのように見せたいかを考える。通常、吹抜けや勾配天井など空間に広がりがある場合は、天井を間接照明で明るくすると開放感が得られる。反対に天井が低い場合には、天井面の低さを強調することにより圧迫感をもたらすため、注意が必要である。間接照明の手法として、主に次の3つがある。

●**コーブ照明**　天井面への光を照射する間接照明の一種。天井面に柔らかな光を拡散させる。上部からの視線を考慮する場合はカバーを設置する。

●**バランス照明**　天井、壁面、カーテンなどへの間接照明の一種。窓の上などに取り付け、上下両方を照らす。

●**コーニス照明**　壁への間接照明の一種。壁面の上部から下へ光を照射させる。下からランプが見えやすい場合は、透光性のある素材で目隠しするとよい。光源が直接見えないよう遮光板はランプ高さと合わせる。内側に光板を取り付けると明るさが得られる。

間接照明では、照明ボックスをカーテンボックスと兼用したり、内装材と一体化させ、光の拡散を調整することで一体感のある空間演出ができる。

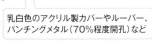

■ 間接照明の種類

●コーブ照明

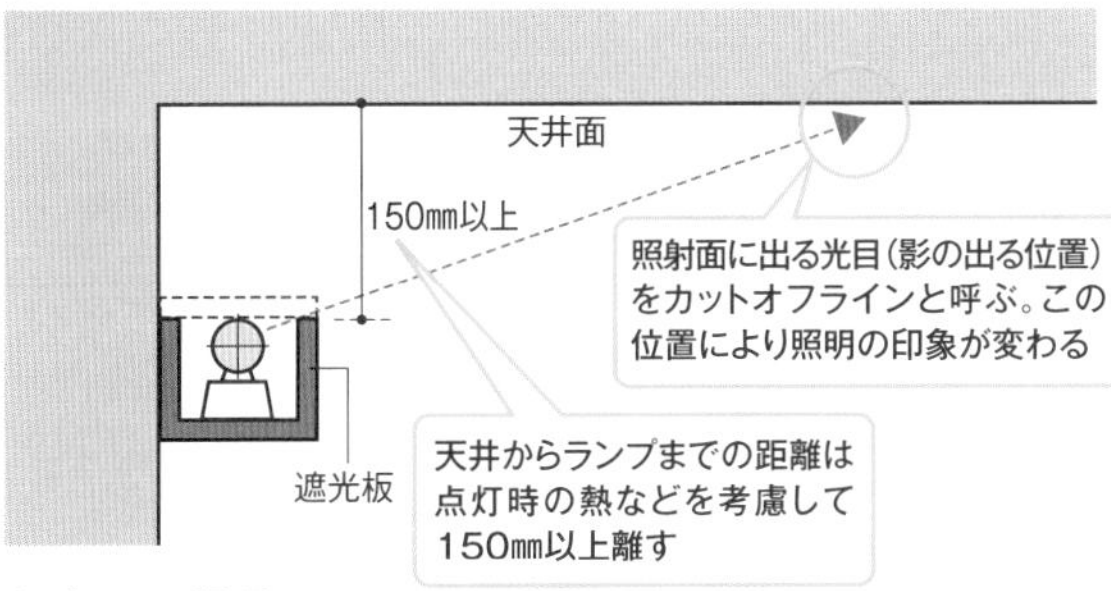
天井面
150㎜以上
照射面に出る光目（影の出る位置）をカットオフラインと呼ぶ。この位置により照明の印象が変わる
遮光板
天井からランプまでの距離は点灯時の熱などを考慮して150㎜以上離す

●バランス照明

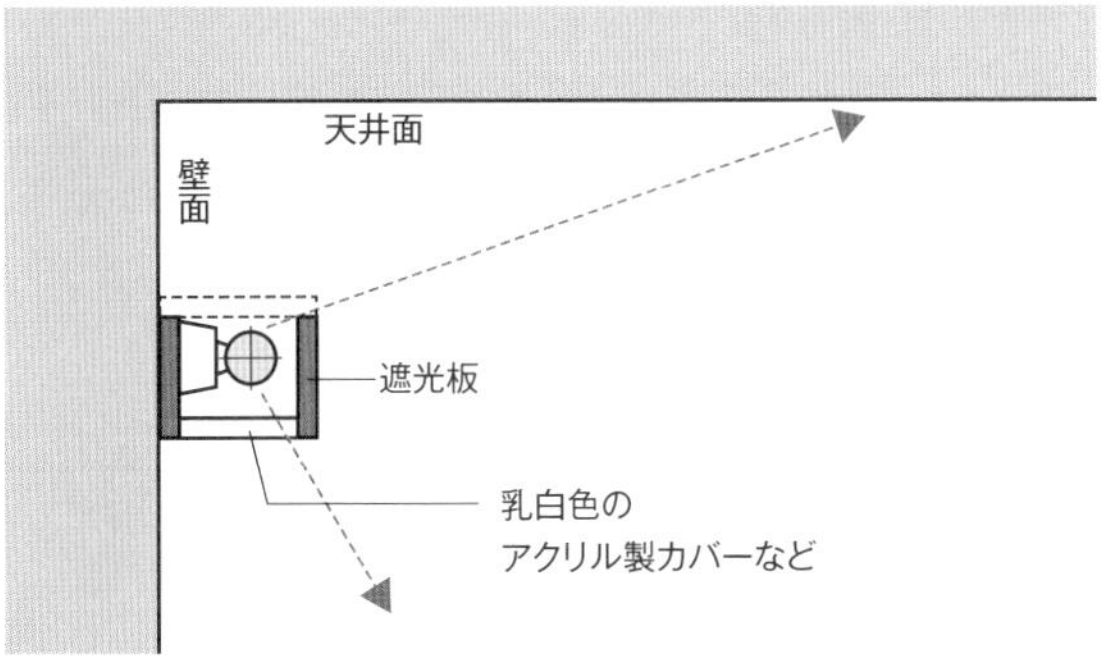
天井面
壁面
遮光板
乳白色の
アクリル製カバーなど

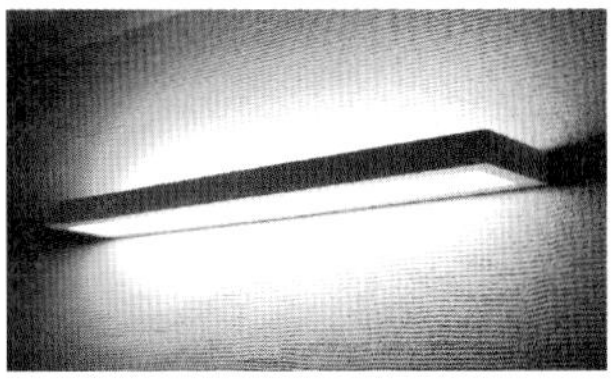

●コーニス照明

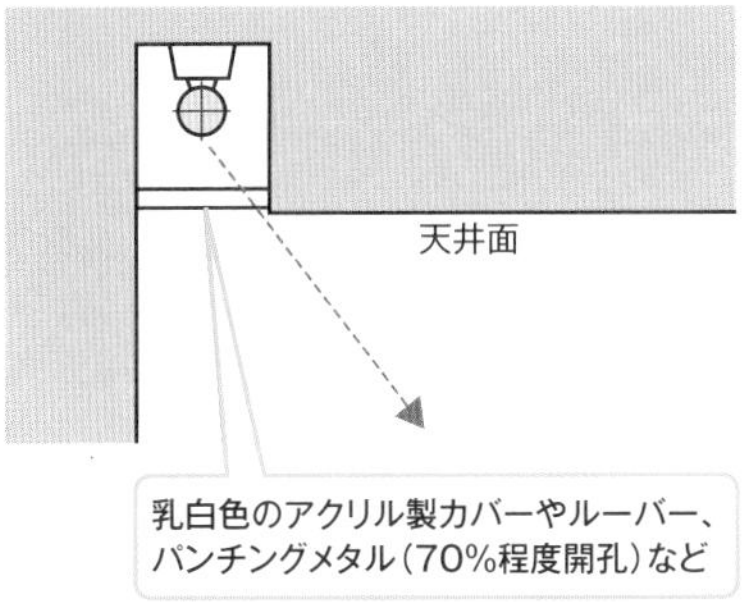
天井面
乳白色のアクリル製カバーやルーバー、パンチングメタル（70%程度開孔）など

●床の間接照明

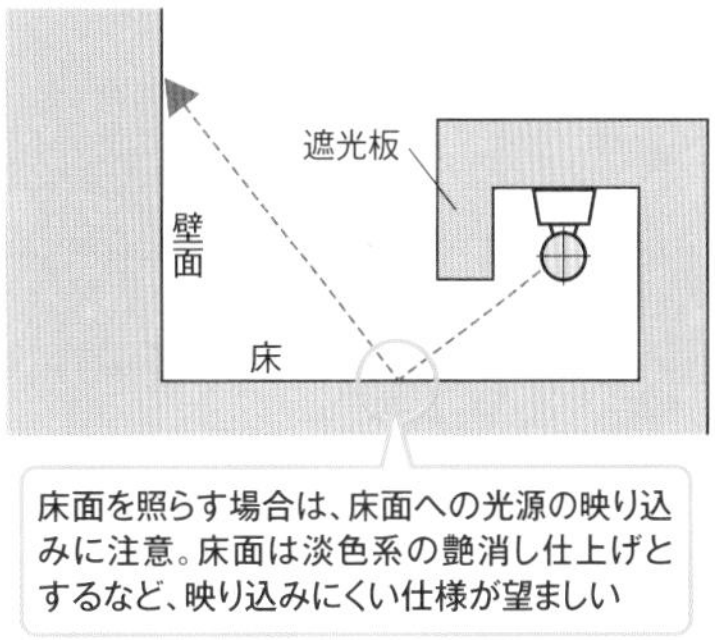
遮光板
壁面
床
床面を照らす場合は、床面への光源の映り込みに注意。床面は淡色系の艶消し仕上げとするなど、映り込みにくい仕様が望ましい

室内のイメージに合わせ、ふさわしい方法を選ぶようにする

■ 蛍光灯の光を連続させる方法

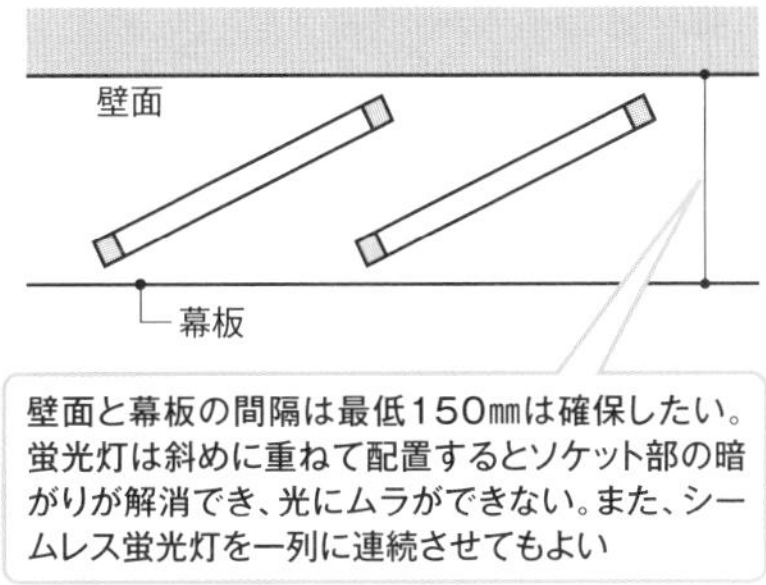
壁面
幕板
壁面と幕板の間隔は最低150㎜は確保したい。蛍光灯は斜めに重ねて配置するとソケット部の暗がりが解消でき、光にムラができない。また、シームレス蛍光灯を一列に連続させてもよい

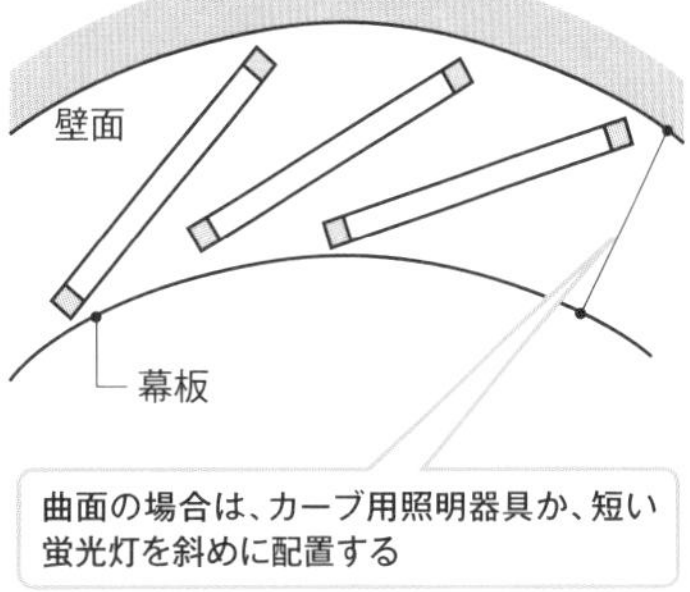
壁面
幕板
曲面の場合は、カーブ用照明器具か、短い蛍光灯を斜めに配置する

No. 052

テレビ共聴と地デジ

ココがポイント!

① 衛星放送の110°CSとBSアンテナは共有できるが、CSは単独のアンテナが必要
② デジタル化により、テレビのサービスが多様化
③ 4K・8Kとは、次世代の映像規格でハイビジョンを超える超高画質の映像

メンテナンス・更新

アンテナが確実に固定されているか定期的に確認する

地上波・衛星・ケーブルの違い

現在、テレビ放送を見るには、地上の電波塔からの地上波をアンテナで受けて見る方法（地上波）、放送局から衛星を介して衛星放送用アンテナで見る方法（衛星放送）、建物にTVケーブルを引き込んで見る方法（ケーブルテレビ：CATV）、同様に光ケーブルを引き込んで見る方法などが主なものである。

地上波は、UHFアンテナを立てて受信する。衛星放送にはCS、110°CS、BSがあり、アンテナは衛星の方向へ向けて設置する。110°CSとBSのアンテナは共有できるが、CSは単独のアンテナが必要となる。

地上波は、従来のアナログ放送がデジタル放送に完全移行した。地上デジタル放送は、UHF帯の電波を使って放送され、デジタル化により、高画質・高音質、双方向機能、データ放送、携帯電話向けのワンセグ放送などのさまざまな付加価値が高まった。

地上デジタル放送の仕組み

デジタル放送は、情報をデジタル化することによって、アナログ放送とは比べものにならないほど、多くの情報を送信することができる。たとえば、1つの番組内で別の画面を送信したり、結末が違うドラマのストーリーを同時に放送したりすることも可能になった。

さらに、クイズ番組に直接参加して賞品を獲得したり、リアルタイムでテレビショッピングをしたり、放送中の番組に参加することもできる。これを双方向サービスと呼ぶ。

有線放送の受信方法

ケーブルテレビでも地上デジタル放送を視聴することは可能である。そのためには、ケーブルテレビ専用の受信機器が必要となる。そのため、導入にあたっては、管轄のケーブルテレビ局に問い合わせる必要がある。光ケーブル（ひかりTV）にて受信する場合も同様である。

テレビ共聴の種別

種別		要点
地上波	UHF（13~62ch）	2011年7月24日に一部地域を除きデジタル放送に完全移行
衛星放送	BS	NHKBS1、NHKBSプレミアム、WOWOW、ハイビジョンch、BS日テレ、BS-TBS、BS-FUJI、BS朝日など
	110°CS	スカパー!
	CS	スカパー!プレミアムサービス
有線放送	ケーブルテレビ（CATV）	全国各地域のCATV会社
	光ケーブル	ひかりTV、スカパー!プレミアムサービス光

注　ひかり TV はサービス提供エリアを必ず確認すること

アンテナ設置の留意点

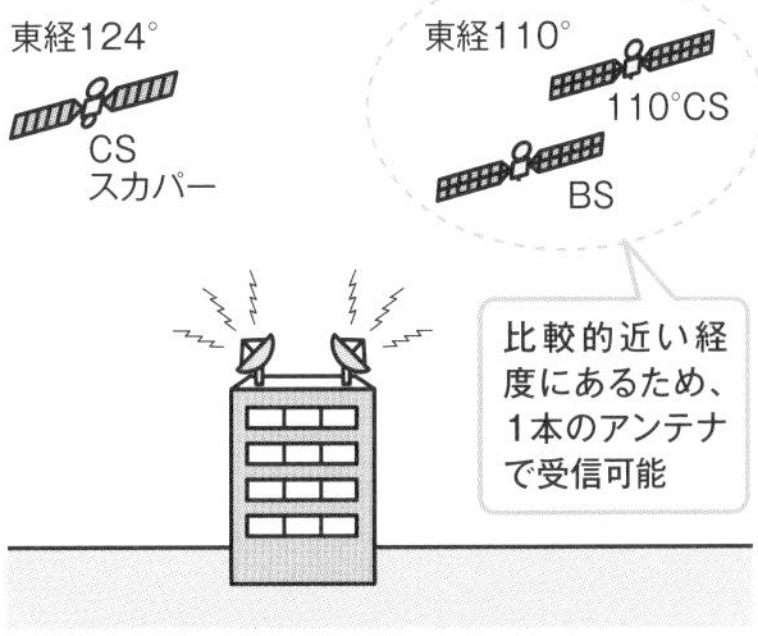

受信の仕組み

●地上デジタル放送

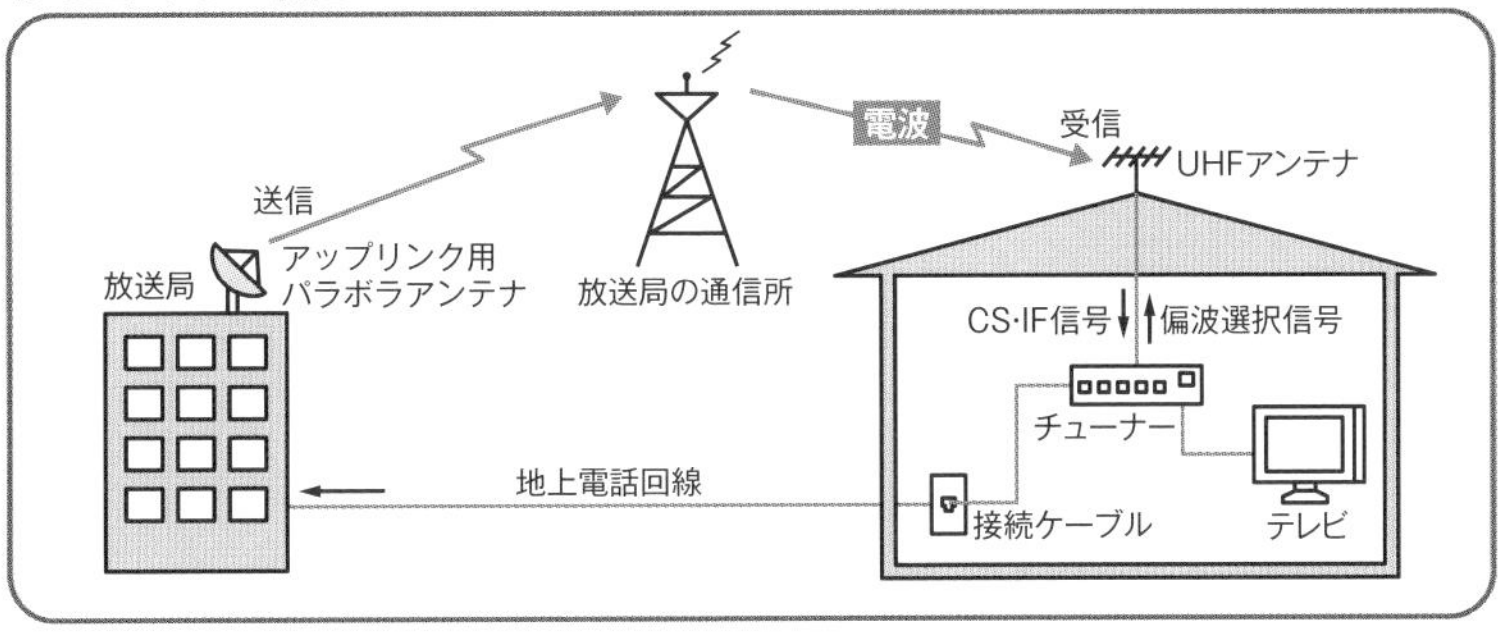

●CS

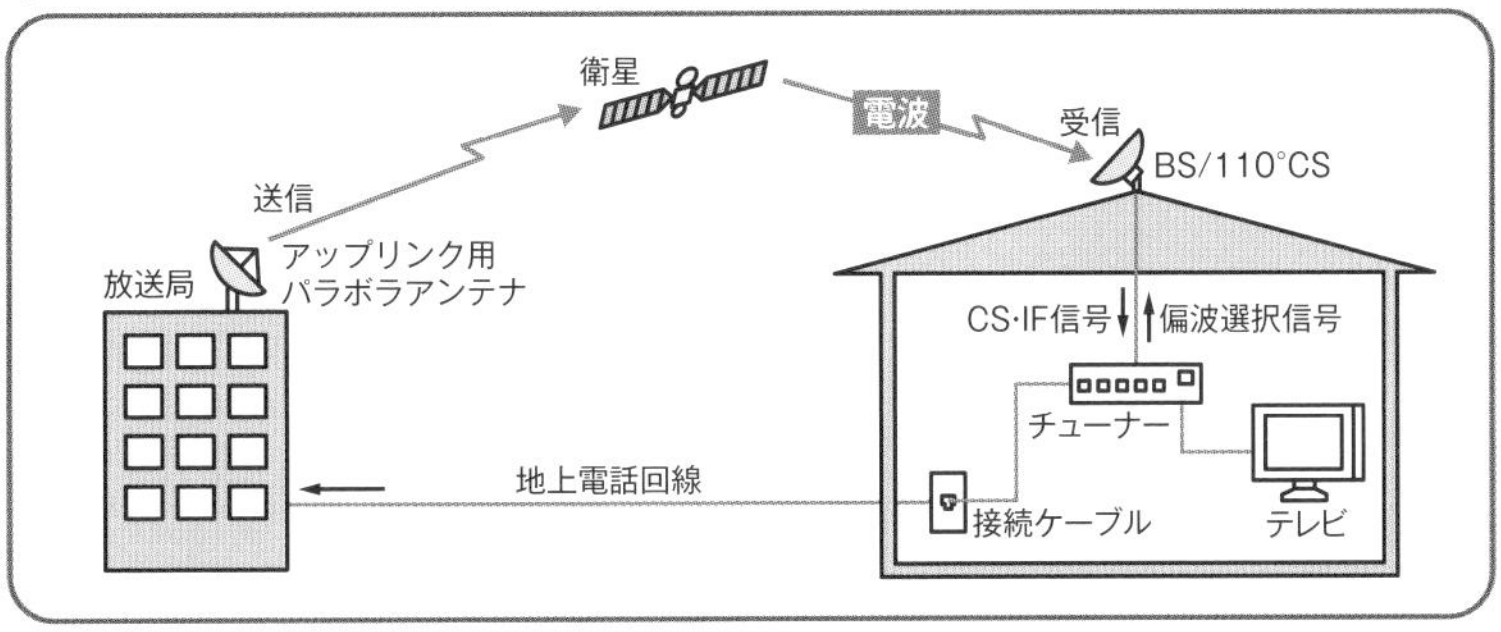

●CATV（光ケーブル）

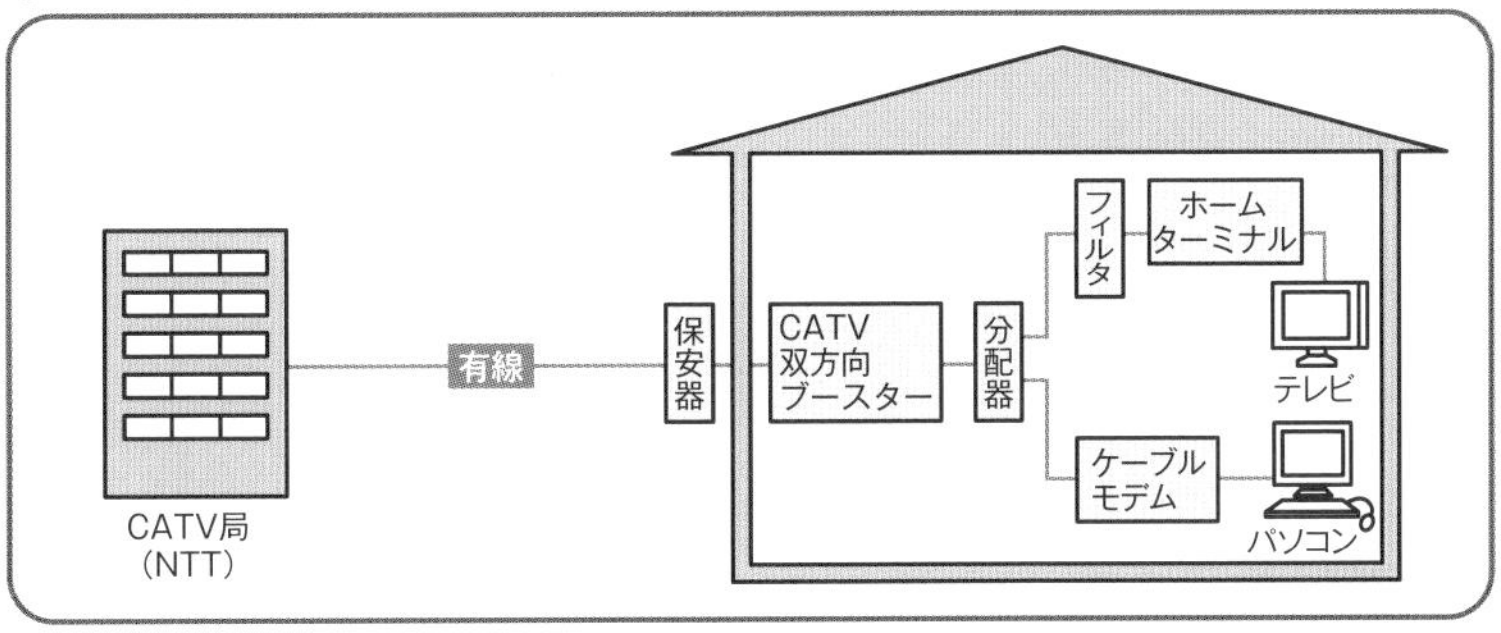

No.
053

宅内LANの構築

ココがポイント!

① LAN構築に便利なマルチメディアコンセント
② PLC方式モデムを電気コンセントに差し込むだけで接続できる
③ 弱電盤により複雑な配線や施工上のミスが減る

メンテナンス・更新

速度、安定性、セキュリティなど性能的には有線LANが優れる。新築時から配線しておく

宅内ＬＡＮとは

ＬＡＮとはLocal Area Networkの頭文字で、複数のパソコンやプリンタなどの機器を接続するためのネットワークのこと。ＬＡＮを住戸内で構築することを「宅内ＬＡＮ」と呼ぶ。

かつては複数のパソコンの情報を家族間で共有するネットワークという認識が一般的だったが、光ファイバーを利用したＦＴＴＨやアナログ電話回線を利用したＡＤＳＬ、ＣＡＴＶといったブロードバンドの普及により、最近ではインターネットを利用してパソコンやテレビ、ＩＰ電話（インターネット回線を使った電話）などを手軽に楽しむ人が激増した。

宅内ＬＡＮを構築する方法はさまざまだが、基本的には引込み位置からＬＡＮにつなぐ機器を設置する部屋まで、モデムとルーター、ハブを通して、ＬＡＮケーブルを配線していく。

接続方法には、有線ＬＡＮ、無線ＬＡＮのほか、最近は電力線をＬＡＮケーブルとして利用するＰＬＣ（電力線通信）がある。この方式では、ＰＬＣモデムを電気コンセントに差し込むだけで手軽に利用できる。ただし、漏洩電磁波や電気ノイズの発生によって、ほかの機器に影響を与えるおそれがあるため、後からの宅内ＬＡＮ工事で配線を露出させたくない場合に検討する。

弱電盤の仕組み

弱電盤（情報分電盤）は、ＬＡＮ端子台やハブ、テレビを視聴するためのブースター、電話端子台などを1つにまとめたユニットである。それぞれの機器を木板などに取り付ければ弱電盤は必要ないが、機器がユニット化された弱電盤を使用すれば個別に取り付けたときに比べ、複雑な配線や施工上のミスも少なく、見た目もすっきりと納まる。

また、各部屋にテレビ、電話、ネットワーク用の端子差込口を1つにまとめたマルチメディアコンセントを取り付けると、各部屋のパソコンとのＬＡＮ構築が容易に可能となる。

宅内LANの仕組み

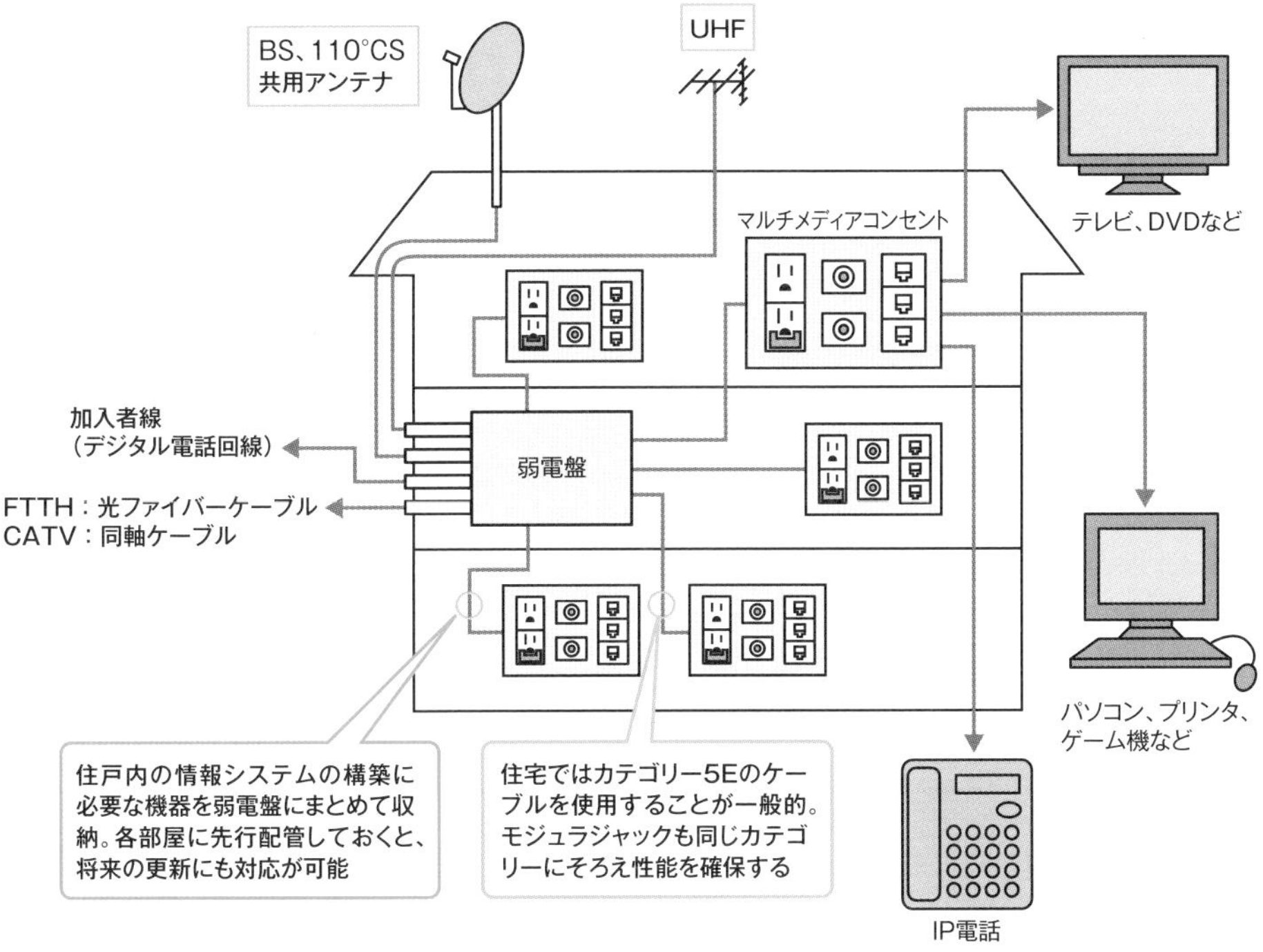
BS、110°CS
共用アンテナ
UHF
マルチメディアコンセント
テレビ、DVDなど
加入者線
（デジタル電話回線）
弱電盤
FTTH：光ファイバーケーブル
CATV：同軸ケーブル
パソコン、プリンタ、
ゲーム機など
住戸内の情報システムの構築に必要な機器を弱電盤にまとめて収納。各部屋に先行配管しておくと、将来の更新にも対応が可能
住宅ではカテゴリー5Eのケーブルを使用することが一般的。モジュラジャックも同じカテゴリーにそろえ性能を確保する
IP電話

便利なPLC方式

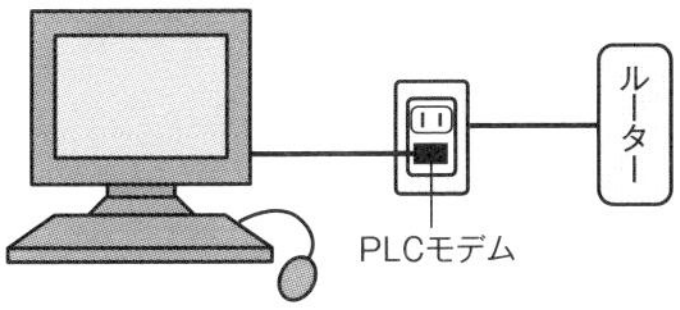
ルーター
PLCモデム

電源のコンセントを通じてデータ通信を行う通信技術。電波が届かなかったり通信速度が遅くなったりなど問題が発生しにくい。無線LAN同様、セキュリティには注意が必要

弱電盤の仕組み

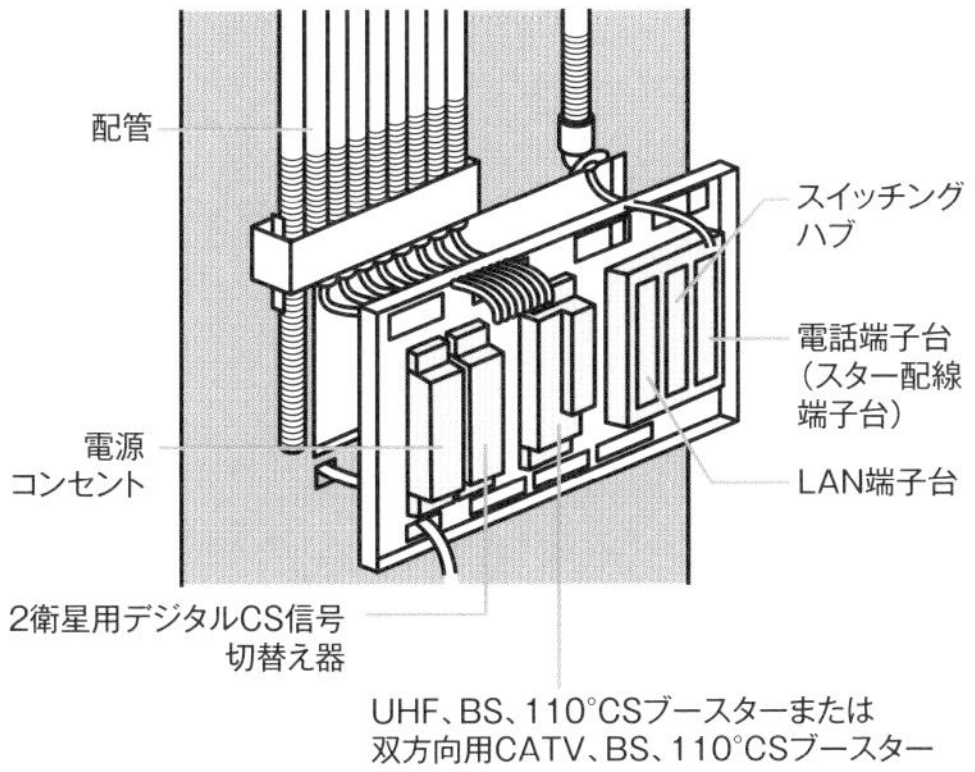
配管
スイッチング
ハブ
電話端子台
（スター配線
端子台）
電源
コンセント
LAN端子台
2衛星用デジタルCS信号
切替え器
UHF、BS、110°CSブースターまたは
双方向用CATV、BS、110°CSブースター

マルチメディアコンセント

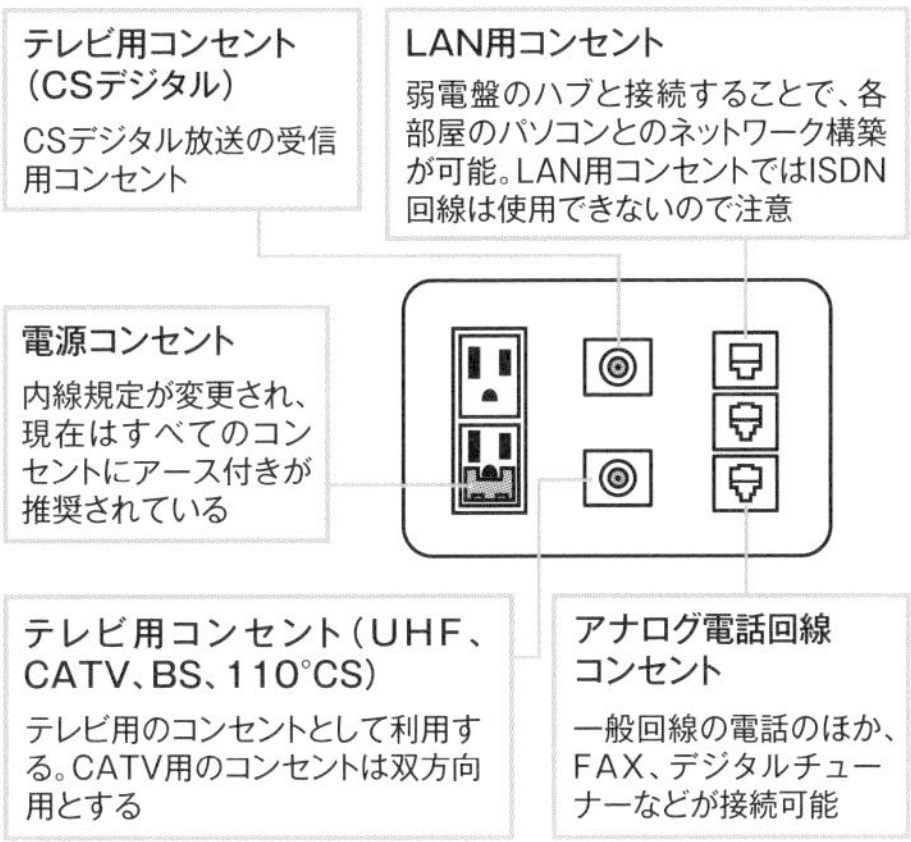
テレビ用コンセント
（CSデジタル）
CSデジタル放送の受信用コンセント
LAN用コンセント
弱電盤のハブと接続することで、各部屋のパソコンとのネットワーク構築が可能。LAN用コンセントではISDN回線は使用できないので注意
電源コンセント
内線規定が変更され、現在はすべてのコンセントにアース付きが推奨されている
テレビ用コンセント（UHF、CATV、BS、110°CS）
テレビ用のコンセントとして利用する。CATV用のコンセントは双方向用とする
アナログ電話回線
コンセント
一般回線の電話のほか、FAX、デジタルチューナーなどが接続可能

インターホンと防犯設備

No. 054

ココがポイント!

① インターホンと火災警報器の連動が可能
② インターホンと電気錠を連携させる際は、連携の可、不可をメーカーに確認する
③ ホームセキュリティ導入時は、センサー類の配線が露出しないように先行配管を行う

メンテナンス・更新

各機器類の電池切れなどに注意する

インターホンの取付け

インターホンは、玄関外に取り付ける呼出用の玄関子機と、室内側に取り付ける親機で構成される。

親機はリビングダイニングなど、常に人がいる部屋に設置し、増設することもできる。設置の際は、操作しやすい位置に取り付け、カメラ付き玄関子機の場合は、逆光になる場所を避ける。

通話方法には、ボタンを押して手ばなしで通話するハンズフリータイプや、持ち運びができるワイヤレスタイプ、受話器タイプなどがある。

カメラ付き玄関子機は、親機の液晶モニターで来客者の映像を確認できるほか、画面で操作するタッチパネル式モニター機能、来客者とのやりとりを録音・録画できる機能、家族同士の伝言メモを録音できる機能などがある。

また、オプションとして、住宅用火災警報器と連動して警報音が鳴る機能や、ガス漏れ検知器と連動した警報発信、玄関扉・門扉の電気錠の開閉など、セキュリティ面での多機能化が進んでいる。

なお、電気錠と連携させる際は、連携の可、不可をメーカーに確認する。

ホームセキュリティの注意点

日本人の防犯に対する意識は年々向上しており、特に近年では自宅を泥棒などから守るホームセキュリティへの関心が高まっている。

ホームセキュリティは、一般的には警備会社によって住宅内外に防犯、火災・ガス漏れ監視、緊急通報ボタンなど、さまざまなセンサーが設置される。取り付けたセンサーが異常を感知すると、すぐに警備会社のコントロールセンターに異常信号が送られる。コントロールセンターでは、住宅に状況確認の電話を入れると同時に、緊急対処員が現場に駆けつけ、適切に対処する仕組みだ。

新築時に導入する際は、有線となるセンサー類の配線が露出しないように、先行配管することが重要である。

■ インターホンの仕組み

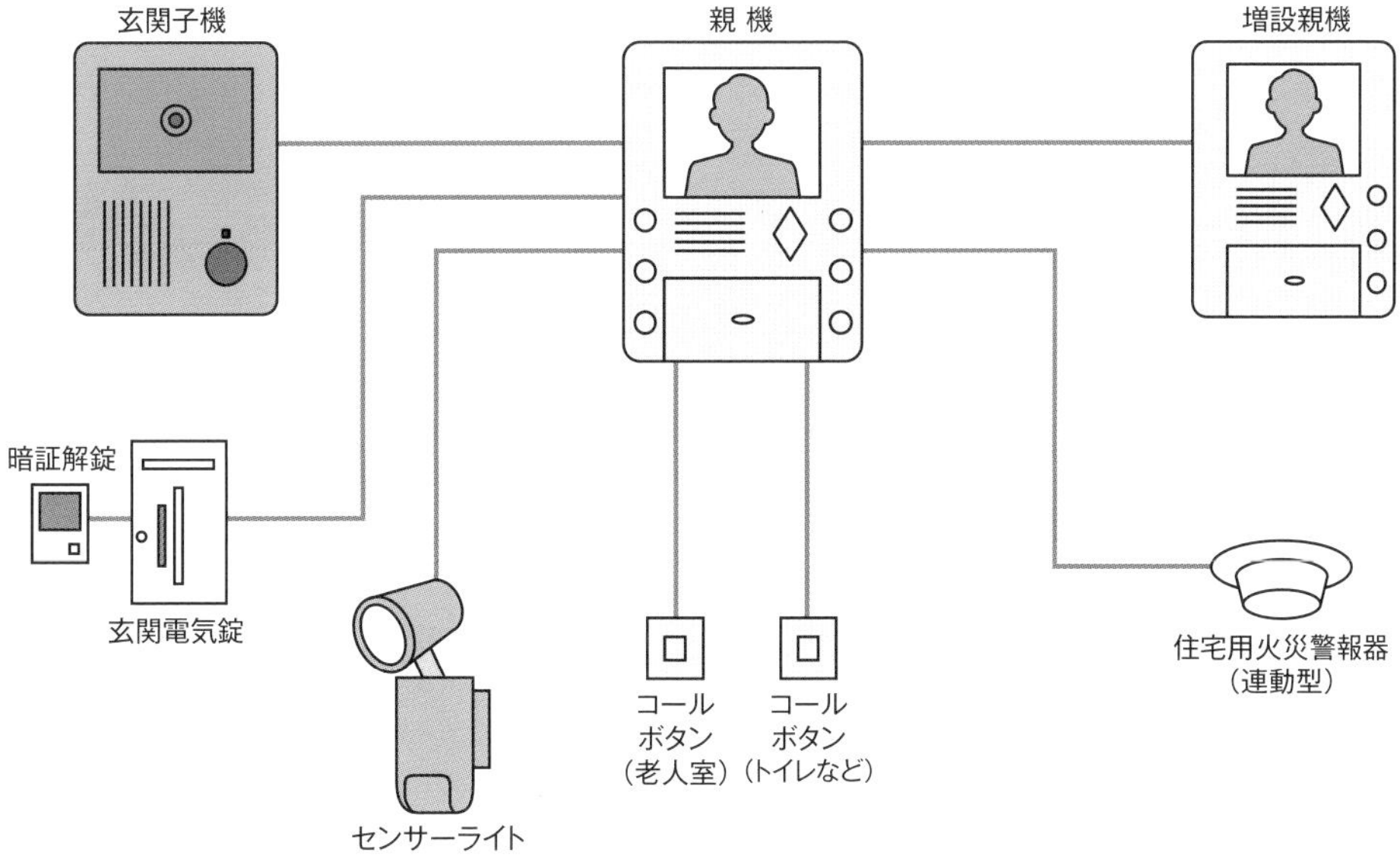
玄関子機
親 機
増設親機
暗証解錠
玄関電気錠
センサーライト
コール
ボタン
（老人室）
コール
ボタン
（トイレなど）
住宅用火災警報器
（連動型）

■ カメラ付き玄関子機の取付け位置

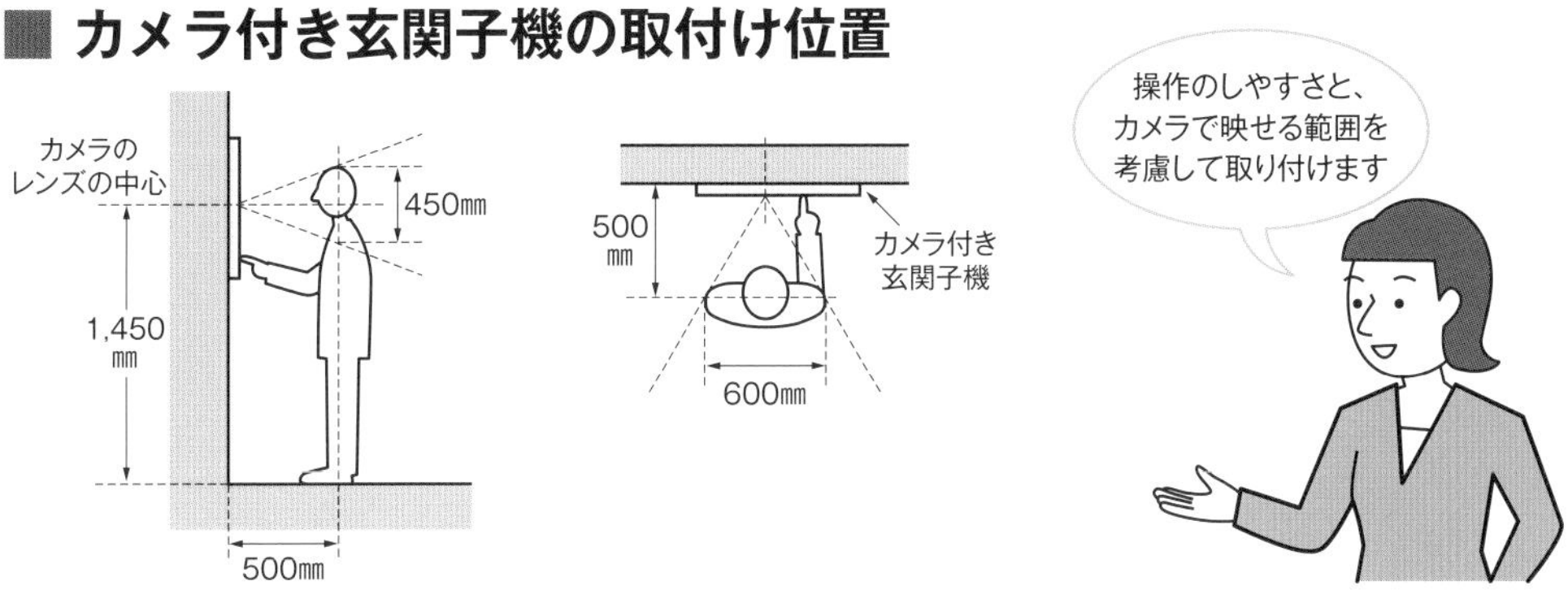
カメラの
レンズの中心
450㎜
1,450
㎜
500㎜
500
㎜
カメラ付き
玄関子機
600㎜
操作のしやすさと、
カメラで映せる範囲を
考慮して取り付けます

■ 電気錠の種類

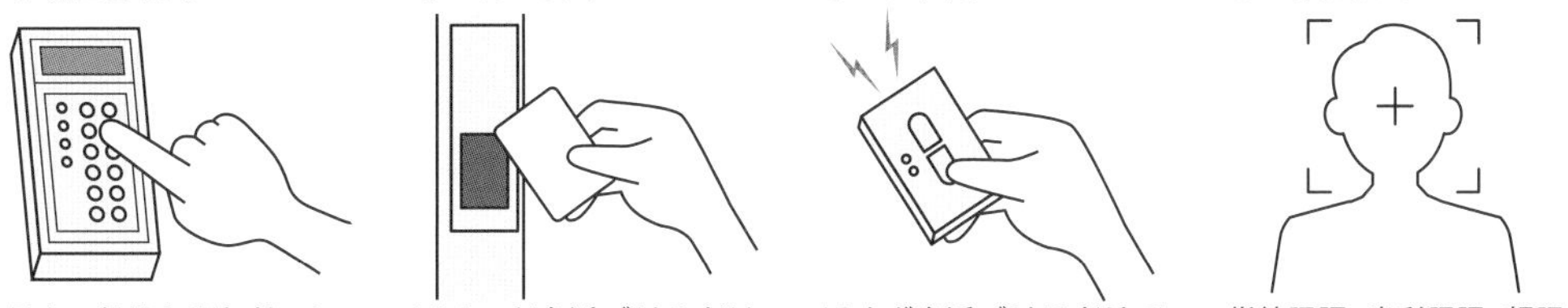
●暗証番号式
●ICカード式
●ICタグ式
●生体認証式

暗証番号式：最も一般的な電気錠。4～12桁程度の暗証番号を設定でき、鍵やICカードとも併用できる。数字の配列が変わり、解錠番号が判読しにくいタイプもある

ICカード式：ICカードを近づけるだけで開錠可能な非接触タイプ。専用のICカード以外のカードを登録できるタイプもある

ICタグ式：ICタグを近づけるだけで解錠できる。リモコンタイプもある

生体認証式：指紋認証、光彩認証、顔認証（輪郭や口元の動きなどで識別）などがある。利用者の生体情報を登録するため、居住者が変わる賃貸住宅には向かない

No. 055

ホームオートメーション

ココがポイント！

① 遠隔操作などで、住まい手が異常に対応する
② 各機器はHA端子（JEM-A端子）に対応したものを採用する
③ 宅内LANを整備し、インターネットに常時接続することが必須

メンテナンス・更新

新築時に最低限必要な機器を導入しておけば、後からの増設に対応できる

ホームオートメーションとは

ホームオートメーションは、宅内ＬＡＮと外部サーバーの連携によって、住戸内の家電機器の管理や遠隔操作などを行うシステムであり、セキュリティ機能と便利機能がある。

セキュリティ機能としては、外出先から電気錠のかけ忘れを確認し、施錠操作ができるほか、火災警報器やガス漏れ検知器、防犯用カメラなどで検知した異常を、外出先から知ることも可能である。

便利機能としては、照明、エアコン、床暖房、給湯機、調理機器などの動作確認と遠隔操作ができる。たとえば、外出先からエアコンの消し忘れを確認したり、帰宅前に床暖房の電源を入れ、部屋を快適な状態にしておくことができる。また、夜間に照明をコントロールすれば防犯にも役立つ。電気の使用状況を確認し、自動で機器の電源をオフにする機能もあるため、防災や省エネにも有効だ。

なお、防犯や災害などの異常に対し、住まい手が対応するのがホームオートメーション、警備会社が対応するのがホームセキュリティである。

ネットには常時接続

ホームオートメーションシステムを導入するには、まず速度500kbps以上のインターネットに常時接続し、宅内ＬＡＮが整備された通信環境とする。次に、サービス提供会社と契約し、サービスに対応した専用機器（親機）、ＨＡ端子（ＪＥＭ-Ａ端子）対応の機器（エアコンや照明など）を導入する。

各機器から発信される情報は、宅内ＬＡＮを通して専用親機が受信し、インターネットで携帯電話やパソコンなどに送られる。携帯電話から送る情報は、サービス提供会社のサーバーを通して専用親機に届き、親機から各機器に送られてシステムが作動する。

新築時に導入プランを立てることが大切だが、最初は最低限必要な機器を選び、後から増設することも可能だ。

■ ホームオートメーションシステムの仕組み

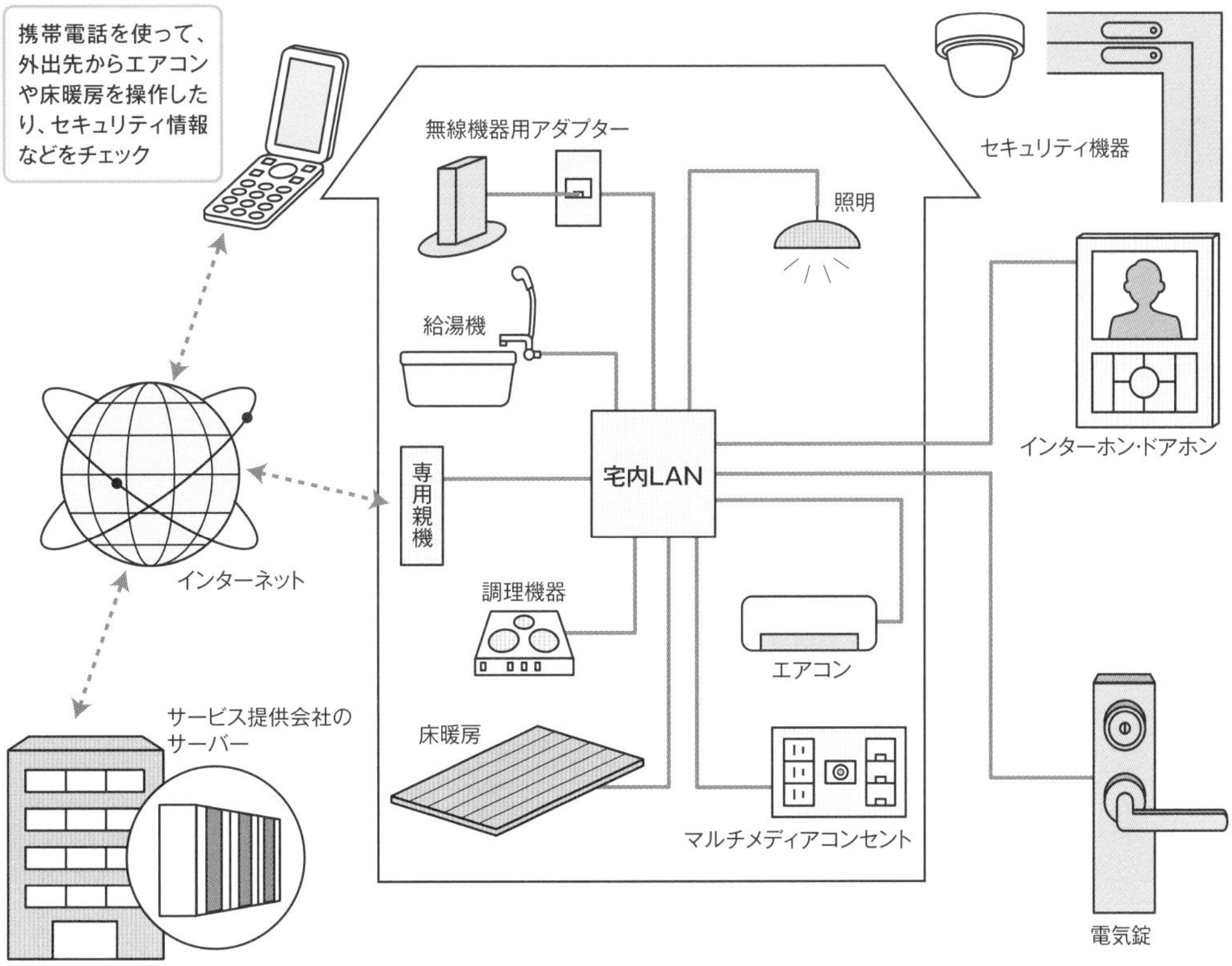

携帯電話を使って、外出先からエアコンや床暖房を操作したり、セキュリティ情報などをチェック
無線機器用アダプター
セキュリティ機器
照明
給湯機
インターホン・ドアホン
専用親機
宅内LAN
インターネット
調理機器
エアコン
サービス提供会社のサーバー
床暖房
マルチメディアコンセント
電気錠

■ ホームオートメーションシステムの機能

●セキュリティ機能

玄関・窓の異常を通知	玄関ドア・窓のセンサーが異常を検知すると、携帯電話にメールで通知
照明の遠隔制御	外出先から携帯電話でリビングの照明を点灯。在宅中を装い、空き巣を防ぐ
帰宅メールの通知	家族などの帰宅をメールで知らせる
在宅警備モード	在宅時でも、玄関ドアや窓センサーの一部を選択して警備可能
施錠確認	携帯電話やパソコンから玄関の施錠状態を確認できる
設備の監視	火災・漏電・漏水・故障などの設備機器の異常を監視
室内の異常を通知	侵入者を人感センサーで監視し、室内の異常を携帯電話にメールで通知
電気錠の遠隔操作	外出先から携帯電話で施錠を確認し、遠隔操作で施錠できる

●便利機能

家電機器の遠隔操作	エアコンや床暖房のスイッチを遠隔でオンオフできる。給湯機や浴室暖房のコントロールも可能
来訪者の画像配信	留守中に来訪者があった場合、携帯電話にメールで通知。サーバーにアクセスすると画像を見ることができる
着荷通知	宅配ロッカーに荷物が届くと、携帯電話にメールで通知
緊急地震速報に対応	2007年10月にスタートした気象庁提供の緊急地震速報に対応し、通報するシステムもある

No. 056

ホームエレベーター

ココがポイント!

① 一住戸内で使用することが原則
② 縦穴区画が適用される場合は、昇降路の防火区画が必要
③ エレベーター用の確認申請（設備）と完了検査が必要

メンテナンス・更新

建築基準法により、所有者には法定点検が義務付けられている

ホームエレベーターとは

ホームエレベーターは、戸建住宅に設置する2～3人乗りの家庭用エレベーターのことで、高齢化、バリアフリー対策などに利用される。

エレベーターの走行する最下階床から最上階床までの昇降行程10ｍ以下、昇降速度30ｍ／分以下、積載荷重200kg以下、エレベーター内床面積1.1㎡以下という規制があり、業務用と区別される。店舗など併用住宅への設置も可能だが、一住戸内で使用することが原則なので、不特定の人が利用しないよう、エレベーターホールを施錠などによって区画しなければならない。

駆動方式は、ワイヤーロープを巻き上げてかごを昇降させるロープ式、かごを下から支えるジャッキを油圧で動かし昇降させる油圧式がある。

また、昇降路は省スペース化しており、畳1枚分のスペースに設置できる小型タイプや、間口の広い横長タイプもある。

計画上の留意点

計画にあたっては、プランによるスペースの確保や構造検討のほかに、建物規模や階数によっては、防火区画（竪穴区画）が必要となる。その場合は、昇降路を準耐火構造の床もしくは壁とし、乗場前に「遮炎性能」および「遮煙性能」をもつシャッター等の防火設備を設置するか、乗場扉を遮炎・遮煙性能の扉とする。また、エレベーター内には、外部連絡用の電話機を標準装備する。万が一エレベーター内に閉じ込められた場合などの緊急時の連絡手段となるため、電話線の引込みを必要とする。電源としては、駆動用の単相200Vと照明用の単相100Vの引込みを行う。

なお、エレベーター用の確認申請（設備）と完了検査が必要となり、建築基準法によって所有者には法定点検が義務付けられている。エレベーターは後からでも設置できるため、新築時に吹抜けや収納として設置スペースを確保しておくのもよい。

■ ホームエレベーターの計画

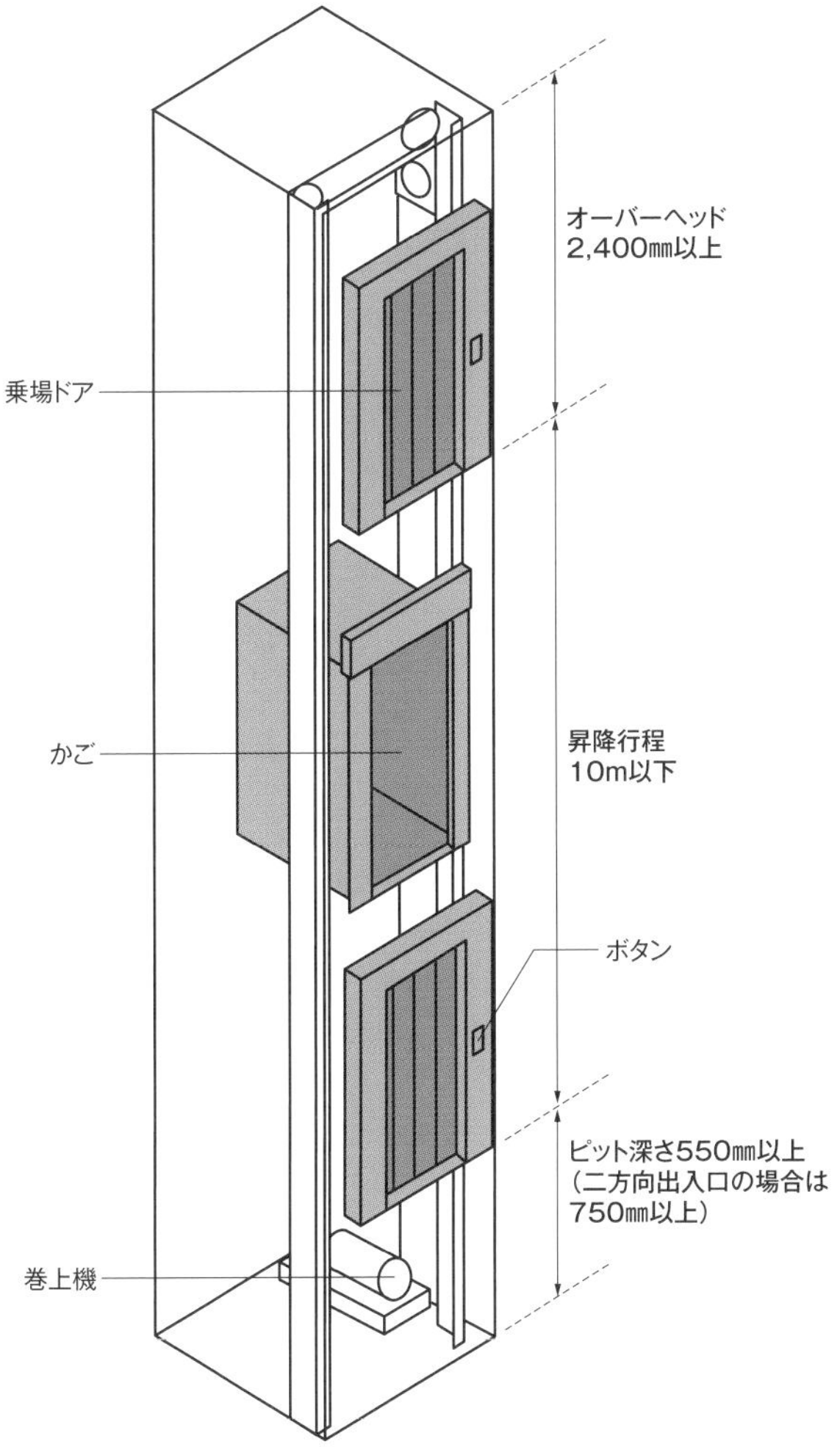
オーバーヘッド
2,400㎜以上
乗場ドア
かご
昇降行程
10m以下
ボタン
ピット深さ550㎜以上
（二方向出入口の場合は
750㎜以上）
巻上機

■ サイズの目安

●3人乗り

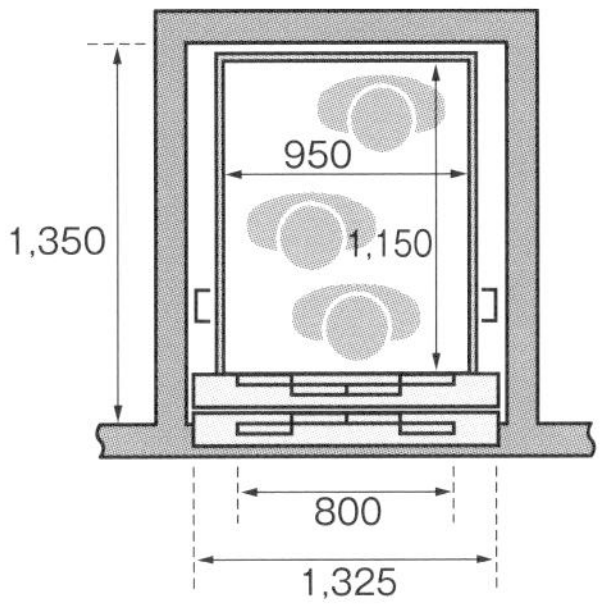
950
1,350
1,150
800
1,325

車椅子利用者は最低でも間口が750㎜以上、奥行きで1,100㎜以上が必要。そのため3人用を選ぶとよい

●2人乗り

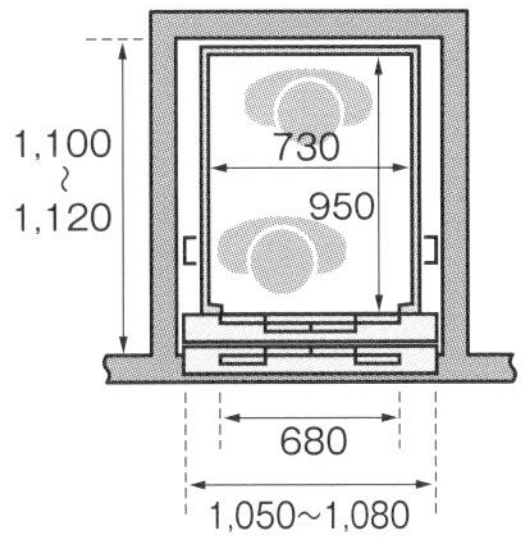
1,100
～
1,120
730
950
680
1,050～1,080

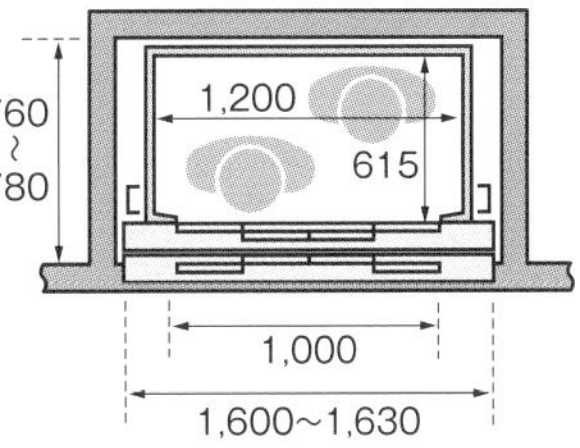
760
～
780
1,200
615
1,000
1,600～1,630

■ 二方向出入口

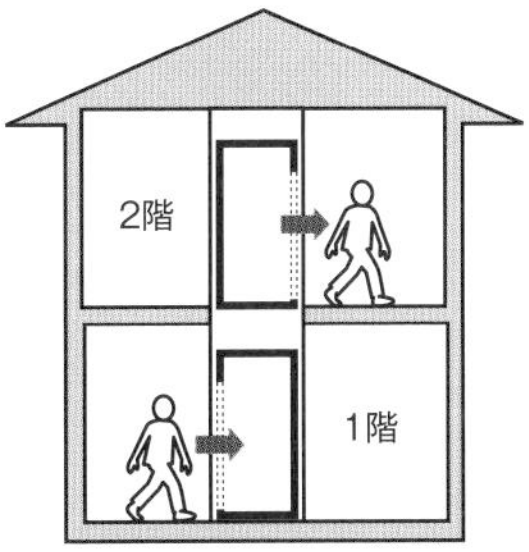
2階
1階

1階は正面から、2階は背面から乗り降りできる

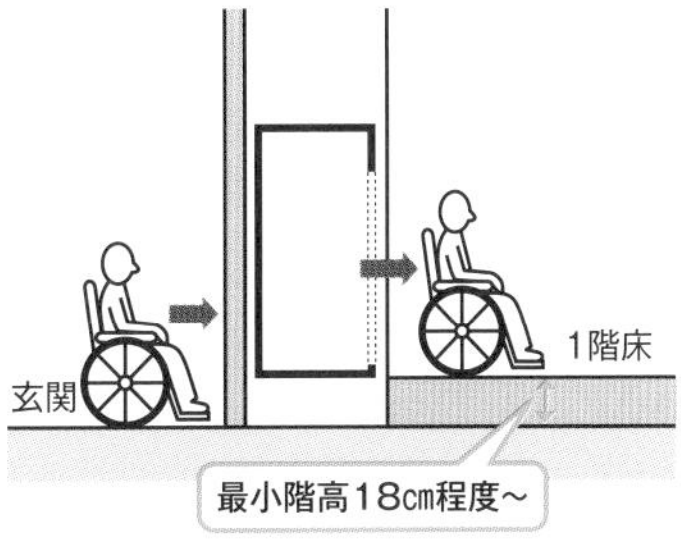
玄関
1階床
最小階高18㎝程度～

玄関の上がり框《かまち》などの段差解消リフトにもなる

No. 057

ホームシアター

ココがポイント!

① 5.1chサラウンドシステムでは、スピーカーを円周上、左右対称に配置

② 機器類を載せる台は共振しないように固定

③ 音響機器用電源は専用回路とし、他機器の干渉によるノイズ発生を避ける

メンテナンス・更新

機器類の配置は、設置後の角度調整、コンセント位置、将来更新スペースにも配慮する

ホームシアターの構成

家庭用AV機器が発達し、ホームシアターを楽しもうとする建築主が増えている。

ホームシアターの映像機器には、部屋を暗くして投影するプロジェクターとスクリーン、明るいまま使用する大画面テレビがある。スクリーンは壁掛け、床置き、天吊り型などを選ぶことができ、プロジェクターは発熱や騒音を考慮し、なるべく部屋の最後部に設置する。画面は低めに設置し、最適視聴距離は、大画面テレビは画面高さの2～3倍、スクリーンは1.2～1.5倍を目安とする。

音響機器は、5本のスピーカーと1本のサブウーハーで臨場感を増す5.1chサラウンドシステムが普及している。画面両サイドに設置するレフト・ライトスピーカーは、床から300～500mmの高さに設置すると外部への遮音効果が高まり、音質もよくなる。高音用スピーカーは鑑賞者の耳より高めに設置し、主に人の声を出すセンタースピーカーは画面下中央に設置する。

後方左右のサラウンドスピーカーを天吊りやスタンド固定にする場合、振動を伝えないよう壁や天井からなるべく離す。サブウーハーは重低音が出るので、直置きせず台の上に載せる。DVD、アンプなどをラック内に設置する場合は、運転音対策として周囲を吸音パネルで覆う。

これらのホームシアター機器は、通常、建物完成後に設置し配線を行うため、機器類の位置をあらかじめ決めておき、配線スペースのためのルートを確保することが重要となる。

ホームシアターの内装

RC造はある程度の遮音が確保できるが、GL工法仕上げは遮音性能を損ねるので、LGSなど間柱工法とする。木造の場合は、下階への振動を抑えることが難しいため1階に設置し、内装には重量のある石膏ボードを多く使用すると効果的である。

ホームシアターのレイアウト

●映画館型

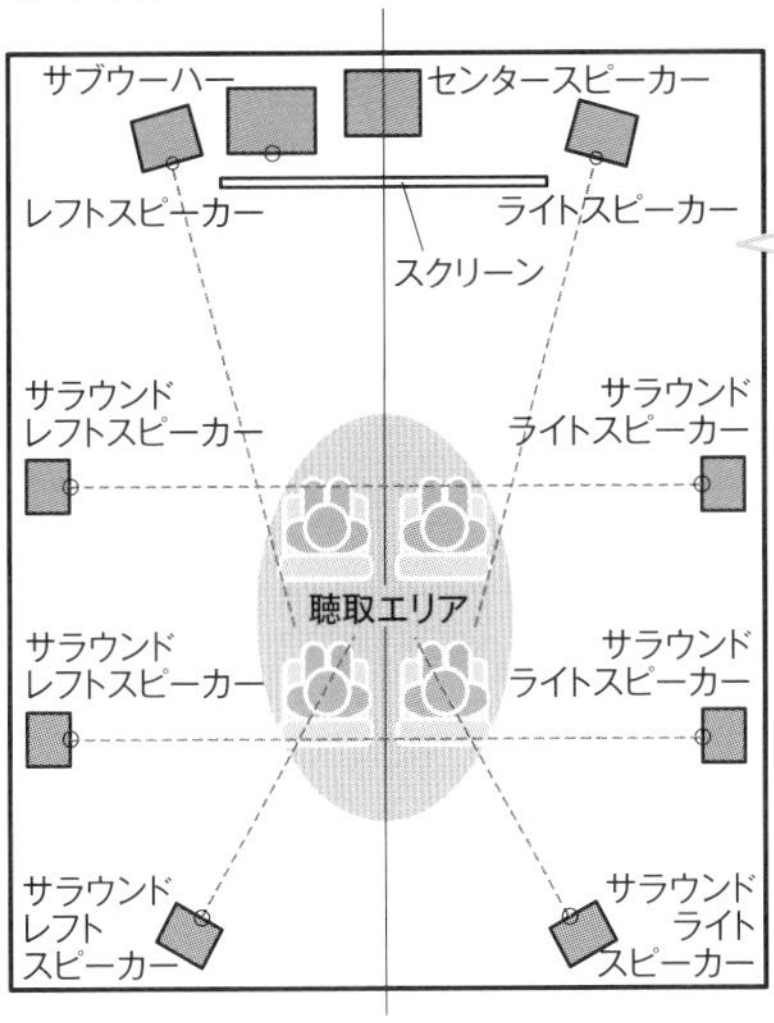

サブウーハー
センタースピーカー
レフトスピーカー
ライトスピーカー
スクリーン
サラウンド
レフトスピーカー
サラウンド
ライトスピーカー
聴取エリア
サラウンド
レフトスピーカー
サラウンド
ライトスピーカー
サラウンド
レフト
スピーカー
サラウンド
ライト
スピーカー

- 聴取エリアが広く、大人数での利用に向いている
- サラウンドライトスピーカー×3カ所、サラウンドレフトスピーカー×3カ所はそれぞれ同じチャンネル

●スタジオ型

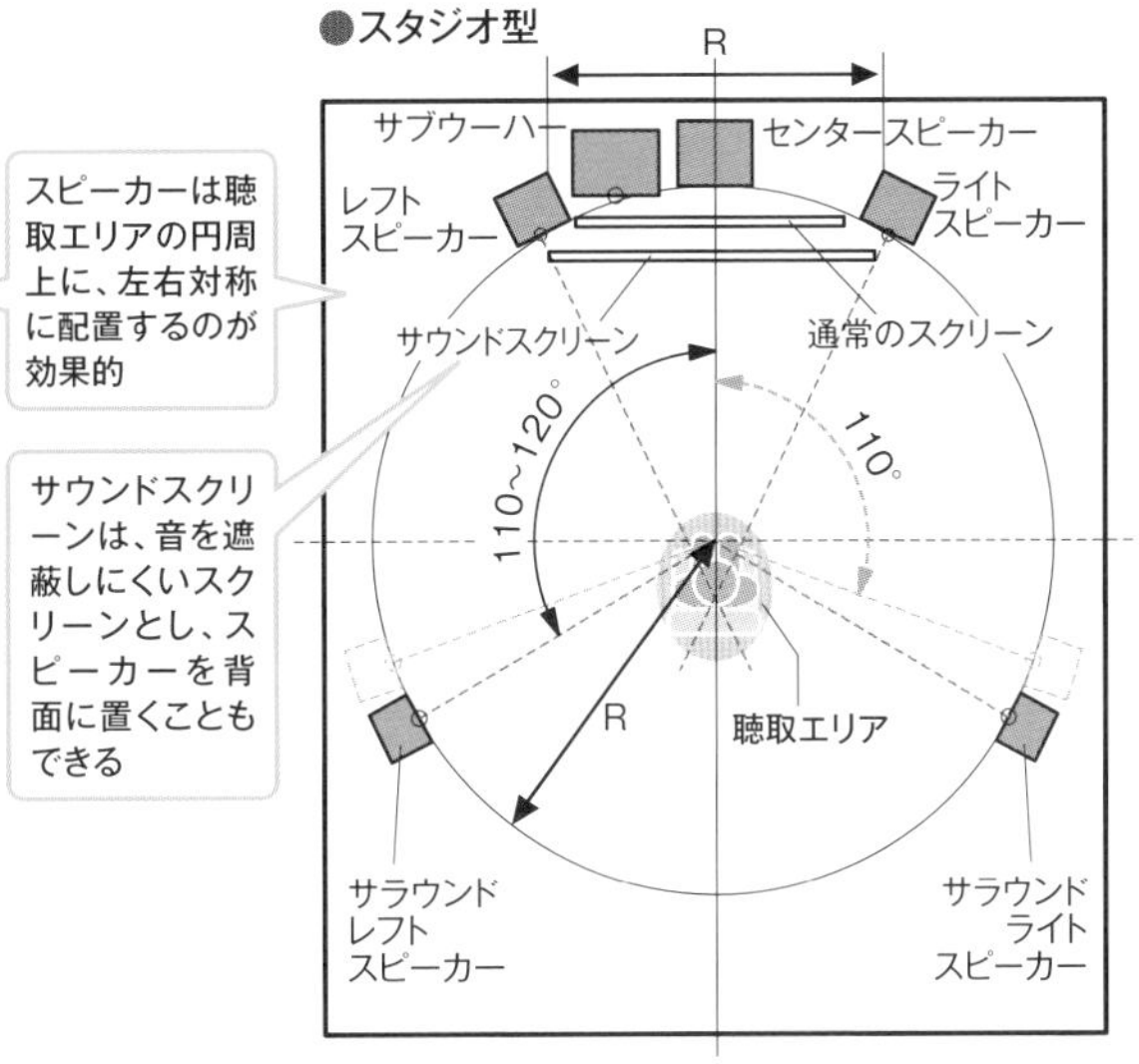

スピーカーは聴取エリアの円周上に、左右対称に配置するのが効果的
サウンドスクリーンは、音を遮蔽しにくいスクリーンとし、スピーカーを背面に置くこともできる
R
サブウーハー
センタースピーカー
レフト
スピーカー
ライト
スピーカー
サウンドスクリーン
通常のスクリーン
110~120°
110°
R
聴取エリア
サラウンド
レフト
スピーカー
サラウンド
ライト
スピーカー

- 聴取エリアは狭いが、音のバランスが最もよい
- サラウンドライトスピーカーとサラウンドレフトスピーカーは110~120°の間で調整

吸音層の取付け位置

吸音材(吸音パネル)の取付け
- ホームシアターは残響時間の短いほうが好ましいが、薄い吸音層を広い面積に設けると中高音域ばかり吸音されてしまう
- 床・壁・天井に吸音材を取り付けるのが合理的

梁型吸音層
- 天井と壁の入隅部に角材で梁状に枠をつくり、そのなかにグラスウールなどの吸音材を入れる。その上からクロスで覆った吸音層

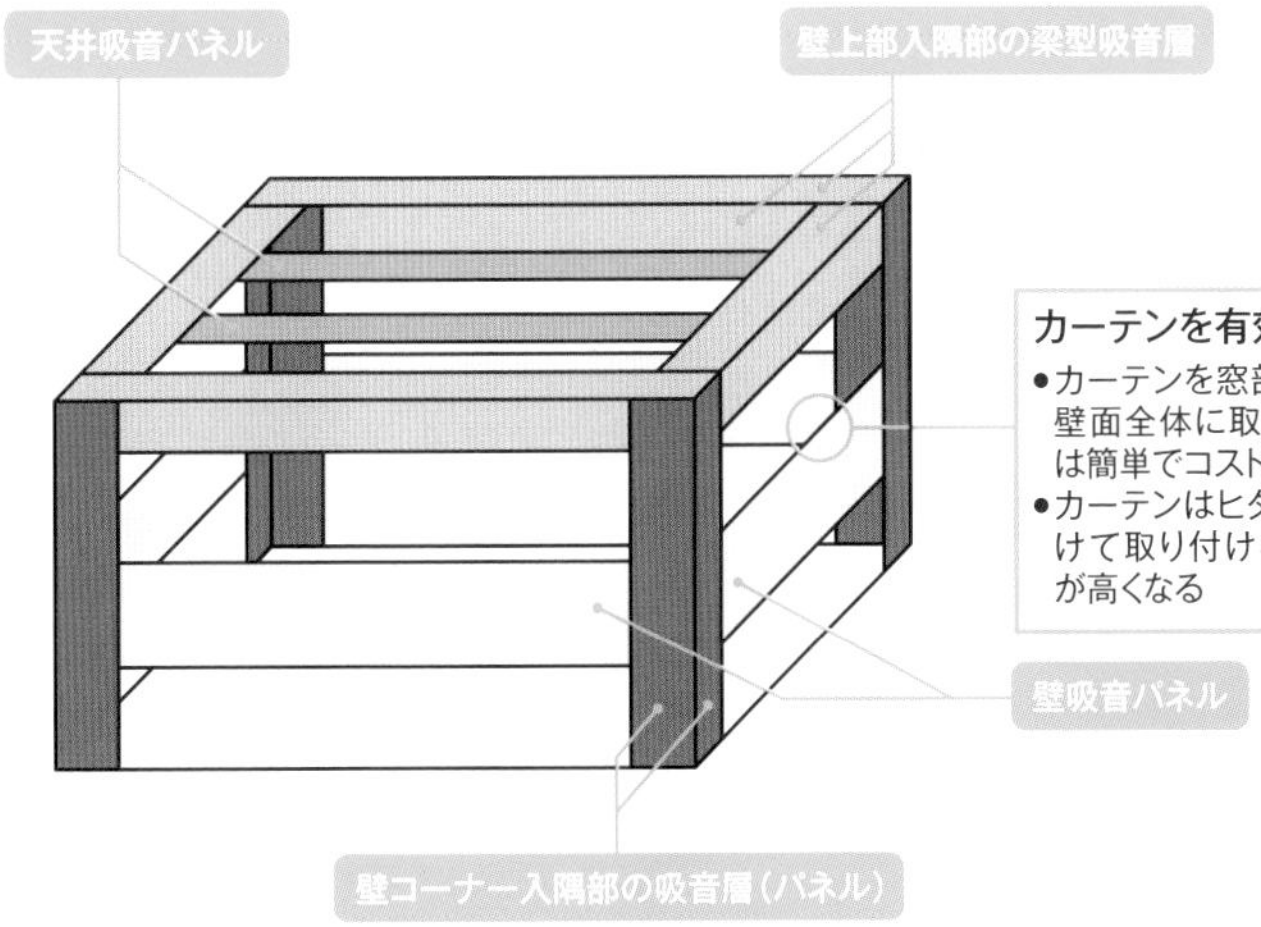

天井吸音パネル
壁上部入隅部の梁型吸音層
壁吸音パネル
壁コーナー入隅部の吸音層(パネル)

部屋の形状
- 正方形(立方体)よりも長方形(直方体)のほうが音がきれいに響く
- 狭い部屋ほど縦横比が重要

カーテンを有効活用
- カーテンを窓部だけでなく、壁面全体に取り付ける方法は簡単でコストも安い
- カーテンはヒダをたくさん設けて取り付けると吸音性能が高くなる

吸音材選び
- 各種のウレタンフォームは、一見同じように見えても発泡形状で吸音率が異なる

No. 058

音の基礎知識

ココがポイント！

① 音の3要素は、音の高さ、音の大きさ、音色である
② 音の速さは、気温15℃で1秒間に約340m
③ 同じデシベル値をもつ2つの音を合成した場合、3dB大きくなる

メンテナンス・更新

防音・遮音は隙間をつくらないように気密性能を十分に確保する

音とは

音は、物体同士がぶつかり合い、その表面に振動が生じ、その振動が空気を介して「音波」として伝わる現象である。波動の山と山、または谷と谷の距離を「波長」といい、その波動の大きさが「振幅」にあたる。振幅は音の大きさの度合いであり、振幅の大きなものほど大きな音に聞こえる。

音の3要素

●音の高さ 音の高さは周波数［Hz：ヘルツ］（1秒間に繰り返される波の数）で表され、高い音は周波数が大きく波長が短い（短波長）。低い音は周波数が小さく波長が長い（長波長）。人間の可聴範囲は20Hz～20kHzといわれている。

●音の大きさ 音源が発生させる音の大きさのことで、単位はデシベル［dB］で表し、数値が大きいほど音が大きくなる。デシベルとは、人間が聞き取れる最小の音を基準として、どれだけ大きい音の強さかを「音の強さの比」で表したものである。

●音色 同じ大きさと高さで発している音でも、音源が何かを聞き分けることができる。これは音質の違いを人間が判断しているからである。このように、それぞれの音のもつ印象（感覚的な特性）を「音色」といい、音色は主に音の波形の違いによって変化する。

また、音の速さは、気温15℃で約340m／sであり、気温が1℃高くなると0.6m／s速くなる。音は合成することもでき、同じデシベル値をもつ2つの音を合成すると1つの場合よりも3dB大きくなる。

遮音への配慮

建築の設備計画の際は、主に遮音に配慮することが大切である。建築物における遮音効果は、壁、天井、床などへの吸収と、これらのものからの反射によって左右される。吸収音や反射音が小さいと、音の透過率が大きくなり音が通りやすく、遮音性が低くなる。

音の3要素

●音の高さ

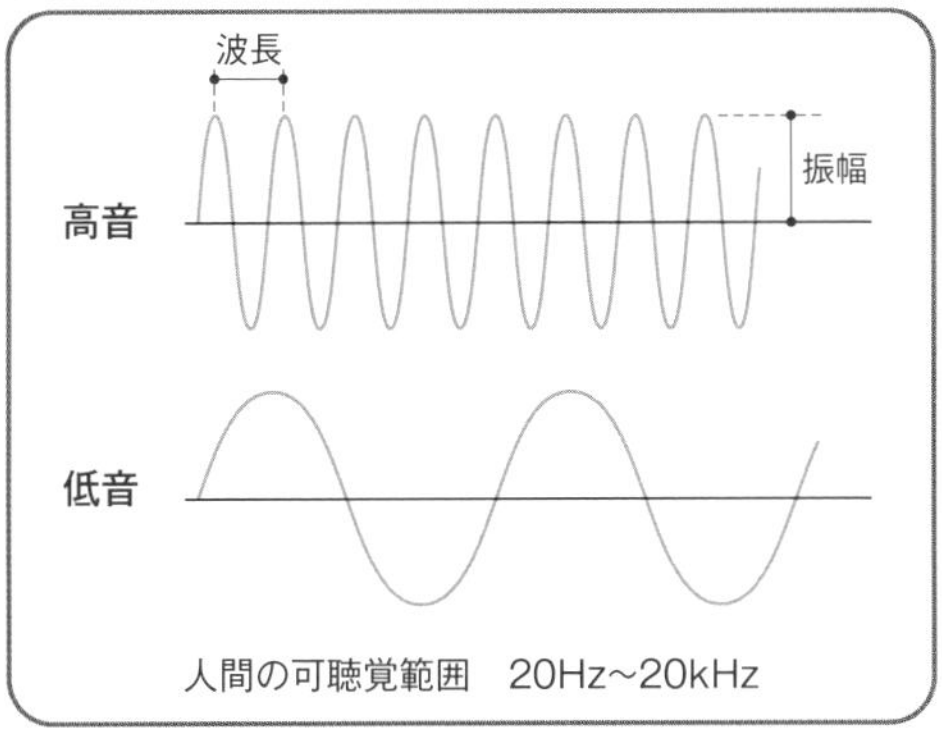

●音の大きさ

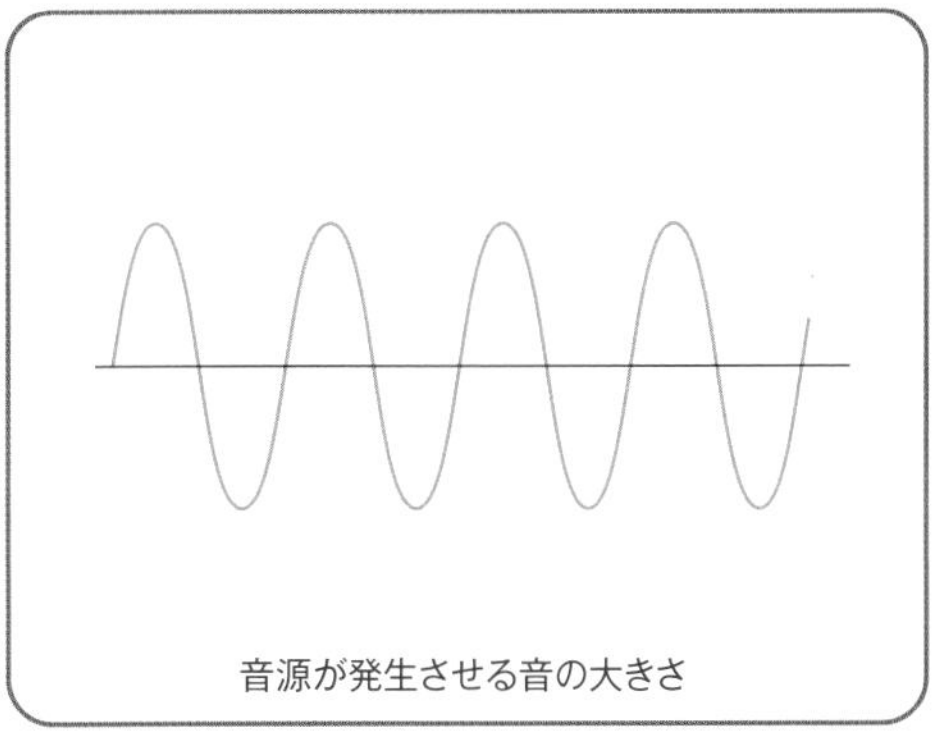

●音色

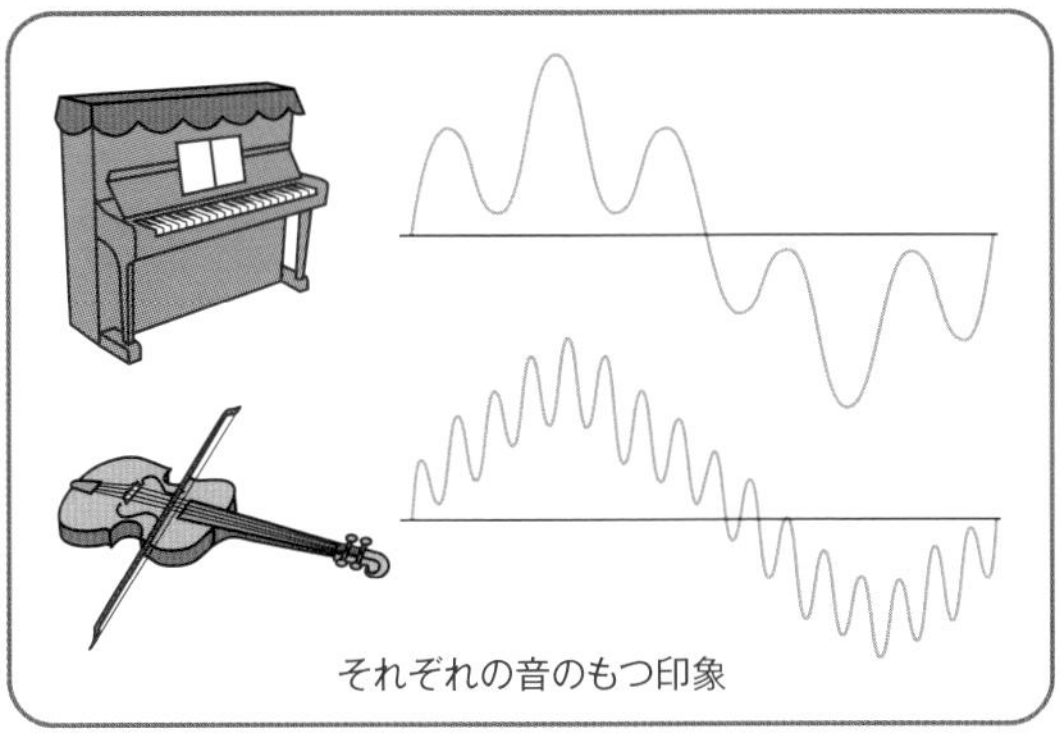

遮 音

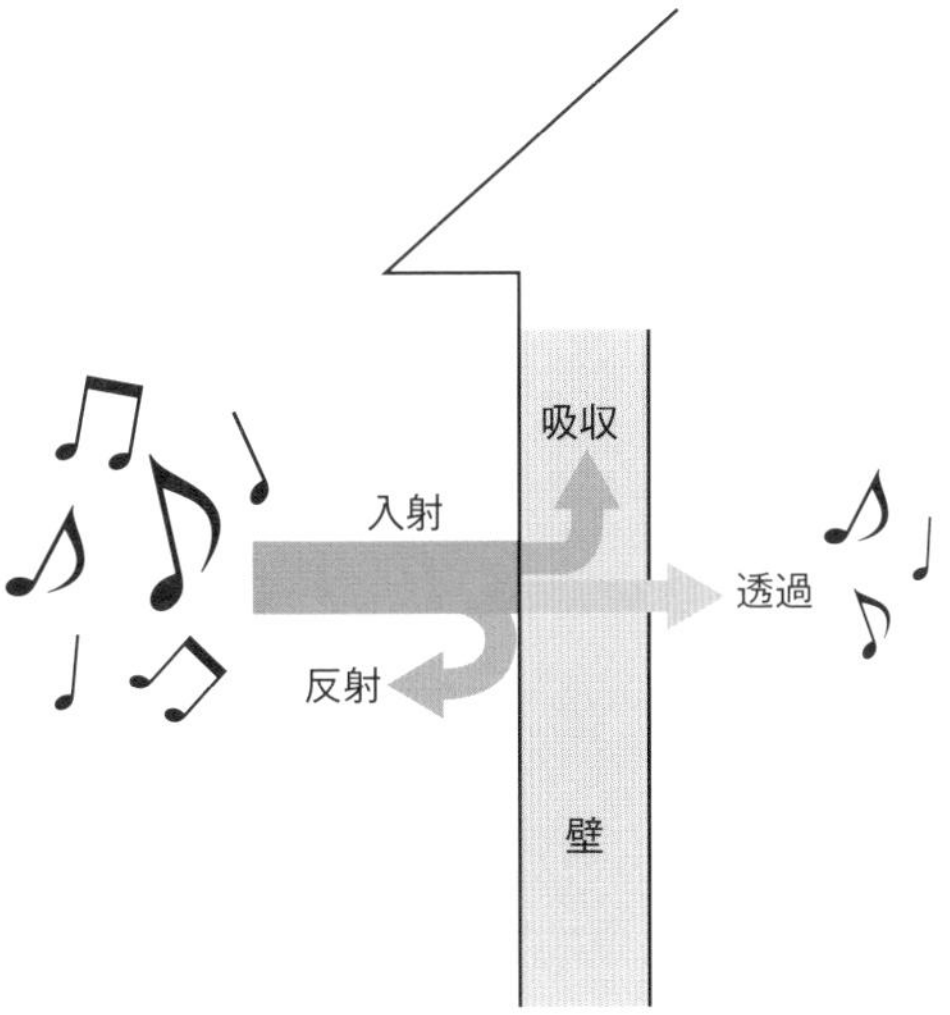

騒音値の目安

120dB	ジェット機の騒音
110dB	自動車の警笛
100dB	電車が通るときのガード下
90dB	大声による独唱、騒々しい工場の中
80dB	電車の車内
70dB	騒々しい街頭、騒々しい事務所の中
60dB	静かな乗用車、普通の会話
50dB	静かな事務所
40dB	図書館や静かな住宅地の昼間、コオロギの鳴き声
30dB	郊外の深夜、ささやき声
20dB	木の葉のふれ合う音

スイッチを使いこなす

スイッチを無計画に配置すると、家電製品が使いにくい、家具が置けないなどの不都合が出てしまう。計画時は、スイッチの種類や機能、設置箇所などを検討することが大切だ。

照明などを操作するスイッチは、①手動で操作するもの、②タイマーで動作させるもの、③センサーでオンオフが行われるものの3種類がある。

手動タイプは、機能と使いやすさで選ぶ。ひもの付いたプルスイッチや、にぎりボタンスイッチなどは、お年寄りに何かあったとき家族に連絡しやすい。また、白熱灯を好みの明るさに調整できる調光スイッチは、ダイヤル式やスライド式などを選ぶことができる。

タイマータイプには、浴室やトイレの換気用などがあり、消し忘れ防止や省エネルギーに有効である。センサータイプは、人の動きを感知して自動でオンオフを行うため、暗闇でもスイッチを探す必要がない。周囲の明るさを感知する自動点滅器は、外灯などに用いられる。

スイッチは毎日使うことが多いため、設置の際は、ちょうどよい高さを選ぶことが重要である。建築主の年齢やライフスタイルなどに合わせ、適切な計画を行うようにしたい。

■ スイッチの種類

●手動スイッチ
パイロット・ホタル
ダブルスイッチ
点灯を赤、消灯を緑のランプで知らせ、消し忘れが防げる
プルスイッチ付き
押ボタンスイッチ
体調が急変したときなど、座ったままでも家族に連絡しやすい
調光スイッチ
寝室などで照明の明るさを変えたいときに便利。省エネ対策にもなる
ダイヤル式
スライド式
にぎり押ボタンスイッチ
ベッドに寝たままで、家族に連絡できる
リモコン式スイッチ
スイッチからリモコンが取り外しできるので、就寝時などに寝たまま操作できる
●タイマースイッチ
浴室換気スイッチ
入浴後に湿気を排出し、使用の数時間後に電源が切れる
トイレ用
換気スイッチ
使用後の臭気を換気し、数分後に自動停止する
●センサースイッチ
玄関、廊下、階段などで人の動きを感知すると照明が点灯する

■ スイッチの高さ

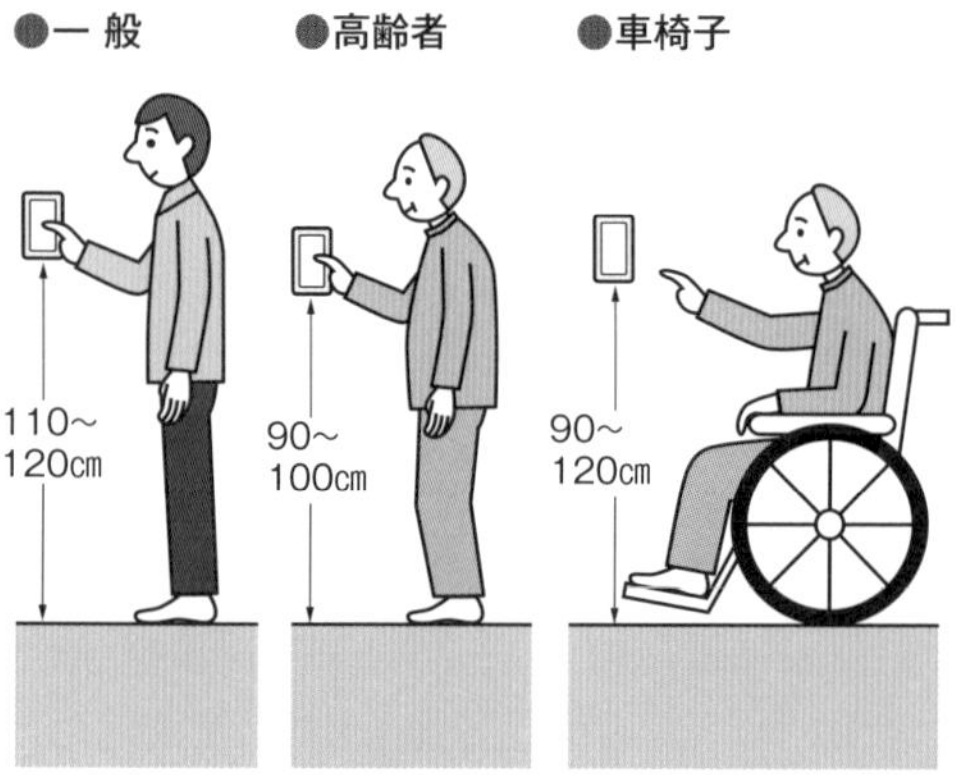
●一 般
●高齢者
●車椅子
110～
120㎝
90～
100㎝
90～
120㎝

Part 5

オフィス・その他施設の設備

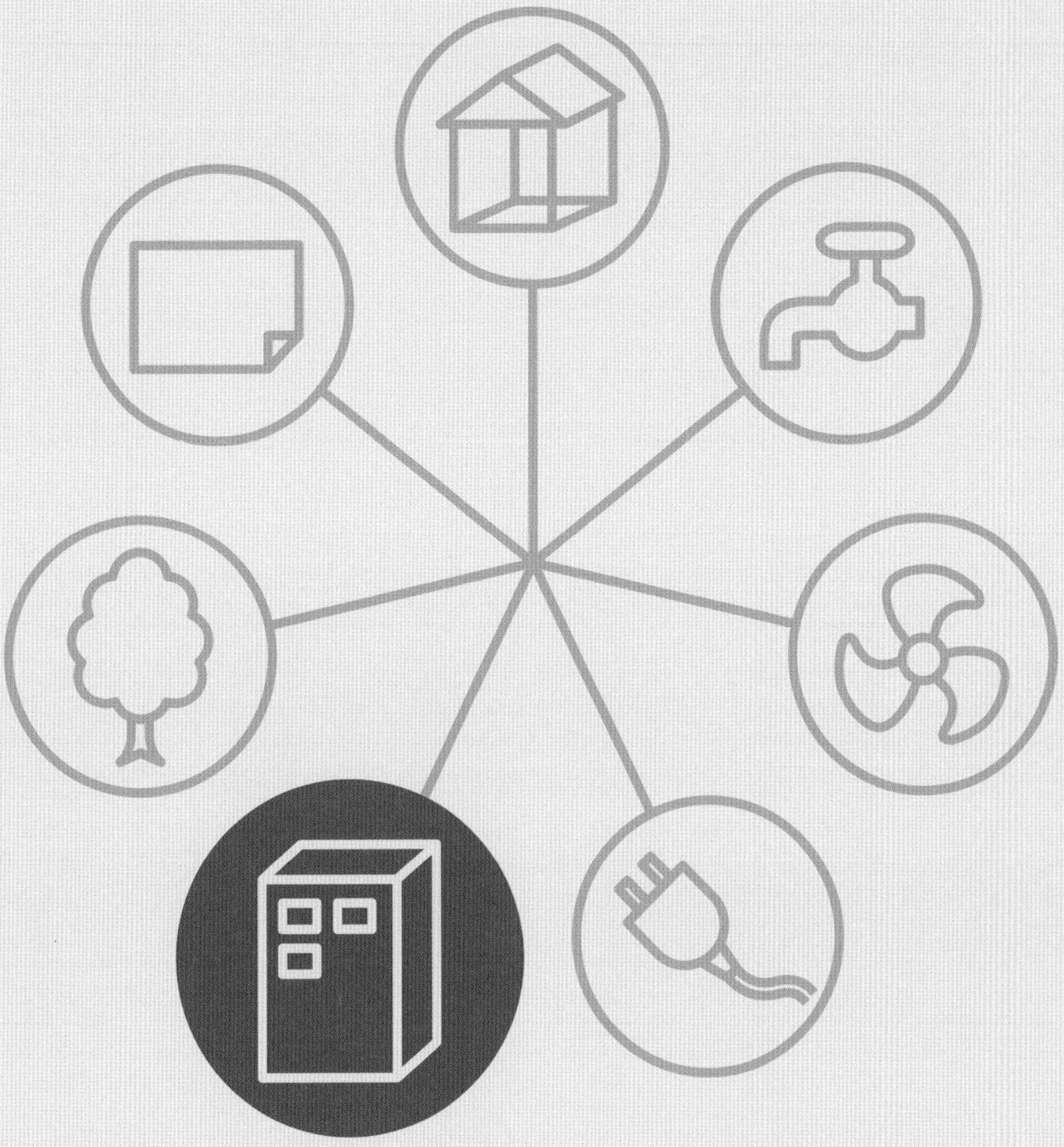

No. 059

受変電設備

ココがポイント!

① 契約電力が50kW以上の電気を使う工場や建物などで必要
② キュービクル式高圧受電設備は、敷地内に電力会社の高圧キャビネットを設置
③ 集合住宅では、集合住宅用変圧器が主流

メンテナンス・更新

キュービクル本体、配電盤、各機器などの日常点検や定期点検を計画どおりに行う

受変電設備とは

電気は高い電圧で送ったほうが送電ロスが少なく、経済的である。そのため、都市から離れた水力・原子力・火力発電所でつくられた電気は、50万Vの超高圧で都市の近くまで送られ、変電所で使用可能な電圧に下げられる。

一般家庭では100V（または200V）で動く電気器具を使っているため、変電所で下げられた電気は、住宅に入る前に、電柱の上に設置されている変圧器でさらに電圧を下げてから送電される。

ところが、契約電力が50kW以上の電気を使う工場や建物などでは、電力会社の規定により、高い電圧のまま送電しなければならない。その高い電圧の電気を、必要な電圧まで下げる設備が受変電設備である。

キュービクル式高圧受電設備

受変電用の機器を簡素化し、これに配線をして金属製の箱内にコンパクトに納めた受変電機器を、キュービクル式高圧受電設備（自家用受変電設備）という。

キュービクル式高圧受電設備は、設置スペースが小さくて済み、メンテナンス性に優れ、短納期・低予算で設置できるため、中小規模の工場やビルなどに最適である。また、設置の際は、敷地内に必ず電力会社の高圧キャビネットを設ける。

その他の受変電設備

キュービクル式高圧受電設備のほかに、次の2つの受変電設備がある。

●**パットマウント**　電力会社の所有物で、40所帯クラスの集合住宅で使用される。現在は改良型として集合住宅用変圧器に移行され、電力会社と協議したうえで設置する。

●**集合住宅用変圧器**　集合住宅で多く使用され、70所帯クラスに適している。パットマウントと同様に電力会社の所有物で、奥行きがパットマウントの約2倍あり、重量も大きいため、設置場所は電力会社の基準や条件に従う。

電気が送られる流れ

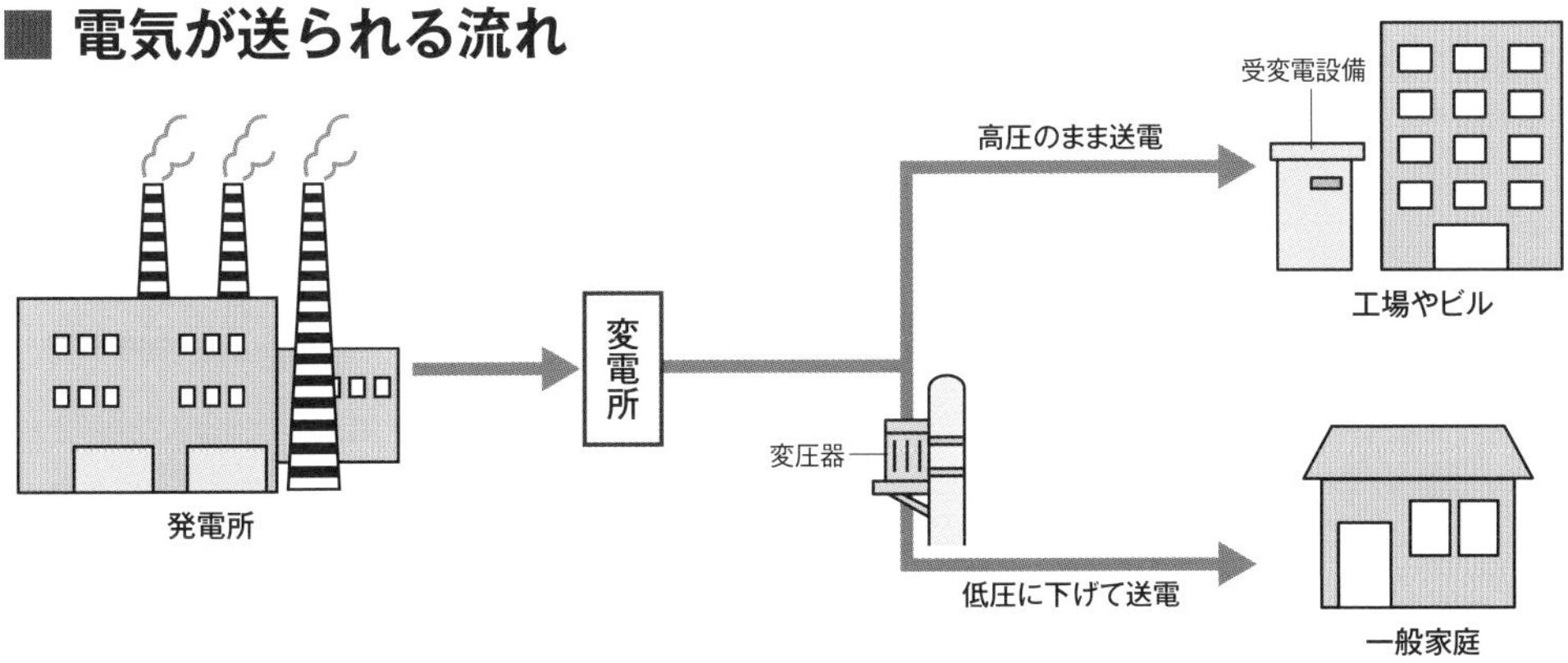

キュービクル式高圧受電設備の特徴

●開放型

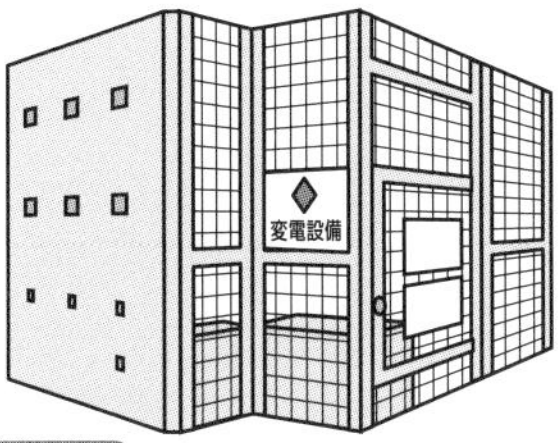

メリット
- 配線と機器を目視で直接点検できる
- 増設や機器の変更が容易

デメリット
- 設置面積が大きくなる
- 現場製作のため工期が長くなる
- 充電部分に触れやすく危険

●閉鎖型

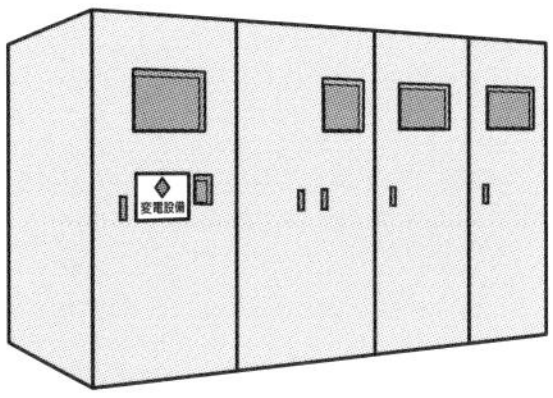

メリット
- 安全性が高い
- 設置面積が小さい
- 工期が短い

デメリット
- 目視で点検しにくい
- 増設時、機器が同一メーカーとなるので融通がきかない

集合住宅用変圧器の設置

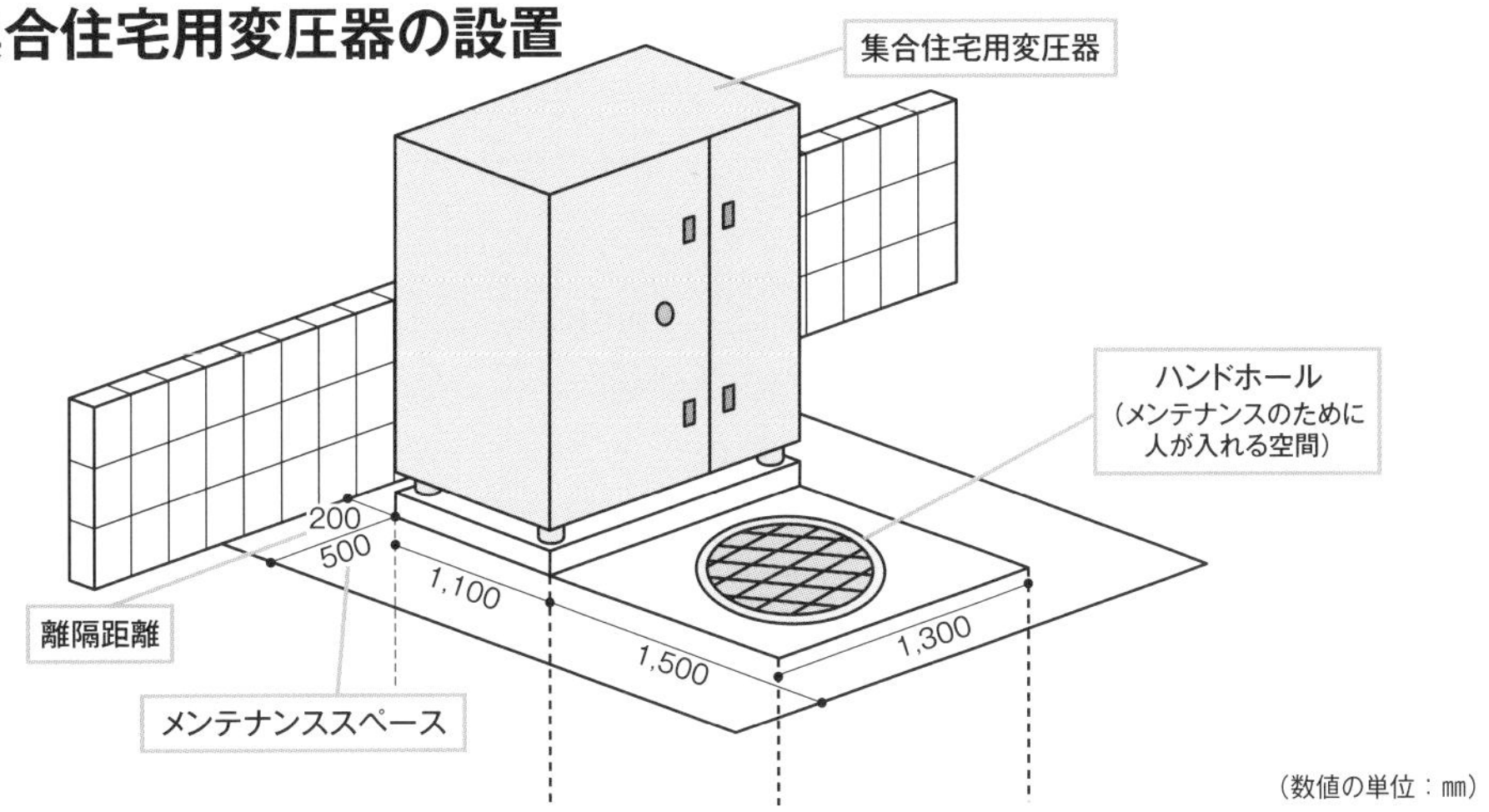

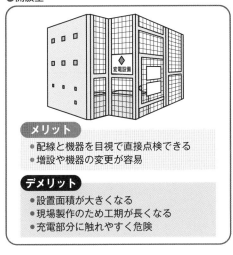

No. 060

空気調和設備

ココがポイント！

① 「ビル衛生管理法」で、空気質の管理基準が定められている

② 中央熱源方式と個別分散熱源方式がある

③ 空気調和方式の選択は、コストとメンテナンス性を考慮する

メンテナンス・更新

ボイラーは、建築基準法第12条で年1回の定期検査を定めている

空気調和とは

事務所や店舗などで床面積が3千㎡以上（学校は8千㎡以上）の場合、いわゆる「ビル衛生管理法」によって空気質の管理基準が定められている。管理基準には、①温度（17～28℃）、②相対湿度（40～70％）、③気流（0.5ｍ／秒以下）、④二酸化炭素（1千ppm以下）、⑤一酸化炭素（10ppm以下）、⑥浮遊粉塵（0・15㎎／㎥以下）、⑦ホルムアルデヒド（0.1㎎／㎥以下）の7項目がある。これらの基準を満たすためには、建物に空気調和設備を導入する必要がある。

空気調和設備では、まず外気を取り込む際に、フィルタを通して空気中の塵埃を取り除く。その空気を、夏は冷却・除湿し、冬は加熱・加湿し、適切な室内空気環境をつくる。

空気調和方式の種類

中央熱源方式

地下室、屋上などの中央機械室に空調機や熱源機を設け、ダクトや配管などによって各部屋に熱や新鮮外気を分配する。主に中・大規模の建物に使用し、次の2つの方式がある。

●**単一ダクト方式**　建物全体またはゾーンごとに1台の空調機を設け、冷風や温風をダクトで各部屋に供給する。

●**ファンコイルユニット方式**　送風機、冷温水コイル、フィルタなどを内蔵したファンコイルユニットを各部屋に設け、冷温水発生機などから冷温水を供給し、室内を空調する。

個別分散熱源方式

個別空調機または自納式（冷凍機収納型）のユニットを空調室内に設置する。主に中・小規模の建物や住宅に使用し、次の2つの方式がある。

●**パッケージユニット方式**　冷凍機、ファン、エアフィルタ、加湿機、自動制御機器を内蔵したパッケージユニットで各階ごとに空調を行う。

●**空気熱源マルチ型エアコン方式**　屋上などに設置した1台のヒートポンプ室外機に、複数台の室内機を冷媒管で接続して空調を行う。

■ 空気調和のイメージ

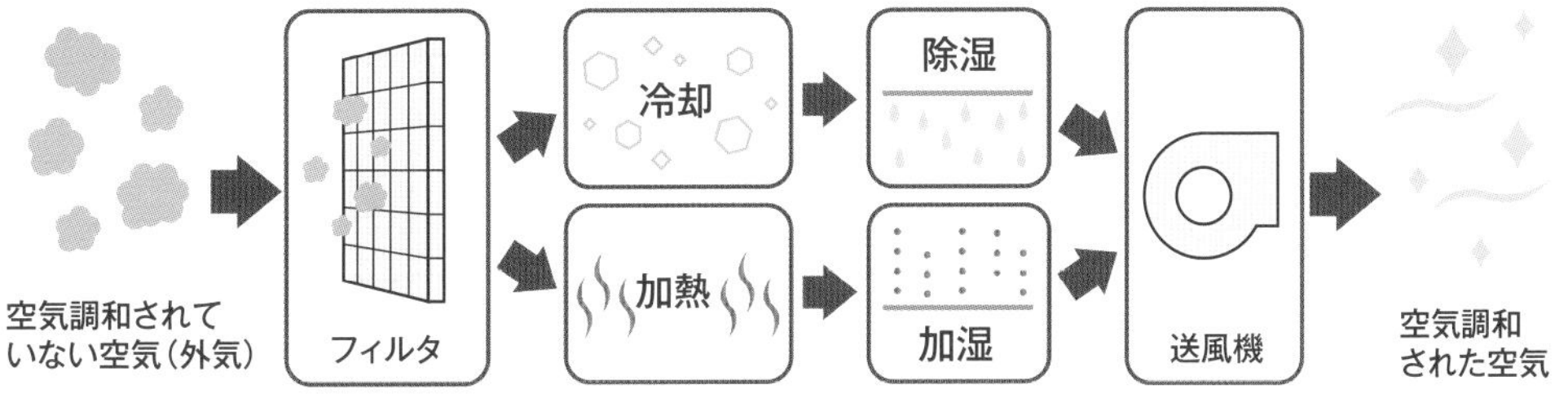
空気調和されていない空気（外気）
フィルタ
冷却
加熱
除湿
加湿
送風機
空気調和された空気

■ 空気調和方式の種類

中央熱源方式

●単一ダクト方式

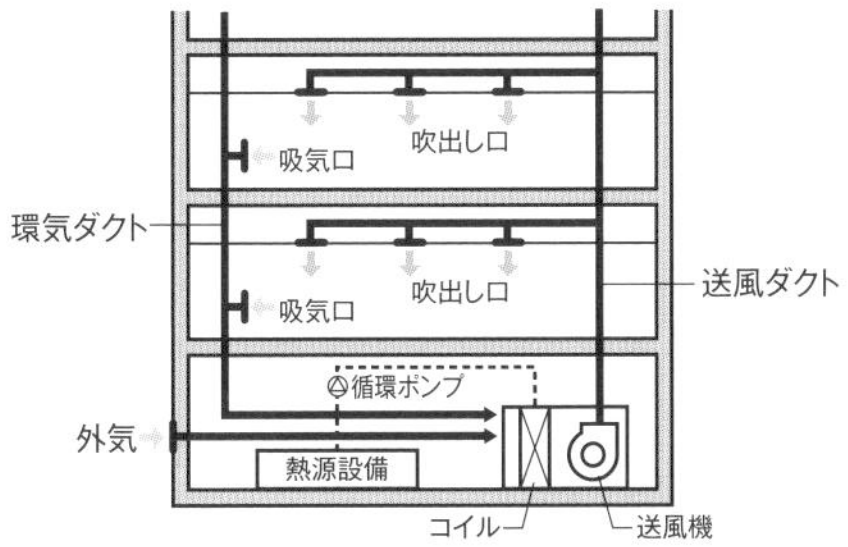
吸気口
吹出し口
環気ダクト
吸気口
吹出し口
送風ダクト
循環ポンプ
外気
熱源設備
コイル
送風機

メリット
- システムが単純で設備費が安価
- 保守点検が容易

デメリット
- 夜間などの部分空調ができない
- 各室の温湿度の設定が難しい

●ファンコイルユニット方式

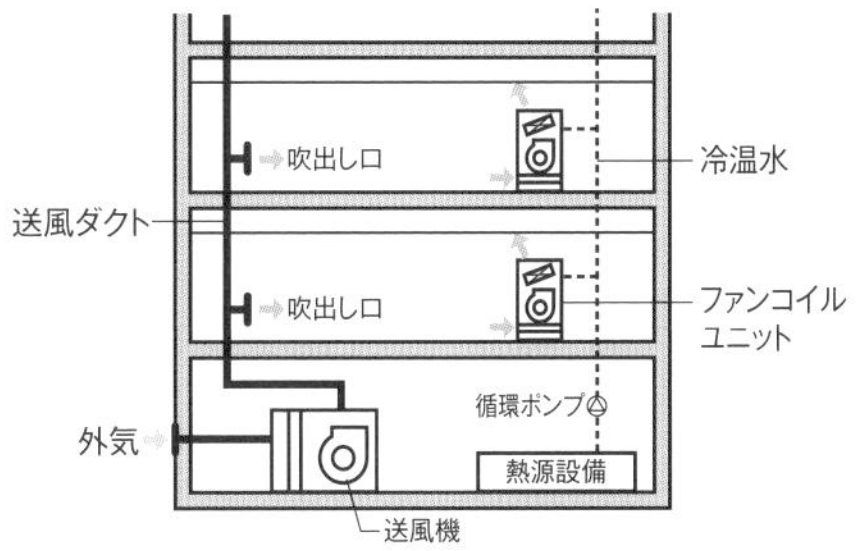
吹出し口
冷温水
送風ダクト
吹出し口
ファンコイルユニット
循環ポンプ
外気
熱源設備
送風機

メリット
- 各室ごとに温度調整ができる

デメリット
- 保守点検に手間がかかる
- 換気に別のダクトシステムが必要

個別分散熱源方式

●パッケージユニット方式

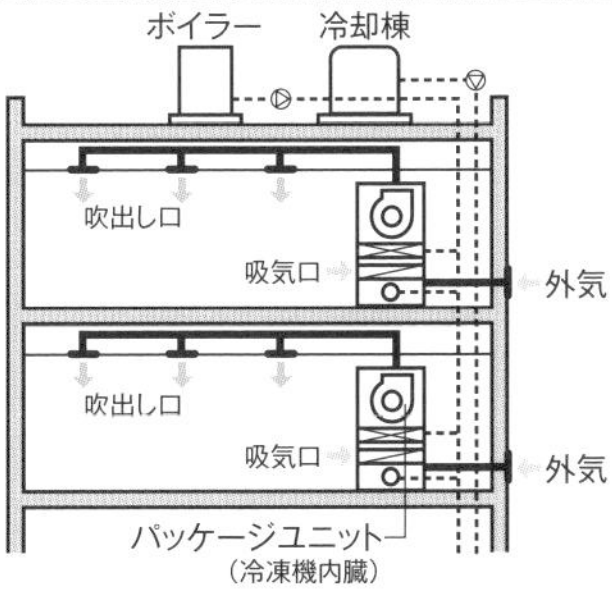
ボイラー
冷却棟
吹出し口
吸気口
外気
吹出し口
吸気口
外気
パッケージユニット
（冷凍機内臓）

メリット
- 運転管理が各階ごとに行える
- 中央機械室を小さくできる

デメリット
- 各階ごとに機械室を設ける
- 保守点検に手間がかかる

●空気熱源マルチ型エアコン方式

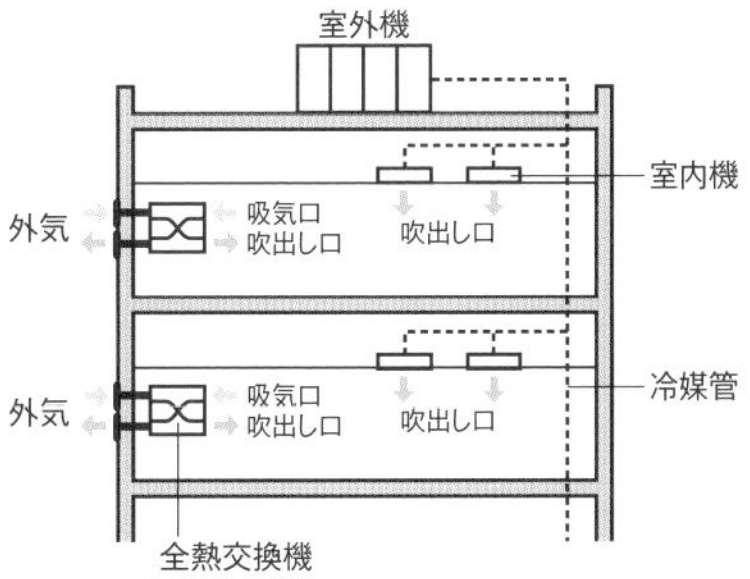
室外機
室内機
外気
吸気口
吹出し口
吹出し口
冷媒管
外気
吸気口
吹出し口
吹出し口
全熱交換機

メリット
- 単独運転、個別制御が容易
- 中央機械室を小さくできる

デメリット
- ユニットが分散配置されるため、保守点検に手間がかかる

No.
061

必要換気量と換気回数

ココがポイント!

① 1人当たりの換気量を25～30㎥／h確保
② シックハウス法の換気回数として0.5回／h必要
③ 置換換気方式は換気効率が高く、省エネルギーに有効

メンテナンス・更新

フィルタが汚れると換気効率が落ちるため、定期的にクリーニングをする

換気の種類

オフィスビルの換気方式は、換気に機械を利用するかしないかによって、自然換気方式と機械換気方式に分けられる（66頁参照）。

自然換気方式は、建築基準法で「一般居室は床面積の1／20以上の有効な開口部を設ける」と定められており、窓などの排気口と給気口を設け、風など自然の力を利用して換気する。機械換気方式と比べ、省エネルギーだが、常に一定風量を確保するのが難しい。

そのためオフィスビルでは、機械の力による機械換気方式が一般的に採用されている。また、2つの方式を併用するハイブリッド換気方式のニーズも高まってきている。

必要換気量と換気回数

オフィスビルは住宅と違い、大勢の人たちが働いている。そのため機械換気計画では、人間の呼吸でのCO_2汚染濃度を基準とした必要換気量で、1人当たりの新鮮な空気量を25～30㎥／h確保する（建築基準法では20㎥／h以上と定められている）。ほかにも、OA機器や照明器具などから出る熱の処理を考慮し、またシックハウス法の換気回数0.5回／hも満たさなければならない。

換気回数は、換気量をその部屋の容積で割った値のことで、「1時間に室内の空気が何回入れ替わるか」を表す。

機械換気方式の種類

●全般換気（混合換気）方式　一般的な換気方式であり、人間が生活する室内空間全体を対象に空気を入れ替える。

●局所換気方式　台所、浴室、トイレなど、熱や煙、湿気、臭いが発生する場所で集中的に換気を行う。汚染された空気が拡散する前に排出できる。

●置換換気方式　汚染された空気を、給気との密度の差によって上昇または下降させ排出する。全般換気（混合換気）方式と比べ、空気齢（空気の新鮮度：低いほど新鮮）が低く、換気効率に優れ、省エネルギーに有効である。

機械換気方式の種類

●全般換気（混合換気）方式

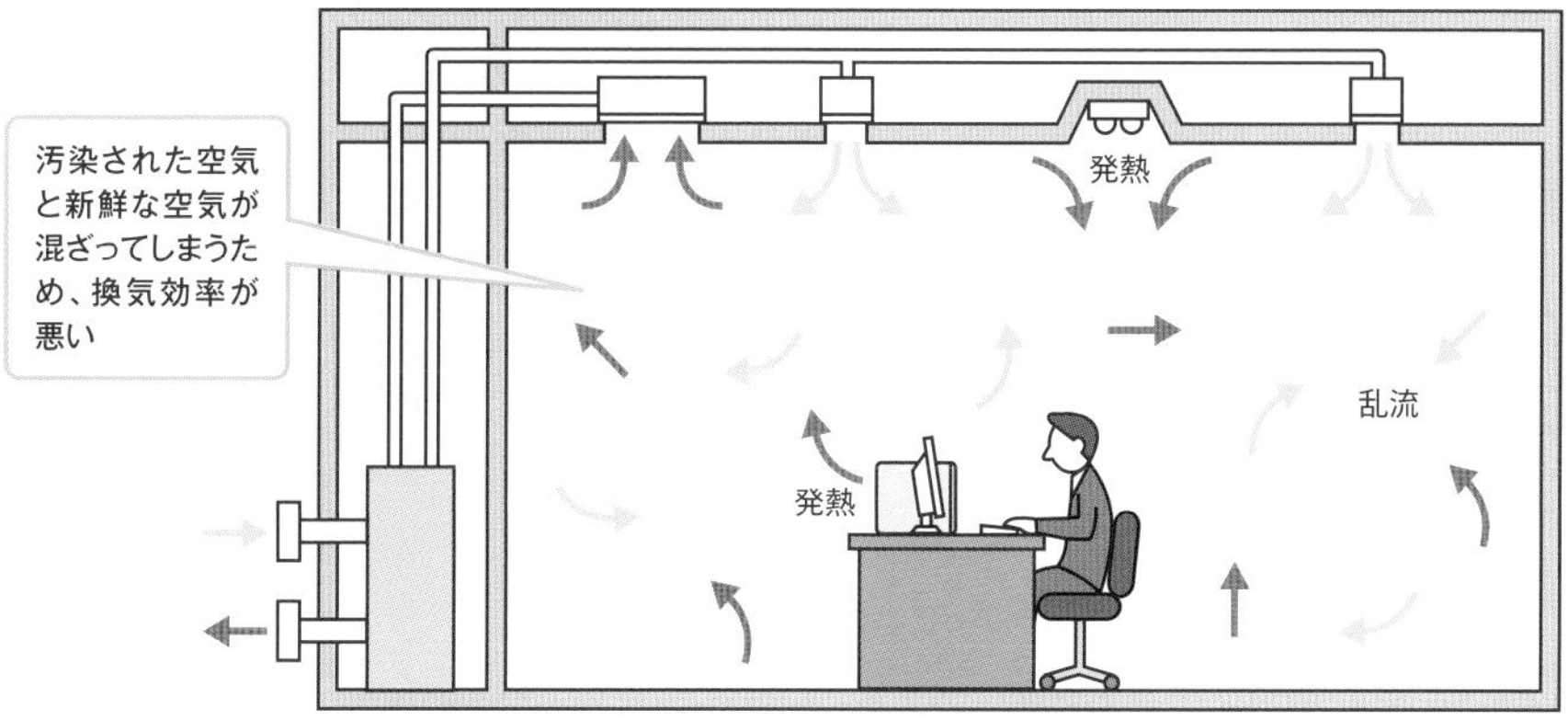
汚染された空気と新鮮な空気が混ざってしまうため、換気効率が悪い
発熱
発熱
乱流

●置換換気方式

汚染された空気と新鮮な空気が混ざらないので換気効率がよく、常に居住域に新鮮空気が満たされる
発熱
上昇気流
発熱
緩やかな気流
空気齢が高い
居住域
空気齢が低い

必要換気量の算定式

$$\text{必要換気量}\ [\text{m}^3/\text{h}] = \frac{20\times\text{居室の床面積}[\text{m}^2]}{\text{1人当たりの占有面積}\ N[\text{m}^2]}$$

建物区分	1人当たり占有面積 N［㎡］
事務所	5
レストラン・喫茶店	3
料亭・貸席	3
店舗・マーケット	6
旅館・ホテル	10
集会場・公会堂・劇場	0.5〜1

注　1人当たりの占有面積が10㎡を超える場合は10㎡でよい

No. 062

排煙設備

ココがポイント!

① 廊下の排煙口は避難階段から離す
② 防煙垂壁のガラスは、飛散防止のため線または網入りのガラスとする
③ 機械排煙には3つの方式がある

メンテナンス・更新

排煙窓のワイヤーが断裂していないか、感知器が正常に機能するか定期的に点検

排煙とは

火災時に発生した煙や、一酸化炭素などの有毒ガスを建物の外に排出し、避難経路の安全を確保することを「排煙」という。建築基準法で定められた建築物または部分には、排煙設備が必要になる。

排煙設備を設置する際は、一般的には防煙壁や防煙垂壁で建物を区画し、その区画ごとに天井や壁上部に排煙口または排煙窓を設ける。排煙口は、防煙区画した各部分から水平距離で30m以内に設ける。排煙口には、手動開放装置を床から0.8～1.5mの位置に設ける。

排煙方式には、自然排煙方式と機械排煙方式がある。

自然排煙方式の条件

自然排煙方式は、排煙上有効な開口部（排煙窓）を設け、煙などを直接外気に排出する方式である。有効開口部は天井から80㎝以内に設置し、有効開口面積は防煙区画部分の床面積の１／50以上と定められている。また、防煙垂壁は天井から50㎝以上突出させる必要がある。

火災発生時は、排煙窓を開けて排煙を行う。停電などの影響はないが、外部風圧の影響を受ける。

機械排煙方式は３つ

機械排煙方式は、排煙機と排煙口によって機械的に煙などを排出する方式で、次の３つがある。

●**排煙口方式**　最も一般的な排煙方式で、火災が起きた部屋が負圧となるため、煙がほかの部屋に流入しない。給気が不十分だと効果が落ちる。

●**天井チャンバー方式**　天井をチャンバーとして天井内に排煙ダンパーを設け、天井懐の吸気口によって機械排煙を行う。排煙だけでなく、空調のリターンとしても用いられる。

●**加圧排煙方式**　出火した部屋を排煙すると同時に、廊下などに新鮮空気を取り入れて、避難経路への煙の侵入を防ぐ。

■ 自然排煙方式の有効開口

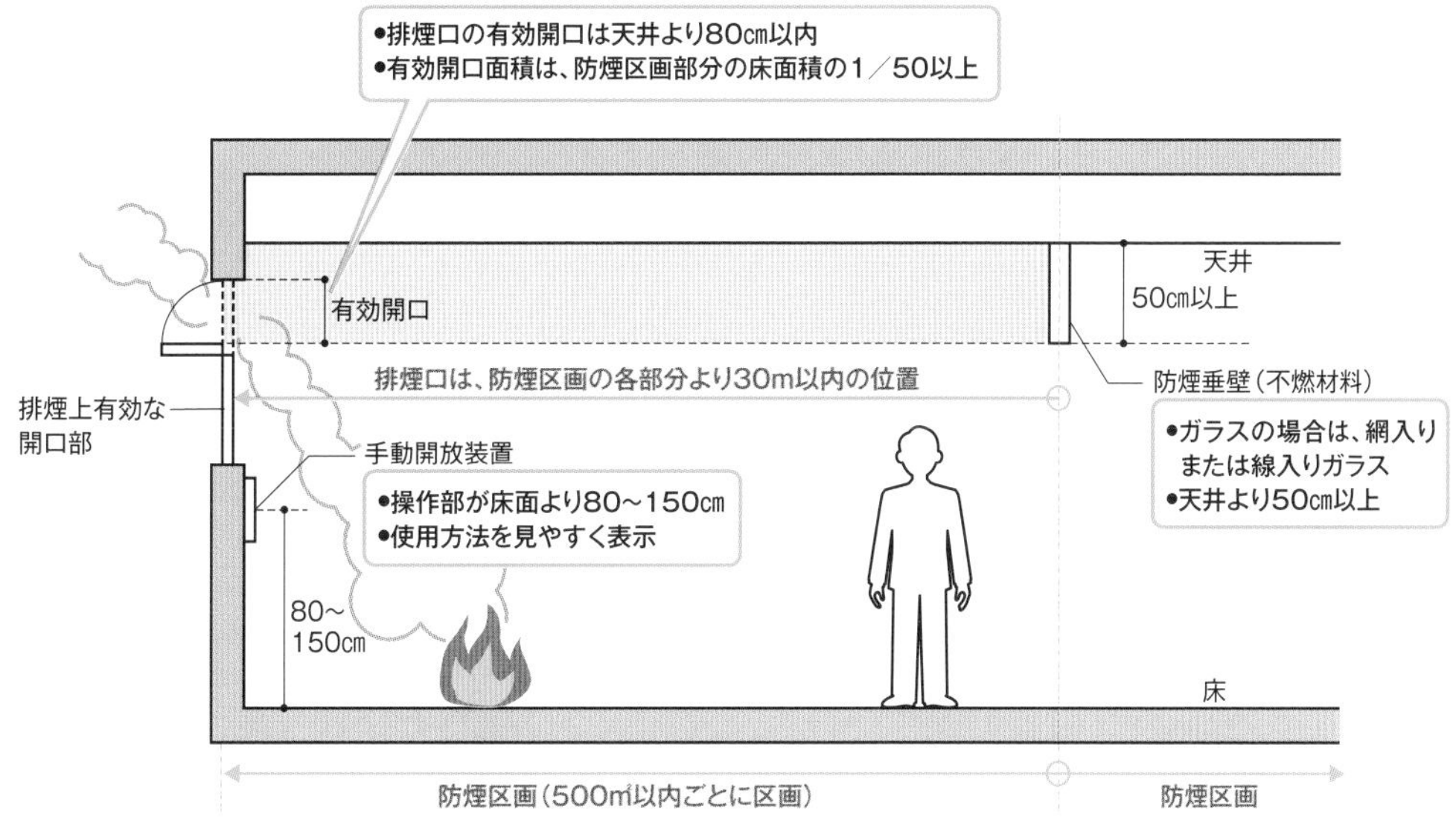
●排煙口の有効開口は天井より80cm以内
●有効開口面積は、防煙区画部分の床面積の1／50以上
天井
50cm以上
有効開口
排煙口は、防煙区画の各部分より30m以内の位置
防煙垂壁（不燃材料）
●ガラスの場合は、網入りまたは線入りガラス
●天井より50cm以上
排煙上有効な開口部
手動開放装置
●操作部が床面より80～150cm
●使用方法を見やすく表示
80～150cm
床
防煙区画（500㎡以内ごとに区画）
防煙区画

■ 機械排煙方式の種類

●排煙口方式

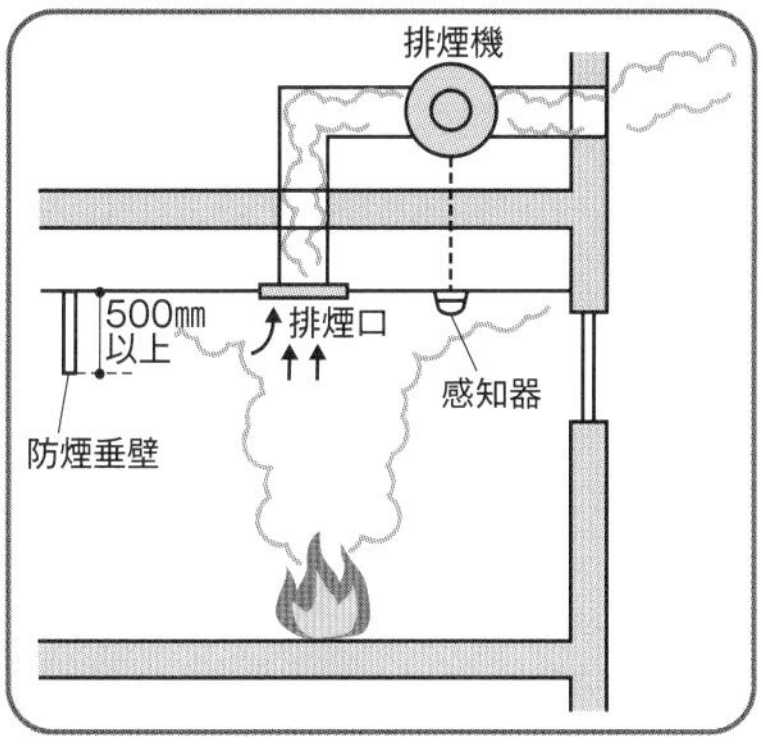
排煙機
500mm以上
排煙口
感知器
防煙垂壁

●天井チャンバー方式

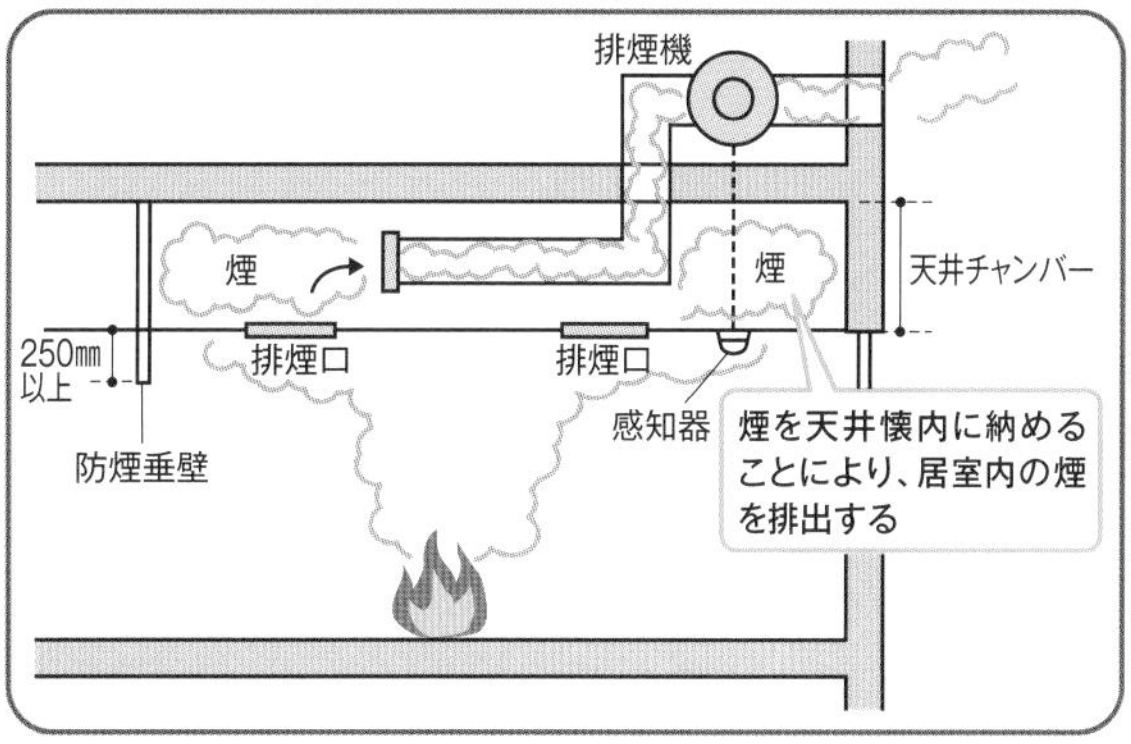
排煙機
煙
煙
天井チャンバー
250mm以上
排煙口
排煙口
感知器
防煙垂壁
煙を天井懐内に納めることにより、居室内の煙を排出する

機械排煙方式は、自動火災報知器と連動しており、火災を感知すると排煙機が作動する仕組みになっている

●加圧排煙方式

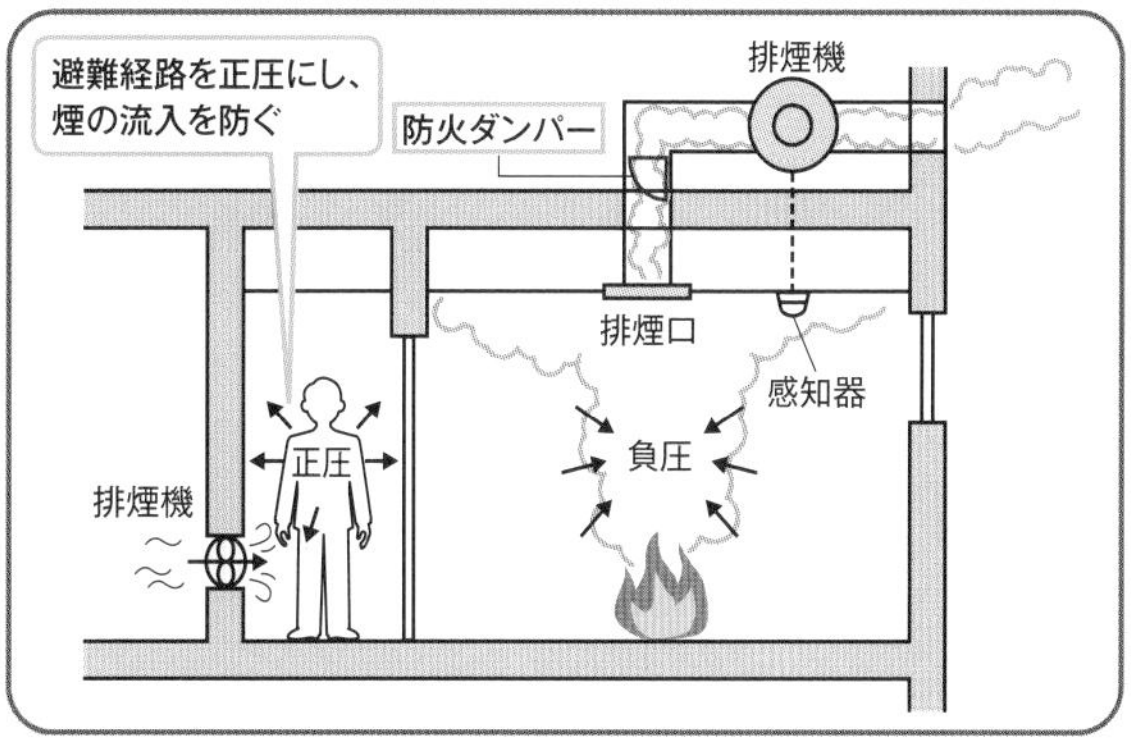
避難経路を正圧にし、煙の流入を防ぐ
防火ダンパー
排煙機
排煙口
感知器
正圧
負圧
排煙機

No.
063

屋内消火栓と特殊消火設備

ココがポイント!

① 屋内消火栓は消火活動しやすい場所に設置
② 警戒区域半径は、１号消火栓が25m、２号消火栓が15m
③ 従来屋内消火栓設備の代替設備としてパッケージ型消火設備が有効（設置基準を確認）

メンテナンス・更新

屋内消火栓のホースは、設置後10年を経過すると3年ごとに耐圧試験をする

屋内消火栓とは

屋内消火栓は、水を放出し、冷却効果で消火する移動式の設備である。消火栓、ホース、筒先・ホース掛けなどを箱内に納め、壁面に取り付けておき、初期消火のために在居者が使用する。

屋内消火栓の種類

屋内消火栓は2種類あり、1号消火栓はノズルと開閉弁を別々に操作するため、通常は2人以上で使用する。放水量が多く、一般的には工場や事務所などに設ける。2号消火栓はノズルで開閉弁を操作でき、放水量が少ないため、女性やお年寄りが1人で使用できる。主に、病院や福祉施設、ホテルなどに設ける。

屋内消火栓の警戒区域半径は、1号消火栓が25m、2号消火栓が15mで、必要設置個数は2号消火栓のほうが多い。

また、建物用途によっては屋内消火栓の代替として、パッケージ型消火設備を設ける。屋内消火栓に必要な水源、ポンプ、配管、動力電源、非常電源が必要なく設置できるため、工期を短縮し、設置費用も低減できる。

特殊消火設備の種類

屋内消火栓ではまかないきれない建物の規模や用途の場合は、次の特殊消火設備を設ける。

●**水噴霧消火設備**　水噴霧ヘッドによって水を霧状にして噴霧する。水粒子は高熱によって水蒸気となり、冷却効果と窒息効果で消火する。指定可燃物の貯蔵取り扱い場所、駐車場などに利用される。

●**泡消火設備**　泡消火薬剤と水を混合し、火源を大量の泡で覆い、窒息効果と冷却効果で消火する。駐車場や自動車修理工場などに利用される。

●**不活性ガス消火設備**　加圧し、液化された二酸化炭素や、窒素などの不活性ガスをボンベから放出。燃焼に必要な酸素を減らし、抑制効果で消火する。常時、人のいない電気室やボイラー室などに利用される。

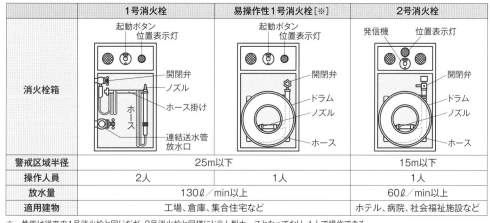

消火の三要素

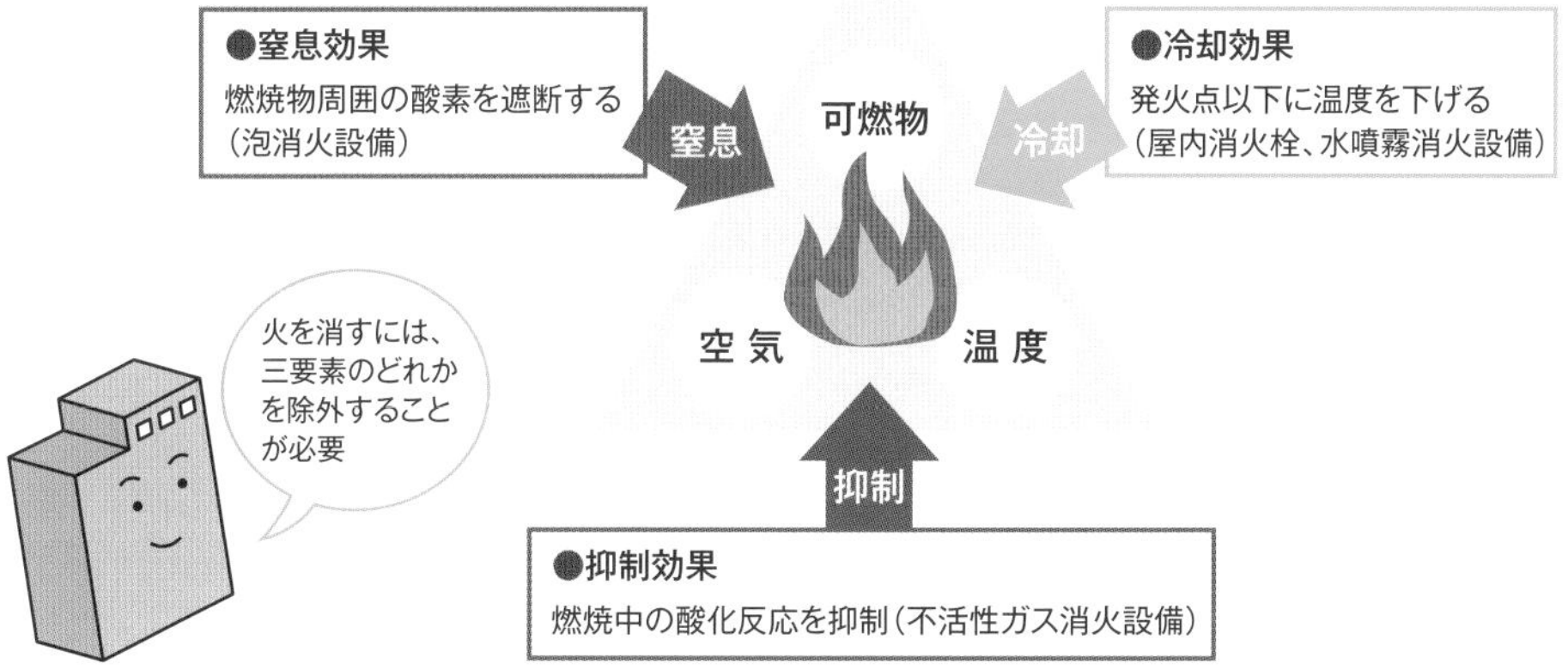

●窒息効果
燃焼物周囲の酸素を遮断する
(泡消火設備)
窒息
可燃物
冷却
●冷却効果
発火点以下に温度を下げる
(屋内消火栓、水噴霧消火設備)
空 気
温 度
火を消すには、三要素のどれかを除外することが必要
抑制
●抑制効果
燃焼中の酸化反応を抑制(不活性ガス消火設備)

屋内消火栓設備の仕組み

●設置方法

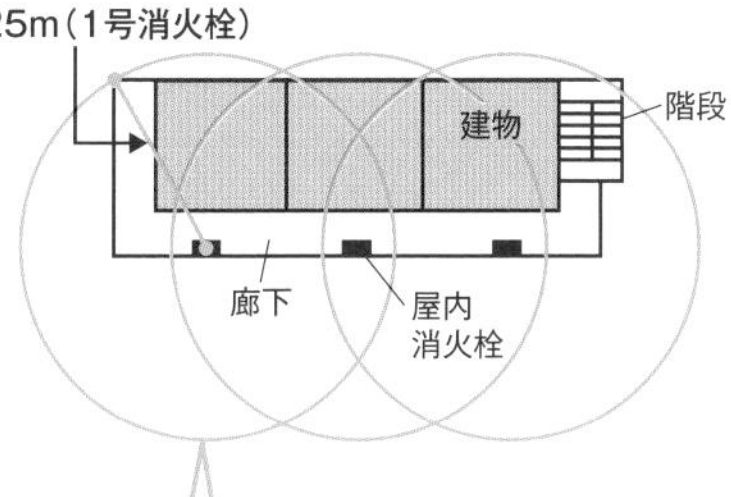

25m(1号消火栓)
建物
階段
廊下
屋内消火栓

屋内消火栓は、各階の各部分からの水平距離が、1号消火栓は25m、2号消火栓は15m以内となるように設置

●消火のイメージ

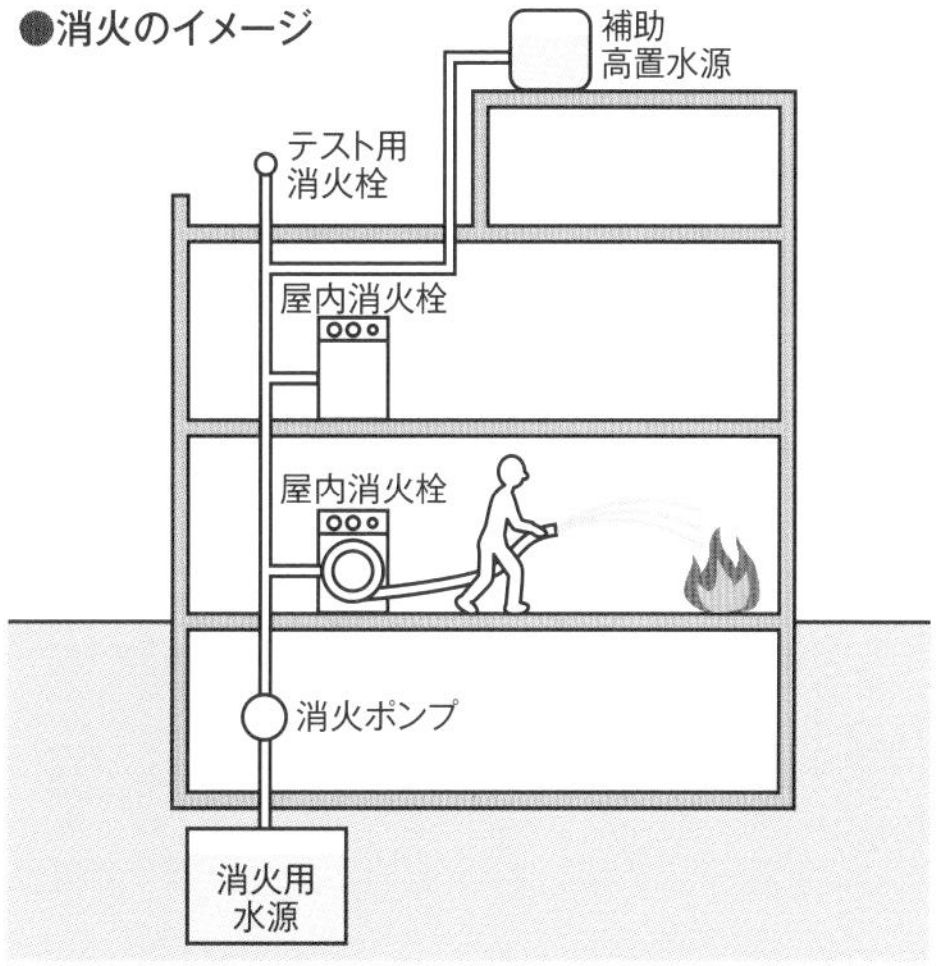

補助高置水源
テスト用消火栓
屋内消火栓
屋内消火栓
消火ポンプ
消火用水源

屋内消火栓の種類

	1号消火栓	易操作性1号消火栓[※]	2号消火栓
消火栓箱	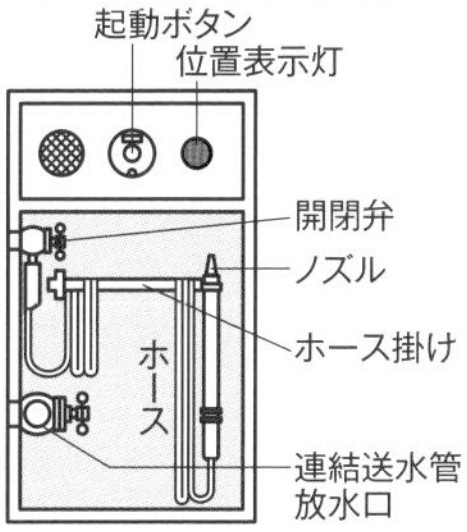起動ボタン 位置表示灯 開閉弁 ノズル ホース掛け ホース 連結送水管放水口	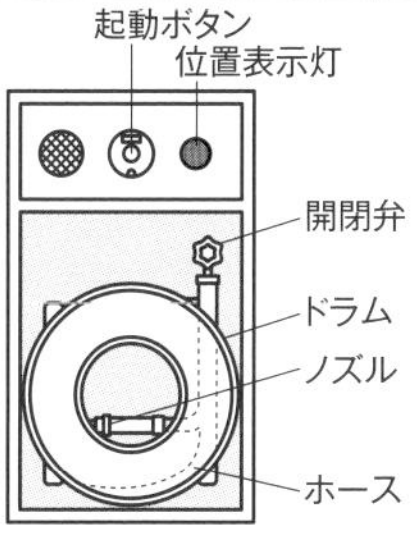起動ボタン 位置表示灯 開閉弁 ドラム ノズル ホース	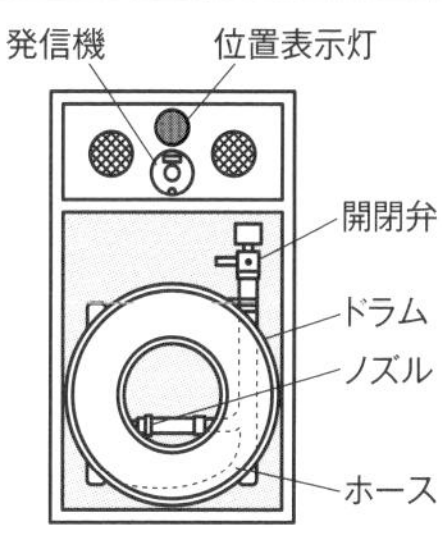発信機 位置表示灯 開閉弁 ドラム ノズル ホース
警戒区域半径	25m以下		15m以下
操作人員	2人	1人	1人
放水量	130ℓ/min以上		60ℓ/min以上
適用建物	工場、倉庫、集合住宅など		ホテル、病院、社会福祉施設など

※ 性能は従来の1号消火栓と同じだが、2号消火栓と同様にドラム型ホースとなっており、1人で操作できる

No. 064

スプリンクラー設備

ココがポイント！

① 一般建物には閉鎖型、劇場などには開放型
② スプリンクラー設備で消火できない部屋は特殊消火設備を用いる
③ スプリンクラーヘッドが設置できない場合は、補助散水栓でカバーする

メンテナンス・更新

改装工事の際には、間取り変更などによる未警戒部分の発生に注意する

スプリンクラー設備とは

スプリンクラー設備は、水源、加圧送水装置、配管、流水検知装置、スプリンクラーヘッド（以下ヘッド）で構成される。火災時の初期消火のため、天井などに2～3m間隔で設置されたヘッドから自動で散水し、冷却作用によって消火する。スプリンクラー設備は、開放型と閉鎖型に分かれる。

開放型

ヘッドの放水口が常時開放され、ヘッドに感熱部がなく、起動弁の操作で一斉に開放弁が開いて散水する。劇場の舞台のように天井が高く、感知器が感知しにくい場所や、延焼が速く拡大しやすい場所に採用される。放水は自動、手動ともに可能で、一斉開放弁を使ったものが主流である。

閉鎖型

ヘッドの放水口が常時閉じており、火災時にヘッドの感熱開放（熱でヒューズが溶け落ちてヘッドが開放される）により、散水口が自動開放される。また、ヘッドは取付け箇所の周囲の温度によって、普通・高温・超高温に分けられる。閉鎖型には次の3つがある。

●**湿式**　弁からヘッドまでの配管内に加圧水が充満している。最も一般的な方式で、ヘッドの感熱開放によってすぐに散水される。

●**乾式**　弁からヘッドまでの配管内に圧縮空気が充満している。ヘッドの感熱開放で圧縮空気が排出され、続いて水が散水される。凍結のおそれのある寒冷地に適している。

●**予作動式**　ヘッドの感熱開放だけでは散水されず、ヘッドとは別に設ける感熱器と連動して予作動弁を開き、散水される。誤作動による水損被害を避けたい、コンピュータなどのある場所に適している。

スプリンクラーヘッドの設置

ヘッドの位置と設置間隔、同時開放数は、建物用途によって消防法で定められている。ヘッドが設置できない場合は、補助散水栓でカバーする。

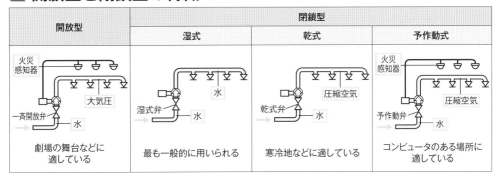

■ スプリンクラーヘッドの仕組み

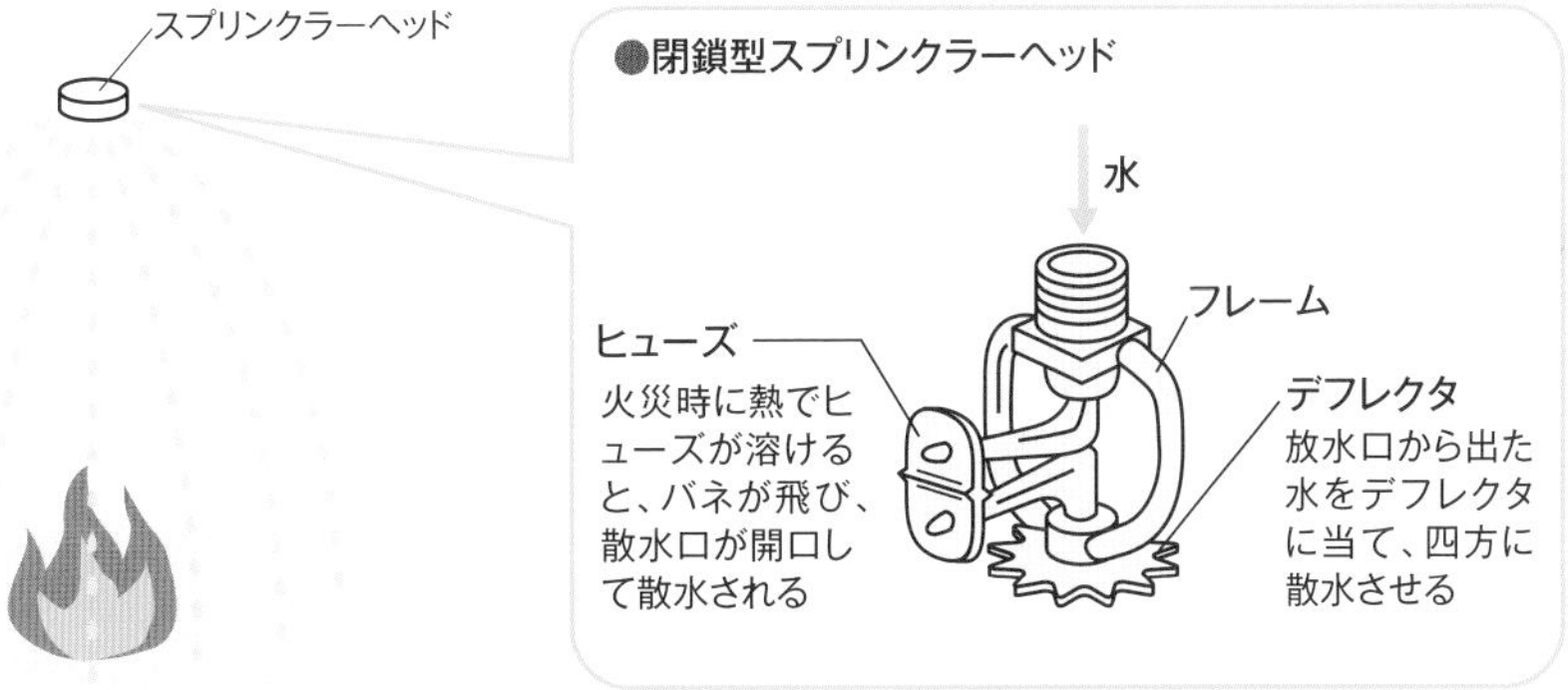

スプリンクラーヘッド
●閉鎖型スプリンクラーヘッド
水
フレーム
ヒューズ
火災時に熱でヒューズが溶けると、バネが飛び、散水口が開口して散水される
デフレクタ
放水口から出た水をデフレクタに当て、四方に散水させる

■ 開放型と閉鎖型の特徴

開放型	閉鎖型		
	湿式	乾式	予作動式
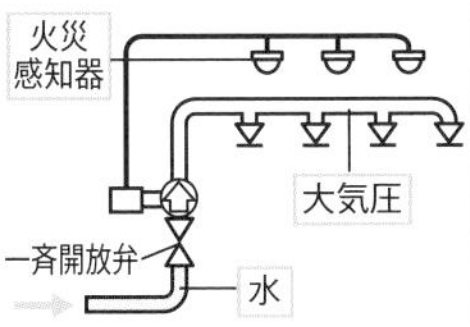 火災感知器 大気圧 一斉開放弁 水	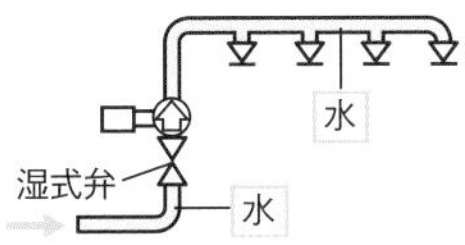 水 湿式弁 水	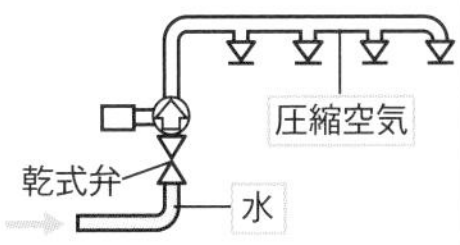 圧縮空気 乾式弁 水	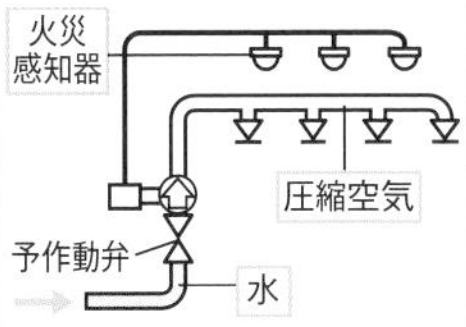 火災感知器 圧縮空気 予作動弁 水
劇場の舞台などに適している	最も一般的に用いられる	寒冷地などに適している	コンピュータのある場所に適している

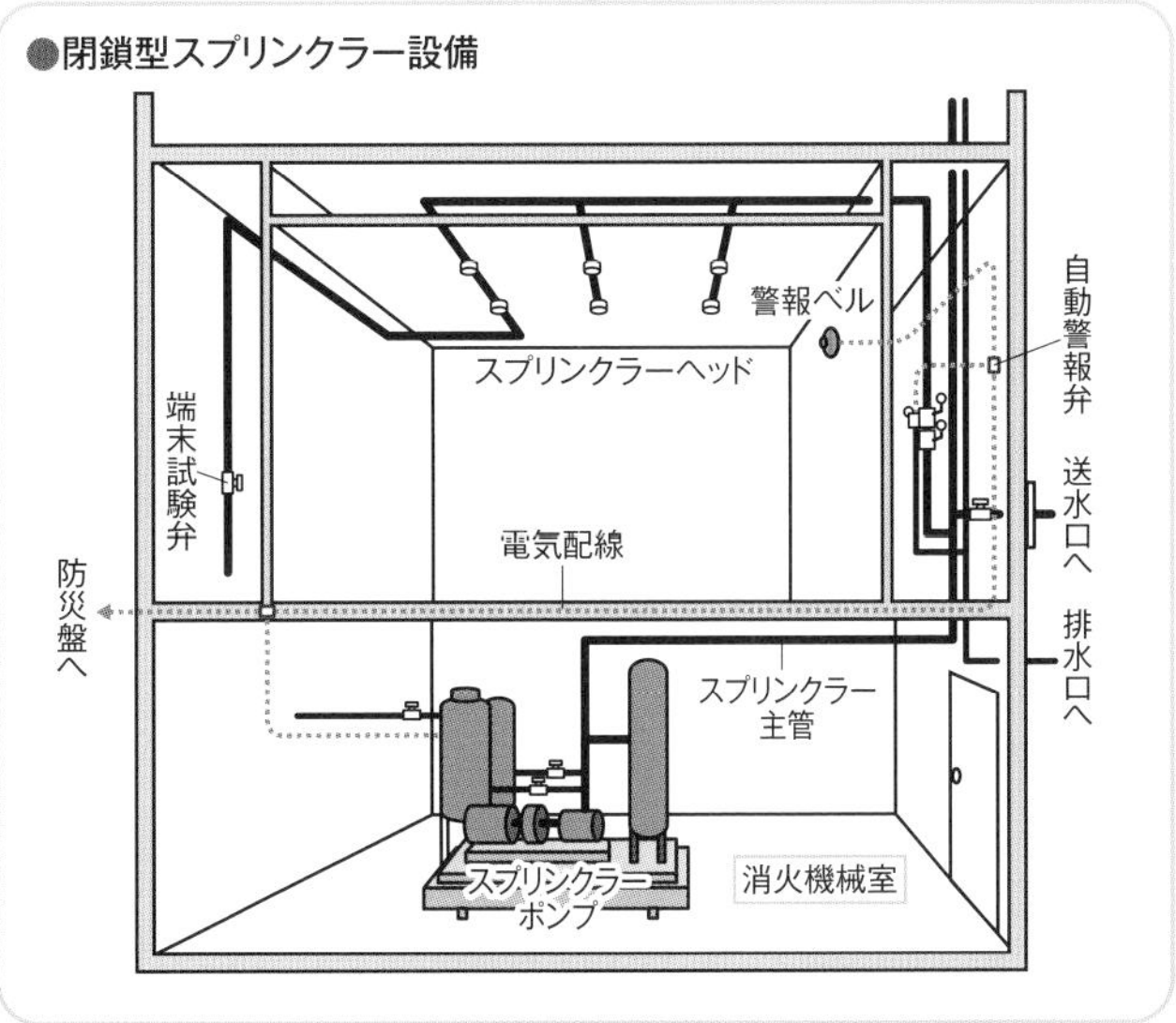

●閉鎖型スプリンクラー設備
警報ベル
スプリンクラーヘッド
自動警報弁
端末試験弁
送水口へ
電気配線
防災盤へ
排水口へ
スプリンクラー主管
スプリンクラーポンプ
消火機械室

スプリンクラーポンプには、非常用電源と、双口形の専用送水口を設ける

No.
065

非常用照明と誘導灯

ココがポイント!

① 非常用照明の床面水平面照度は、白熱灯は1lx以上、蛍光灯は2lx以上

② 停電時の点灯時間は、非常用照明は30分以上、誘導灯は20分以上

③ 誘導灯設置位置は消防署と協議して決める

メンテナンス・更新

非常用照明のバッテリーの寿命は、通常4~6年とされており、定期的に取り替える必要がある

非常用照明と誘導灯の役割

非常用照明や誘導灯は、火災などの災害発生時に起きる停電の際に、居住者が安全かつ迅速に避難できるように設ける照明器具である。建築基準法［※1］や消防法で設置が義務付けられている。

非常用照明は2種類

非常用照明は居室や避難通路に設ける照明器具である。直接照明とし、明るさは床面で1lx（蛍光灯は2lx）以上確保し、非常用照明装置の電気配線はほかの照明用回路とは別系統とする。また、予備電源が必要で、30分以上点灯できるものとする。

非常用照明器具には、内蔵する蓄電池で点灯する「電池内蔵形」と、器具外の非常用電源で点灯する「電源別置形」の2種類があり、非常用だけでなく、一般照明との兼用形もある。

配置を計画する際は、照明器具カタログに記載されている、器具ごとの配置表の設置間隔を参考とする。

誘導灯は常時点灯

誘導灯は、避難口の位置や避難の方向を示すために設け、建物の用途や規模に応じて設置することが消防法［※2］で義務付けられている。誘導灯の役割は避難誘導のため、通常時（災害時以外）でも避難口や避難の方向を認識しやすいよう、基本的には常時点灯する。

避難口誘導灯、通路誘導灯、階段通路誘導灯、客席誘導灯、誘導音付き点滅形誘導灯（煙感知器連動形）などの種類があり、これらを建物用途に応じて配列し、安全に避難できるように計画する。また、誘導灯の最終的な設置位置は、所轄の消防署と協議して決める。

誘導灯の非常電源は蓄電池設備とし、点灯時間は20分間が原則だが、避難に長時間を要する大規模な防火対象物は60分間とする。また、誘導灯は防火対象物の用途や規模によって、「A級」「B級」「C級」の3つの等級に区分されている。

※1　令126条の4および5　※2　消防法施行規則28条の3

■ 非常用照明装置の仕組み

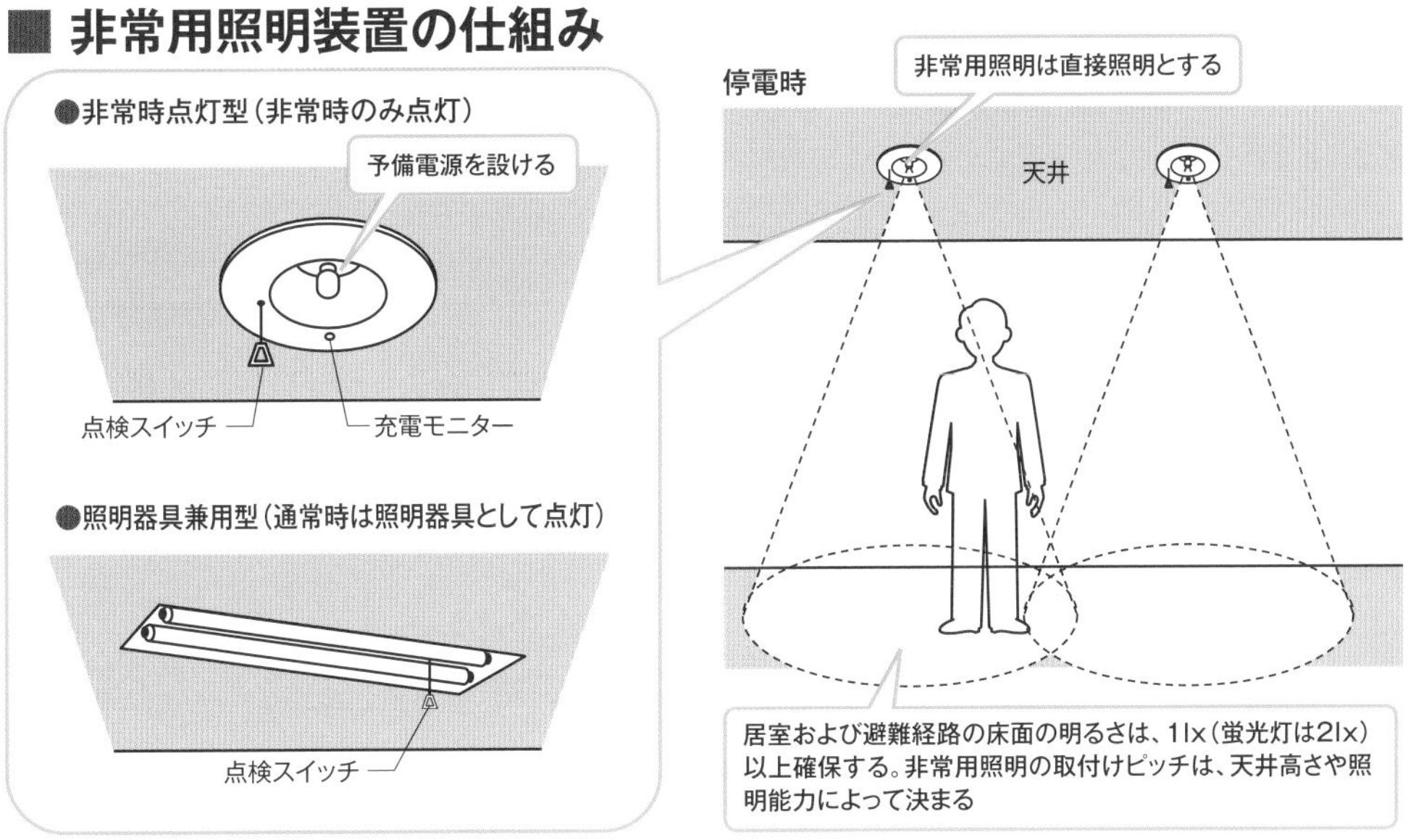
●非常時点灯型(非常時のみ点灯)
予備電源を設ける
点検スイッチ
充電モニター
●照明器具兼用型(通常時は照明器具として点灯)
点検スイッチ
停電時
非常用照明は直接照明とする
天井
居室および避難経路の床面の明るさは、1lx(蛍光灯は2lx)以上確保する。非常用照明の取付けピッチは、天井高さや照明能力によって決まる

■ 誘導灯の種類と特徴

●**避難口誘導灯**

避難口上部に設け、ここが避難口であることを示す。高効率で長寿命のLEDの採用が増えている

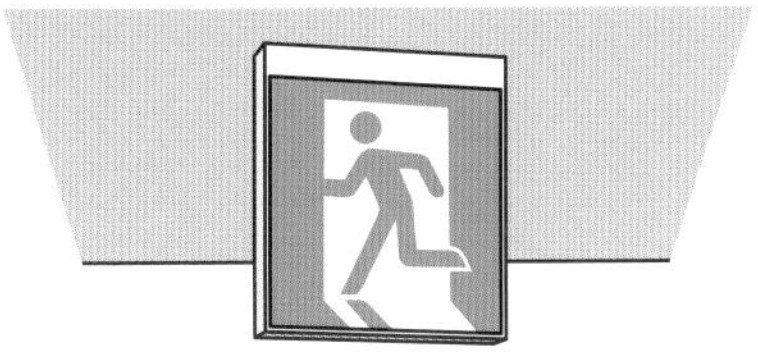

●**通路誘導灯**

避難方向の分かる表示をした灯火を、室内や通路に設置し、避難する方向を示す

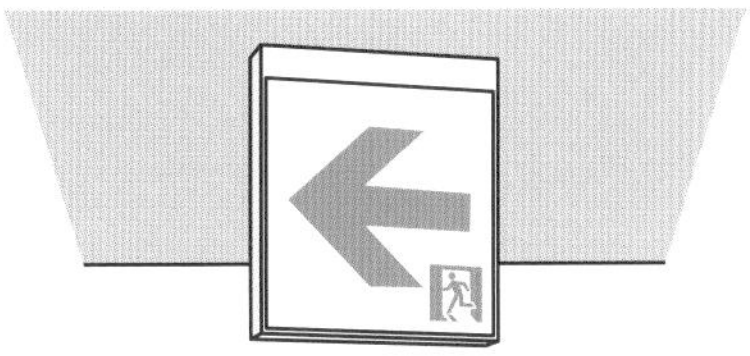

●**階段通路誘導灯**

避難経路となる階段または傾斜路に設け、避難上有効な明るさを与える

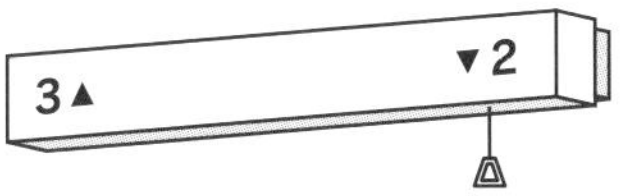
3▲
▼2

●**客席誘導灯**

客席の通路の足元照明とし、0.2lx以上の避難上有効な明るさを与える

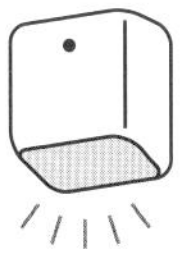

●**誘導音付き点滅形誘導灯(煙感知器連動形)**

表示パネルとランプの点滅、音声で安全に非常口へ誘導できる。目や耳が不自由な人が利用する建物をはじめ、不特定多数の人々が集まる公共性の高い施設などに適している

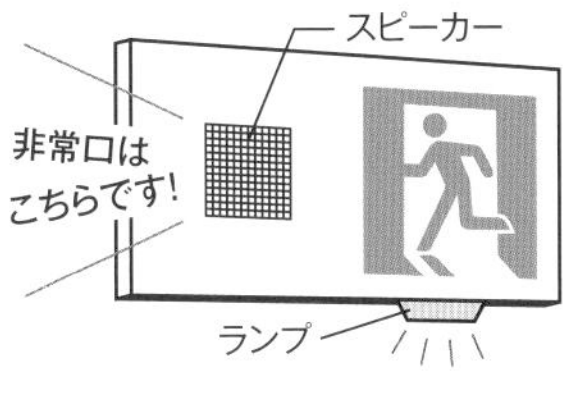
スピーカー
非常口は
こちらです!
ランプ

Close Up!

●**蓄光型誘導板**

省エネルギーのため、蓄光機能をもつ高硬度石英成形板で作成した誘導板が開発され、注目を集めている

No. 066

自動火災報知設備

ココがポイント！

① 感知器は熱・煙・炎によって感知するタイプがあり、設置場所に適したものを選択する
② 受信機は管理人室や防災センターに設置
③ 発信機は半径25m以内に設置

メンテナンス・更新

消防法により、特定防火対象物は1年に1回、非特定防火対象物は3年に1回、消防署長に点検報告する

自動火災報知設備とは

自動火災報知設備は、火災時の安全な避難と初期消火のために必要な設備である。

その仕組みは、まず火災発生時に生じる煙、熱による急激な温度上昇、火災による炎を感知器が自動的に感知し、管理人室や防災センターにある受信機に信号を送る。そして、モニターに火災発生場所を表示し、音響装置（ベル）を鳴らして建物のなかにいる人々に知らせる。

火災に気づいた人が発信機ボタンを手で押しても、同じように受信機に信号が送られ、火災の発生を知らせることができる。

感知器と受信機の種類

感知器の種類

●**熱感知器**　周囲の温度が上昇すると作動する差動式と、周囲の温度が一定の温度に達すると作動する定温式がある。定温式は急激な温度変化がある厨房、湯沸室、ボイラー室などに設ける。また、差動式と定温式の両方の機能を備えた補償式もある。

●**煙感知器**　煙による乱反射や遮光を感知して作動する光電式と、空気中のイオンの変化で作動するイオン式がある。熱感知器では感知しづらい、エレベーターやシャフト、階段などの縦穴部分に設ける。

●**炎感知器**　炎からの放射エネルギーをとらえることによって火災を感知する。煙が到達するのに時間がかかる高天井や、外気が流れることで熱や煙が薄くなる場所などに設ける。

受信機の種類

●**P型**　警戒区域ごとに1本の回線で受信する方式で、受信機には警戒区域の数だけモニター表示が必要となる。主に小規模の防火対象物に使用される。

●**R型**　複数の警戒区域の回線を中継器でまとめ、そこから送られてくる信号を受信する。受信機には液晶モニターなどで表示され、多くの情報を処理する大規模な防火対象物に使用される。

■ 自動火災報知設備の仕組み

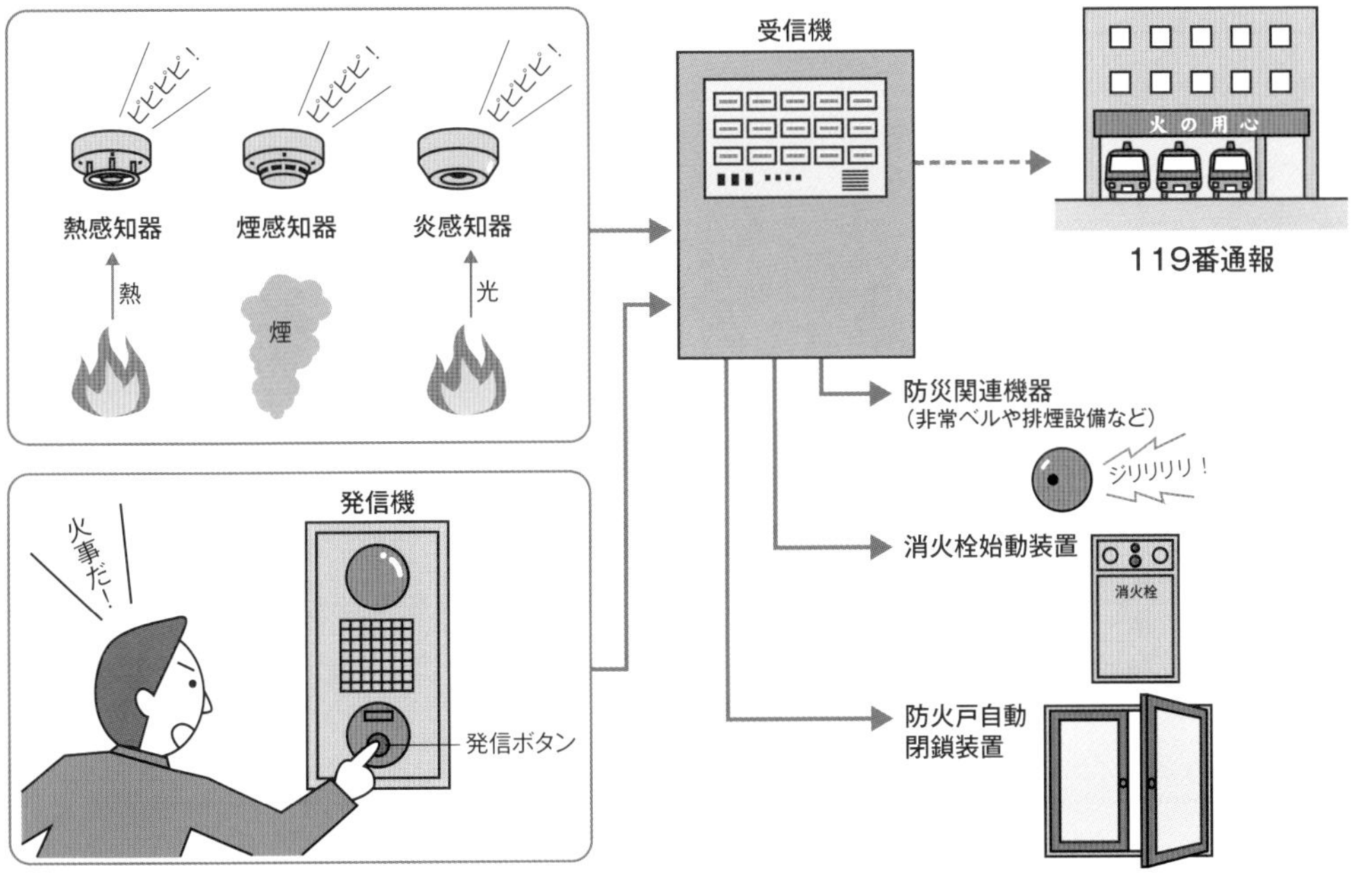
ピピピピ！
熱感知器
煙感知器
炎感知器
熱
煙
光
受信機
火の用心
119番通報
防災関連機器
（非常ベルや排煙設備など）
ジリリリリ！
消火栓始動装置
消火栓
防火戸自動
閉鎖装置
発信機
火事だ！
発信ボタン

■ 受信機の仕組み

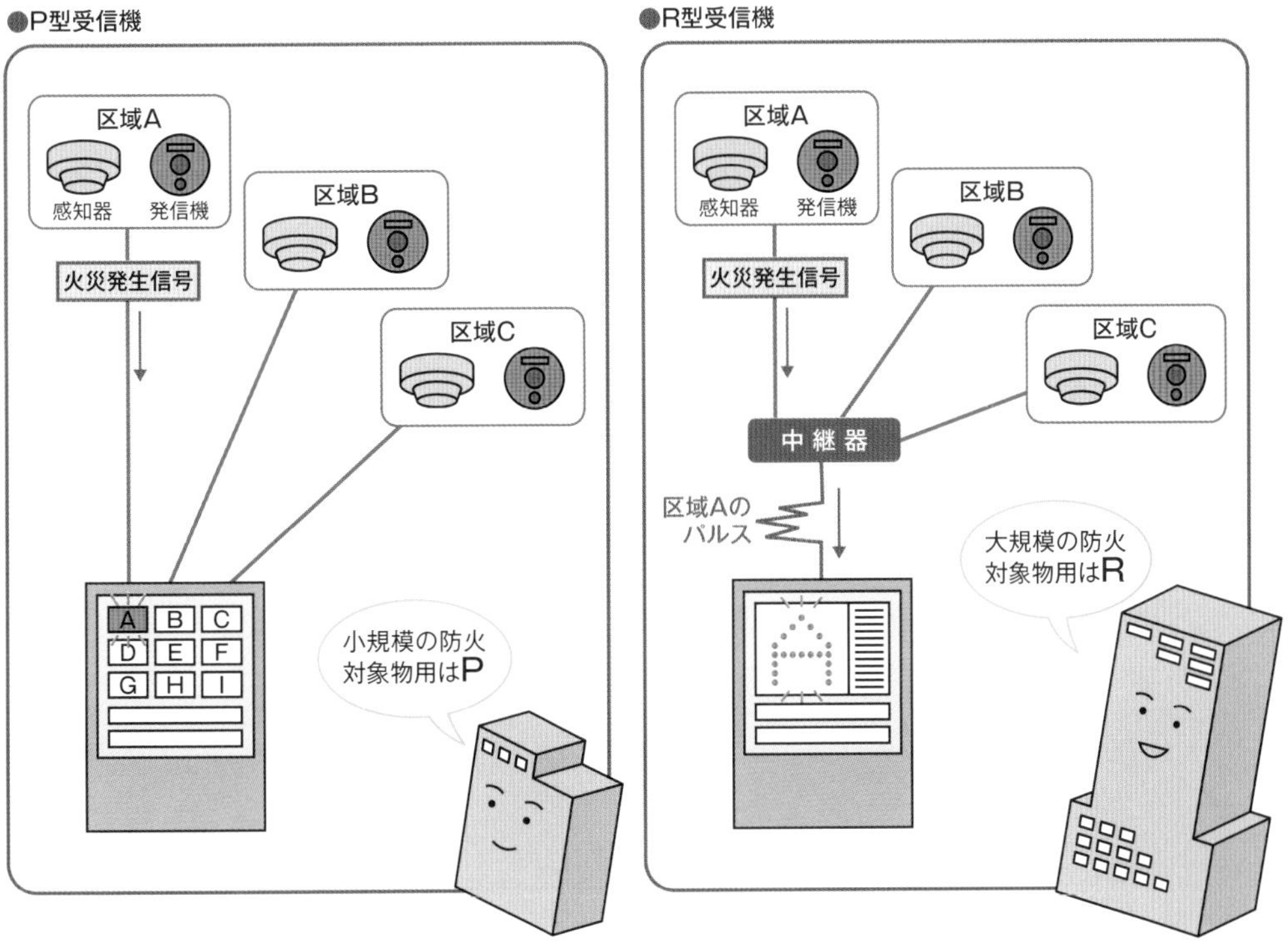
●P型受信機
区域A
感知器
発信機
区域B
区域C
火災発生信号
A B C
D E F
G H I
小規模の防火
対象物用はP
●R型受信機
中 継 器
区域Aの
パルス
大規模の防火
対象物用はR

No. 067

非常用エレベーター

ココがポイント!

① 非常用エレベーターは消防隊による消火・救助活動のために設ける

② 乗降ロビーは耐火構造の床と壁で囲み、天井・壁の仕上げ、下地ともに不燃材料とする

③ 中央管理室は、避難階か直上・直下階に設置

メンテナンス・更新

建築基準法で、年に1回の定期検査を行い、特定行政庁に報告しなければならないと定められている

非常用エレベーターとは

非常用エレベーターは、消防隊による火災時の消火・救助活動のために設ける。建築基準法（令129条の13の3）により、高さ31mを超える建築物には設置が義務付けられ、平常時は一般のエレベーターと兼用してもよいが、非常時には非常用エレベーターとしてスムーズに切り替えられるようにする。

設置台数の基準

設置台数は、建物の高さ31mを超える部分の面積が1千500㎡以下の場合は1基、1千500㎡以上の場合は、超えた面積が3千㎡増えるごとに1基ずつ増加する。エレベーターの昇降路は、2基以内ごとに耐火構造で区画しなければならない。

非常用エレベーターには、避難階またはその直上階、直下階にかごを呼び戻す装置を設け、その作動は中央管理室で行う。また、かご内と中央管理室とを連絡する電話装置を設けなければならない。

乗降ロビーと中央管理室

非常用エレベーターの乗降ロビーは、消防隊の消火・救出活動の拠点であり、初期避難者が留まる場所として防火、防煙、停電対策を完備する。乗降ロビーは各階に設け、床面積は10㎡以上とする。

また、非常用照明、屋内消火栓、連結送水管の送水口、非常用コンセントなどの消火設備を設け、耐火構造の床と壁で囲み、天井・壁の仕上げ、下地ともに不燃材料とする。

中央管理室（防災センター）は、警報設備、消火設備、非常用エレベーター、排煙設備などの防災設備の管理に加えて、空調設備、換気設備の監視と制御を行う。消火活動・避難誘導の総合的な指揮をとるための場所で、高さ31mを超える建物や延べ面積1千㎡を超える地下部分に必要であり、設置位置は避難階またはその直上・直下階とする。

■ 非常用エレベーターの設置基準

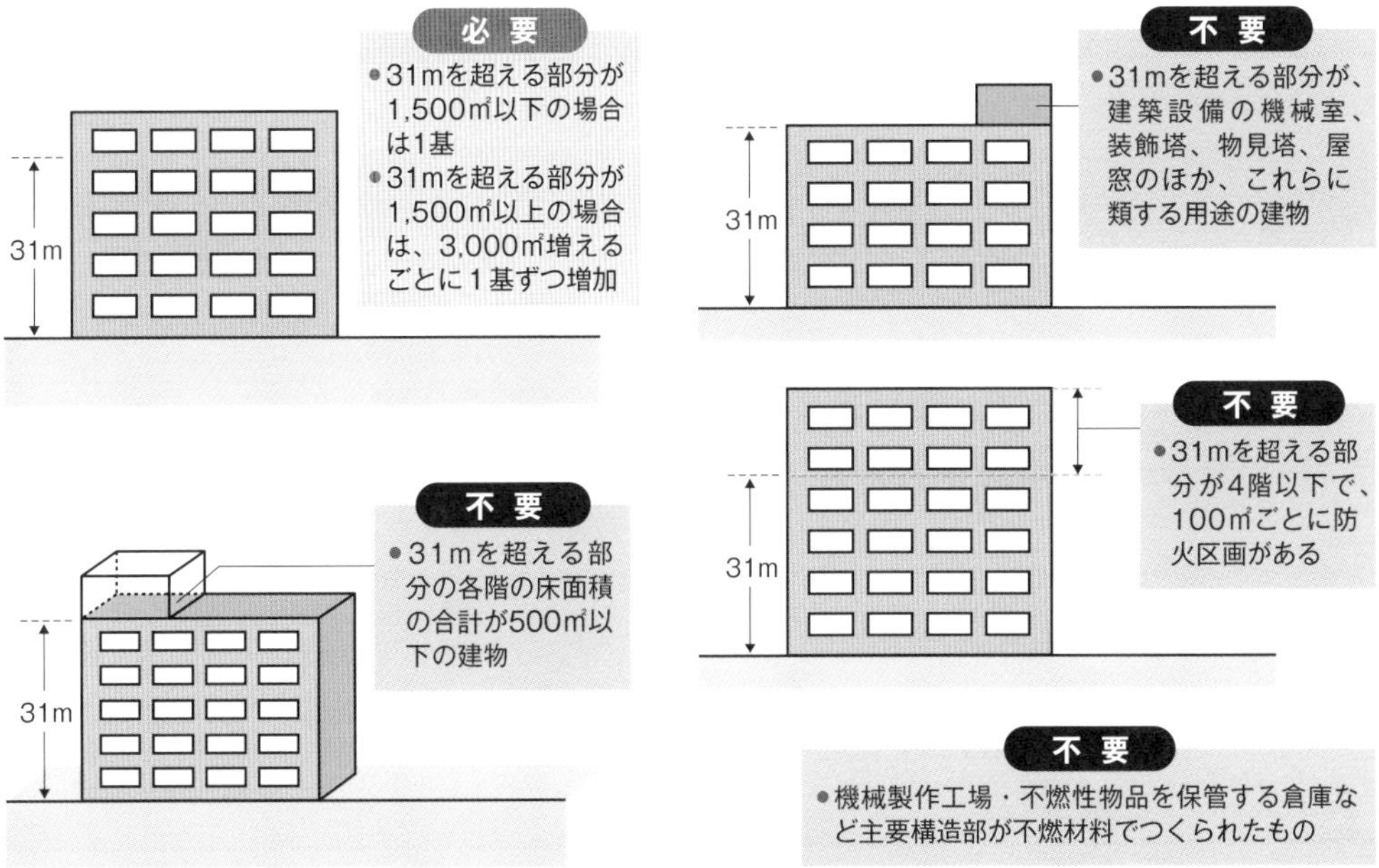

必 要
●31mを超える部分が1,500㎡以下の場合は1基
●31mを超える部分が1,500㎡以上の場合は、3,000㎡増えるごとに1基ずつ増加
31m
不 要
●31mを超える部分が、建築設備の機械室、装飾塔、物見塔、屋窓のほか、これらに類する用途の建物
31m
不 要
●31mを超える部分の各階の床面積の合計が500㎡以下の建物
31m
不 要
●31mを超える部分が4階以下で、100㎡ごとに防火区画がある
31m
不 要
●機械製作工場・不燃性物品を保管する倉庫など主要構造部が不燃材料でつくられたもの

■ 非常用エレベーターの乗降ロビー

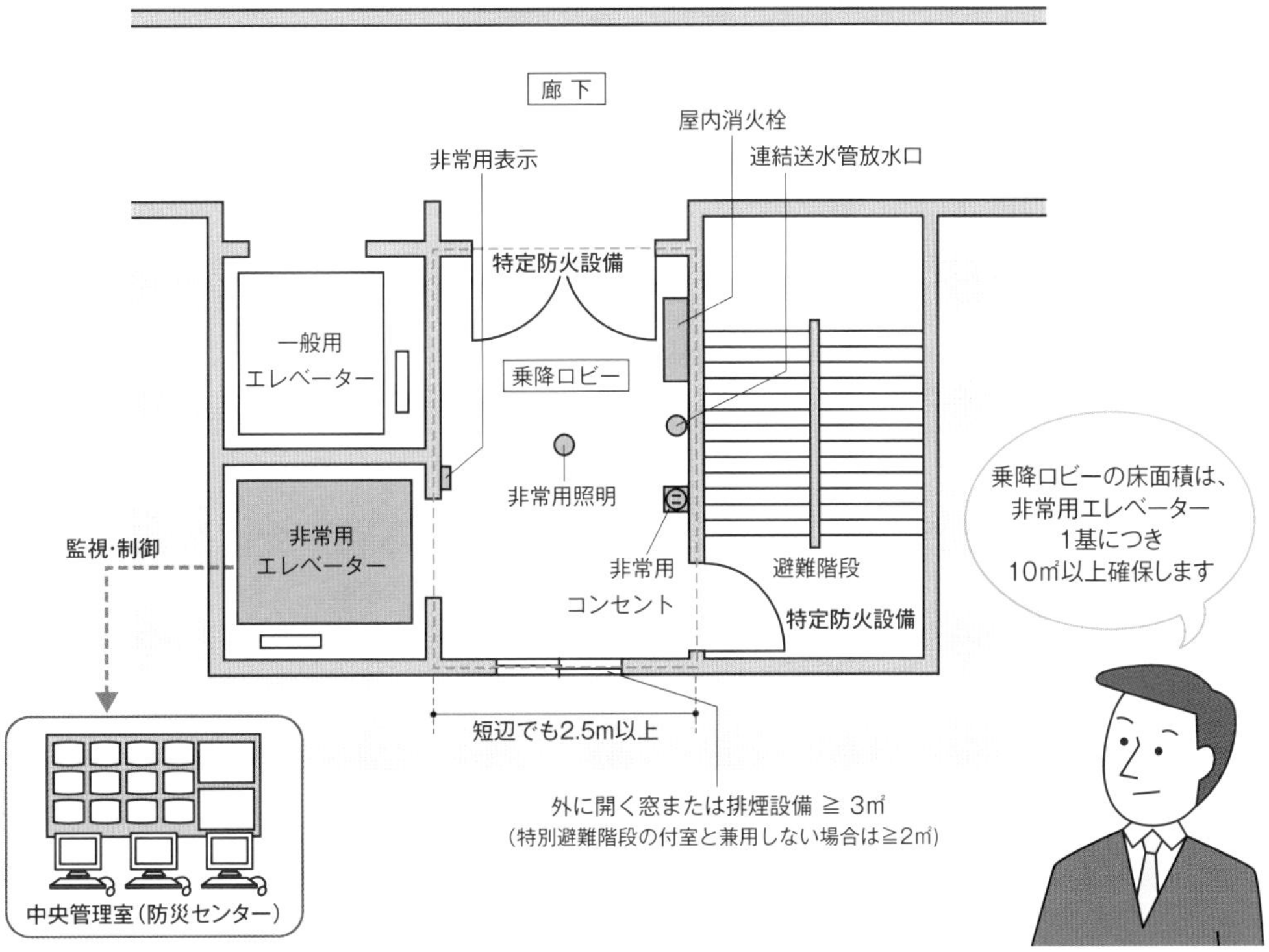

廊 下
屋内消火栓
非常用表示
連結送水管放水口
特定防火設備
一般用エレベーター
乗降ロビー
非常用照明
監視·制御
非常用エレベーター
非常用コンセント
避難階段
特定防火設備
短辺でも2.5m以上
外に開く窓または排煙設備 ≧ 3㎡
(特別避難階段の付室と兼用しない場合は≧2㎡)
中央管理室(防災センター)
乗降ロビーの床面積は、非常用エレベーター1基につき10㎡以上確保します

No. 068

オフィス照明

ココがポイント!

① 高効率の照明器具を選択する
② 昼光利用により、省エネを図る
③ レイアウト変更可能なグリッド型システム天井

メンテナンス・更新

照明器具のカバーや反射板が汚れると効率が落ちるため、定期的に清掃を行う

オフィスビルの照明計画には、機能性や快適性のほか、CO_2削減などの環境性が求められる。

機能性や快適性は、テナントの変更などに対応しやすい照明計画、作業内容に適した器具の配置・明るさなどを検討する。環境性は、省エネルギーに有効な照明手法・器具の導入などが考えられる。

オフィスの照明方式

オフィスの照明方式は、部屋全体を均一に高い照度で照らす全般照明方式が一般的だが、環境性や就労者にとっての快適性を考慮し、場所によって作業照明（タスク）と周囲環境照明（アンビエント）を分けるタスク・アンビエント照明方式もある。また、省エネ効果をより高めるため、従来は夜間の照明を前提としていた照明計画を、昼間の光を積極的に利用する手法として考える場合もある。

昼光利用には、窓面に庇《ひさし》を設け、光を天井に反射させ、室内に光を取り込むライトシェルフ（182頁参照）や、昼光制御システムを組み合わせ、昼間の明るい窓際の照明照度を落とす手法、また、必要な場所を必要な明るさに調光し、消費電力を抑えて省エネを図る手法など、多様な照明手法がある。

テナントビルなどでは、グリッド型システム天井の採用により、照明器具のレイアウト変更が可能になる。

照明器具の選択

オフィスは照明の使用時間が長いため、机上などの水平面、対話などの鉛直面の照度を確保し、グレア［※1］も防ぐ必要がある。照明効率のよさ、寿命の長さ、フリッカ［※2］の少なさなどを考慮すると、オフィスには高効率型インバータ蛍光灯が最適である。また、パソコンを使う部屋では、ディスプレイへの照明の映り込みを防ぐため、OA用ルーバー付き照明器具などを採用する。ルーバー付き器具のなかでも、ルーバー反射率の高い器具を選択することで高い省エネ効果が得られる。

※1　まぶしさ。見ようとする対象が見えにくくなったり、不快感を与える現象のこと　※2　蛍光灯やディスプレイ画面に生じる細かいちらつき

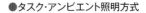

■ オフィスの照明方式

●全般照明方式

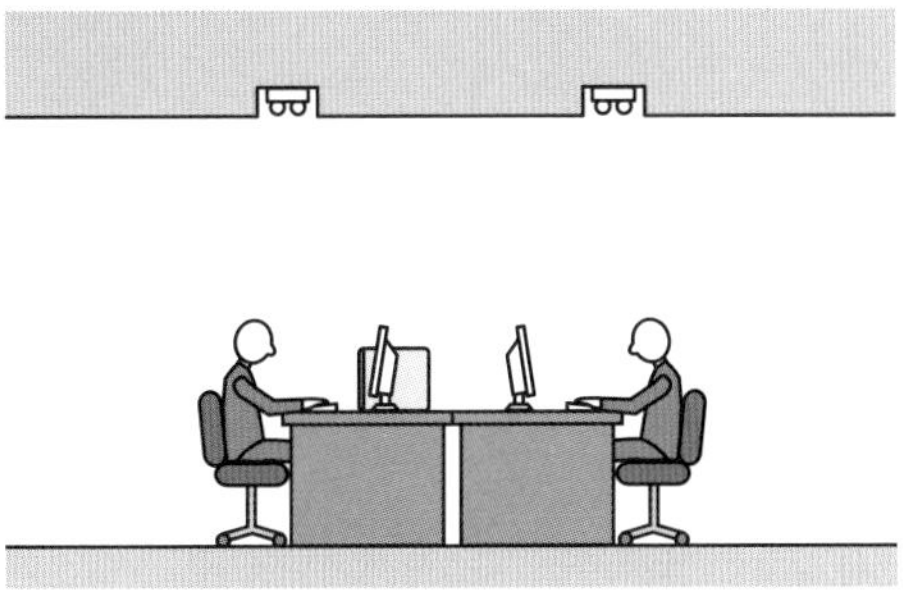

●タスク・アンビエント照明方式

アンビエント照明
タスク照明

■ 制御システムによる昼光利用

●晴天

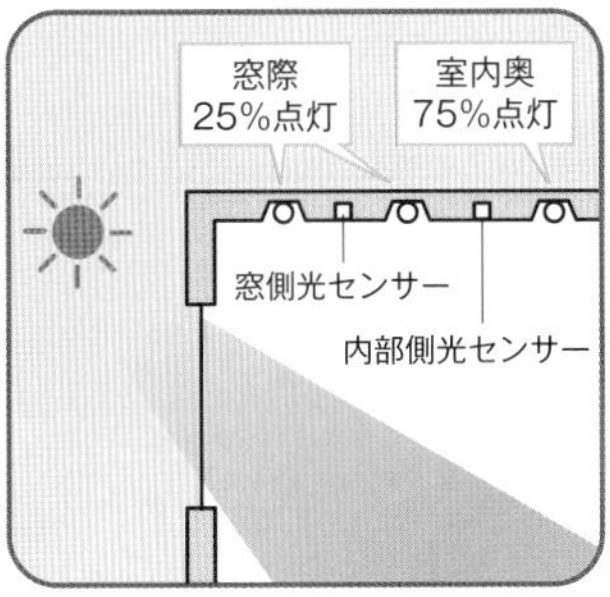
窓際
25%点灯
室内奥
75%点灯
窓側光センサー
内部側光センサー

●曇天、夕方

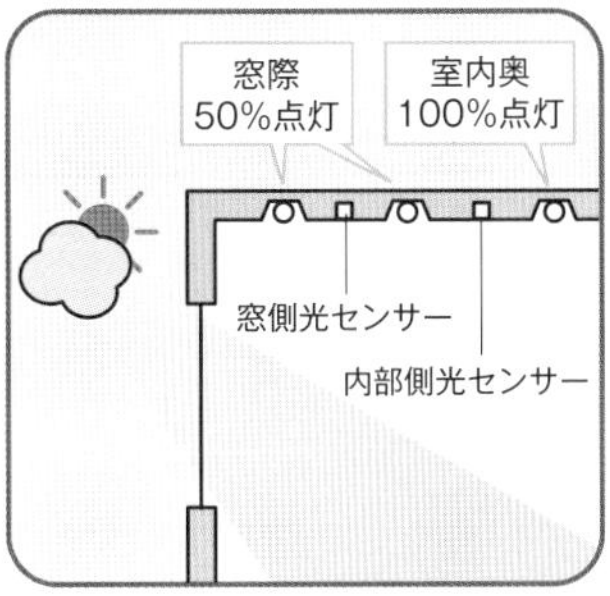
窓際
50%点灯
室内奥
100%点灯
窓側光センサー
内部側光センサー

●雨天、夜

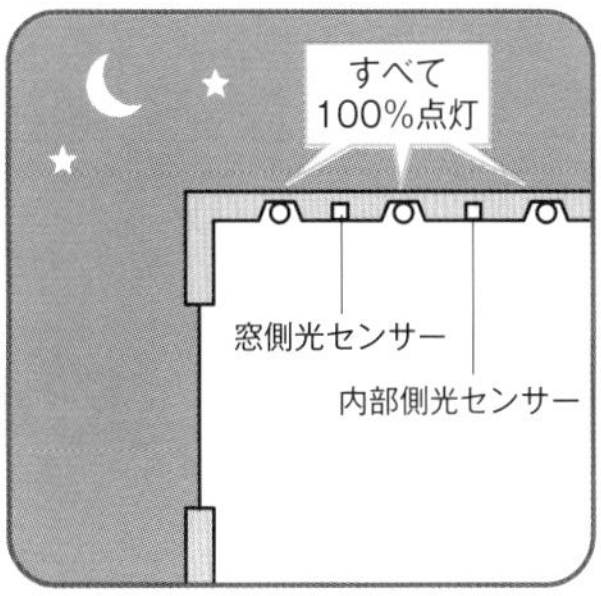
すべて
100%点灯
窓側光センサー
内部側光センサー

■ グリッド型システム天井

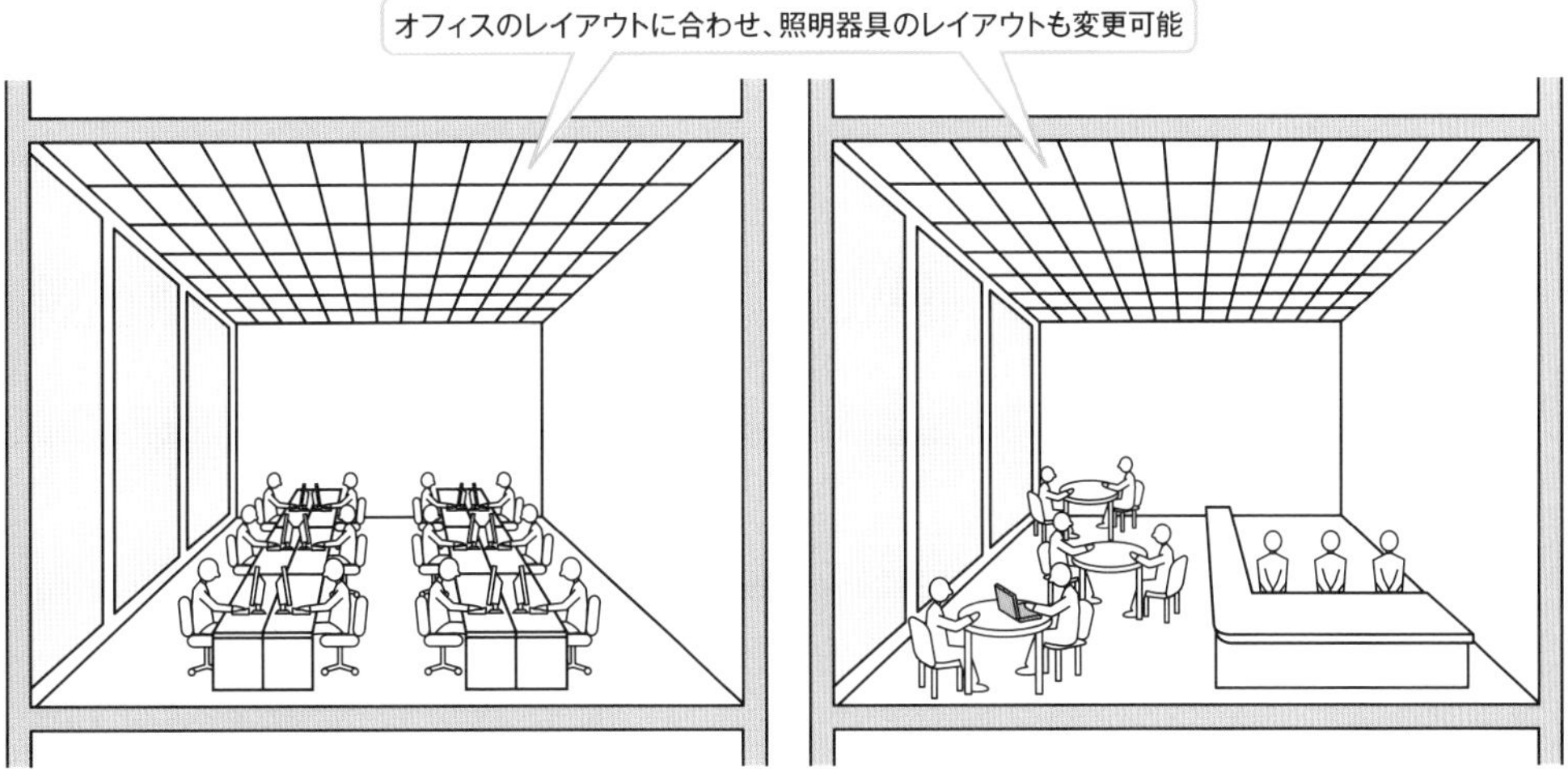
オフィスのレイアウトに合わせ、照明器具のレイアウトも変更可能

No. 069

オフィス配線

ココがポイント！

① 弱電機器の配線はフロア配線とする
② 最初に配線量の目安を立てておく
③ フリーアクセスフロア配線方式は、配線の自由度が高く、配線収容量が多い

メンテナンス・更新

配線の断裂がないか定期的に点検を行う

フロア配線のニーズ

近年、オフィスの情報機器は、1人1台となった電話やパソコン、さらにFAXやコピー機、プリンタなど、増加の一途をたどっている。これに伴い、オフィスビルのフロア配線には、オフィス内の快適性の向上に加え、レイアウト変更や機器の増移設などに対応しやすいフレキシビリティが強く求められている。これらのニーズに応えるため、現在は多種多様なフロア配線の方式がある。

フロア配線の方式

●フロアダクト配線方式　3m程度ごとに電線を引出せるように、長方形または台形の鋼板製の配線用ダクトを、コンクリートスラブ内に格子状に埋込む。適当な箇所に取り出し用のジャンクションボックスを設け、コンセントや電話配線として使用する。フリーアクセスフロア配線方式とは異なり、配線が床面に露出する部分も出てくる。

●セルラダクト配線方式　床構造材の波形デッキプレートの溝を利用し、下面からプレートを取り付けて、電気や電話などの配線用ダクトとする。フロアダクト配線方式と同様に、配線が床面に露出する部分も出てくる。

●アンダーカーペット配線方式　床上とカーペットの間に、ごく薄い平形のフラットケーブルを直接敷設し、電気絶縁性や緩衝性のカーペットを床仕上げとして敷く。配線に足を引掛けたり、配線が机の角に当たって断線を引起こしたりといったトラブルを防げる。

●フリーアクセスフロア配線方式　オフィスの床を二重床とし、その間を配線スペースとする。ほかの方式と比べてコストは高くなるが、オフィス内の歩行ストレスを軽減でき、レイアウトの変更や機器の増移設などに加え、配線のメンテナンスも機能的かつ安全に行うことができる。この方式は配線の変更の自由度が高く、配線収容量も多いため、オフィス環境の快適性の向上に有効である。

■ フロア配線の種類

●フロアダクト配線方式

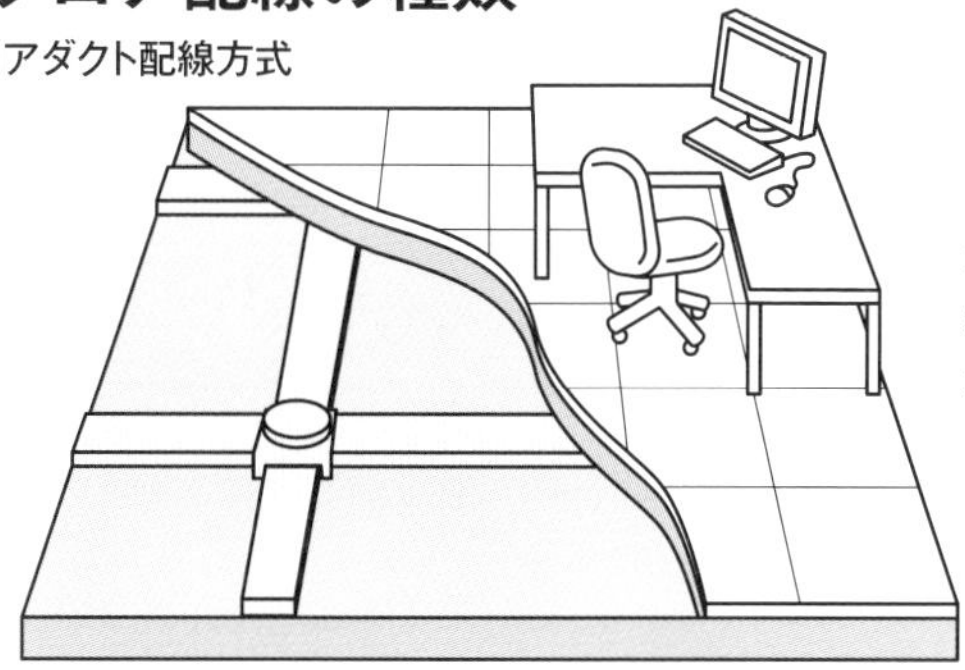

コンクリートスラブ内に、扁平な角パイプを格子状に埋込む。配線の取り出しピッチが限定されるため、配線が床面に露出する部分も出てくる

●セルラダクト配線方式

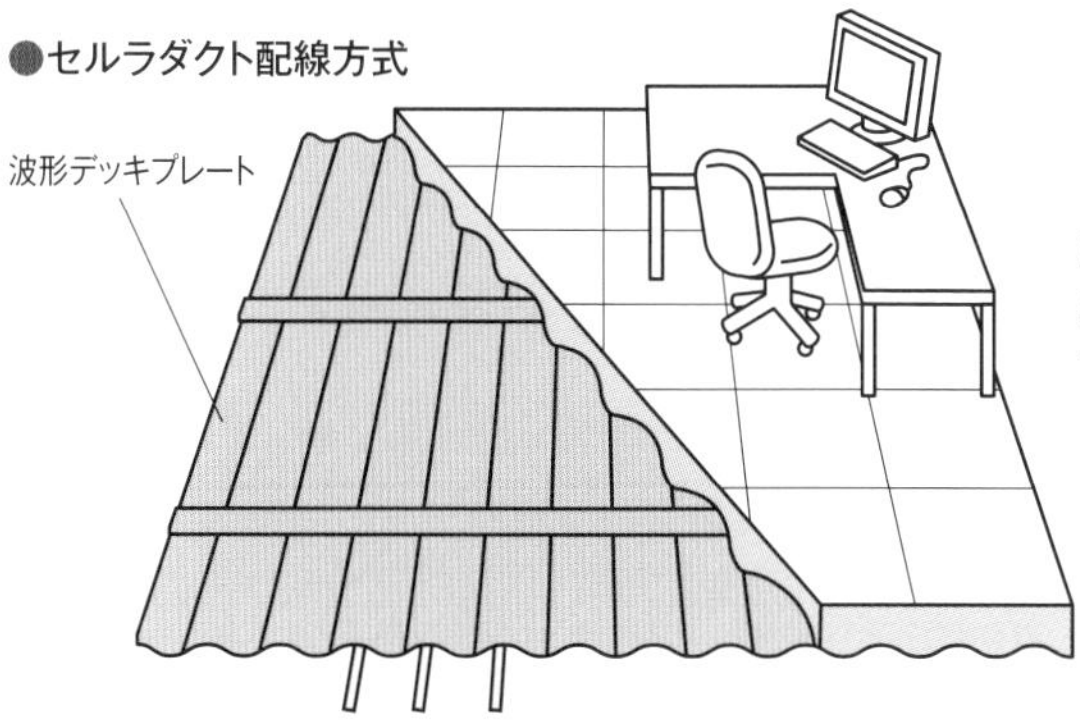

床構造材の波形デッキプレートを利用し、下面から特殊カバープレートを取り付け、配線用ダクトとする。配線が床面に露出する部分も出てくる

●アンダーカーペット配線方式

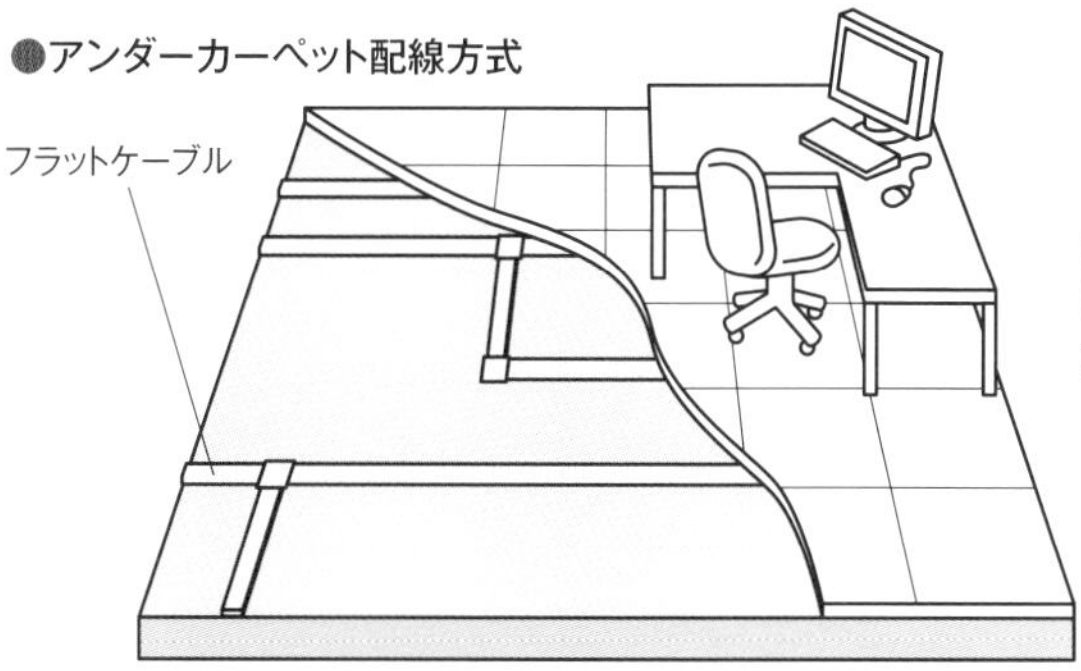

床上と、電気絶縁性や緩衝性のカーペットの間に、専用のフラットケーブルを敷設する。配線の取り出し位置は自由

●フリーアクセスフロア配線方式

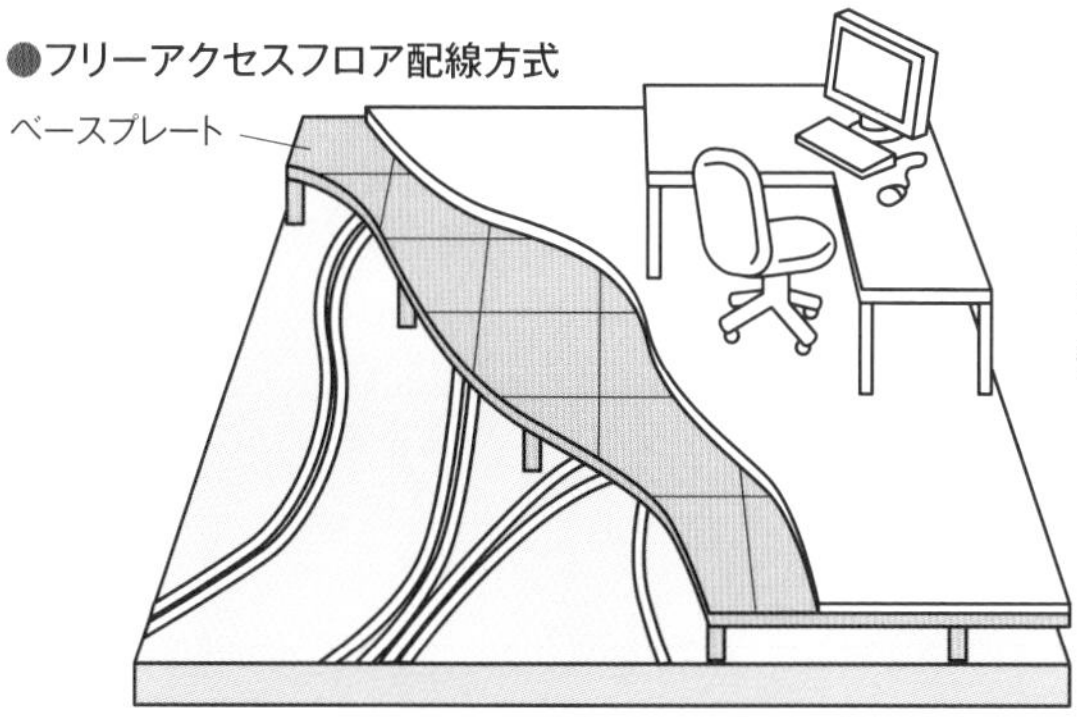

床を二重床とし、その間を配線スペースとする。配線の取り出し位置や変更の自由度が高く、配線収容量も多い

No. 070

オフィスセキュリティ

ココがポイント!

① セキュリティレベルの低いほうから高いほうへ動線を計画する

② 監視カメラは逆光にならないように注意

③ 出入管理は、テンキー方式やカード方式を併用することで安全性が向上する

メンテナンス・更新

更新が遅れるとセキュリティ自体が時代遅れになり、防犯性能が下がるため、定期的に更新する

セキュリティレベルの設定

　オフィスのセキュリティ設備は、建物外部からの部外者の侵入を防ぎ、人命と財産などを守るために設置する。近年は内部情報の流出防止、電子情報の漏洩防止などの必要性も高くなっている。

　セキュリティ設備を導入する際は、まず各部屋のセキュリティレベルを設定する。外構（レベル1）から、共用部（レベル2）、設備機械室（レベル3）…など、基本的にセキュリティレベルが低いほうから高いほうに動線を計画し、各レベルの境界線にはゲートなどを設け、通行資格の認証を行う。

センサーと監視カメラ

　侵入者を感知するセキュリティセンサーには、赤外線遮断検知器、熱線パッシブセンサー、磁気近接スイッチ、スイッチストライク、超音波センサー、ガラス破壊センサーなどがあり、用途に応じて必要な箇所に設ける。

　不審者を発見する監視カメラには録画機能があり、犯罪などが発生した場合に映像を再生し、犯人の特定に役立てることができる。

アクセスコントロール装置

　建物や室内の出入管理を行うには、扉の近くにアクセスコントロール装置を設ける。この装置には、テンキー方式、カード方式、生体認証方式などの種類がある。

●テンキー方式　あらかじめ登録してある暗証番号を入力し解錠する方式で、番号の漏洩を防ぐためテンキーの配列をランダムに表示させることもできる。

●カード方式　個人情報をカードに入力しておき、扉付近のカードリーダーに読み込ませて解錠する。カードの盗難などによる不正利用を防ぐため、テンキー方式と併用する例もある。

●生体認証方式　パスワードのような文字列ではなく、指紋や動脈、目の虹彩など身体の特徴で認識し解錠する方式で、盗用の危険性が低い。

■ セキュリティレベルの仕組み

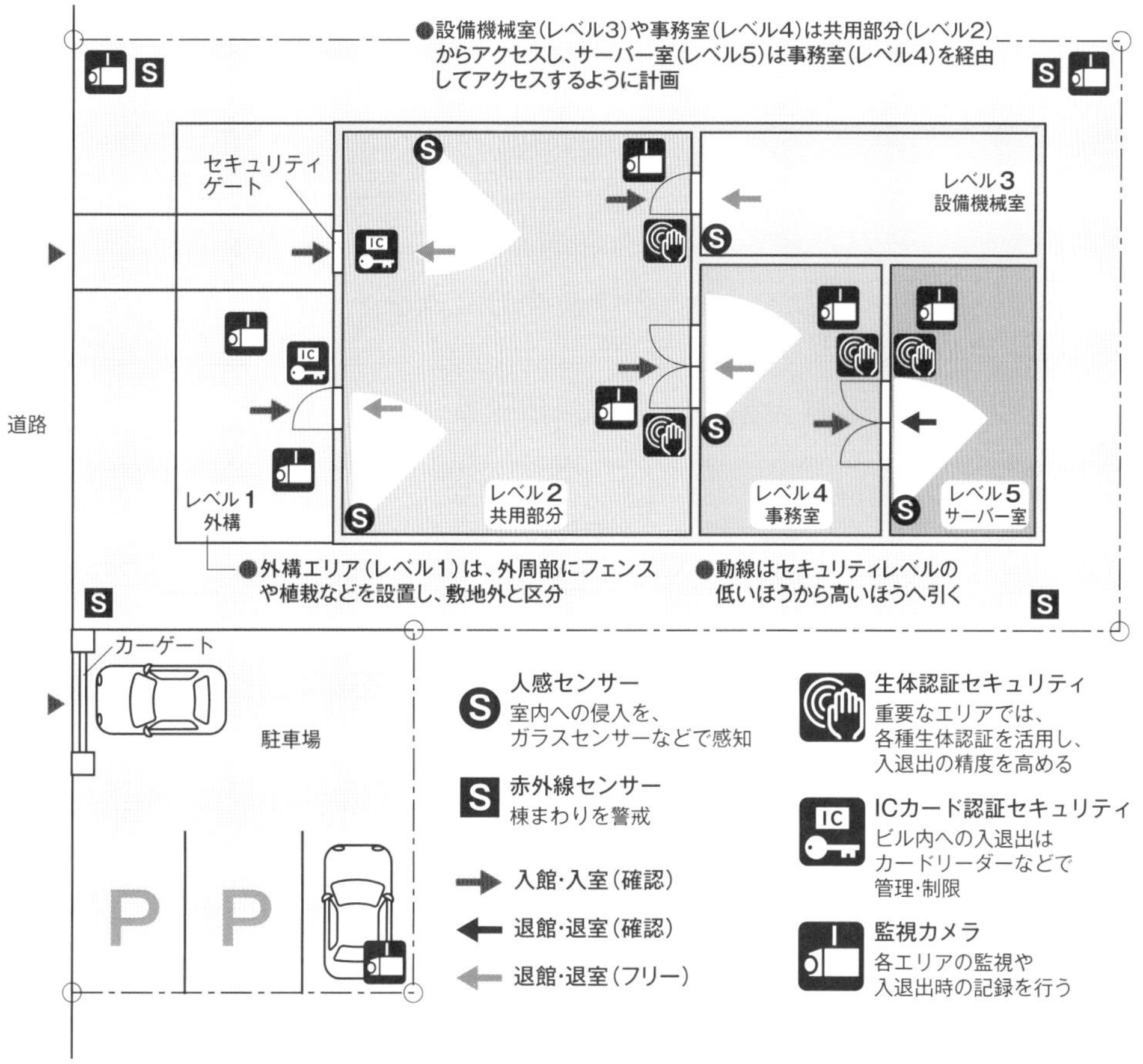

●設備機械室(レベル3)や事務室(レベル4)は共用部分(レベル2)からアクセスし、サーバー室(レベル5)は事務室(レベル4)を経由してアクセスするように計画
セキュリティゲート
IC
レベル3
設備機械室
道路
レベル1
外構
レベル2
共用部分
レベル4
事務室
レベル5
サーバー室
●外構エリア(レベル1)は、外周部にフェンスや植栽などを設置し、敷地外と区分
●動線はセキュリティレベルの低いほうから高いほうへ引く
カーゲート
駐車場
P
P
人感センサー
室内への侵入を、ガラスセンサーなどで感知
赤外線センサー
棟まわりを警戒
入館・入室(確認)
退館・退室(確認)
退館・退室(フリー)
生体認証セキュリティ
重要なエリアでは、各種生体認証を活用し、入退出の精度を高める
ICカード認証セキュリティ
ビル内への入退出はカードリーダーなどで管理・制限
監視カメラ
各エリアの監視や入退出時の記録を行う

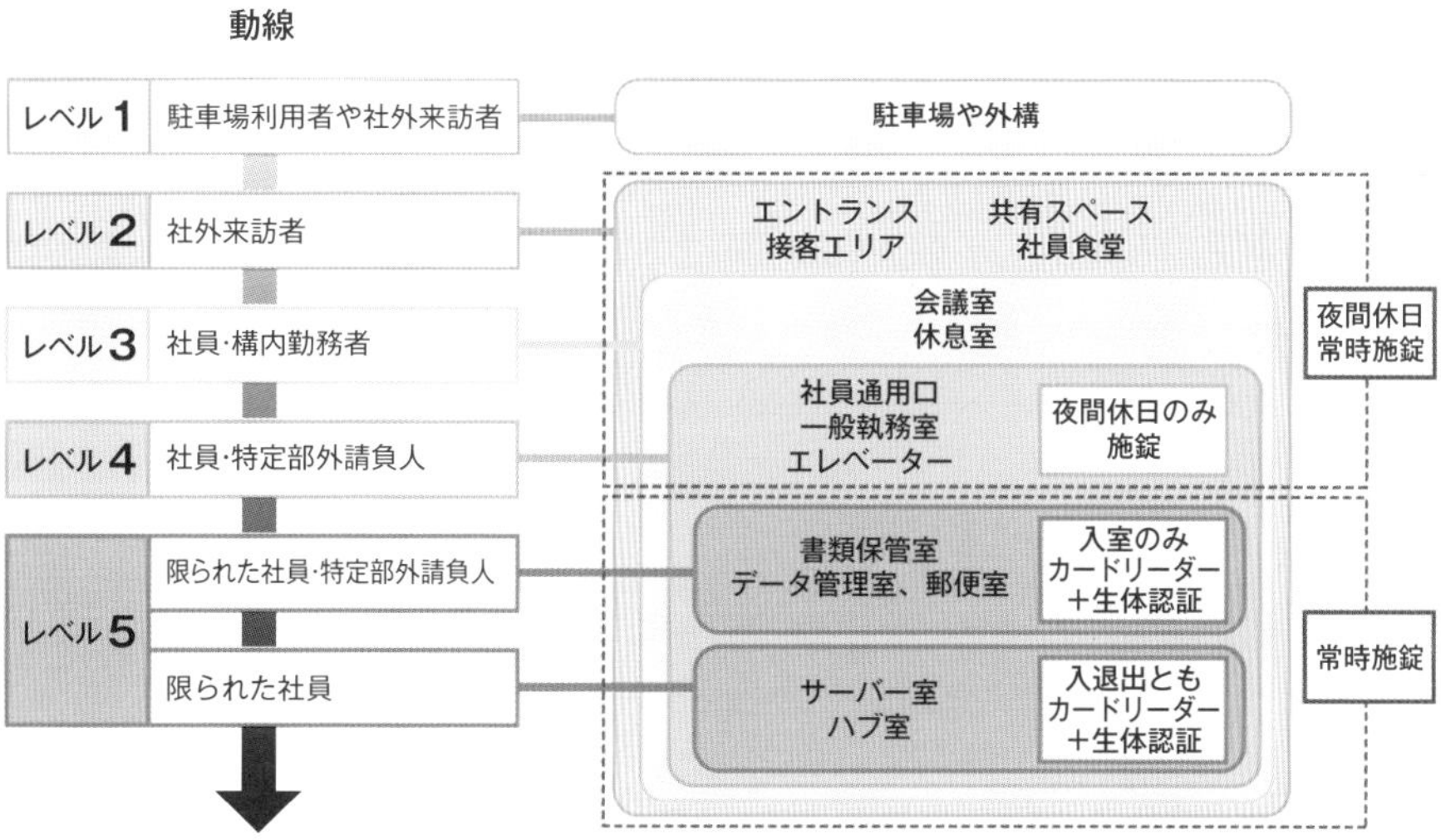

動線
レベル1
駐車場利用者や社外来訪者
駐車場や外構
レベル2
社外来訪者
エントランス
接客エリア
共有スペース
社員食堂
レベル3
社員・構内勤務者
会議室
休息室
夜間休日
常時施錠
レベル4
社員・特定部外請負人
社員通用口
一般執務室
エレベーター
夜間休日のみ
施錠
レベル5
限られた社員・特定部外請負人
書類保管室
データ管理室、郵便室
入室のみ
カードリーダー
＋生体認証
限られた社員
サーバー室
ハブ室
入退出とも
カードリーダー
＋生体認証
常時施錠

No. 071

クリーンルームとサーバールーム

ココがポイント!

① クリーンルームのクラス値は小さいほど高水準

② クリーンルームは外部からの浮遊物の流入を防ぐため、正圧とする

③ サーバールームは災害のリスクから守る

メンテナンス・更新

サーバー機器を増設する場合、空調能力も検討する必要がある

クリーンルームとは

クリーンルームは、室内の浮遊粉塵や浮遊微生物の量を規定レベル以下とし、高度に清浄度管理（コンタミネーションコントロール）された空間のことである。清浄度はクラス値［※］で表され、数値が小さいほど清浄度が高い。

インダストリアルクリーンルームとバイオロジカルクリーンルームの2種類があり、インダストリアルクリーンルームは、空気中の浮遊微粒子を対象とし、半導体工場や精密機械工場などで用いられる。一方、バイオロジカルクリーンルームは、浮遊微生物を対象とし、手術室や医薬品工場、食品工場などで用いられ、いずれも室内を正圧にし、清浄度管理を行う。ただし、有害な細菌を外部に流出させないように、室内を負圧にする場合もある。

クリーンルームは気流形状でも分類され、清浄度の高い垂直層流式（床吸込み）や、垂直層流式と比べて清浄度は低いが、ローコストで設置できる乱流方式などがある。両方式ともに、外部からの浮遊物の流入を防ぐため、室内は正圧とする。

サーバールームとは

サーバールームは、企業の重要なデータや基幹システムなどを置く場所で、熱や災害、地震などから守る必要がある。主な対策には、次の3つがある。

●**熱対策**　サーバールーム全体の空調機は、複数のラックに効率よく冷気を送れる、床下送風型か床置き型が望ましい。天吊り型空調機を選ぶ場合は、サーバーが結露水やドレン水の影響を受けないよう、設置場所を考慮し、ラックの真上などは避ける。

●**災害対策**　サーバールームは、危険物保管場所、火気施設、水道設備など、災害のリスクの大きい場所からなるべく遠ざけて設置する。また、停電時の対策として無停電電源装置（ＵＰＳ）を設ける。

●**地震対策**　サーバーに耐震装置または免震装置を設ける。

※　1立方フィート当たりの空気中に、粒径0.5μm以上の塵埃がいくつあるかを示したもの

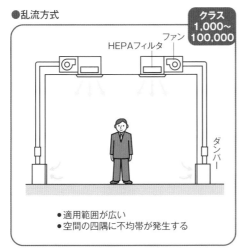

■ クリーンルーム気流形状の種類

●垂直層流式（床吸込み）

クラス 100以下

HEPAフィルタ[※]

- 半導体工場のほか、清浄度の高いクリーンルームに採用
- コストは高い

●水平層流式

クラス 100～1,000

HEPA
フィルタ

- 適用範囲が広い
- レイアウト変更後の改造が難しい
- 清浄度を高めるための風量の変更が困難

●乱流方式

クラス 1,000～100,000

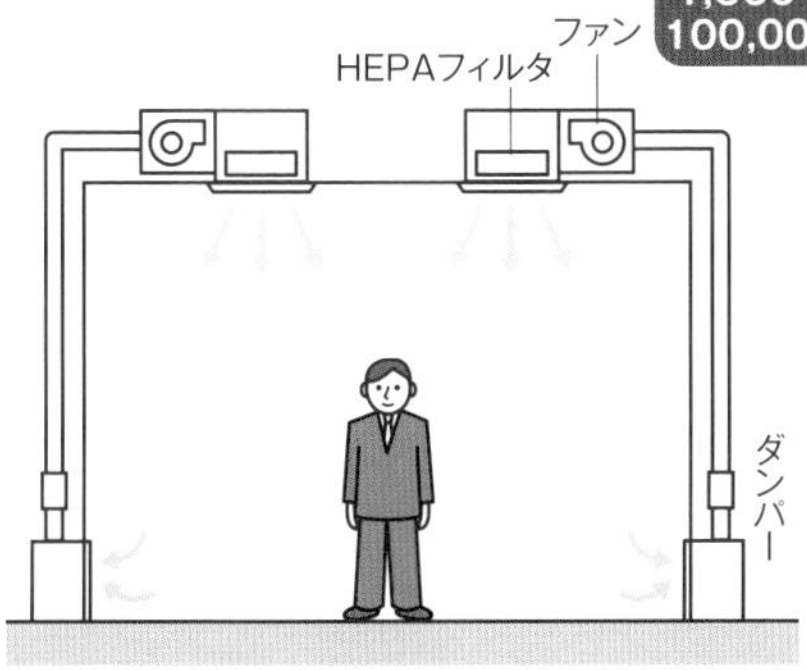
ファン
HEPAフィルタ
ダンパー

- 適用範囲が広い
- 空間の四隅に不均帯が発生する

●ユニット式

クラス 1,000～100,000

HEPA
フィルタ
ファン

- 工事費が安価で、工事期間が短い
- 設置スペースが必要
- 清浄度に限界がある
- ユニットの増移設が容易

※　高度な空気清浄が求められる分野で使用される高性能フィルタ。粒径0.3μmの粒子に対し、99.97%以上の粒子補修率をもつ

■ サーバールームの地震対策

●耐震架台工法

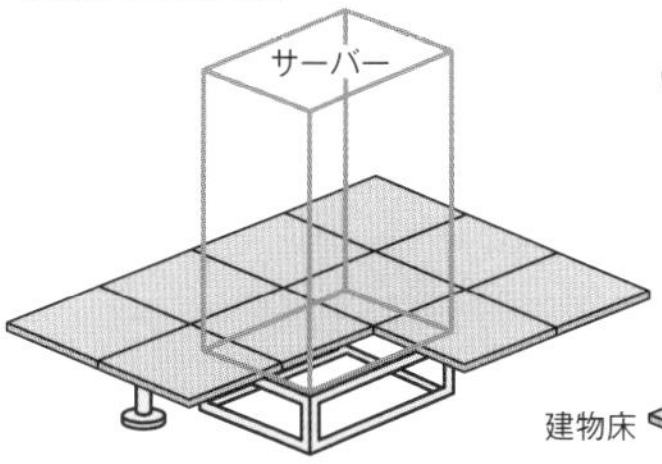
サーバー

●耐震支柱工法

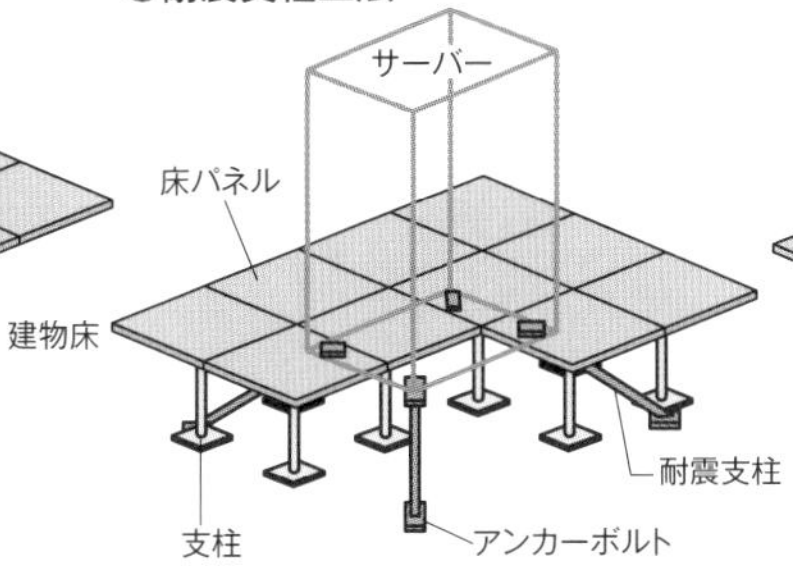
サーバー
床パネル
建物床
耐震支柱
支柱
アンカーボルト

●免震装置

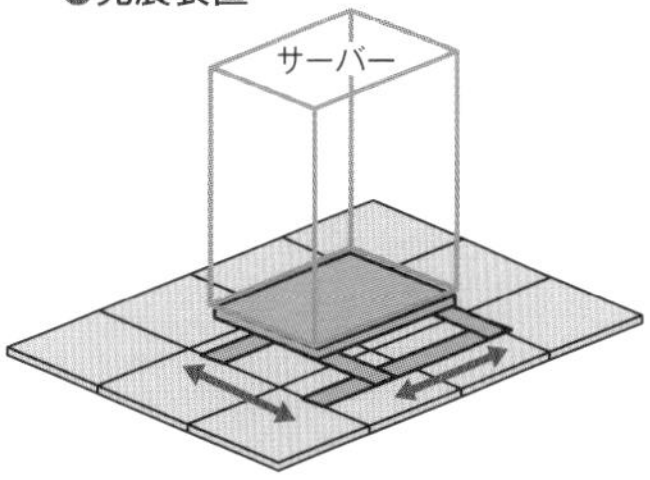
サーバー

No. 072

昇降機

ココがポイント！

① 緊急地震速報に対応したエレベーターは、すばやい避難が可能
② 防災キャビネットを設置する例が増えている
③ エスカレーターには、昇降口で踏段の昇降を停止できる非常停止ボタンを設ける

メンテナンス・更新

安全対策を強化した改正建築基準法が、2009年9月28日以降に設置するエレベーターに適用された

エレベーターの種類

エレベーターは、一般的にロープ式と油圧式の2種類がある。

ロープ式は、モーターで巻上機を駆動してかごを昇降させる。近年は、駆動装置を昇降路内に納めた機械室レスタイプが主流である。油圧式に比べて高速運転ができ、騒音が少ない。

油圧式は、油圧ポンプを駆動させてかごを昇降させる。油圧ポンプを納める機械室が必要で、昇降路の最下階から10m以内に設ける。油圧式は、主に低層建物での重量物の搬送などに使われる。

エレベーターの安全対策

エレベーターの事故防止や地震時の安全対策を強化した改正建築基準法が、2009年9月28日以降に設置するエレベーターに適用された。この改正により、「エレベーターの駆動装置や制御器が故障しても、扉が閉じる前にかごが動き出さないようにする装置を設置」「地震の初期微動を感知し、かごを自動的に最寄り階などに止め、乗員が扉を開けて出られるようにする装置の導入」が義務付けられた。

こうした装置を、気象庁より配信される緊急地震速報と併用することで、より早くエレベーターを最寄り階に停止させ、避難することができる。また、災害時、エレベーター内に閉じ込められてしまった場合の対策として、防災用品を納めた防災キャビネットを設置する例も多くなっている。

エスカレーターの種類

エスカレーターは、標準的なもので800型と1千200型があり、手摺の内法寸法がそれぞれ800㎜、1千200㎜であることを示す（ステップ幅ではないので注意）。エスカレーターには、昇降口で踏段の昇降を停止できる非常停止ボタンを設けなければならない。近年は、3枚ステップ水平方式の採用により、車椅子を乗せることができる、車椅子用ステップ付きエスカレーターがある。

■ 地震時のエレベーター管制システム

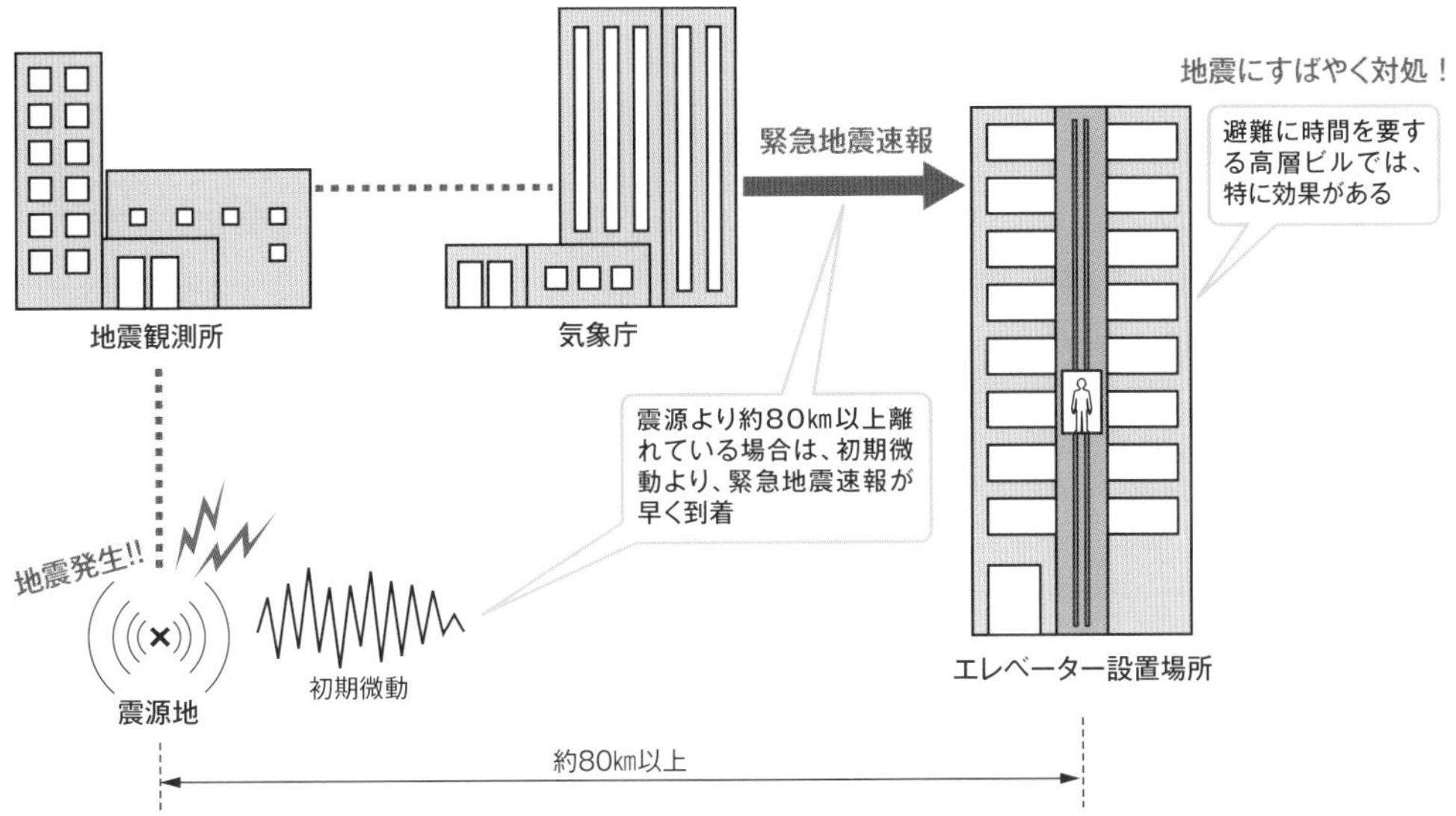
地震観測所
気象庁
緊急地震速報
地震にすばやく対処！
避難に時間を要する高層ビルでは、特に効果がある
震源より約80㎞以上離れている場合は、初期微動より、緊急地震速報が早く到着
地震発生!!
震源地
初期微動
エレベーター設置場所
約80㎞以上

■ 防災キャビネット

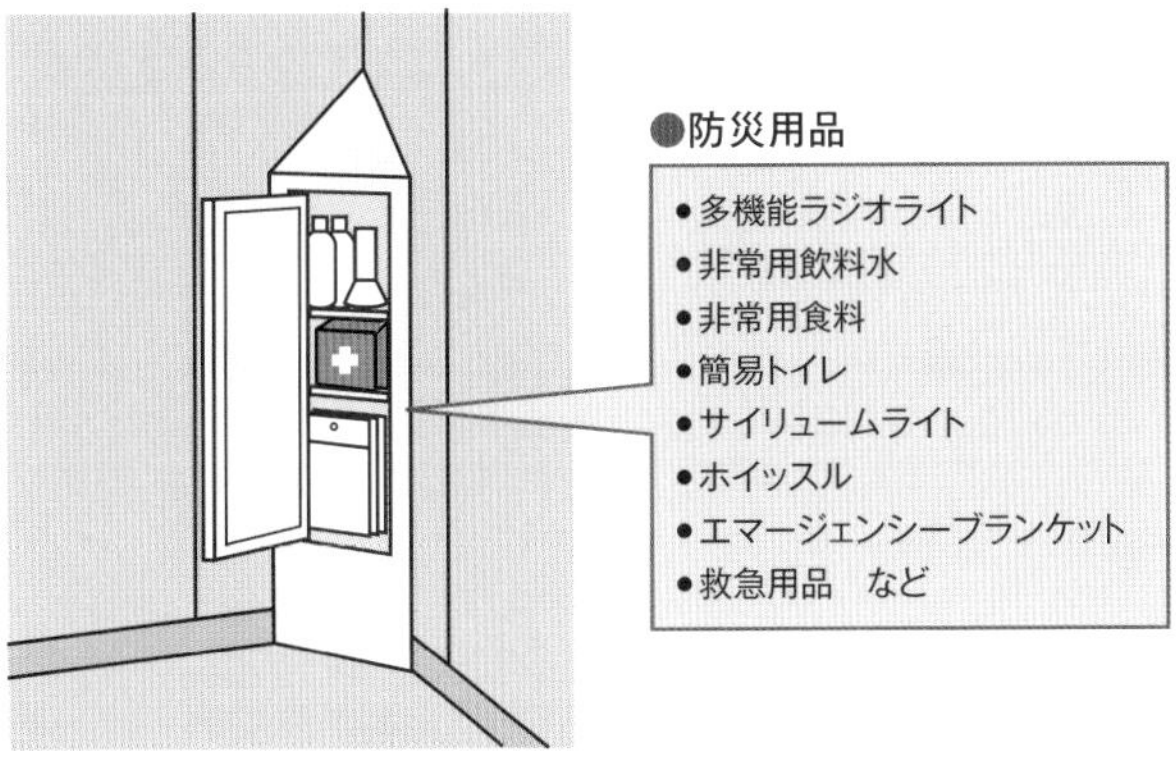
●防災用品
•多機能ラジオライト
•非常用飲料水
•非常用食料
•簡易トイレ
•サイリュームライト
•ホイッスル
•エマージェンシーブランケット
•救急用品　など

■ エスカレーターの仕組み

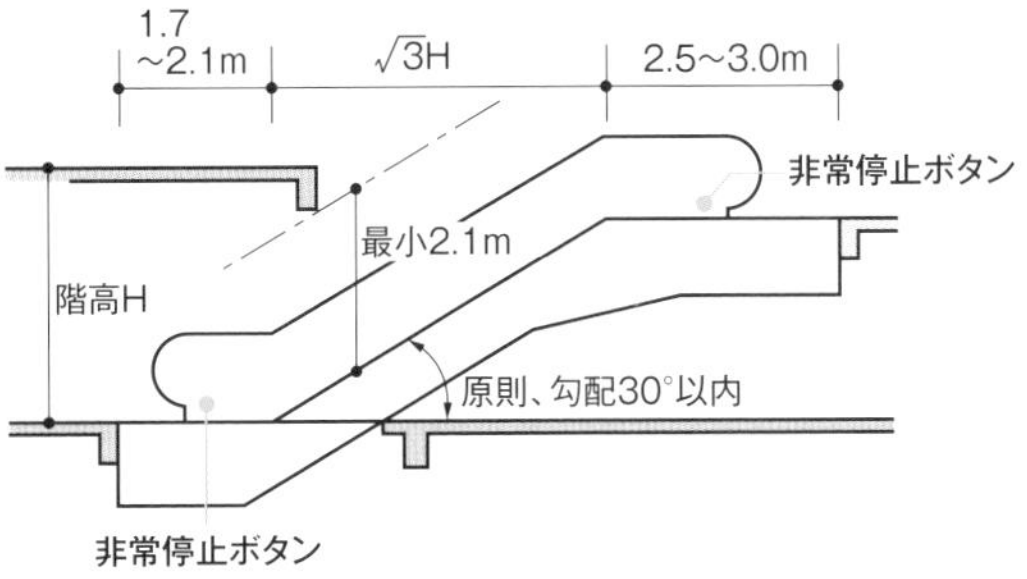
1.7 ~2.1m
√3H
2.5~3.0m
非常停止ボタン
最小2.1m
階高H
原則、勾配30°以内
非常停止ボタン

●車椅子用ステップ付きエスカレーター

水平3枚ステップを利用

No. 073

避雷針

ココがポイント!

① 高さ20mを超える建物に避雷設備が必要
② 避雷針の保護角は、一般的な建物は60°以下、危険物は45°以下
③ 引下げ導線は建物の鉄骨や鉄筋を利用できる

メンテナンス・更新

避雷針の耐用年数は10年以上とされているが、落雷により消耗するため、定期点検が必要である

避雷設備とは

避雷設備は、落雷などの被害から人や建物を守るために設置する。建築基準法では、高さ20mを超える建物に避雷設備を設けることが義務付けられている（令129条の14および15）。避雷設備は、受雷システム（避雷針など）、引下げ導線システム、接地システムによって構成され、この3つをまとめて「外部雷保護システム」という。

外部雷保護システムは3種類

●**受雷システム**　雷撃を金属製の避雷針の突針部分で捕捉し、雷電流を引下げ導線システムに導く。避雷針はさびると効果が落ちるため、白金や金メッキ処理されたものを使う。

●**引下げ導線システム**　受雷システムから導かれた雷電流を、接地システムに導く。銅やアルミニウム、鉄などの引下げ導線を使用するほか、鉄骨や鉄筋など建物の構造体を利用する方法もある。

●**接地システム**　過電圧を生じさせることなく、雷電流を大地に逃がし、被害を防止する。接地極には、銅板や銅覆鋼棒、溶融亜鉛メッキ棒などを用い、なるべく湿気のある、ガスや酸による腐食のおそれのない場所に、壁から1m以上離し、0.5mの深さで埋設する。

また、外部雷保護システムのほかに、防雷対策をくぐり抜けて間接的に侵入した雷から建物を守る「内部雷保護システム」もある。

避雷設備の設置

避雷設備を導入する際は、建物の屋上に必要な個数の避雷針を設置することから始める。避雷針には「保護角」（建物を守れる範囲）があり、JIS規格によって、一般的な建物は60°以下（危険物は45°以下）とすることが定められている。

避雷針の設置個数・箇所は「保護角法」で決めることが多いが、最近は新JIS法にもとづく「回転球体法」「メッシュ法」などで算出することもある。

■ 外部雷保護システムの仕組み

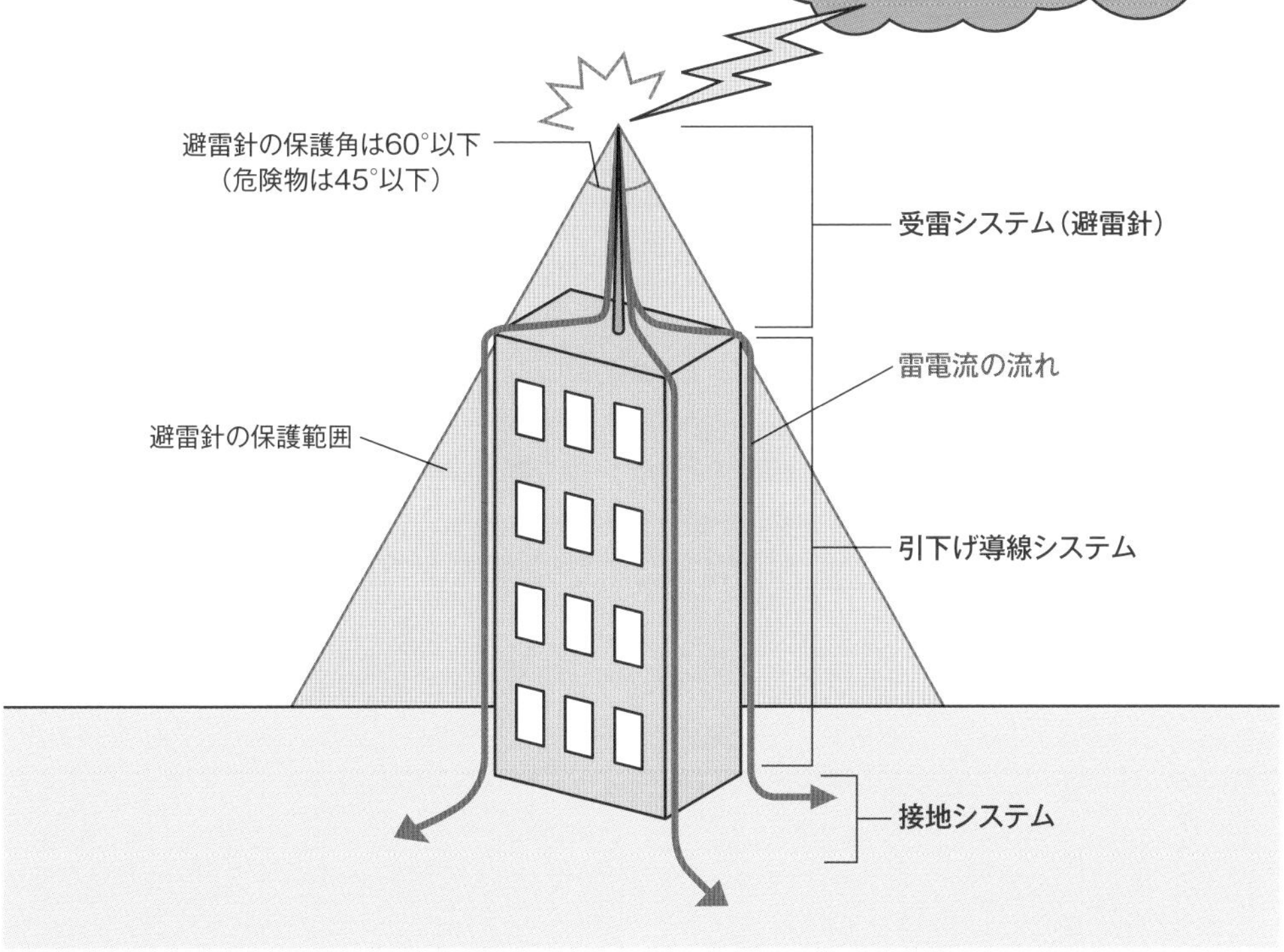
避雷針の保護角は60°以下
（危険物は45°以下）
受雷システム（避雷針）
雷電流の流れ
避雷針の保護範囲
引下げ導線システム
接地システム

■ 回転球体法とメッシュ法

●回転球体法

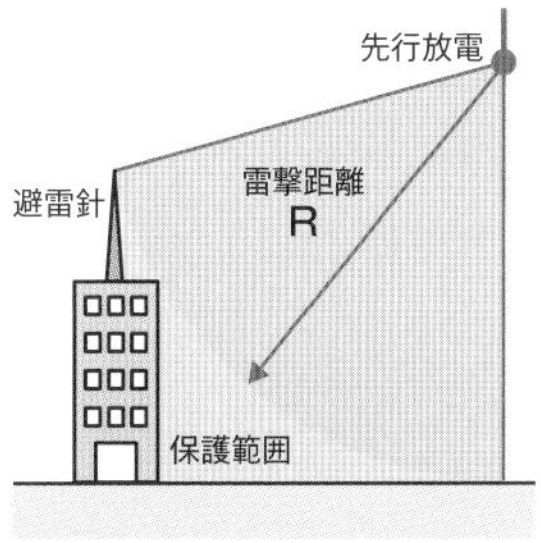
先行放電
避雷針
雷撃距離
R
保護範囲

2つ以上の受雷部または1つ以上の受雷部と大地に同時に接するように、半径Rの球体を想定したときにできる、球体表面の包絡面から被保護物側が保護範囲

●メッシュ法

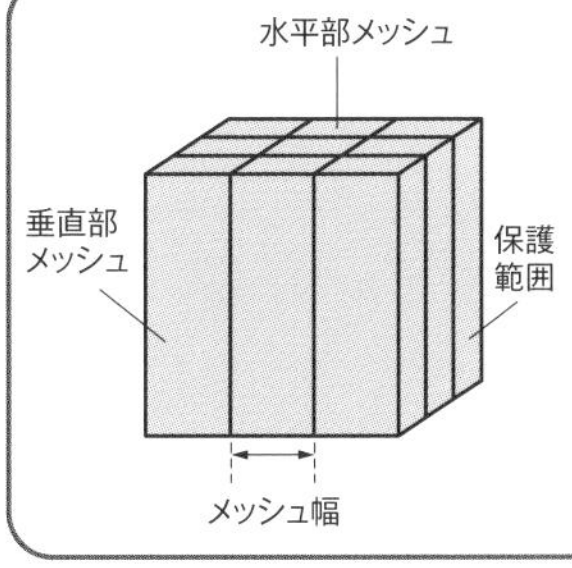
水平部メッシュ
垂直部
メッシュ
保護
範囲
メッシュ幅

メッシュ導体で覆われた内側が保護範囲。回転球体法で設定すると、建物の側壁上部に保護範囲から外れる部分があり、この部分に適用する

■ 内部雷保護システム

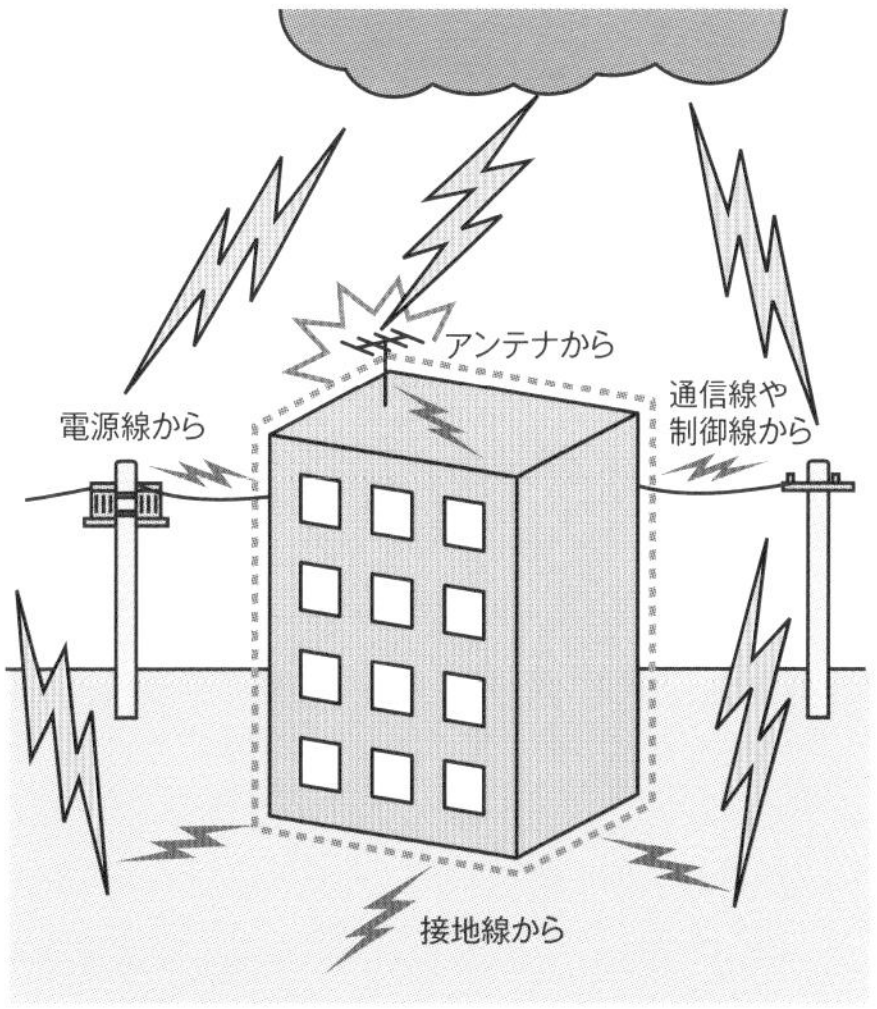
アンテナから
電源線から
通信線や
制御線から
接地線から

防雷対策をくぐり抜けて侵入した雷から電気設備を保護

No. 074

特定施設水道連結型スプリンクラー設備

ココがポイント!

① 規模の小さな社会福祉施設に設置する
② 水道配管に直結するものとポンプを用いるものがある
③ 湿式のほか、水漏れ対策や寒冷地に有効な乾式もある

メンテナンス・更新

消防法により半年に１回の点検が義務づけられている

2009年より運用開始

消防法で定めるスプリンクラー設備の１つで、自立避難が困難な人々が入所する、規模の小さな養護老人ホームなどの社会福祉施設や有床診療所に設置するスプリンクラー設備を「特定施設水道連結型スプリンクラー設備」と呼ぶ。

2006年に発生した認知症高齢者グループホームの火災事故を契機に、入所者の避難時間の確保、施設職員などが入所者の避難介助に専念しやすい環境整備を目的に、「小規模社会福祉施設」向け新基準が策定され、2009年4月より運用が開始された。

高層ビルや物販店舗などに設置する従来のスプリンクラー設備とは異なり、スプリンクラーの作動を検出するための流水検知装置は設けられていない。また、スプリンクラーヘッドの放水量が少ないなど、規模の小さな社会福祉施設の実状に即した設備となるように考えられている。

コストは、一般のスプリンクラーと同様に、高額な工事費が必要となるが、初期消火の効果は絶大である。設置場所は居室、談話室、共用室など常時人がいる部分が対象となり、原則として、居室に向け開放されている廊下、物入（2㎡未満）などへの設置義務はない。ただし、具体的な設置個所については、所轄消防署との協議を行い決定する必要がある。

建設地によって使い分ける湿式と乾式

特定施設水道連結型スプリンクラー設備には、加圧源として水道圧力を利用するもののほかに、水道圧力が不足する場合に備えて、水道配管にブースターポンプを設置するもの、水槽や送水ポンプを設置するものがある。

また、その方式には設備配管内が加圧水で充水されている湿式と、充水されていない乾式の2種類がある。

このうち乾式は、凍結のおそれのある寒冷地に適しているといえる。

■ スプリンクラーの種類

●水道直結方式（乾式）

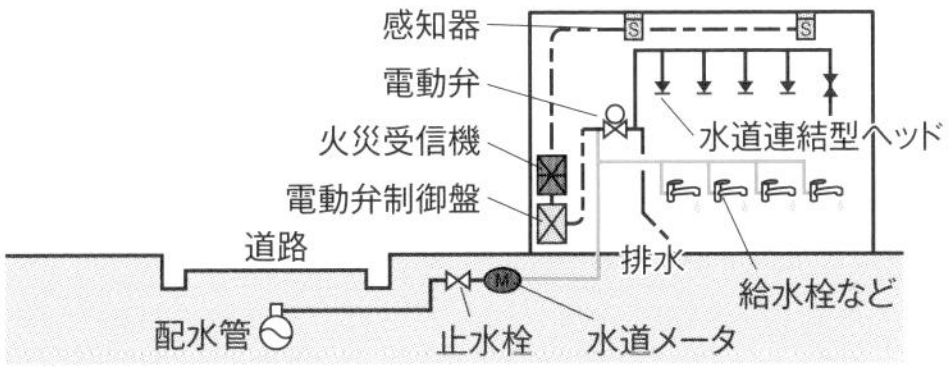

感知器
電動弁
火災受信機
電動弁制御盤
道路
水道連結型ヘッド
排水
給水栓など
配水管
止水栓
水道メータ

給水設備とスプリンクラー設備で共用する方式。寒冷地対策として火災発生時のみスプリンクラー配管に充水を行う。感知器が働くと電動弁が作動し、配管充水·スプリンクラー作動後放水を開始する

●ポンプ方式（湿式）

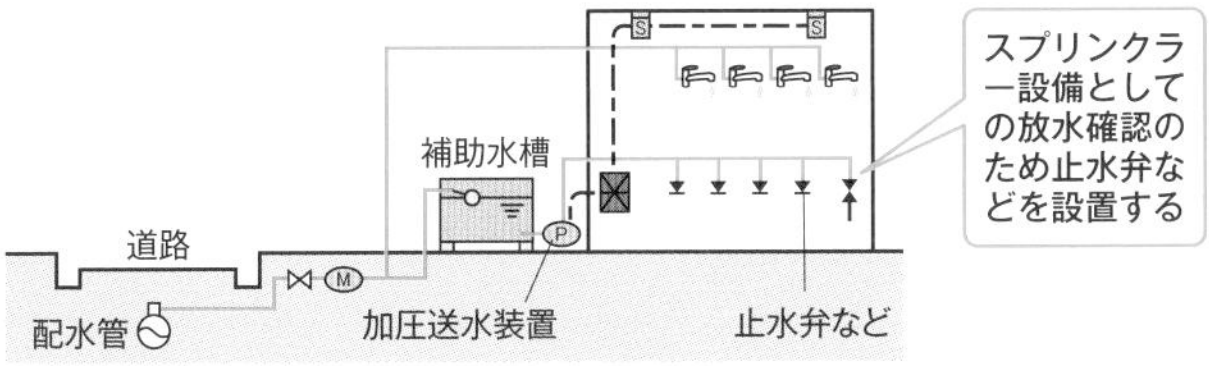

補助水槽
道路
配水管
加圧送水装置
止水弁など
スプリンクラー設備としての放水確認のため止水弁などを設置する

補助水槽の貯水を加え、加圧送水装置で送水する。給水管とスプリンクラー設備を共用させない方式。加圧送水装置は、感知器またはスプリンクラーヘッドの作動による自動起動となる

●ポンプ方式（乾式）

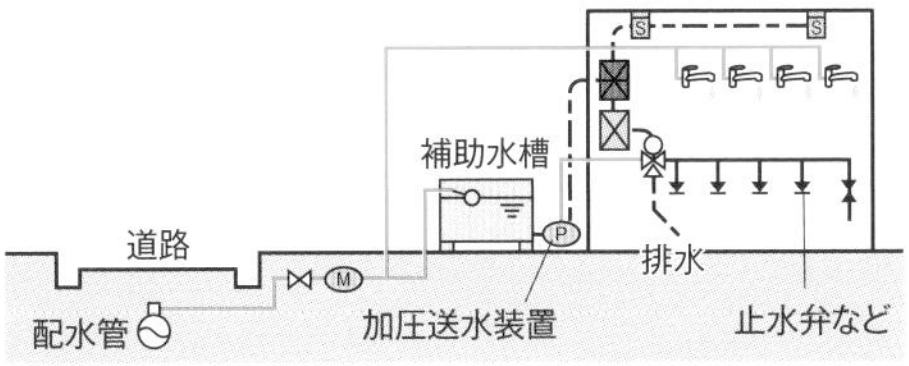

補助水槽
道路
配水管
加圧送水装置
排水
止水弁など

補助水槽の貯水を加え、加圧送水装置で送水する。給水管とスプリンクラー設備を共用させない方式。寒冷地対策として火災発生時のみスプリンクラー配管に充水を行う。加圧送水装置は、感知器またはスプリンクラーヘッドの作動による自動起動となる

■ 消防法施行令および施行規則改正の概要

●防火対象物の用途区分（消防法施行令　別表第一の改正）

改正前	改正後
(6)項ロ　福祉施設	(6)項ロ　グループホーム、ショートステイ、特別養護老人ホームなど
	(6)項ハ　デイサービス、老人福祉センター、老人介護支援センターなど
(6)項ハ　幼稚園など	(6)項ニ　幼稚園など

●消防用設備等の設置義務

消防用設備等の種類	改正前の設置義務	改正後の設置義務
自動火災報知設備	延べ面積300㎡以上の施設	すべての施設
火災通報装置（消防機関へ通報する火災報知設備）	延べ面積500㎡以上の施設	すべての施設
スプリンクラー設備	延べ面積1,000㎡以上の施設	すべての施設※
消火器	延べ面積150㎡以上の施設	すべての施設

※　基準面積が1,000㎡未満の施設では水道を利用した「特定施設水道連結型スプリンクラー設備」を設置することができる

●その他改正事項

	改正前【(6)項ロ】	改正後【(6)項ロ】
防火管理者の選任が必要となる条件	収容人員30人以上	収容人員10人以上
消防検査が必要となる条件	300㎡以上	すべて

COLUMN

コラム

COPとAPF

ヒートポンプが用いられているエアコンや、自然冷媒ヒートポンプ給湯機（エコキュート）の性能を示す値として、これまで「COP」が多く使われてきた。COPは「成績係数」のことで、ヒートポンプユニットを一定の温度条件のもとで運転した場合の1kW当たりの運転効率を表す。

しかし、ヒートポンプは年間を通して利用され、外気温によって効率が変わるため、COPが実際の値にそぐわない場合がある。そのため、新たに導入されたのが「APF」である。

APFは「通年エネルギー消費効率」のことで、年間を通して5つの条件で運転環境を定め、消費する電力1kW当たりの冷暖房や給湯の能力を表す。COPよりAPFのほうが、より実際に近い効率を示すことができる。エコキュートの場合、APFは「年間給湯効率」とも呼ばれ、数値が大きいほどヒートポンプの性能が高いことになる。

COPは限られた環境下でのヒートポンプユニットの効率、APFは年間を通したシステム全体の効率を表し、これからのヒートポンプ機器の省エネ指標の目安はAPFが主流となる。

これまで

COP Coefficient of Performance

- エネルギー消費効率
- 一定の温度条件のもとでの消費電力1kW当たりの能力
- COP ＝ 定格能力[kW] ／ 定格消費電力[kW]
- ヒートポンプのみの効率

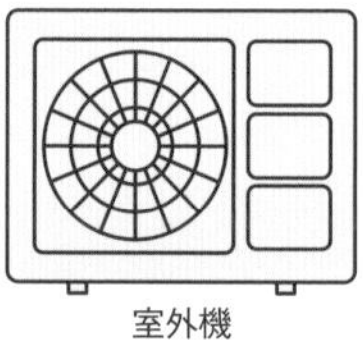

これから

APF Annual Performance Factor

- 通年エネルギー消費効率・年間給湯効率
- 1年を通して、ある一定条件のもとで使用した消費電力量1kWh当たりの能力
- APF ＝ 1年間の冷暖房能力・給湯にかかわる熱量[kWh] ／ 1年間の消費電力量[kWh]
- システム全体の効率

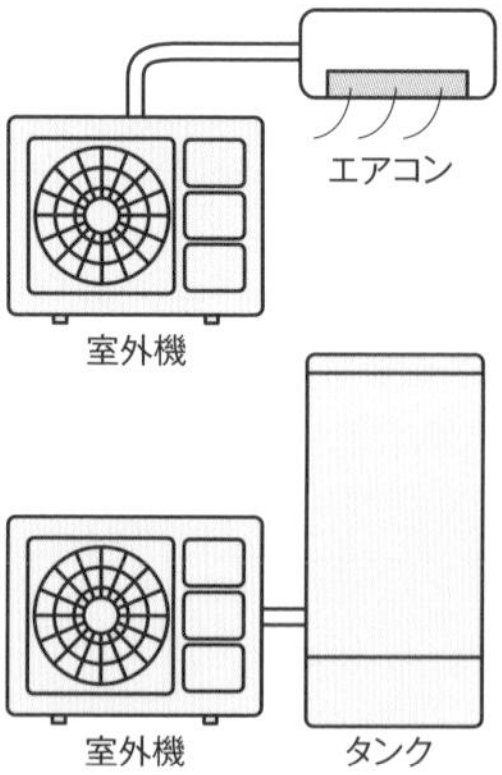

Part 6

省エネ設計に挑戦

No. 075 熱を表す数値

ココがポイント!

① 熱伝導率とは、物質の熱の伝わりやすさを表す数値
② 熱貫流率の値が小さいほど熱を伝えにくく断熱性能が優れている
③ 熱容量が大きいほど暖まりにくく冷めにくい

要注意!

断熱材は、材料の厚さを考慮した熱抵抗値で性能を見る

熱の伝わり方

熱(エネルギー)は、温度の高いほうから低いほうへ移動する性質をもつ。その伝わり方には、伝導、対流、放射(輻射)の3種類がある(80頁参照)。建物は、屋根、壁、床、窓などを介して常に熱移動が起こっており、これによって室内が暑かったり、寒かったりするのである。熱の特性を知り、建物への影響を把握することが、省エネ設計の基本といえるだろう。

熱にかかわる基礎用語

熱の伝わりやすさ、伝わりにくさは数値で見ることができる。

●**熱伝導率**[単位:W/m・K] 伝導による物質の熱の伝わりやすさを表す数値。物質の両面が1℃の場合に1㎡当たり1時間で伝わる熱量のこと。この値が大きい物質ほど移動する熱量が大きく、熱が伝わりやすいことになる。熱伝導率は、物質によって異なり、一般的に金属は熱伝導率が高く、空気は低い。

●**熱貫流率**(K値)[単位:W/㎡・K] 建物の壁や床、窓など部位の熱の通しやすさを表す数値。部位の両側の温度差を1℃とした場合、1㎡の広さに対して1時間に何ワットの熱が伝わるかを示したもので、K値と呼ばれる。この値が小さいほど熱を伝えにくく、断熱性能が優れていることになる。

●**熱抵抗値**(R値) 断熱材など、部材単体の熱の伝わりにくさを表す数値。部材の厚さをその材料の熱伝導率で割ったもの。熱伝導率が素材の単位面積当たりの数値であるのに対し、熱抵抗値は材料の厚さを考慮している。この数値が大きいほど熱が伝わりづらく、特に断熱材の性能を示す場合に使われている。

●**熱容量** 物質の温度を1℃上げるのに必要な熱量を表す数値。熱容量が大きいほど暖まりにくく、冷めにくい。材料の密度にほぼ比例し、熱容量が大きいコンクリートやレンガなどは蓄熱材として利用される。

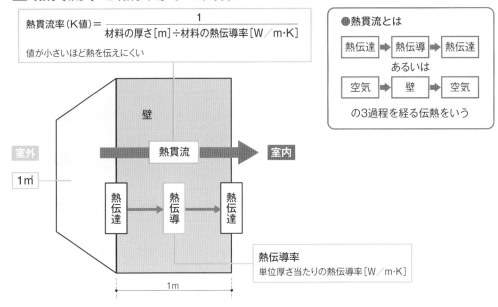

熱貫流率と熱伝導率の関係

$$熱貫流率（K値）= \frac{1}{材料の厚さ[m] \div 材料の熱伝導率[W/m \cdot K]}$$

値が小さいほど熱を伝えにくい

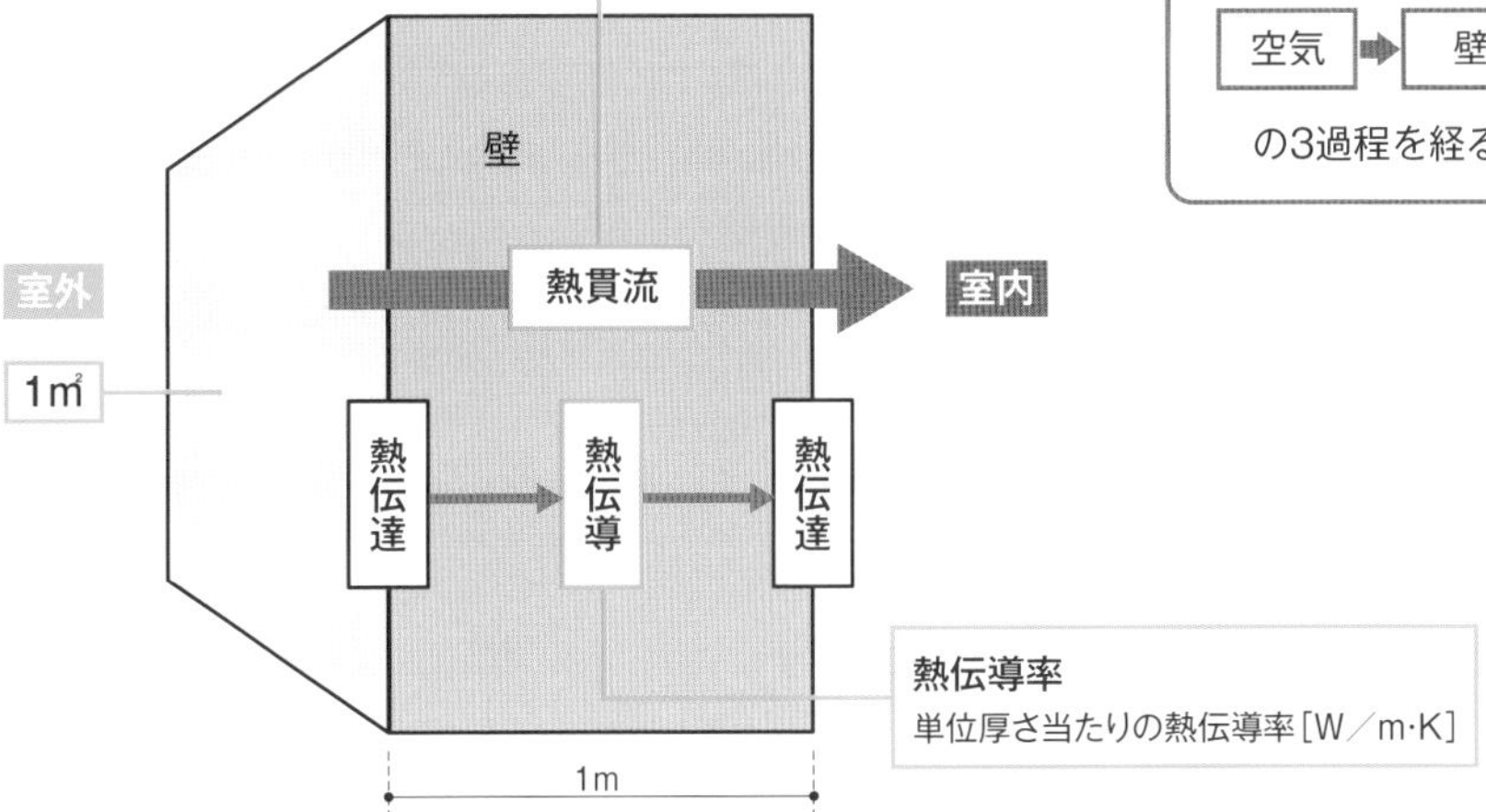
壁
室外
1㎡
熱貫流
室内
熱伝達
熱伝導
熱伝達
熱伝導率
単位厚さ当たりの熱伝導率［W／m·K］
1m

●熱貫流とは

熱伝達 ➡ 熱伝導 ➡ 熱伝達

あるいは

空気 ➡ 壁 ➡ 空気

の3過程を経る伝熱をいう

素材別の熱容量［kJ／㎥・K］

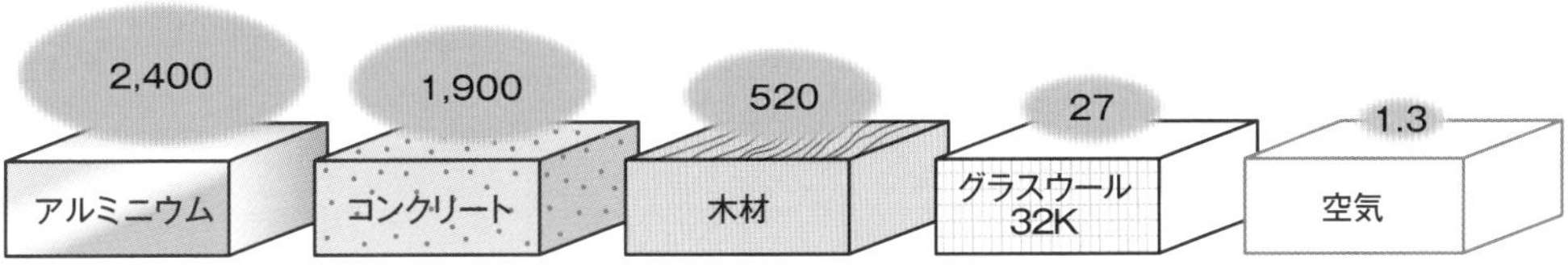
2,400
アルミニウム
1,900
コンクリート
520
木材
27
グラスウール
32K
1.3
空気

素材別の熱伝導率［W／m・K］

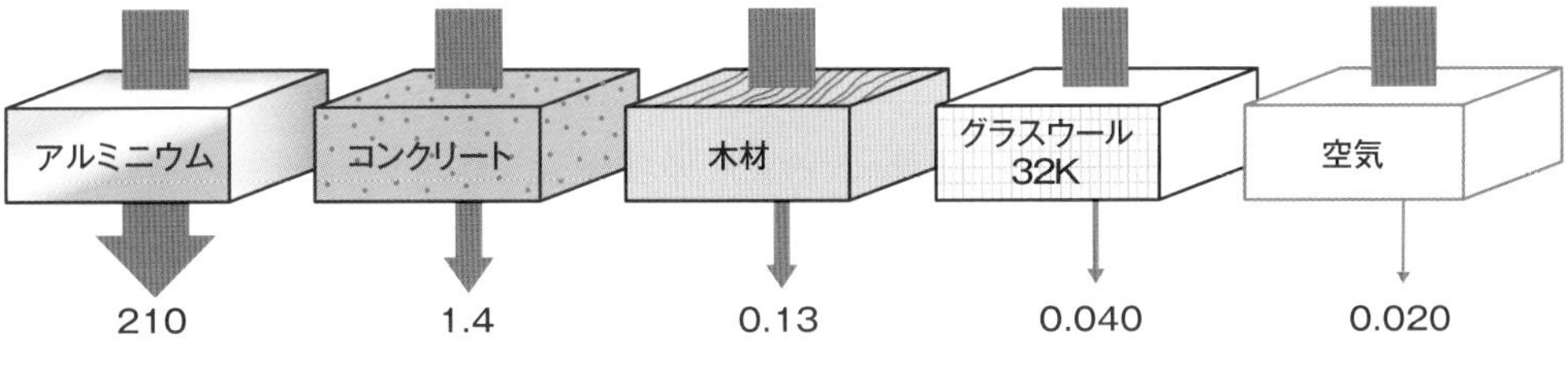
アルミニウム
210
コンクリート
1.4
木材
0.13
グラスウール
32K
0.040
空気
0.020

エネルギーの単位換算表

J［※］	kg・m	kW・h［※］	kcal
1	1.0197×10^{-1}	2.7778×10^{-7}	2.3892×10^{-4}
9.8066	1	2.7241×10^{-6}	2.3430×10^{-3}
3.6000×10^{6}	3.6710×10^{5}	1	8.6011×10^{2}
4.1855×10^{3}	4.2680×10^{2}	1.1626×10^{-3}	1

※　1J=1W／s、1W／h=3,600W／s（計量法カロリーの場合）

建築物省エネ法

No. 076

ココがポイント！

① 床面積が300㎡以上の建築物の新築・増改築の際は、エネルギー消費性能基準に対する適合状況の届出が義務化

② 特定建築物で床面積が2,000㎡以上の新築・増改築の際は、適合性判定の届出が義務化

要注意！

床面積が300㎡未満の建築物にも建築主に対する省エネ性能の説明が義務付けられた

建築物省エネ法について

2015年に建築物のエネルギー消費性能の向上を図るために、「建築物のエネルギー消費性能の向上に関する法律」（通称、建築物省エネ法）が公布された。

住宅以外の一定規模以上の建築物のエネルギー消費性能基準への適合義務の創設、エネルギー消費性能向上計画の認定制度の創設などの措置が講じられ、新たに「大規模非住宅建築物の適合義務」、「特殊な構造・設備を用いた建築物の大臣認定制度」、「性能向上計画認定・容積率特例」や「基準適合認定・表示制度」が設けられた。

また公布にともない、従来の「エネルギーの使用の合理化等に関する法律」（従来の省エネ法）で措置されていた300㎡以上の建築物の新築等の「省エネ措置の届出」や住宅事業建築主が新築する一戸建て住宅に対する「住宅トップランナー制度」等の措置が建築物省エネ法に移行された。

規制措置の概要

規制措置として建築主には、特定建築物の新築などの場合、建築物をエネルギー消費性能基準に適合させることが義務付けられた。また、床面積が300㎡以上の建築物の新築や増改築を行う際、エネルギー消費性能基準に対する適合状況の届出を行う義務や、住宅トップランナー基準に適合するよう努力する義務が課された。

住宅の規制措置の概要

一定規模以上の建築物の新築、増改築を行う場合には、省エネルギー措置の所管行政庁への届出が義務付けられた。届出の対象は新築、および増改築に係る部分の床面積の合計が300㎡以上の建築物で、定められた省エネ基準に適合しない場合は、所轄行政庁から指示・命令等を受ける場合がある。

また、設計者である建築士から建築主に対して省エネ性能に関する説明を義務づける制度を創設した。

■ 規制措置と誘導措置にかかわる審査対象事項

	対象建築行為	申請者	申請先	適用基準
適合義務・適合性判定	特定建築物（2,000㎡以上非住宅）の新築 特定建築物の増改築（300㎡以上） ＊法施行前から既存建築物については大規模な増改築のみ対象とする	建築主	所管行政庁または登録省エネ判定機関が判定	エネルギー消費性能基準（基準適合する旨の適合判定通知書がなければ建築確認がおりない）
届出	300㎡以上の新築・増改築	建築主	所管行政庁に届出	エネルギー消費性能基準（基準に適合せず、必要と認めるときは、所管行政庁が指示できる）
行政庁認定表示（基準適合認定）	現に存する建築物 ＊用途・規模限定なし	所有者	所管行政庁が認定※	エネルギー消費性能基準（基準適合で認定）
容積率特例（誘導基準認定）	新築、増改築、修繕・模様替え、設備の設置・改修 ＊用途・規模限定なし	建築主等	所管行政庁が認定※	誘導基準（誘導基準適合で認定）
住宅事業建築主	目標年度以降の各年度において、供給する建て売戸建住宅（全住戸の平均で目標達成）	（年間150戸以上建売戸建住宅を供給する住宅事業建築主）	申請不要（国土交通大臣が報告徴収）	住宅事業建築主基準（基準に照らして、必要と認めるときは、国土交通大臣が勧告できる）

※登録省エネ判定機関等による技術的審査の活用を想定

■ 住宅の省エネ性能に関する建築主への説明事項

【設計内容】

確認事項	確認項目	設計内容説明欄		
		項目	設計内容	図書の種類
建築物等の概要	建築物に関する事項	用途	□非住宅 □非住宅･住宅複合建築物	□計算書（入出力シート） □付近見取図 □配置図 □各階平面図 □床面積求積図 □用途別床面積表 □立面図 □住宅･非住宅部分別の求積図（複合建築物のみ）
		地域の区分	（　　）地域	
		階数	・地上（　　）階、地下（　　）階	
	計算条件	適用計算法	□標準入力法　□主要室入力法 □モデル建物法	
		既存部分に係る内容	・既存部分のデフォルト値利用　□有　□無 （国土交通大臣が認める方法） ・基準省令附則第3条の適用　□有　□無 完成時期（昭和･平成　年　月　日）	□検査済証の写し □（　　）
外皮の概要	外壁等の性能	計算手法等	□一次エネルギー消費量計算プログラムの計算書（入出力シート）による	□計算書（入出力シート） □立面図 □断面図（矩計図） □各部詳細図（建具表） □（　　）
	窓の性能	計算手法等	□一次エネルギー消費量計算プログラムの計算書（入出力シート）による	
設備の概要	各設備の性能	対象の有無	・計算対象空気調和設備の有無　□有　□無 ・計算対象機械換気設備の有無　□有　□無 ・計算対象照明設備の有無　□有　□無 ・計算対象給湯設備の有無　□有　□無 ・計算対象昇降機の有無　□有　□無	□計算書（入出力シート） □各階平面図 □機器表　□仕様書 □系統図　□制御図 □（　　）
		太陽光発電設備	・太陽光発電設備の有無　□有　□無 有りの場合　□全量自家消費　□売電有り 年間日射地域区分（　　）区分	□計算書（入出力シート） □太陽光発電設備図 □（　　）
		コージェネレーション	・コージェネレーションの有無　□有　□無	□計算書（入出力シート） □（　　）
結果	適否等	一次エネルギー消費量	・基準省令第1条第1項第1号の基準への適合 □適合　□不適合	□計算書（入出力シート） □（　　）

建物の断熱

No. 077

ココがポイント!

① 建物の構造によって、工法も効果も異なる
② 住宅は窓からの熱損失が最も大きい
③ ガラスの間に中空層を設けた複層ガラスは、断熱効果が高い

要注意!

温暖な地域でも断熱は必要。夏を涼しく過ごすためにも、天井や屋根の断熱は不可欠

断熱の考え方

地球温暖化防止のため、建物の断熱性能を高めることは、省エネを図るうえで最も重要な方法の1つである。

断熱性能が低いと、冬は暖かい室内から寒い屋外に熱が逃げていき、夏は暑い屋外の熱が室内に入り込んでしまう。この熱の移動を防ぐのが断熱材の役割である。

断熱工法の種類

木造の場合、柱と柱の間に繊維系断熱材を挟み込む充填断熱工法と、柱や梁の外側にボード状断熱材を張る外張り断熱工法、この2つを合わせた付加断熱工法がある。充填断熱工法は、ローコストで施工できるが、施工精度によって断熱性能が左右される。外張り断熱工法は、建物全体を断熱材で覆ってしまうため、熱損失が生じにくく、気密性も高まるが、コストが割高になる。

鉄骨造の場合は、熱伝導率が高い鉄骨部に外気が接触しないよう、外張り断熱とするか、内張り断熱とする場合は、熱橋部分の断熱補強を考慮する。

鉄筋コンクリート造の場合、躯体の内側に断熱層を設ける内断熱工法と、躯体の外側に断熱材を張る外断熱工法がある。内断熱工法は、ローコストだが、断熱材が連続しない熱橋部分で温度差が生じ、断熱材と躯体の間で結露が起こる可能性がある。特にコンクリートは熱が伝わりやすいため、断熱欠損箇所には適宜断熱補強をする。一方、外断熱工法は、外部を連続して断熱材で包み込むため、熱橋ができにくく、躯体保護にもつながる。コストは内断熱工法に比べて割高になる。

窓の断熱性能

住宅は窓からの熱損失が最も大きいため、躯体とともに開口部の断熱性能を高めることが重要である。サッシは、断熱性に優れた樹脂サッシ、木製サッシ、複合サッシを、ガラスは中空層を設けた複層ガラスやLow-Eガラスを使用すると断熱効果が高い。

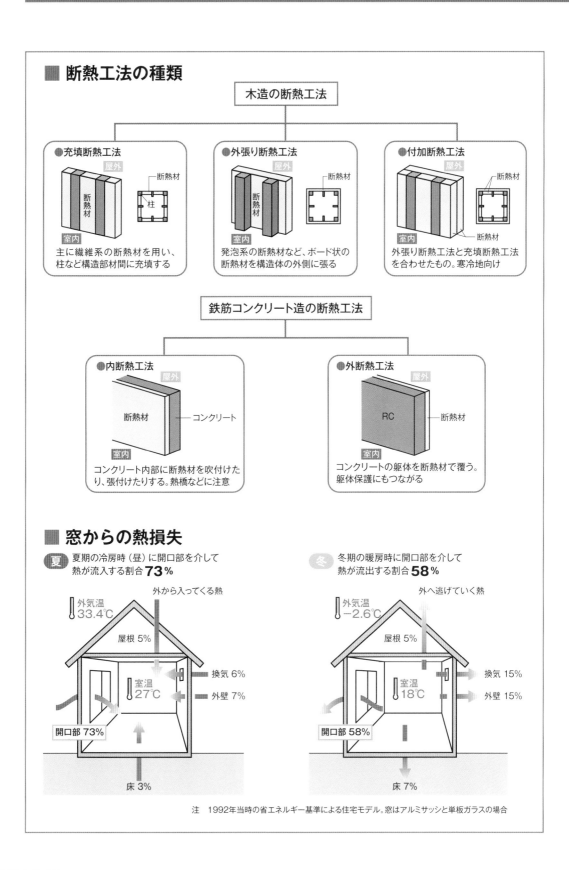

断熱工法の種類

木造の断熱工法

●充填断熱工法

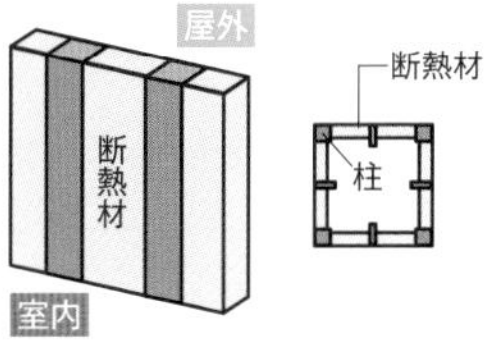
屋外
断熱材
断熱材
柱
室内

主に繊維系の断熱材を用い、柱など構造部材間に充填する

●外張り断熱工法

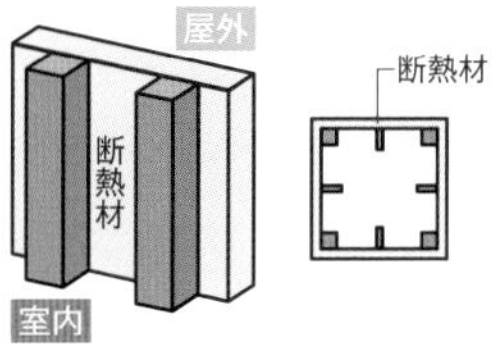
屋外
断熱材
断熱材
室内

発泡系の断熱材など、ボード状の断熱材を構造体の外側に張る

●付加断熱工法

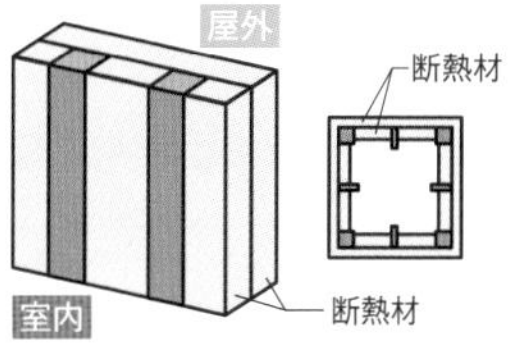
屋外
断熱材
断熱材
室内

外張り断熱工法と充填断熱工法を合わせたもの。寒冷地向け

鉄筋コンクリート造の断熱工法

●内断熱工法

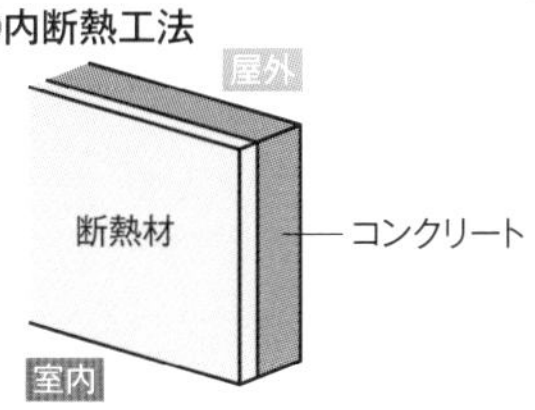
屋外
断熱材
コンクリート
室内

コンクリート内部に断熱材を吹付けたり、張付けたりする。熱橋などに注意

●外断熱工法

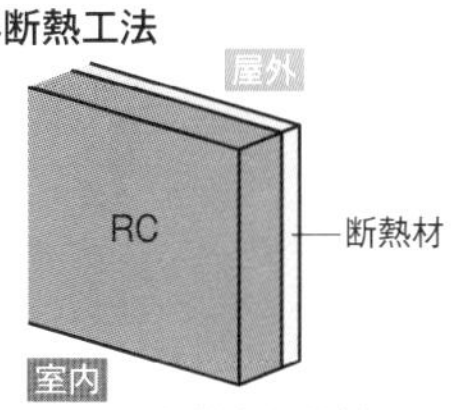
屋外
RC
断熱材
室内

コンクリートの躯体を断熱材で覆う。躯体保護にもつながる

窓からの熱損失

夏　夏期の冷房時（昼）に開口部を介して熱が流入する割合**73%**

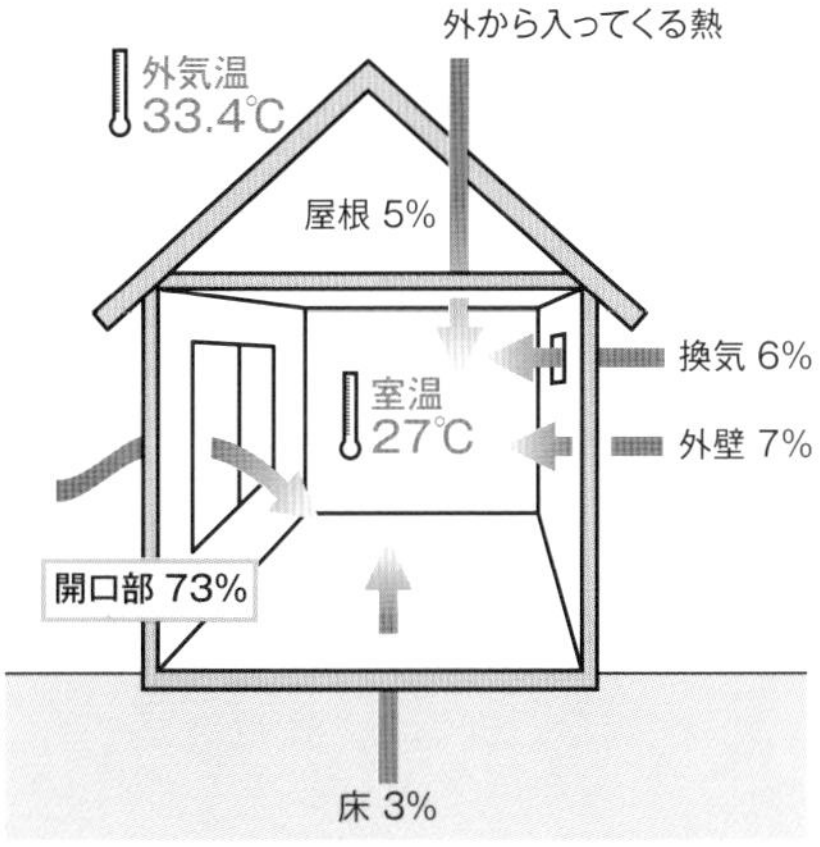
外から入ってくる熱
外気温
33.4℃
屋根 5%
換気 6%
室温
27℃
外壁 7%
開口部 73%
床 3%

冬　冬期の暖房時に開口部を介して熱が流出する割合**58%**

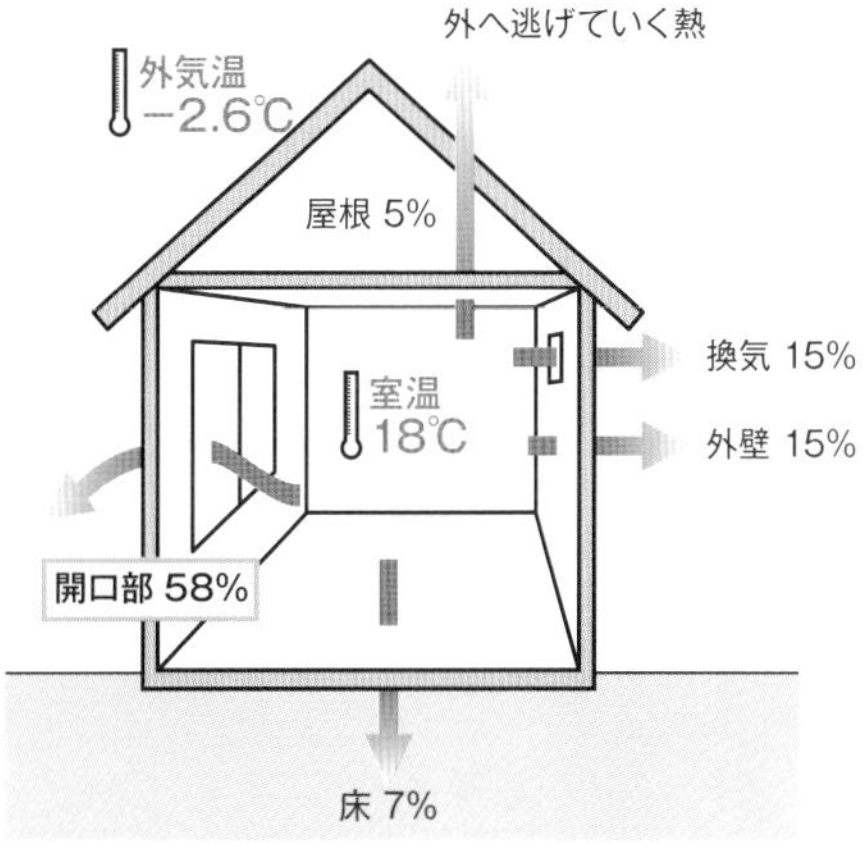
外へ逃げていく熱
外気温
−2.6℃
屋根 5%
換気 15%
室温
18℃
外壁 15%
開口部 58%
床 7%

注　1992年当時の省エネルギー基準による住宅モデル。窓はアルミサッシと単板ガラスの場合

No. 078

建物の遮熱

ココがポイント！

① 太陽光線のうち、熱的作用が大きいのは赤外線
② Low-E複層ガラスで窓からの熱エネルギーの侵入を防ぐ
③ 遮熱材はヒートアイランド現象の抑制に有効

メンテナンス・更新

遮熱塗料の塗膜は約5年で劣化が始まる。5～8年ごとに点検するとよい

遮熱と太陽光

伝導で伝わる熱に抵抗する断熱材に対し、遮熱材は太陽からの放射による熱エネルギーを反射し、室内への影響を抑える。このように断熱材と遮熱材では果たす役割が違う。

太陽光線は、可視光線44％、赤外線53％、紫外線3％に分かれる。可視光線は人間の目で見える波長で、400～770nmの範囲をいう。可視光線より波長の短いものを紫外線、長いものを赤外線と呼ぶ。熱的作用が大きいのは赤外線で、遮熱材は赤外線（熱線）領域の波長の光線を反射し、透過する熱量を減らすことで室内の温度上昇を防ぐ。

植栽や外部ルーバーなどで遮光することも効果的だが、屋根や外壁などに遮熱材を用いることで、より熱負荷を減らすことができる。また、最も熱が侵入しやすい開口部の遮熱対策も重要だ。

遮熱材の種類

●**遮熱塗料**　主に、屋根や外壁の赤外線の反射率を高める。白色が最も効果がある。

●**遮熱フィルム**　窓から侵入する赤外線をカットする。赤外線の吸収タイプと反射タイプがある。

●**Low-E（低放射）ガラス**　ガラスに特殊な金属膜のコーティングを施し、可視光線はよく通しながら、紫外線や赤外線の透過を防ぐ。複層ガラスとして使用し、複合サッシや樹脂・木製サッシと組み合わせることで、高い断熱性能を発揮する。

ヒートアイランド対策

都市はコンクリートやアスファルトなど熱容量（熱を蓄える性能）の大きい材料で構成されている。これらの材料に日射熱や人工排熱が蓄えられ、熱が蓄熱されることによってヒートアイランド現象を引き起こしている。

ヒートアイランド現象を抑える方法の1つとして、日射熱の反射率を上げ、地表面や建物の熱量を抑える遮熱工法が注目を集めている。

遮熱の仕組み

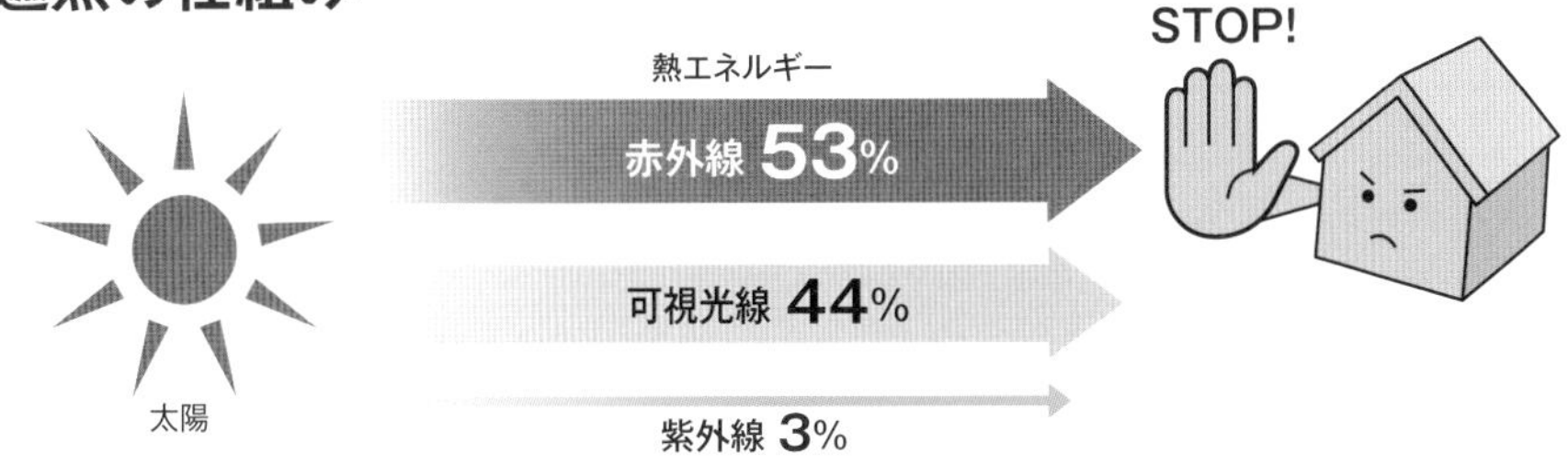
熱エネルギー
赤外線 53%
可視光線 44%
紫外線 3%
太陽
STOP!

赤外線を室内へ侵入させないことが重要

Low-E（低放射）ガラス

●日射侵入率

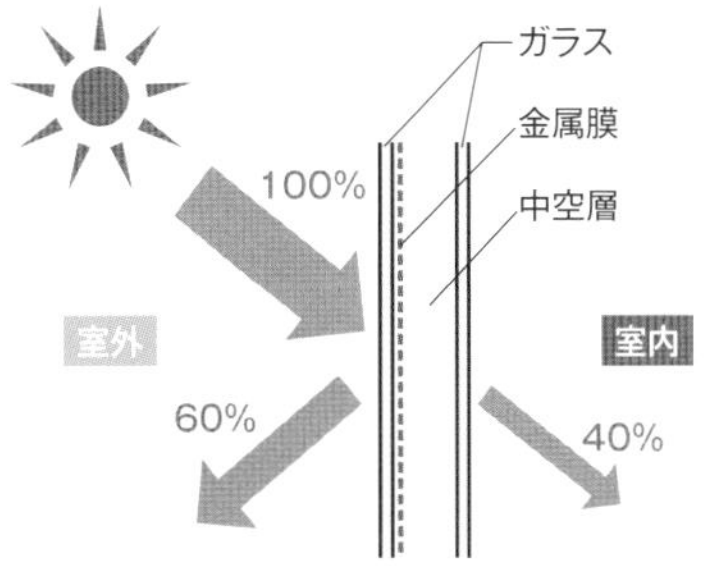
ガラス
金属膜
中空層
100%
室外
室内
60%
40%

遮熱塗料

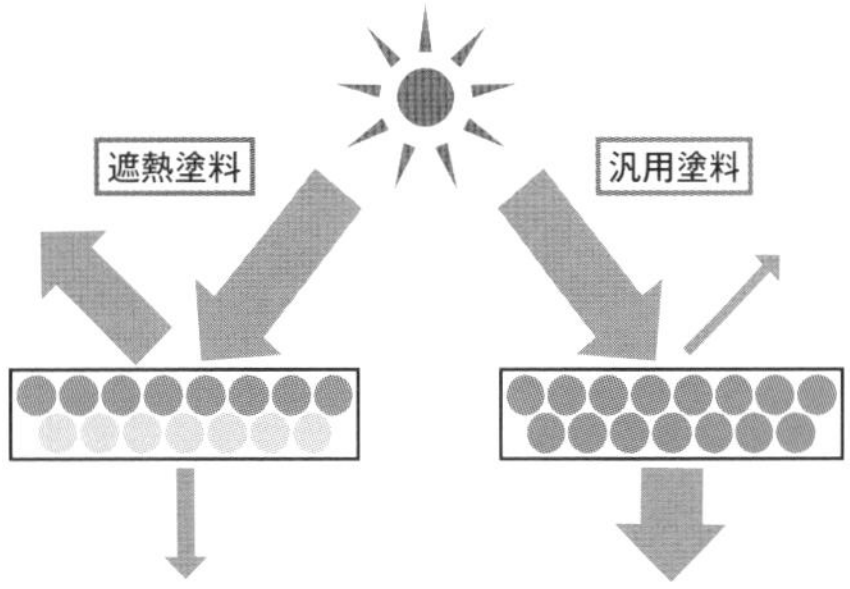
遮熱塗料
汎用塗料

遮熱塗料が近赤外線（熱線）領域の波長の光線を反射し、透過する熱量が減少

ヒートアイランド対策

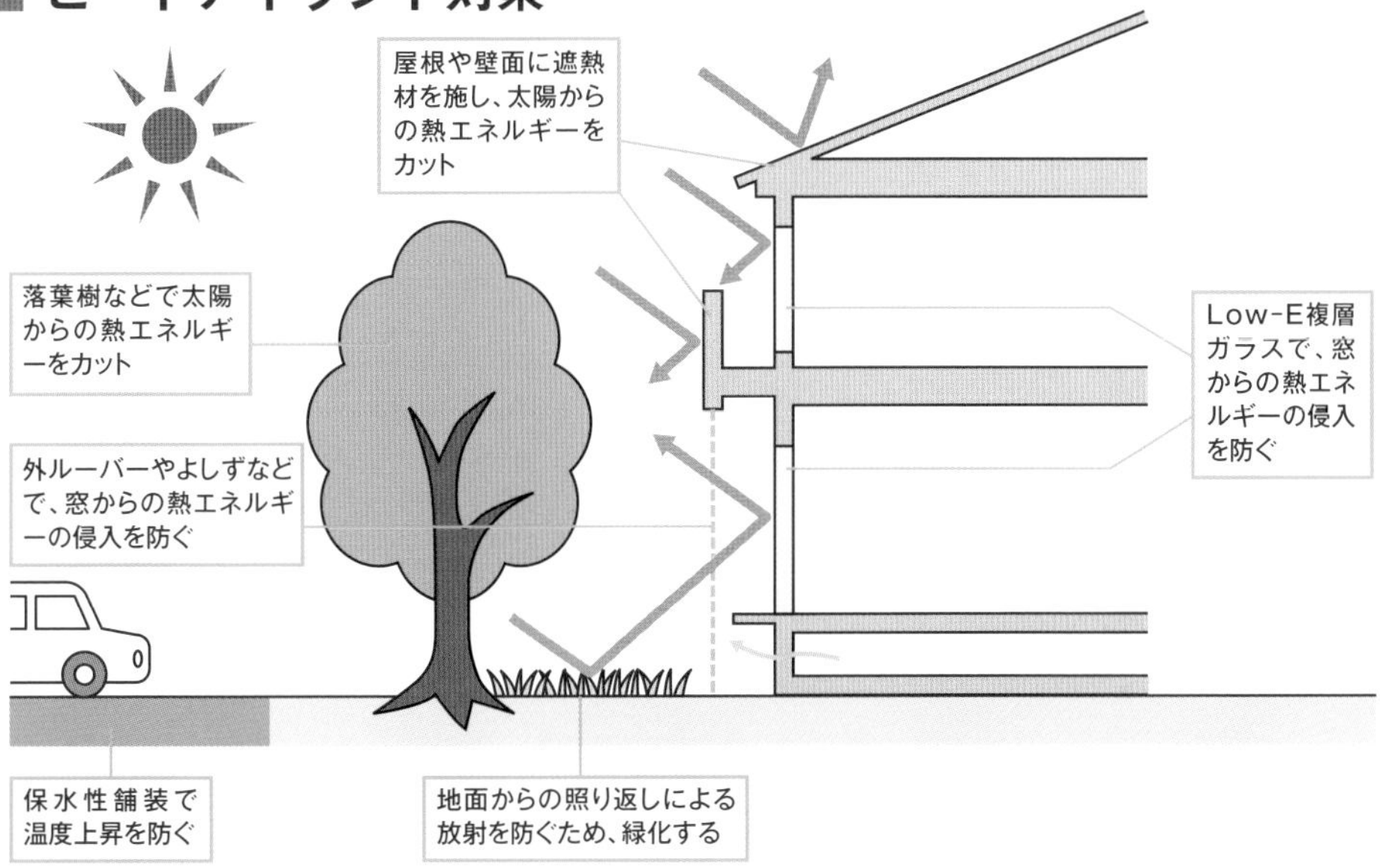
屋根や壁面に遮熱材を施し、太陽からの熱エネルギーをカット
落葉樹などで太陽からの熱エネルギーをカット
外ルーバーやよしずなどで、窓からの熱エネルギーの侵入を防ぐ
Low-E複層ガラスで、窓からの熱エネルギーの侵入を防ぐ
保水性舗装で温度上昇を防ぐ
地面からの照り返しによる放射を防ぐため、緑化する

No. 079

日射遮蔽

ココがポイント！

① 日射遮蔽は最も基本的な省エネの1つ
② 外付けブラインドは日射遮蔽率が高い
③ ライトシェルフは、日射遮蔽をしつつ採光も確保できる

メンテナンス・更新

庇やライトシェルフは、雨仕舞、積雪荷重を考慮する

日射遮蔽の手法

断熱や遮熱のほかに、日射を防ぐことで省エネルギー化を図ることができる。日射遮蔽には、次のような手法がある。

●庇

最も基本的な日射遮蔽の手法が、庇《ひさし》である。南側の窓に庇を設けることにより、視界を妨げることなく日射熱の負荷を低減できる。

庇による日射の遮蔽は、太陽高度の低い冬の日射を妨げずに日照を確保し、太陽高度の高い夏の日射を遮蔽することが可能である。

●外付けブラインド

また、日射遮蔽の手法として、日本ではまだ少ないが、ヨーロッパでは外付けブラインドが広く普及している。

外側にブラインドを設けることで、窓の外側で日射を遮るため、遮蔽効果が大きい。これに対し、室内にブラインドを設けた場合、日射熱が室内に入ってから遮蔽されるため、少なからず熱の影響を受ける。

なお、暗い色より明るい色のブラインドのほうが反射率が高いため、日射遮蔽性能がより高くなる。

ライトシェルフの特徴

南側の窓の中段に庇を設けることで日射を遮蔽しつつ、庇の上面で反射した光を室内に効果的に取り込む手法をライトシェルフという。反射した光を天井に拡散させることで、室内側への光を誘導し、昼間の照明エネルギーの負荷を低減できる（昼光利用）。

また、ライトシェルフ上部の窓に光を拡散する型板ガラスなどを用いると、窓面周囲が明るくなり、直射光によるグレア（まぶしさ）が緩和される。柔らかな拡散光が居室の奥まで達し、透明ガラスよりも高い効果が得られる。

さらに自然光を有効利用するには、窓際の照明回路を分けたり、照明器具の明るさをコントロールするセンサーと連続調光用器具を設置するなど、照明計画と併せて検討する。

■ 庇による日射遮蔽

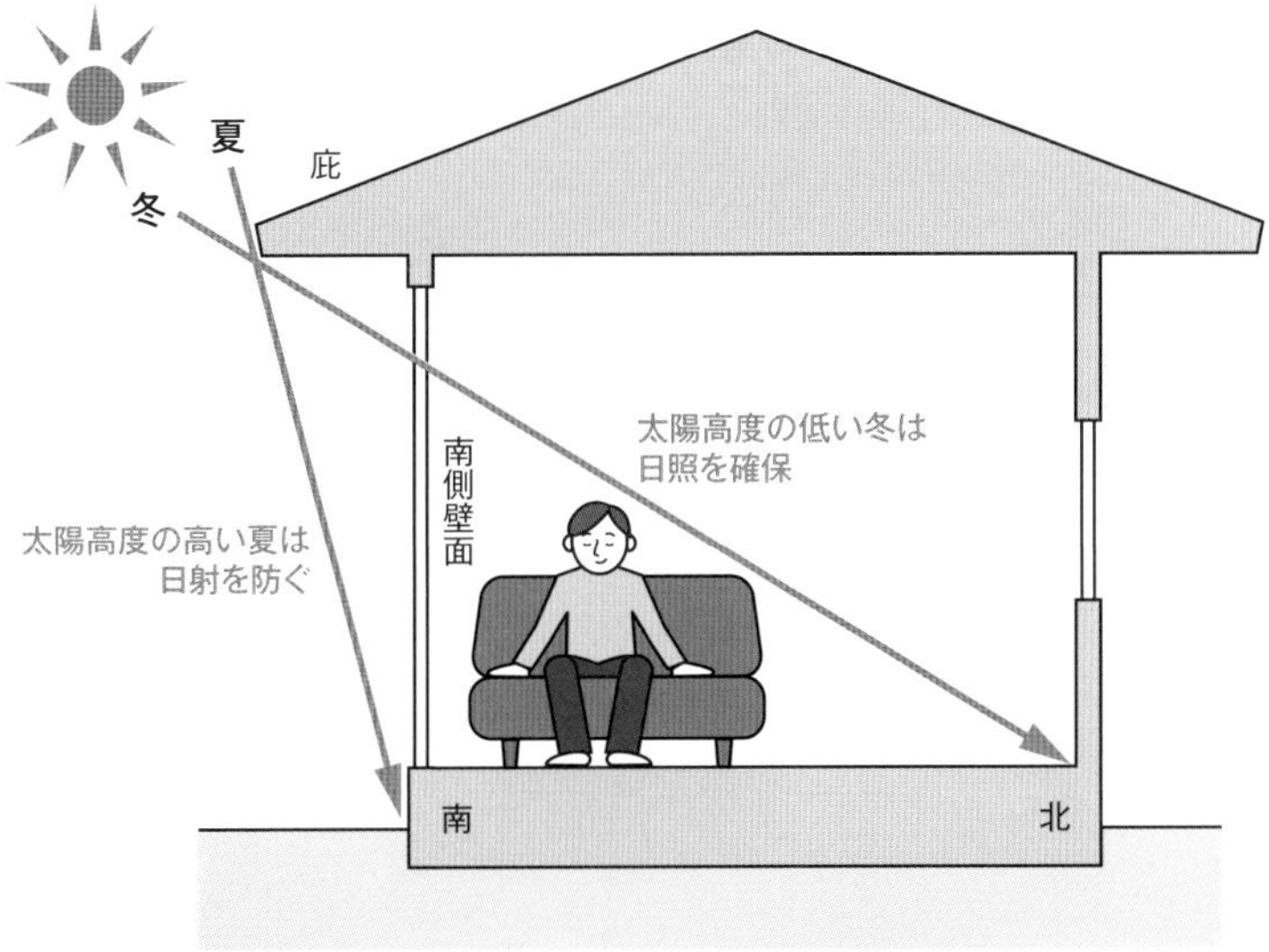

夏
冬
庇
南側壁面
太陽高度の低い冬は
日照を確保
太陽高度の高い夏は
日射を防ぐ
南
北

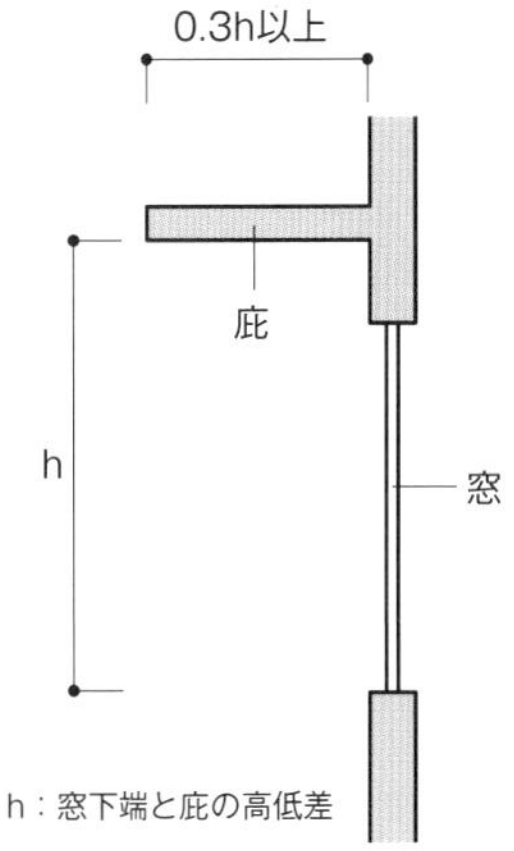

0.3h以上
庇
h
窓
h：窓下端と庇の高低差

■ ブラインドの日射遮蔽効果

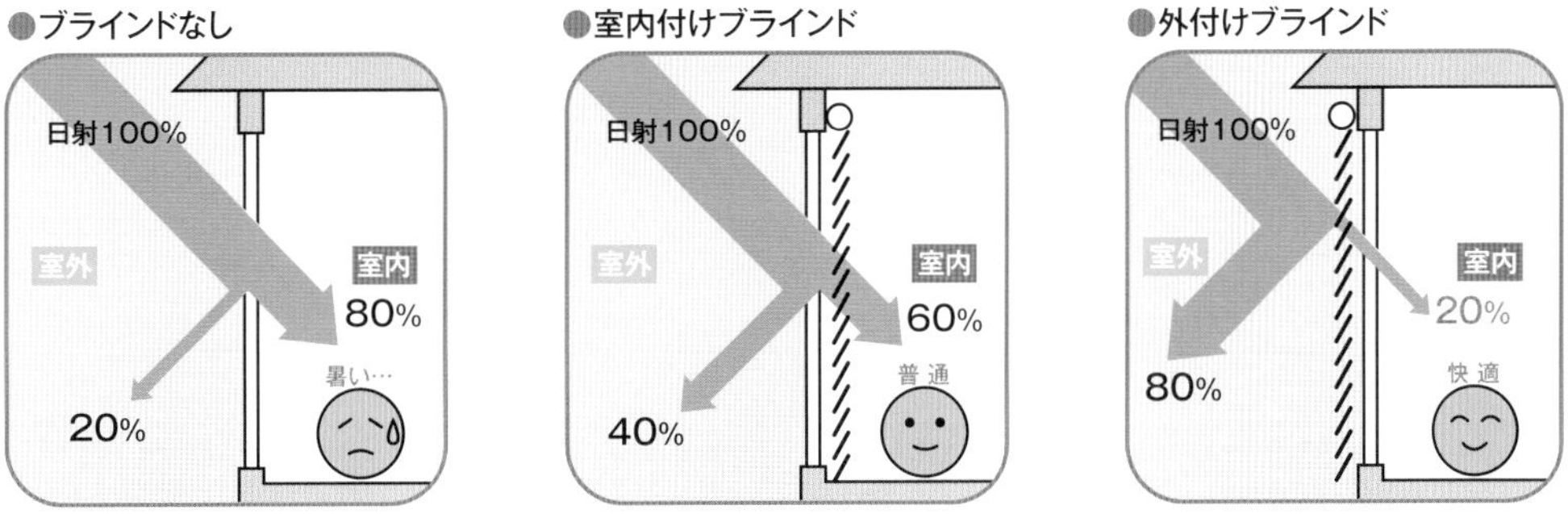

●ブラインドなし
日射100%
室外
室内
80%
暑い…
20%
●室内付けブラインド
日射100%
室外
室内
60%
普通
40%
●外付けブラインド
日射100%
室外
室内
20%
80%
快適

注　5㎜透明板ガラス使用時の値

■ ライトシェルフの仕組み

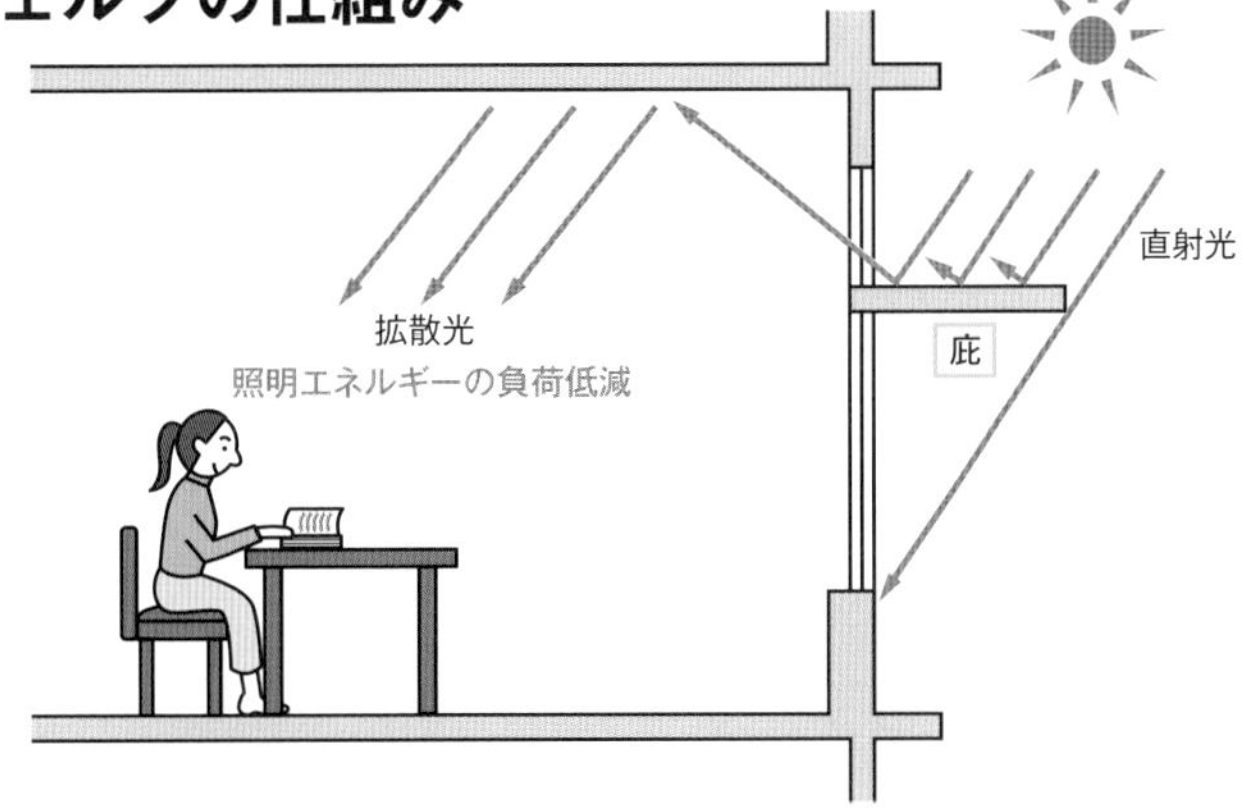

直射光
拡散光
照明エネルギーの負荷低減
庇

No. 080

自然エネルギー利用

ココがポイント!

① 機械設備を用いるアクティブシステムと建築的工夫によるパッシブシステムがある
② アクティブシステムは自然条件に左右される
③ アクティブシステムでも、パッシブシステムの併用でより省エネ効果が得られる

メンテナンス・更新

アクティブシステムは機器が外部の厳しい環境に晒されているので、定期点検は必ず行う

自然エネルギー利用の考え方

自然エネルギー利用には、2つの考え方がある。機械設備を用いて自然エネルギーを利用するアクティブシステムと、特定の機械に頼らず、建物自体のつくりを工夫して自然エネルギーを利用するパッシブシステムである。

アクティブシステムの特徴

アクティブシステムでは、主に太陽光や風力、水力などを利用して発電したり、地中熱をヒートポンプの熱源として利用するほか、太陽熱でお湯を沸かす温水器などもある。どれも機械を使用するため、メンテナンスや更新が必要である。気候や地域、立地などの自然条件に左右されやすいが、発電時の二酸化炭素排出量はゼロ。化石燃料に頼らず、電気、空調、給湯などを自然エネルギーでまかなえる。

パッシブシステムの特徴

パッシブシステムでは、建築的工夫により自然エネルギーを生かし、内部環境をよくする。夏は日射を防ぐために、窓面に大きな庇《ひさし》やオーニングを設けたり、窓の前に広葉樹などの樹木を植える。スダレや外付けブラインドを取り付けるのも有効である。屋根面の日射は夏場の熱負荷に一番大きく影響するので、屋根断熱を考慮し、風通しがよくなるように適切な位置に窓を配置する。また、1年中安定した温度の地中熱を室内に取り入れ自然循環させることで、冷房負荷の低減につながる。冬期は日射・日光を室内に取り入れて逃がさないように、蓄熱体と断熱を適切に設けることが重要である。日射・日光の当たる面を、熱容量の大きいコンクリートやタイルなどの仕上げとすることによって蓄熱され、放射熱として室内を暖めることができる。

どちらかのシステムを選択するというものではなく、アクティブシステムを利用する場合でも、パッシブシステムを併用すれば、より高い省エネ効果を得ることができる。

アクティブシステムの仕組み

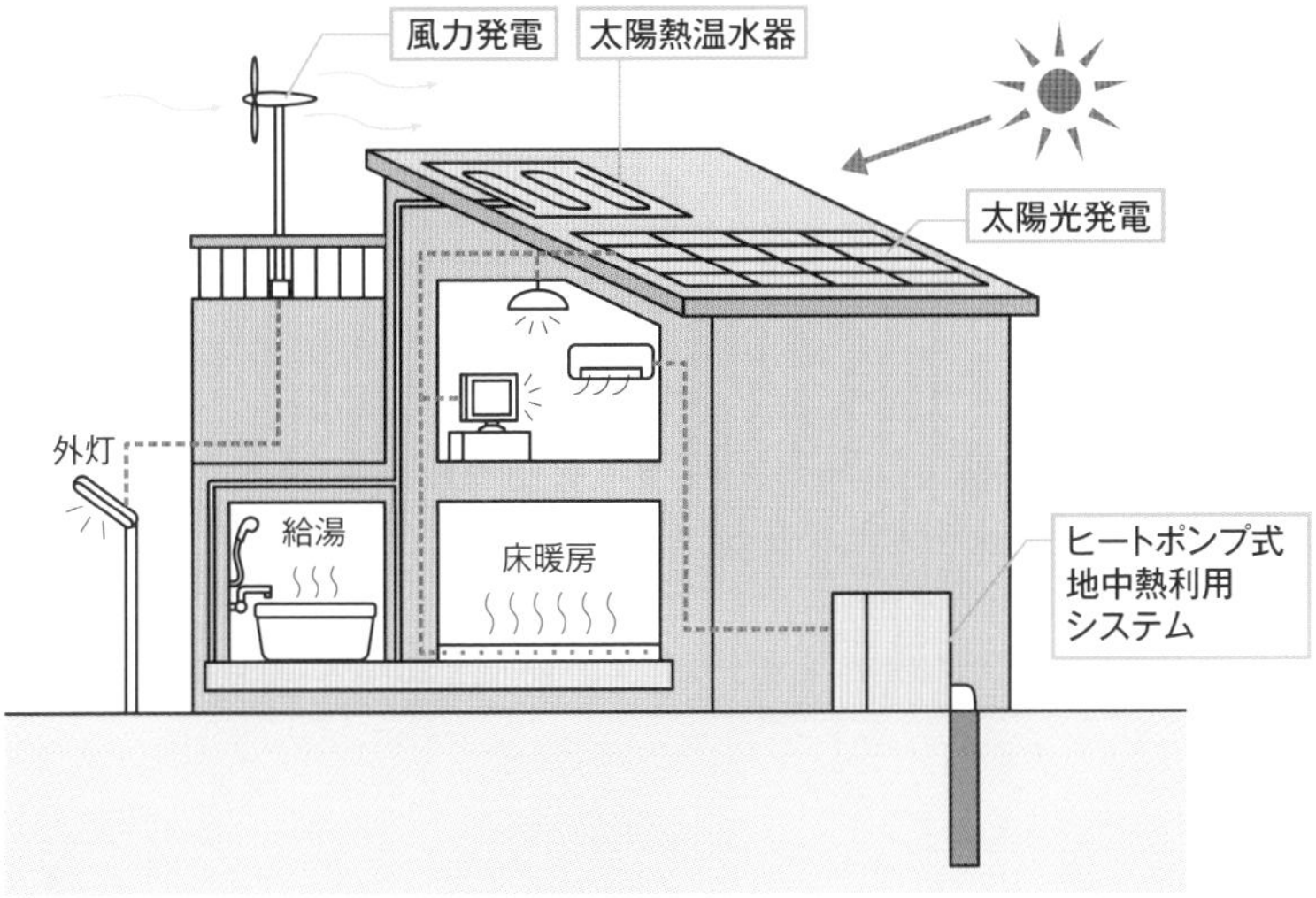

パッシブシステムの仕組み

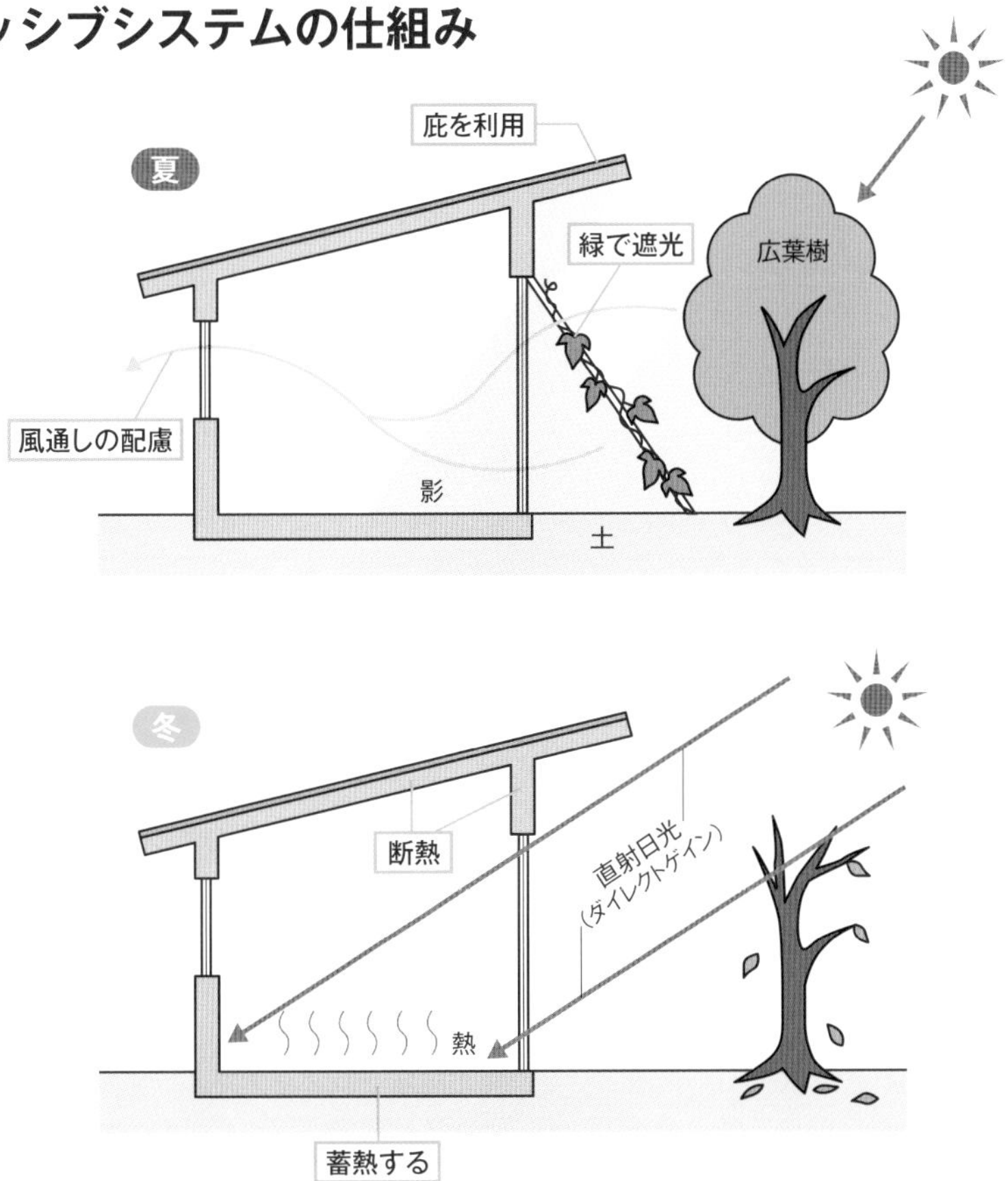

No. 081

太陽光発電

ココがポイント!

① 設置は真南、傾斜角度20～30°がベスト
② 高層建物や高木などで影が落ちないか確認
③ 設置費用は3kWで200万円程度

メンテナンス・更新

パワーコンディショナーの寿命は10～15年程度。10年に1度点検する

太陽光発電の仕組み

地球のまわりに存在する自然エネルギーのなかで、最も大きい太陽光エネルギーを活用する太陽光発電は、近年注目されているエコ設備の1つだ。

太陽光発電システムの太陽電池モジュールは、太陽の光エネルギーを吸収して直流の電気に換えるエネルギー変換器。半導体のなかに光エネルギーが入ることで＋と－の電位差が生じ、そこに電極を取り付けることによって電気の取り出し口ができ、直流の電気を生み出す仕組みである。現在はシリコン結晶系太陽電池モジュールが主流だが、高効率と低コスト化を図るため、さまざまな種類の太陽電池が研究開発されている。

太陽電池モジュールで生まれた直流の電気は、パワーコンディショナーで電力会社と同じ交流電力に変換して家庭で利用できる電気となり、さまざまな家電製品に使用される。また、余った電気は電力会社に売ることができる。

設置方法と発電量

設置方法は、一般的には屋根置き型が主流だが、ビルなどでは壁設置型や、窓ガラスを兼ねるものもある。発電量は設置機種や設置環境、季節、使用状況などにより異なるが、一般的な家庭では3～6kW設置する。設置の傾斜角度は20～30°で、真南が最適である。

受光方位に高い建物や大きな木がある場合、太陽電池に影がかかり、周囲からの錯乱光により10～40％程度の発電しか得られない。太陽電池の設置は、南面に広く設置でき、周囲に障害物がない場所が適している。

設置費用は1kWで70万円程度だが、地球温暖化防止に貢献する自然エネルギー促進の施策の一環として、国や地方自治体による補助金制度がある。

なお、設置後は定期的な点検が必要となり、太陽電池モジュール（表面が強化ガラスで保護されているタイプ）で20年以上、パワーコンディショナーで10～15年の寿命といわれている。

太陽光発電の仕組み

接続箱
太陽電池からの直流配線を1本にまとめ、パワーコンディショナーに送る装置
電力量計

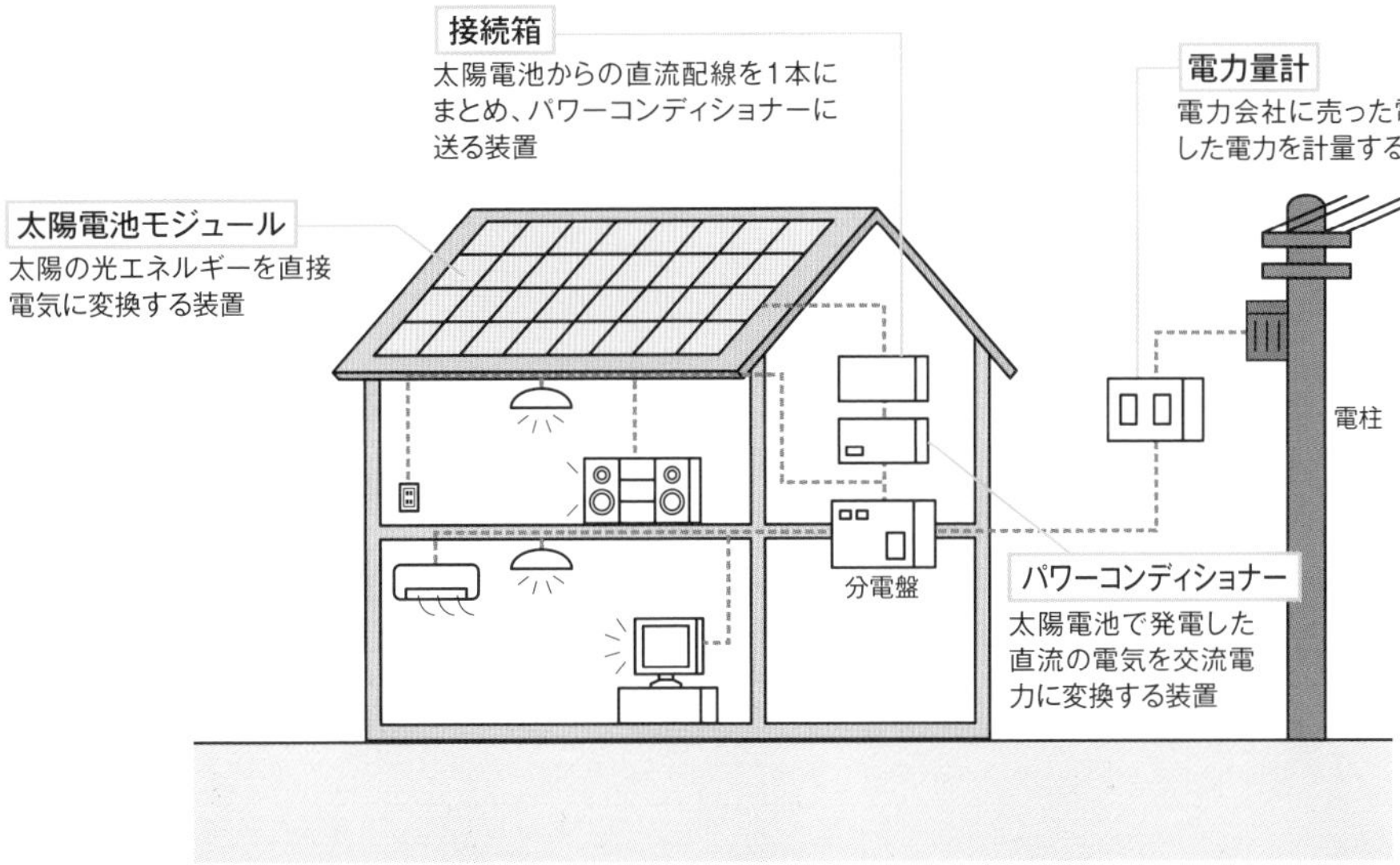
電力会社に売った電力や、購入した電力を計量するメーター

太陽電池モジュール
太陽の光エネルギーを直接電気に変換する装置
電柱
分電盤
パワーコンディショナー
太陽電池で発電した直流の電気を交流電力に変換する装置

屋根の形状と周囲の環境のチェック

高層の建物
西
東
太陽電池
高木
電柱
高木
●周辺に高い建物や高木、電柱などがあると、屋根に影を落とし、発電効率が落ちる
●屋上に設置する場合は、手摺の影にも注意
海
南
●海岸に近い、塩害地域は設置できない場所もある

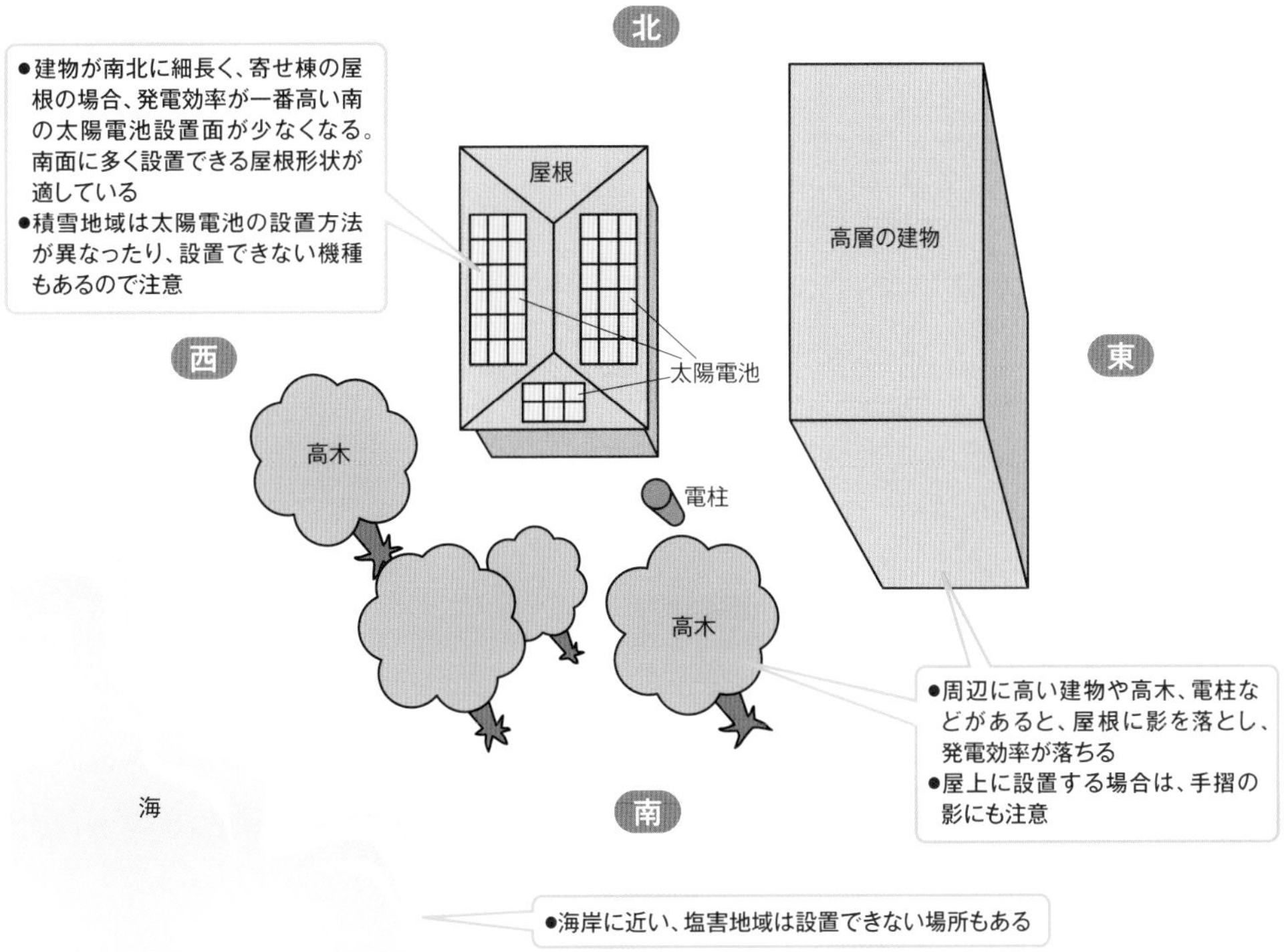

北
●建物が南北に細長く、寄せ棟の屋根の場合、発電効率が一番高い南の太陽電池設置面が少なくなる。南面に多く設置できる屋根形状が適している
●積雪地域は太陽電池の設置方法が異なったり、設置できない機種もあるので注意

太陽光発電システム

東芝エネルギーシステムズ

世界No.1変換効率のパネルで、より多く発電

選定のポイント

太陽光発電を採用する際は、できるだけ多くの太陽電池パネルを設置したほうがコストメリットは高い。さまざまなメーカーが対象となるので、メーカーごとにイニシャルコストと発電効率を十分に比較検討して採用する

太陽電池モジュール

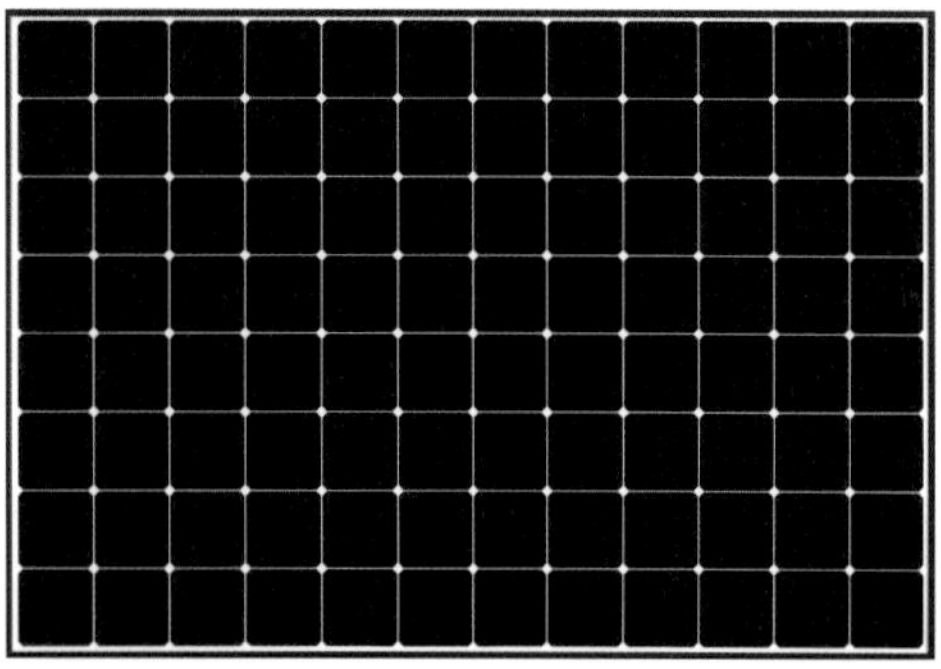

SPR-X22-360

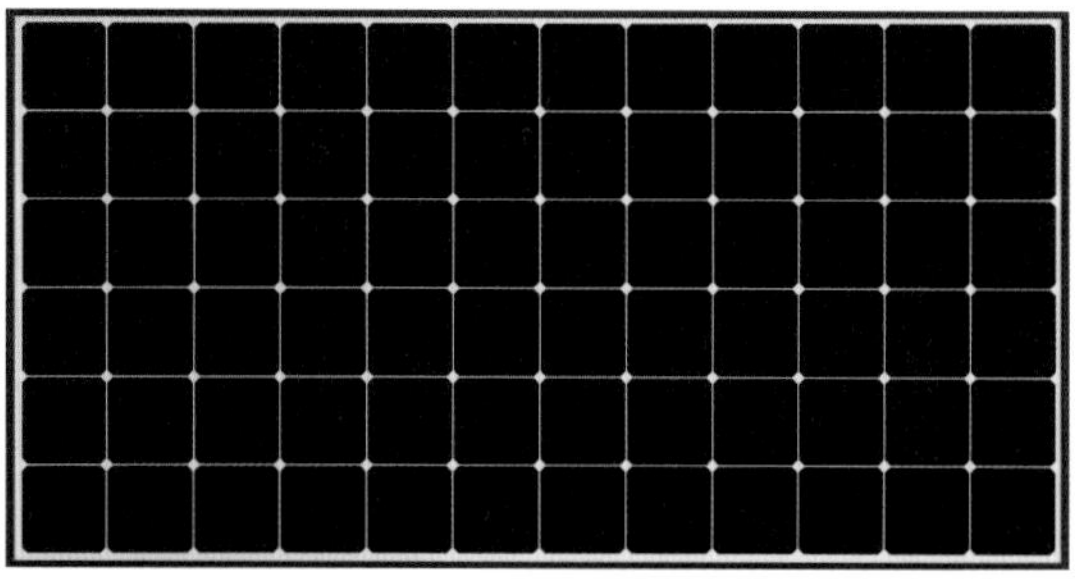

SPR-X21-265

機種名	セル種類	公称最大出力	外形寸法(mm)	質量
SPR-X22-360	単結晶	360W	高さ1,046×幅1,559×奥行46	18.6kg
SPR-X21-265	単結晶	265W	高さ798×幅1,559×奥行46	15kg

注　数値はJIS C8918で規定するAM1.5、放射照度1,000W／㎡、モジュール温度25℃の場合

パワーコンディショナ

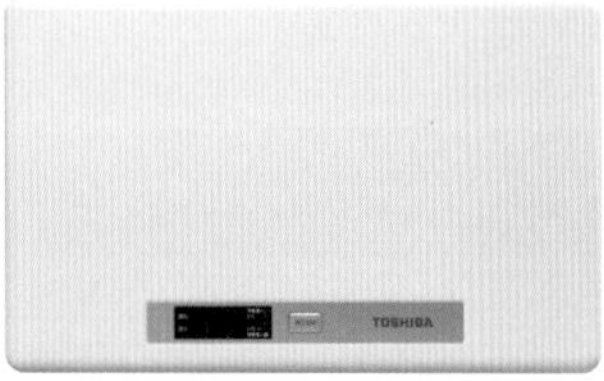

TPV-PCS0400C

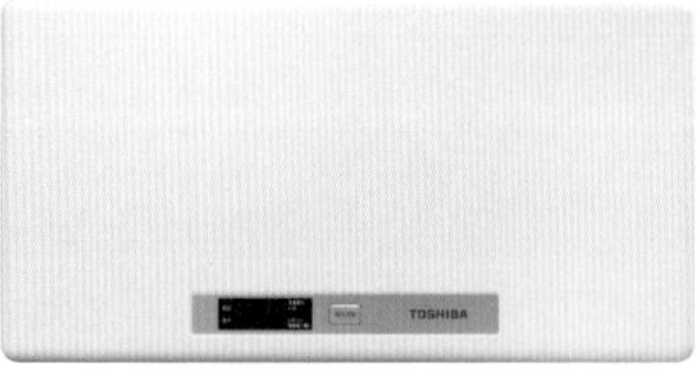

TPV-PCS0550C

TPV-44M2-J4／TPV-55M2-J4

※　外観は同じ形状

機種名	定格出力電力		設置場所	外形寸法(mm)	質量
	系統連系時	自立運転時			
TPV-PCS0400C	4.0kW	2.0kVA	屋内	高さ280×幅460×奥行155	約15kg
TPV-PCS0550C	5.5kW	2.75kVA	屋内	高さ280×幅550×奥行171	約18kg
TPV-44M2-J4	4.4kW	1.5kVA	屋外	高さ400×幅720×奥行220	約36kg
TPV-55M2-J4	5.5kW	1.5kVA	屋外	高さ400×幅720×奥行220	約36kg

カラー表示器

カラー表示ユニット

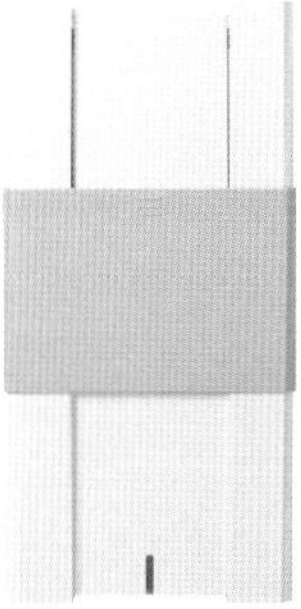
計測ユニット

機種名	画面	表現内容	設置方法	外形寸法(mm)
TPV-MU3-D (カラー表示ユニット)	カラーTFT 7インチ	発電、消費、買電、売電、環境換算 (CO_2／石油)、省エネガイド機能など	卓上／ 壁掛け	高さ133.6×幅190.2×奥行24
TPV-MU3P-M (計測ユニット)	—	—	壁固定	高さ260×幅130×奥行60

接続箱

機種名	入力回路数	出力回路数	設置場所	外形寸法(mm)
TOS-PVB6C-04T	6	1	屋内または屋外(軒下)	高さ295×幅344×奥行115
TOS-CBS4C-R2	4	1	屋内または屋外(軒下)	高さ290×幅220×奥行121

昇圧ユニット

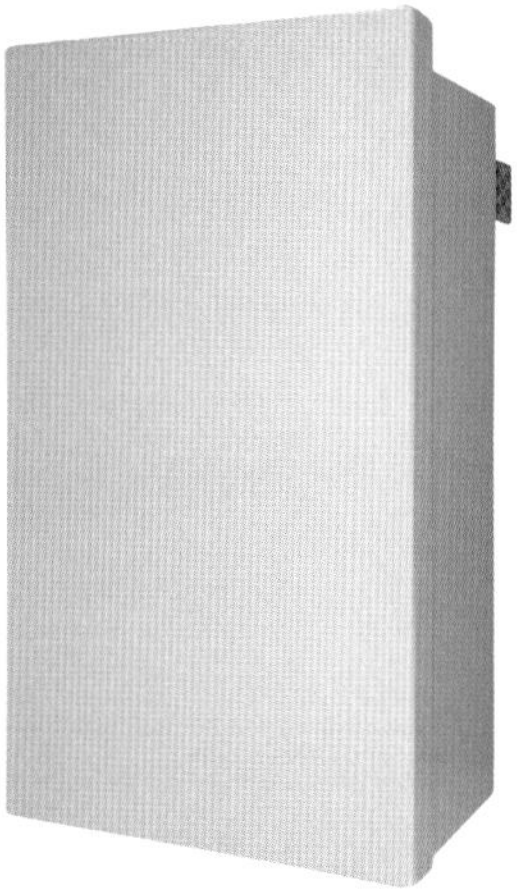

機種名	定格出力電力	昇圧範囲	回路数	設置場所	外形寸法(mm)
TPV-ST3-113-1B	1,150W	DC40～330V	1	屋内または 屋外(軒下)	高さ293×幅177×奥行124 (取付金具を含む)

注　昇圧ユニットはシステム構成により昇圧範囲の設定が異なる

No.
082

太陽熱利用

ココがポイント！

① 自然循環型は安価で身近に太陽熱が利用可能
② 強制循環型は貯湯量が多く、高い水圧を確保でき、屋根への負担が少ない
③ 温水器と給湯機の接続により、湯切れの心配はなくなる

メンテナンス・更新

屋根への取付け部が、経年劣化により腐食などしていないか確認する

太陽熱温水器の種類

太陽熱温水器には「自然循環型」と「強制循環型」の2種類がある。多く普及している自然循環型は、集熱パネルと貯湯タンクが一体となった構造で、電力が不要であり、自然対流の原理を利用して貯湯タンクにお湯を蓄える。価格は30～50万円程度と比較的安価で、身近に太陽熱が利用できる。ただし、貯湯タンクを屋根にのせるため、設置時の屋根への荷重を考慮する。

自然循環型には、開放型と水道直圧型があり、開放型はタンクと給水栓の高低差を利用して給湯を行うため、水圧の確保がポイントとなる。一方、水道直圧型は高い給湯圧力が確保できる。水道直圧型の一種で、集熱器の集熱部と貯湯部が一体となった真空貯湯型がある。ガラスに覆われた円筒状の集熱器のまわりにお湯をためる仕組みで、集熱効率や保温力が高い。

強制循環型は、屋根の上の集熱パネルと、地上の貯湯タンクを分離して設置する。パネルとタンクの間に冷媒を循環させ、お湯をつくり蓄える方式だ。価格は多少割高だが、貯湯量が多く、高い水圧を確保できる。また、冬でも湯温が上がりやすく、利用価値が高い。より積極的に太陽熱を利用するシステムとして、給湯だけでなく、床暖房への利用も可能である。

いずれの方式でも、温水器と給湯機の接続を行うことにより、湯切れの心配はなくなる。また、集熱器の設置方角、周辺環境は効率に影響するので十分に配慮する。

空気式ソーラーシステム

補助暖房として利用するシステムに、空気式ソーラーシステムがある。屋根の太陽熱集熱面で外気を暖め、それを送風機で床下に送り、暖気を蓄熱体に蓄熱させ、各部屋へ送る。夏は、屋根裏の暖気を送風機で外へ排出する。

設置する場合は、基礎、屋根裏空間、ダクトスペースの確保など、家のつくりをシステムに合わせる必要がある。

■ 太陽熱温水器の種類と仕組み

●自然循環型（平板型）

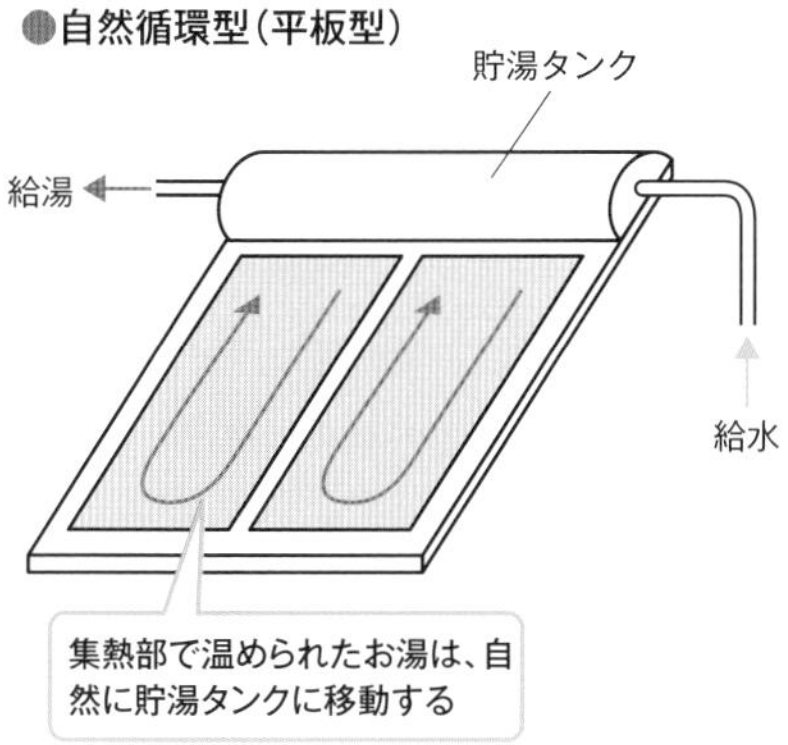
貯湯タンク
給湯
給水
集熱部で温められたお湯は、自然に貯湯タンクに移動する

●真空貯湯型（真空ガラス管型）

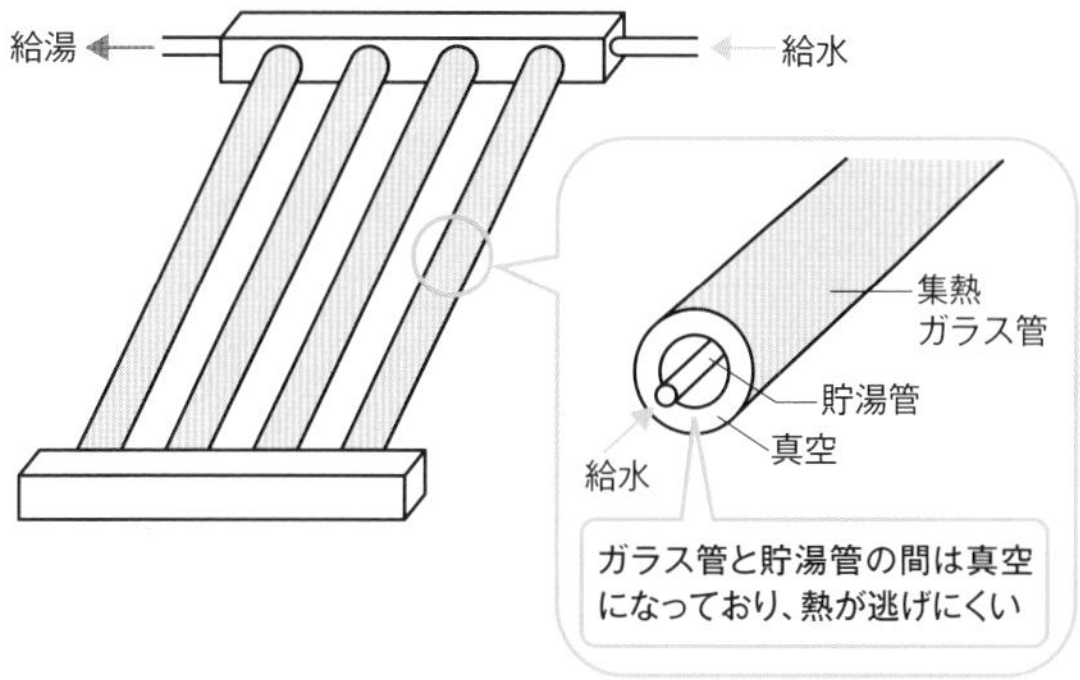
給湯
給水
集熱
ガラス管
貯湯管
真空
給水
ガラス管と貯湯管の間は真空になっており、熱が逃げにくい

●強制循環型

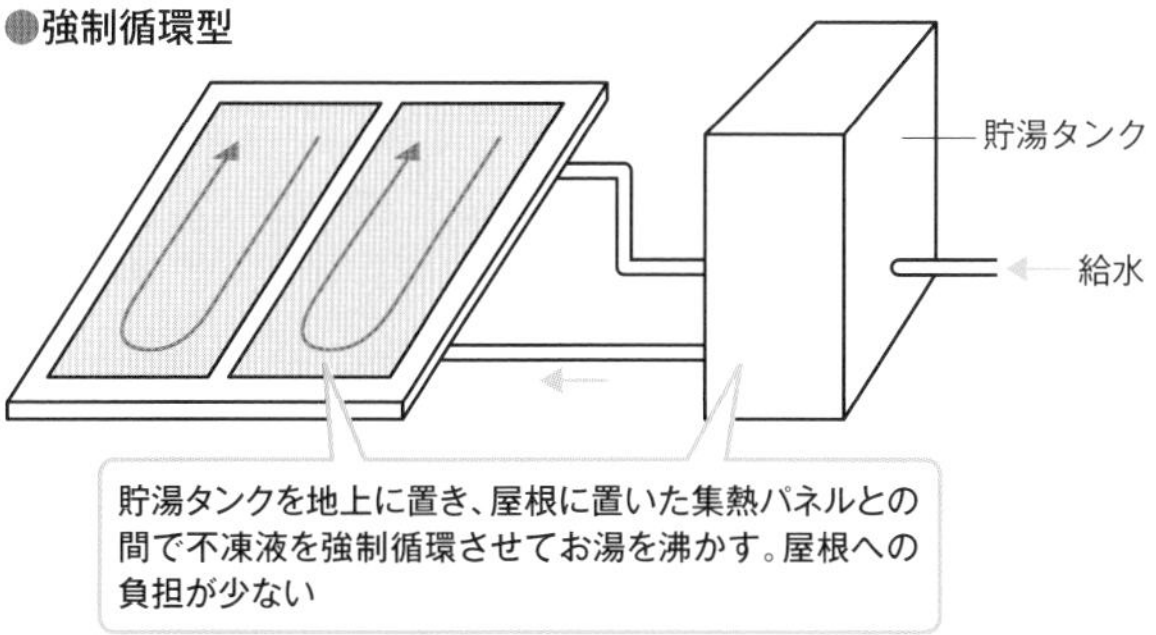
貯湯タンク
給水
貯湯タンクを地上に置き、屋根に置いた集熱パネルとの間で不凍液を強制循環させてお湯を沸かす。屋根への負担が少ない

■ 太陽熱給湯システムの仕組み

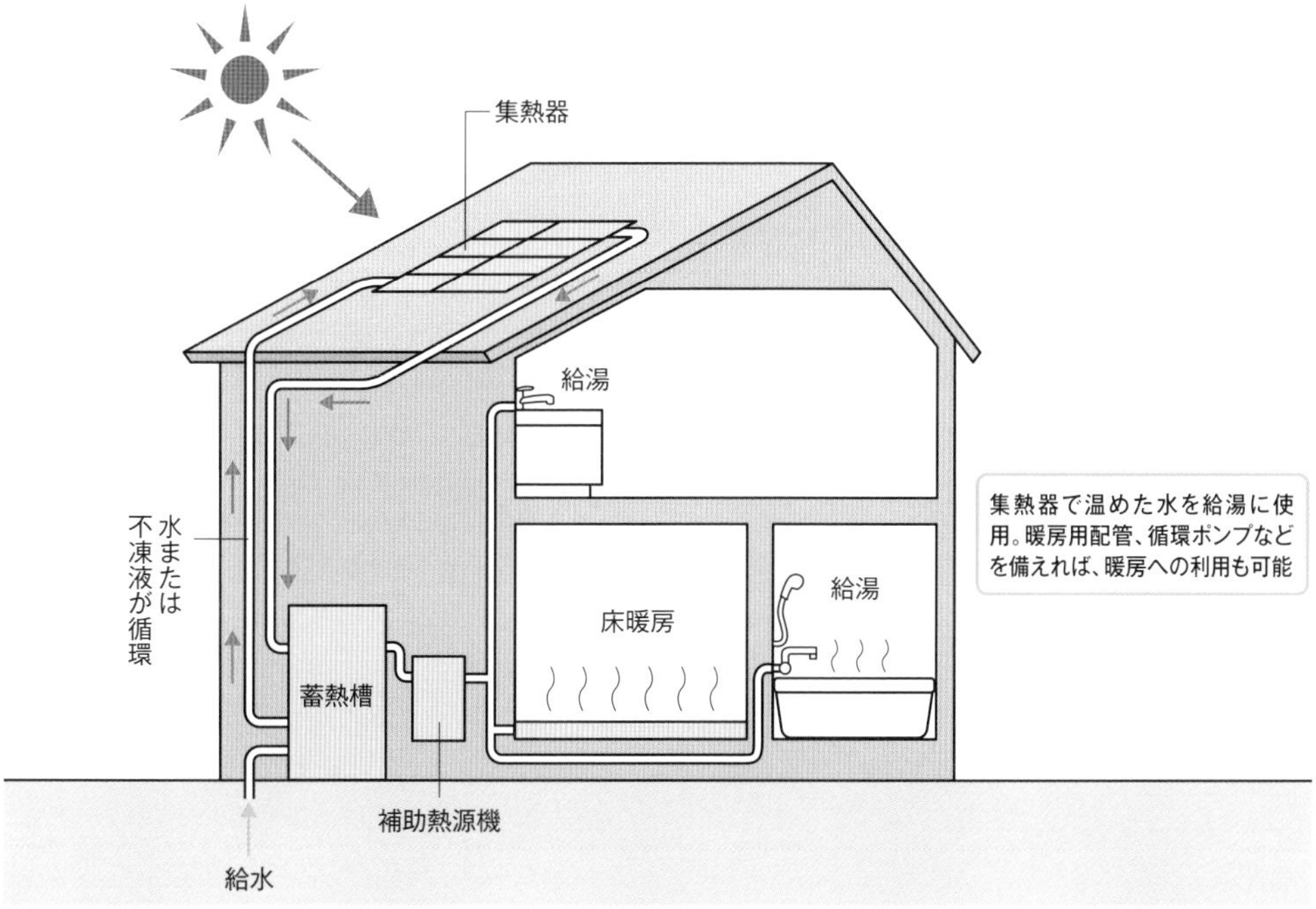
集熱器
給湯
水または不凍液が循環
床暖房
給湯
蓄熱槽
補助熱源機
給水
集熱器で温めた水を給湯に使用。暖房用配管、循環ポンプなどを備えれば、暖房への利用も可能

住宅用ソーラーシステム（強制循環型） 矢崎エナジーシステム

屋根に負担をかけない分離型

太陽熱集熱器対応型エコキュート
SHE-B2242AE-45NN
水道直圧式

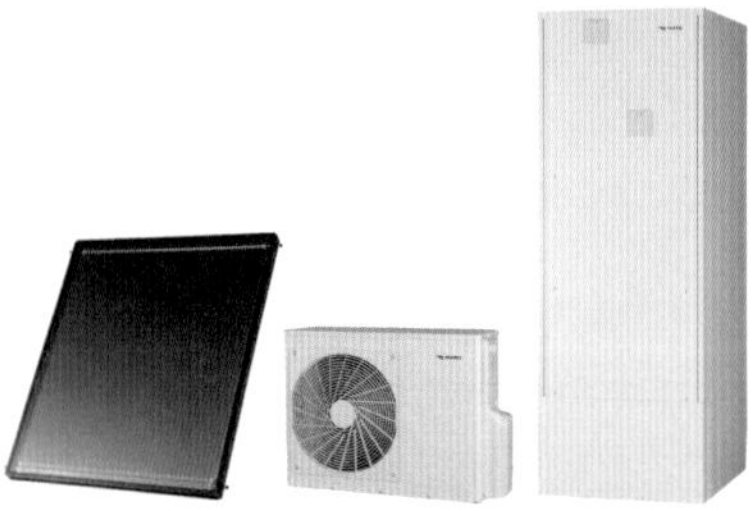

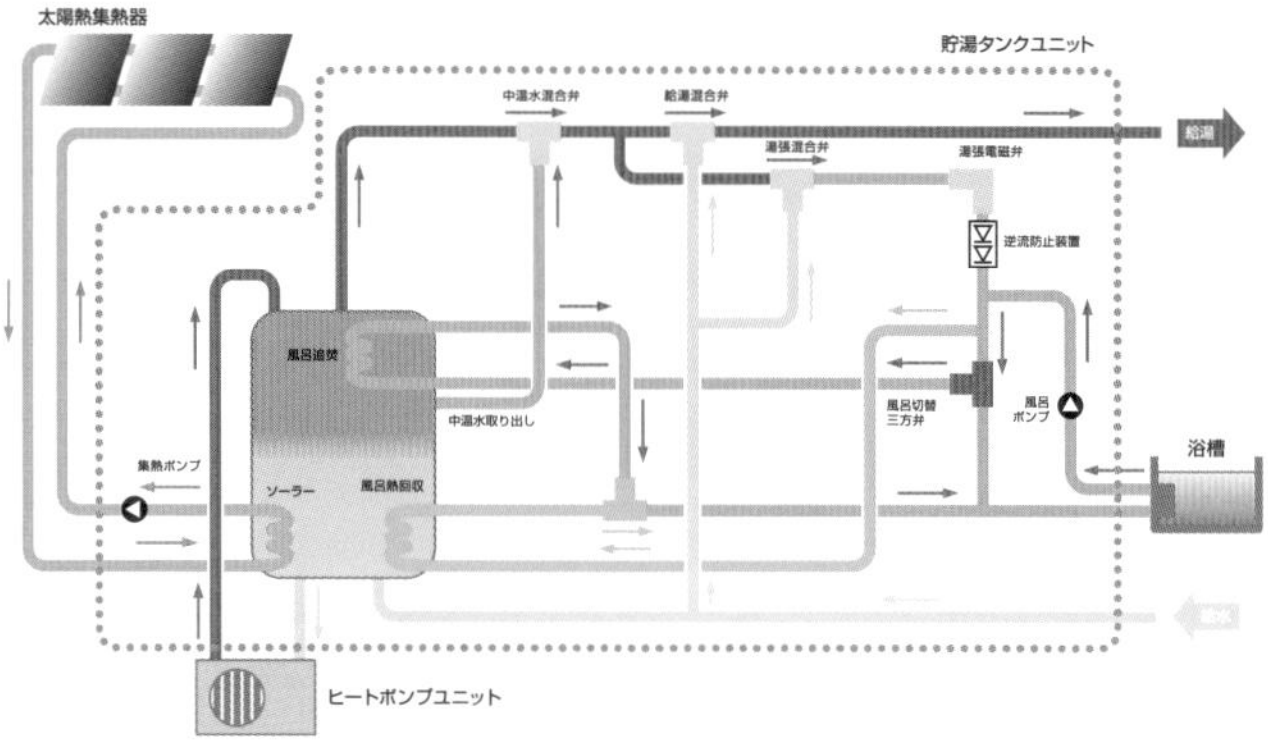

空気の熱を利用してお湯を沸かす「エコキュート」と、太陽の熱でお湯をつくる「ソーラーシステム」という二つのシステムのよいところを組み合わせたシステム

●仕様

	項目		仕様	
システム	電気給湯機及び給水器具認証形式		NSHE-B42AE-45NN	NSHE-C42QN-45NN
	適用電力制度		時間帯別電灯型／季節別時間帯別電灯型（通電制御型）	
	相数／定格電圧		単相／200V	
	定格周波数		50／60Hz	
	最大電流		17A	16A
	沸き上げ温度		約65～約80℃	
	年間給湯効率（エコキュート単体）		3.3	
	仕向地		次世代省エネ基準III地域以南	
貯湯タンクユニット	形式		SHT-B42AE-1N	SHT-C42QN-1N
	タイプ		フルオート	給湯専用
	種類		屋外型	
	タンク容量		420L	
	水測最高使用圧力		190kPa（減圧弁設定圧力:170kPa）	
	外形寸法（高さ×幅×奥行）		1940×693×796㎜	
	質量（満水時）		100kg（約533kg）	84kg（約516kg）
	消費電力（50／60Hz共通）	風呂ポンプ	95/124W	－
		集熱ポンプ	24～73W	
		凍結防止ヒータ	86W	52W
		制御	9W（リモコン消灯時7W）	7W（リモコン消灯時6W）
	貯湯機能		満タン・おまかせ・深夜のみ（各モード）	満タン・おまかせ・ひかえめ（各モード）
	風呂給湯機能		自動湯はり・自動保温・自動たし湯 高温さし湯・追いだき・たし湯・さし水	給湯
	その他機能		太陽集熱機能・ふろ熱回収	太陽集熱機能
ヒートポンプユニット	形式		YHP-B45NN	
	外形寸法（高さ×幅×奥行）		650×820×300㎜	
	質量		52kg	
	中間期加熱能力		4.5kW	
	中間期消費電力		1.025kW	
	中間期COP		4.4	
	夏期加熱能力／消費電力		4.5kW／0.900kW	
	冬期高温加熱能力／消費電力		4.5kW／1.500kW	
	運転音 中間期／冬期高温		38dB／43dB	
	冷媒名（封入量）		CO_2（0.825kg）	

	項目	仕様	
集熱器	形式	ESC-E1020	ESC-E1010
	集熱器総面積	2.01㎡	1.13㎡
	枚数	2～3枚	3～6枚
	外形寸法（幅×長さ×高さ）	1002×2002×60㎜	1003×1129×55㎜
	質量（満水時）	37kg（39.5kg）	21kg（23kg）
	使用熱媒体	プロピレングリコール水溶液	

●天候予測機能

次の日の天候を高精度で予測。雨天・曇天が予測される時は、夜間の電気を使ってヒートポンプで沸き上げる。次の日が晴天でソーラーの集熱が期待できる場合はヒートポンプ沸き上げを抑制するので、無駄な電気を使うことがなく省エネにも役立つ

●風呂熱回収機能

入浴後の浴槽の熱を回収して、その排熱で貯湯タンクの水を暖める

●給湯使用量学習機能

過去1週間のデータから、給湯使用量をきめ細やかに学習。一日の使用パターンを想定し、ライフスタイルに応じた最適な給湯量を計算し、沸き上げる

太陽熱温水器（自然循環型）

矢崎エナジーシステム

手頃でお得なスタンダード型太陽熱温水器

選定のポイント

意匠的な問題さえクリアできれば。安価な機器であればコストメリットは高い

SW-Ⅲ320M

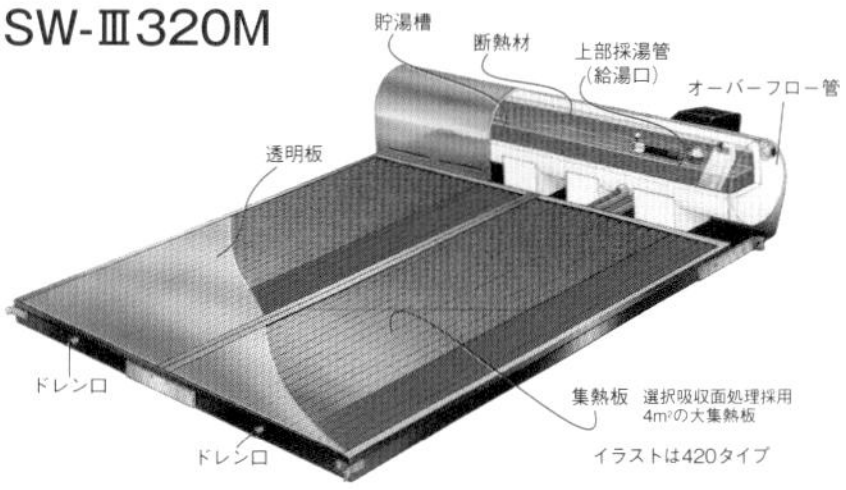

イラストは420タイプ

SW-Ⅲ320M寸法図

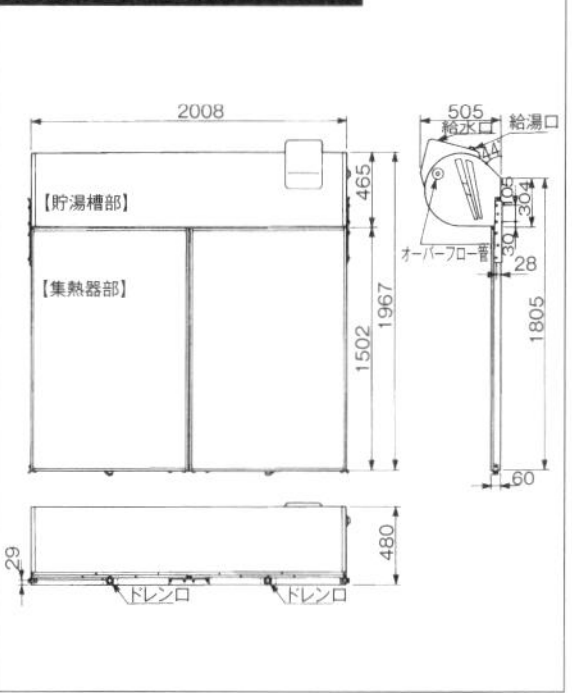

SW-Ⅲ420寸法図

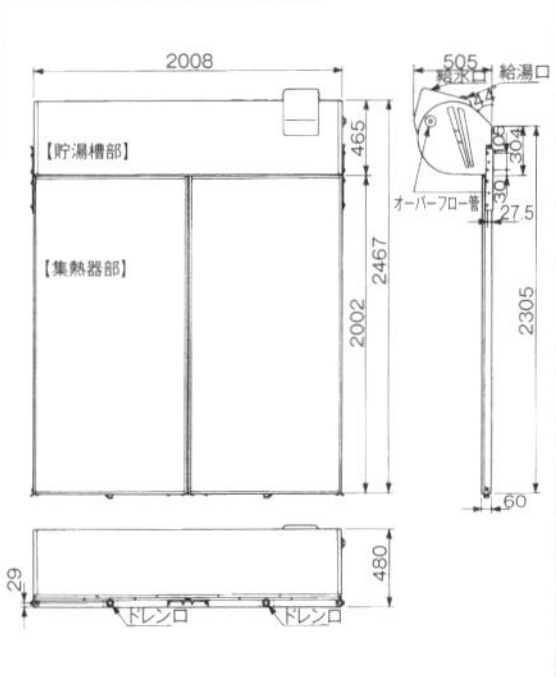

4m²の大集熱板が太陽の熱を効果的にキャッチし、内部を循環する水を温める。本体背面の最上部に給湯口が設けられているので、スッキリと目立たない配管を実現

SW-Ⅲ320M

標準タイプ

SW-Ⅲ420

高性能タイプ

SW-Ⅲ425

大容量タイプ

SW-Ⅲ425寸法図

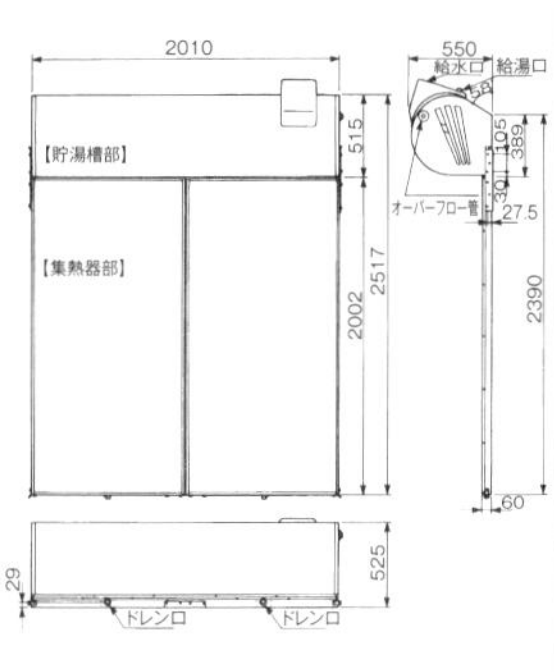

機種名	貯湯容量（ℓ）	質量（満水時）（kg）
SW-Ⅲ320M	約200	約81（約293）
SW-Ⅲ420	約200	約95（約309）
SW-Ⅲ425	約250	約99（約363）

太陽電池付き住宅用ソーラー（強制循環型）

矢崎エナジーシステム

集熱ポンプの稼働電力を太陽電池で賄う

温水器一体型ソーラーシステム。水道直結式で給湯圧力が高いため、バスルームが2階にあってもシャワーは強力

SP-W420H-1

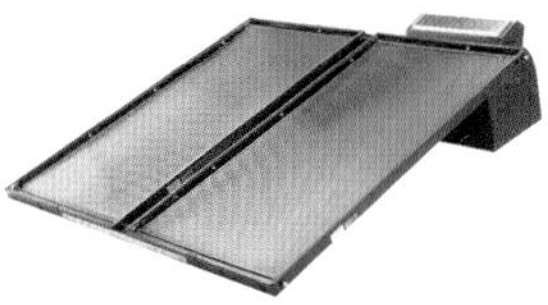

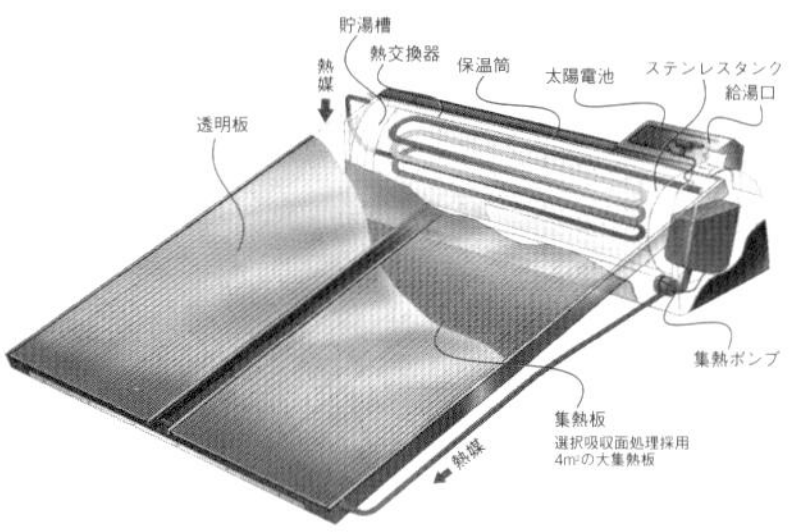

機種名	集熱方式	給湯・給水方式	貯湯容量（ℓ）	質量（満水時）（kg）
SP-W420H-1	強制循環型・間接集熱式	水道直結方式	約200	約124（約336）

No. 083

地中熱利用

ココがポイント!

① 地中熱は1年を通して安定した熱媒体
② 外気を地中で温度調整してから室内に取り込むため、冷暖房負荷の軽減に有効
③ 冷暖房時の室外機からの不快な排熱がない

メンテナンス・更新

メンテナンスがしづらいため、設計時には特にカビなどの原因となる結露対策を入念に行う

地中の温度は安定

　地中5mより深くなると、地上の気温変化にかかわりなく、1年を通して10~15℃で安定する。また、地中熱はほかの自然エネルギー（太陽熱、風力など）と比べても、気候や立地などの条件に左右されず、常に安定した効果が得られることが特徴だ。

　地中熱を利用する主なシステムとして、パッシブ型とアクティブ型の2種類がある。

パッシブ型地中熱利用システム

　クールチューブは、建物の廻りや下に地中1~3m程度の外気と室内を結ぶパイプを埋込む、シンプルな構造である。夏期の19~21℃の地中熱を利用し、夏の暑い外気を、地中で冷やして室内に送る考え方である。原理としては、井戸水が夏は冷たく、冬は温かく感じることと同じだ。クールチューブは大型施設でも利用されており、ピット空間を熱の通り道としている場合がある。

　さらに5m程度までパイプを埋込む、地中熱利用換気システムがある。深く埋込み、床下には蓄熱体を設けることで、より安定した効果を得ることができる。またパイプを縦に埋込むため、狭小スペースでも利用可能である。

　パッシブ型地中熱利用システムは、外気を直接ではなく、地中を介して温度調整してから室内に取り込むため、冷暖房負荷の軽減にも役立つ。

アクティブ型地中熱利用システム

　アクティブ型には、ヒートポンプ式地中熱利用システムがある。地中50~100mの深さに地中パイプを埋設し、水や不凍液を循環させ、ヒートポンプの熱源として利用する。

　ヒートポンプ式エアコンは、外気温度によって能力が左右されるが、地中熱を利用することにより、1年を通して安定した能力が得られることが特徴だ。また、冷暖房時の室外機からの不快な排熱がない。

パッシブ型地中熱利用システム

●クールチューブ

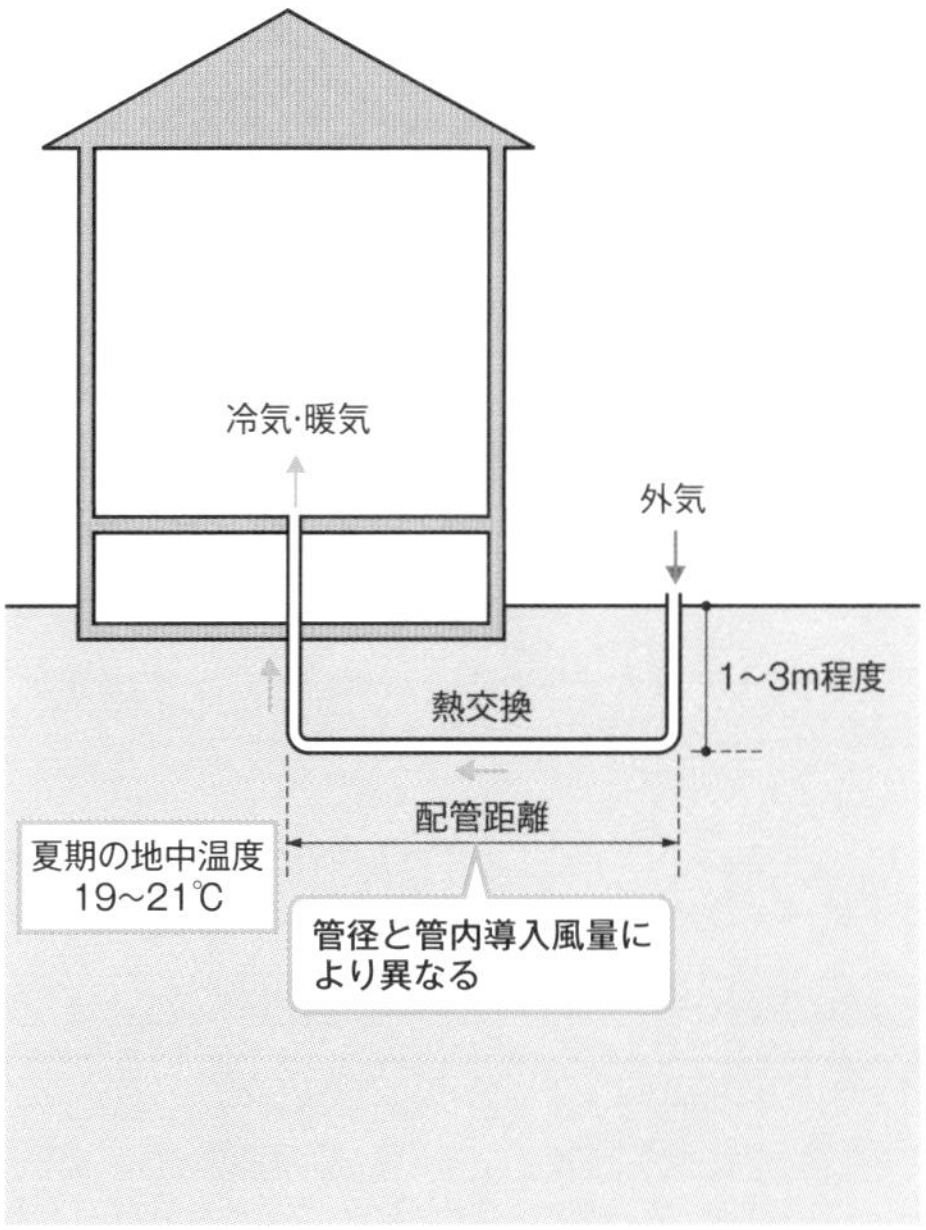
冷気･暖気
外気
1~3m程度
熱交換
配管距離
夏期の地中温度
19~21℃
管径と管内導入風量により異なる

●地中熱利用換気システム

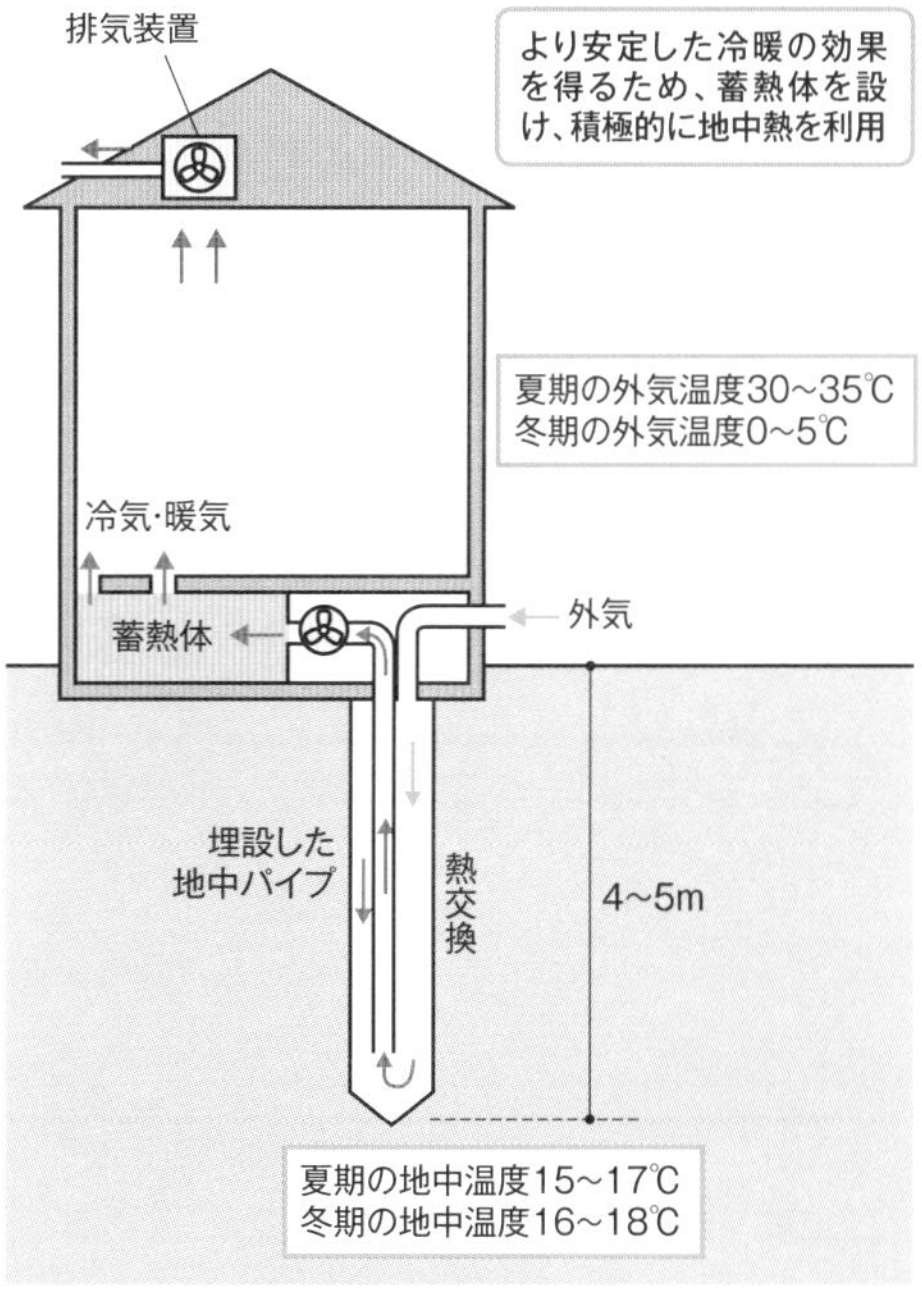
排気装置
より安定した冷暖の効果を得るため、蓄熱体を設け、積極的に地中熱を利用
夏期の外気温度30~35℃
冬期の外気温度0~5℃
冷気･暖気
蓄熱体
外気
埋設した地中パイプ
熱交換
4~5m
夏期の地中温度15~17℃
冬期の地中温度16~18℃

注　外気温度や地中温度は地域や深さによって異なる

冬期 地中温度 ＞ 外気温度　**夏期** 地中温度 ＜ 外気温度

外気温と地中温度の差を利用して熱交換

アクティブ型地中熱利用システム

地中の熱は1年を通して安定している

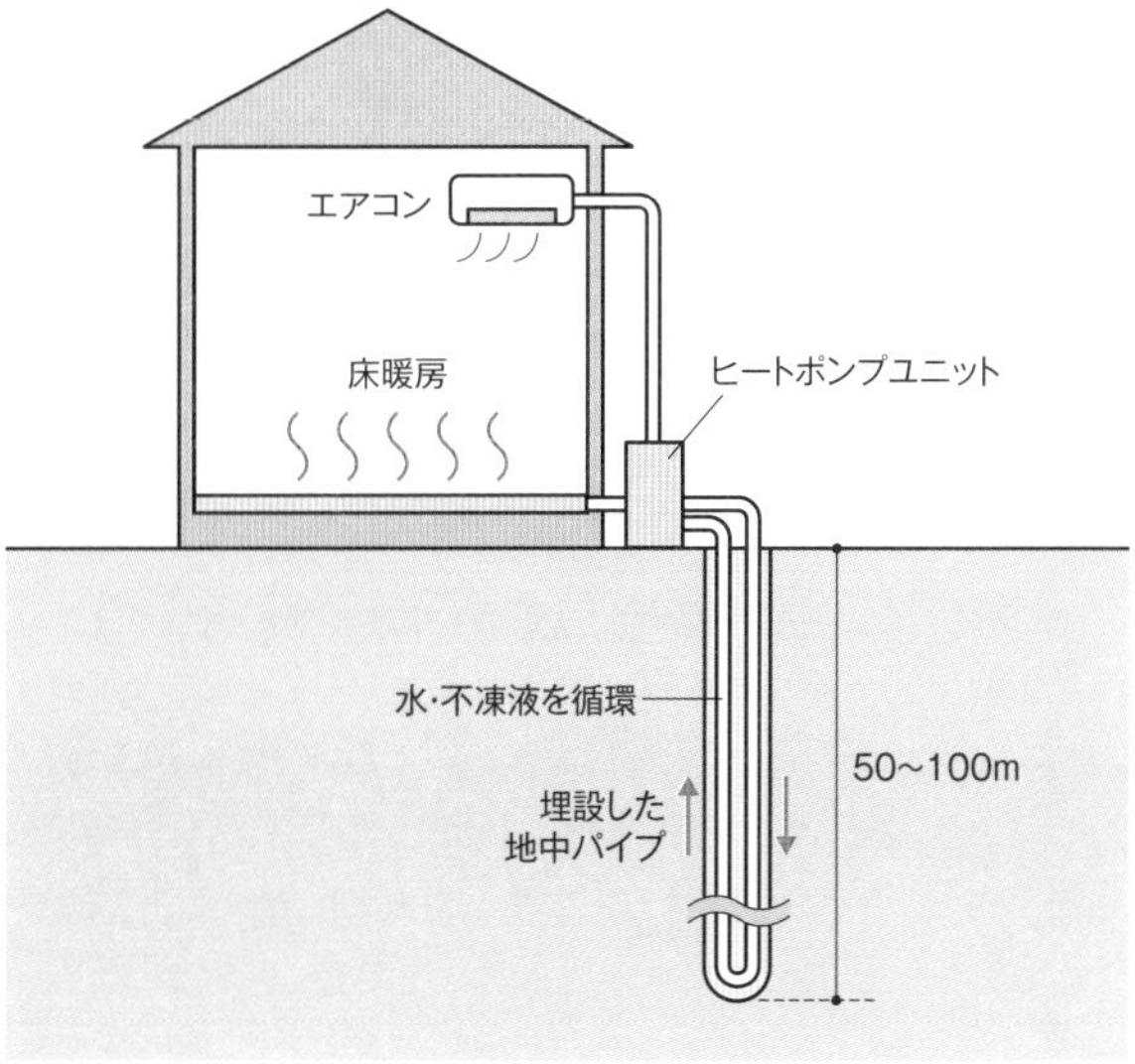
エアコン
床暖房
ヒートポンプユニット
水･不凍液を循環
埋設した地中パイプ
50~100m

No. 084

小型風力・水力発電

ココがポイント！

① 風力発電は昼夜関係なく、24時間発電可能

② 垂直軸型は、どの方向からの風にも対応でき、弱い風でも発電可能

③ 水力発電は、家庭用としては実用化されていないが、開発が進められている

メンテナンス・更新

風力発電はバッテリーの使用状況によって異なるが、通常3～5年で交換・メンテナンスが必要

風力発電とは

風力発電は風力で風車を回し、その回転運動を発電機に伝えて電気エネルギーをつくり出す。昼夜関係なく24時間回収でき、太陽とは反対に夏よりも冬に強くなることが特徴である。

家庭用の小型風力発電機には、水平軸プロペラ型と垂直軸型がある。水平軸プロペラ型は発電能力が高い分、風向きの変化に対応しづらい。一方、垂直軸型はどの方向からの風にも対応でき、弱い風でも発電可能である。

発電された直流の電気は、バッテリーに蓄電（充電）され、インバータでAC100Vに変換して電源として利用する。発電量は0.3～2kWで、家庭用電源の一部として使ったり、玄関やエクステリアの照明用電源などに使用する。また、太陽電池と併用のハイブリッドタイプもある。

風力発電機を設置する際は、立地条件により発電量に大きな差が出るため、事前に風況調査を行う必要がある。また、強風時の安全対策も十分に検討しておく。

小型水力発電の可能性

水力発電は、発電用水車を水の力で回転させて発電を行う。太陽光や風力での発電のように、どこでも利用できるわけではなく、水の流れがある場所に限られる。

しかし、太陽光や風力の発電効率が天候や設置環境に左右されやすいのに対し、水力発電は水の流れと落差さえあれば、安定した24時間の通年発電が可能である。

日本の山々に囲まれた地形と、水に恵まれた自然環境は水力発電に適しており、古くからエネルギー供給の重要な役割を果たしてきた。

近年は、小型水力発電機も開発され、山間山麓の無電源地域などで、養魚場や農家の用水などを利用し、電源の一部として使う例が出てきている。家庭用としては実用化されていないが、開発が進められている。

■ 風力発電の仕組み

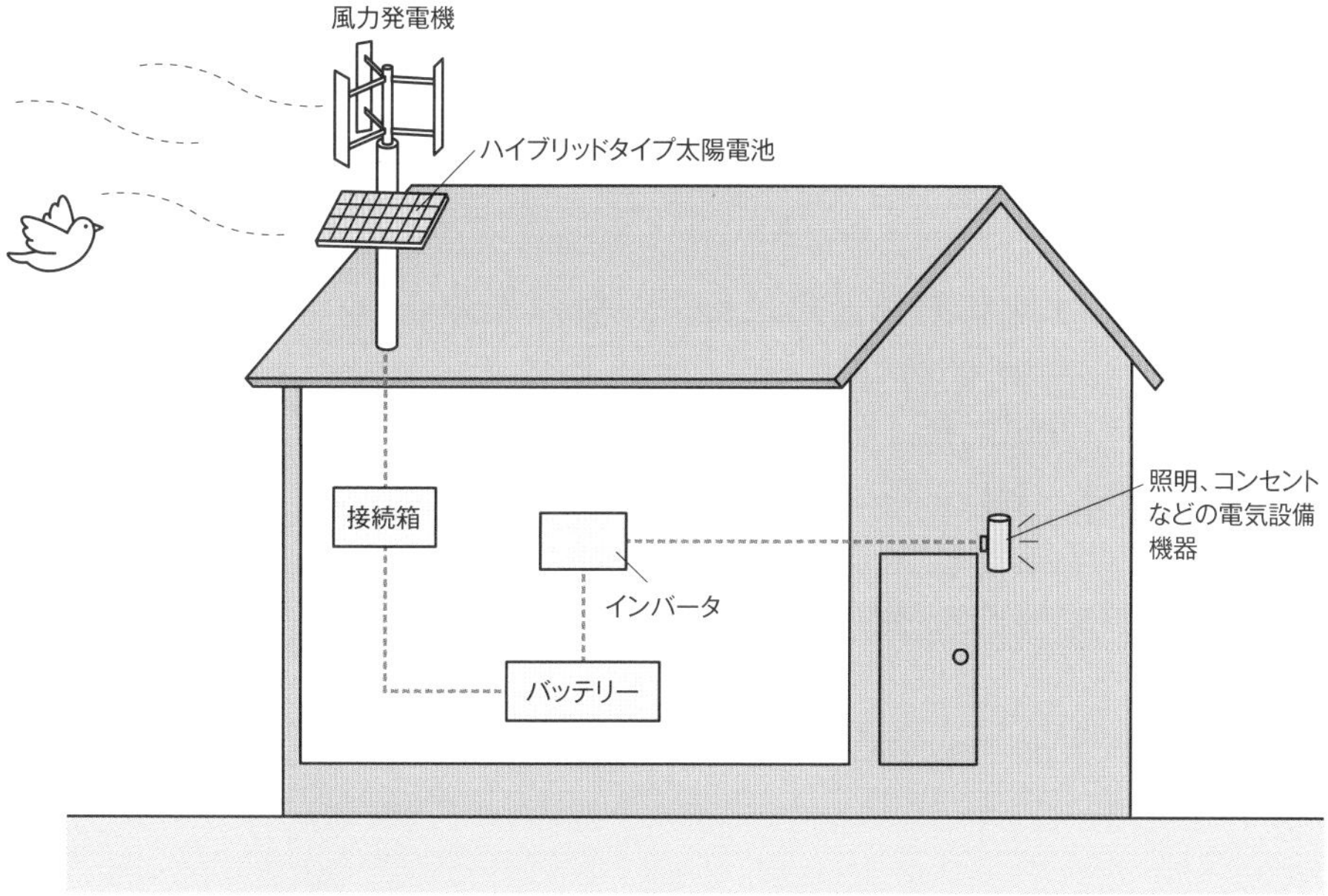
風力発電機
ハイブリッドタイプ太陽電池
接続箱
インバータ
バッテリー
照明、コンセントなどの電気設備機器

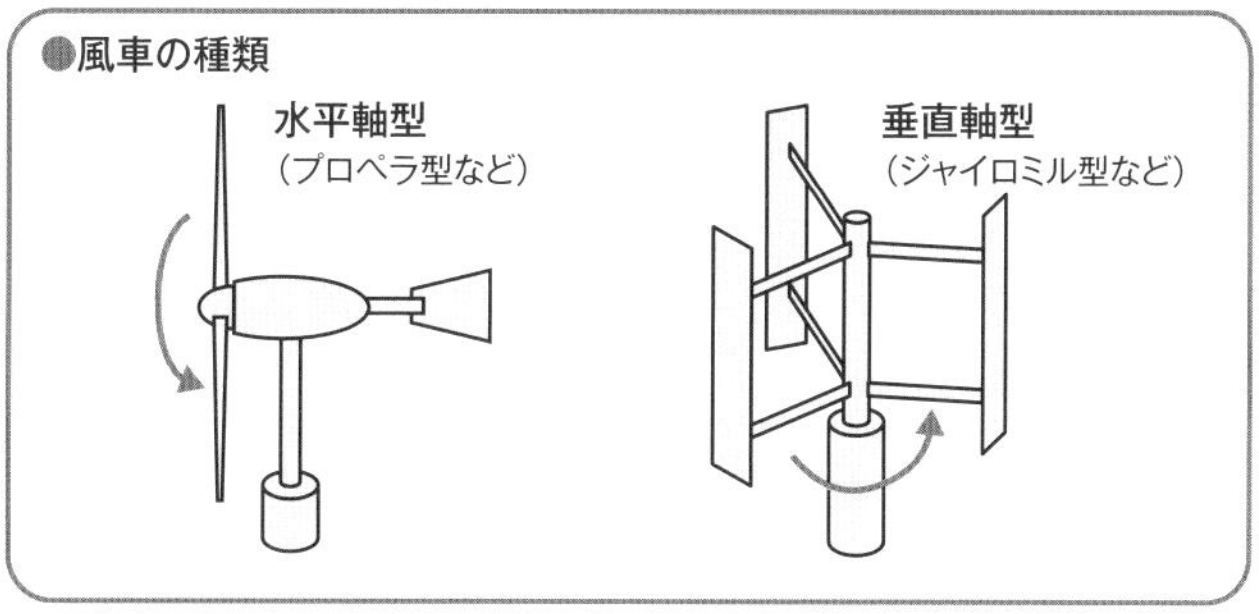
●風車の種類
水平軸型
（プロペラ型など）
垂直軸型
（ジャイロミル型など）

■ 小型水力発電の種類

●低落差型水力発電機

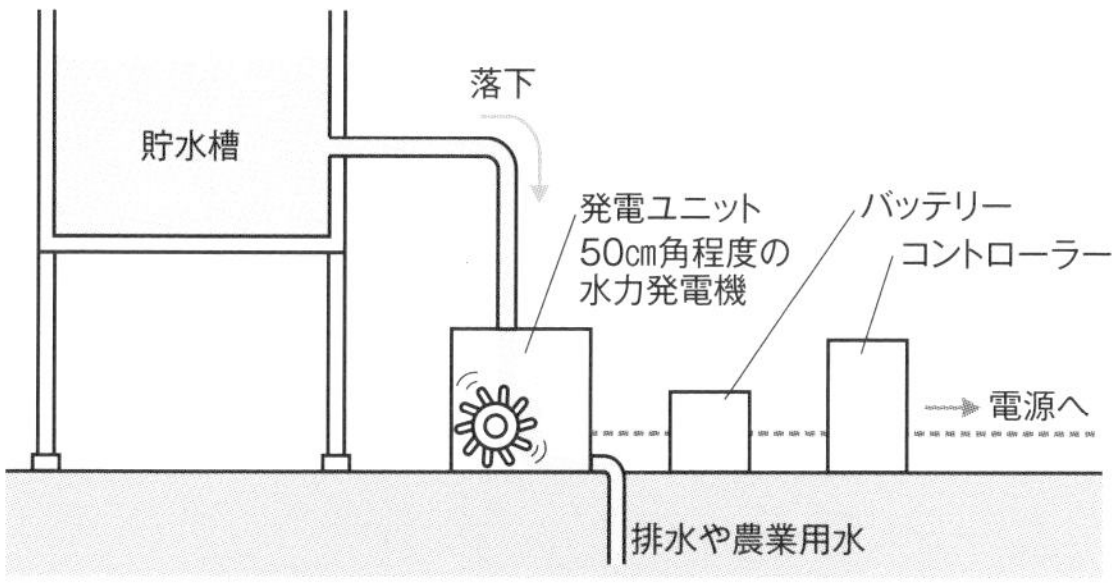
貯水槽
落下
発電ユニット
50㎝角程度の
水力発電機
バッテリー
コントローラー
電源へ
排水や農業用水

川・渓流のほか、工場の排水など低落差でも発電可能

●渓流発電機

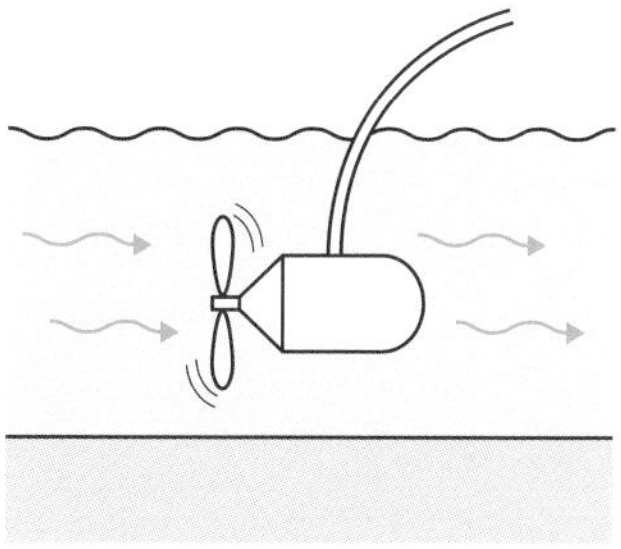

渓流に沈めるだけの、重工事が不要の手軽な発電機

No. 085

ヒートポンプの原理

ココがポイント！

① 建築分野の温暖化対策技術として、普及推進を求められているヒートポンプシステム

② エアコンの冷媒には、代替フロンHFCを使用

③ 能力はAPFで表される

メンテナンス・更新

エアコンの効きが悪くなったら冷媒ガス漏れかもしれない。そのときは電気業者に相談する

ヒートポンプとは

ヒートポンプとは、空気中に散らばっている熱を汲み上げ、熱エネルギーに転換する仕組みである。

物質が液体から気体に変化する現象を「気化」と呼ぶが、このとき気体に変化する物質は周囲から熱を奪うため、周囲の物体は熱を奪われて冷却される。これとは逆に、物質が気体から液体に変化する現象を「凝固」と呼ぶ。液体に変化する物質は状態が変化する際に周囲へ放熱し、周囲の物体は熱を与えられるため加熱される。

ヒートポンプは、この原理を使って大気中の熱を圧縮機（コンプレッサー）で効率よく汲み上げ、移動させることにより冷却や加熱を行う。このとき使われる液体を「冷媒」といい、低温でも非常に蒸発しやすい。

この技術は、以前から冷蔵庫やエアコンなどの冷却用として使われてきたが、近年では冷房から暖房、給湯などへと広がっている。燃焼システムをもたないため、地球温暖化防止の観点からも注目を集めている。

エアコンの原理

エアコンでのヒートポンプの仕組みを説明すると、冷房サイクルの場合、まず室外機にある圧縮機で冷媒を圧縮し、高温高圧の気体をつくる。この気体が、室外機にある熱交換器で外気に冷やされ、中温高圧の液体になる。そのとき「凝縮熱」を放出する。

室内機では、室外機から送られた中温高圧の液体を、膨張弁で膨張させる。すると周囲の空気から熱を奪い、室内を涼しくする。このとき、奪う熱のことを「蒸発熱」という。このように「高温・高圧」と「低温・低圧」の状態を機械的につくり出し、空気中の熱を集めるサイクルを繰り返している。

エアコンの冷媒には、オゾン層を破壊しにくい代替フロンＨＦＣが使われている。ヒートポンプは省エネ技術と呼ばれ、その省エネ効率はＡＰＦという数値で示される（172頁参照）。

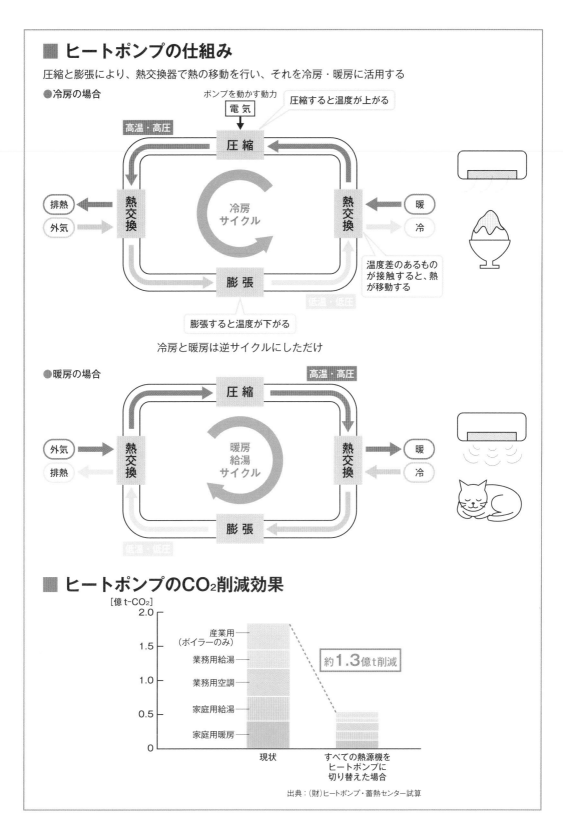

ヒートポンプの仕組み

圧縮と膨張により、熱交換器で熱の移動を行い、それを冷房・暖房に活用する

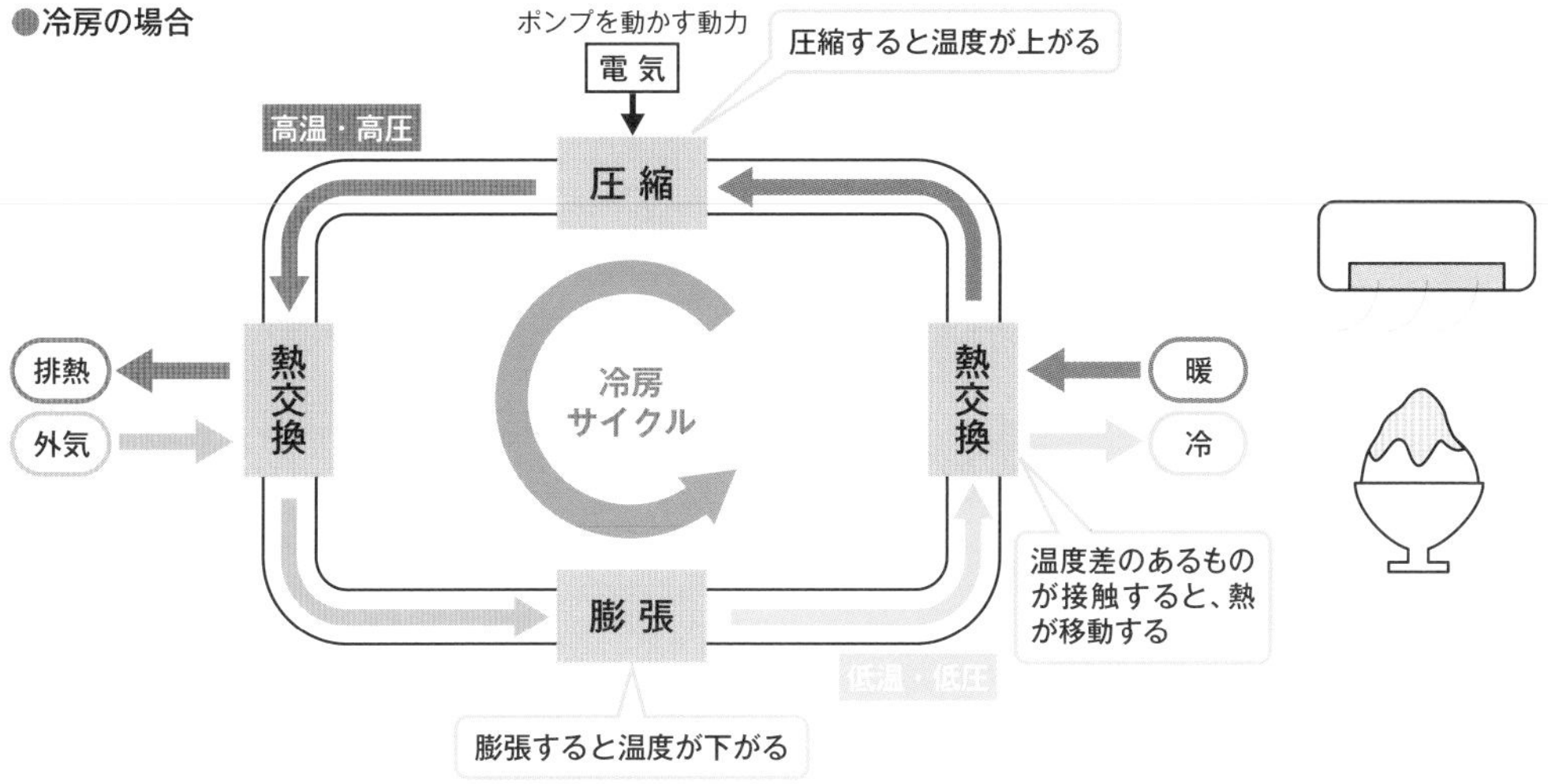
●冷房の場合
ポンプを動かす動力
電気
圧縮すると温度が上がる
高温・高圧
圧縮
排熱
外気
熱交換
冷房
サイクル
熱交換
暖
冷
温度差のあるものが接触すると、熱が移動する
膨張
低温・低圧
膨張すると温度が下がる

冷房と暖房は逆サイクルにしただけ

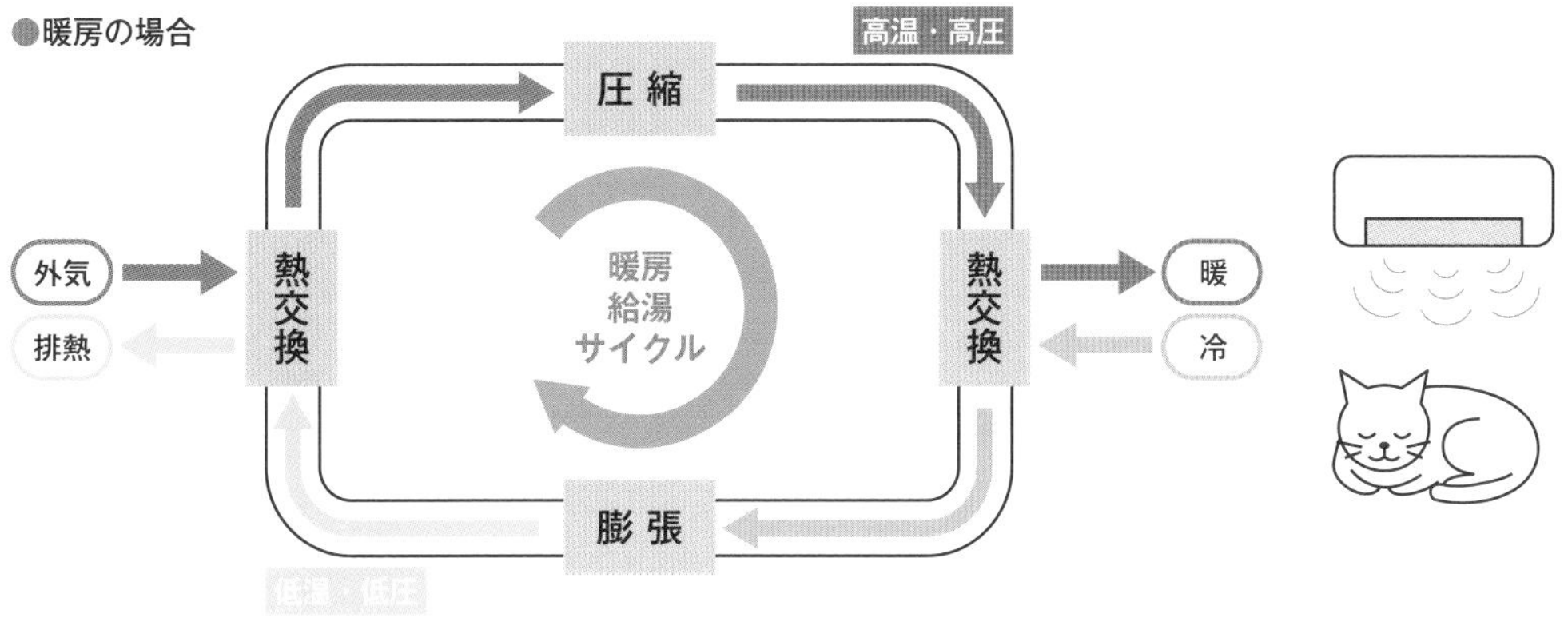
●暖房の場合
高温・高圧
圧縮
外気
排熱
熱交換
暖房
給湯
サイクル
熱交換
暖
冷
膨張
低温・低圧

ヒートポンプの CO_2 削減効果

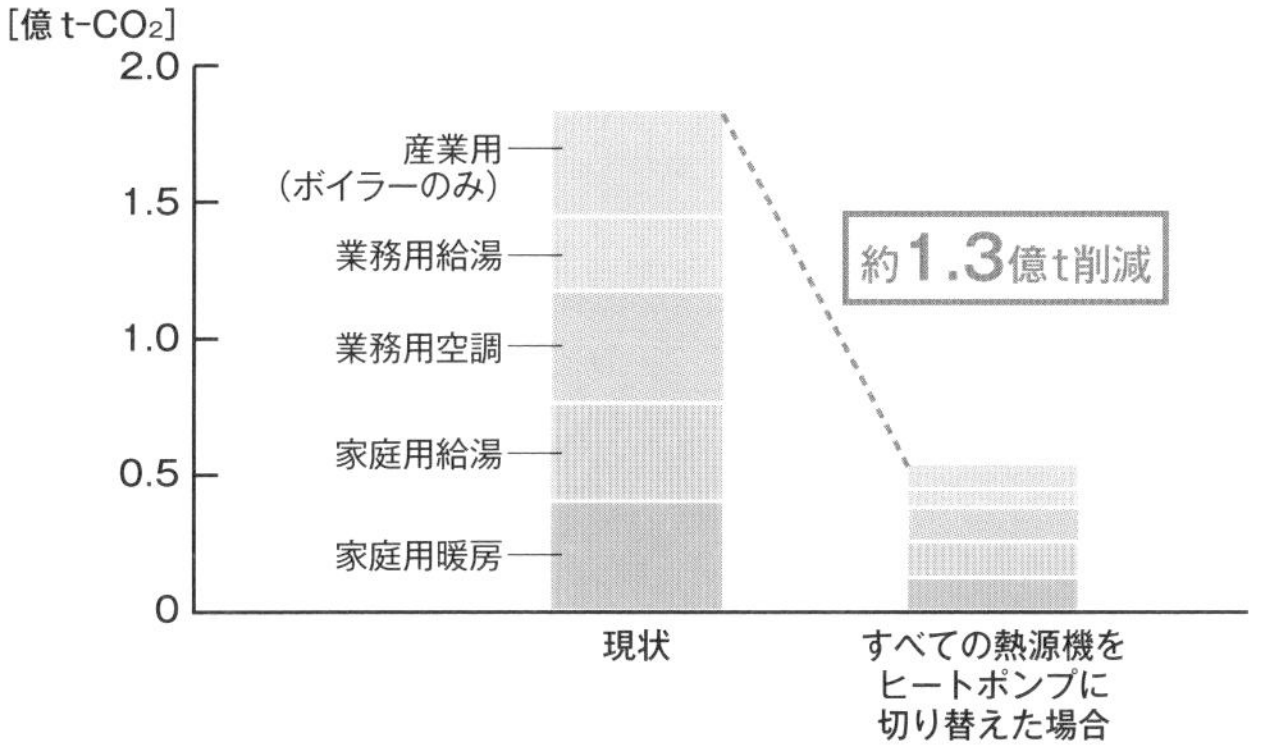
[億 t-CO2]
2.0
1.5
1.0
0.5
0
産業用
(ボイラーのみ)
業務用給湯
業務用空調
家庭用給湯
家庭用暖房
約1.3億t削減
現状
すべての熱源機を
ヒートポンプに
切り替えた場合

出典：(財)ヒートポンプ・蓄熱センター試算

No. 086

エコキュート

ココがポイント！

① ヒートポンプの原理を利用して湯を沸かす
② 投入した電気の3倍以上の熱エネルギーを得ることができる
③ 割安な夜間の電気を使ってランニングコストを削減

メンテナンス・更新

メーカー保証は、一般的に給湯機2年、コンプレッサー3年、タンクが5年

エコキュートとは

エコキュートは、家庭用の自然冷媒ヒートポンプ式給湯機の愛称である。「空気の熱でお湯を沸かす」というキャッチフレーズで知られており、給湯時には燃焼が伴わないため、CO_2を排出しない。

ヒートポンプユニットと貯湯タンクユニットで構成されており、給湯や床暖房に利用する。割安な夜間の電気でお湯を沸かし、タンク内の残湯量に応じて沸き増しする仕組みである。

エコキュートの種類には、給湯専用のほか、自動湯はり・足し湯・高温足し湯のできるセミオートと、自動湯はりのほかに保温、足し湯、追焚きのできるフルオートの3タイプがある。

設置のポイント

●設置場所の検討

基本的にはキッチン・浴室など給湯場所のそばに設置するのが望ましい。ただし、隣家に接する場合は、寝室付近は避けるなどの配慮が必要だ。

ヒートポンプユニットの運転音は、約38dBで、エアコンの室外機と同等以下だが、年間を通じて深夜に稼動するため、人によっては気になることもあるだろう。

●設置スペースの確保

都市部の狭小地などでは、貯湯タンクユニットの設置スペースが検討事項となる。この場合、薄型タイプやヒートポンプ一体型など、コンパクト化されたものを選ぶ。ただし、貯湯タンクの設置時には基礎を設けること。

また、貯湯タンクユニットとヒートポンプユニットを離して設置することも可能だ。ただし、貯湯タンクを室内に設置する場合は、タンク重量を考慮して床下地を補強する。

●電気の配線

アンペアブレーカーまたは主開閉器の1次側から分岐して配線する方法と、分電盤から専用回路で配線する方法がある。外部コンセントは使用不可で、必ず200Vの専用回路で直結接続とする。

エコキュートの仕組み

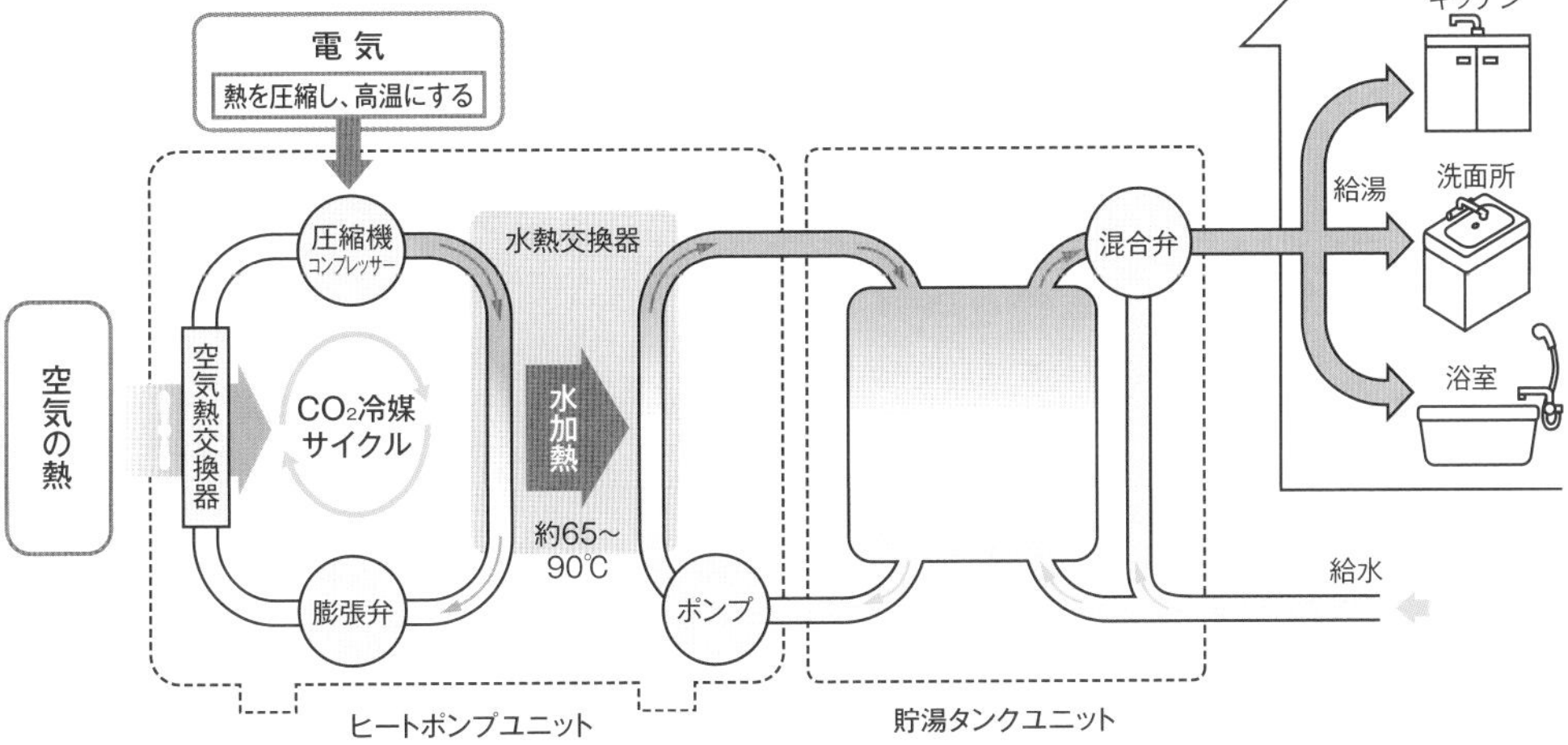
電気
熱を圧縮し、高温にする
空気の熱
空気熱交換器
圧縮機
コンプレッサー
CO_2冷媒サイクル
膨張弁
水熱交換器
水加熱
約65～90℃
ポンプ
混合弁
給湯
キッチン
洗面所
浴室
給水
ヒートポンプユニット
貯湯タンクユニット

ヒートポンプユニットと貯湯タンクユニット間の据付け

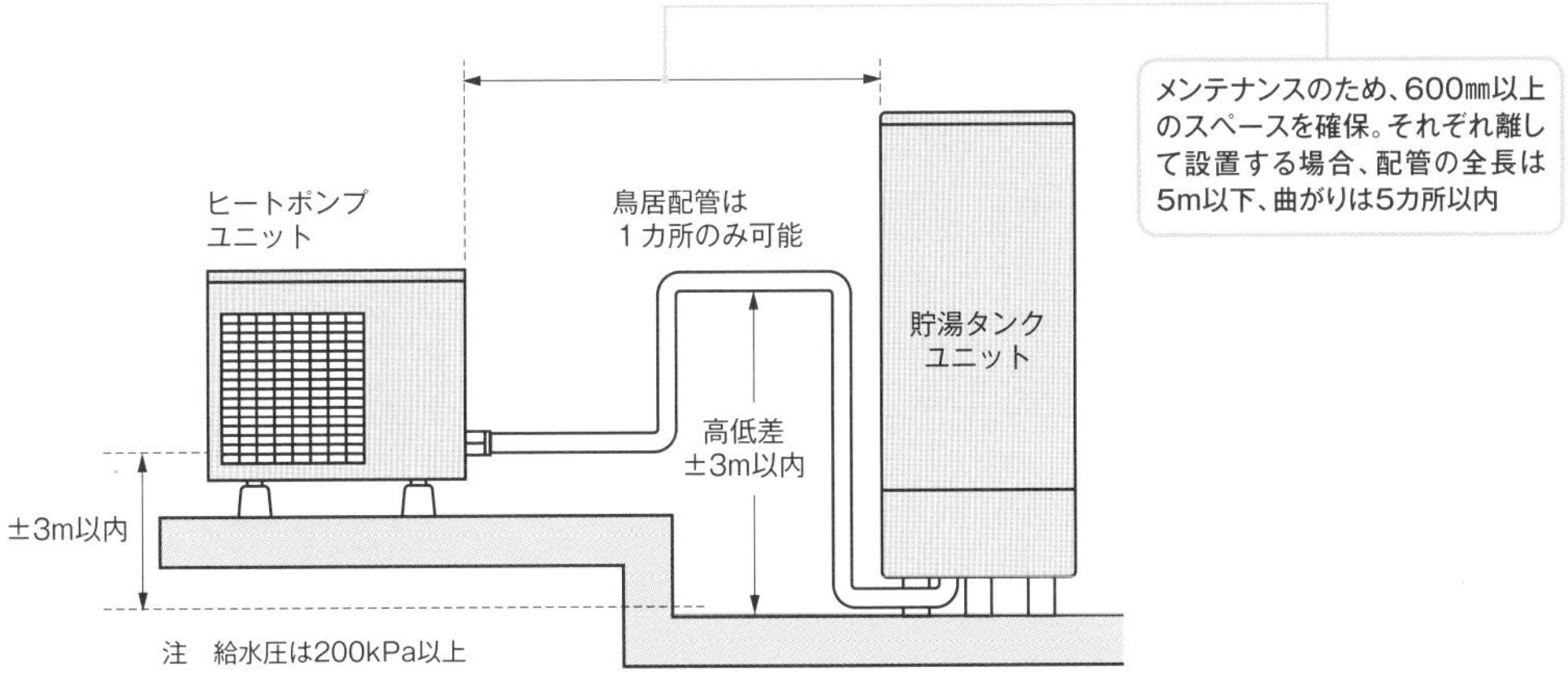
メンテナンスのため、600㎜以上のスペースを確保。それぞれ離して設置する場合、配管の全長は5m以下、曲がりは5カ所以内
ヒートポンプユニット
鳥居配管は1カ所のみ可能
貯湯タンクユニット
高低差±3m以内
±3m以内

注　給水圧は200kPa以上

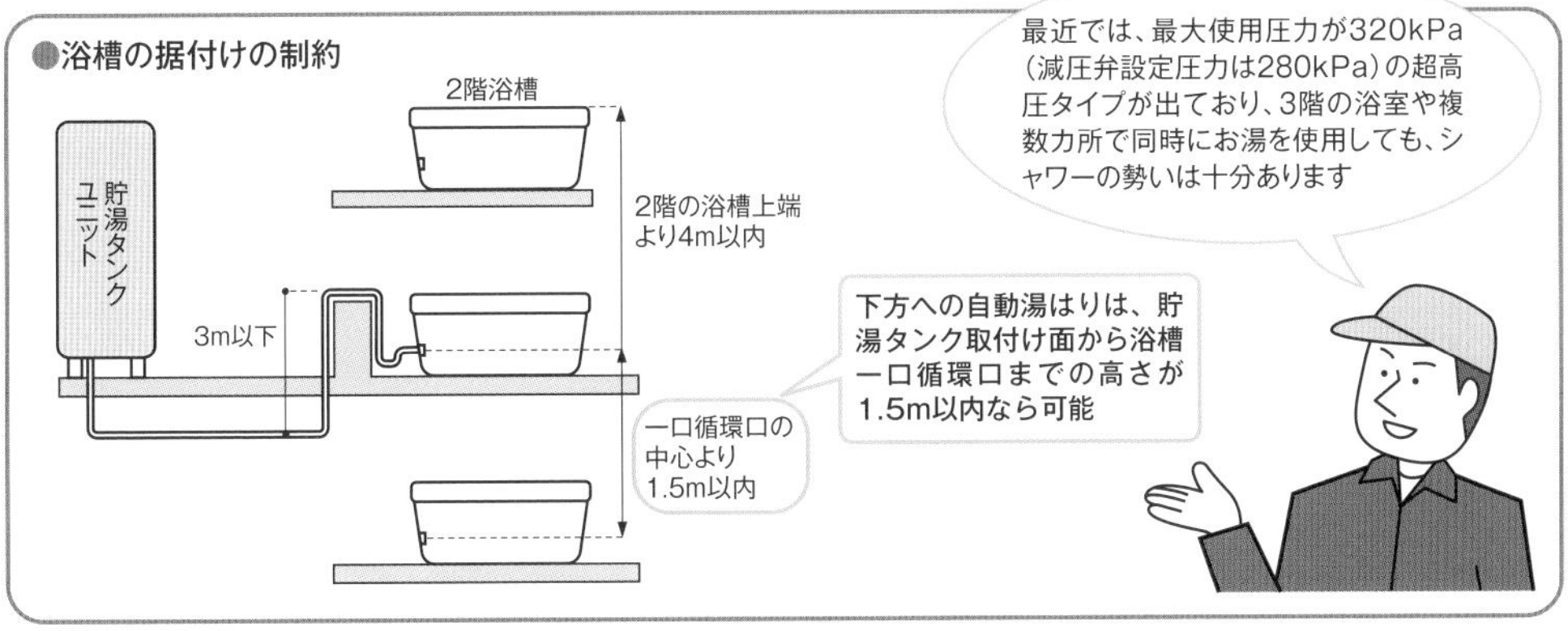
●浴槽の据付けの制約
貯湯タンクユニット
2階浴槽
2階の浴槽上端より4m以内
3m以下
一口循環口の中心より1.5m以内
最近では、最大使用圧力が320kPa（減圧弁設定圧力は280kPa）の超高圧タイプが出ており、3階の浴室や複数カ所で同時にお湯を使用しても、シャワーの勢いは十分あります
下方への自動湯はりは、貯湯タンク取付け面から浴槽一口循環口までの高さが1.5m以内なら可能

エコアイス

No. 087

ココがポイント!

① 夜間の電力を使って氷を生成し、昼間の冷房に利用する
② 空調機の能力を抑え、契約容量を低減する
③ 夜間は空調機が稼動しないため、夜間の使用がない建物に向いている

メンテナンス・更新

蓄熱槽のトラブルに対応するために定期点検のほか、遠隔監視サービスなどがある

氷蓄熱とは

主にオフィスビルや施設などの冷房負荷を減らす手法として、水や氷に蓄熱し（冷やし）、冷房に利用する蓄熱式空調システムがある。以前は、建物の最下階の構造ピットに水蓄熱槽を設け、水に蓄熱する方式だったが、近年はより効率のよい氷蓄熱式が主流となっている。この氷蓄熱式空調システムは、別称でエコアイスと呼ばれている。

エコアイスは、水蓄熱式に比べて、水から氷への相変化（潜熱）を利用するため、同じ水量でも蓄熱量が大きく、蓄熱槽容量が小さくて済む。蓄熱槽はユニット化され、室外機とともに屋上などに設置する。

夜間の電力を使って蓄熱

エコアイスの大きな特徴は、蓄熱量の分だけ電力の契約容量を低減できることと、夜間の電力を利用して蓄熱するため、ランニングコストが抑えられることである。

通常、空調機は、夏期の冷房時の最大負荷に合わせて能力が設定される。しかし実際には、最大能力を必要とするのは限られた時間（日数）であり、室内温度が安定してしまえば、能力も小さくて済む。この無駄を省くためエコアイスは、夜間の電気を使って氷を生成し（蓄熱運転）、昼間の冷房ピーク時に使用することで、空調機自体の能力を抑える（契約容量の低減）。

また、冬期には、蓄熱槽ユニットで温水を生成し、室外機の霜取り運転に利用するため、霜取り時間が短縮でき快適性も向上する。

なお、夜間に蓄熱運転を行うため、この時間は空調機の使用ができなくなる。エコアイスは、事務所、店舗、学校、工場など、夜間に空調の必要がない施設に向いている。

戸建住宅でも使用可能な5馬力の小型のエコアイスがあるが、夜間空調ができないことに加え、専用の動力電源が必要となるため、住宅で導入する際には注意が必要である。

■ 従来のシステムと蓄熱システムを比べると

●従来の空調システムの場合

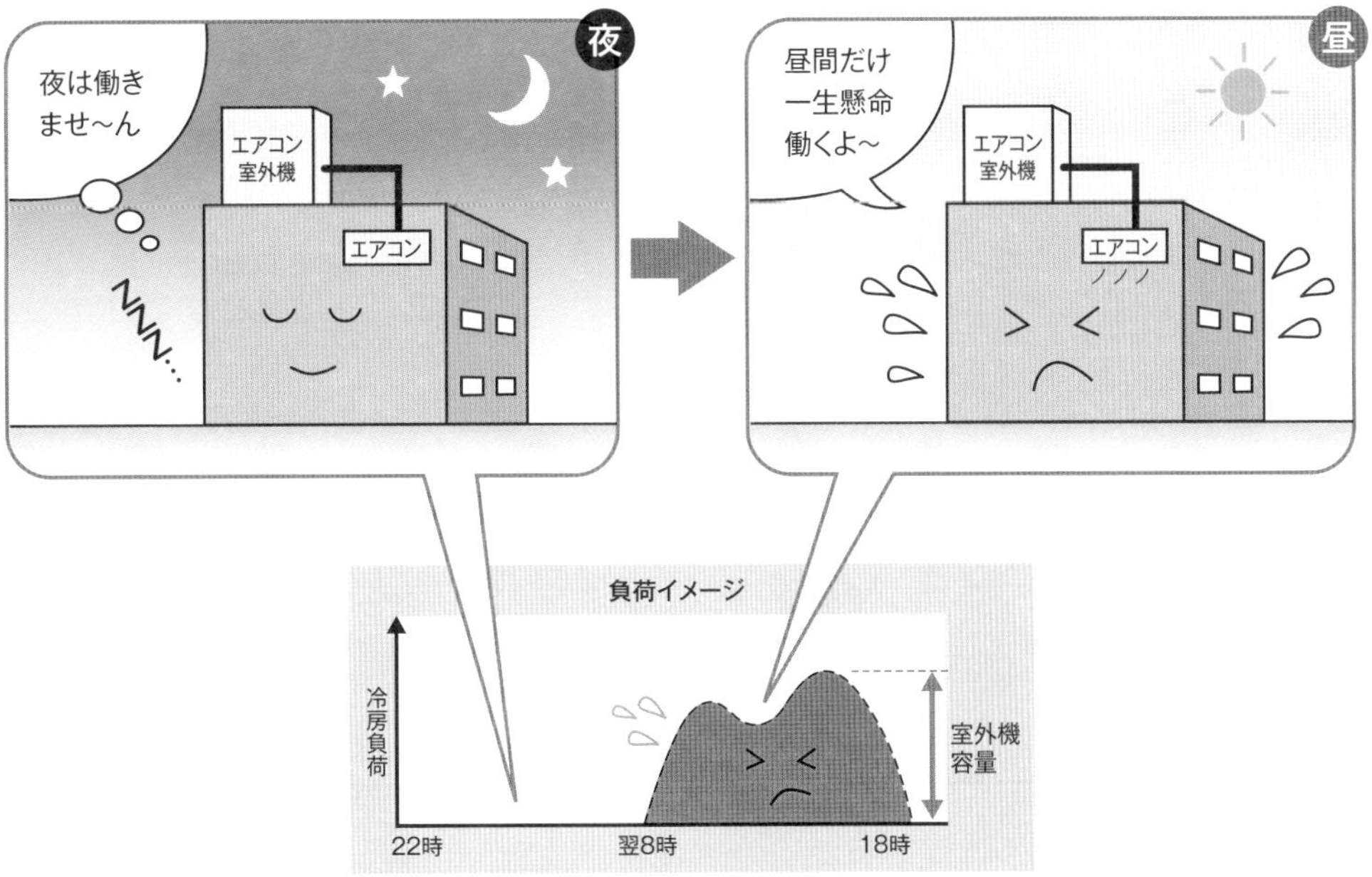

●氷蓄熱式空調システムの場合

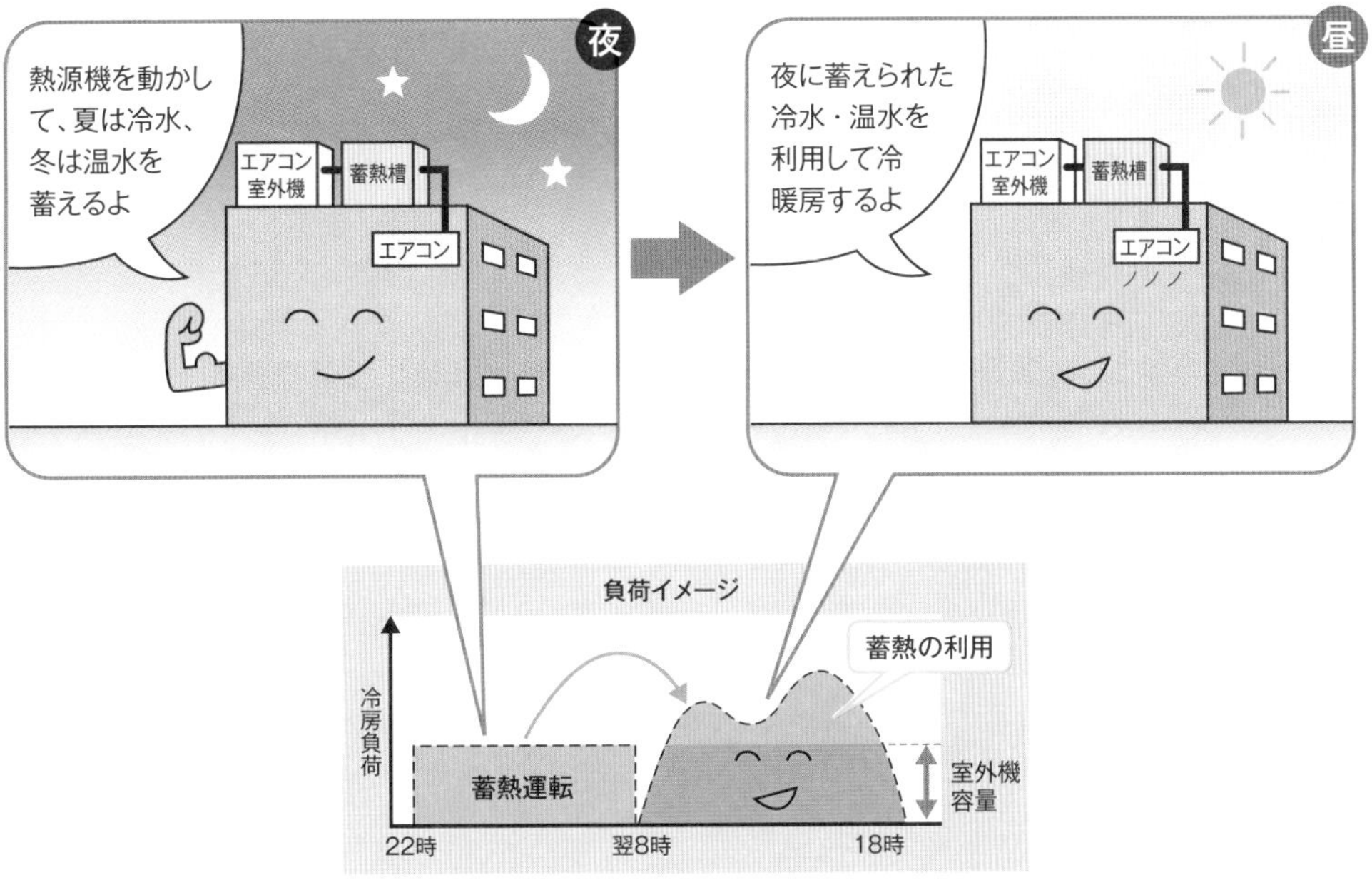

No. 088

エネファーム

ココがポイント!

① 水素と酸素の化学反応で電気をつくる燃料電池を利用

② 発電時の排熱を利用するため、エネルギー効率が高い

③ エンジンがいらないため低騒音・低振動

メンテナンス・更新

消耗品の交換や定期点検は必要。設置の際にメンテナンススペースを確保する

エネファームとは

1つのエネルギー源から熱と電気の2つのエネルギーを取り出すコージェネレーションシステム。エネファームは、家庭用燃料電池を使ったコージェネレーションシステムである。

燃料電池とは、水の電気分解の逆反応の原理を利用したもので、水素を燃料として電気をつくる。燃焼を伴わず、酸性雨の原因となる窒素酸化物や硫黄酸化物、CO_2もほとんど発生しない。発電時に排出するのは水だけである。その水は燃料の改質時の水蒸気に利用する。

家庭用燃料電池では、ガスやLPガス、灯油などから燃料となる水素を取り出し、空気中の酸素と化学反応させて電気をつくる。燃料（水素）自体がもっているエネルギーを直接電気エネルギーに変換するため発電効率が高い。エネファームでは、さらに発電時の排熱も利用するため、総合的なエネルギー効率は80％程度といわれている。家庭に導入できる発電システムとして、最も新しい技術といえるだろう。

実用化が進む

エネファームの発電能力は1kW以下。稼働すると電気と熱が発生し、電気は家庭内の電源として、熱はお湯をつくるために使われる。お湯は貯留タンクにためられて給湯に利用する。給湯能力は24～27号だ。燃焼方式の特徴を生かした補助熱源をもち、湯切れの心配がない点もメリットである。エネファームが稼働していないときや最大発電量を上回る電気を使用した場合には、電力会社からの電気を利用するため、電気が不足することもない。また、エンジンやタービンが必要ないため、騒音や振動がほとんど発生しない。ほかの発電装置と比べると、たいへん低騒音・低振動である。

高い初期費用やサポート体制などの課題はあるものの、いよいよ販売が開始され、家庭での使用が現実的になっている。

燃料電池の発電原理

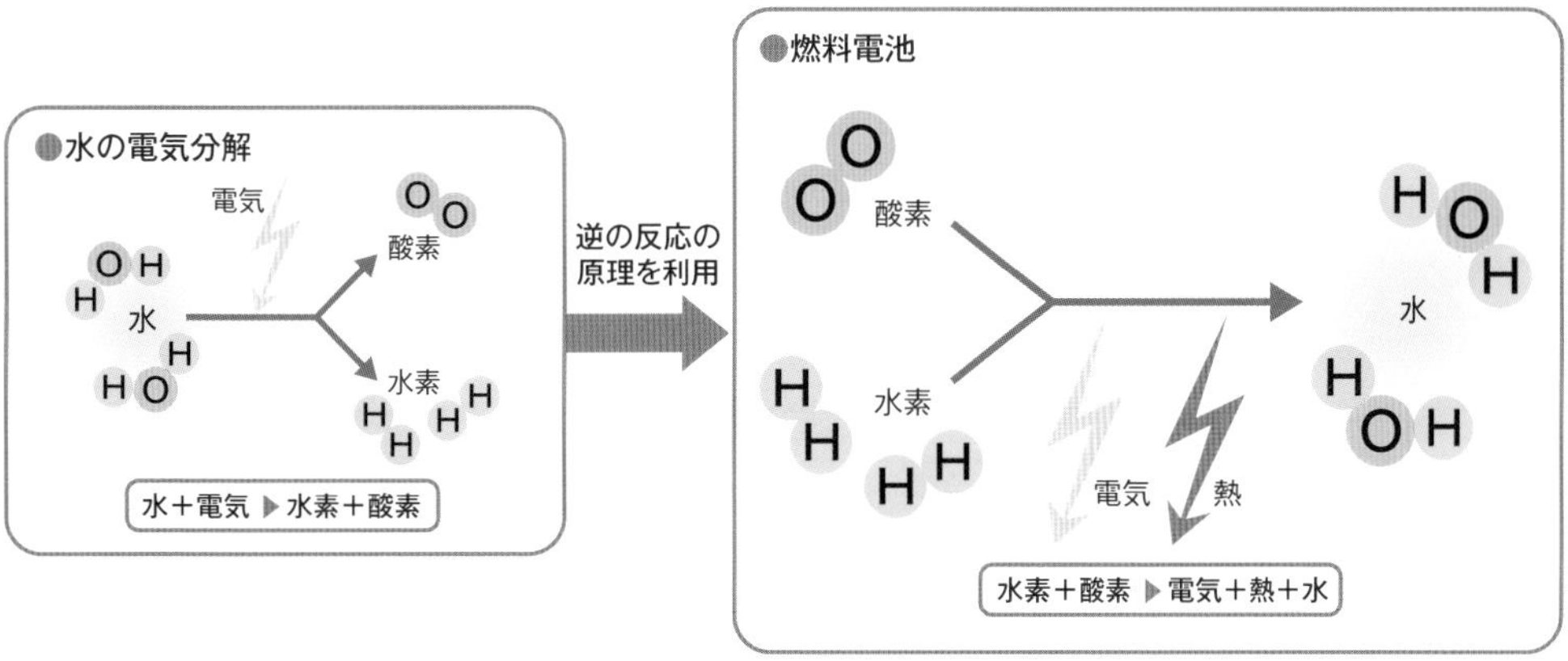
水の電気分解
電気
水
酸素
水素
水＋電気 ▶ 水素＋酸素
逆の反応の原理を利用
燃料電池
酸素
水素
水
電気
熱
水素＋酸素 ▶ 電気＋熱＋水

エネファームの仕組み

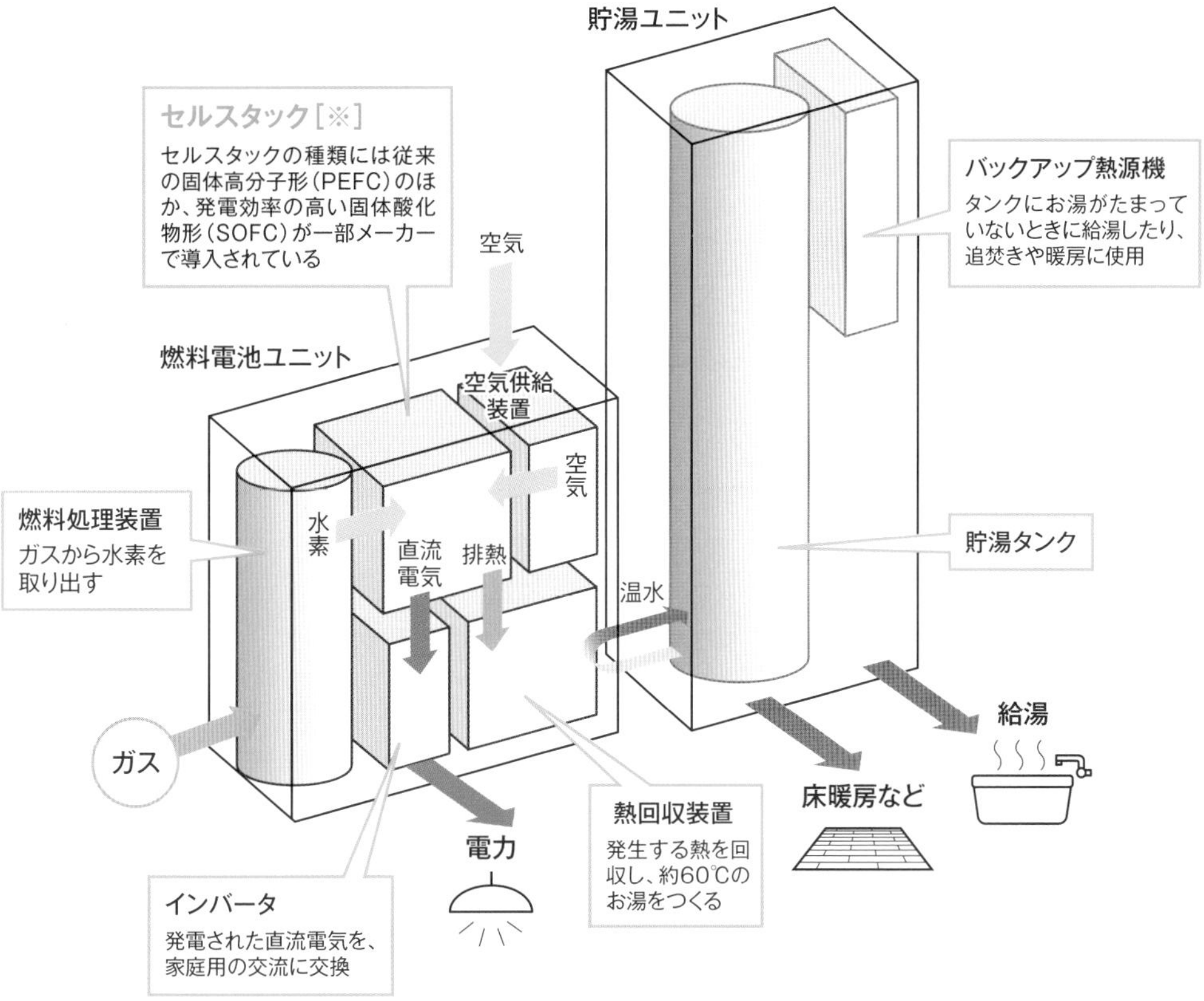
貯湯ユニット
セルスタック[※]
セルスタックの種類には従来の固体高分子形(PEFC)のほか、発電効率の高い固体酸化物形(SOFC)が一部メーカーで導入されている
空気
バックアップ熱源機
タンクにお湯がたまっていないときに給湯したり、追焚きや暖房に使用
燃料電池ユニット
空気供給装置
空気
燃料処理装置
ガスから水素を取り出す
水素
直流電気
排熱
貯湯タンク
温水
給湯
ガス
床暖房など
電力
熱回収装置
発生する熱を回収し、約60℃のお湯をつくる
インバータ
発電された直流電気を、家庭用の交流に交換

※ 停電が発生しても、自立運転で発電を継続できる自立運転機能付エネファームも一部のメーカーで対応

No. 089

地域冷暖房

ココがポイント!

① 熱源を1カ所に集中させて各建物に供給

② 個別の建物では利用が難しいとされる、未利用エネルギーの活用が可能

③ 熱源機が不要のため、スペースを有効活用できる

メンテナンス・更新

熱源が集中管理となり、ビルごとのボイラー危険物などの有資格者が不要

地域冷暖房とは

地域冷暖房とは、地域の1カ所または数カ所の地域冷暖房プラントで冷熱・温熱をつくり、その地域内の複数のビルなどに供給する方式である。

一般的にはビルごとにボイラーや冷凍機などの熱源を設置するが、地域冷暖房では、それらの設備がプラントに集約されるため集中管理が可能となり、負荷の平準化や機器容量の低減を実現する。これにより、それぞれの建物に熱源機を設置するよりもエネルギー効率がよくなる。

また、地下鉄の排熱、ごみ焼却炉や変電所の排熱、河川水や海水の温度差エネルギーなどの未利用エネルギーは、単独のビルでは活用しづらい。しかし、地域で行うことにより効率的に活用し、環境負荷の低減を図ることができる。

建物のメリット

個々の建物、熱源機や冷却塔、煙突などが不要となるため、スペースの有効活用ができ、建物の設計上も自由度が増す。また、コージェネレーションシステムや蓄熱システムによる夜間電力の活用により、契約電力が下がり、ガスなどの使用量削減に効果もある。24時間、熱の安定供給が可能となるため、利便性も向上し、プラント内の蓄熱層は、緊急時の防火用水として利用できるため、地域防災にも役立つ。

導入の対象者

東京都では、都市計画において、容積率が400%以上の近隣商業地域、商業地域、準工業地域内などで、延べ床面積の合計が5万㎡以上の建物を建築する計画には、地域冷暖房の導入検討を要請している。また、導入の必要性が認められる計画については、その地域を地域冷暖房計画区域に指定している。

このほか、地域冷暖房計画区域内に一定規模（重油換算で300ℓ／日）以上の熱源機器を設置予定の新築や改築の建物は、地域冷暖房への加入努力が義務付けられている。

地域冷暖房のイメージ

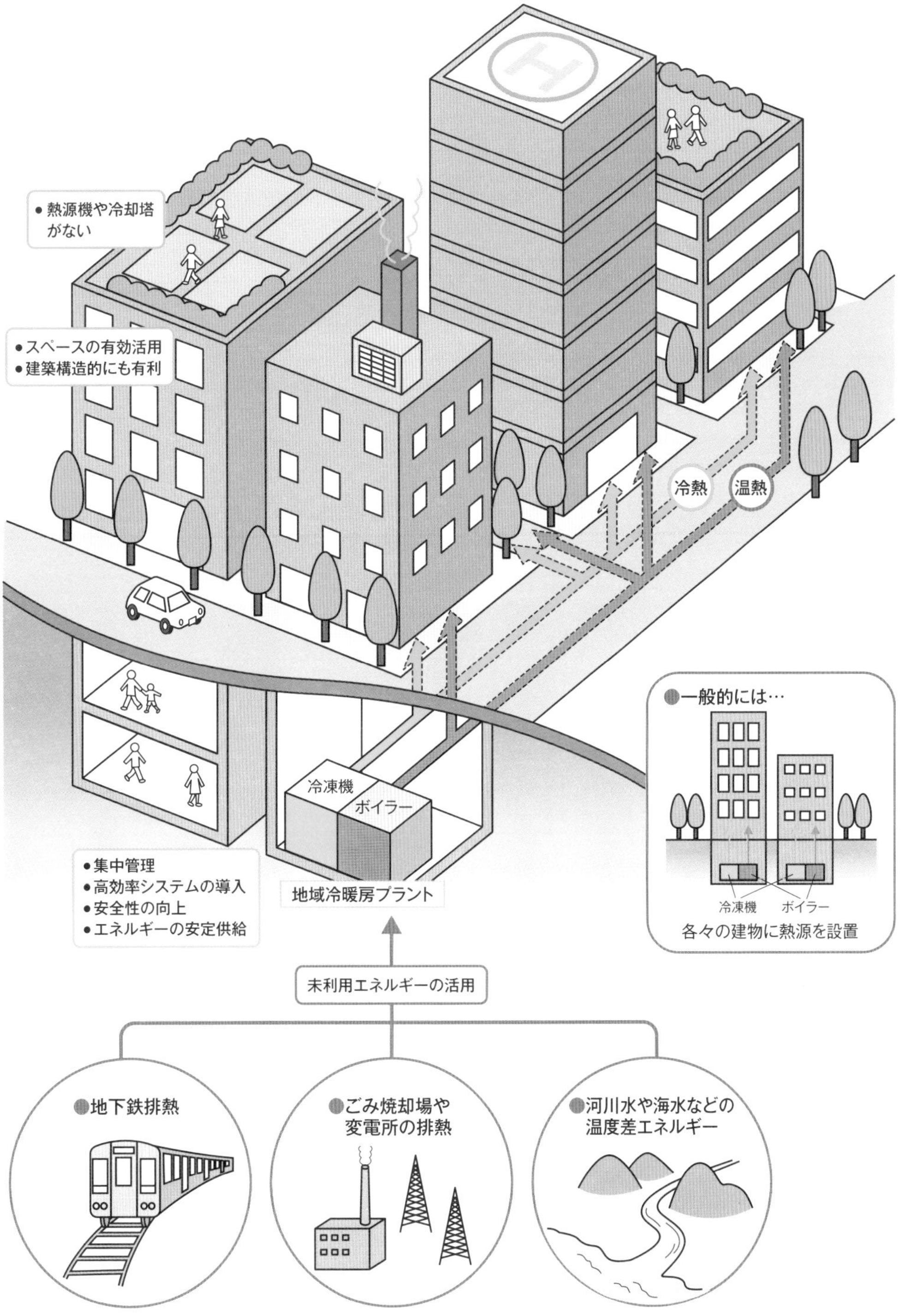

●熱源機や冷却塔がない
●スペースの有効活用
●建築構造的にも有利
冷熱
温熱
●一般的には…
冷凍機
ボイラー
各々の建物に熱源を設置
冷凍機
ボイラー
●集中管理
●高効率システムの導入
●安全性の向上
●エネルギーの安定供給
地域冷暖房プラント
未利用エネルギーの活用
●地下鉄排熱
●ごみ焼却場や変電所の排熱
●河川水や海水などの温度差エネルギー

No. 090

ナイトパージと外気制御

ココがポイント！

① 夜間の冷気で空間を冷やし、翌朝の冷房立ち上がり時の負荷を軽減
② 夜間に空調を停止する建物に向いている
③ CO_2濃度で換気量を調整し、外気による冷暖房への影響を減らす

メンテナンス・更新

一般的な空調と同様に定期点検や清掃を行う

ナイトパージとは

多人数が使用し、ＯＡ機器などの発熱機器が多いオフィスビルや大規模施設の冷暖房負荷は大きい。季節や時間帯によって空調・換気手法を分け、外気を利用したり制御したりすることで、冷暖房負荷を軽減することができる。

特に年間を通して冷房が必要な建物には、外気冷房が有効である。外気冷房とは、室内よりも外気温が低下する中間期や夏の夜間に、積極的に外気を取り込むことで、冷房効果を得る手法である。

外気冷房のなかでも、夏の夜間に冷気を取り込み、翌朝の冷房の立ち上がりをよくして、冷房負荷を軽減する手法をナイトパージ（夜間外気冷房）という。窓を手動で開けたり、風速で自動的に開閉する換気用窓を用いる自然換気式と、室内の温度を感知して、自動的に夜間の外気を取り入れ、室内を冷やす機械換気式がある。いずれも夜間に空調機を稼動しないオフィスビルや施設に適している。日中に暖められたコンクリート躯体に蓄熱された熱を夜間に排出することで、翌朝や休日明けの熱気がこもった状態を防ぐ。また、ＯＡ機器などの発熱機器も冷やされて、立ち上がりも早くなる。

CO_2濃度による外気導入制御

ビル管理法では、室内の空気環境基準により、CO_2濃度は１０００ppm以下に保たなければならない。この基準に合わせて換気量が決められているが、換気によって導入した外気が室内温度に影響を与え、冷暖房負荷は増えてしまう。

そこで外気の導入量を最小限にするため、濃度センサーにより室内のCO_2の濃度を測定し、在室者の有無・多少を判断することで、外気導入を自動制御する換気システムがある。使用していない部屋に外気の導入を抑えることでその部屋の冷暖房負荷を軽減する。

CO_2濃度の変動に対応するので、室内の人員が大きく変動する建物に向いている。

ナイトパージの仕組み

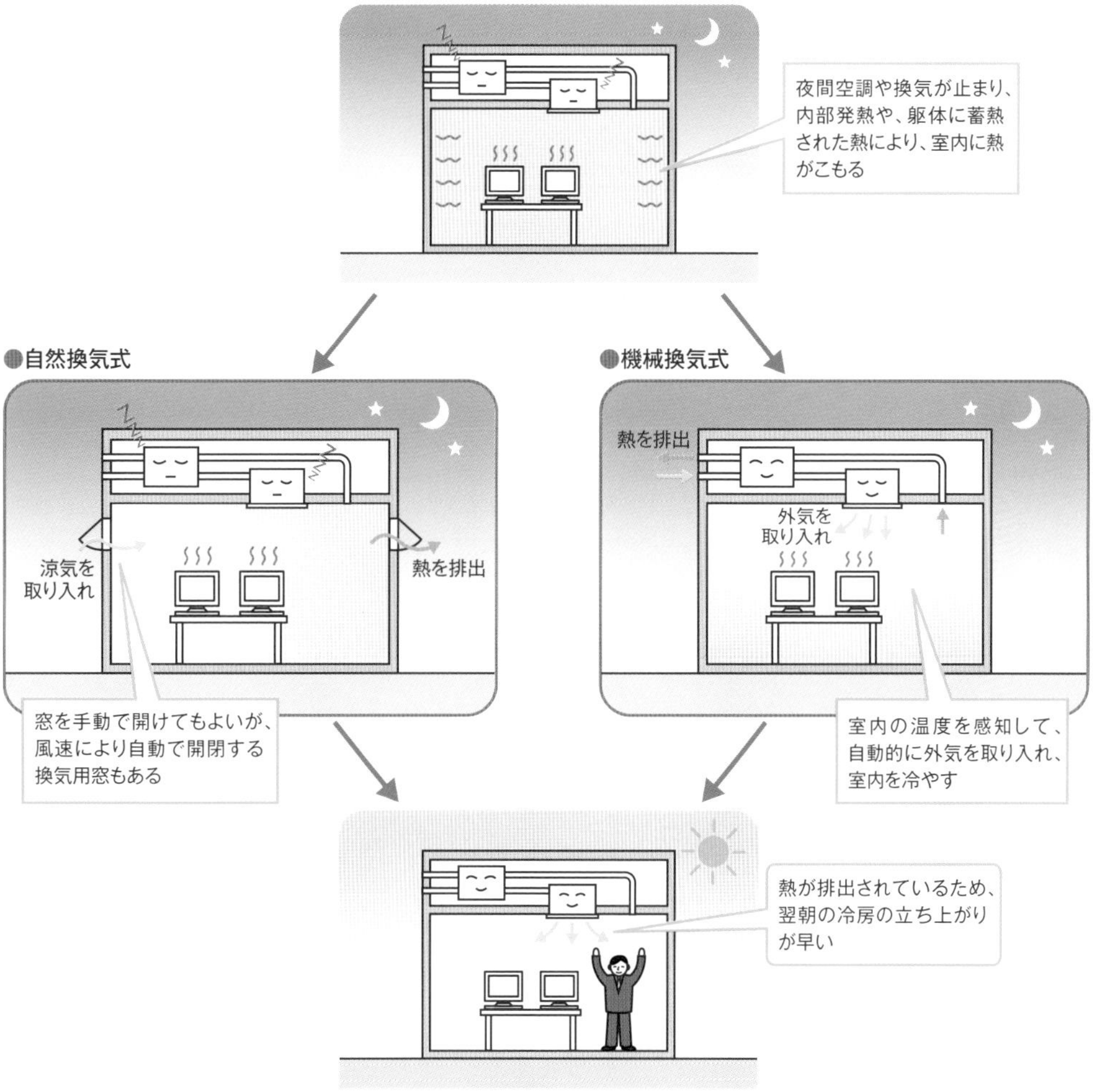
夜間空調や換気が止まり、内部発熱や、躯体に蓄熱された熱により、室内に熱がこもる
●自然換気式
涼気を取り入れ
熱を排出
窓を手動で開けてもよいが、風速により自動で開閉する換気用窓もある
●機械換気式
熱を排出
外気を取り入れ
室内の温度を感知して、自動的に外気を取り入れ、室内を冷やす
熱が排出されているため、翌朝の冷房の立ち上がりが早い

CO_2濃度による外気導入制御

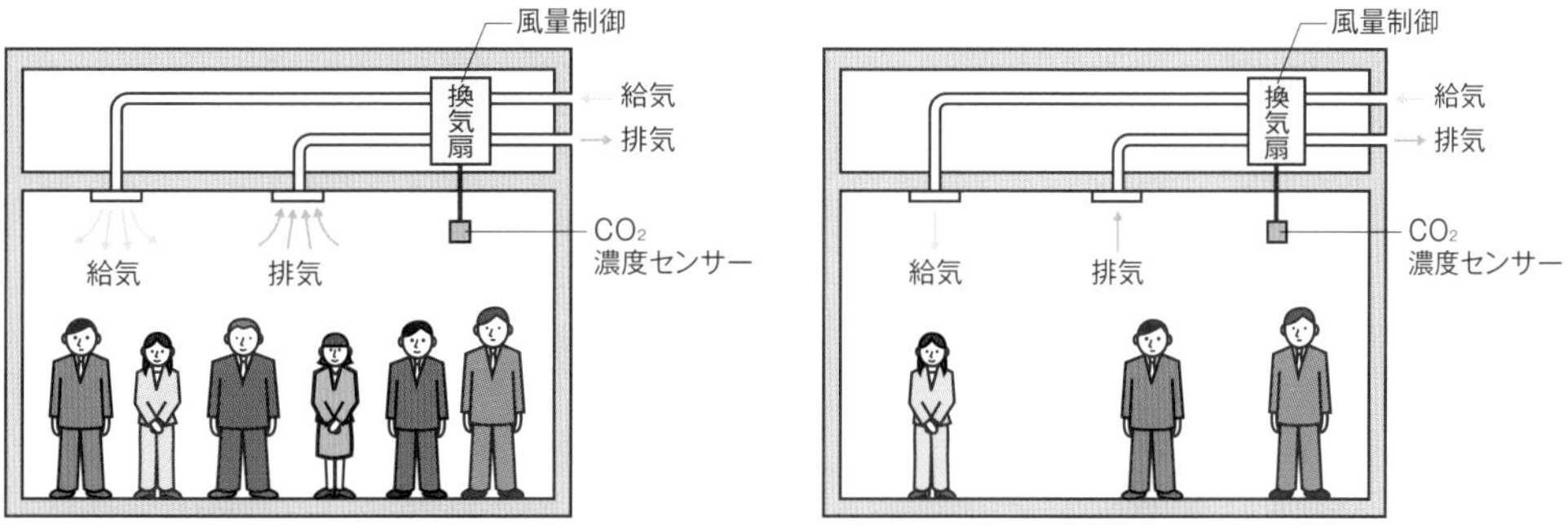
風量制御
換気扇
給気
排気
CO_2
濃度センサー
給気
排気
風量制御
換気扇
給気
排気
CO_2
濃度センサー
給気
排気

人が多い場合、CO_2濃度が高くなるとセンサーが感知し、換気量が多くなる

人が少ない場合は換気風量が少なくなる

No. 091

ペリメーターレス空調

ココがポイント!

① ペリメーターゾーンは熱負荷が大きい

② ガラスを2重にして、空気の流れによって空調負荷を抑えるダブルスキン

③ エアフローウィンドウは室内の空気を取り入れ排気するため、外気量とのバランスを考慮

メンテナンス・更新

一般的な機械換気と同様に定期点検や清掃を行う

ペリメーターレス空調とは

オフィスビルなどで、ガラスのカーテンウォールなどガラス張りの建物は、日射や外気の影響を受けやすい。

特に窓際を含む建物外周部（ペリメーターゾーン）と内部（インテリアゾーン）では、温熱環境が大きく異なるため、それぞれ空調計画を分けて行い、窓際には専用の空調機（ペリメーター空調）を設けることが多い。

これに対し、窓際専用の空調機を設けず、建築的手法により熱負荷の軽減を図ることをペリメーターレス空調という。空気の流れによって窓からの放射熱やコールドドラフト（冷輻射）を減らし、外気の影響が大きかった窓廻りの居住環境を改善し、省エネルギー化を図る。

ペリメーターレス空調には、次の2つの手法がある。

ダブルスキンの特徴

ダブルスキンは、外壁のガラス面を2重にして（内部にブラインドを設置）、その間にできた中間層を使って自然換気を行う。外側のガラス面の上下に換気口を設け、夏期は外気を取り入れ、ガラス面の熱を外へ逃がすことで、室内への日射熱の影響を低減させる。冬期はガラス面で暖められた空気を暖房の補助として利用する。夏冬ともに、ペリメーターゾーンの温熱環境が向上し、省エネにも有効である。

エアフローウィンドウとは

エアフローウィンドウは、構造はダブルスキンと同じだが、空気の取り入れ口が室内側にある。窓下部のスリットから室内の空気を取り入れ、天井内ダクトに吸い込むことで機械的に排気する。このとき、排気量と外気量のバランスを考慮しないと、十分な効果が得られないので注意する。

ペリメーターレス空調は、建物の外周部と内周部を同一の空気系統に統合することができるので、空調設備費も低減することができる。

■ ダブルスキンの仕組み

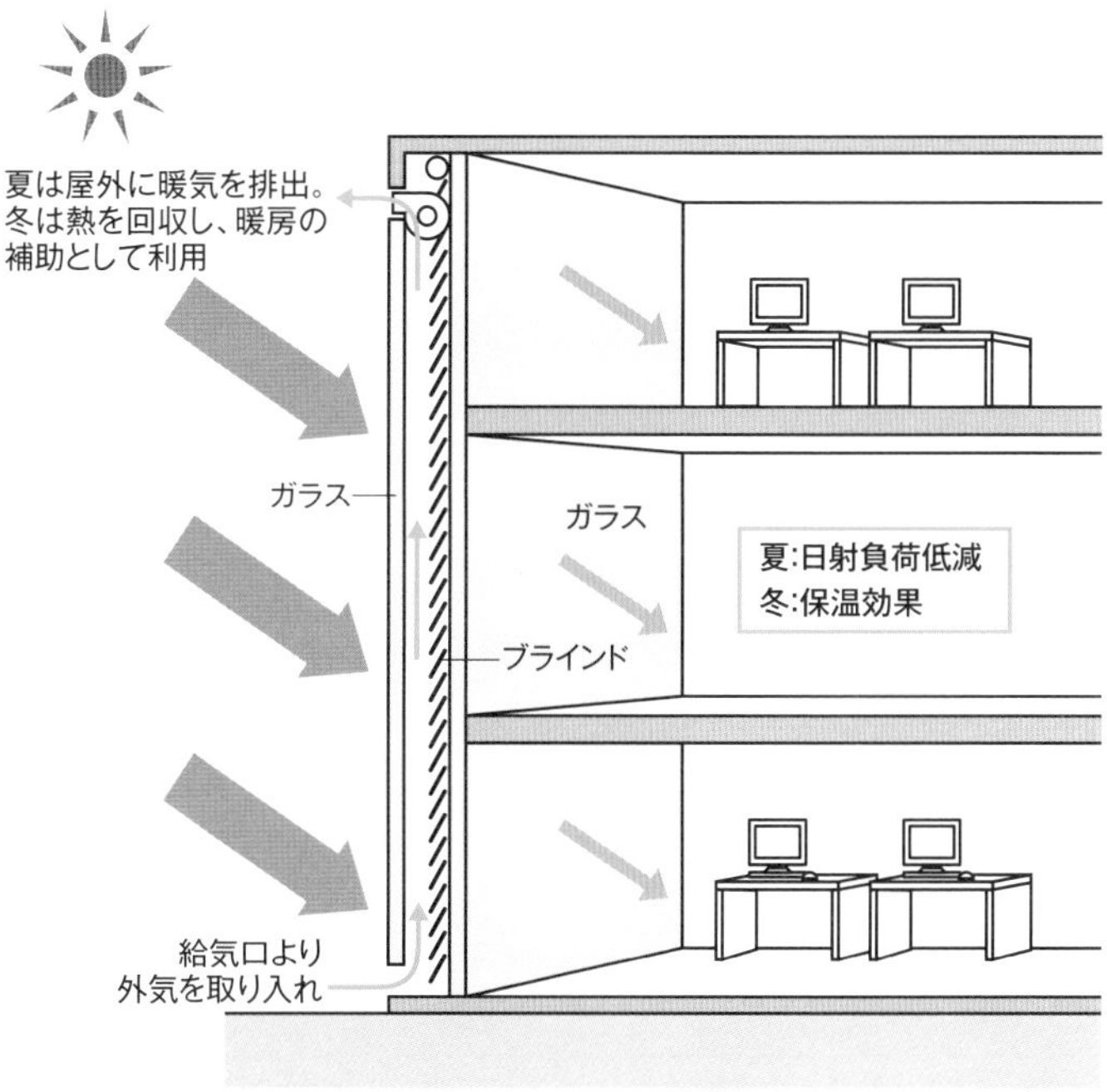
夏は屋外に暖気を排出。
冬は熱を回収し、暖房の
補助として利用
ガラス
ガラス
夏:日射負荷低減
冬:保温効果
ブラインド
給気口より
外気を取り入れ

この2つの手法によって、季節を問わず、快適に仕事ができる

■ エアフローウィンドウの仕組み

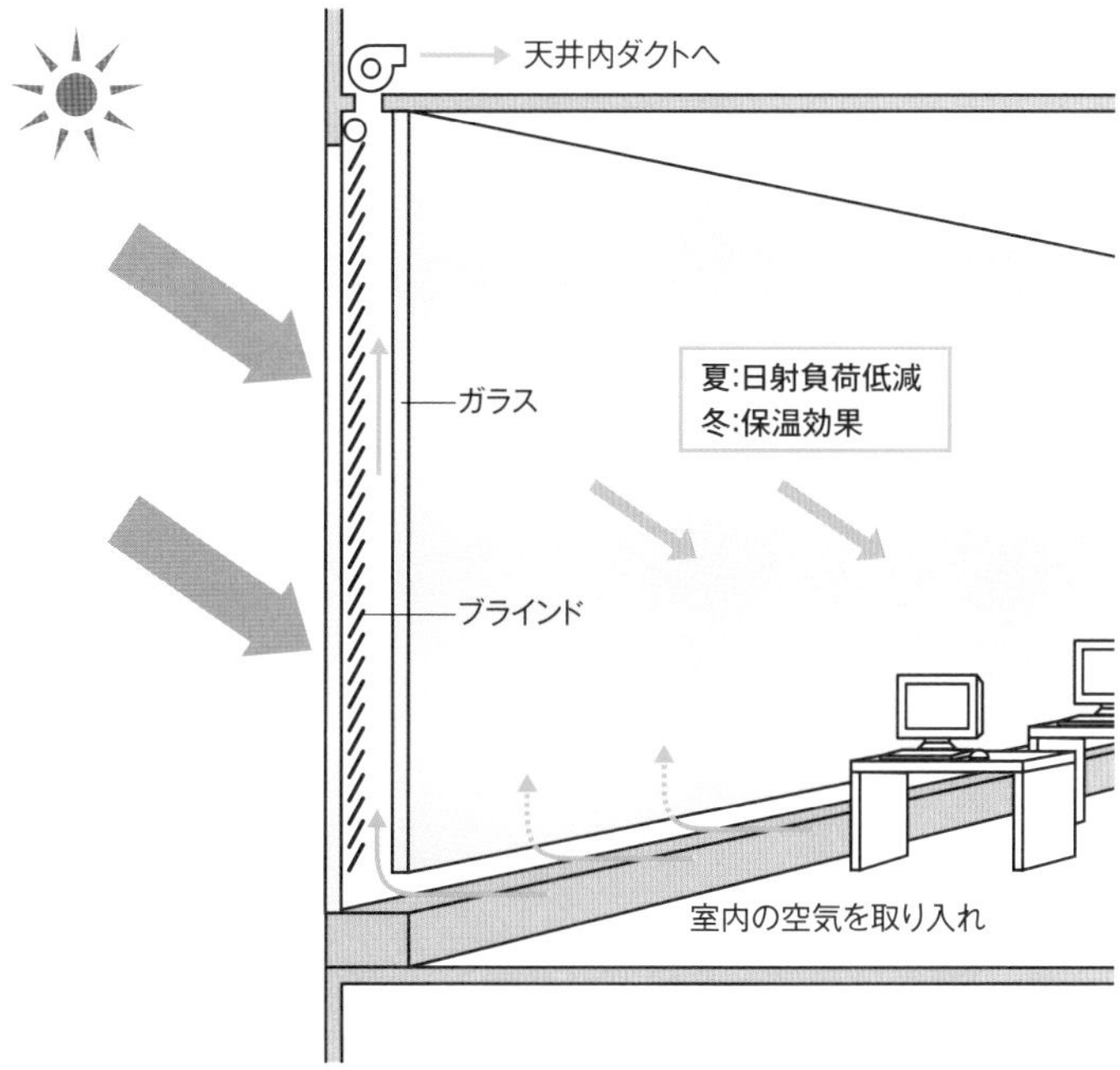
天井内ダクトへ
ガラス
夏:日射負荷低減
冬:保温効果
ブラインド
室内の空気を取り入れ

No. 092

屋上緑化・壁面緑化

ココがポイント！

① 断熱・遮熱効果で冷暖房負荷を軽減
② 土壌の高さは防水層の立ち上がり高さより低くする
③ 屋上緑化は軽量土壌や緑化システムで軽量化を図る

メンテナンス・更新

屋上緑化は建築の防水耐久年数で決まる

緑化の省エネ効果

建物の緑化は、主に夏の遮熱効果や、植物の水分の蒸散によるクーリング効果が大きな目的といえる。緑化面積が増えれば都市のヒートアイランド現象の緩和や、大気の浄化などにも有効である。土壌、樹木、植栽により暖房効果があり、冷暖房負荷を軽減する。雨天時には土壌に保水されてから、排水されるため下水への流出抑制にもつながる。

また、屋上緑化と比べて、通行人や地域住人などに視認されやすい壁面緑化は、街の景観づくりにも一役買う。

設計時のポイント

●荷重

新築の場合は、緑化の荷重をあらかじめ組み込んだ構造設計とする。屋上緑化の荷重は、土壌や植栽のほか、副資材（デッキやレンガなど）の荷重もかかる。なお、土壌は湿潤時の重さで考える。既存建物の場合は、設計時の積載荷重を確認すること。特に、新耐震基準（1981年）以前に建てられたものは、現在と構造計算が異なるため、より慎重な検討が必要である。

●防水

防水層は、植物の根が直接防水層を破損しないように防根シートなどの防根層を設ける。緑化をすると防水層の改修がやりにくくなるため、できるだけ耐用年数の長い防水仕様を選ぶ。

●給水・電気

屋上には上水を引込み、水栓は灌水用と散水・清掃用の2カ所は設ける。電源は、大規模なスプリンクラーなどがない限り、一般的には100Vで十分だが、必ず屋外用の防水型コンセントを防水層立上がり高さより上に設置する。

自動灌水装置の導入

自動灌水装置は、チューブやスプリンクラーで自動的に散水し枯渇を防ぐ。専用の制御盤を設置しバルブを連動させる大型タイプや、屋外の水栓口に取り付け、乾電池で使用できる簡易なタイプもある。

屋上緑化の断熱効果

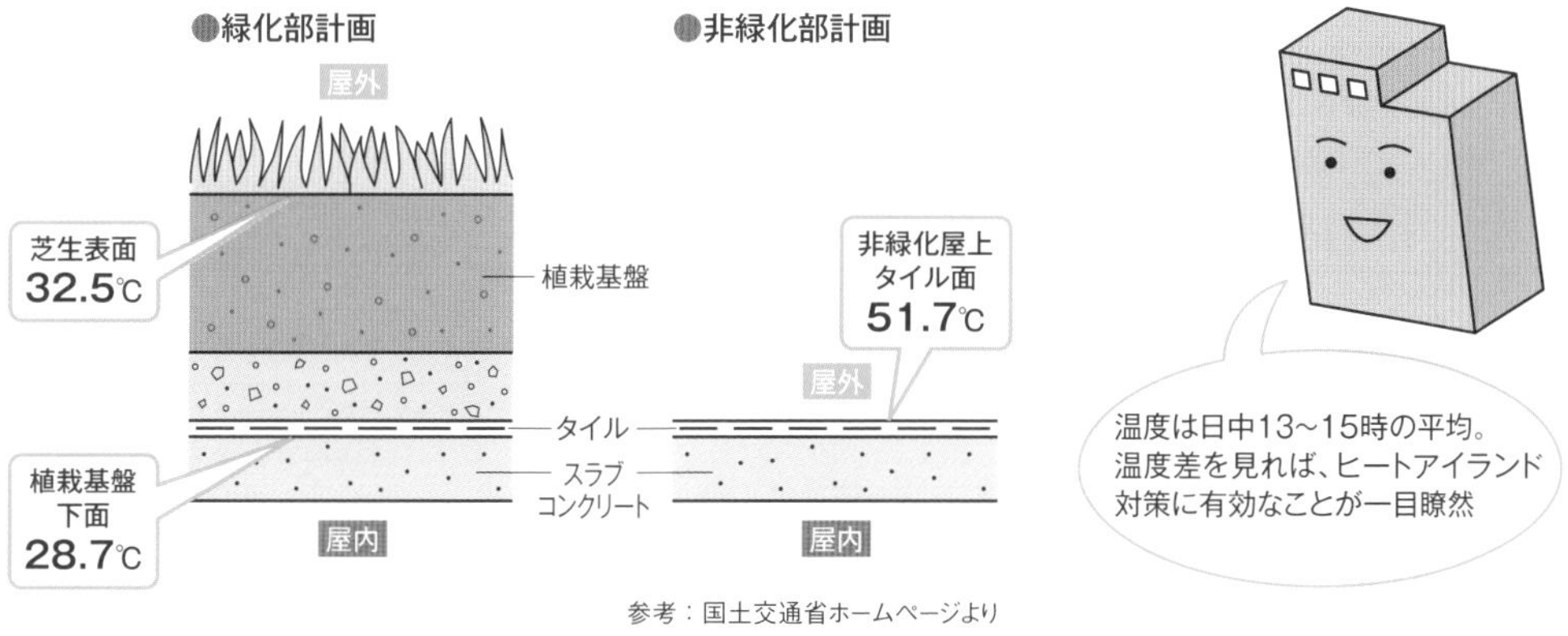
●緑化部計画
●非緑化部計画
屋外
芝生表面
32.5℃
植栽基盤
非緑化屋上
タイル面
51.7℃
屋外
タイル
スラブ
コンクリート
植栽基盤
下面
28.7℃
屋内
屋内
参考：国土交通省ホームページより
温度は日中13～15時の平均。
温度差を見れば、ヒートアイランド
対策に有効なことが一目瞭然

屋上緑化の納まり

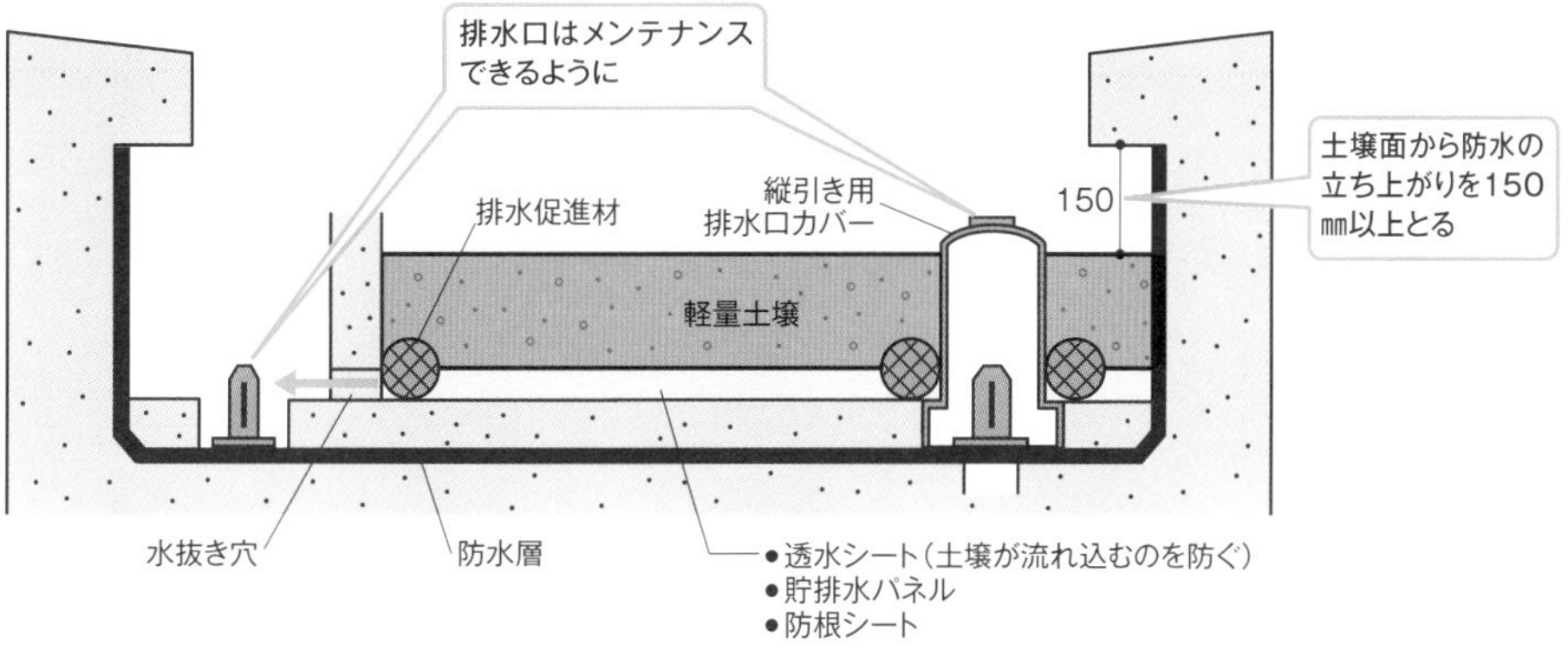
排水口はメンテナンス
できるように
土壌面から防水の
立ち上がりを150
㎜以上とる
縦引き用
排水口カバー
150
排水促進材
軽量土壌
水抜き穴
防水層
●透水シート（土壌が流れ込むのを防ぐ）
●貯排水パネル
●防根シート

壁面緑化の種類

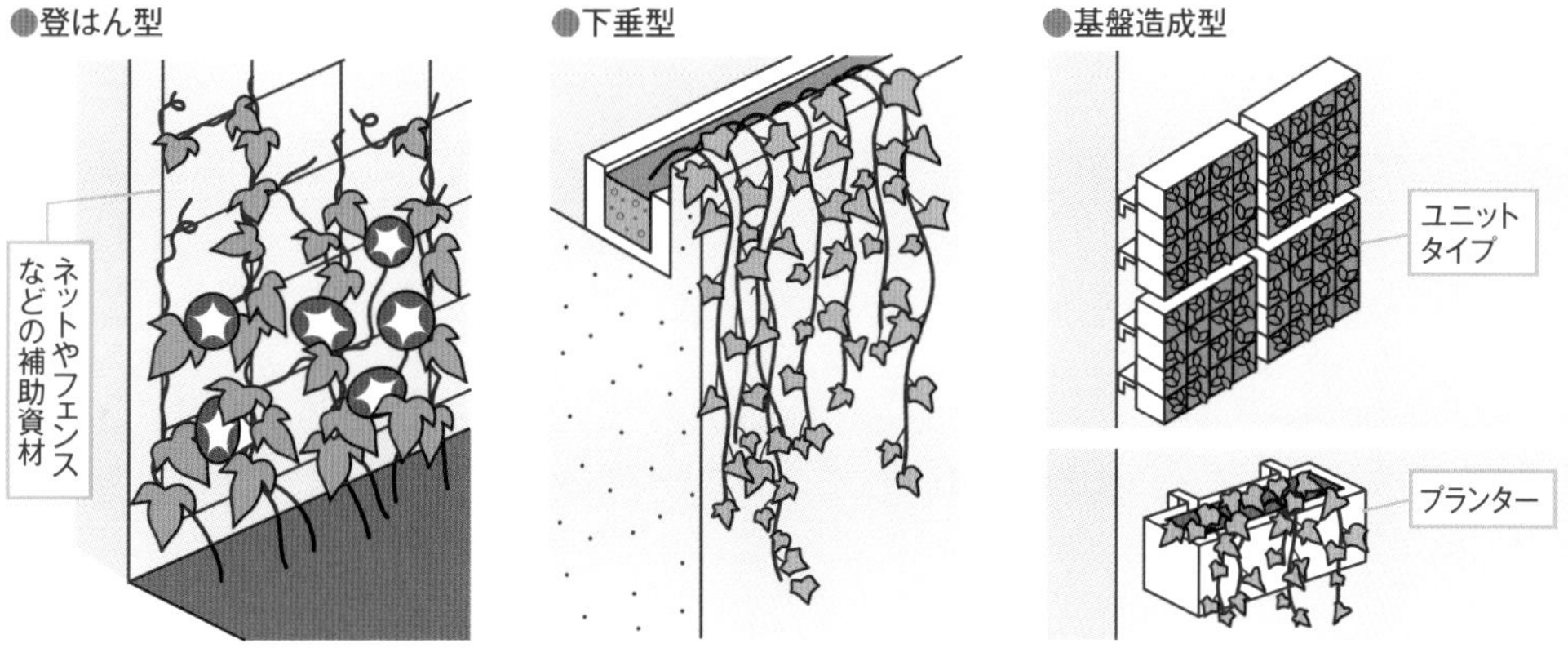
●登はん型
●下垂型
●基盤造成型
ネットやフェンスなどの補助資材
ユニット
タイプ
プランター

No.
093

雨水利用

ココがポイント!

① 雨水は捨てずにためて有効活用する
② 非常用水としても利用できる
③ 雨水の貯留と浸透が都市型洪水の防止にもつながる

メンテナンス・更新

樋のなかの落ち葉やゴミ、土ぼこりを取り除く。貯留タンク内は定期的に清掃する

雨水利用の必要性

日本の年間平均降水量は世界と比べて2倍近くあるが、1人当たりの水資源量は世界平均の1／5といわれる。近年は水不足と同時に集中豪雨が各地で多発し、雨水問題が深刻化している。

水道水も、もとはダムに降った雨水であり、各地域・家庭の敷地内に降った雨を下水道に捨てず、貯水利用することが節水＝水不足の解消につながる。また、貯留槽からオーバーフローした雨水を地下に浸透させれば、集中豪雨時に水が一挙に下水道に流れ込むのを防ぎ、都市型洪水の防止にも役立つ。

効果的な利用方法

一般的には、住宅などの屋根に降った雨は雨樋から敷地内の雨水桝と排水管を経由して、下水道本管（または雨水本管）へ流れている。その雨を貯留槽にため、樹木への散水、トイレの洗浄、洗濯などに利用したり、夏は打ち水や屋根への散水などを行い、ヒートアイランド防止に役立てる。また、雨水は非常用水にもなる。

トイレ洗浄と雨水

トイレを洗浄する水は、1日1人当たり50ℓ、4人家族では200ℓも使用するといわれている。常時200ℓの貯水があれば1日のトイレ洗浄がまかなえるが、雨は毎日降らないため、降雨時に大量に貯水できる大型タンクを設置することで、雨水をより有効に活用できる。

また、トイレの洗浄に利用する場合は、雨水タンクの水が不足したときのために上水道を接続するとよい。

降り始めの雨は酸性が強く、トイレや洗濯に雨水を利用するときは衛生器具や配管、洗濯機の耐久性を下げるおそれがある。水質がよくないため、本格的に利用する場合は初期雨水カットをすることが望ましい。

雨水だけでなく、浴室や洗濯の排水や空調ドレンの水などの生活排水を再利用することを「中水利用」といい、より高い節水効果が得られる。

雨水利用の仕組み

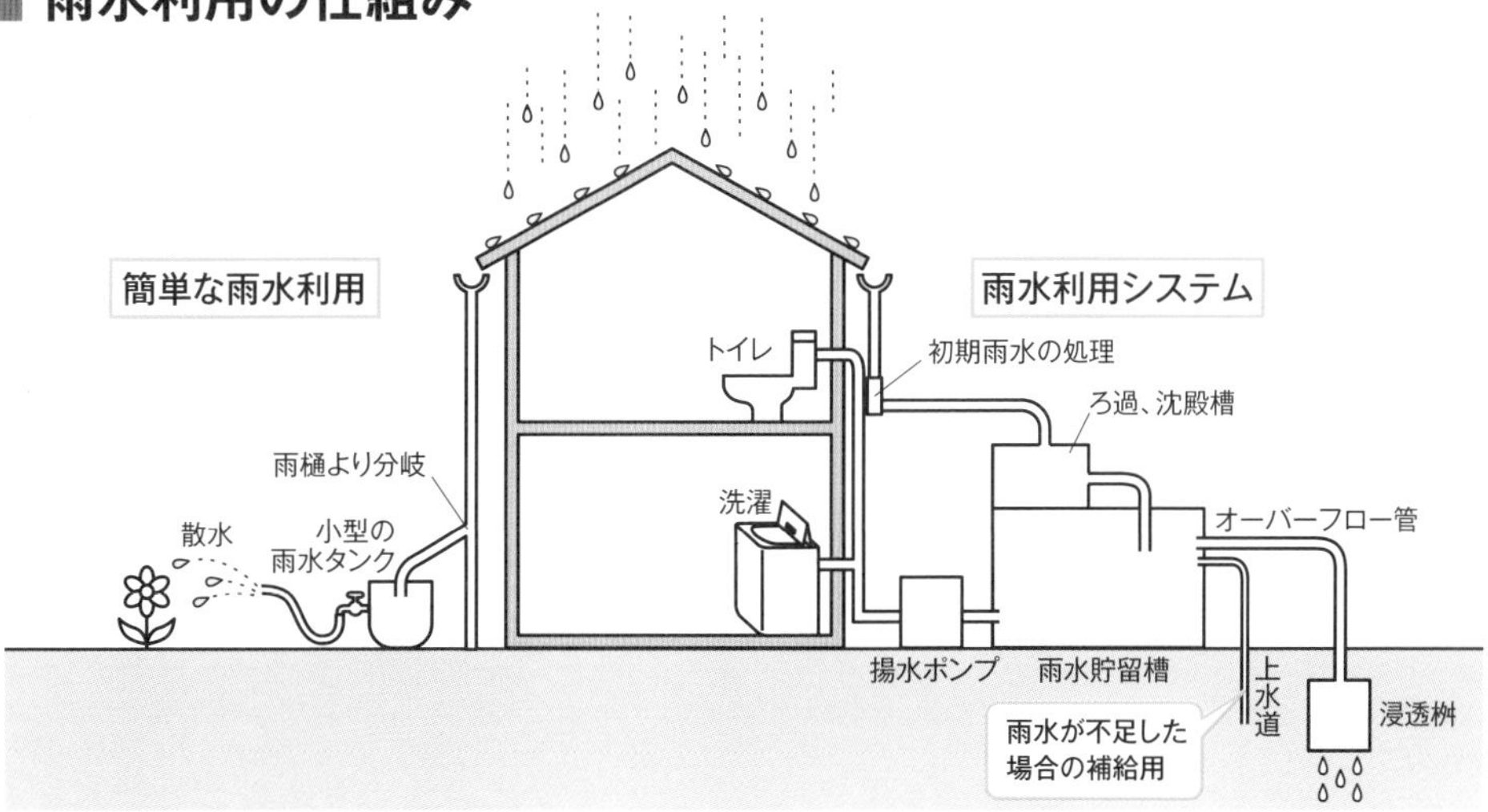
簡単な雨水利用
雨水利用システム
トイレ
初期雨水の処理
ろ過、沈殿槽
雨樋より分岐
洗濯
オーバーフロー管
散水
小型の
雨水タンク
揚水ポンプ
雨水貯留槽
上水道
浸透桝
雨水が不足した
場合の補給用

用途別の雨水処理方法

●植栽への散水	●トイレ	●掃除・洗濯
無処理で使用可。ただし、簡易的なタンクの場合は、藻やボウフラが発生する恐れがあるため、定期的に水質をチェックする	初期雨水（酸性雨）の処理のみで、ほぼ無処理で使用可能。ただし、温水洗浄便座は上水道を利用する	沈殿槽とろ過槽で、微細な土、砂などを処理する

中水利用の仕組み

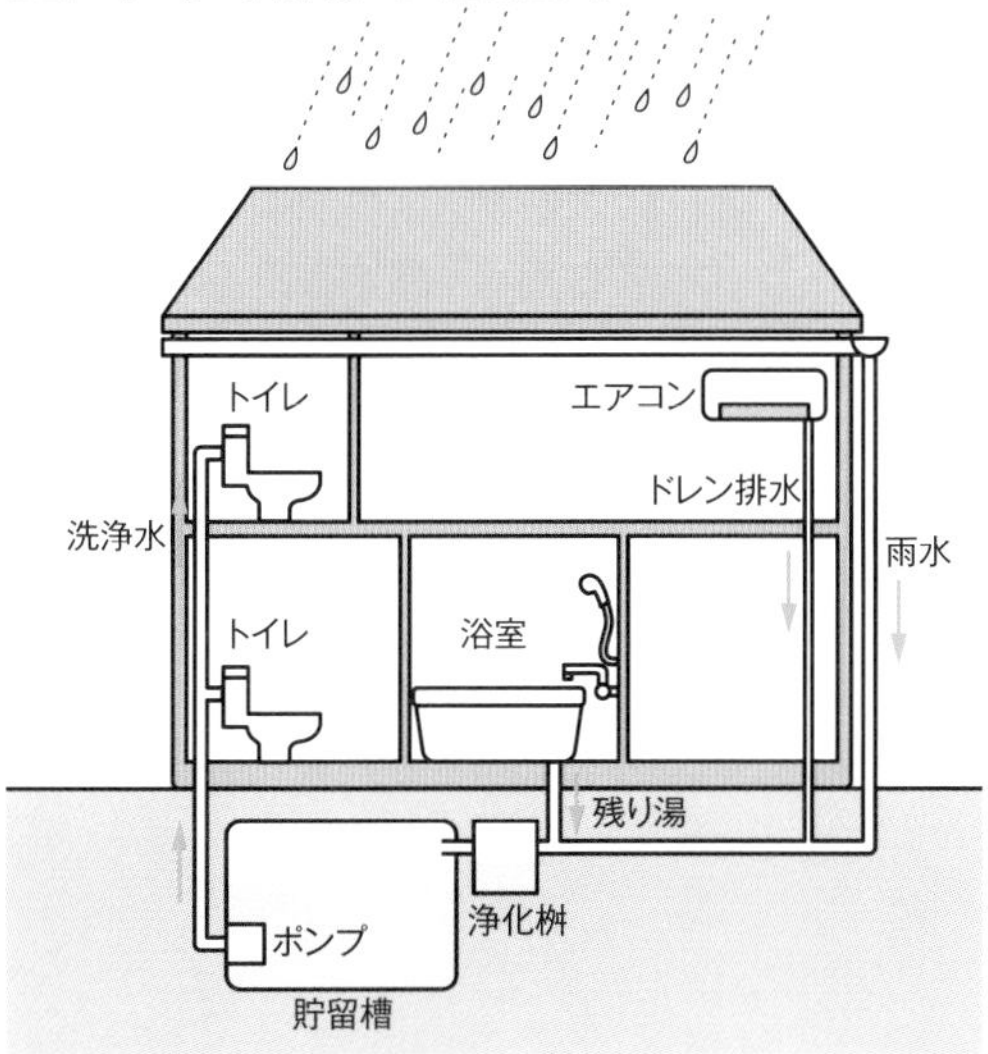
トイレ
エアコン
ドレン排水
洗浄水
雨水
トイレ
浴室
残り湯
ポンプ
浄化桝
貯留槽

雨水や風呂の残り湯、エアコンのドレン排水を浄化殺菌し、トイレの洗浄水として利用する

雨水貯留タンク

雨どいからの雨水をタンクに貯めて植栽の散水などに利用する程度であればお勧め。中水利用などは、一般家庭では高額になりまだまだ難しい

●レインバンク
壁取付型80

●レインバンク
地上設置型150

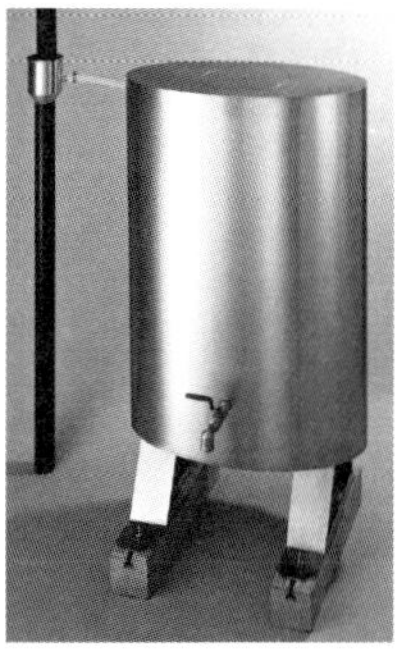

誤って飲料用として使用しないこと

写真提供：タニタハウジングウェア

No. 094

CASBEE

ココがポイント！

① 建物を環境性能で評価するシステム
② 5段階評価により、建物の環境品質・性能や外部への環境負荷がひと目でわかる
③ ホームページからダウンロードして誰でも利用できる

メンテナンス・更新

「CASBEE-すまい（戸建）」の評価項目「長く使い続ける」では、基本性能や維持管理、機能性を採点

CASBEEとは

「CASBEE（キャスビー）」は、建物を環境性能で評価するシステムである。設計者などが、建物や環境の性能を自己評価するときに利用する。

CASBEEでは、建物を仮想境界（敷地境界線上で立体的に囲む空間）で区分し、境界内の建物の環境品質・性能（Q=Quality）と、建物が境界外に与える環境負荷（L=Load）を評価する。そして環境性能効率（BEE=Building Environmental Efficiency）という数値で、建物だけでなく外部に与える環境負荷も含めて評価する。

評価内容

環境品質・性能の「Q」は、Q1：室内環境（温熱、空気環境、防犯など）、Q2：サービス性能（機能、耐震、設備、防災など）、Q3：室外環境（敷地内景観、緑化など）を評価する。

環境負荷の「L」は、L1：エネルギー（自然エネルギー利用、高効率設備利用など）、L2：資源・マテリアル（構造材や仕上材の省資源化、廃棄物抑制など）、L3：敷地外環境（周辺への温熱環境、騒音、排熱、自然環境の保全など）を評価する。

QをLで除した数値がBEEとなり、S、A、B_+、B_-、Cの5段階で評価され、星の数で表示される。

CASBEEの種類

CASBEEは建物の種類によって分かれ、基本ツールの「企画」「新築」「既存」「改修」のほか、目的別に「短期使用（展示会施設など）」「新築（簡易版）」「HI（ヒートアイランド現象緩和対策評価）」「すまい（戸建）」「まちづくり」などがある。これらのソフトは、IBEC（財団法人建築環境・省エネルギー機構）のホームページからダウンロードして誰でも利用できる。自治体によっては、地域ごとの「自治体版CASBEE」があり、一定規模以上の建物を建てる際にCASBEEによる評価書の添付を義務付けている。

■ CASBEEの空間イメージ

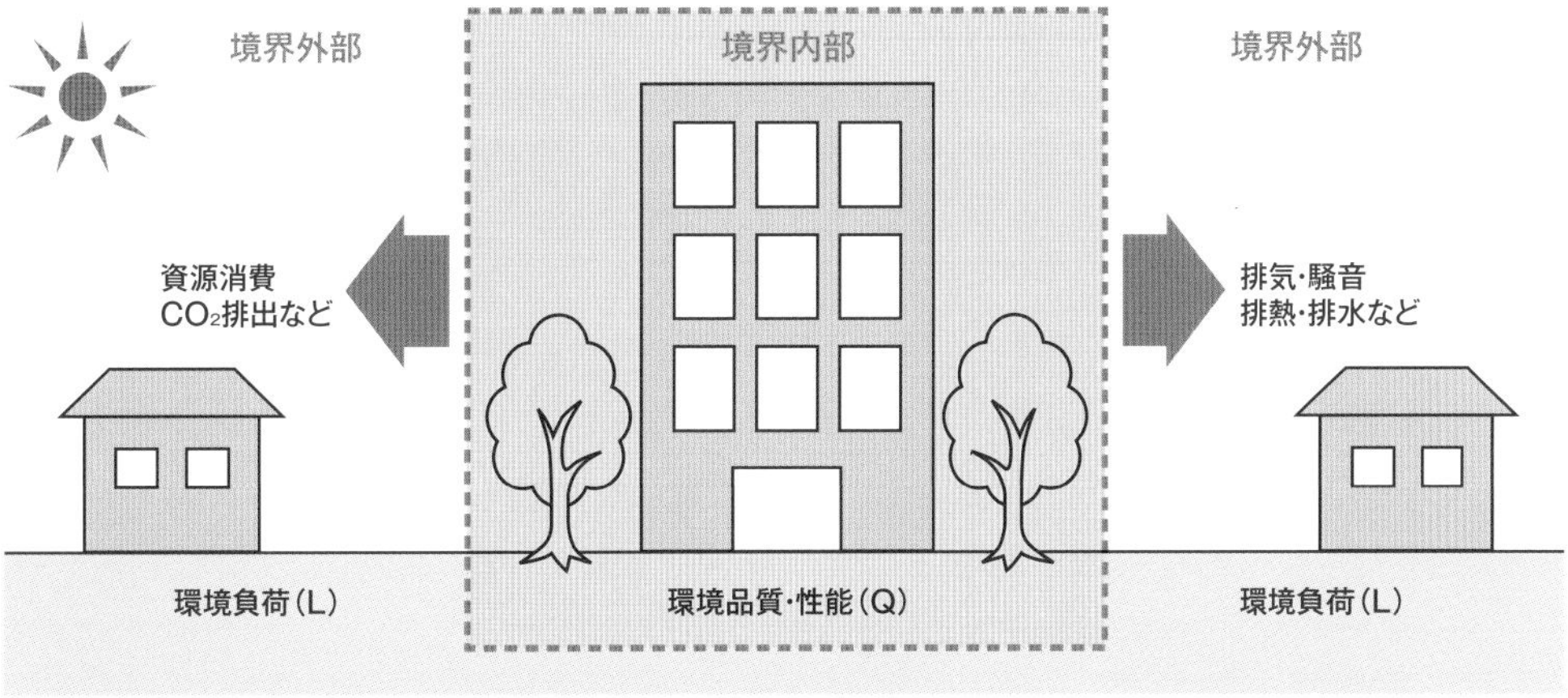

$$\text{環境性能効率(BEE)} = \frac{\text{環境品質・性能(Q:Quality)}}{\text{環境負荷(L:Load)}}$$

環境品質・性能(Q:Quality)……■室内環境 ■サービス性能 ■室外環境(敷地内) など

環境負荷(L:Load)……■エネルギー ■資源・マテリアル ■敷地外環境 など

建物内の環境が快適(Qが高い数値)でも、そのためのエネルギーを多く利用していれば(Lが高い数値)、最終的な環境性能効率は上がらない。品質とエネルギー消費のバランスが重要だ

■ CASBEEすまい(戸建)の評価結果例 (一部抜粋)

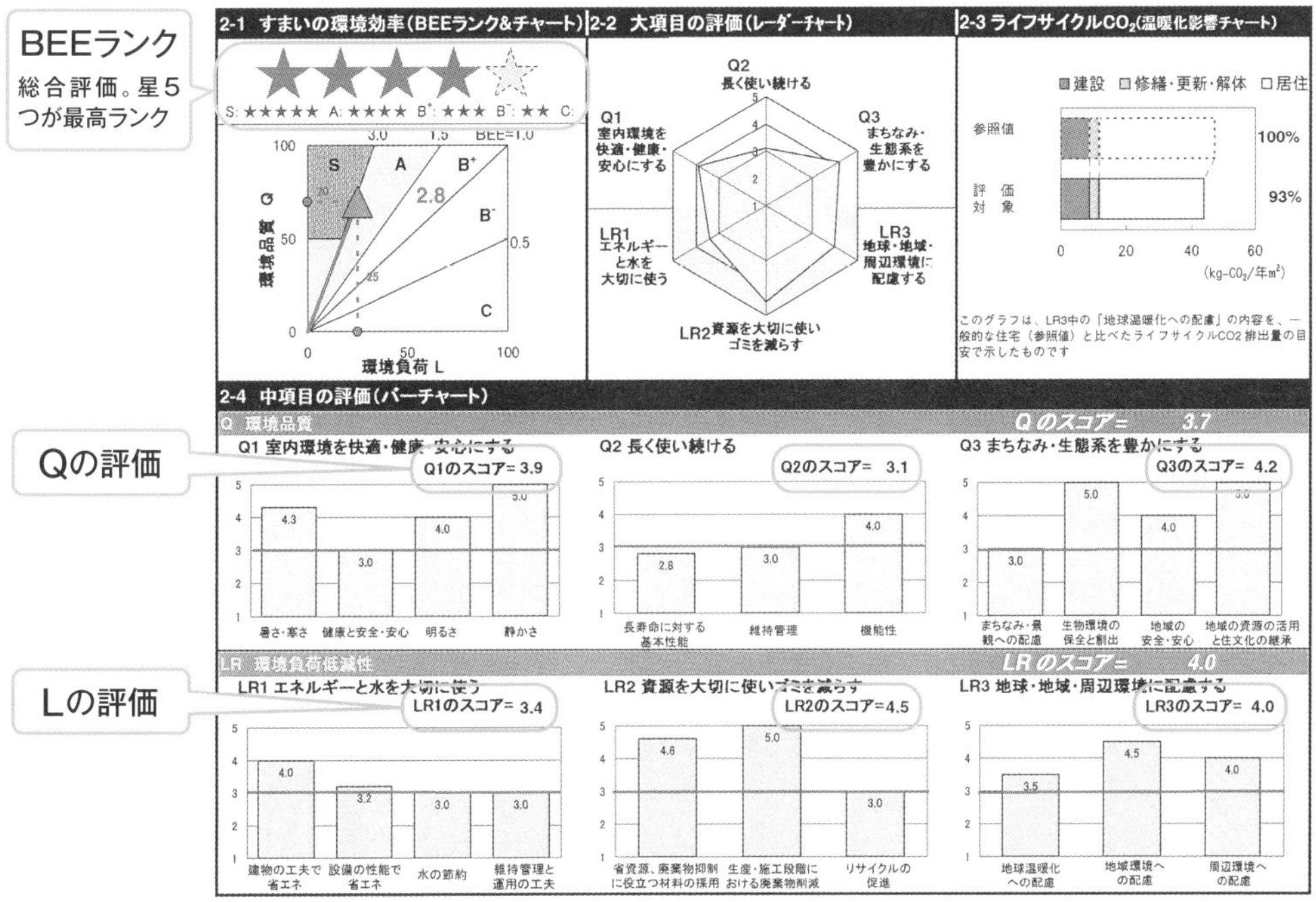

COLUMN

コラム

スマートハウス

普及が進むスマートハウス

スマートハウスとは、センサーやIT（情報技術）を使用し、家庭内のエネルギー消費を最適に制御した住宅のことをいう。

太陽光発電システム（PV）や家庭用燃料電池（エネファーム）などの創エネ機器、蓄電池などの蓄エネ機器、家電や住宅機器などを総合的にコントロールし、最適なホームエネルギーマネジメントを行うことで、CO_2排出の削減を実現する省エネ住宅である。

スマートハウスの中心技術となるのが、ホームエネルギーマネジメントシステム（HEMS）だ。

HEMSは、住宅内のエネルギー機器や家電などをネットワーク化し、エネルギー使用を管理・最適化する。いわば、「エネルギー使用の表示と制御」をするもの。電気、ガスなどのエネルギーが、住宅内で、いつ、どこで、どれだけ、なにに使用されているかを「見える化」するのが「表示」であり、一方、エアコンや照明など家庭内の機器を一括してコントロールし、自動的にエネルギー使用量を最適化するのが「制御」である。

また、スマートハウスでは、住宅内のエネルギー消費機器をネットワーク化することで、各機器の稼動状況やエネルギー消費状況の監視、スマートフォンなどからの遠隔操作や自動制御などが可能となる。

さらに近年では、各社が蓄エネ機器として、電気自動車（EV）やプラグインハイブリッド車（PHV）などへ充電し、エネルギー連係を効率的に行う方法を開発。

住宅をとりまくエネルギーをトータルでマネジメントするためのシステムが普及しつつある。

■ スマートハウスのイメージ

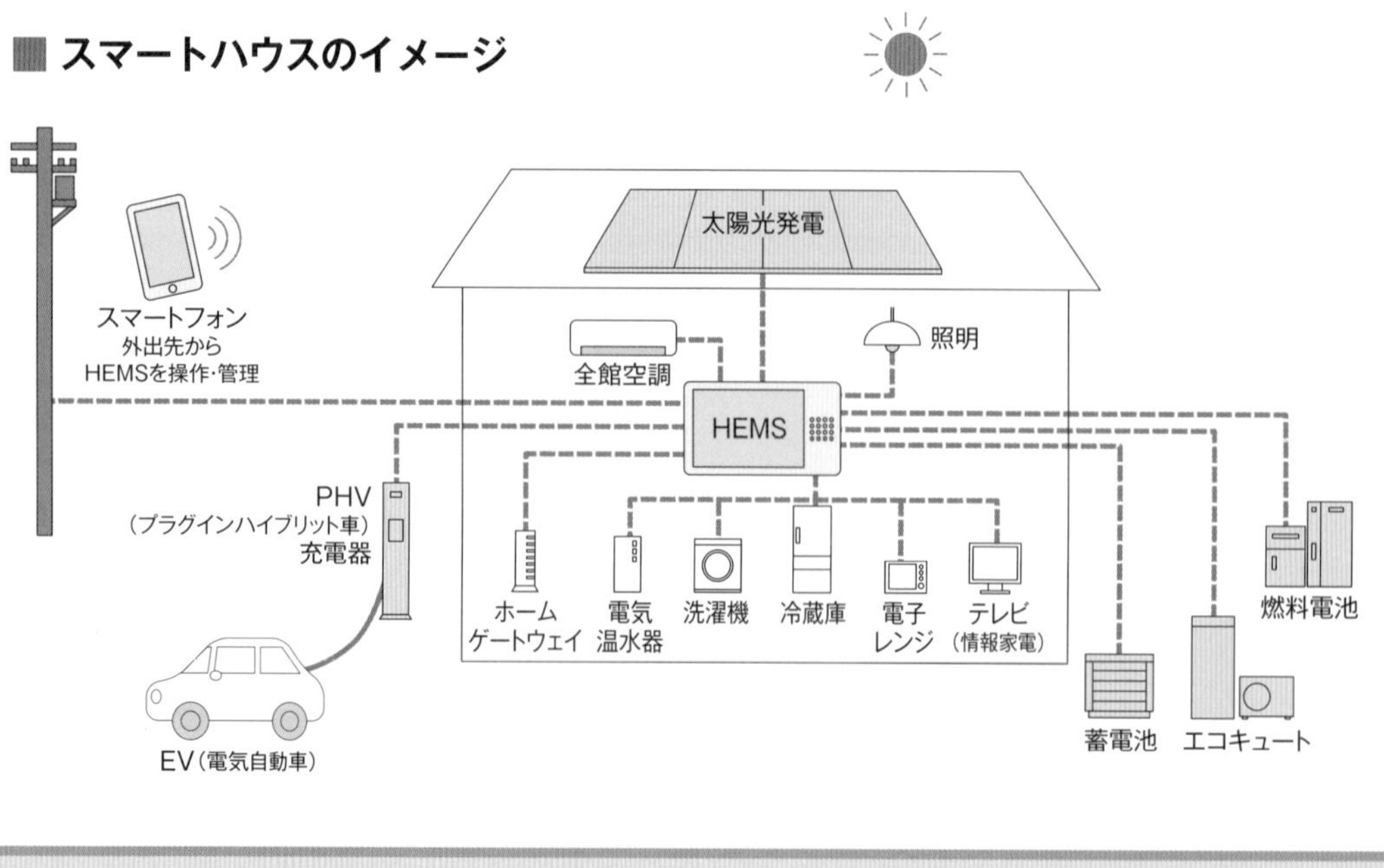

Part 7

設備図と関連資料

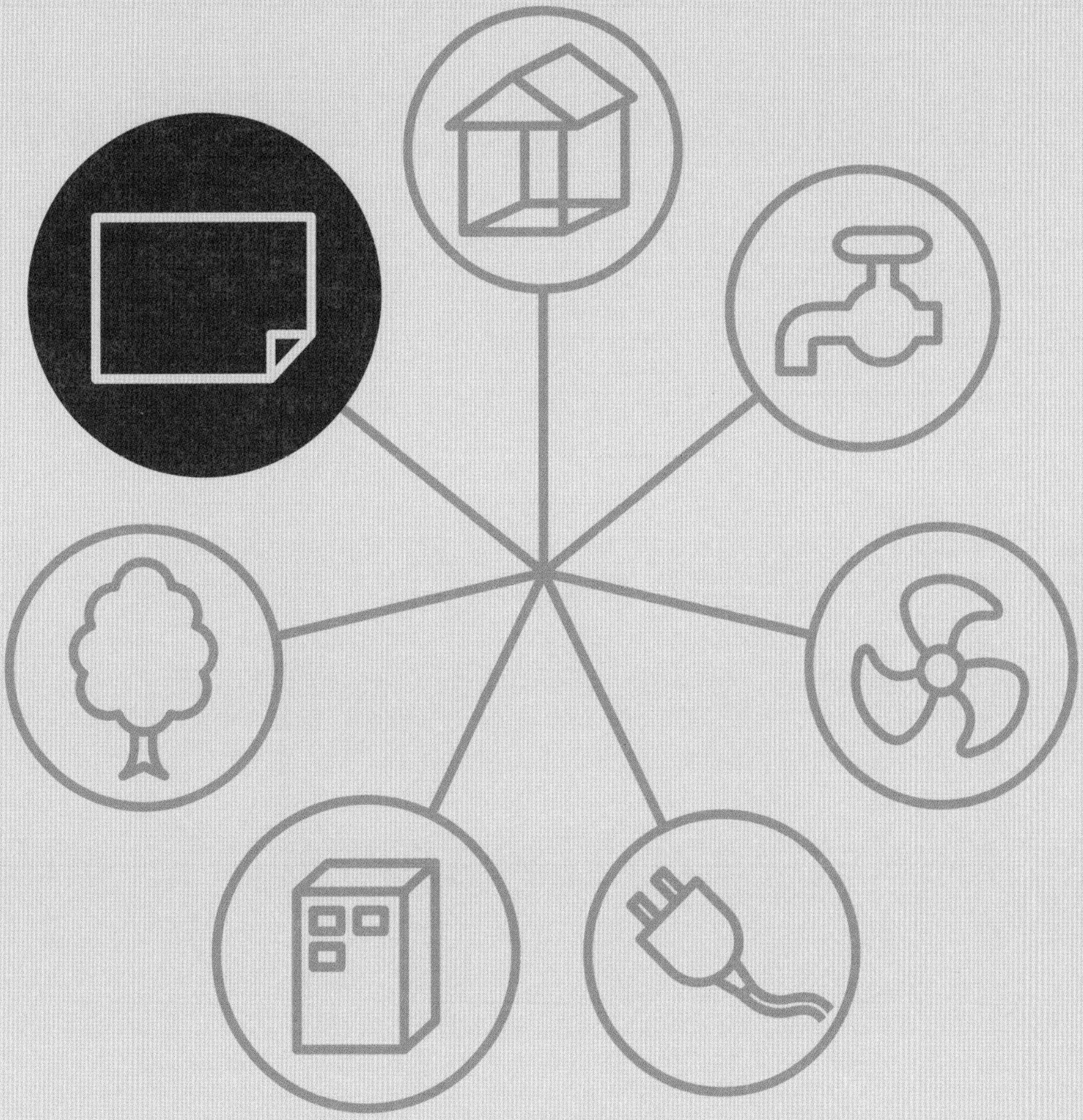

No. 095

給排水・空調配管の種類

ココがポイント！

① 硬質塩化ビニルライニング鋼管（VLP）は３種類ある

② 排水用ポリ塩化ビニル管は２種類ある

③ ポリ塩化ビニル管（VP）は給水用と排水用がある

要注意！

ポリ塩化ビニル管には保温工事が必要。配管は、建物の規模やグレード、使用個所、コスト面、施工性などを判断して決める

硬質塩化ビニルライニング鋼管（VLP）

●**VLP-VB**　表面は亜鉛メッキ。給水管の代表的な材料。

●**VLP-VA**　表面は錆止め処理。VLP-VBより多少安価な素材。

●**VLP-VD**　表面もビニルライニング。外部埋設配管の場合、鋼管の配管（VLP-VB）を配管する際は表面に防食テープを巻き、埋設による金属の腐食を防止する。VLP-VDを使用すると、表面のライニングにより表面の腐食を防ぐことが可能。地下ピット配管の場合は、湿度が高いため、VBを使用して保温材を巻く代わりに、表面がライニングとなっているVDを利用することがあるが、この場合、表面結露対策としての保温材を省略できる。

●**給湯用塩化ビニルライニング鋼管（HTLP）**　鋼管の内面に耐熱ライニングを施したもの。表面は錆止め塗装。給湯管の材料で、銅管の次によく使用される。耐熱温度は約85℃。

●**耐衝撃性ポリ塩化ビニル管（HIVP）**　塩化ビニルでできており、色は濃紺。VPと比べ衝撃に強く、外力による割れが生じにくいため、給水管の材料によく使用される。

●**耐熱ポリ塩化ビニル管（HTVP）**　耐熱性の塩化ビニルでできており、熱に強く、給湯管として使用される。近年、信頼性が向上し、多く採用されている。

排水用ポリ塩化ビニル管

●**VPとVU**　排水管の代表的な材料。コストや強度の違いで使い分け、防火区画貫通には「耐火二層管」を使用する。同素材で肉厚がひとまわり薄いものが「VU管」である。

●**耐火二層管**　排水用ポリ塩化ビニル管（VP・VU）に耐火材で外装したもの。排水管在来工法の代表的な材料。防火区画貫通の認定品で、貫通処理が必要な場所で使用できる。

●**配管用炭素鋼鋼管**　圧力の比較的低い蒸気、油、ガス、空気などの配管に用いる。黒管と、表面に亜鉛メッキを施した白管がある。なお、ガスの埋設配管としての白管の使用は禁止されている。

■ 給排水・空調配管材料の早見表

配管材料	記号	給水		給湯	排水・通気					消火	油	コスト
		住戸内	共用部		汚水	雑排水	雨水	通気	ドレン管			
硬質塩化ビニルライニング鋼管	VLP	○	○									高
耐衝撃性硬質ポリ塩化ビニル管	HIVP	○	○									中
硬質ポリ塩化ビニル管	VP	○	○		○	○	○	○	○			低
耐熱性硬質塩化ビニルライニング鋼管	HTLP			○								高
被覆銅管・銅管	CU			○								中
耐熱性硬質ポリ塩化ビニル管	HTVP			○		○ キッチン食洗機						低
樹脂管（架橋ポリエチレン管） 注　接続は電気融着		○		○								中
樹脂管（ポリブデン管） 注　接続は電気融着		○		○								中
ステンレス鋼管	SUS	○	○	○								高
排水用硬質塩化ビニルライニング鋼管	DVLP				○	○	○	○	○			高
排水用鋳鉄管					○	○	○	○				高
耐火二層管	TMP（VP）				○	○	○	○	○			中
配管用炭素鋼鋼管	SGP						○	○		○	○	中

空調換気用ダクトは主にスパイラルダクト（円形ダクト）が使用される。材質は亜鉛鉄板製が最も一般的だが、外部用にガルバリウム鋼板製やステンレス鋼板製がある。また、ダクト内部が塩ビコーティングされている仕様もある

No.
096

電気配管・配線の種類

ココがポイント！

① 鋼製電線管は３種類ある
② 可とう管は２種類ある
③ 耐火ケーブルは消防設備の電力供給30分通電用、耐熱ケーブルは小勢力回路15分通電用がある

要注意！

電気工事用配線は多種多様。建物の規模やグレード、使用個所、コスト面、施工性などから総合的に判断して決定する

電気配管材料

●電線管　金属製の電線管は、鋼製電線管あるいは金属管とも呼ばれる。屋外・屋内を問わず利用され、次の３種類がある。

①厚鋼電線管　金属製電線管のうち管の肉厚が厚いもの。機械的強度に優れており、主に屋外や工場内の金属管工事に使用される。Ｇ管ともいう。

②薄鋼電線管　金属製電線管のうち管の肉厚が薄いもの。主に屋内の金属管工事に使用される。Ｃ管ともいう。

③ねじなし電線管　厚鋼・薄鋼電線管とは異なり、管端にねじが切られていないもの。カップリングコネクターを使用することで接続が容易になり、施工性がよい。Ｅ管ともいう。

●合成樹脂製可とう電線管　金属製電線管とは異なり、可とう性がある。材質により次の2種類がある。

①ＰＦ管　耐燃性のある合成樹脂管で、単層のＰＦＳと複層のＰＦＤがある。

②ＣＤ管　耐燃性のない合成樹脂管。オレンジ色でＰＦ管と区別される。

●ポリ硬質ビニル電線管　一般に用いられるＶＥ管と、耐衝撃性のあるＨＩＶＥ管がある。

●ポリエチレン被覆ケーブル保護管　土中埋設部や多湿個所に使用する。ＰＥ管ともいう。

●波付硬質合成樹脂管　地中埋設用の配管。ＦＥＰ管ともいう。

電気配線材料

●絶縁電線　導体が絶縁体で覆われているもの。

●屋内配線用　600Ｖビニル絶縁電線と、耐熱被覆されている600Ｖ２種ビニル絶縁電線がある。

●ケーブル　導体が絶縁体と保護被覆とで覆われているものをいう。線の数により、単芯、2芯、3芯などがある。

●屋内配線　ビニル絶縁ビニルシースケーブル（ＶＶＦ）、架橋ポリエチレン絶縁ビニルシースケーブル（ＣＶ）、トリプレックス型（ＣＶＴ）がある。トリプレックス（ＣＶＴ）は、3本の芯線が独立して絶縁・保護されているため、ＣＶの3芯より許容電流が高い。

■ 電気配管材料の早見表

配管材料	記号	屋内露出隠蔽	コンクリート埋設	床下暗渠	地中埋設	屋外多湿
厚鋼電線管	GP	○	○			○
薄鋼電線管	CP	○	○			
ねじなし電線管	E	○	○			
合成樹脂製可とう電線管	PF	○	○			
	CD		○			
金属製可とう電線管	プリカ(F2)	○				○
ポリ硬質ビニル電線管	VE			○		○
耐衝撃性硬質ポリ塩化ビニル管	HIVE				○	○
波形硬質ポリエチレン管	FEP			○	○	
ポリエチレン被覆ケーブル保護管	PE			○	○	○

■ 電気配線材料の早見表

配線材料	記号	引込	一般幹線	一般動力	電灯・コンセント	非常照明	制御	放送	インターホン	TV共同受信	自火報防排煙	電話
600Vビニル絶縁電線	IV		○	○	○	○	○	○				
600V耐熱ビニル絶縁電線	HIV					○		○				
600Vビニル絶縁ビニルシースケーブル	VVF				○							
600V架橋ポリエチレンケーブル	CVT・CV	○	○	○								
耐熱ケーブル	HP							○	○		○	
制御用ビニル絶縁ビニルシースケーブル	CVV						○					
市内対ポリエチレン／絶縁ビニルシースケーブル	CPEVS								○			○
着色識別ポリエチレン絶縁ポリエチレンシースケーブル	CCP											○
構内用ケーブル(通信用)	TKEV											○
TV用同軸ケーブル	S-5C-FB・S-7C-FB									○		
ポリエチレン絶縁警報ケーブル	AE							○	○		○	
屋内用通信電線	TIVF							○				

No.097

設備設計図

ココがポイント!

① 各機器のメンテナンスや更新を考慮して建築計画に反映する
② 構造との納まりにも留意する
③ 電力・弱電の引込み点から分電盤・弱電盤までの一次側配線ルートを幹線と呼ぶ

要注意!

電力と電話の引込みの有無を現地で確認する

設備設計図とは

設備設計図は、電気・衛生・空調設備に分かれている。そのなかで、電気設備では幹線・電灯・コンセント・弱電（テレビ・電話・LAN・インターホンなど）、空調設備では空調・換気など、それぞれの設備項目別に分けて描くことが多い（特に決まりはないので一緒に描いてもよい）。

図面作成の注意点

設備設計図は、建築図に比べると、多くの記号で表現されているため、非常に分かりにくい。図面を作成する際は、1つ1つの記号の意味をきちんと理解したうえでプロットを立て、これらをできるだけ最短ルートで配管や配線と結び、その線を引くこととなる。このとき、配管や配線の太さや本数を把握することが重要となる。当然だが、平面以外に縦ルート（PS）の確保も忘れてはならない。また、構造との納まりも合わせて検討する。

設備は、各機器のメンテナンスや配管・配線の更新を考慮したうえで、建築計画に反映することが重要となるため、設備設計図には建築工事との工事区分にも注意して記載する。

ここでは、2階建ての2世帯住宅を対象とした設備設計図の描き方を紹介する。各設備の平面図の描き方を記載するが、これ以外にも、各設備の特記仕様書、衛生・空調機器表、衛生・照明器具表、凡例表、盤結線図などで構成される。さまざまな機器や器具などは、メーカー名や型番を具体的に記載すると分かりやすい。

建築設計者が、設備図面を描いて確認申請を出している例も少なくないと思われるが、建築基準法の改正により、一定規模以上の建築設計については、設備設計一級建築士の関与が義務付けられ、確認申請で計算書や認定書など、さまざまな添付書類の提出も必要となった。ある規模以上の建物の場合は、設備設計事務所に図面作成を依頼するほうが賢明だと思われる。

■ 幹線図

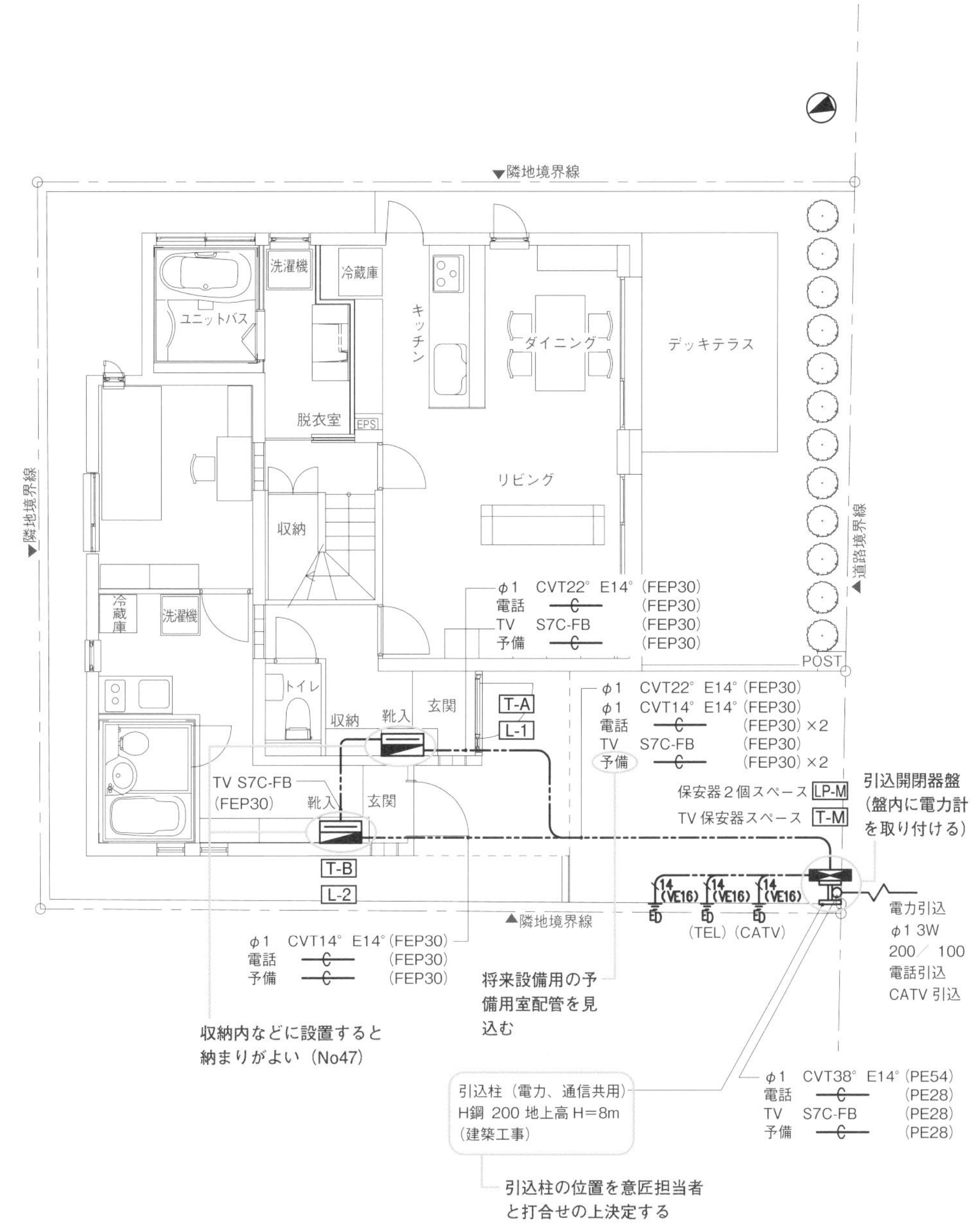
隣地境界線
隣地境界線
道路境界線
隣地境界線
洗濯機
冷蔵庫
ユニットバス
キッチン
ダイニング
デッキテラス
脱衣室
EPS
リビング
収納
冷蔵庫
洗濯機
トイレ
収納
靴入
玄関
靴入
玄関
POST
T-A
L-1
T-B
L-2
φ1 CVT22° E14° (FEP30)
電話 (FEP30)
TV S7C-FB (FEP30)
予備 (FEP30)
φ1 CVT22° E14° (FEP30)
φ1 CVT14° E14° (FEP30)
電話 (FEP30) ×2
TV S7C-FB (FEP30)
予備 (FEP30) ×2
保安器2個スペース LP-M
TV 保安器スペース T-M
引込開閉器盤
(盤内に電力計
を取り付ける)
TV S7C-FB
(FEP30)
14 (VE16)
14 (VE16)
14 (VE16)
(TEL) (CATV)
電力引込
φ1 3W
200／ 100
電話引込
CATV 引込
φ1 CVT14° E14° (FEP30)
電話 (FEP30)
予備 (FEP30)
将来設備用の予
備用室配管を見
込む
収納内などに設置すると
納まりがよい (No47)
引込柱 (電力、通信共用)
H鋼 200 地上高 H=8m
(建築工事)
φ1 CVT38° E14° (PE54)
電話 (PE28)
TV S7C-FB (PE28)
予備 (PE28)
引込柱の位置を意匠担当者
と打合せの上決定する

No.
098

電灯図

■ 1階

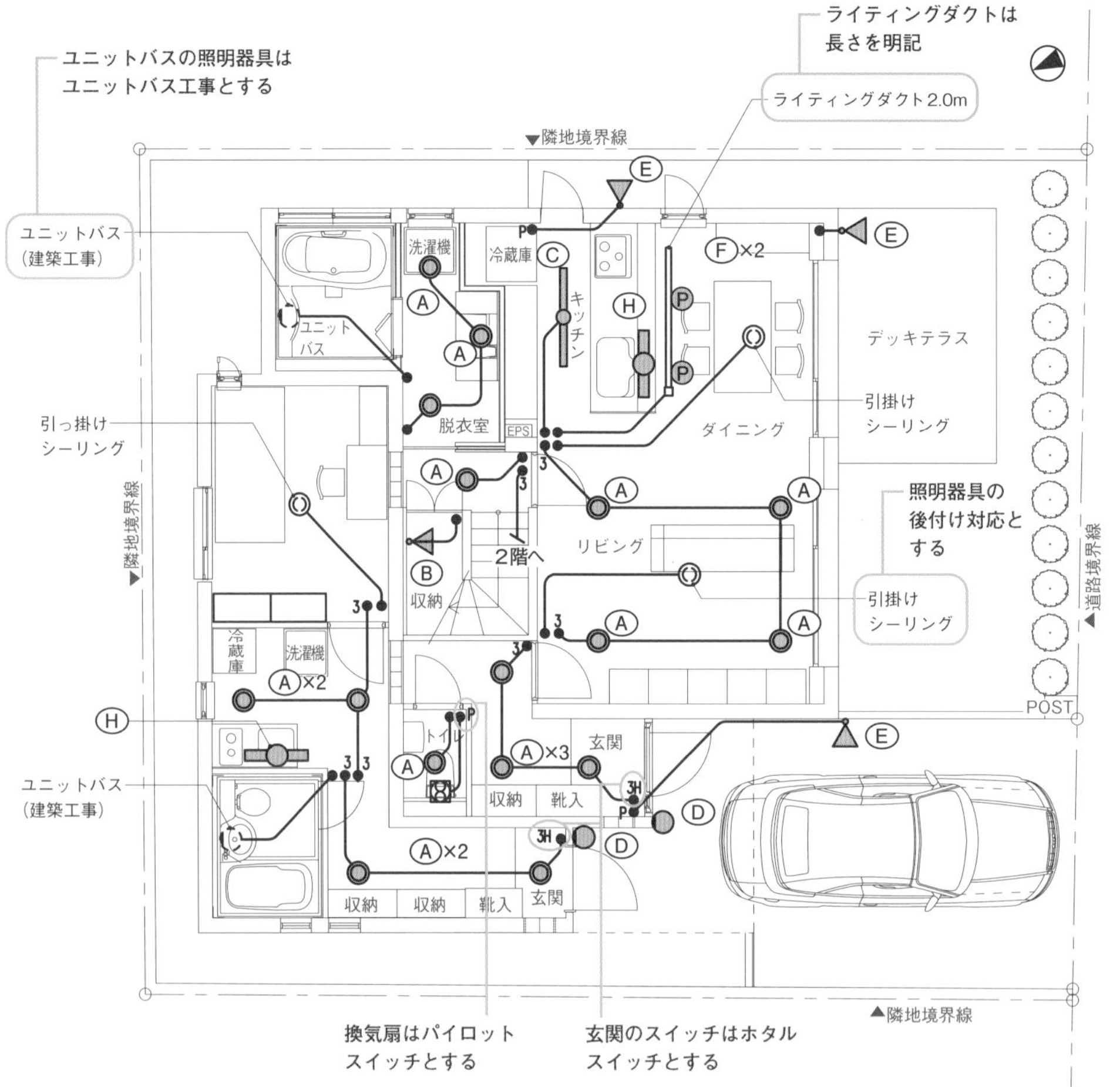
ライティングダクトは
長さを明記
ユニットバスの照明器具は
ユニットバス工事とする
ライティングダクト2.0m
隣地境界線
ユニットバス
(建築工事)
洗濯機
冷蔵庫
キッチン
ユニットバス
F×2
デッキテラス
引っ掛け
シーリング
脱衣室
EPS
ダイニング
引掛け
シーリング
リビング
照明器具の
後付け対応と
する
2階へ
収納
隣地境界線
道路境界線
引掛け
シーリング
冷蔵庫
洗濯機
A×2
POST
トイレ
A×3
玄関
収納
靴入
ユニットバス
(建築工事)
A×2
収納
収納
靴入
玄関
隣地境界線
換気扇はパイロット
スイッチとする
玄関のスイッチはホタル
スイッチとする

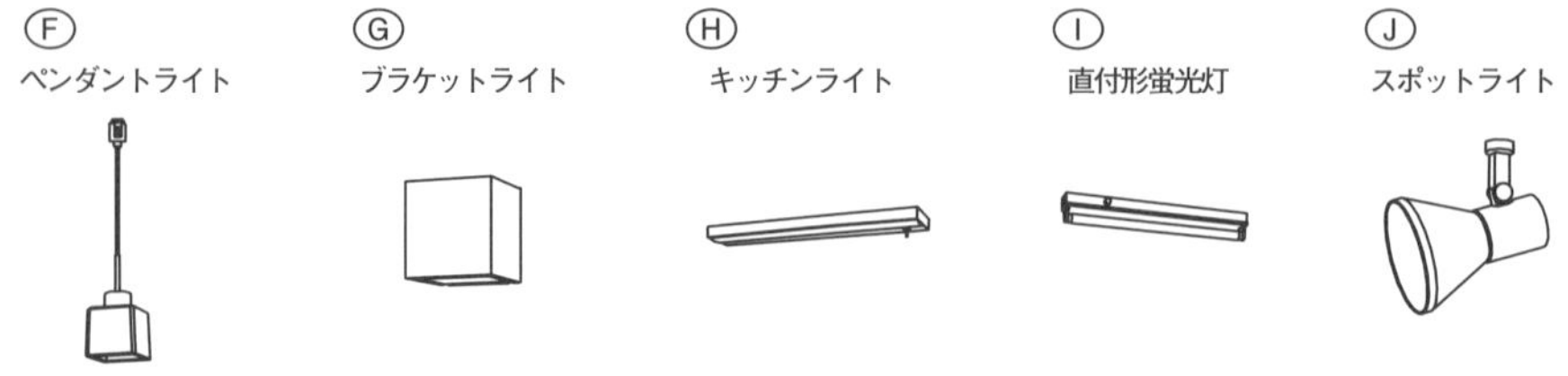
F
ペンダントライト
G
ブラケットライト
H
キッチンライト
I
直付形蛍光灯
J
スポットライト

ココがポイント!

照明計画をもとに、動線上のよい位置に、使い勝手のよいスイッチを配置。照明器具は、姿図とランプの種類、ワット数を決め記載する。換気扇の電源とスイッチも電灯図に記載するとよい

要注意!

照明回路は余裕をみて1,000W程度で1回線とする

■ 2階

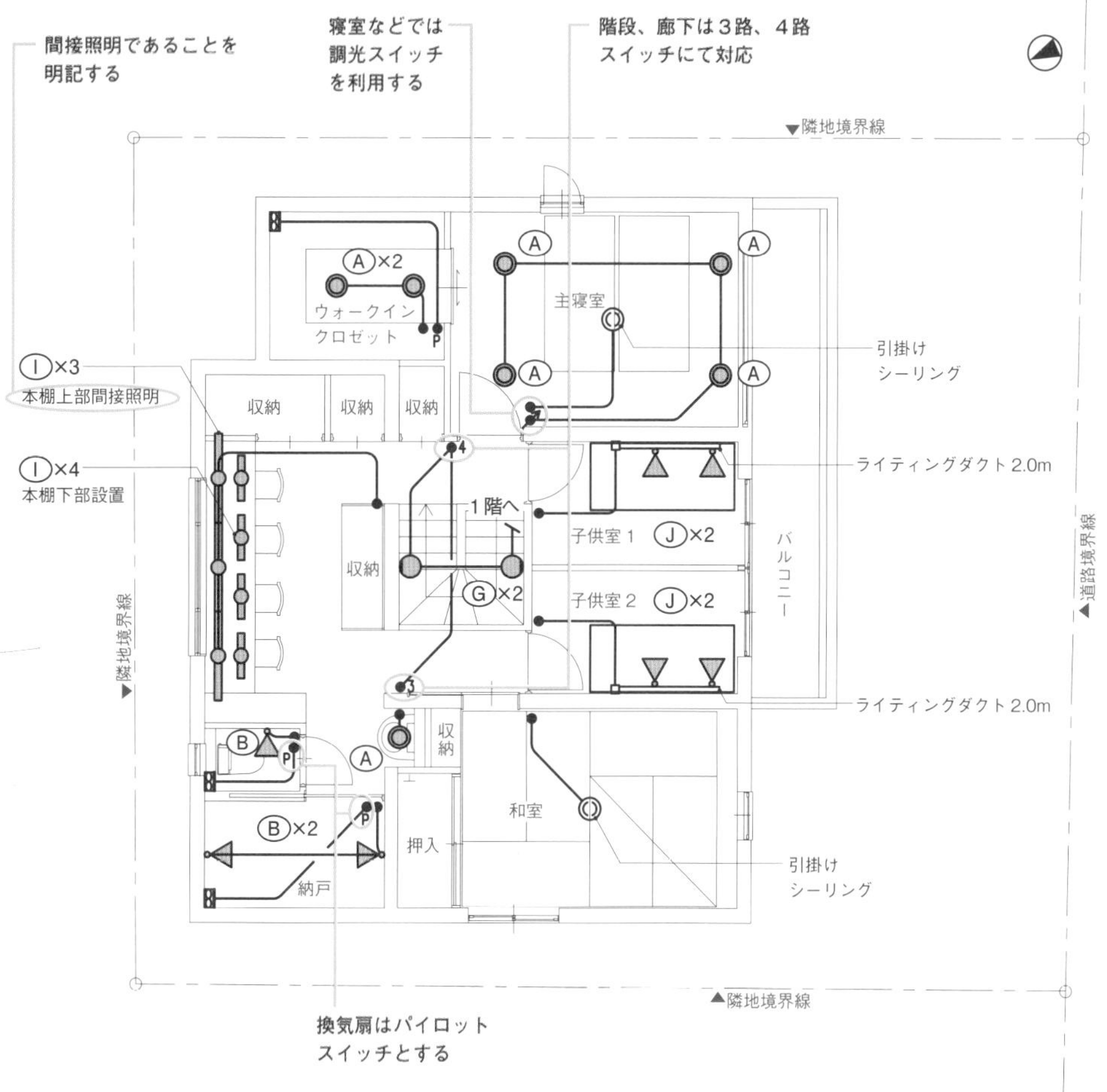

間接照明であることを明記する
寝室などでは調光スイッチを利用する
階段、廊下は3路、4路スイッチにて対応
隣地境界線
A×2
ウォークインクロゼット
A
主寝室
引掛けシーリング
Ⅰ×3
本棚上部間接照明
収納
Ⅰ×4
本棚下部設置
ライティングダクト2.0m
1階へ
子供室1 J×2
バルコニー
収納
G×2
子供室2 J×2
道路境界線
隣地境界線
ライティングダクト2.0m
B
収納
和室
B×2
押入
引掛けシーリング
納戸
隣地境界線
換気扇はパイロットスイッチとする

■ 照明姿図

電球の種類やワット数、灯色なども明記するとよい

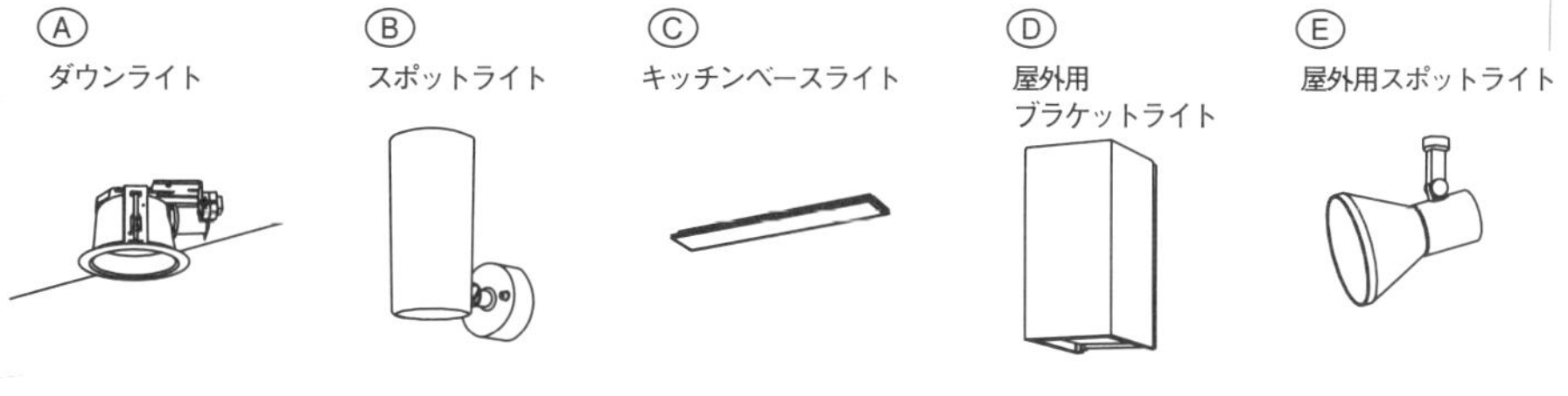

A ダウンライト
B スポットライト
C キッチンベースライト
D 屋外用ブラケットライト
E 屋外用スポットライト

No. 099

コンセント図

■ 1階

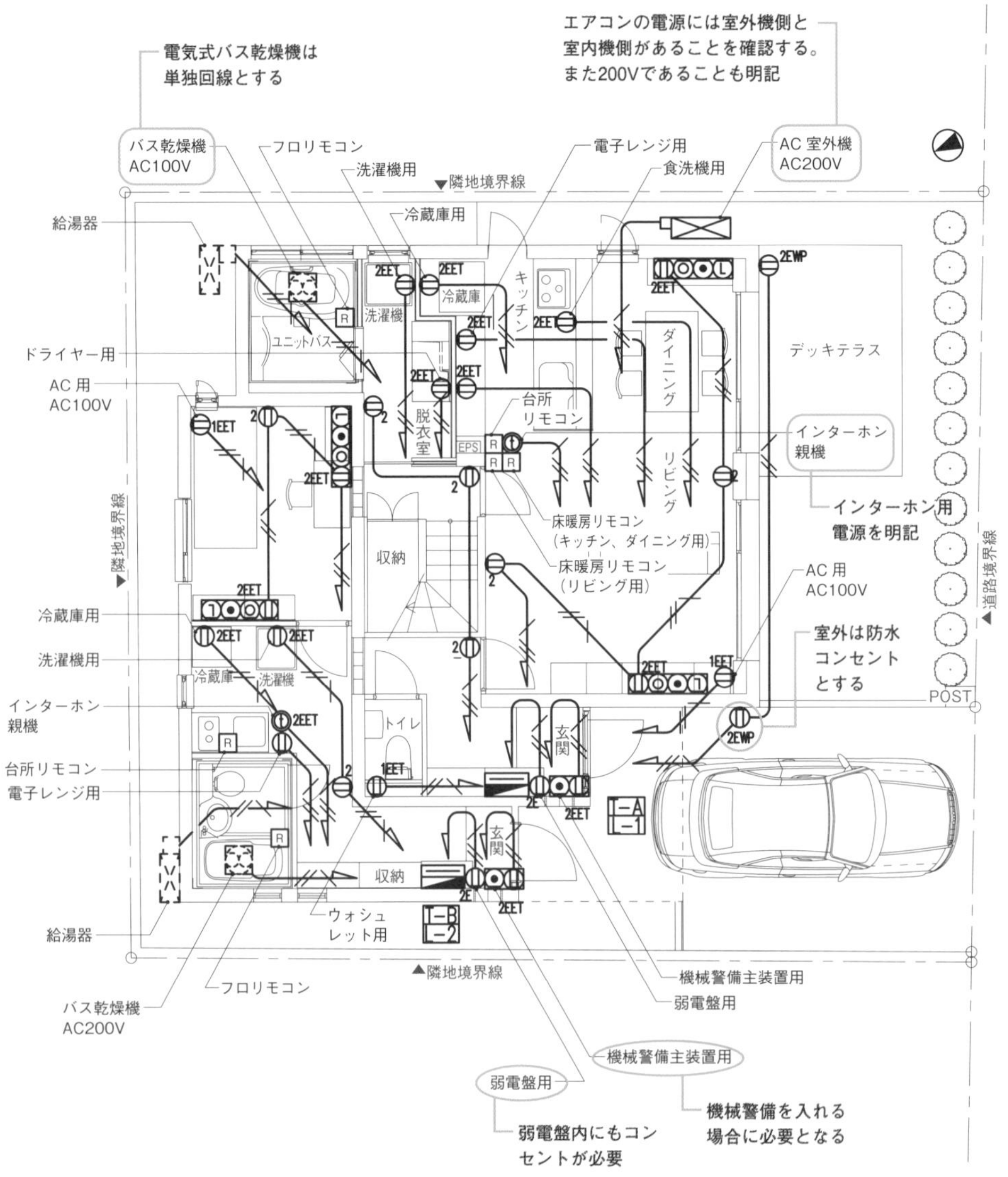

電気式バス乾燥機は
単独回線とする
エアコンの電源には室外機側と
室内機側があることを確認する。
また200Vであることも明記
バス乾燥機
AC100V
フロリモコン
洗濯機用
電子レンジ用
食洗機用
AC 室外機
AC200V
▼隣地境界線
冷蔵庫用
給湯器
キッチン
冷蔵庫
洗濯機
ユニットバス
ダイニング
デッキテラス
ドライヤー用
AC 用
AC100V
脱衣室
台所
リモコン
EPS
インターホン
親機
リビング
インターホン用
電源を明記
▼隣地境界線
床暖房リモコン
(キッチン、ダイニング用)
床暖房リモコン
(リビング用)
収納
AC 用
AC100V
▼道路境界線
冷蔵庫用
洗濯機用
冷蔵庫
洗濯機
室外は防水
コンセント
とする
インターホン
親機
トイレ
玄関
POST
台所リモコン
電子レンジ用
収納
玄関
給湯器
ウォシュ
レット用
▲隣地境界線
機械警備主装置用
弱電盤用
フロリモコン
バス乾燥機
AC200V
機械警備主装置用
弱電盤用
機械警備を入れる
場合に必要となる
弱電盤内にもコン
セントが必要

ココがポイント!

家具や家電機器の置き場を設定し、コンセントを配置する。アースが必要な機器にはアース付きコンセントを採用する。一般コンセントは6個程度で1回線とし、容量が大きい機器は単独回線とする

要注意!

エアコンなどの設備機器にも電源が必要となるので、落ちがないようにする

■ 2階

コンセント回路分けは、なるべく部屋ごとにし、分かりやすくするとよい

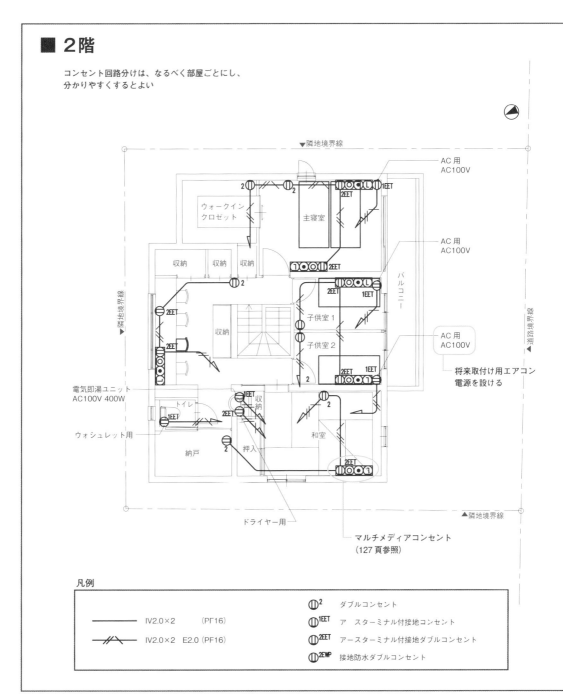

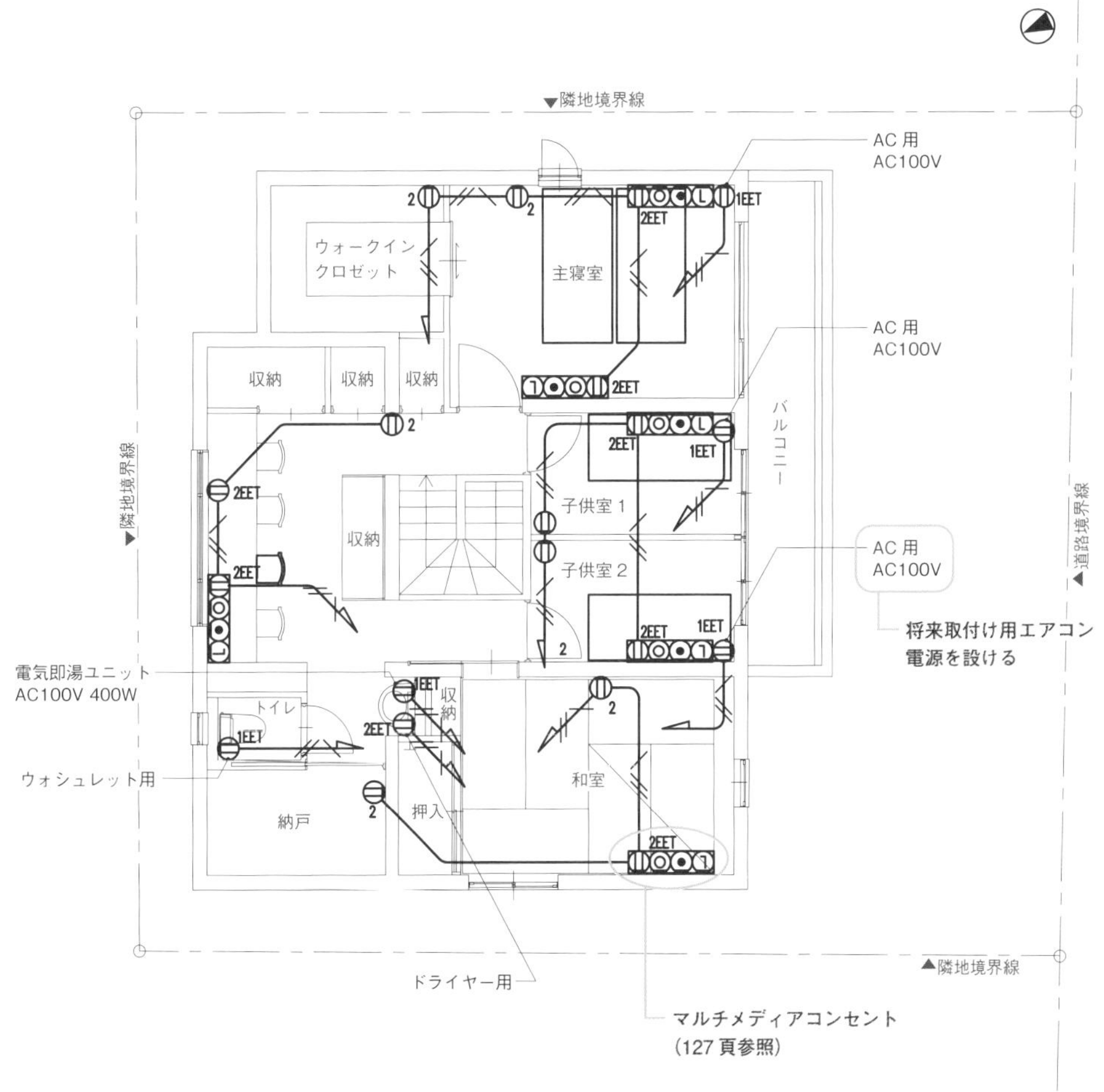
▼隣地境界線
AC 用
AC100V
ウォークイン
クロゼット
主寝室
2EET
1EET
収納
収納
収納
AC 用
AC100V
バルコニー
子供室 1
子供室 2
▼隣地境界線
▲道路境界線
AC 用
AC100V
将来取付け用エアコン
電源を設ける
電気即湯ユニット
AC100V 400W
トイレ
収納
和室
ウォシュレット用
納戸
押入
ドライヤー用
▲隣地境界線
マルチメディアコンセント
(127 頁参照)

凡例

———	IV2.0×2　(PF16)	2	ダブルコンセント
—//\—	IV2.0×2　E2.0 (PF16)	1EET	ア スターミナル付接地コンセント
		2EET	アースターミナル付接地ダブルコンセント
		2EWP	接地防水ダブルコンセント

No. 100

弱電図

■ 1階

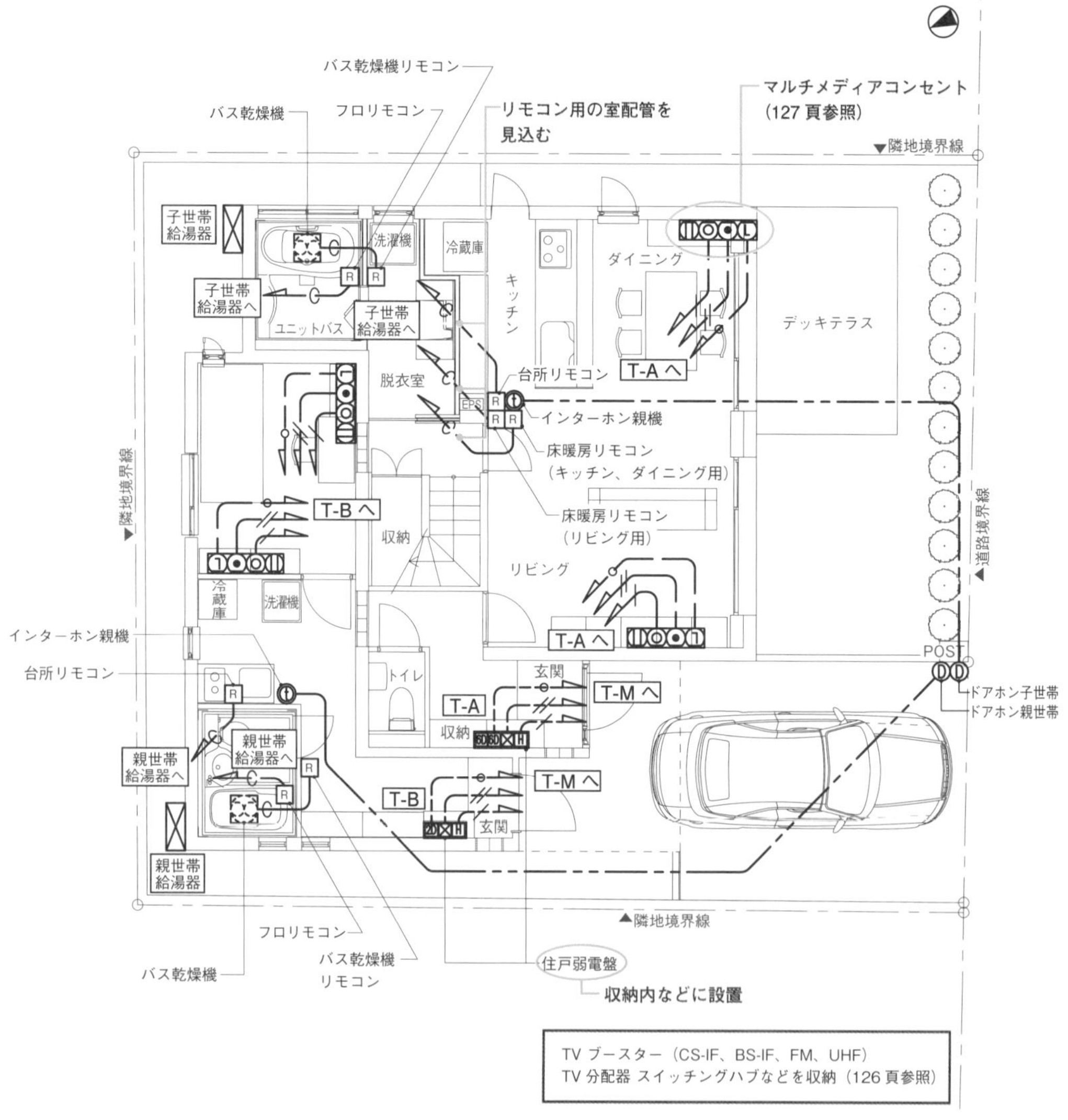
バス乾燥機リモコン
バス乾燥機
フロリモコン
リモコン用の室配管を見込む
マルチメディアコンセント（127頁参照）
隣地境界線
子世帯給湯器
洗濯機
冷蔵庫
キッチン
ダイニング
デッキテラス
子世帯給湯器へ
ユニットバス
脱衣室
台所リモコン
T-A へ
EPS
インターホン親機
床暖房リモコン（キッチン、ダイニング用）
床暖房リモコン（リビング用）
T-B へ
収納
リビング
道路境界線
冷蔵庫
洗濯機
インターホン親機
台所リモコン
T-A へ
玄関
T-M へ
トイレ
T-A
収納
POST
ドアホン子世帯
ドアホン親世帯
親世帯給湯器へ
親世帯給湯器へ
T-M へ
T-B
玄関
親世帯給湯器
フロリモコン
バス乾燥機
バス乾燥機リモコン
住戸弱電盤
収納内などに設置
TV ブースター（CS-IF、BS-IF、FM、UHF）
TV 分配器 スイッチングハブなどを収納（126頁参照）

ココがポイント!

テレビ、電話、コンピュータ、インターホンの位置を設定し配置する。一般的にはコンセントと弱電アウトレットが一体となった、マルチコンセントを採用する

要注意!

設備機器のリモコン用空配管なども弱電設備に入れるとよい

■ 2階

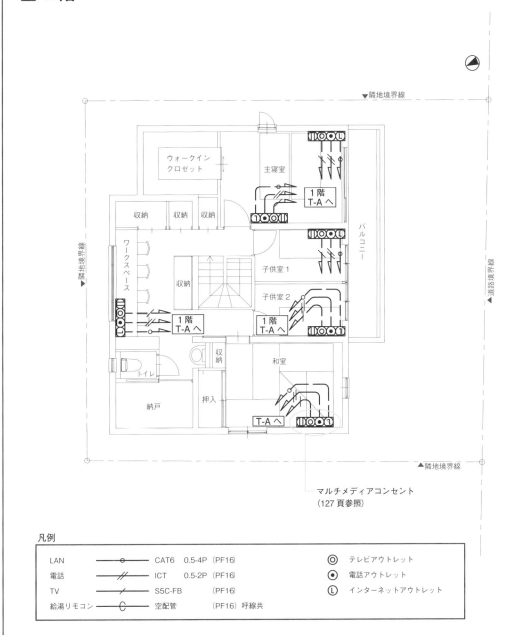

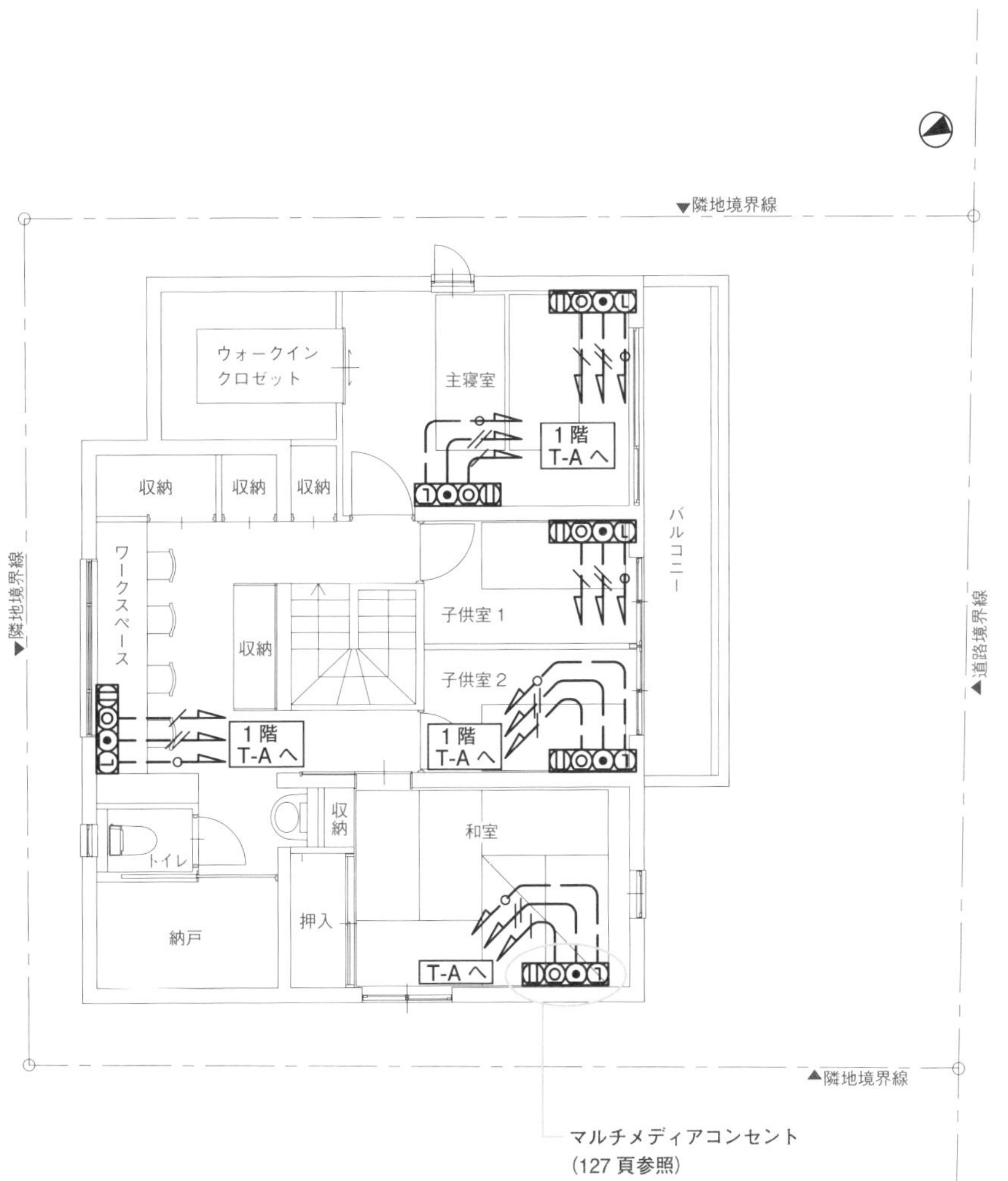

隣地境界線
ウォークイン
クロゼット
主寝室
1階
T-A へ
収納
収納
収納
バルコニー
ワークスペース
収納
子供室 1
子供室 2
1階
T-A へ
1階
T-A へ
道路境界線
隣地境界線
収納
トイレ
和室
押入
納戸
T-A へ
隣地境界線
マルチメディアコンセント
(127 頁参照)

凡例

LAN	CAT6	0.5-4P	(PF16)
電話	ICT	0.5-2P	(PF16)
TV	S5C-FB		(PF16)
給湯リモコン	空配管		(PF16) 呼線共

◎ テレビアウトレット
⦿ 電話アウトレット
Ⓛ インターネットアウトレット

No. 101

衛生設備図

■ 1階

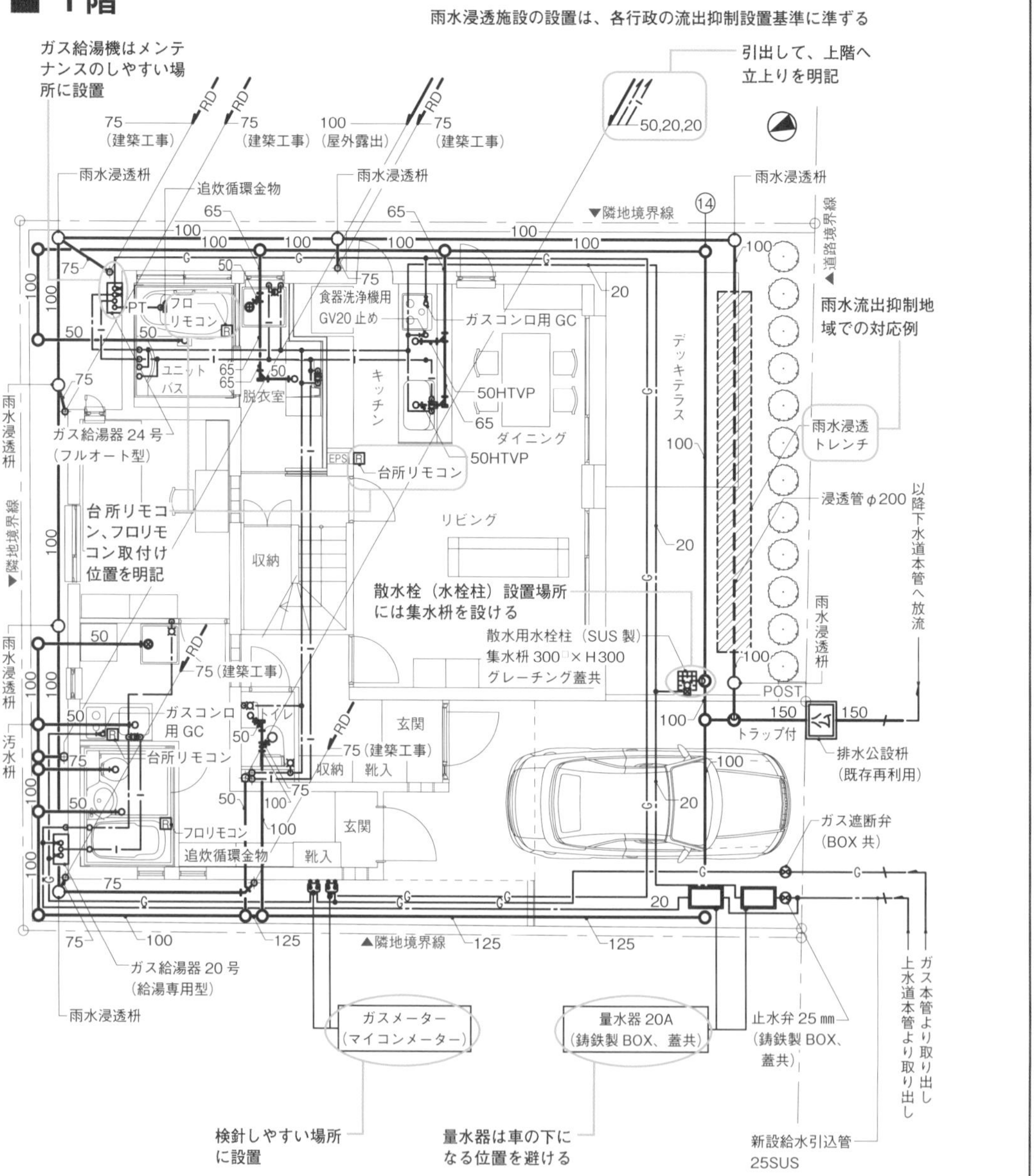

ココがポイント!

給排水衛生設備には、給水・給湯・排水・ガス設備が含まれる。ここでは雨水流出抑制指導がある例を取り上げる。また、給水・下水・ガスの引込み位置および給湯機やメーターの置き場を決める

要注意!

設備機器の前面道路に埋設してある上水道・下水道・ガス本管の調査と各局との協議が重要

■ 2階

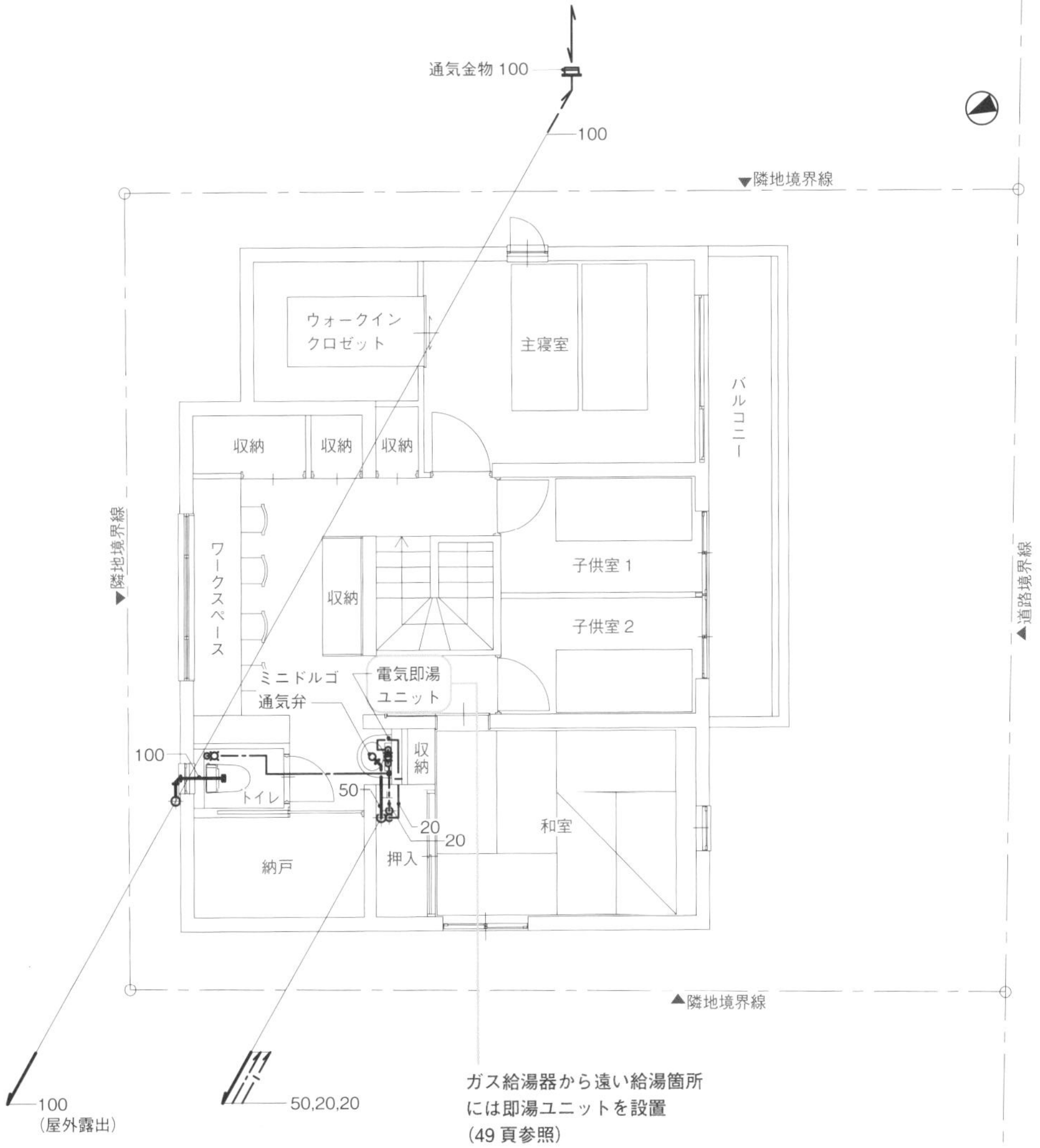

凡例

——-·—	給水管	——	排水管
——I——	給湯管	– – – –	通気管
——G——	ガス管		

No. 102 空調図

■ 1階

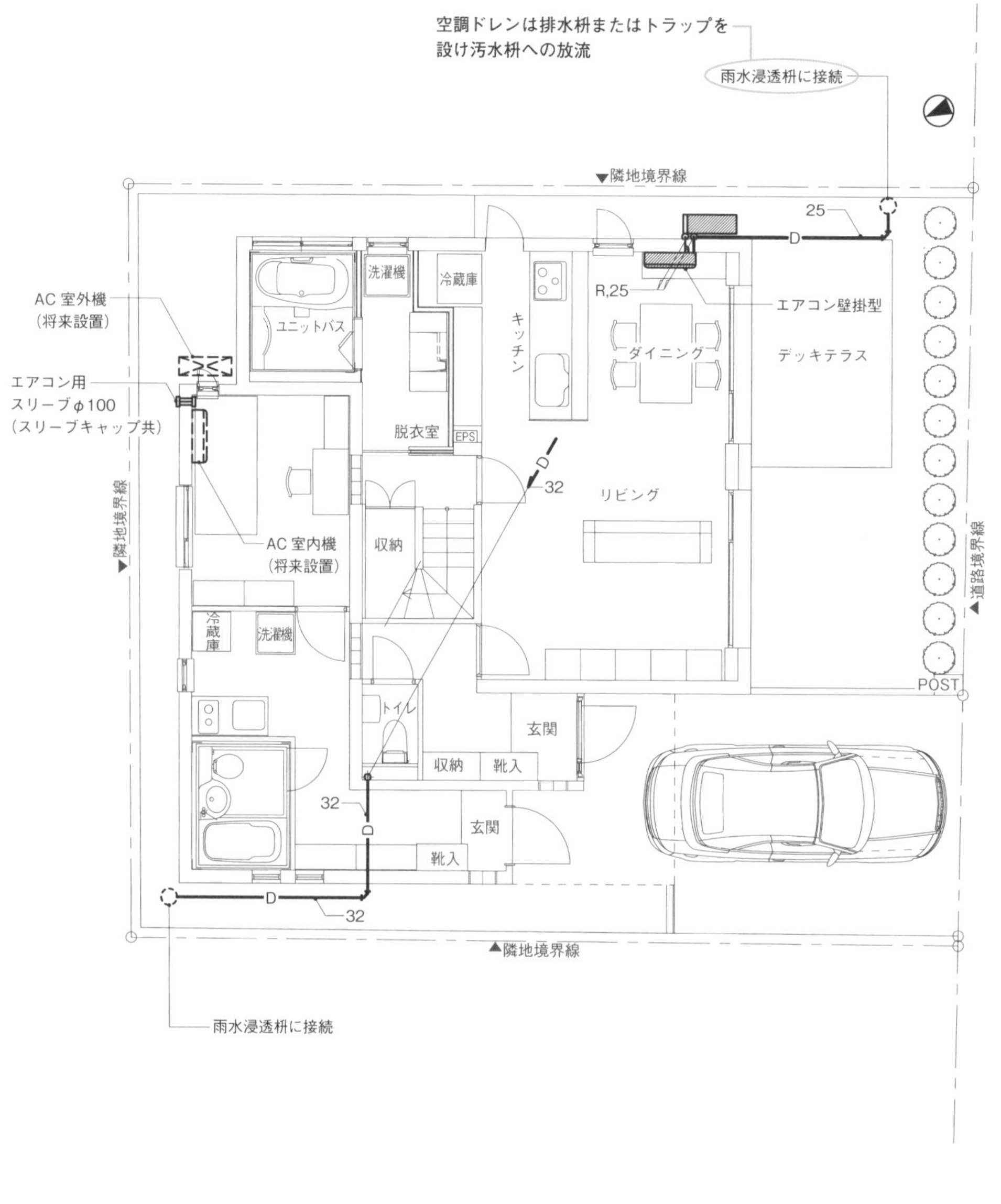

空調ドレンは排水枡またはトラップを
設け汚水枡への放流
雨水浸透枡に接続
▼隣地境界線
25
D
R,25
エアコン壁掛型
AC 室外機
（将来設置）
エアコン用
スリーブφ100
（スリーブキャップ共）
洗濯機
冷蔵庫
ユニットバス
キッチン
ダイニング
デッキテラス
脱衣室
EPS
D
32
リビング
▼隣地境界線
AC 室内機
（将来設置）
収納
▲道路境界線
冷蔵庫
洗濯機
POST
トイレ
玄関
収納
靴入
32
D
玄関
靴入
D
32
▲隣地境界線
雨水浸透枡に接続

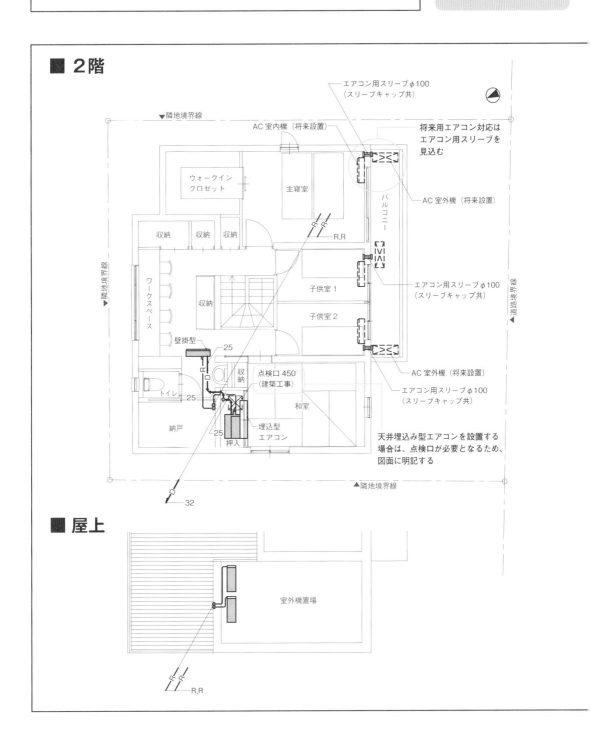

ココがポイント!

冷暖房の必要な部屋にヒートポンプエアコンを設置し、室内機の取付け位置と屋外機置き場を決める。また、建築主が将来設置する場合は、設置場所を想定し、エアコン用スリーブと電源の対応を行う

要注意!

ドレンを排水枡に接続する場合は、必ずトラップを設ける

■ 2階

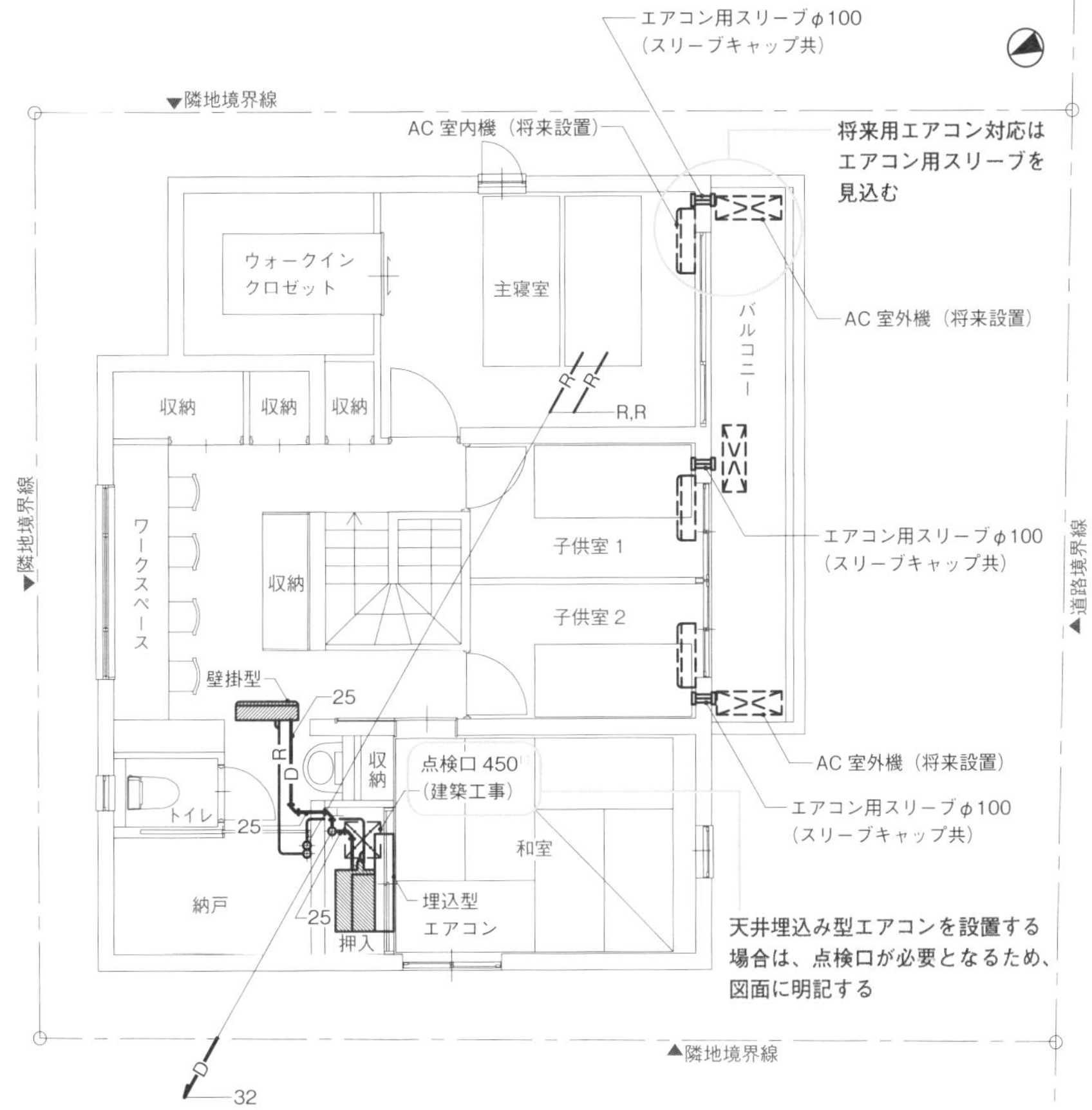

エアコン用スリーブφ100
(スリーブキャップ共)
▼隣地境界線
AC 室内機(将来設置)
将来用エアコン対応は
エアコン用スリーブを
見込む
ウォークイン
クロゼット
主寝室
バルコニー
AC 室外機(将来設置)
収納
収納
収納
R,R
▼隣地境界線
ワークスペース
収納
子供室 1
子供室 2
エアコン用スリーブφ100
(スリーブキャップ共)
▲道路境界線
壁掛型
25
点検口 450
(建築工事)
AC 室外機(将来設置)
エアコン用スリーブφ100
(スリーブキャップ共)
トイレ
25
和室
納戸
25
埋込型
エアコン
押入
天井埋込み型エアコンを設置する
場合は、点検口が必要となるため、
図面に明記する
▲隣地境界線
32

■ 屋上

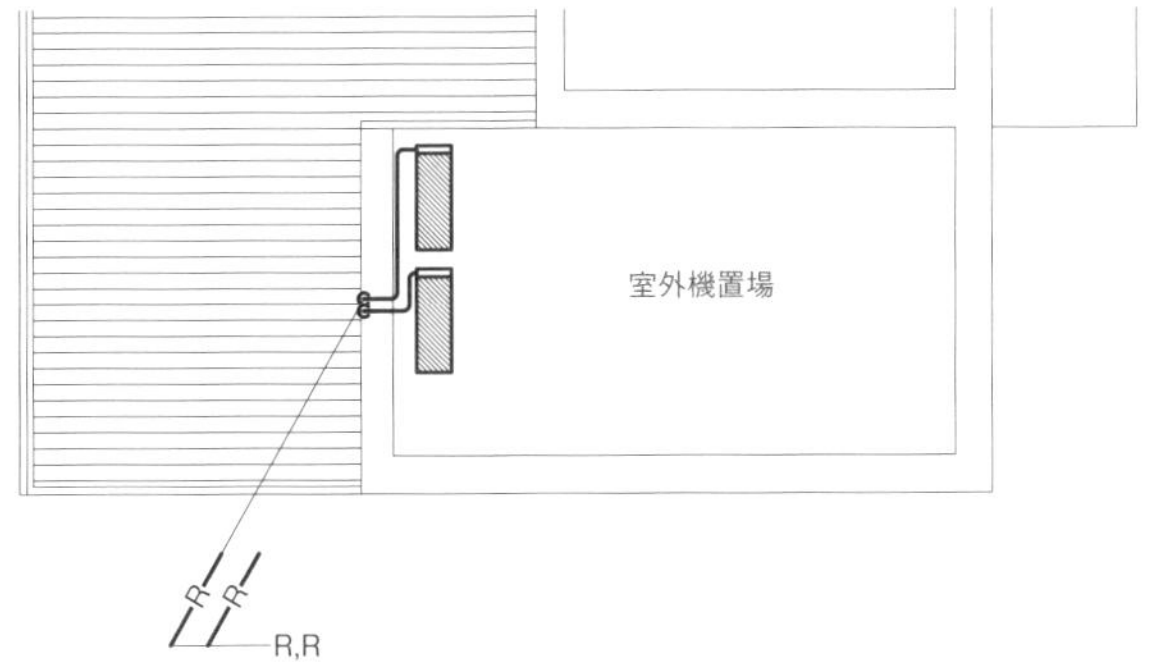

室外機置場
R,R

換気図

No. 103

■ 1階

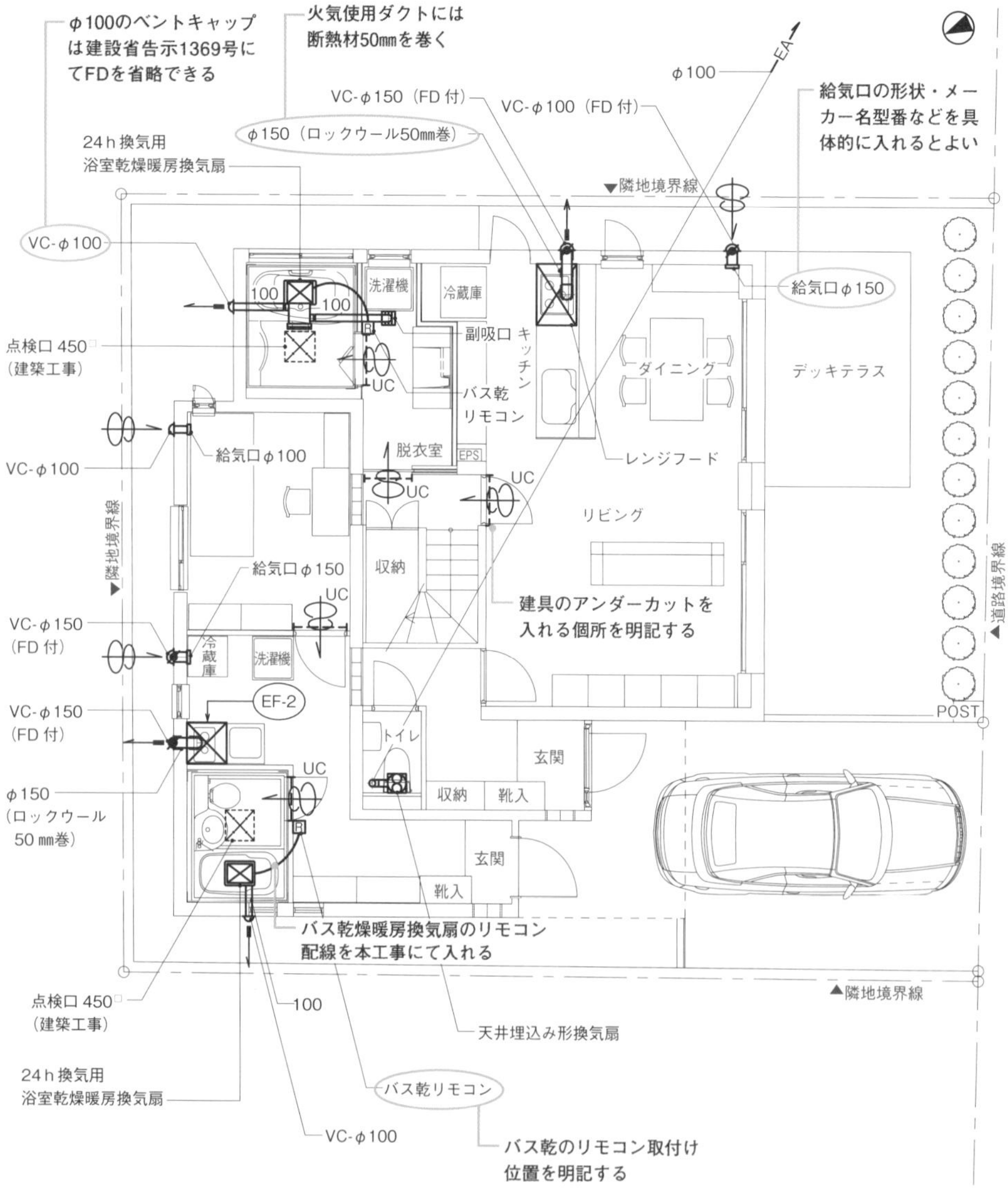
φ100のベントキャップは建設省告示1369号にてFDを省略できる
火気使用ダクトには断熱材50㎜を巻く
VC-φ150（FD付）
VC-φ100（FD付）
φ150（ロックウール50㎜巻）
φ100
EA
給気口の形状・メーカー名型番などを具体的に入れるとよい
24h換気用
浴室乾燥暖房換気扇
▼隣地境界線
VC-φ100
100
100
洗濯機
冷蔵庫
給気口φ150
点検口450□
（建築工事）
副吸口
キッチン
ダイニング
デッキテラス
UC
バス乾
リモコン
VC-φ100
給気口φ100
脱衣室
EPS
UC
UC
レンジフード
リビング
▼隣地境界線
▲道路境界線
給気口φ150
収納
UC
建具のアンダーカットを入れる個所を明記する
VC-φ150
（FD付）
冷蔵庫
洗濯機
EF-2
VC-φ150
（FD付）
POST
トイレ
玄関
UC
φ150
（ロックウール
50㎜巻）
収納
靴入
玄関
靴入
バス乾燥暖房換気扇のリモコン配線を本工事にて入れる
▲隣地境界線
点検口450□
（建築工事）
100
天井埋込み形換気扇
24h換気用
浴室乾燥暖房換気扇
バス乾リモコン
VC-φ100
バス乾のリモコン取付け位置を明記する

ココがポイント!

換気設備は台所のレンジフードファン、トイレ、浴室、洗面所などだが、24時間換気の義務化により、各部屋に給気口または排気ファンが必要となる。ここでは浴室乾燥暖房換気扇、パイプファンを24時間換気とした

要注意!

給気口は家具でふさがれないように、できるだけ高い位置に設ける

■ 2階

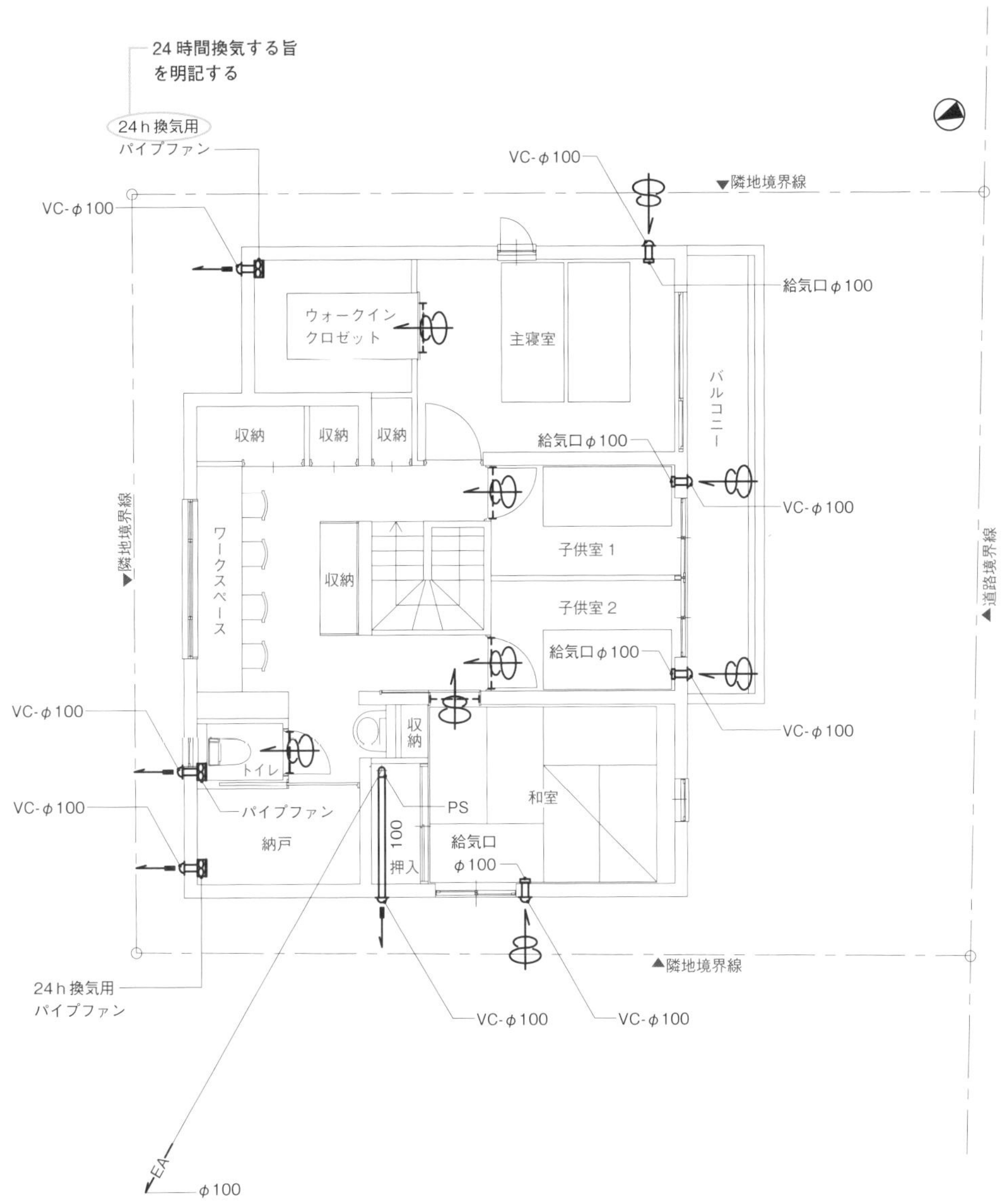

No. 104

設備記号と姿図

■ 給排水・衛生

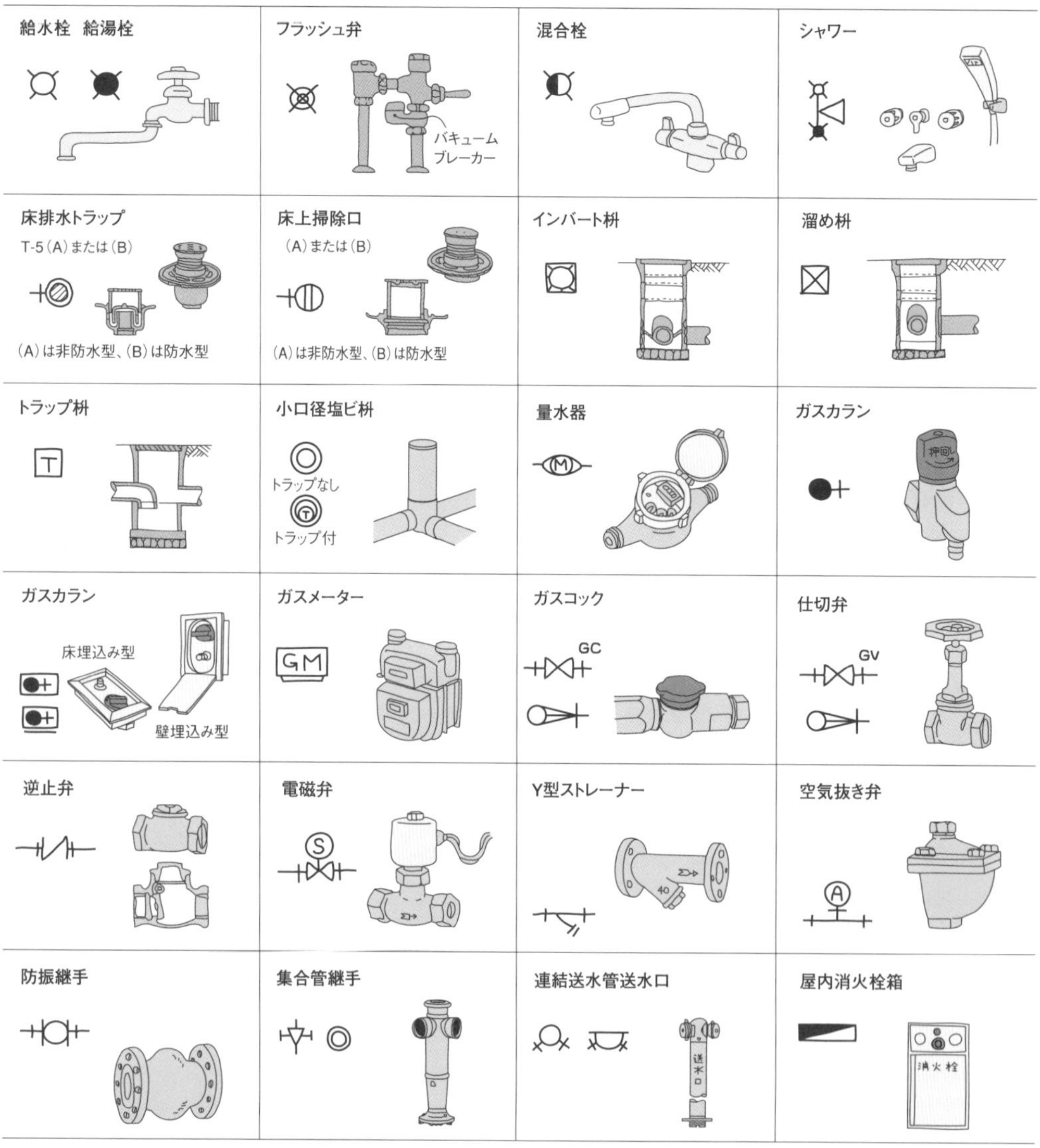
給水栓　給湯栓
フラッシュ弁
バキューム
ブレーカー
混合栓
シャワー
床排水トラップ
T-5（A）または（B）
（A）は非防水型、（B）は防水型
床上掃除口
（A）または（B）
（A）は非防水型、（B）は防水型
インバート枡
溜め枡
トラップ枡
T
小口径塩ビ枡
トラップなし
トラップ付
量水器
M
ガスカラン
ガスカラン
床埋込み型
壁埋込み型
ガスメーター
GM
ガスコック
GC
仕切弁
GV
逆止弁
電磁弁
S
Y型ストレーナー
空気抜き弁
A
防振継手
集合管継手
連結送水管送水口
送水口
屋内消火栓箱
消火栓

ココがポイント！

設備図は多くの記号で表現されているため、1つ1つの記号の意味をきちんと理解したうえでプロットを行う

要注意！

水栓のプロットのときは向かって右が水、左がお湯となる

■ 空調

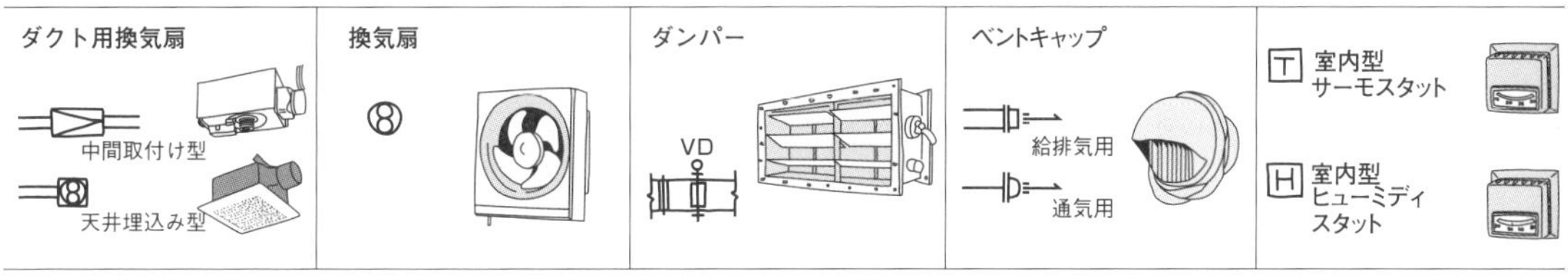
ダクト用換気扇
中間取付け型
天井埋込み型
換気扇
ダンパー
VD
ベントキャップ
給排気用
通気用
T 室内型サーモスタット
H 室内型ヒューミディスタット

■ 電気

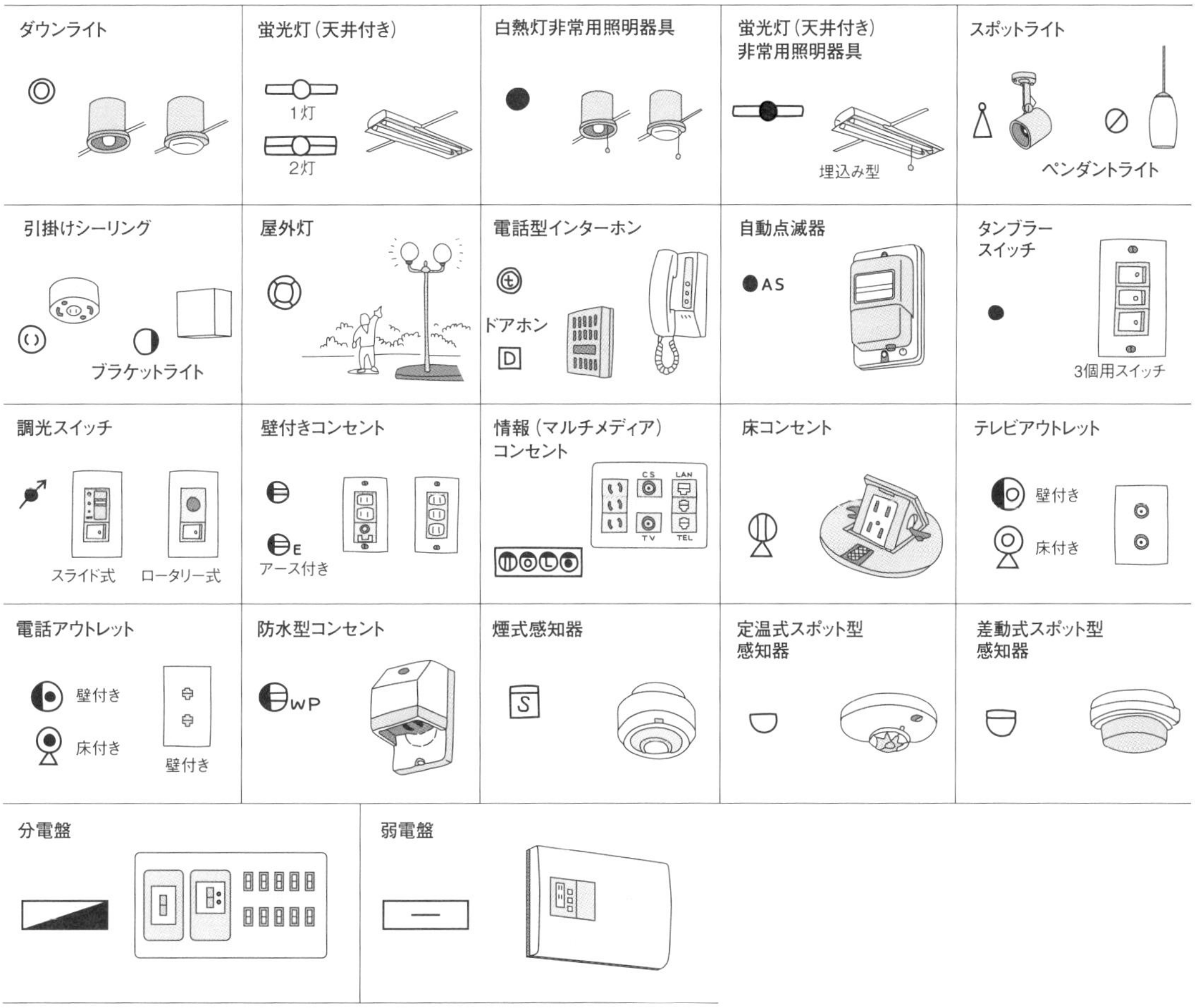
ダウンライト
蛍光灯（天井付き）
1灯
2灯
白熱灯非常用照明器具
蛍光灯（天井付き）非常用照明器具
埋込み型
スポットライト
ペンダントライト
引掛けシーリング
ブラケットライト
屋外灯
電話型インターホン
ドアホン
D
自動点滅器
AS
タンブラースイッチ
3個用スイッチ
調光スイッチ
スライド式
ロータリー式
壁付きコンセント
E
アース付き
情報（マルチメディア）コンセント
CS
LAN
TV
TEL
床コンセント
テレビアウトレット
壁付き
床付き
電話アウトレット
壁付き
床付き
壁付き
防水型コンセント
WP
煙式感知器
S
定温式スポット型感知器
差動式スポット型感知器
分電盤
弱電盤

関連法規

No. 105

ココがポイント!

① 申請時に図の書間の不整合がないことが前提
② 水道・下水道・ガス・電力などの事前調査や消防との事前相談も申請前に行う
③ 消防の同意が得られない場合は、申請が取り下げになる

要注意!

消防設備は、定期点検の結果を特定防火対象物は1年に1回、非特定防火対象物は3年に1回、消防署長に報告

建築確認申請の注意点

建築設備には、建築基準法、消防法をはじめ、さまざまな法令が関連する。また、改正建築基準法によって、建築確認申請で求められる建築設備図書の内容も厳格化された。ここでは戸建住宅、小規模集合住宅の建築確認申請時に関連する法令と、申請時の注意点に限って解説する。

建築確認申請時は、まず意匠・構造・設備図の書間の不整合がないことが前提となる。不整合が発見された場合は、受付までに非常に時間がかかるため、平面プランの食い違いなど、申請提出前に十分に確認しておく。

現在の建築確認審査の流れは、意匠・構造・設備図の事前相談（点検）を受け、不足図書や不足書類がないかを確認する。図書がすべて整った時点で受付となる。受付後に軽微な不備が発見された場合には、訂正印による補正または追加説明書を提出し対応する。

水道・下水道・ガス・電力などの引込みに関する事前調査や、消防との事前相談も申請前に十分に行っておくことが必要である。申請受付後の消防同意の段階で、大きな不適合事項が認められた場合には、申請が取り下げにもなりかねない。

集合住宅の場合

700㎡以下の一般的な小規模集合住宅の場合、建築確認申請に、建築基準法による制約がかかる設備は、給排水衛生設備（機器仕様・配管材料）、ガス設備、煙突設備、シックハウス対策を含んだ換気設備（ダクト・配管材料、機器仕様・シックハウス対策を含んだ換気計算）、非常用照明設備、浄化槽地域では浄化槽設備である。ほかにも各設備で使用する機器、器具類の構造図、能力表が必要となる。

消防法による制約がかかるのは、消火器、自動火災警報器であり、同様に各設備で使用する機器類の構造図を求められる。ほかにも、防火区画貫通部処置方法の認定書なども必要となる。

■ 建築設備図と関連する法規

給排水衛生設備図	●給水、排水その他の配管設備の設置及び構造(令129条の2の5) ●給水タンク、飲料水の配管設備、排水のための配管設備、ガスの配管設備(3階以上の階を共同住宅とする場合)についてその構造などを明示(令128条の2の5第1項第8号) ●関係規定→水道法(16条)、下水道法(10条1項)、ガス事業法(40条の4) ●下水道処理区域の内外の別(法31条1項)を確認申請書に明示
空調換気設備図	●換気設備の無窓居室の換気設備(令20条の2)、火気使用室の換気設備(令20条3)、シックハウス対策の換気設備(令20条の8)の規定をそれぞれ確認 ●換気設備の構造(令129条の2の6)この規定は、火気使用室を除くすべての換気設備に適用 ●風道の防火区画等の貫通部については令112条15·16項で、延焼のおそれのある部分にかかる開口部の設置については、耐火建築物または準耐火建築物(法27条)および防火地域または準防火地域内の建築物(法64条)で規定
電気設備図	●電気設備(法32条)と非常照明の装置(令5章4節)が該当 ●法32条で、電気設備は電気工作物に係る建築物の安全及び防火に関する法令(電気設備に関する技術基準を定める省令)の定める工法によって設けることが規定 ●明示事項としては常用·予備電源の種類·位置とその構造、受電設備の電気配線の状況、予備電源の電気配線の状況、予備電源の容量とその算出方法など ●非常用の照明装置は照明器具の配置を明示するとともに、必要照度を確保できる範囲や照明器具の構造が規定に適合するものであることを明示する ●防火設備や予備電源などについても電気設備として明示が必要となる
共通事項	●配管の防火区画等貫通部については、令129条の2の5第1項7号の規定による ①貫通部とその両側1m以内の部分を不燃材料でつくること ②間の外形が用途、材質などに応じて平12建告1422号に定める数値以下であること ③国土交通大臣の認定を受けた工法によること、のいずれかに適合しなければならない。また、令112条15項の規定により、管と防火区画等との隙間は不燃材料で埋めなければならない ●建築設備の構造方法については、建築設備の構造耐力上安全な構造方法(平12建告1388号)と屋上から突出する水槽、煙突などの構造計算の基準(平12建告1389号)が告示で規定されている。したがって、それぞれの該当する建築設備の構造が告示の規定に適合することを示す必要がある

要望調査チェックシート

No. 106

■ 給排水衛生・空調換気

	チェック項目	チェック欄
給排水衛生	・希望する給湯方式を教えてください［※1］	□ ガス給湯器（潜熱回収タイプ） □ ガス給湯器（エコキュート） □ 電気温水器 □ エコワン（ハイブリッド給湯器） □ エネファーム・エコウィル
	・風呂の追焚きは必要ですか	□ 必要　□ 不要
	・希望するタイプを教えてください（必要な場合）	□ フルオートタイプ　□ オートタイプ（セミオート）
	・特殊（大型）シャワーを希望しますか［※2］	□ 希望する　□ 希望しない
	・加熱調理器の熱源としてどちらを希望しますか	□ ガスコンロ　□ IHクッキングヒーター　□ ハイブリッドコンロ（電気＋ガス）
	・食洗機の設置を希望しますか	□ 希望する　□ 希望しない　□ 将来検討予定
	・ディスポーザーの設置を希望しますか	□ 希望する　□ 希望しない　□ 将来検討予定
	・浄水器の設置を希望しますか	□ 希望する　□ 希望しない　□ 将来検討予定
	・洗濯機に給湯は必要ですか	□ 必要　□ 不要
	・衣類乾燥機の設置を希望しますか	□ 希望する　□ 希望しない　□ 将来検討予定
	・ガス式と電気式のどちらを希望しますか（希望する場合）	□ ガス式　□ 電気式
	・居室等にガスコンセントの設置を希望しますか	□ 希望する　□ 希望しない
	・希望する部屋を教えて下さい（希望する場合）	（　　）
	・セントラルクリーナー設備を導入しますか	□ 導入する　□ 導入しない
	・屋外散水栓や外部流しは必要ですか［※3］	□ 必要　□ 不要
	・屋外散水栓はどのような場所に必要ですか（必要な場合）	（　　）
	・植栽に自動灌水（散水）装置を設置しますか	□ 設置する　□ 設置しない
	・雨水利用をしますか	□ 利用する　□ 利用しない
	・井水利用をしますか	□ 利用する　□ 利用しない
空調換気	・エアコンは必要ですか［※4］	□ 必要　□ 不要　□ 将来検討予定
	・希望する部屋を教えてください（必要な場合）	（　　）
	・希望するタイプを教えてください（必要な場合）	□ 壁掛け型　□ 天井埋込みカセット型 □ 壁埋込み型　□ 床置き型 □ 天井埋込みダクト型
	・空調方式について特別な要望はありますか［※5］	□ 有　□ 無
	・右記のいずれかの方式を採用しますか	□ 全館空調方式　□ 放射（輻射）式　□ どちらとも採用しない
	・個別換気の必要な部屋はありますか	□ 有　□ 無
	・希望する部屋を教えてください（有の場合） （キッチン・バス・サニタリーは除く）	（　　）
	・ご家族に喫煙される方はいらっしゃいますか	□ いる　□ いない
	・床暖房設備を希望しますか	□ 希望する　□ 希望しない
	・希望する部屋と範囲を教えてください（希望する場合）	（　　）
	・設置する場合、方式はどのようにしますか	□ 温水式（熱源機がガス・電気を確認） □ 電気式　□ 電気蓄熱式　□ その他
	・浴室暖房乾燥機の設置を希望しますか	□ 希望する　□ 希望しない
	・希望するタイプを教えてください（希望する場合）	□ 電気式　□ 温水式　□ ミストサウナ機能付き
	・加湿器の設置を希望しますか［※6］	□ 希望する　□ 希望しない
	・希望する部屋を教えてください（希望する場合）	（　　）
	・除湿器の設置を希望しますか	□ 希望する　□ 希望しない
	・希望する部屋を教えてください（希望する場合）	（　　）
	・空気清浄機の設置を希望しますか	□ 希望する　□ 希望しない
	・希望する部屋を教えてください（希望する場合）	（　　）
	・脱臭機の設置を希望しますか	□ 希望する　□ 希望しない
	・希望する部屋を教えてください（希望する場合）	（　　）

※1：給湯器と給湯栓の位置関係に注意が必要。特に浴室と給湯器の距離が遠くなるとクレームの対象となりやすいため、極力浴室付近に給湯器を設置することが望ましい。どうしても給湯器と給湯栓の距離が遠くなる個所については、即湯ユニットなどの設置も検討する　※2：外国製品などの大型シャワーを採用する場合は、シャワーに必要な水量と水圧をメーカーに確認すること。容量が大きいと、給水方式や給湯方式にも影響を与えかねない　※3：屋外流しは、最近ペット用として必要となることが多い。併せて給湯の必要性も確認しておく

Part 1
Part 2
Part 3
Part 4
Part 5
Part 6
Part 7

ココがポイント!

建築主の要望をしっかりと聞くことが大切。時間をかけて納得がいくまで話し合う

要注意!

最新の通信設備は複雑化しているので、ヒヤリング後に専門家に相談する

■電気

チェック項目	チェック欄
・一般回線(電話)は必要ですか	□ 必要　□ 不要
・電話回線(電話番号)は何回線必要ですか	(　　　)回線
・FAX回線(FAX番号)は何回線必要ですか	(　　　)回線
・電話機は別途支給(建築主側で用意)でよいですか	□ 可　□ 不可
・FAXは別途支給(建築主側で用意)でよいですか	□ 可　□ 不可
・希望するブロードバンドサービスの種別は何ですか ※引き込みが可能か確認が必要	□ FTTH □ ADSL □ CATV
・各部屋のパソコン間における情報共有システムの要望はありますか	□ 有線LANを希望 □ 無線LANを希望 □ 情報共有の必要性は将来的にもない　□ いずれも希望しない
・テレビ受信種別の希望を教えてください	□ 地上波デジタルUHF □ 衛星放送　BS・110°・CS □ 衛星放送CS □ その他(　　　)
・その他、希望する通信設備はありますか	□ CATV □ FTTH □ USEN □ その他(　　　)
・無線LANは別途支給(建築主側で用意)でよいですか	□ 可　□ 不可
・ホームシアターやBGM放送を必要とする部屋がありますか	□ 有　□ 無
・音響映像機器を設置する場合、機器の要望はありますか	□ スピーカーの設置(場所　　　) □ プロジェクターの使用 □ 大型テレビのみ
・ホームセキュリティは必要ですか	□ 必要　□ 不要　□ 将来予定
・セキュリティ会社の指定はありますか(必要な場合)	□ SECOM □ ALSOK □ その他(　　　)
・電気錠システムの要望はありますか ・インターホンの設置場所はどこにしますか ・希望するメーカーはありますか	□ 有　□ 無 (　　　) (　　　)
・インターホンに求める機能はありますか	(　　　)
・太陽光発電など、発電システムの要望はありますか	□ 有　□ 無　□ 将来予定
・電気自動車充電用屋外コンセントは必要ですか	□ 必要　□ 不要

※4：空調方式決定の際は、住む人の求める空調環境にかなり個人差が出るため、その要望をできるだけ具体的に聞く必要がある(暑いのが苦手、寒いのが苦手、または冷房や冷風が直接当たるのが嫌いなどといった内容)　※5：最近は花粉症の人やペットを飼っている人も多いため、室内の空気環境について日頃気になっていることなどを聞き出すことも重要となる　※6：加湿器、除湿器、空気清浄機、脱臭機が必要となる場合は目的を聞き取り、設備設計者に伝える

全体計画チェックシート

No. 107

■ 給排水衛生・空調換気

設備項目		検討事項	選択肢または注意事項		
給排水衛生	給水	□ 引込み位置	□ 口径と水圧も確認		
		□ メーター位置と検針方式（集合住宅の場合）	□ 集中検針方式（集中検針盤を共用部に設置）		
			□ 個別検針方式		
		□ 排水方式	□ 直結方式		
			□ 水道直結増圧ポンプ方式		
			□ 加圧給水方式（受水槽を設置）		
			□ 重力給水方式		
		□ 給水管ルート（引込み部→親メーター→給水ポンプ→各戸メーター）	□ おおよその梁貫通個所、断面欠損の確認		
	給湯	□ 給湯熱源器の種類	□ ガス瞬間給湯器		
			□ ヒートポンプ式給湯器（シャワー水圧に注意）		
			□ その他（　　）		
		□ 給湯個所	□ ガス給湯器の設置は所轄消防署とガス会社の基準に従う		
	排水・通気	□ 給水方式	□ 重力排水		□ 機械排水
		□ 排水ルート	□ 排水勾配を考慮し床下（懐）必要寸法や排水パイプスペースを決定		
			□ 地階排水がある場合は、汚水層を設け、機械排水を行う		
			□ 梁貫通個所、断面欠損の確認		
		□ 雨水浸透処理の有無（各自治体に確認）	□ 有（算定方法と補助金を確認）		□ 無
		□ 通気管ルートと各部開放位置	□ 臭気に注意すること（窓の近くなど）		
			□ 汚水層の通気は単独で取り、外部位置は支障のない位置まで立上げて開放する		
	衛生器具	□ 衛生器具の確認	□ シャワー水栓、トイレの必要水圧、最低必要水圧を確認		
		□ フラッシュバルブ式便器の使用［※1］	□ 有		□ 無
空調換気	換気	□ 換気方式	□ 局所換気方式	□ 第1種（強制給排気）換気方式	
			□ セントラル換気方式	□ 第2種（給気のみ強制）換気方式	
				□ 第3種（排気のみ強制）換気方式	
		□ 機械設置位置	□ 本体＋30㎜＋50㎜の据付け寸法を見込む		
		□ 給気口位置	□ シックハウス対策用の換気経路を考慮する		
		□ ダクトルート	□ おおよその梁貫通個所、欠損断面の確認		
	空調	□ 空調方式［※2］	□ 局所方式	□ ヒートポンプ式	□ 天井カセット
			□ セントラル方式	□ エアコン	□ 壁掛け　□ 床置き
				□ 温風暖房機	
				□ 輻射式暖房	□ オイルヒーター
					□ 電気式パネルヒーター
					□ 温水式パネルヒーター
				□ FF式暖房機	□ ガス式　□ 灯油式
		□ 室外機置き場	□ メンテナンス・給排気空間を確保する		
		□ 室内機の位置	□ 据え付け寸法とメンテナンス寸法を考慮すること		
		□ 配管ルート（冷媒管・ドレン管）	□ ドレン勾配を考慮し、床懐の必要寸法を確保する		
			□ 管の延長に注意する		
	床暖房	□ 床暖房の方式	□ 温水式		□ 電気式
		□ 熱源機の設置位置	□ 設置スペースを確保		
		□ 床暖房範囲	□ 条件に見合った熱源を決定する		
	その他	□ 蓄熱式電気暖房器			
		□ 除湿型放射冷暖房			
		□ 放射式冷暖房システム			

※1：全体計画の段階では、衛生器具設備の型番の決定は不要。ただし、フラッシュバルブ（洗浄弁）式便器を使用する場合は給水量が多くなるため、確認しておいたほうがよい　※2：住宅の場合はヒートポンプ式のエアコンを採用することが多い

ココがポイント!

設備の必要スペースには、ゆとりを見込む。ぎりぎりのスペースでは施工時に変更が起こる場合もある

要注意!

設計に入る前に確認しておくことが重要。後回しにすると二度手間になりかねない

■ 電気・ガス

設備項目		検討事項	選択肢または注意事項	
電気	受変電	□ 1住戸当たりの電気容量を設定(集合住宅の場合)	□ オール電化の場合は戸建ても検討	
		□ 受電方式	□ 低圧引込み	
			□ 高圧引込み(弾力供給の可能性も確認のうえ)	
		□ 引込み位置	□ 引込柱(早い段階で決定すること)	
			□ 直受け(建物)	
			□ 地中	
		□ 引込み開閉器盤の位置	□ サイズがかなり大きいので早めに決定する	
	幹線	□ 電力量計の位置	□ 設置スペースを確保	
		□ 電力量計の方式(集合住宅)	□ 集中検針方式	□ 個別検針方式
		□ 分電盤の位置	□ メンテナンスを考慮して決めること	
		□ 幹線ルート(引込み位置→引込み開閉盤→分電盤)	□ おおよその梁貫通個所、断面欠損の確認	
	動力	□ 動力盤位置	□ 設置スペースを確保	
		□ 動力配線ルートの確認	□ おおよその梁貫通個所、寸法の確認	
	電灯コンセント	□ 分電盤・弱電盤(情報分電盤)	□ 弱電盤(情報分電盤)のサイズに影響するため、各室に必要な情報コンセントの内容も把握しておくとよい	
	自動火災報知器	□ 受信機の位置(集合住宅の場合)	□ 管理人室など人の目にふれる場所に設置	
		□ 総合盤の位置(集合住宅の場合)		
	住宅用火災警報器	□ 住宅用火災警報器の方式[※3]	□ 電池式	□ 配線式
	インターホン	□ 方式の決定	□ 集合玄関方式(集合住宅の場合)	
			□ 個別方式	
		□ オートロックとの連動	□ 必要	□ 不要
		□ 自動火災報知器との連動	□ 必要	□ 不要
	電話配管	□ 引込みルート(引込み位置→ MDF→IDF)	□ おおよその梁貫通個所、寸法の確認	
		□ MDF、IDFの位置検討[※4]	□ サイズが大きくなるので早めに検討すること	
	テレビ共聴	□ 電波障害について	□ 近隣建物の状況を現地で確認(アンテナの有無、CATVの引込み状況)	
		□ 受信方法	□ アンテナを使用	□ ケーブルテレビを使用
		□ アンテナ位置の検討	□ 視聴したい放送を確認	□ UHF
				□ BS
				□ BS/110°CS
				□ CS
				□ その他(　　　　　)
	インターネット配管	□ インターネット接続方式の検討	□ FTTH(光ファイバーの供給エリアに入っているか確認)	
			□ ADSL(基地局からの距離が遠すぎないか確認)	
			□ CATV(供給エリアに入っているか確認)	
		□ 集合住宅用光インターネット盤	□ MDF内に設置	
ガス	ガス	□ 引込み位置	□ 都市ガス	□ LPG
		□ ガス容器設置位置(プロパンガス使用の場合)	□ 容器の搬入が容易にできる場所とする	
		□ メーター位置	□ 容易に検針できる場所にスペースを確保	
		□ ガス配管ルートの確認	□ おおよその梁貫通個所、寸法の確認	
その他	環境配慮	□ 家庭用燃料電池	□ 設置スペースを確保	
		□ 太陽光発電		
		□ 太陽熱温水器		
		□ 雨水槽		
		□ 風力発電		
		□ 蓄電池		
		□ 地中熱ヒートポンプ	□ 井戸の掘削が必要となる点に注意	

※3：規模により自動火災報知設備が不要な場合は設置する。また、住宅性能評価機関によっては配線式とする必要があるので確認すること　※4：MDFは主配電盤、IDFは各階弱電盤のこと。MDF内には、集合住宅用光インターネット盤やTVブースター、VDSL端子盤、NTT保安器など、MDFに納める盤も増加傾向にある。サイズの把握は早めに行うこと

索引

参考文献

『1級建築士学科受験テキスト』（日建学院刊）

『1級建築士講座テキスト建築計画』（総合資格学院刊）

『絵とき建築設備』（吉村武・杉森良光・世良田嵩著、オーム社刊）

『建築家のための住宅設備設計ノート』（知久昭夫著、鹿島出版会刊）

『建築申請memo』（建築申請実務研究会編、新日本法規出版株式会社刊）

『建築設備学教科書　新訂版』（建築設備学教科書研究会編著、彰国社刊）

『建築設備入門』（柿沼整三・伊藤教子著、オーム社刊）

『図解　給排水・衛生設備工事早わかり』（給排水・衛生設備施工委員会編著 オーム社刊）

『図解　給排水衛生設備の基礎』（山田信亮著、ナツメ社刊）

『図解Q&A　建築電気設備　改訂版』（田尻陸夫著、井上書院刊）

『図解　早わかり消防法』（大脇賢著、ナツメ社刊）

『設備記号と設備図』（知久昭夫著、鹿島出版会刊）

『デザイナーのための建築設備チェックリスト』（彰国社刊）

『電化住宅のための計画・設計マニュアル2008　オール電化住宅大百科』（日本工業出版刊）

『電化住宅のための電気給湯機マニュアル2007　電気給湯機大百科』（日本工業出版刊）

『ヒートポンプ入門』（矢田部隆志著、オーム社刊）

『ヒートポンプを探せ！』（片倉百樹・藤森礼一郎著、（社）日本電気協会新聞部刊）

『建築設備パーフェクトマニュアル2022-2023』（エクスナレッジ刊）

『建築知識2016年8月』（エクスナレッジ刊）

『建築知識2019年5月』（エクスナレッジ刊）

『建築知識2020年12月』（エクスナレッジ刊）

『建築知識2021年10月』（エクスナレッジ刊）

『建築知識2023年7月』（エクスナレッジ刊）

●全日本電気工事業工業組合連合会ホームページ

http://www.znd.or.jp/life/kiso/switchsensor/switches/index.htm
http://www.znd.or.jp/life/kiso/outlet/type/index.htm

著者紹介

監修・執筆

山田浩幸（やまだ ひろゆき）

1963年生まれ。Y.M.O.代表。'85年東京読売理工専門学校建築設備学科卒業。同年（有）日本設備計画入所。'90年（株）郷設計研究所入所。'02年yamada machinery office設立、'07年合同会社に変更。

主な著書は「建築設備パーフェクトマニュアル2022-2023」（エクスナレッジ刊）、「エアコンのいらない家」（エクスナレッジ刊・2011年）「ストーリーで面白いほど頭に入る建築設備」（エクスナレッジ刊・2018年）

執 筆

檀上 新（だんじょう あらた）

1973年東京生まれ。1級建築士。'95年工学院大学理工学部建築学科卒業。'97年桑沢デザイン研究所卒業。'05年檀上新建築アトリエ設立

檀上千代子（だんじょう ちよこ）

1972年東京生まれ。2級建築士。'97年桑沢デザイン研究所卒業。'05年檀上新建築アトリエ設立

佐藤千恵（さとう ちえ）

1970年新潟県生まれ。1級建築士。'92年明治大学政治経済学部経済学科卒業。'99年諸角敬建築デザイン研究室スタジオ・アー入所。'06年architecture/design studio SMOOTH開設。'11年後藤武建築設計事務所に参画

河嶋麻子（かわしま あさこ）

1969年東京都生まれ。1級建築士。'93年関東学院大学工学部建築学科卒業。K's Architects、architectureWORKSHOP勤務を経て、'02年kawashima office 設立

世界で一番やさしい　建築設備
第2版

2024年1月5日　初版第1刷発行

監　修	山田浩幸
著　者	檀上新 + 檀上千代子 + 佐藤千恵 + 河嶋麻子 + 山田浩幸
発行者	三輪浩之
発行所	株式会社エクスナレッジ 〒106-0032 東京都港区六本木7-2-26 https://www.xknowledge.co.jp/

本書に関する問合せ先

●販売部　TEL：03-3403-1321（平日10：00〜18：00　土日祝は電話受付なし）
　　　　　FAX：03-3403-1829
●編集部　FAX：03-3403-1345　　info@xknowledge.co.jp
・本書記事内容の不明な点に関する質問に限り、FAXにて問合せを受け付けております。